Todos los libros de Linkgua Ediciones cuentan con modelos de Inteligencia Artificial entrenados por hispanistas. Pregúntale al chat de tu libro lo que desees acerca de la obra o su autor/a.

Para ebooks: Accede a nuestro modelo de IA a través de este enlace.

Para libros impresos: Escanea el código QR de la portada con tu dispositivo móvil.

Obtén análisis detallados de nuestros libros, resúmenes, respuestas a tus preguntas y accede a nuestras ediciones críticas generativas para una experiencia de lectura más enriquecedora.
La transparencia y el respeto hacia la autoría de las fuentes utilizadas son distintivos básicos de nuestro proyecto. Por ello, las respuestas ofrecen, mediante un sistema de citas, las fuentes con las que han sido elaboradas.

Francisco López de Gómara

Historia de la conquista de México

Prólogo de Jorge Gurría Lacroix

Créditos

Título original: La conquista de México.

© 2024, Red ediciones S.L.

e-mail: info@linkgua.com

Diseño de cubierta: Michel Mallard

ISBN rústica: 978-84-9816-770-2.
ISBN ebook: 978-84-9897-078-4.

Cualquier forma de reproducción, distribución, comunicación pública o transformación de esta obra solo puede ser realizada con la autorización de sus titulares, salvo excepción prevista por la ley. Diríjase a CEDRO (Centro Español de Derechos Reprográficos, www.cedro.org) si necesita fotocopiar, escanear o hacer copias digitales de algún fragmento de esta obra.

Sumario

Créditos _____ 4

Brevísima presentación _____ 23
    La vida _____ 23

Prólogo _____ 25
    Su concepto de la historia _____ 25
    Sus fuentes _____ 29
    La controversia Bernal Díaz-Gómara _____ 34
    La Conquista de México en Gómara _____ 39
    Esfuerzo evangelizador de Cortés _____ 45
    El mundo indígena en Gómara _____ 48

Dedicatoria _____ 51
    Al muy ilustre señor don Martín Cortés, Marqués del Valle _____ 51

Capítulo I. Nacimiento de Hernán Cortés _____ 53

Capítulo II. Edad que tenía Cortés cuando pasó a las Indias _____ 54

Capítulo III. Tiempo que residió Cortés en Santo Domingo _____ 55

Capítulo IV. Algunas cosas que le pasaron en Cuba a Hernán Cortés __ 56

Capítulo V. Descubrimiento de Nueva España _____ 58

Capítulo VI. Rescate que obtuvo Juan de Grijalva _____ 59

Capítulo VII. Diligencia y gasto que hizo Cortés en armar la flota ____ 63

Capítulo VIII. Hombres y navíos que Cortés llevó a la conquista _____ 65

Capítulo IX. Oración de Cortés a los soldados _____ 68

Capítulo X. Entrada de Cortés en Acuzamil _____ 69

Capítulo XI. Los de Acuzamil dieron nuevas a Cortés de Jerónimo de Aguilar __ 72

Capítulo XII. Venida de Jerónimo de Aguilar a Hernán Cortés _____ 73

Capítulo XIII. Cómo derribó Cortés los ídolos en Acuzamil _____ 76

Capítulo XIV. Acuzamil, isla _____ 77

Capítulo XV. Religión de Acuzamil _____ 78

Capítulo XVI. El pez tiburón _____ 79

Capítulo XVII. El mar crece mucho en Campeche, mientras no crece por allí cerca _____ 80

Capítulo XVIII. Combate y toma de Potonchan _____ 81

Capítulo XIX. Preguntas y respuestas entre Cortés y los potonchanos _____ 85

Capítulo XX. Batalla de Cintla _____ 88

Capítulo XXI. Tabasco se da por amigo de los cristianos _____ 90

Capítulo XXII. Preguntas que Cortés hizo a Tabasco _____ 91

Capítulo XIII. Cómo los de Potonchan rompieron sus ídolos y adoraron la cruz _ 92

Capítulo XXIV. El río de Alvarado, que los indios llaman Papaloapan _____ 94

Capítulo XXV. La buena acogida que Cortés halló en San Juan de Ulúa _____ 96

Capítulo XXVI. Lo que habló Cortés a Teudilli, criado de Moctezuma _____ 98

Capítulo XXVII. Presente y respuesta que Moctezuma envió a Cortés _____ 100

Capítulo XXVIII. De cómo supo Cortés que había bandos en aquella tierra ____ 102

Capítulo XXIX. Cómo entró Cortés a ver la tierra con cuatrocientos compañeros _____ 104

Capítulo XXX. Cómo dejó Cortés el cargo que llevaba _____ 106

Capítulo XXXI. Cómo los soldados hicieron a Cortés capitán y alcalde mayor __ 107

Capítulo XXXII. Recibimiento que hicieron a Cortés en Cempoallan _____ 109

Capítulo XXXIII. Lo que dijo a Cortés el señor de Cempoallan _____ 112

Capítulo XXXIV. Lo que sucedió a Cortés en Chiauiztlan _____ 114

Capítulo XXXV. Mensaje de Cortés a Moctezuma _____ 116

Capítulo XXXVI. Rebelión y liga contra Moctezuma por instigación de Cortés _ 118

Capítulo XXXVII. Fundación de Villarrica de la Veracruz _____ 120

Capítulo XXXVIII. Cómo tomó Cortés a Tizapancinca por fuerza _____ 121

Capítulo XXXIX. Presente que Cortés envió al emperador por su quinto _____ 122

Capítulo XL. Cartas del cabildo y ejército para el emperador por la gobernación para Cortés _____ 126

Capítulo XLI. Motín que hubo contra Cortés, y el castigo _____ 127

Capítulo XLII. Cortés da con los navíos al través _____ 128

Capítulo XLIII. Cómo los de Cempoallan derrocaron sus ídolos por amonestación de Cortés _____ 130

Capítulo XLIV. Encarecimiento que hizo Olintlec del poderío de Moctezuma __ 132

Capítulo XLV. Primer reencuentro que tuvo Cortés con los de Tlaxcala _____ 135

Capítulo XLVI. Donde se juntaron ciento cuarenta mil hombres contra Cortés _ 138

Capítulo XLVII. Amenazas que hacían a nuestros españoles los de Tlaxcala ___ 141

Capítulo XLVIII. Cómo Cortés cortó las manos a cincuenta espías _____ 143

Capítulo XLIX. Embajada que Moctezuma envió a Cortés _____ 145

Capítulo L. Cómo ganó Cortés Cimpancinco, ciudad muy grande _____ 146

Capítulo LI. Deseo que algunos españoles tenían de dejar la guerra _____ 148

Capítulo LII. Oración de Cortés a los soldados _____ 149

Capítulo LIII. Cómo vino Xicotencatl como embajador de Tlaxcala al real de Cortés _____ 151

Capítulo LIV. Recibimiento y servicio que hicieron en Tlaxcala a los nuestros __ 153

Capítulo LV. En Tlaxcala _____ 154

Capítulo LVI. Respuesta que dieron a Cortés los de Tlaxcala sobre dejar sus ídolos _____ 156

Capítulo LVII. Enemistad entre mexicanos y tlaxcaltecas _____ 157

Capítulo LVIII. Solemne recibimiento que hicieron a los españoles en Cholula _ 159

Capítulo LIX. Cómo los de Cholula trataron de matar a los españoles _____ 161

Capítulo LX. Castigo que se hizo en los de Cholula por su traición _____ 162

Capítulo LXI. Cholula, santuario de indios _____ 165

Capítulo LXII. El monte que llaman Popocatepetl _____ 166

Capítulo LXIII. Consulta que Moctezuma tuvo para dejar a Cortés ir a México _ 167

Capítulo LXIV. Lo que sucedió a Cortés desde Cholula hasta llegar a México __ 168

Capítulo LXV. Cómo salió Moctezuma a recibir a Cortés _____ 172

Capítulo LXVI. Oración de Moctezuma a los españoles _____ 174

Capítulo LXVII. Limpieza y majestad con que se servía a Moctezuma _____ 176

Capítulo LXVIII. Jugadores de pies _____ 178

Capítulo LXIX. Juego de pelota _____ 179

Capítulo LXX. Bailes de México _____ 180

Capítulo LXXI. Las muchas mujeres que tenía Moctezuma en palacio _____ 181

Capítulo LXXII. Casa de aves para pluma _____ 183

Capítulo LXXIII. Casa de aves para caza _____ 183

Capítulo LXXIV. Casas de armas _____ 185

Capítulo LXXV. Jardines de Moctezuma 186

Capítulo LXXVI. Corte y guardia de Moctezuma 186

Capítulo LXXVII. Tributo que todos hacen al rey de México 187

Capítulo LXXVIII. México Tenochtitlán 189

Capítulo LXXIX. Mercados de México 192

Capítulo LXXX. El templo de México 196

Capítulo LXXXI. Los ídolos de México 198

Capítulo LXXXII. El osario que los mexicanos tenían para remembranza de la muerte 199

Capítulo LXXXIII. Prisión de Moctezuma 200

Capítulo LXXXIV. La caza de Moctezuma 203

Capítulo LXXXV. Cómo comenzó Cortés a derrocar los ídolos de México ... 205

Capítulo LXXXVI. Plática que hizo Cortés a los de México sobre los ídolos 205

Capítulo LXXXVII. Quema del señor Cualpopoca y de otros caballeros 208

Capítulo LXXXVIII. La causa de quemar a Cualpopoca 208

Capítulo LXXXIX. Cómo Cortés puso grillos a Moctezuma 209

Capítulo XC. Cómo envió Cortés a buscar oro en muchas partes 210

Capítulo XCI. Prisión de Cacama, rey de Tezcuco 212

Capítulo XCII. Oración que Moctezuma hizo a sus caballeros dándose al rey de Castilla _____ 215

Capítulo XCIII. El oro y joyas que Moctezuma dio a Cortés _____ 216

Capítulo XCIV. Cómo rogó Moctezuma a Cortés que se fuera de México _____ 217

Capítulo XCV. El miedo a ser sacrificados que tuvieron Cortés y los suyos _____ 220

Capítulo XCVI. De cómo Diego Velázquez envió contra Cortés a Pánfilo de Narváez con mucha gente _____ 222

Capítulo XCVII. Lo que Cortés escribió a Narváez _____ 224

Capítulo XCVIII. Lo que Pánfilo de Narváez dijo a los indios y respondió a Cortés _____ 225

Capítulo XCIX. Lo que dijo Cortés a los suyos _____ 227

Capítulo C. Ruegos de Cortés a Moctezuma _____ 228

Capítulo CI. Prisión de Pánfilo de Narváez _____ 229

Capítulo CII. Mortandad por viruelas _____ 232

Capítulo CIII. Rebelión de México contra los españoles _____ 233

Capítulo CIV. Causas de la rebelión _____ 234

Capítulo CV. Amenazas que hacían los de México a los españoles _____ 236

Capítulo CVI. El apuro en que los mexicanos pusieron a los españoles _____ 238

Capítulo CVII. Muerte de Moctezuma _____ 239

Capítulo CVIII. Combates que unos a otros se daban _____ 241

Capítulo CIX. Rehúsan los de México las treguas que Cortés pidió _____ 243

Capítulo CX. Cómo huyó Cortés de México _____ 245

Capítulo CXI. Batalla de Otumba _____ 249

Capítulo CXII. Acogida que hallaron los españoles en Tlaxcala _____ 251

Capítulo CXIII. Requerimiento que los soldados hicieron a Cortés _____ 253

Capítulo CXIV. Oración de Cortés en respuesta del requerimiento _____ 254

Capítulo CXV. Guerra de Tepeacac _____ 256

Capítulo CXVI. Cómo se dieron a Cortés los de Huacacholla matando a los de Culúa _____ 258

Capítulo CXVII. La toma de Izcuzan _____ 260

Capítulo CXVIII. La mucha autoridad que Cortés tenía entre los indios _____ 262

Capítulo CXIX. Bergantines que hizo construir Cortés y españoles que juntó contra México _____ 263

Capítulo CXX. Cortés a los suyos _____ 264

Capítulo CXXI. Cortés a los de Tlaxcala _____ 267

Capítulo CXXII. Cómo se apoderó Cortés de Tezcuco _____ 267

Capítulo CXXIII. Combate de Iztacpalapan _____ 270

Capítulo CXXIV. Españoles que sacrificaron en Tezcuco _____ 272

Capítulo CXXV. Cómo trajeron los bergantines a Tezcuco los de Tlaxcala ____ 274

Capítulo CXXVI. Vista que dio Cortés a México _____ 275

Capítulo CXXVII. Guerra de Accapichtlan _____ 277

Capítulo CXXVIII. Peligro que los nuestros pasaron al tomar dos peñones ____ 279

Capítulo CXXIX. Batalla de Xochimilco _____ 281

Capítulo CXXX. La zanja que hizo Cortés para echar los bergantines al agua __ 284

Capítulo CXXXI. Ejército de Cortés para cercar a México _____ 286

Capítulo CXXXII. Batalla y victoria de los bergantines contra los acalles ____ 288

Capítulo CXXXIII. Cómo puso Cortés cerco a México _____ 291

Capítulo CXXXIV. Primera escaramuza dentro de México _____ 292

Capítulo CXXXV. El daño y fuego a las casas _____ 294

Capítulo CXXXVI. Diligencia de Cuahutimoccín y de Cortés _____ 297

Capítulo CXXXVII. Cómo tuvo Cortés doscientos mil hombres sobre México ___ 298

Capítulo CXXXVIII. Lo que hizo Pedro de Alvarado por aventajarse _____ 299

Capítulo CXXXIX. Las alegrías y sacrificios que hacían los mexicanos por una victoria _____ 300

Capítulo CXL. Conquista de Malinalco, Matalcinco y otros pueblos _____ 303

Capítulo CXLI. Determinación de Cortés en asolar a México _____ 305

Capítulo CXLII. El hambre y las enfermedades que los mexicanos pasaban con mucho ánimo _____ 307

Capítulo CXLIII. Prisión de Cuahutimoccín _____ 310

Capítulo CXLIV. La toma de México _____ 312

Capítulo CXLV. Señales y pronósticos de la destrucción de México _____ 314

Capítulo CXLVI. Cómo dieron tormento a Cuahutimoccín para saber del tesoro 315

Capítulo CXLVII. Servicio y quinto para el rey, de los despojos de México _____ 316

Capítulo CXLVIII. Cómo Cazoncín, rey de Michoacan, se entregó a Cortés _____ 317

Capítulo CXLIX. Conquista de Tochtepec y Coazacoalco, que hizo Gonzalo de Sandoval _____ 319

Capítulo CL. Conquista de Tututepec _____ 320

Capítulo CLI. La guerra de Coliman _____ 321

Capítulo CLII. Cristóbal de Tapia, que fue como gobernador a México _____ 322

Capítulo CLIII. Guerra de Pánuco _____ 323

Capítulo CLIV. Cómo fue Francisco de Garay a Pánuco con grande armada _____ 326

Capítulo CLV. Muerte del adelantado Francisco de Garay _____ 328

Capítulo CLVI. Pacificación de Pánuco _____ 330

Capítulo CLVII. Trabajos del licenciado Alonso Zuazo _____ 331

Capítulo CLVIII. Conquista de Utlatlan que hizo Pedro de Alvarado _____ 332

Capítulo CLIX. Guerra de Cuahutemallan _____ 334

Capítulo CLX. Guerra de Chamolla _____ 337

Capítulo CLXI. La armada que Cortés envió a Higueras con Cristóbal de Olid _____ 338

Capítulo CLXII. Conquista de Zapotecas _____ 338

Capítulo CLXIII. Reedificación de México _____ 339

Capítulo CLXIV. Cómo atendió Cortés al enriquecimiento de Nueva España _____ 341

Capítulo CLXV. De cómo fue recusado el obispo de Burgos en las cosas de Cortés _____ 342

Capítulo CLXVI. De cómo fue Cortés hecho gobernador _____ 343

Capítulo CLXVII. Los conquistadores _____ 345

Capítulo CLXVIII. Cómo trató Cortés la conversión de los indios _____ 345

Capítulo CLXIX. El tiro de plata que Cortés envió al emperador _____ 347

Capítulo CLXX. Del estrecho que muchos buscaron en las Indias _____ 348

Capítulo CLXXI. De cómo se alzó Cristóbal de Olid contra Hernán Cortés _____ 349

Capítulo CLXXII. Cómo salió Cortés de México contra Cristóbal de Olid _____ 352

Capítulo CLXXIII. Cómo se alzaron contra Cortés en México sus tenientes _____ 353

Capítulo CLXXIV. Prisión del factor y veedor _____ 356

Capítulo CLXXV. Gente que Cortés llevó a Las Higueras 358

Capítulo CLXXVI. Los sacerdotes de Tatahuitlapan 361

Capítulo CLXXVII. El puente que hizo Cortés 363

Capítulo CLXXVIII. Apoxpalon, señor de Izancanac 365

Capítulo CLXXIX. Muerte de Cuahutimoccín 367

Capítulo CLXXX. Cómo Canec quemó los ídolos 369

Capítulo CLXXXI. El trabajoso camino que los nuestros pasaron 373

Capítulo CLXXXII. Lo que hizo Cortés en Nito 377

Capítulo CLXXXIII. Cómo llegó Cortés a Naco 380

Capítulo CLXXXIV. Lo que hizo Cortés cuando supo las revueltas de México 382

Capítulo CLXXXV. Guerra de Papaica 384

Capítulo CLXXXVI. Lo que sucedió a Cortés volviendo a Nueva España 386

Capítulo CLXXXVII. Alegrías que hicieron en México por Cortés 388

Capítulo CLXXXVIII. Cómo envió el emperador a tomar residencia a Cortés 389

Capítulo CLXXXIX. Muerte de Luis Ponce 391

Capítulo CXC. Cómo Alonso de Estrada desterró de México a Cortés 392

Capítulo CXCI. Cómo envió Cortés naos a buscar la Especiería 395

Capítulo CXCII. Cómo vino Cortés a España 397

Capítulo CXCIII. Mercedes que hizo el emperador a Hernán Cortés _____ 399

Capítulo CXCIV. Cómo se casó Cortés _____ 399

Capítulo CXCV. Cómo puso el emperador Audiencia en México _____ 400

Capítulo CXCVI. Vuelta de Cortés a México _____ 402

Capítulo CXCVII. Cómo envió Cortés a descubrir la costa de Nueva España por el mar del Sur _____ 404

Capítulo CXCVIII. Lo que padeció Cortés continuando el descubrimiento del Sur 405

Capítulo CXCIX. El mar de Cortés, que también llaman Bermejo _____ 409

Capítulo CC. Las letras de México _____ 410

Capítulo CCI. Los nombres de contar _____ 411

Capítulo CCII. El año mexicano _____ 412

Capítulo CCIII. Los nombres de los meses _____ 412

Capítulo CCIV. Nombres de los días _____ 413

Capítulo CCV. Cuenta de los años _____ 415
   Otra semana _____ 416
   La tercera semana de años _____ 416

La cuarta semana _____ 416

Capítulo CCVI. Cinco soles, que son edades _____ 417

Capítulo CCVII. Chichimecas _____ 418

Capítulo CCVIII. Aculuaques _____ 419

Capítulo CCIX. Mexicanos _____ 419

Capítulo CCX. Por qué se llaman aculuaques _____ 422

Capítulo CCXI. Los reyes de México _____ 423

Capítulo CCXII. La manera corriente de heredar _____ 426

Capítulo CCXIII. La jura y coronación del rey _____ 427

Capítulo CCXIV. La caballería del tecuitli _____ 429

Capítulo CCXV. Lo que sienten del alma _____ 432

Capítulo CCXVI. Enterramiento de los reyes _____ 432

Capítulo CCXVII. De cómo queman para enterrar a los reyes de Michoacan _____ 434

Capítulo CCXVIII. Los niños _____ 436

Capítulo CCXIX. Encerramiento de mujeres _____ 438

Capítulo CCXX. De las muchas mujeres _____ 439

Capítulo CCXXI. Ritos del matrimonio _____ 440

Capítulo CCXXII. Costumbres de los hombres _____ 442

Capítulo CCXXIII. Costumbres de las mujeres _____ 443

Capítulo CCXXIV. La vivienda _____ 444

Capítulo CCXXV. Los vinos y la embriaguez _____ 445

Capítulo CCXXVI. Los esclavos ___ 446

Capítulo CCXXVII. Jueces y leyes ___ 447

Capítulo CCXXVIII. Las guerras ___ 448

Capítulo CCXXIX. Los sacerdotes ___ 450

Capítulo CCXXX. Los dioses mexicanos ___ 452

Capítulo CCXXXI. Cómo se aparece el diablo ___ 453

Capítulo CCXXXII. Desollamiento de hombres ___ 454

Capítulo CCXXXIII. Sacrificios de hombres ___ 457

Capítulo CCXXXIV. Otros sacrificios de hombres ___ 458

Capítulo CCXXXV. Una fiesta grandísima ___ 460

Capítulo CCXXXVI. La gran fiesta de Tlaxcala ___ 461

Capítulo CCXXXVII. La fiesta de Quezalcoatl ___ 464

Capítulo CCXXXVIII. Los ayunos de Teouacan ___ 466

Capítulo CCXXXIX. La conversión ___ 467

Capítulo CCXL. La prisa que tuvieron en bautizarse ___ 469

Capítulo CCXLI. Cómo algunos murieron por romper los ídolos ___ 470

Capítulo CCXLII. Cómo cesaron las visiones del diablo ___ 471

Capítulo CCXLIII. Lo bien que libraron los indios con ser conquistados ___ 472

Capítulo CCXLIV. Cosas notables que les faltan _____ 473

Capítulo CCXLV. El trigo y el molino _____ 474

Capítulo CCXLVI. El pajarito vicicilin _____ 475

Capítulo CCXLVII. El árbol metl _____ 476

Capítulo CCXLVIII. Temperatura de México _____ 477

Capítulo CCXLIX. Ha venido tanta riqueza de Nueva España como del Perú ___ 477

Capítulo CCL. Los virreyes de México _____ 478

Capítulo CCLI. Muerte de Hernán Cortés _____ 479
    Don Martín Cortés a la sepultura de su padre _____ 481

Capítulo CCLI. Condición de Cortés _____ 481

BIBLIOGRAFÍA _____ 483
    Obra directa _____ 483
    Obra indirecta _____ 484

Libros a la carta _____ 487

Brevísima presentación

La vida

Francisco López de Gómara (Gómara, 1512-1572). Los biógrafos no se ponen de acuerdo sobre las fechas de su nacimiento y muerte, parece que vivió entre 1510 y 1560. Nació en Sevilla y estudió en la Universidad de Alcalá. Fue uno de los principales cronistas de la conquista española de América; enseñó lenguas clásicas en la Universidad de Alcalá y después se hizo sacerdote y fue secretario y capellán de Hernán Cortés.

López de Gómara presenció muchos acontecimientos militares de su época como secretario y capellán de Cortés y conoció de cerca el temperamento de éste y las intrigas políticas y militares de su época. Participó en la expedición contra Argelia de 1541, liderada por el monarca Carlos V; irónicamente, se informó de la *Historia de la conquista* en medio de aquella contienda africana y nunca estuvo en América.

Algunos dicen que por eso su obra fue prohibida por Felipe II, acusada de no ser fiel a los hechos. Entre otros libros suyos cabe citar sus crónicas de las batallas libradas por la armada de Carlos V y algún texto sobre las tropelías de los piratas del Mediterráneo.

Prólogo

La *Historia de la conquista de México* constituye la parte segunda de la *Historia general de Indias*, como ya hemos indicado.[1] Podemos pensar que la idea primaria de Francisco López de Gómara fue escribir solo sobre la conquista de México, pero para ubicarla en el contexto americano, decidió referirse primero a todo lo acontecido en América. Decimos tal cosa porque los dos textos los escribió durante su residencia en la casa de Hernán Cortés y por supuesto que de sus pláticas con él, y de informaciones recabadas de otros conquistadores, le nació el deseo de escribir y dar a conocer todo lo relativo a la actuación del extremeño en tierras mexicanas.

Para nosotros el plan de la obra tuvo un diseño muy sencillo. Se trataba de referir la actuación de Hernán Cortés durante la conquista de México y, a la vez, dar a conocer quiénes eran las gentes que habitaban estas tierras, así como las costumbres y formas de vida de que eran poseedores. Éste fue el programa que desarrolló López de Gómara al escribir su *Historia de la conquista de México*, como tendremos oportunidad de comprobar en el curso de este estudio.

Su concepto de la historia

Qué mejor que el propio Gómara nos transmita cuál es su pensamiento acerca de la historia, y el método que siguió para escribirla; así nos dice:

> Toda historia, aunque no sea bien escrita, deleita. Por ende, no hay que recomendar la nuestra, sino avisar cómo es tan apacible cuanto nueva por su variedad de cosas, y tan notable como deleitosa por sus muchas extrañezas.[2]

Aquí en parte se está curando en salud por si acaso no gusta, pero al mismo tiempo asegura que será muy deleitosa por sus muchas extrañezas.

En cuanto al método expresa:

---

1 Jorge Gurría Lacroix se refiere a su «Prólogo» para la *Historia general de las Indias*, Barcelona, Linkgua ediciones, 2024 (N. del E.).
2 Francisco López de Gómara, *Historia general de las Indias*, Barcelona, Linkgua ediciones, 2024, pág. 41.

He trabajado por decir las cosas como pasan. Si algún error o falta hubiere, suplidlo vos por cortesía, y si aspereza o blandura, disimulad, considerando las reglas de la historia; que os certifico no ser por malicia. Contar cuándo, dónde y quién hizo una cosa, bien se acierta, empero, decir cómo es dificultoso; y así, siempre suele haber en esto diferencia.[3]

Párrafos abajo escribe: «Por lo cual he tenido en esta mi obra dos estilos, soy breve en la historia (de las Indias) y prolijo en la conquista de México».[4]

Acerca de la manera cómo ve nuestro autor la historia, hay otro ángulo que es su concepción providencialista de la historia.

Nos parece inaudito que López de Gómara, que pasara diez años en Italia y que estuviera al tanto de las corrientes renacentistas que privaban en esa península, permaneciera dentro de las normas de la concepción cristiana de la historia, por tanto del medievalismo imperante en España. Es decir, de la historiografía medieval que reconoce la mano de la Providencia en la historia; pero la reconoce de tal manera que al hombre ya nada le queda por hacer, según expresa Collingwood.

Esta manera de concebir la historiografía cristiana, por naturaleza providencialista, la describe Croce como sigue:

> La divinidad vuelve a descender y a mezclarse antropomórficamente en los asuntos humanos, como personaje preponderante o poderosísimo entre los menos poderosos; y los dioses son ahora los santos y San Pedro y San Pablo intervienen a favor de éste o aquél pueblo; y San Marcos y San Jorge, San Andrés o San Juanario guían los batallones de combatientes, uno en competencia con otro...[5]

Por tanto, el hombre no hace sino cumplir con los designios de la Providencia Divina, convirtiéndose así en un simple ejecutor de sus mandatos. Esta tesis la sustenta Gómara en sus escritos, como comprobaremos a continuación. Así, en la batalla entre Cortés y los de Tabasco, cuando los españoles están

---

3   Ibid., pág. 43.
4   Ibid., pág. 43.
5   Benedetto Croce, *Teoría e historia de la historiografía*, Buenos Aires, Editorial Escuela, 1955, pág. 166.

a punto de ser vencidos, apareció Francisco de Morla en un caballo rucio picado, lo que hizo retraerse a los indios. A poco toman nuevos ímpetus y tornó el caballo una segunda y tercera ocasión. Llegado Cortés:

> Dijéronle lo que habían visto hacer a uno de a caballo, y preguntaron si era de su compañía, y como dijo que no, porque ninguno de ellos había podido venir antes, creyeron que era el apóstol Santiago, patrón de España. Entonces dijo Cortés: adelante, compañeros, que Dios es con nosotros y el glorioso San Pedro. No pocas gracias dieron nuestros españoles cuando se vieron libres de las flechas y muchedumbres de indios, con quien habían peleado, a nuestro Señor, que milagrosamente los quiso librar; y todos dijeron que vieron por tres veces al del caballo rucio picado pelear en su favor contra los indios, según arriba queda dicho; y que era Santiago nuestro patrón.[6]

Tenemos aquí un caso típico de reminiscencias épicas, que podemos parangonar con la actuación de los dioses paganos en los poemas homéricos, pero siempre y cuando tomen en cuenta lo expresado por Croce.

En ésta —la nueva religión cristiana— las fábulas que se fueron formando y los milagros en que se creyó, se espiritualizaron, cesaron de ser supersticiones, o sea algo extraño o discordante respecto de la concepción humanística general, y se pusieron en armonía con la nueva concepción supranaturalista y trascendente a la cual acompañaban. Así el mito y el milagro intensificándose en el cristianismo, se hacían a la vez distintos de los mitos y los milagros de los antiguos.[7]

Ratificamos el acervado providencialismo del clérigo de Cortés en los siguientes párrafos:

> que andaban peleando por los españoles Santa María y Santiago en un caballo blanco, y decían los indios que el caballo hería y mataba tantos con la boca y con los pies y manos como el caballero con la espada, y que la mujer del

---

6 Francisco López de Gómara, *Historia de la conquista de México*, México, Robredo, 1943, Cap. XX.
7 Benedetto Croce, *Op. cit.*, pág. 166.

altar les echaba polvo por las caras y los cegaba; y así, no viendo al pelear, se iban a sus casas pensando estar ciegos, y allá se hallaron buenos (...) que sus dioses eran vanos y su religión falsa, y la nuestra cierta y buena; nuestro Dios justo, verdadero criador de todas las cosas, y la mujer que peleaba era madre de Cristo, Dios de los cristianos, y el del caballo blanco era apóstol del mismo Cristo, venido del cielo a defender aquellos poquitos españoles y a matar tantos indios.[8]

Podemos concluir diciendo que tratándose de Gómara estamos en presencia del más acrecido caso de providencialismo, y que en algunos aspectos denota gran ingenuidad.

Por otra parte, Ramón Iglesia, que tanto y tan bien escudriñara en la obra de nuestro autor, piensa que «Para Gómara, en una palabra, la historia es esencialmente la biografía de los grandes hombres».[9] Y nos proporciona párrafos del mismo que comprueban fehacientemente su aserto, como aquel que dice: «Si la historia lo sufriese todos los conquistadores se habían de nombrar; mas, pues no puede ser, hágalo cada uno en su casa». En este pensamiento está implícito que Gómara solo mencionaría en su *Historia de la conquista...* al hacedor de la misma. Seguramente esto llenó de irritación a Bernal Díaz, porque solo se ocupaba de Hernán Cortés y pasaba por alto las actuaciones de la tropa que había participado en la conquista.[10]

Iglesia saca a colación otros pasajes de las obras de Gómara que ratifican su dicho y que aparecen en la *Crónica de los Barbarrojas* y en los *Anales del emperador Carlos V*, escritos que no son otra cosa sino biografías de esos personajes, por lo que concluye:

Debemos tener muy presente esta claridad de visión de Gómara, este deseo suyo de caracterizar plenamente a sus personajes, con bondades y defectos, dentro de la mayor sobriedad posible. Y de acuerdo con su idea del papel decisivo que las grandes individualidades juegan en la historia. Si se olvida esto se prescinde de un punto de vista esencial, del que hay que partir para

---

8   Francisco López de Gómara, *Historia de la conquista...*, Cap. CV.
9   Ramón Iglesia, *Cronistas e historiadores de la conquista de México*, México, El Colegio de México, 1942, pág. 100.
10 Francisco López de Gómara, *Historia de la conquista...*, Cap. CLXVII.

la comprensión de la obra de Gómara, y especialmente de la *Conquista de México*. Gómara está plenamente dentro de la ideología del Renacimiento al tener un concepto individualista, aristocrático y heroico de la historia. La biografía fue uno de los géneros que más desarrollo alcanzaron [sic] en la época renacentista, época que Burkhardt caracterizó como descubridora del individuo.[11]

Sus fuentes

Ya hemos hecho mención de que en la contraportada de la primera edición de la *Historia general de las Indias* y de la *Conquista de México*, López de Gómara habla acerca de las fuentes por él utilizadas para confeccionar su obra, citando al respecto a Pedro Mártir de Anglería, Hernando Cortés, Gonzalo Fernández de Oviedo y otros más, sin decir los nombres, que han hecho relaciones sobre lo realizado por ellos en América. Todas estas obras hacen referencias a la conquista de México, pero, por supuesto, la que más en particular se refiere a México es la de Hernán Cortés, en sus *Cartas de relación*.

Por otra parte el propio Gómara hace mención a una información que le transmitió Andrés de Tapia sobre el Tzompantli.

> Estos palos hacían muchas aspas por las vigas, y cada tercio de aspa o palo tenía cinco cabezas ensartadas por las sienes. Andrés de Tapia que me lo dijo, y Gonzalo de Umbría, las contaron un día, y hallaron ciento treinta y seis mil calaveras en las vigas y gradas.[12]

Lo anterior muestra que Andrés de Tapia le proporcionó esta noticia, pero lo que calla es que no solo fue esa, sino que ya sea por medio de charlas, o porque tuviera a la vista el manuscrito de la *Relación* de este conquistador, los primeros CI capítulos de la *Historia de la conquista...*, están inspirados o son transcripciones de Tapia, como hemos tenido oportunidad de comprobar en un artículo publicado en las *Memorias de la Academia Mexicana de la*

---

11 Ramón Iglesia, *Op. cit.*, pág. 103.
12 Francisco López de Gómara, *Historia de la conquista...*, Cap. LXXXII.

Historia.[13] En ese pequeño trabajo consideramos haber demostrado nuestro aserto al hacer el cotejo de los textos de Gómara y de Tapia, como en los párrafos que transcribimos:

Tapia dice: «Éste es como nuestros dioses, que todo lo saben, no hay para qué negárselo».[14] Gómara escribe: «Éste es como nuestros dioses, que todo lo sabe; no hay para qué negárselo».[15] La única diferencia es el «saben» por el «sabe», y hay que hacer notar que hasta la puntuación es idéntica.

En otros párrafos Tapia expresa: «Si el capitán quisiere ser loco e irse donde lo maten, váyase solo; e no lo sigamos».[16] Gómara dice: «Si el capitán quiere ser loco e irse donde lo maten, váyase solo; no lo sigamos».[17]

Creemos que es obvio seguir comparando los textos de Tapia y Gómara, pues los citados son lo suficientemente explícitos para demostrar que, el segundo, aprovechó ya sea las informaciones verbales o los escritos del primero para escribir su *Historia de la conquista...*, sin hacer la correspondiente referencia o cita de los mismos.

Sin embargo, no descartamos la posibilidad de que en alguno de esos capítulos pudiera haber usado otra fuente además de Tapia.

Ramón Iglesia y Joaquín Ramírez Cabañas señalan en sus escritos que Francisco López de Gómara se sirvió de la obra de fray Toribio de Motolinía para redactar su *Historia de la conquista de México*. El primero hizo un cotejo de textos de Gómara y Motolinía, principalmente en la parte relativa al Mundo Indígena, que no deja lugar a dudas acerca de la utilización que hizo el clérigo de Cortés de los escritos del franciscano, pero expresa que «Gómara hizo una valiosa labor de ordenación y selección de los datos suministrados por el franciscano».[18]

---

13 Jorge Gurría Lacroix, «Andrés de Tapia y la *Historia de la conquista de México* escrita por Francisco López de Gómara», *Memorias de la Academia Mexicana de la Historia*, México, N.º 4, octubre-diciembre 1969, t. XVIII.
14 Andrés de Tapia, «Relación», *Colección de documentos para la historia de México*, publicada por Joaquín García Icazbalceta, México, Portal de Agustinos, 1866, t. II, pág. 576.
15 Francisco López de Gómara, *Historia de la conquista...*, Cap. LX.
16 Andrés de Tapia, *Op. cit.*, pág. 571.
17 Francisco López de Gómara, *Historia de la conquista...*, Cap. LI.
18 Ramón Iglesia, *Op. cit.*, pág. 187 y sigd..

Por su parte Ramírez Cabañas, en su «Introducción», y en notas a pie de plana atribuye a Motolinía algunos datos y textos de la obra de Gómara.[19]

El maestro Edmundo O'Gorman en su estudio sobre Motolinía expresa: «El autor [Gómara] no cita expresamente el libro de Motolinía, pero es indubitable que lo utilizó en la parte relativa a la conquista de México. Cf. capítulos 24, 67-82, 200-246. Así, sabemos que Gómara conoció el libro de Motolinía en su compilación definitiva, puesto que hace referencia a capítulos finales de la cuarta y última parte de la obra».[20]

A este respecto hay que advertir que hemos dicho en párrafos anteriores que los CI primeros capítulos de la obra de Gómara son transcripciones o están inspirados en la *Relación* de Andrés de Tapia y que en el caso del capítulo XXIV, Ramírez Cabañas dice que lo único que hizo nuestro autor fue tomar las grafías de los nombres indígenas de la obra de Motolinía. En cuanto al capítulo LXXXII es obvio que pertenece a la *Relación* de Tapia, ya que el propio Gómara cita a Tapia como su informante acerca del osario o Tzompantli. Respecto a los capítulos 200 a 246, sí es notorio que fueron utilizados por el clérigo de Cortés.

Ahora bien, ¿cómo pudo Gómara haber consultado el manuscrito de Motolinía? Edmundo O'Gorman piensa que fue después de 1543 cuando fray Toribio terminó su libro y que entre 1544 o 1545 estaría en España, en donde lo pudo utilizar Gómara, para componer su *Historia*, la que apareció en 1552.[21]

Puede uno pensar que dada la influencia que Hernán Cortés ejercía sobre los franciscanos y aun sobre Motolinía, tuviera oportunidad de que le facilitaran el manuscrito y aun tenerlo en su casa, lugar en donde pudo haberlo consultado Gómara.

De todas las obras anteriormente citadas obtuvo datos Gómara para redactar su *Historia*, pero no debemos olvidar que en los años 1522, 1523, 1524, 1525, 1526, 1532 y 1550, aparecieron impresas las *Cartas de relación*

---

19 Francisco López de Gómara, *Historia de la conquista...*, pág. 18, 100, 213, etcétera.
20 Edmundo O'Gorman, «Estudio analítico de los escritos históricos de Motolinía», Fray Toribio de Motolinía, *Memoriales*, México, UNAM, Instituto de Investigaciones Históricas, 1971, pág. LX.
21 Edmundo O'Gorman, *Op. cit.*, pág. XLIX y L.

de Hernán Cortés, y que, de 1540 a 1547 fue su confesor y vivió en su casa, ya en Valladolid, ya en Castilleja de la Cuesta.

Por tanto, dicho clérigo debió estar mejor enterado que nadie de los escritos de Cortés, y que éste, a cada momento hacía mención de ellos para comprobar lo que le refería en sus continuas charlas.

Uno puede imaginar que el ambiente de la residencia del conquistador estaba impregnado de la *Historia de la conquista*, y que éste, a cada paso hacía reminiscencias de todo lo acaecido, tanto de sus victorias como de sus descalabros, y que estos últimos le hacían saltar las lágrimas, por sus compañeros muertos.

Además Gómara no solo aprovechó los escritos de Cortés sino que durante su permanencia de largos siete años, en su casa, tuvo la oportunidad de enterarse por boca del propio conquistador de todo lo acaecido en la campaña de México.

No hace falta gran imaginación para poder reconstruir una escena muy común en la residencia del extremeño. En ella estarían representados éste y su confesor, los dos sentados cómodamente, mas el primero, en el calor de la charla se levantaba, alzaba la voz y gesticulaba, al emocionarse, al hacer el relato de los sucedidos más interesantes de la conquista. Gómara estaba seguramente provisto de pluma y papel para ir tomando algunas notas. En otras ocasiones, Cortés le dictaba al pie de la letra, no pudo esto ser de otra manera, ya que en la obra del clérigo de Soria aparecen alocuciones del conquistador de distintas dimensiones, y, en algunos casos hasta entrecomillados, lo que indica que éste fue el procedimiento seguido. De ello, daremos varios ejemplos:

Oración de Cortés a los soldados.
Señores y amigos: Yo os escogí por mis compañeros, y vosotros a mí por vuestro capitán, y todo para en servicio de Dios y acrecentamiento de su santa fe, y para servir también a nuestro rey, y aun pensando hacer de nuestro provecho. Yo, como habéis visto, no os he faltado ni enojado, ni por cierto vosotros a mí hasta aquí: más empero ahora siento flaqueza en algunos, y poca gana de acabar la guerra que traemos entre manos; y si a Dios place, acabada es ya, a lo menos entendido hasta do llega el daño que nos puede

hacer. El bien que de ella conseguiremos, en parte lo habéis visto, aunque lo que tenéis de ver y haber es sin comparación mucho más, y excede su grandeza a nuestro pensamiento y palabras.[22]

La plática que hizo Cortés a los de México sobre los ídolos.
Todos los hombres del mundo, muy soberano rey, y nobles caballeros y religiosos, ora vosotros aquí, ora nosotros allá en España, ora en cualquier parte, que vivan de él, tienen un mismo principio y fin de vida, y traen su comienzo y linaje de Dios, casi con el mismo Dios. Todos somos hechos de una manera de cuerpo, de una igualdad de ánima y de sentidos; y así, todos somos, no solo semejantes en el cuerpo y alma, más aún también parientes en sangre; empero acontece, por la providencia de aquel mismo Dios, que unos nazcan hermosos y otros feos; unos sean sabios y discretos, otros necios, sin entendimiento, sin juicio ni virtud; por donde es justo, santo y muy conforme a razón y a la voluntad de Dios, que los prudentes y virtuosos enseñen y doctrinen a los ignorantes, y guíen a los ciegos y que andan errados, y los metan en el camino de salvación por la vereda de la verdadera religión.[23]

Oración de Cortés después de la Noche Triste.
Yo, señores, haría lo que me rogáis y mandáis, si os cumpliese, porque no hay ninguno de vosotros, cuanto más todos juntos, por quien no ponga mi hacienda y vida si lo ha menester, pues a ello me obligan cosas que, si no soy ingrato, jamás las olvidaré. Y no penséis que no haciendo esto que ahincadamente pedís, disminuyo o desprecio vuestra autoridad, pues muy cierto es que con hacer al contrario la engrandezco y le doy mayor reputación; porque yéndonos se acabaría, y quedando, no solo se conserva, mas se acrecienta. ¿Qué nación de las que mandaron el mundo no fue vencida alguna vez? ¿Qué capitán, de los famosos digo, se volvió a su casa porque perdiese una batalla o le echasen de algún lugar? Ninguno ciertamente; que si no perseverara, no saliera vencedor ni triunfara.[24]

---

22 Francisco López de Gómara, *Historia de la conquista...*, Cap. LII.
23 Ibid., Cap. LXXXVI.
24 Ibid., Cap. CXIV.

Consideramos que las transcripciones hechas de los discursos que nuestro autor hace decir a Hernán Cortés, demuestran plenamente nuestro aserto en el sentido de que parte del texto de su *Historia de la conquista de México* le fue proporcionado directamente por el conquistador.

La controversia Bernal Díaz-Gómara

En 1540 Bernal Díaz del Castillo partió de la Nueva España rumbo a la metrópoli, bien pertrechado con toda clase de recomendaciones y con su información de méritos y servicios. Después de penosos reveses e intemperancias de parte de los funcionarios del Real Consejo, se le extendió una cédula favorable a sus designios.

En 1541 llega Bernal a Guatemala, pero no se establece en ella hasta 1549. Es llamado de España en 1550, participando en la Junta de Valladolid, con el carácter de «conquistador más antiguo de la Nueva España». Mas su estancia en la península fue breve, enterándonos por una carta que dirige a Carlos V, que el 22 de febrero de 1552, ya se encontraba en Santiago de Guatemala. Este documento echó por tierra nuestra esperanza de que en ese viaje hubiere podido adquirir la *Historia de las Indias* y *Conquista de México*, de Francisco López de Gómara, pues según reza en el colofón, apareció en «víspera de Navidad de mil quinientos cincuenta y dos».[25]

No fue sino ya en Guatemala cuando Díaz del Castillo tuvo oportunidad de conocer la *Historia* de Gómara, y, así nos dice:

> Estando escribiendo en esta mi crónica, por acaso vi lo que escriben Gómara e Illescas y Jovio en las conquistas de México y Nueva España, y desde que las leí y entendí y vi de su policía y éstas mis palabras tan groseras y sin primor, dejé de escribir en ella, y estando presentes tan buenas historias.[26]

Es decir, consideró que estaban tan bien escritas que lo suyo desmerecería y paró su redacción. Pero más tarde tornó a leerlas y, como contenían tan gran número de inexactitudes y exageraciones,

---

25 *Cartas de Indias*, Madrid, Manuel G. Hernández, 1877, t. I, pág. 38.
26 Bernal Díaz del Castillo, *Historia verdadera de la conquista de la Nueva España*, México, Robredo, 1944, Cap. XVIII.

torné a proseguir mi relación, porque la verdadera policía y agraciado componer es decir verdad en lo que he escrito. Y mirando esto acordé de seguir mi intento con el ornato y pláticas que verán, para que salga a luz, y hallarán las conquistas de la Nueva España claramente como se han de ver. Quiero volver con la pluma en la mano, como el buen piloto lleva la sonda, descubriendo bajos por la mar adelante, cuando siente que los hay; así haré yo en decir los borrones de los cronistas; mas no será todo, porque si parte por parte se hubiesen de escribir sería más la costa de recoger la rebusca que en las verdaderas vendimias.[27]

En otras palabras, la falta de veracidad en los cronistas y en especial de Gómara, es el incentivo que tuvo Bernal Díaz para continuar su *Relación*, aunque dudamos que la hubiese iniciado antes de que cayera en sus manos el libro del clérigo de Cortés, o sea que si escribió fue porque le indignó que toda o gran parte de la gloria sobre la conquista la hiciera recaer sobre Hernán Cortés. Sobre todo le debió molestar aquella frase de Gómara: «Si la historia lo sufriese todos los conquistadores se habían de nombrar; mas, pues no puede ser, hágalo cada uno en su casa».[28]

Este desatentado párrafo debió llenar de cólera y rabia a Bernal Díaz, porque entre otras cosas iba en contra de su ego, pues para nada se hace mención de su nombre y actuación en la Conquista.

Lo que no confiesa Díaz del Castillo es que gracias a nuestro autor pudo tener a la vista todo un grandioso panorama de la conquista de México, y todo ello organizado cronológicamente, utilizando un armazón lógico y sistemático que solo es factible cuando el autor es poseedor de una disciplina universitaria y la correspondiente cultura, como es el caso de Francisco López de Gómara. Por tanto podemos asegurar que si no hubiera existido el Gómara, Bernal Díaz tal vez nunca hubiera logrado escribir su *Historia verdadera*. Por otra parte hay que tomar en cuenta que también le sirvió para refrescarle la memoria de algunos hechos ya confusos, ya olvidados.

En ocasiones la envidia y maledicencia de Bernal llega al grado de:

---

27   Ibidm Cap. XVIII.
28   Francisco López de Gómara, *Historia de la conquista...*, Cap. CLXXVII.

más bien se parece que Gómara fue aficionado a hablar tan loablemente del valeroso Cortés, y tenemos por cierto que le untaron las manos, pues que a su hijo, el marqués que ahora es, le eligió su crónica, teniendo a nuestro rey y señor, que con derecho se le había de elegir y encomendar. Y habían de mandar borrar los señores del Real Consejo de Indias los borrones que en sus libros van escritos.[29]

La agresividad del conquistador de Medina del Campo, llega aquí hasta pedir que sea proscripto el libro de Gómara.

Rebate al de Soria, cuando asegura que en la batalla de Tabasco se aparecieron los apóstoles Santiago o señor San Pedro y termina diciendo que «y yo como pecador, no fuese digno de verlo».

Demuestra su intemperancia cuando expresa: «Esto es lo que pasó en este pueblo de Cempoal, y no otra cosa que sobre ello hayan escrito Gómara ni los demás cronistas, que todo es burla y trampas».[30]

Quejas y sinsabores contiene el siguiente trozo de la *Historia verdadera*:

> que he visto que el cronista Gómara no escribe en su historia ni hace mención si nos mataban o estábamos heridos, ni pasábamos trabajo, ni adolecíamos, sino todo lo que escribe es como quiere va a bodas, y los hallábamos hecho. ¡Oh cuán mal le informaron los que tal le aconsejaron que lo pusiese así en su historia! Y a todos los conquistadores nos ha dado qué pensar, en lo que ha escrito, no siendo así, y debía considerar que desde que viésemos su historia habíamos de decir la verdad.[31]

Tan ingenua como falsa afirmación es desmentida a cada paso en los escritos del clérigo de Cortés, como cuando expresa:

> Quedaron este día en el un reencuentro y en el otro muchos indios muertos y heridos, y de los españoles fueron algunos heridos, pero ninguno muerto, y todos dieron gracias a Dios, que los libró de tanta multitud de enemigos.[32]

---

29 Bernal Díaz del Castillo, *Op. cit.*, Cap. XVIII.
30 Ibid., Cap. LII.
31 Ibid., Cap. LXVI.
32 Francisco López de Gómara, *Historia de la conquista*, Cap. XLVI.

Y en otro lugar: «Y pelearon con ellos los indios reciamente, y los mataron cuatro españoles, hirieron a muchos otros de los nuestros, y no murieron de ellos sino pocos».[33]

Es también interesante advertir, que en el mencionado párrafo de Bernal se contiene una reprimenda contra los que le informaron a nuestro cronista, o sea contra Cortés, cuando escribe: «¡Oh cuán mal le informaron los que tal le aconsejaron que lo pusiese así en su historia!».[34]

Tropezamos de nuevo con las murmuraciones de Bernal Díaz, al asentar

> y en esto que escribe es por sublimar a Cortés y abatir a nosotros los que con él pasamos, y sepan que hemos tenido por cierto los conquistadores verdaderos que esto vemos escrito, que le debieron dar oro a Gómara y otras dádivas porque lo escribiese de esta manera porque en todas las batallas o reencuentros éramos los que sostenían a Cortés, y ahora nos aniquila en lo que dice este cronista.[35]

Pedro Bernal demuestra tal indignación y odio en contra de Gómara, que asegura que dos personas que habían leído su *Historia* se mostraron tan descontentas con las falsedades que contenía que «juraron que habían de romper el libro e historia de Gómara que tenían en su poder, pues tantas cosas dice fuera de lo que pasó que no son verdad».[36]

En su afán de contrariar el dicho del cronista ni se da cuenta de la figura alegórica que se representa en esta transcripción: «Y aquí dice el cronista Gómara en su historia que, por venir el río tinto en sangre, los nuestros pasaron sed, por causa de la sangre».[37] A nadie escapa que se trata de pura ficción.

Continúa Bernal con sus lloriqueos y vuelve a la carga diciendo:

---

33   Ibid., Cap. CVI.
34   Bernal Díaz del Castillo, *Op. cit.*, Cap. LXVI.
35   Ibid., Cap. CXXIX.
36   Ibid., Cap. CXLI.
37   Ibid., Cap. CXLII.

Lo que veo en estos escritos —de Gómara e Illescas— y en sus crónicas solamente es alabanza de Cortés, y callan y encubren nuestras ilustres y famosas hazañas, con las cuales ensalzamos al mismo capitán en ser marqués y tener la mucha renta y fama y nombradía que tiene, y éstos que escribieron es quien no se hallaron presentes en la Nueva España; y sin tener verdadera relación ¿cómo lo podían escribir, sino del sabor de su paladar, sin ir errados, salvo que en las pláticas que tomaron del mismo marqués?[38]

Su resentimiento es tan acendrado que osa acusar a Cortés de mal informar a Gómara, razón por la cual éste dijo cosas no ciertas.

Ramón Iglesia, nuestro admirado investigador de los textos de la Conquista, nos proporciona una valiosa conclusión sobre la disputa bernaldina:

Me remito a todo el estudio que vengo haciendo, en especial al de las críticas de Bernal Díaz y al análisis mismo del libro de Gómara que viene a continuación. El escepticismo y el espíritu crítico, llevados a la exageración, tienen grandes fallas en el terreno de los estudios históricos. Bien está que se confronten textos y se aquilaten testimonios; pero que se llegue al extremo de rechazar un libro porque utiliza los datos de la conquista suministrados por el propio Cortés es un caso monstruoso de la deformación a que puede llevar el cientifismo histórico. Se reúnen ávidamente noticias de toda índole, se desentierran documentos y crónicas menudas, se coleccionan puntos de vista diversos para lograr una visión de conjunto más cabal, y se da de lado al biógrafo más inmediato de Cortés. ¿Es que no era éste un hombre que pudiera inspirar admiración y entusiasmo? ¿Es que no denota una alta calidad humana la adhesión de Gómara al conquistador en momentos que lo más cómodo y lo más lucrativo hubiera sido atacarle y rebajar sus méritos? ¿Habrá que buscar el origen de la devoción de Gómara en los quinientos ducados que recibió por escribir el libro?[39]

---

38 Ibid., Cap. CCXII.
39 Ramón Iglesia, *Op. cit.*, pág. 153.

La Conquista de México en Gómara

La grande y profunda veneración que sentía Francisco López de Gómara por el conquistador de México, dio motivo a que su *Historia de la conquista de México*, la dedicara al muy ilustre señor don Martín Cortés marqués del Valle, a quien le expresa que:

> A ninguno debo intitular, muy ilustre señor, la *Conquista de México*, sino a vuestra señoría, que es hijo del que lo conquistó. Para que así como heredó el mayorazgo herede también la historia. En lo uno consiste la riqueza, y en lo otro la fama. De manera que andarán juntos honra y provecho.

Se ha pensado que el haber dedicado su obra al hijo de Cortés y no al monarca español, unido a los innumerables elogios que vierte sobre este conquistador, fueron la causal que determinó la prohibición que se descargó en 1553 en contra de la *Historia general de las Indias* y *Conquista de México*, que continuara aún después de 1572.

Pasando adelante coincidimos con Iglesia que

> Gómara tiene de la historia un concepto individualista, aristocrático y heroico. Que para él la historia es en esencia una colección de semblanzas de grandes personajes. Según esta concepción, el relato de la Conquista de México será la biografía de Hernán Cortés.[40]

> La perspectiva es amplia; pero el punto de origen es la vida de un hombre. Dentro de sus límites caben los hechos más variados, más ricos en consecuencias.[41]

En efecto la *Historia de la conquista*, se inicia con el nacimiento de Cortés y termina con su fallecimiento.

No podía faltar en un escrito de tal índole un retrato físico moral del personaje estudiado y así aparece:

---

40 Ibid., pág. 158.
41 Ibid., pág. 138.

Era Fernando Cortés de buena estatura, rehecho y de gran pecho; el color ceniciento, la barba clara, el cabello largo. Tenía gran fuerza, mucho ánimo, destreza en las armas. Fue travieso cuando muchacho, y cuando hombre fue asentado; y así, tuvo en la guerra buen lugar, y en la paz también. Fue muy dado a mujeres, y diose siempre. Lo mismo hizo al juego, y jugaba dados a maravilla bien y alegremente. Fue muy gran comedor, y templado en el beber, teniendo abundancia. Sufría mucho la hambre con necesidad (...). Era recio porfiando, y así tuvo más pleitos que convenía a su estado (...). Tratábase como señor, y con tanta gravedad y cordura, que no daba pesadumbre ni parecía nuevo (...). Era celoso en su casa, siendo atrevido en las ajenas; condición de putañeros. Era devoto rezador (...)[42]

Esta pintura que hace Gómara del extremeño no puede ser considerada como un panegírico, no es sino la realidad misma, en que se sacan a colación las grandes virtudes y los grandes defectos de su personalidad, y nadie mejor que él para ejecutarlo, dado que convivió con Hernán Cortés durante siete años.

No escatima elogios a Cortés cuando habla acerca de su poder de organización y de su habilidad como militar.

Este fue el aparato que Cortés hizo para su jornada. Con tan poco caudal ganó tan gran reino. Tal y no mayor ni menor, fue la flota que llevó a tierras extrañas que aún no sabía. Con tan poca compañía venció innumerables indios. Nunca jamás hizo capitán con tan chico ejército tales hazañas, ni alcanzó tantas victorias ni sujetó tamaño imperio. Ningún dinero llevó para pagar aquella gente, antes fue muy adeudado.[43]

Concede especial importancia al episodio relativo a Jerónimo de Aguilar, quien facilitó enormemente el entendimiento con los indígenas, pues durante su estancia en Yucatán aprendió la lengua maya, gracias a lo cual don Hernando tomó contacto con la cultura maya y pudo así entenderse con sus habitantes.[44]

---

42   Francisco López de Gómara, *Historia de la conquista...*, Cap. CCLII.
43   Ibid., Cap. VIII.
44   Ibid., Cap. XII.

Respecto a la Malinche consigna una información errónea, en la que hace decir a esta indígena que era nativa de Viluta, Jalisco, siendo que lo era de Painalla, una localidad de la Provincia de Coatzacoalcos. Lo que preocupa es que conociendo Cortés tan bien a Marina, Gómara asentara que era de Jalisco.[45]

En la batalla de Cintla o de Tabasco, es en donde Gómara da las más fervientes muestras de su acendrado providencialismo, al hacer consistir la victoria obtenida por Cortés, en la aparición del apóstol Santiago, patrón de España.[46]

Relata la impresión que causó a los indígenas el desembarco de los españoles en los arenales de Chalchiucueyehcan:

> Los indios contemplaron mucho el traje, gesto y barbas de los españoles. Maravillábanse de ver comer y correr a los caballos. Temían del resplandor de las espadas. Caíanse en el suelo del golpe y estruendo que hacía la artillería, y pensaban que se hundía el cielo a truenos, y rayos; y de las naos decían que venía el Dios Quetzalcóatl con sus templos a cuestas; que era Dios del aire, que se había ido y lo esperaban.[47]

Nos informa de cómo los totonacos enteran al capitán de que existían bandos en la tierra y gran descontento en contra de Moctezuma.[48]

Con gran suavidad y sin hacer mención de las maniobras poco limpias de Cortés, nos dibuja todo lo concerniente a la fundación del Ayuntamiento de la Villa Rica de la Veracruz, por medio del cual se desligó de la autoridad de Diego Velázquez.[49]

En relación con las pláticas entre el capitán y los caciques de Zempoala y Quiahuiztlan refiere su comportamiento político-diplomático en estos términos:

---

45 Ibid., Cap. XXVI.
46 Ibid., Cap. XX.
47 Ibid., Cap. XXVI.
48 Ibid., Cap. XXVIII.
49 Ibid., Cap. XXX y XXXI.

Hizo prender a los alguaciles; soltolos; congraciose de nuevo con Moctezuma, alteró aquel pueblo y la comarca; ofrecióseles a la defensa, y dejolos rebelados para que tuviesen necesidad de él.[50]

Transcribe la larga lista de los obsequios que remitió a Carlos V, en la nao capitana, en la que iban Francisco de Montejo, Alonso Hernández Puerto Carrero y Antón de Alaminos. Junto con esos regalos envió cartas, dando relación de lo hasta entonces acontecido.[51]

Cuando los Velazquiztas se amotinan contra Cortés, nos dice Gómara que sufrió gran enojo, lo que se convirtió en proceso en contra de los inculpados, los que confesos fueron sentenciados, unos a muerte y otros a azotes.[52]

El famoso capítulo de la destrucción de las naves, lo maneja como sigue:

> Y para que le siguiesen todos aunque no quisiesen, acordó quebrar los navíos; cosa recia y peligrosa y de gran pérdida; a cuya causa tuvo bien que pensar, y no porque le doliesen los navíos, sino porque no se lo estorbasen los compañeros; porque sin duda se lo estorbaran y aun se amotinaran de veras si lo entendieran. Determinado pues de quebrantos, negoció con algunos maestros que secretamente barrenasen sus navíos, de suerte que se hundiesen, sin los poder agotar ni atrapar; y rogó a otros pilotos que echasen fama cómo los navíos no estaban más para navegar de cascados y roídos de broma.[53]

Por supuesto que primero fueron desmantelados y después se aprovechó también la tablazón para la construcción de las casas de la Villa Rica de Quiahuiztlan. Como corolario expresa:

> Pocos ejemplos de éstos hay, y aquellos son de grandes hombres, como fue Omich Barbarroja, del brazo cortado, que pocos años antes de esto quebró

---

50 Ibid., Cap. XXXVI.
51 Ibid., Cap. XXXIX.
52 Ibid., Cap. XLI.
53 Ibid., Cap. XLII.

siete galeones, y fustas por tomar a Bujía, según yo largamente lo escribo en las batallas de mar de nuestros tiempos.[54]

Describe la entrada de los españoles a México-Tenochtitlan, la fastuosidad del gobernante mexica y su grandeza, siendo lo más trascendente el discurso que Moctezuma dirige al capitán, que da a conocer inveteradas tradiciones que habían de facilitar en un alto porcentaje la conquista del imperio tenochca. Transcribiremos la parte más significativa:

> Señor y caballeros míos, mucho huelgo de tener tales hombres como vosotros en mi casa y reino, para les poder hacer alguna cortesía y bien, según vuestro merecimiento y mi estado; y si hasta aquí os rogaba que no entrásedes acá, era porque los míos tenían grandísimo miedo de veros; porque espantabais a la gente con estas vuestras barbas fieras, y que traíais unos animales que tragaban los hombres, y que como veníais del cielo, abajabais de allá rayos, relámpagos y truenos, con que hacíais temblar la tierra, y heríais al que os enojaba o al que os antojaba; mas como ya ahora conozco que sois hombres mortales, honrados, y no hacéis daño alguno, y he visto los caballos, que son como ciervos, y los tiros, que parecen cerbatanas, tengo por burla y mentira lo que me decían, y aun a vosotros por parientes, porque según mi padre me dijo, que lo oyó también al suyo, nuestros pasados y reyes de quien yo desciendo no fueron naturales de esta tierra, sino advenedizos, los cuales vinieron con un gran señor, y que de allí a poco se fue a su naturaleza; y que al cabo de muchos años tornó por ellos; mas no quisieron ir, por haber poblado aquí, y tener ya hijos y mujeres y mucho mando en la tierra. Él se volvió muy descontento de ellos, y les dijo a la partida que enviaría sus hijos a que los gobernasen y mantuviesen en paz y justicia, y en las antiguas leyes y religión de sus padres. A esta causa pues hemos siempre esperado y creído que algún día vendrían los de aquellas partes a nos sujetar y mandar, y pienso yo que sois vosotros, según de donde venís, y la noticia que decís que ese vuestro gran rey emperador que os envía, ya de nos tenía. Así que,

---

54 Ibid., Cap. XLIII.

señor capitán, sed cierto que os obedeceremos, si ya no traéis algún engaño o cautela, y partiremos con vos y los vuestros lo que tuviéremos.⁵⁵

Vierte gran alabanza sobre el de Medellín a propósito de la victoria que obtuviere en Otumba.

No ha sabido más notable hazaña ni victoria en Indias después que se descubrieron; y cuantos españoles vieron pelear este día a Fernando Cortés afirman que nunca hombre peleó como él, ni los suyos así acaudilló, y que él solo por su persona los libró a todos.⁵⁶

Hace resaltar la lealtad de la nación tlaxcalteca, cuando Xicoténcatl el Mozo, aconseja a su pueblo se combata contra los españoles, siendo inculpado por Maxizcatzin y arrojado gradas abajo del templo.⁵⁷

Estando los españoles en Tlaxcala, restableciéndose de la derrota de la «Noche Triste», Cortés redacta unas ordenanzas que son indicadoras de su talento legislativo.⁵⁸

El lanzamiento de los bergantines en el lago de Tetzcoco debió ser un espectáculo maravilloso, que dejó atónitos a los mexicas.

Cortés con gran emoción se dirigió a su tropa en esta forma:

Hermanos y compañeros míos, ya veis acabados y puestos a punto aquellos bergantines, y bien sabéis cuánto trabajo nos cuesta, y cuánta costa y sudor a nuestros amigos hasta haberlos puesto allí; muy gran parte de la esperanza que tengo de tomar en breve a México está en ellos; porque con ellos, o quemaremos presto todas las barcas de la ciudad, o las acorralaremos allá dentro en las calles, con lo cual haremos tanto daño a los enemigos cuanto con el ejército de tierra, que menos pueden vivir sin ellas que sin comer; cien mil amigos tengo para sitiar a México, que son, según ya conocéis, los más diestros y valientes hombres de estas partes; para que no os falte la comida

---

55 Ibid., Cap. LXVI.
56 Ibid., Cap. CXI.
57 Ibid., Cap. CXII.
58 Ibid., Cap. CXX.

está proveído cumplidísimamente. Lo que a vosotros toca es pelear como soléis, y rogar a Dios por la salud y victoria, pues es suya la guerra.[59]

Desesperados los mexicanos de no poder defender su ciudad y del desastre que se cernía sobre la nación, imploraban la muerte, llorando lastimosamente:

¡Ah capitán Cortés! pues eres hijo del Sol, ¿por qué no acabas con el que nos acabe? ¡Oh Sol! que puedes dar vuelta al mundo en tan breve espacio de tiempo como es un día con su noche, mátanos ya, y sácanos de tanto y tan largo penar; que deseamos la muerte por ir a descansar con Quetzalcóatl, que nos está esperando. Tras esto lloraban y llamaban sus dioses a grandes voces.[60]

La guerra termina con el apresamiento de Cuauhtémoc, quien al ser presentado ante el capitán español le dice:

Ya yo he hecho todo mi poder para me defender a mí y a los míos, y lo que obligado era para no venir a tal estado y lugar como estoy; y pues vos podéis agora hacer de mí lo que quisiéredes, matadme, que es lo mejor. Cortés lo consoló y le dio buenas palabras y esperanza de vida y señorío. Subiole a una azotea y rogó mandase a los suyos que se diesen; él lo hizo, y ellos, que serían obra de setenta mil, dejaron las armas en viéndole.[61]

Esfuerzo evangelizador de Cortés

En las llamadas Bulas Alejandrinas de 1493, por medio de las cuales el papado donaba la tierra americana a los monarcas españoles, se estableció la obligación de evangelizar a los habitantes de las tierras recién descubiertas.

Por ello en las instrucciones que se daban a conquistadores y colonizadores, se les exigía cumplir con lo convenido en las Bulas de referencia. Así, a Hernán Cortés, en las instrucciones que le diera Diego Velázquez en 23 de octubre de 1518, se le exigía en la cláusula número catorce «Y cuidad mucho

---

59 Ibid., Cap. CXXX.
60 Ibid., Cap. CXLII.
61 Ibid., Cap. CXLIII.

de doctrinarlos en la verdadera fe, pues ésta es la causa principal porque sus altezas permiten estos descubrimientos».

El capitán español fue un gran cumplidor de los deseos de los monarcas españoles para catequizar a los naturales, cosa que comprobaremos con las informaciones que nos proporciona Gómara.

Ésta su labor la inicia apenas llegado a Cozumel, les quitó y destruyó los ídolos poniendo en su lugar cruces e imágenes de la virgen, la cual según el confesor de Cortés la adoraron con tanta devoción, que salían después con ella a los navíos españoles que tocaban en la isla diciendo: «Cortés, Cortés», y cantando «María, María».[62]

Consigna Gómara la siguiente prédica evangelizadora en Tabasco que atribuye a Cortés:

> Y en cuanto a lo que tocaba a la religión, les dijo la ceguedad y vanidad grandísima que tenían en adorar muchos dioses, en hacerles sacrificios de sangre humana, en pensar que aquellas estatuas les hacían el bien o mal que les venía, siendo mudas, sin ánima, y hechura de sus mismas manos. Dioles a entender un Dios, criador del cielo y de la tierra y de los hombres, que los cristianos adoraban y servían, y que todos lo debían adorar y servir. En fin, tanto les predicó, que quebraron sus ídolos y recibieron la cruz, habiéndoles declarado primero los grandes misterios que en ella hizo y pasó el Hijo del mismo Dios.[63]

Después de la batalla de Centla organiza una procesión el Domingo de Ramos y oficia en una misa el padre Juan Díaz.[64]

En Tlaxcala continúa sus trabajos evangelizadores, que Gómara nos da a conocer, así como la opinión de los indígenas al respecto:

> Viendo pues que guardaban justicia y vivían en religión, aunque diabólica, siempre que Cortés les hablaba, les predicaba con los farautes rogándoles que dejasen los ídolos y aquella cruel vanidad que tenían matando y comiendo hombres sacrificados, pues ninguno de todos ellos quería ser muerto ni

---

62   Ibid., Cap. XI y XIII.
63   Ibid., Cap. XXIII.
64   Ibid., Cap. XXIII.

así comido, por más religioso ni santo que fuese; y que tomasen y creyesen el verdadero Dios de cristianos que los españoles adoraban, que era el criador del cielo y de la tierra, y el que llovía y criaba todas las cosas que la tierra produce, para solo uso y provecho de los mortales.[65]

Más adelante nos da la versión de un discurso del extremeño en el que encontramos la síntesis de su pensamiento sobre la tarea evangelizadora:

> La causa principal a que venimos a estas partes es por ensalzar y predicar la fe en Cristo, aunque juntamente con ella se nos sigue honra y provecho, que pocas veces caben en un saco. Derrocamos los ídolos, estorbamos que no sacrificasen ni comiesen hombres, y comenzamos a convertir indios aquellos pocos días que estuvimos en México. No es razón que dejemos tanto bien comenzado, sino que vamos a do nos llama la fe y los pecados de nuestros enemigos, que merecen un gran azote y castigo; que si bien os acordáis, los de aquella ciudad, no contentos de matar infinidad de hombres, mujeres y niños delante las estatuas en sus sacrificios por honra de sus dioses, y mejor hablando, diablos, se los comen sacrificados; cosa inhumana y que mucho Dios aborrece y castiga, y que todos los hombres de bien, especialmente cristianos, abominan, defienden y castigan. Allende de esto, cometen sin pena ni vergüenza el maldito pecado por que fueron quedadas y asoladas aquellas cinco ciudades con Sodoma. Pues ¿qué mayor ni mejor premio desearía nadie acá en el suelo que arrancar estos males y plantar entre estos crueles hombres la fe, publicando el santo Evangelio?[66]

Hernán Cortés, consideró, según Gómara que para poder cumplir con la labor de evangelización, los encomenderos debieran tener en cada pueblo un clérigo o un fraile para enseñar la doctrina y entender en la conversión porque muchos pedían el bautismo.[67]

Hay que recordar que el conquistador en todas sus cartas pedía al monarca español el envío de gente del clero regular para proceder a la conversión de los indígenas, cumpliéndose con esto en el año de 1524 en

---
65 Ibid., Cap. LVI.
66 Ibid., Cap. CXXI.
67 Ibid., Cap. CLXVII.

que arribaron a México los primeros doce franciscanos, capitaneados por fray Martín de Valencia. Cortés los recibió con gran acatamiento, se quitaba la gorra cada vez que les hablaba, ponía la rodilla en tierra y les besaba su raído hábito; todo ello para dar ejemplo ante los indios que se habían de volver cristianos. Tal proceder de Cortés los maravillaba, por tratarse de un capitán tan poderoso y tomaban su ejemplo.

Es así como nuestro autor ve los trabajos evangelizadores que Hernán Cortés desarrolló en la conquista y colonización de la Nueva España.

El mundo indígena en Gómara

El descubrimiento de México por los castellanos trajo consigo el choque de dos mundos: europeo e indígena. El primero cristiano-monoteísta; el segundo pagano-politeísta. Era natural que el europeo del siglo XVI considerara como un horror las prácticas religiosas de los indígenas y que se quedara estupefacto ante los sacrificios humanos y la antropofagia, ésta de carácter ritual. Por otra parte, inveteradas tradiciones sostenían la creencia del regreso de Quetzalcóatl, por lo que al arribar individuos con características físicas que se tuvieran por semejantes a las atribuidas al sacerdote tolteca, se estableció la confusión pensándose que Cortés era Quetzalcóatl y teules todos sus acompañantes.

Las primeras impresiones sobre las formas de vida de los indígenas fueron recogidas desde muy temprano por un clérigo, los soldados cronistas y miembros del clero regular que se interesaron por dar a conocer, no solo lo que ellos estaban presenciando en ese momento sino también la historia de sus antigüedades.

Por supuesto que al analizar estas fuentes se hace indispensable tomar muy en cuenta que estos europeos no estaban en aptitud de poder captar e interpretar la vida e instituciones políticas, sociales y religiosas de este original y esotérico mundo, con el que tan poca afinidad tenían, máxime que en tan corto tiempo de entrar en su conocimiento, no era viable entenderlo, en tratándose de hombres que tenían una tan distinta concepción de la vida y del universo. Pero esto no debe ser tomado sino en forma general, pues en el caso de los individuos de las órdenes religiosas, que empezaron por aprender las lenguas indígenas, sí tuvieron elementos para profundizar en las culturas prehispánicas.

Así, las primeras relaciones son, en muchos casos, de gran riqueza para enterarnos del mundo indígena en todos sus aspectos y han sido el origen de muchas crónicas e historias posteriores.

En el caso de López de Gómara, obtuvo su información sobre el Mundo Indígena, de las *Cartas de relación* de Cortés y de los *Memoriales* de fray Toribio de Motolinía, pero a pesar de ello no deja de tener importancia lo que consigna al respecto, porque todo ello pasa por su tamiz interpretativo.

Jorge Gurría Lacroix

Dedicatoria

Al muy ilustre señor don Martín Cortés, Marqués del Valle

A nadie debo dedicar, muy ilustre Señor, la Conquista de México, sino a vuestra señoría, que es hijo del que lo conquistó, para que, así como heredó el mayorazgo, herede también la historia. En lo uno consiste la riqueza, y en lo otro la fama; de manera que andarán juntos honra y provecho. Mas, empero, esta herencia os obliga a seguir mucho lo que nuestro padre, Hernando Cortés, hizo, como a gastar bien lo que os dejó. No es menor loa ni virtud, ni quizá trabajo, guardar lo ganado que ganar de nuevo, pues así se conserva la hacienda, que sostiene la honra, para conservación y perpetuidad de lo cual se inventaron los mayorazgos; pues es cierto que con las muchas particiones se disminuyen las haciendas, y con la disminución de ellas se apoca y hasta se acaba la nobleza y recuerdo; aunque también se han de acabar, tarde o temprano, los mayorazgos y reinos, como cosa que tuvo principio, o por falta de casta o por caso de guerra, por lo que siempre suele haber mudanza de señoríos. La historia dura mucho más que la hacienda, pues nunca le faltan amigos que la renueven, ni la impiden las guerras; y cuanto más se añeja, más se aprecia. Se acabaron los reinos y linajes de Nino, Darío, y Ciro, que comenzaron los imperios de asirios, medos y persas: mas duran sus nombres y famas en las historias. Los reyes godos de nuestra España murieron con Rodrigo, pero sus gloriosos hechos viven en las crónicas. No deberíamos meter en esta cuenta a los reyes de los judíos, cuyas vidas y mudanzas contienen grandes misterios; sin embargo, no permanecieron mucho en el estado de David, varón según el corazón de Dios. Son de Dios los reinos y señoríos: Él los mida, quita y da a quien y como le place, pues así lo dijo Él mismo por el Profeta; y también quiere que se escriban las guerras, hechos y vidas de reyes y capitanes, para recuerdo, aviso y ejemplo de los demás mortales; y así lo hicieron Moisés, Esdrás y otros santos. La conquista de México y conversión de los de la Nueva España, justamente se puede y debe poner entre las historias del mundo, así porque fue bien hecha, como porque fue muy grande. Por ser buena, la escribo aparte de las otras, como muestra de todas. Fue grande, no en el tiempo, sino en los hechos, pues se conquistaron muchos y grandes reinos con poco daño y sangre de los naturales, y se bautizaron muchos millones de personas, las cuales viven, a Dios gracias, cristianamente. Dejaron los hombres las muchas mujeres que tenían, casando con una sola; perdieron la sodomía, enseñados de cuán sucio pecado y contra natura era; desecharon su infinidad de ídolos, creyendo en Dios nuestro Señor; olvidaron el sacrificio de hombres vivos, aborrecieron la comida de carne humana, cuando solían matar y comer hombres todos los días; pues estaban tan cautivos del diablo que sacrificaban y comían hasta mil hombres algún día, solo en México, y otros tantos en Tlaxcala, y por consiguiente en cada gran ciudad cabeza de provincia, crueldad jamás oída y que desatina el entendimiento. Permanezca, pues, el nombre y memoria de quien conquistó tanta tierra, convirtió tantas personas, derribó tantos dioses, impidió tanto sacrificio y comida de hombres. No encubra el olvido la prisión de Moctezuma, rey poderosísimo; la toma de México, ciudad fortísima, ni su reedificación, que fue grandísima. Esto basta por memorial de la conquista: no parezca alabar mi propia obra si todo lo trato, pues quien la considere, sentirá más de lo que yo puedo encarecer en una carta. Solamente digo que vuestra señoría, cuya vida y estado nuestro Señor prospere, se puede preciar tanto de los hechos de su padre como de los bienes, pues tan cristiana y honradamente los ganó.

Francisco López de Gómara

Capítulo I. Nacimiento de Hernán Cortés

El año 1485, siendo reyes de Castilla y Aragón los católicos don Fernando y doña Isabel, nació Hernán Cortés en Medellín. Su padre se llamó Martín Cortés de Monroy, y su madre doña Catalina Pizarro Altamirano: entrambos eran hidalgos, pues todos estos cuatro linajes, Cortés, Monroy, Pizarro y Altamirano, son muy antiguos, nobles y honrados. Tenían poca hacienda, empero mucha honra, lo cual raras veces acontece si no es en personas de buena vida, y no solamente los honraban sus vecinos por la bondad y cristiandad que conocían en ellos, sino que hasta ellos mismos se preciaban de ser honrados en todas sus palabras y obras, por lo que vinieron a ser muy bienquistos y amados de todos. Ella fue muy honesta, religiosa, severa y reservada; él fue devoto y caritativo. Siguió la guerra cuando mancebo, siendo teniente de una compañía de jinetes por su pariente Alonso de Hermosa, capitán de Alonso Monroy, clavero de Alcántara; el cual se quiso hacer maestre de su orden contra la voluntad de la Reina, por cuya causa le hizo guerra don Alonso de Cárdenas, maestre de Santiago. Se crió tan enfermo Hernán Cortés, que llegó muchas veces a punto de muerte; mas con una devoción que le hizo María de Esteban, su ama de leche, vecina de Oliva, sanó. La devoción fue echar en suerte los doce apóstoles y darle por abogado el último que saliese, y salió San Pedro, en cuyo nombre se dieron algunas misas y oraciones, con las cuales quiso Dios que sanase. Desde entonces tuvo siempre Cortés por su especial abogado y devoto al glorioso apóstol de Jesucristo San Pedro, y celebraba todos los años su día en la iglesia y en su casa, dondequiera que se hallase. A los catorce años de edad lo enviaron sus padres a estudiar a Salamanca, donde estudió dos años, aprendiendo gramática en casa de Francisco Núñez de Valera, que estaba casado con Inés de Paz, hermana de su padre. Se volvió a Medellín harto o arrepentido de estudiar, o quizá falto de dinero. Mucho sintieron los padres su vuelta, y se enojaron con él porque dejaba el estudio, pues deseaban que aprendiese leyes, facultad rica y de honra entre todas las demás, pues era de muy buen ingenio y hábil para todo. Daba y tomaba enojos y ruido en casa de sus padres, pues era bullicioso, altivo, travieso, amigo de armas, por lo cual determinóse a seguir ese camino. Se le ofrecían dos caminos a la sazón muy a su propósito y a su inclinación: uno era Nápoles, con Gonzalo

Fernández de Córdoba, que llamaban el Gran Capitán; el otro las indias, con Nicolás de Ovando, comendador de Larez, que iba como gobernador. Pensó cuál de los dos viajes le estaría mejor, y al cabo decidió de pasar a las Indias, porque Ovando le conocía y se encargaría de él, y porque también le atraía aquel viaje más que el de Nápoles, a causa del mucho oro que de allí se traía. Pero mientras que Ovando preparaba su partida y disponía la flota que tenía que llevar, entró Hernán Cortés una noche a una casa por hablar con una mujer, y andando por la pared mal cimentada de un trascorral, cayó con ella. Al ruido que hizo la pared y las armas y broquel que llevaba, salió un recién casado, que, cuando le vio caído cerca de su puerta, lo quiso matar, sospechando algo de su mujer; sin embargo, una vieja, suegra suya, se lo estorbó. Quedó enfermo de la caída, y le reaparecieron las cuartanas, que le duraron mucho tiempo; y así no pudo ir con el gobernador Ovando. Cuando curó, determinóse a pasar a Italia, según primero había ya pensado, y para ir allí se encaminó a Valencia; mas no pasó a Italia, sino que se anduvo a la flor del berro, aunque no sin trabajos y necesidades, cerca de un año. Volvióse a Medellín con determinación de pasar a las indias, y sus padres le dieron la bendición y dinero para ir.

Capítulo II. Edad que tenía Cortés cuando pasó a las Indias
Tenía Hernán Cortés diecinueve años cuando, el año 1504 de nacer Cristo, pasó a las Indias, y de tan poca edad se atrevió a ir por sí mismo tan lejos. Hizo flete y matalotaje en una nao de Alonso Quintero, vecino de Palos de Moguer, que iba en conserva de otras cuatro, con mercadería; las cuales tuvieron próspera navegación desde Sanlúcar de Barrameda hasta la Gomera, isla de Canarias, donde se proveyeron de refresco y comida suficiente a tan largo camino como llevaban. Alonso Quintero, por codicia, partió una noche sin hablar a los compañeros, para llegar antes a Santo Domingo y vender más pronto o más caro sus mercaderías que ellos; pero así que se hizo a la vela, cargó tanto el tiempo, que le rompió el mástil de la nave, por lo cual le fue forzoso volver a la Gomera, y rogar a los otros que lo esperasen, pues aún no habían salido, mientras él adobaba su mástil. Ellos lo esperaron, y partieron todos juntos, y caminaron a vista unas de otras gran pedazo en mar. Quintero, que vio el tiempo calmado, se adelantó otra vez

de la compañía, poniendo, como anteriormente, la esperanza de la ganancia en la rapidez del camino; y como Francisco Niño de Huelva, que era el piloto, no sabía guiar la nao, llegó un momento en que no sabían de sí, cuanto más dónde estaban. Sorprendíanse los marineros, estaba triste el piloto, lloraban los pasajeros, y ni sabían el camino hecho ni el por hacer. El patrón echaba la culpa al piloto, y el piloto al patrón, pues, al parecer, iban enfadados. Con todo esto escaseaban las viandas y faltaba el agua, pues no bebían sino de la que llovía, y todos se confesaron. Unos maldecían su suerte, otros pedían misericordia, esperando la muerte, pues algunos ya se la tenían tragada, o llegar a tierra de caribes, donde se comen a los hombres. Estando, pues, en esta tripulación, llegó a la nao una paloma el Viernes Santo, cuando estaba a punto de ponerse el Sol, y se sentó en la gavia. Todos la tuvieron por buena señal; y como les parecía milagro, lloraban de placer: unos decían que venía a consolarlos, otros que la tierra estaba cerca; y así, daban gracias a Dios, y dirigían la nave hacia donde volaba el ave. Desapareció la paloma, y se entristecieron mucho, pero no perdieron las esperanzas de ver pronto tierra. Y así, en la misma Pascua descubrieron la isla Española; y Cristóbal Zorzo, que vigilaba, dijo: «Tierra, tierra», voz que alegra y consuela a los navegantes. Miró el piloto, y reconoció la punta de Samaná, y al cabo de tres o cuatro días entraron en Santo Domingo, que tan deseada tenían, donde ya hacía muchos días que estaban las otras cuatro naos.

Capítulo III. Tiempo que residió Cortés en Santo Domingo
No estaba el gobernador Ovando en la ciudad cuando llegó Cortés a Santo Domingo, pero un secretario suyo, que se llamaba Medina, lo hospedó e informó del estado de la isla y de lo que debía hacer. Le aconsejó que avencindase allí, y que le darían una caballería, que es un solar para casa, y algunas tierras para labrar. Cortés, que pensaba llegar y cargar de oro, tuvo en poco aquello, diciendo que prefería ir a recoger oro. Medina le dijo que lo pensase mejor, pues el hallar oro era dicha y trabajo. Volvió el gobernador, y fue Cortés a besarle las manos y a darle cuenta de su venida y de las cosas de Extremadura, y se quedó allí por lo que Ovando le dijo; y al poco tiempo se fue a la guerra que hacía Diego Velázquez en Aniguaiagua, Buacaiarima y otras provincias que aún no estaban pacificadas, con el alzamiento de

Anacoina, una gran señora, viuda. Le dio Ovando algunos indios en tierra del Daiguao, y la escribanía del ayuntamiento de Azua, una villa que había fundado, donde vivió Cortes cinco o seis años, y se dedicó a granjerías. Quiso entonces pasar a Veragua, que tenía fama de riquísima, con Diego de Nicuesa, y no pudo, por una postema que se le hizo en la corva derecha, la cual le dio la vida, o al menos le quitó de muchos trabajos y peligros que pasaron los que allá fueron, según en la historia contamos.

Capítulo IV. Algunas cosas que le pasaron en Cuba a Hernán Cortés
Envió el almirante don Diego Colón, que gobernaba las Indias, a Diego Velázquez que conquistase Cuba, el año 11, y le dio la gente, armas y cosas necesarias. Hernán Cortés fue a la conquista como oficial del tesorero Miguel de Pasamonte, para llevar cuenta de los quintos y hacienda del rey; y hasta el mismo Diego Velázquez se lo rogó, por ser hábil y diligente. En la repartición que hizo Diego Velázquez después de conquistada la isla, dio a Cortés los indios de Manicarao, en compañía de su cuñado Juan Suárez. Vivió Cortés en Santiago de Baracoa, que fue la primera población de aquella isla. Crió vacas, ovejas y yeguas; y así, fue el primero que allí tuvo hato y cabaña. Sacó gran cantidad de oro con sus indios, y muy pronto llegó a ser rico, y puso 2.000 castellanos en compañía de Andrés de Duero, con el que trataba. Tuvo gracia y autoridad con Diego Velázquez para despachar negocios y entender en edificios, como fueron la casa de la fundición y un hospital. Llevó a Cuba Juan Suárez, natural de Granada, a tres o cuatro hermanas suyas y a su madre, que habían ido a Santo Domingo con la virreina doña María de Toledo, el año 9, con el pensamiento de casarse allí con hombres ricos, pues ellas eran pobres; y hasta una de ellas, que tenía por nombre Catalina, solía decir muy de veras que tenía que ser gran señora, o porque lo soñase, o porque se lo dijese algún astrólogo, aunque dicen que su madre sabía muchas cosas. Eran las Suárez bonitas; por lo cual, y por haber allí pocas españolas, las festejaban muchos, y Cortés a Catalina, con la que al fin se casó, aunque primero tuvo sobre ello algunas pendencias y estuvo preso, pues no la quería él por mujer, y ella le reclamaba la palabra. Diego Velázquez la favorecía por amor a otra hermana suya, que tenía mala

fama, y hasta él era demasiado mujeril. Le acosaban Baltasar Bermúdez, Juan Suárez, don Antonio Velázquez y un tal Villegas para que se casase con ella; y como le querían mal, dijeron muchos males de él a Diego Velázquez acerca de los negocios que le encargaban, y que trataba con algunas personas cosas nuevas en secreto. Lo cual, aunque no era verdad, lo parecía, porque muchos iban a su casa, y se quejaban de Diego Velázquez, o porque no les daba repartimiento de indios, o se lo daba pequeño. Diego Velázquez creyó esto, con el enojo que de él tenía porque no se casaba con Catalina Suárez, y le trató mal de palabra en presencia de muchos, y hasta lo metió preso. Cortés, que se vio en el cepo, temió algún proceso con testigos falsos, como suele acontecer en aquellos sitios. Rompió el pestillo del candado del cepo, cogió la espada y rodela del alcalde, abrió una ventana, se descolgó por ella, y se fue a la iglesia. Diego Velázquez riñó a Cristóbal de Lagos, diciendo que había soltado a Cortés por dinero o soborno, y procuró sacarlo con engaños del lugar sagrado, y hasta por la fuerza; pero Cortés entendía las palabras y resistía la fuerza; sin embargo, un día se descuidó y le cogieron paseando delante de la puerta de la iglesia, el alguacil Juan Escudero y otros, y lo metieron en una nave que había debajo. Entonces favorecían muchos a Cortés, comprendiendo haber pasión en el gobernador. Cortés, cuando se vio en la nave, desconfió de su libertad, y tuvo por cierto que lo enviarían a Santo Domingo o a España. Probó muchas veces a sacar el pie de la cadena, y tanto hizo, que lo sacó, aunque con grandísimo dolor. Cambió luego aquella misma noche su ropa con el mozo que lo servía; salió por la bomba sin ser sentido; se coló rápidamente por un lado del navío al esquife, y se fue con él; mas para que no le siguiesen, soltó el barco de otro navío que allí junto estaba. Era tanta la corriente de Macaguanigua, río de Baracoa, que no pudo entrar con el esquife, porque remaba solo y estaba cansado, y ni aun supo tomar tierra. Temiendo ahogarse si volcaba el barco, se desnudó y se ató con un turbante sobre la cabeza algunas escrituras que tenía, como escribano de Ayuntamiento y oficial del tesorero, y que obraban contra Diego Velázquez; se tiró al mar, y salió nadando a tierra. Fue a su casa, habló a Juan Suárez, y se metió otra vez en la iglesia con armas. Diego Velázquez envió a decir entonces a Cortés que lo pasado, pasado, y que fuesen amigos como antes, para ir sobre algunos isleños que andaban levantados. Cortés se casó con Catalina Suárez, porque lo había prometido y por vivir en paz, y no quiso hablar a Diego Velázquez en muchos días. Salió Diego Velázquez con mucha gente contra los alzados, y dijo Cortés a su cuñado Juan Suárez que le sacase fuera de la ciudad una lanza y una ballesta, y él salió de la iglesia al anochecer, y cogiendo la ballesta, se fue con el cuñado a una granja donde estaba Diego Velázquez solo con sus criados, pues los demás estaban aposentados en un lugar cerca de allí, y aún no habían venido todos, porque era el primer día. Llegó tarde, y al tiempo que miraba Diego Velázquez el libro de la despensa; llamó a la puerta, que estaba abierta, y dijo al que respondió que era Cortés, que quería hablar al Señor gobernador, y tras esto se metió dentro. Diego Velázquez temió, por verle armado y a tal hora, y le rogó que cenase y descansase sin recelo. Él dijo que no venía más que a saber las quejas que de él tenía, y a satisfacerle y a ser su amigo y servidor. Estrecháronse las manos como amigos, y después de muchas pláticas se acostaron juntos en una cama, donde los halló a la mañana siguiente Diego de Orellana, que fue a ver al gobernador y a decirle que Cortés se había ido. De esta manera volvió Cortes a la amistad de antes con Diego Velázquez, y se fue con él a la guerra; y cuando volvió creyó ahogarse en el mar, pues viniendo de las bocas de Bani, de ver a unos pastores e indios que tenía en las minas, a Baracoa, donde vivía, se le volvió la canoa de noche a media legua de tierra y con tempestad; mas salió a nado, atinando por una lumbre de pastores que cenaban junto al mar: por semejantes peligros y rodeos corren su camino los muy excelentes varones, hasta llegar a donde les está guardada su buena dicha.

Capítulo V. Descubrimiento de Nueva España
Francisco Hernández de Córdoba descubrió Yucatán, según ya contamos en otra parte, yendo por indios o a rescatar, en tres navíos que armaron él, Cristóbal Morante y Lope Ochoa de Caicedo, el año 17. El cual, aunque no trajo más que heridas del descubrimiento, trajo relación de cómo aquella tierra era rica en oro y plata, y la gente vestida. Diego Velázquez, que gobernaba la isla de Cuba, envió luego, al año siguiente, a Juan de Grijalva, sobrino suyo, con doscientos españoles en cuatro navíos, pensando ganar mucha plata y oro, por las cosas de rescate que enviaba, a donde Francisco

Hernández decía. Fue, pues, Juan de Grijalva a Yucatán, peleó con los de Champoton, y salió herido. Entró en el río de Tabasco, que llaman por esto Grijalva, en el cual rescató, por cosas de poco valor, mucho oro, ropa de algodón y lindas cosas de pluma. Estuvo en San Juan de Ulúa; tomó posesión de aquella tierra por el rey en nombre de Diego Velázquez, y cambió su mercería por piezas de oro, mantas de algodón y plumajes; y si se hubiera dado cuenta de esta bondad, hubiera poblado en tan rica tierra, como le rogaron sus compañeros, y hubiese sido lo que fue Cortés; mas no era tanto bien para quien no supo conocerlo; aunque él se excusaba diciendo que no había ido a poblar sino a rescatar y descubrir si aquella tierra de Yucatán era isla. También lo dejó por miedo a la mucha gente y gran tierra, viendo que no era isla, pues entonces huían de entrar en Tierra Firme. Había también muchos que deseaban ir a Cuba, como era Pedro de Alvarado, que se perdía por una isleña; y así procuró volver, con la relación de lo hasta allí sucedido, a Diego Velázquez. Recorrió la costa Juan de Grijalva hasta Pánuco, y volvió a Cuba, rescatando con los naturales oro, pluma y algodón, a pesar de la mayoría, y hasta lloraba porque no querían volver con él: tan de poco era. Tardó cinco meses desde que salió hasta que regresó a la misma isla, y ocho desde que salió de Santiago hasta que volvió a la ciudad, y cuando llegó no lo quiso ver Diego Velázquez; que fue su merecido.

Capítulo VI. Rescate que obtuvo Juan de Grijalva
Rescató Juan de Grijalva con los indios de Potonchan, de San Juan de Ulúa y de otros lugares de aquella costa tantas y tales cosas, que hubieran querido los de su compañía quedarse allí, y por tan poco precio, que se hubieran alegrado de feriar con ellos cuanto llevaban. Valía más la obra de muchas de ellas que el material. Consiguió, en fin, lo siguiente:
 Un idolillo de oro, hueco.
 Otro idolejo de lo mismo, con cuernos y cabellera, que tenía un sartal al cuello, un moscador en la mano, y una piedrecita por ombligo.
 Una especie de patena de oro delgada, y con algunas piedras engastadas.
 Un casquete de oro, con dos cuernos y cabellera negra.
 Veintidós arracadas de oro, cada una con tres colgantes de lo mismo.

Otras tantas arracadas de oro, y más pequeñas.
Cuatro ajorcas de oro muy anchas.
Un escarcelón delgado de oro.
Una sarta de cuentas de oro huecas, y con una rana de ello bien hecha.
Otra sarta de lo mismo con un leoncito de oro.
Un par de zarcillos de oro grandes.
Dos aguilitas de oro bien vaciadas.
Un salerillo de oro.
Dos zarcillos de oro y turquesa, cada uno con ocho colgantes.
Una gargantilla para mujer, de doce piezas, con veinticuatro colgantes de piedras.
Un collar de oro, grande.
Seis collaritos delgados de oro.
Otros siete collares de oro con piedras.
Cuatro zarcillos de hoja de oro.
Veinte anzuelos de oro, con los que pescaban.
Doce granos de oro, que pesaron 50 ducados.
Una trenza de oro.
Planchuelas delgadas de oro.
Una olla de oro.
Un ídolo de oro, hueco y delgado.
Algunas bronchas delgadas de oro.
Nueve cuentas de oro huecas, con su extremo.
Dos sartas de cuentas doradas.
Otra sarta de palo dorado, con canutillos de oro.
Una tacita de oro, con ocho piedras moradas y veintitrés de otros colores.
Un espejo de dos caras, guarnecido de oro.
Cuatro cascabeles de oro.
Una salserita delgada de oro.
Un botecito de oro.
Algunos collarcillos de oro, que valían poco, y algunas arracadillas de oro pobres.
Una especie de manzana hueca de oro.

Cuarenta hachas de oro, con mezcla de cobre, que valían hasta 2.500 ducados.
Todas las piezas que son necesarias para armar un hombre, de oro delgado.
Una armadura de palo, con hojas de oro y piedrecitas negras.
Un penachuelo de cuero y oro.
Cuatro armaduras de palo para las rodillas, cubiertas de hoja de oro.
Dos escarcelones de madera, con hojas de oro.
Dos rodelas, cubiertas de plumas de muchos y finos colores.
Otras rodelas de oro y plumas.
Un plumaje grande de colores, con una avecica en medio al natural.
Un abanico de oro y plumas.
Dos moscadores de plumas.
Dos cantaritos de alabastro, llenos de diversas piedras algo finas, y entre ellas una que valió 2.000 ducados.
Algunas cuentas de estaño.
Cinco sartas de cuentas de barro, redondas y cubiertas de hoja de oro muy delgada.
Ciento treinta cuentas huecas de oro.
Otros muchos sartales de palo y barro dorado.
Otras muchas cuentas doradas.
Unas tijeras de palo dorado.
Dos máscaras doradas.
Una máscara de mosaico con oro.
Cuatro máscaras de madera doradas, de las cuales una tenía dos varas derechas de mosaico con turquesillas, y otra las orejas de lo mismo, aunque con más oro.
Otra era del mismo mosaico de la nariz arriba, y la otra de los ojos arriba.
Cuatro platos de palo, cubiertos de hoja de oro.
Una cabeza de perro, cubierta de piedrecitas.
Otra cabeza de animal, de piedra guarnecida de oro, con su corona y cresta y dos colgantes, todo ello de oro más delgado.
Cinco pares de zapatos como esparteñas.
Tres cueros encarnados.

Siete navajas de pedernal, para sacrificar.
Dos escudillas de palo pintadas, y un jarro.
Una ropilla con medias mangas de pluma de colores, muy graciosa.
Una especie de peinador de algodón fino.
Una manta grande y fina de plumas.
Muchas mantas delgadas de algodón.
Otras muchas mantas groseras de algodón.
Dos tocas o almaizales de buen algodón.
Muchos pinetes de suave olor.
Mucho ají y otras frutas.

Trajo, además de esto, una mujer que le dieron, y algunos hombres que cogió; por uno de los cuales le daban lo que pesase en oro, y no lo quiso dar.

Trajo también noticias de que había amazonas en ciertas islas, y muchos lo creyeron espantados de las cosas que traía rescatadas por tan bajísimo precio, pues no le habían costado todas ellas más que:

Seis camisas de lienzo basto.
Cinco turbantes.
Tres zaragüelles.
Cinco servillas de mujer.
Cinco cintas anchas de cuero, bordadas de hiladizo de colores, con sus bolsas y yesqueros.
Muchas bolsitas de badana.
Muchas agujetas de un herrete y de dos.
Seis espejos doradillos. Cuatro medallas de vidrio.
Dos mil cuentas verdes de vidrio, que tuvieron por finas.
Cien sartas de cuentas de muchos colores.
Veinte peines, que estimaron en mucho.
Seis tijeras, que les agradaron.
Quince cuchillos, grandes y pequeños.
Mil agujas de coser y dos mil alfileres.
Ocho alpargatas.
Unas tenazas y martillo.
Siete caperuzas de color.

Tres sayos de colores, guarnecidos con jirones.
Un sayo de frisa con su caperuza.
Un sayo de terciopelo verde traído, con una gorra negra de terciopelo.

Capítulo VII. Diligencia y gasto que hizo Cortés en armar la flota
Como tardaba Juan de Grijalva más de lo que tardó Francisco Hernández en volver, o en enviar aviso de lo que hacía, despachó Diego Velázquez a Cristóbal de Olid en una carabela, en socorro y a saber de él, encargándole que volviese en seguida con cartas de Grijalva; sin embargo, Cristóbal de Olid anduvo poco por Yucatán, y sin hallar a Juan de Grijalva se volvió a Cuba, lo cual fue un gran perjuicio para Diego Velázquez y para Grijalva; porque si hubiese llegado a san Juan de Ulúa o más adelante, hubiese hecho quizá poblar allí a Grijalva; mas él dijo que le convino dar la vuelta, por haber perdido las áncoras. Llegó Pedro de Alvarado, después de partir Cristóbal de Olid, con la relación del descubrimiento y con muchas cosas de oro, pluma y algodón, que se habían rescatado, por las cuales, y con lo que dijo de palabra, se alegró y maravilló Diego Velázquez con todos los españoles de Cuba; mas temió la vuelta de Grijalva, porque le decían los enfermos que vinieron de allí que no tenía gana de poblar, y que la tierra y gente era mucha y guerrera, y hasta porque desconfiaba de la prudencia y valor de su pariente. Así es que determinó enviar allá algunas naos con gente y armas y mucha quincallería, pensando enriquecer por rescates y poblar por la fuerza. Rogó a Baltasar Bermúdez que fuese; y como le pidió 3.000 ducados para ir bien armado y provisto, le dejó, diciendo que de esta manera sería mayor el gasto que el provecho. Tenía poco estómago para gastar, porque era codicioso, y quería enviar armada a costa ajena, que casi había hecho así la de Grijalva, porque Francisco de Montejo puso un navío y mucho bastimento. Y Alonso Hernández Portocarrero, Alonso de Ávila, Diego de Ordas y otros muchos fueron a su costa con Juan de Grijalva. Habló a Hernán Cortés para que armasen ambos a medias; porque tenía 2.000 castellanos de oro en compañía de Andrés de Duero, mercader; y porque era hombre diligente, discreto y esforzado, le rogó que fuese con la flota, encareciéndole el viaje y negocio. Hernán Cortés, que tenía mucho valor y deseos, aceptó la compañía, el gasto y la marcha, creyendo que no sería mucho el costo,

así que pronto se pusieron de acuerdo. Enviaron a Juan de Saucedo, que había venido con Alvarado, a sacar una licencia de los frailes jerónimos que gobernaban entonces, para poder ir a rescatar para los gastos, y a buscar a Juan de Grijalva, pues sin ella no podía nadie rescatar, que es feriar mercería por oro y plata. Fray Luis de Figueroa, fray Alonso de Santo Domingo y fray Bernaldino Manzanedo, que eran los gobernadores, dieron la licencia para Hernán Cortés, como capitán y armador, con Diego Velázquez, mandando que fuese con él un tesorero y un veedor para procurar y tener el quinto del rey, como era costumbre. Mientras que venía la licencia de los gobernadores, comenzó Hernán Cortés a prepararse para la jornada. Habló a sus amigos y a otros muchos para ver si querían ir con él, y como encontró trescientos que fuesen, compró una carabela y un bergantín que unió a la carabela que trajo Pedro de Alvarado y otro bergantín de Diego Velázquez, y los proveyó de armas, artillería y munición. Compró vino, aceite, habas, garbanzos y otras cosillas. Tomó fiada de Diego Sanz, tendero, una tienda de buhonería en 700 pesos de oro. Diego Velázquez le dio 1.000 castellanos de la hacienda de Pánfilo de Narváez, que tenía en poder por su ausencia, diciendo que no tenía blanca suya; y dio a muchos soldados que iban en la flota dinero, con obligación de mancomún o fianzas. Y capitularon ambos lo que cada uno había de hacer, ante Alonso de Escalante, escribano público y real, el día 23 de octubre del año 18. Volvió a Cuba Juan Grijalva en ese momento y con su venida hubo mudanza en Diego Velázquez, pues ni quiso gastar más en la flota que armaba Cortés, ni hubiese querido que la acabara de armar. Las causas por lo que lo hizo, fueron el querer enviar por sí a solas aquellas mismas naos de Grijalva; ver el gasto de Cortés y el ánimo con que gastaba; pensar que se le alzaría, como había hecho él con el almirante don Diego; oír y creer a Bermúdez y a los Velázquez, que le decían no se fiase de él, que era extremeño, mañoso, altivo, amador de honras, y hombre que se vengaría en aquello de lo pasado. El tal Bermúdez estaba muy arrepentido por no haber tomado aquella empresa cuando se lo rogaron, enterándose entonces del grande y hermoso rescate que Grijalva traía, y qué rica tierra era la recientemente descubierta. Los Velázquez hubiesen querido, como parientes, ser los capitanes y cabezas de la armada, aunque no servían para ello, según dicen. Pensó también Diego Velázquez que aflojando él, cesaría

Cortés; y como procedía en el negocio, le echó a Amador de Larez, persona muy principal, para que dejase la idea, puesto que Grijalva había vuelto, y que le pagaría lo gastado. Cortés, comprendiendo los pensamientos de Diego Velázquez, dijo a Larez que no dejaría de ir, siquiera por la vergüenza, ni desharía compañía. Y si Diego Velázquez quería enviar a otro, armando por sí, que lo hiciese, pues él ya tenía licencia de los padres gobernadores. Y así, habló con su amigos y personas principales, que se preparaban para la jornada, a ver si le seguirían y le favorecerían. Y como viese en ellos la mejor amistad y ayuda, comenzó a buscar dinero; y tomó fiados 4.000 pesos de oro de Andrés de Duero, Pedro de Jerez, Antonio de Santa Clara, mercaderes, y de otros, con los cuales compró dos naos, seis caballos, y muchos trajes. Socorrió a muchos, tomó casa, hizo mesa, y comenzó a ir con armas y mucha compañía, de lo que muchos murmuraban, diciendo que tenía estado sin señorío. Llegó en esto a Santiago Juan de Grijalva, y no le quiso ver Diego Velázquez, porque se vino de aquella rica tierra, y sentía que Cortés fuese allí tan pujante; mas no le pudo estorbar la marcha, porque todos le seguían, tanto los que allí estaban, como los que venían con Grijalva; pues si lo hubiese intentado con rigor, hubiese habido revuelta en la ciudad, y hasta muertes; y como no era parte, disimuló. Todavía mandó que no le diesen vituallas, según muchos dicen. Cortés procuró salir en seguida de allí. Publicó que iba por su cuenta, puesto que había vuelto Grijalva, diciendo a los soldados que no habían de tener qué hacer con Diego Velázquez. Les dijo que se embarcasen con la comida que pudiesen. Cogió a Fernando Alfonso los puercos y carneros que tenía para pesar al día siguiente en la carnicería, dándole una cadena de oro, en forma de abrojos, en pago y para la pena de no dar carne a la ciudad. Y salió de Santiago de Baracoa el 18 de noviembre, con más de trescientos españoles, en seis navíos.

Capítulo VIII. Hombres y navíos que Cortés llevó a la conquista
Salió Cortés de Santiago con muy poco bastimento para los muchos que llevaba y para la navegación, que todavía era incierta; y envió después de salir a Pero Suárez Gallinato de Porra, natural de Sevilla, en una carabela por bastimentos a Jamaica, mandándole ir con lo que comprase al cabo de Corrientes o punta de San Antón, que es lo último de la isla hacia poniente;

y él se fue con los demás a Macaca. Compró allí trescientas cargas de pan y algunos puercos a Tamayo, que tenía la hacienda del rey. Fue a la Trinidad, y compró un navío a Alonso Guillén, y de particulares tres caballos y quinientas cargas de grano. Estando allí tuvo aviso de que Juan Núñez Sedeño pasaba con un navío cargado de vituallas para vender a unas minas. Envió a Diego de Ordás en una carabela bien armada, para que lo tomase y llevase a la punta de San Antón. Ordás fue a él y lo tomó en el canal de los jardines, y lo llevó a donde le habían mandado. Y Sedeño y otros se vinieron a la Trinidad con el registro de lo que llevaban, que eran cuatro mil arrobas de pan, mil quinientos tocinos y muchas gallinas. Cortés les dio unas lazadas y otras piezas de oro en pago, y un conocimiento, por el cual fue Sedeño a la conquista. Recogió Cortés en la Trinidad cerca de doscientos hombres de los de Grijalva, que estaban y vivían allí y en Matanzas, Cárdenas y otros lugares. Y enviando los navíos delante, se fue con la gente por tierra a La Habana, que estaba poblada entonces a la parte del sur en la boca del río Onicaxinal. No le quisieron vender allí ningún mantenimiento los vecinos, por cariño a Diego Velázquez; mas Cristóbal de Quesada, que recaudaba los diezmos del obispo, y un receptor de bulas, le vendieron dos mil tocinos y otras tantas cargas de maíz, yuca y ajes. Abasteció con esto la flota razonablemente, y comenzó a repartir la gente y comida por los navíos. Llegaron entonces con una carabela Pedro de Alvarado, Cristóbal de Olid, Alonso de Ávila, Francisco de Montejo y otros muchos de la compañía de Grijalva, que habían ido a hablar con Diego Velázquez, con cartas para Cortés, en las que le rogaba esperase un poco, que o iría él o enviaría a comunicarle algunas cosas que convenían a entrambos; y otras para Diego de Ordás y para otros, donde les rogaba que prendiesen a Cortés. Ordás convidó a Cortés a un banquete en la carabela que llevaba a su cargo, pensando llevarle con ella a Santiago; pero Cortés, entendida la trama, fingió al tiempo de la comida que le dolía el estómago, y no fue al convite; y parta que no estallase ningún motín, se metió en su nao. Hizo señal de recoger, como es costumbre. Mandó que todos fuesen tras él a San Antón, donde todos llegaron pronto y con bien. Pasó después Cortés revista en Guaniguanigo, y halló quinientos cincuenta españoles; de los cuales cincuenta eran marineros. Los repartió en once compañías, y las dio a los capitanes Alonso de Ávila, Alonso Fernández Portocarrero, Diego de Ordás, Francisco de Montejo, Francisco de Morla, Francisco de Salceda, Juan de Escalante, Juan Velázquez de León, Cristóbal de Olid y un tal Escobar. Él, como general, tomó también una. Hizo tantos capitanes, porque los navíos eran otros once, para que estuviese cada uno de ellos encargado de la gente y del navío. Nombró también como piloto mayor a Antón de Alaminos, que había ido con Francisco Hernández de Córdoba y con Juan de Grijalva. Había también doscientos isleños de Cuba para carga y servicio, algunos negros y algunas indias, y dieciséis caballos y yeguas. Halló asimismo cinco mil tocinos y seis mil cargas de maíz, yuca y ajes. Tiene cada carga dos arrobas, peso que lleva un indio caminando. Muchas gallinas, azúcar, vino, aceite, garbanzos y otras legumbres; gran cantidad de quincallería, como por, ejemplo, cascabeles, espejos, sartales y cuentas de vidrio, agujas, alfileres, bolsas, agujetas, cintas, corchetes, hebillas, cuchillos, tijeras, tenazas, martillos, hachas de hierro, camisas, turbantes, cofias, gorgueras, zaragüelles y pañizuelos de lienzo; sayos, capotes, calzones, caperuzas de paño; todo lo cual lo repartió en las naos. Era la nao capitana de cien toneladas; otras tres de ochenta y setenta; las demás pequeñas y sin cubierta, y bergantines. La bandera que puso y llevó Cortés en esta jornada era de fuegos blancos y azules con una cruz encarnada en medio, y alrededor un letrero en latín; que romanceado dice: «Amigos, sigamos la luz; y nos, si fe tuviéremos en esta señal, venceremos». Éste fue el aparato que Cortés hizo para su jornada. Con tan poco caudal ganó tan gran reino. Tal, y no mayor ni mejor, fue la flota que llevó a tierras extrañas que aún no conocía. Con tan poca compañía venció innumerables indios. Nunca jamás capitán alguno hizo con tan pequeño ejército tales hazañas, ni alcanzó tantas victorias ni sujetó tamaño imperio. Ningún dinero llevó para pagar a aquella gente, antes bien fue muy endeudado. Que no es menester paga para los españoles que andan en la guerra y conquista de las Indias; que si por el sueldo lo hiciesen, a otras partes más cerca irían. En las Indias cada cual pretende un estado o grandes riquezas. Ordenada, pues, y repartida (como habéis oído) toda la armada, hizo Cortés una breve plática a su gente, que fue de la substancia siguiente:

Capítulo IX. Oración de Cortés a los soldados

«Es cierto, amigos y compañeros míos, que todo hombre de bien y animoso quiere y procura igualarse por propias obras con los excelentes varones de su tiempo y hasta de los pasados. Así es que yo acometo una grande y hermosa hazaña, que será después muy famosa; pues me da el corazón que tenemos que ganar grandes y ricas tierras, muchas gentes nunca vistas, y mayores reinos que los de nuestros reyes. Y cierto, mas se extiende el deseo de gloria, que alcanza la vida mortal; al cual apenas basta el mundo todo, cuanto menos uno ni pocos reinos. He aparejado naves, armas, caballos y demás pertrechos de guerra; y además de esto, muchas vituallas y todo lo que suele ser necesario y provechoso en las conquistas. Grandes gastos he hecho yo, en los que tengo puesta mi hacienda y la de mis amigos. Pero me parece que cuanto menos tengo de ella, lo he acrecentado en honra. Se han de dejar las cosas pequeñas cuando se ofrecen las grandes. Mucho mayor provecho, según en Dios espero, vendrá a nuestro rey y nación de esta nuestra armada que de todas las de los otros. Callo cuán agradable será a Dios nuestro Señor, por cuyo amor he puesto de muy buena gana el trabajo y el dinero. Dejaré aparte el peligro de vida y honra que he pasado haciendo esta flota, para que no creáis que pretendo de ella tanto la ganancia cuanto el honor; que los buenos quieren mejor honra que riqueza. Comenzamos guerra justa y buena y de gran fama. Dios poderoso, en cuyo nombre y fe se hace, nos dará victoria; y el tiempo traerá el fin que de continuo sigue a todo lo que se hace y guía con razón y consejo. Por tanto, otra forma, otro discurso, otra maña hemos de tener que Córdoba y Grijalva; de la cual no quiero discutir por la estrechez del tiempo, que nos hace apresurar. Empero, allí haremos así como viéremos; y aquí yo os propongo grandes premios, mas envueltos en grandes trabajos. Pero la virtud no quiere ociosidad; por tanto, si quisiereis llevar la esperanza por virtud o la virtud por esperanza, y si no me dejáis, como no dejaré yo a vosotros ni a la ocasión, yo os haré en muy breve espacio de tiempo los más ricos hombres de cuantos jamás acá pasaron, ni cuantos en estas partidas siguieron la guerra. Pocos sois, ya lo veo; mas tales de ánimo, que ningún esfuerzo ni fuerza de indios podrá ofenderos; que experiencia tenemos de cómo siempre Dios ha favorecido en estas tierras a la nación española; y nunca le faltó ni faltará virtud y esfuerzo. Así que id contentos y alegres, y haced igual el suceso que el comienzo.»

Capítulo X. Entrada de Cortés en Acuzamil
Con este razonamiento puso Hernán Cortés en sus compañeros gran esperanza de cosas y admiración de su persona. Y tanta gana les entró de pasar con él a aquellas tierras apenas vistas, que les parecía ir, no a guerra, sino a victoria y presa cierta. Se alegró mucho Cortés de ver la gente tan contenta y deseosa de ir con él en aquella jornada; y así, entró luego en su nao capitana, y mandó que todos se embarcasen pronto; y como vio tiempo a propósito, se hizo a la vela, habiendo oído misa antes y rogado a Dios le guiase aquella mañana, que fue el 18 del mes de febrero del año 1519 de la natividad de Jesucristo, redentor del mundo. Estando en la mar, dio nombre a todos los capitanes y pilotos, como se acostumbra; el cual fue de San Pedro Apóstol, su abogado. Los avisó que siempre tuviesen puesta la mirada en la capitana en que él iba, porque llevaba en ella un gran farol para señal y guía del camino que tenían que hacer; el cual era casi de este a oeste desde la punta de San Antón, que es lo último de Cuba, para el cabo de Cotoche, que es la primera punta de Yucatán, donde habían de ir a parar derechos, para después seguir la tierra costa a costa entre norte y poniente. La primera noche que partió Hernán Cortés y que comenzó a atravesar el golfo que hay de Cuba a Yucatán, y que tendría poco más de sesenta leguas, se levantó nordeste con recio temporal; el cual desorientó su rumbo, y así se desparramaron desordenadamente los navíos y corrió cada uno por su lado como mejor pudo. Y por la instrucción que llevaban los pilotos de la vía que habían de hacer, navegaron, y fueron todos, salvo uno, a la isla de Acuzamil, aunque no fueron juntos ni a un tiempo. Las que más tardaron fueron la capitana y otra en la que iba por capitán Francisco de Morla, en la que, o por descuido o flojedad del timonel, o por la fuerza del agua mezclada con el viento, un golpe de mar se llevó el timón. Él, para dar a entender su necesidad, izó un farol desparramado. Cortés, cuando lo vio, arribó sobre él con la capitana; y vista la necesidad y peligro, amainó y esperó hasta ser de día, para animar a los del navío y para remediar la falta. Quiso Dios que cuando amaneciese, ya

la mar abonanzaba, y no andaba tan brava como por la noche; y al ser de día buscaron el timón, que andaba alrededor de ellos entre las dos naves. El capitán Morla se echó al mar atado con una soga, y a nado cogió el timón, y lo subieron y colocaron en su lugar como había de estar; y después alzaron velas. Navegaron aquel día y otro sin llegar a tierra ni sin ver vela ninguna de la flota; mas luego al otro llegaron a la punta de las Mujeres, donde hallaron algunos navíos. Les mandó Cortés que le siguiesen, y él enderezó la proa de su nao capitana a buscar los navíos que le faltaban hacia donde el tiempo y viento los había podido echar; y así, fue a dar en Acuzamil. Halló allí los navíos que le faltaban, excepto uno, del cual no supieron en muchos días. Los de la isla tuvieron miedo; alzaron su hatillo y se metieron al monte. Cortés hizo salir a tierra, en un pueblo que estaba cerca de donde habían surgido, a unos cuantos españoles, los cuales fueron al lugar, que era de cantería y buenos edificios, y no hallaron a nadie en él; mas hallaron en algunas casas ropa de algodón y algunas joyas de oro. Entraron asimismo en una torre alta y de piedra, junto al mar, pensando que hallarían dentro hombres y hacienda; mas ella no tenía más que dioses de barro y canto. Cuando volvieron, dijeron a Cortés que habían visto muchos maizales y praderías, grandes colmenares y arboledas y frutales, y le dieron aquellas cosillas de oro y algodón que traían. Se alegró Cortés con aquellas nuevas, aunque por otra parte se sorprendió de que hubiesen huido los de aquel pueblo, pues no lo habían hecho cuando fue allí Juan de Grijalva; y sospechó que por ser más sus navíos que los del otro tenían más miedo. Temió también que fuese algún ardid para tenderle alguna emboscada, y mandó sacar a tierra los caballos, a dos efectos: para descubrir el campo con ellos, y pelear, si fuese necesario; y si no, para que paciesen y se refrescasen, pues había dónde. También hizo desembarcar a la gente, y envió a muchos a buscar la isla, y algunos de ellos hallaron en lo más espeso de un monte a cuatro o cinco mujeres con tres criaturas, que le trajeron. No entendían ni las entendían, pero por los ademanes y cosas que hacían conocieron que una de ellas era señora de las otras, y madre de los niños. Cortés la halagó entonces, pues lloraba su cautiverio y el de sus hijos. La vistió como mejor pudo, a estilo de aquí; dio a las criadas espejos y tijeras, y a los niños sendos dijes para que se divirtiesen. En lo demás la trató honestamente. Tras esto, ya que quería enviar a una de aquellas mozas a llamar al marido y señor para hablarle, y que viese cuán bien tratados estaban sus hijos y mujer, llegaron algunos isleños, a ver lo que pasaba, por mandato del Calachuni, y a saber de la mujer. Les dio Cortés algunas cosillas de rescate para ellos, y otras para el Calachuni, su señor, y los volvió a enviar para que le rogasen de su parte y de la mujer que viniese a verse con aquella gente, de quien sin causa huía, que él le prometía que ni persona ni casa de la isla recibiría daño ni enojo de aquellos compañeros suyos. El Calachuni, que entendió esto, y por el amor de los hijos y mujer, se vino luego al día siguiente con todos los hombres del lugar, en el cual estaban ya muchos españoles aposentados; mas no consintió que saliesen de las casas, antes bien mandó que los repartiesen entre sí, y los proveyesen muy bien de allí en adelante de mucho pescado, pan, miel y frutas. El Calachuni habló a Cortés con grande humildad y ceremonia; y por ello, fue muy bien recibido y cariñosamente tratado; y no solo le mostró Cortés por señas y palabras la buena obra que los españoles le querían hacer, sino hasta con dádivas; y así, le dio a él y a otros muchos de aquellos suyos cosas de rescate, las cuales, aunque entre nosotros son de poco valor, ellos las estimaron mucho y tienen en más que al oro, tras el que todos andaban. Además de esto, mandó Cortés que todo el oro y ropa que se había cogido en el pueblo lo trajesen ante sí; y allí conoció cada isleño lo que era suyo, y se lo devolvió, de lo que quedaron no poco contentos y maravillados. Aquellos indios fueron, muy alegres y ricos con las cosillas de España, por toda la isla a mostrarlas a los otros, y a mandarles de parte del Calachuni que se volviesen a sus casas con sus hijos y mujeres seguros y sin miedo, por cuanto aquella gente extranjera era buena y cariñosa. Con estas noticias y mandato se volvió cada uno a su casa y pueblo, pues también otros se habían ido como los de éste, y poco a poco perdieron el miedo que a los españoles tenían. Y de esta manera estuvieron seguros y amigos, y proveyeron abundantemente a nuestro ejército todo el tiempo que estuvo en la isla, de miel y cera, de pan, pescado y fruta.

Capítulo XI. Los de Acuzamil dieron nuevas a Cortés de Jerónimo de Aguilar

Cuando Cortés vio que estaban asegurados de su venida, y muy domésticos y serviciales, acordó el quitarles los ídolos, y darles la cruz de Jesucristo nuestro Señor, y la imagen de su gloriosa Madre y virgen santa, santa María; y para esto les habló un día por el lengua que llevaba, el cual era un tal Melchor que llevara Francisco Hernández de Córdoba. Mas como era pescador, era rudo, y más que todo, simple, y parecía que no sabía hablar ni responder. Con todo les dijo que les quería dar mejor ley y Dios de los que tenían. Respondieron que muy enhorabuena. Y así los llamó al templo, hizo decir misa, rompió los dioses, y puso cruces e imágenes de nuestra Señora, lo cual adoraron con devoción; y mientras allí estuvo no sacrificaron como solían. No se hartaban de mirar aquellos isleños nuestros caballos ni naos, y así, nunca paraban, no haciendo sino ir y venir; y hasta tanto se asombraban de las barbas y color de los nuestros, que llegaban a tentarlos, y hacían señas con las manos hacia Yucatán, donde hacía muchos soles que estaban allí cinco o seis hombres barbudos. Hernán Cortés, considerando cuánto le importaría tener buen faraute para entender y ser entendido, rogó al Calachuni le diese alguien que llevase una carta a los barbudos que decían. Mas él no halló quien quisiese ir allá con semejante recado, por miedo al que los tenía, que era gran señor y cruel, y tal que, conociendo la embajada, mandaría matar y comer al que la llevase. Viendo esto Cortés, halagó mucho a tres isleños que andaban muy serviciales en su posada. Les dio algunas cosillas, y les rogó que fuesen con la carta. Los indios se excusaron mucho de ello, pues tenían por cierto que los matarían. Mas en fin, tanto pudieron ruegos y dádivas, que prometieron ir. Y así, escribió entonces una carta que en suma decía:

«Nobles señores: yo partí de Cuba con once navíos de armada y quinientos cincuenta españoles, y llegué aquí a Acuzamil, desde donde os escribo esta carta. Los de esta isla me han certificado que hay en esa tierra cinco o seis hombres barbudos, y en todo a nosotros muy semejantes. No me saben dar ni decir otras señas; mas por éstas conjeturo y tengo por cierto que sois españoles. Yo y estos hidalgos que conmigo vienen a descubrir y

poblar estas tierras, os rogamos mucho que dentro de seis días que recibiereis ésta, os vengais para nosotros, sin poner otra dilación ni excusa. Si vinieseis todos, tendremos en cuenta y gratificaremos la buena obra que de vosotros recibirá esta armada. Un bergantín envío para que vengáis en él, y dos naos para seguridad.
Hernán Cortés.»

Escrita ya la carta, hallóse otro inconveniente para que la llevasen; y era que no sabían cómo llevarla encubiertamente para no ser vistos ni barruntados por los espías, de quien los indios temían. Entonces Cortés pensó que iría bien, envuelta en los cabellos de uno; y así, cogió al que parecía más avisado y para más que los otros, y le ató la carta entre los cabellos, que de ordinario los llevan largos, en la forma que se los atan ellos en la guerra o fiestas, que es como trenzado en la frente. Del bergantín en que fueron estos indios, iba por capitán Juan de Escalante; de las naves, Diego de Ordás, con cincuenta hombres para si fuese menester. Fueron estos navíos, y Escalante dejó a los indios en tierra en la parte que le dijeron. Esperaron ocho días, aunque les avisaron que no les esperarían más de seis, y como tardaban, pensaron que los habrían matado o cautivado, y se volvieron a Acuzamil sin ellos; lo que mucho sintieron todos los españoles, especialmente Cortés, creyendo que no era verdad aquello de los de las barbas y que tendrían falta de lengua. Mientras que todas estas cosas pasaban, se repararon los navíos del daño que habían recibido con el pasado temporal, y se pusieron a pique; y así, partió la flota en cuanto llegó el bergantín y las dos naos.

Capítulo XII. Venida de Jerónimo de Aguilar a Hernán Cortés

Mucho sintieron los isleños, según demostración, la partida de los cristianos, especialmente el Calachuni; y ciertamente a ellos se les dio buen tratamiento y amistad. De Acuzamil fue la flota a tomar la costa de Yucatán, adonde está la punta de las Mujeres, con buen tiempo, y surgió allí Cortés para ver la disposición de la tierra y el aspecto de la gente. Mas no le agradó. Al otro día siguiente, que era Carnestolendas, oyeron misa en tierra, hablaron a los que vinieron a verlos, y ya embarcados, quisieron doblar la punta para ir a Cotoche y tentar qué cosa era. Pero antes de que la doblasen, tiró la nao en que iba de capitán Pedro de Alvarado, en señal de que corría peligro.

Acudieron allí todos a ver qué cosa era; y cuando vio Cortés que era un agua que con dos bombas no podían agotar, y que si no era tomando puerto no se podría remediar, volvió a Acuzamil con toda la armada. Los de la isla acudieron en seguida al mar muy alegres a saber qué querían o de qué se habían olvidado; y los nuestros les contaron su necesidad, y desembarcaron y repararon el navío. El sábado siguiente embarcó toda la gente, excepto Hernán Cortés y otros cincuenta. Revolvió entonces el tiempo con grandes vientos y contrarios; y así, no partieron aquel día. Duró aquella noche la furia del viento, mas amansó con el Sol, y quedó el mar para poder embarcar y navegar; pero por ser el primer domingo de cuaresma, decidieron oír misa y comer primero. Estando Cortés comiendo, le dijeron que una canoa a la vela atravesaba de Yucatán para la isla, y que venía derecha hacia donde las naves estaban surtas. Salió él a mirar a dónde iba; y como vio que se desviaba algo de la flota, dijo a Andrés de Tapia que fuese con algunos compañeros a ella, a orillas del agua, encubiertos, hasta ver si salían los hombres a tierra; y si salían, que se los trajese. La canoa tomó tierra tras una punta o abrigo, y salieron de ella cuatro hombres en cueros, excepto sus vergüenzas, con los cabellos trenzados y enroscados sobre la frente como las mujeres, y con muchas flechas y arcos en las manos; tres de los cuales tuvieron miedo cuando vieron cerca de sí a los españoles, que habían arremetido a ellos para cogerlos, con las espadas sacadas, y querían huir a la canoa. El otro se adelantó, hablando a sus compañeros en lengua que los españoles no entendieron, que no huyesen ni temieses; y dijo luego en castellano: «Señores, ¿sois cristianos?». Respondieron que sí, y que eran españoles. Alegróse tanto con tal respuesta, que lloró de placer. Preguntó si era miércoles, pues tenía unas horas durante las cuales rezaba cada día. Les rogó que diesen gracias a Dios; y él se hincó de rodillas en el suelo, alzó las manos y ojos al cielo, y con muchas lágrimas hizo oración a Dios, dándole gracias infinitas por la merced que le hacía de sacarlos de entre infieles y hombres infernales, y ponerle entre cristianos y hombres de su nación. Andrés de Tapia se llegó a él y le ayudó a levantar, y le abrazó, y lo mismo hicieron los demás españoles. Él dijo a los tres indios que le siguiesen, y se fue con aquellos españoles hablando y preguntando cosas hasta donde estaba Cortés; el cual le recibió muy bien, y le hizo en seguida vestir y darle lo que hubo menester, y con placer de tenerles en su poder, le preguntó su desdicha, y cómo se llamaba. Él respondió alegremente delante de todos: «Señor, yo me llamo Jerónimo de Aguilar, y soy de Écija, y me perdí de esta manera: que estando en la guerra del Darién, y en las pasiones y desventuras de Diego de Nicuesa y Vasco Núñez de Balboa, acompañé a Valdivia, que vino en una pequeña carabela a Santo Domingo, a dar cuenta de lo que allí pasaba al Almirante y Gobernador, y por gente y vitualla, y a llevar 20.000 ducados del rey, el año 1511; y ya que llegamos a Jamaica se perdió la carabela en los bajos que llaman de las Víboras, y con dificultad entramos en el batel hasta veinte hombres, sin vela, sin agua, sin pan, y con ruin aparejo de remos; y así anduvimos trece o catorce días, y al cabo nos echó la corriente, que allí es muy grande y recia, y siempre va tras el Sol a esta tierra, a una provincia que llamaban Maia. En el camino se murieron de hambre siete, y hasta creo que ocho. A Valdivia y otros cuatro los sacrificó a sus ídolos un malvado cacique, en cuyo poder caímos, y después se los comió haciendo fiesta y plato de ellos a otros indios. Yo y otros seis quedamos en caponera a engordar para otro banquete y ofrenda; y por huir de tan abominable muerte, rompimos la prisión y echamos a huir por los montes; y quiso Dios que topásemos con otro cacique enemigo de aquél, y hombre humano, que se llama Aquincuz, señor de Xamanzana; el cual nos amparó y dejó las vidas con servidumbre, y no tardó en morirse. De entonces acá he estado yo con Taxmar, que le sucedió. Poco a poco se murieron los otros cinco españoles compañeros nuestros, y no hay más que yo y un tal Gonzalo Herreró, marinero, que está con Nachancan, señor de Chetemal, el cual se casó con una rica señora de aquella tierra, en quien tiene hijos, y es capitán de Nachancan, y muy estimado por las victorias que le gana en las guerras que tiene con sus comarcanos. Yo le envié la carta de vuestra merced, y a rogarle que se viniese, pues había tan buena coyuntura y aparejo. Mas él no quiso, creo que de vergüenza, por tener horadada la nariz, picadas las orejas, pintado el rostro y manos a estilo de aquella tierra y gente, o por vicio de la mujer y cariño de los hijos». Gran temor y admiración puso en los oyentes este cuento de Jerónimo de Aguilar, con decir que allí en aquella tierra comían y sacrificaban hombres, y por la desventura que él y sus compañeros habían pasado; pero daban gracias a Dios por verle libre de gente tan inhumana y bárbara, y por tenerlo por faraute cierto y verdadero. Y certísimo les pareció milagro haber hecho agua la nao de Alvarado, para que con aquella necesidad volviesen a la isla, donde, sobreviniendo viento contrario, fuesen constreñidos a estar hasta que está Aguilar viniese; que sin duda él fue el lengua y medio para hablar, entender y tener noticia cierta de la tierra por dónde entró y fue Hernán Cortes. Y por tanto, he querido yo ser tan largo en contar de la manera que sucedió, como punto notable de esta historia. No dejaré de decir cómo enloqueció la madre de Jerónimo de Aguilar, cuando oyó que su hijo estaba cautivo en poder de gente que comían hombres; y siempre de allí en adelante daba voces al ver carne asada o espetada, gritando: «¡Desventurada de mí!, ¡éste es mi hijo y mi bien!».

Capítulo XIII. Cómo derribó Cortés los ídolos en Acuzamil
Al día siguiente de venir Aguilar, volvió Cortés a hablar a los acuzamilanos para informarse mejor de las cosas de la isla, pues serían bien entendidas con tal fiel intérprete; y para confirmarlos en la veneración de la cruz y apartarlos de la de los ídolos, considerando que aquél era el verdadero camino para dejar más pronto la gentilidad y volverse cristianos; y en verdad, la guerra y la gente con armas es para quitar a estos indios los ídolos, los ritos bestiales y sacrificios abominables que tienen de sangre y comida de hombres, que abiertamente es contra Dios y natura; porque con esto más fácilmente y más pronto y mejor reciben, oyen y creen a los predicadores, y toman el Evangelio y el bautismo de su propio grado y voluntad, en lo que reside la cristiandad y la fe. Así que Jerónimo de Aguilar les predicó aconsejándoles su salvación; y con lo que les dijo, o porque ya ellos habían comenzado, se alegraron de que les acabase de derribar sus ídolos y dioses, y hasta ellos mismos ayudaron a ello, quebrando y desmenuzando lo que poco antes adoraban. Y rápidamente no dejaron ídolo sano ni en pie nuestros españoles, y en cada capilla y altar ponían una cruz o la imagen de nuestra Señora, a quien todos aquellos isleños adoraban con gran devoción y oraciones, y ponían su incienso, y ofrecían codornices, maíz y frutas, y las demás cosas que solían llevar al templo por ofrenda. Y tanta devoción tomaron con la imagen de nuestra Señora santa María, que salían después con ella a los navíos españoles que tocaban en la isla, diciendo «Cortés, Cortés»,

y cantando «María, María», como hicieron a Alonso de Parada, a Pánfilo de Narváez y a Cristóbal de Olid cuando pasaron por allí. y hasta después de esto, rogaron a Cortés que les dejase quien les enseñase cómo habían de creer y servir al Dios de los cristianos. Mas él no se atrevió de miedo a que los matasen, y porque llevaba pocos clérigos y frailes; en lo cual no acertó, pues de tan buena gana lo querían y pedían.

Capítulo XIV. Acuzamil, isla
La llaman los naturales Acuzamil, y corrompidamente Cozumel. Juan de Grijalva, que fue el primer español que entró en ella, nombró Santa Cruz, porque la vio el 3 de mayo. Tiene hasta diez leguas de largo y tres de ancho, aunque hay quien dice más y quien dice menos. Está a veinte grados a esta parte de la Equinoccial, o poco menos, y a cinco o seis leguas de la punta de las Mujeres. Tiene hasta dos mil hombres en tres lugares que hay. Las casas son de piedra y ladrillo, con la cubierta de paja o rama, y hasta alguna de lanchas de piedra. Los templos y torres de cal y canto, muy bien edificados. Tiene poca agua, y ésta de pozos y llovediza. Calachuni es como decir cacique o rey. Son morenos, y andan desnudos. Si algún vestido llevan, es de algodón y para tapar lo vergonzoso. Dejan largo el cabello, y se lo trenzan muy bien sobre la frente. Son grandes pescadores; y así, el pescado es casi su principal manjar, aunque tienen mucho maíz para pan, y muchas y buenas frutas. Tienen también mucha miel, aunque un poco agria, y colmenares de mil y más colmenas, algo pequeñas. No sabían alumbrarse con la cera. Mostráronselo los nuestros y quedaron espantados y contentos. Hay unos perros con cara de raposos, que castran y ceban para comer; no ladran. Con pocos de ellos hacen casta las hembras. Como hay sierras, y en lo bajo montes y pastos, se crían muchos venados, puercos monteses, conejos y liebres, aunque pequeñas; de todo lo cual mataron en cantidad nuestros españoles con ballestas y escopetas, y con los perros y lebreles que llevaban; y aparte de la que comieron fresca, acecinaron y curaron al Sol mucha carne. Se retajan, son idólatras, sacrifican niños, aunque pocos, y muchas veces perros en su lugar. En lo demás, es gente pobre, pero caritativa y muy religiosa en aquella su falsa creencia.

Capítulo XV. Religión de Acuzamil

El templo es como torre cuadrada, ancha en su base y con gradas en derredor. De la mitad arriba recta, y en lo alto hueca y cubierta de paja, con cuatro puertas o ventanas con sus antepechos o corredores. En aquella parte hueca que parece capilla, asientan o pintan sus dioses. Así era el que estaba en la costa, en el cual había un extraño ídolo muy diferente de los demás, aunque son muchos y muy diferentes. Era el bulto de aquel ídolo grande, hueco, hecho de barro y cocido, pegado a la pared con cal, a espaldas de la cual había una especie de sacristía, donde estaba el servicio del templo, del ídolo y de sus ministros. Los sacerdotes tenían una puerta secreta y pequeña, hecha en la pared junto al ídolo. Por allí entraba uno de ellos, se cobijaba en el bulto, hablaba y respondía a los que venían en devoción y con demandas. Con este engaño creían los hombres simples cuanto su Dios les decía, al cual honraban mucho más que a los otros, con sahumerios muy buenos, hechos como pibetes o de copal, que es una especie de incienso; con ofrendas de pan y frutas, con sacrificios de sangre de codornices y otras aves, y de perros, y aun a veces de hombres. A causa de este oráculo e ídolo, venían a esta isla de Acuzamil muchos peregrinos y gente devota y agorera, de lejanas tierras, y por eso había tantos templos y capillas. Al pie de aquella misma torre había un cercado de piedra y cal, muy bien lucido y almenado, en medio del cual había una cruz de cal de diez palmos de alta, a la cual tenían y adoraban por Dios de la lluvia, porque cuando no llovía y había falta de agua, iban a ella en procesión y muy devotos: le ofrecían codornices sacrificadas para aplacarle la ira y enojo que con ellos tenía y mostraba tener, con la sangre de aquella simple avecica. Quemaban también cierta resina a manera de incienso, y la rociaban con agua. Tras esto tenían por cierto que llovía. Tal era la religión de estos acuzamilanos, y no se pudo saber dónde ni cómo tomaron devoción a aquel Dios de cruz, porque no hay rastro ni señal en aquella isla, ni aun en otra parte ninguna de indias, de que se haya predicado en ella el Evangelio, como más extensamente se dirá en otro lugar, hasta nuestros tiempos y nuestros españoles. Los de Acuzamil acataron mucho, de allí en adelante, la cruz como quien estaba hecho a tal señal.

Capítulo XVI. El pez tiburón

Mes y medio empleó Cortés en lo que hemos dicho hasta ahora, desde que dejó Cuba. Partió Cortés de esa isla, dejando a los naturales de ella muy amigos de los españoles; y tomando mucha cera y miel que le dieran, pasó a Yucatán, y se fue pegado a tierra para buscar el navío que le faltaba, y cuando llegó a la punta de las Mujeres calmó el tiempo, y se estuvo allí dos días esperando viento, en los cuales tomaron sal, pues hay allí muchas salinas, y un tiburón con anzuelo y lazos. No le pudieron subir al navío porque daba mucho lado, pues era pequeño y el pez muy grande. Desde el batel le mataron en el agua y le hicieron pedazos, y así lo metieron dentro del batel, y de allí al navío, con los aparejos de guindar. Le hallaron dentro más de quinientas raciones de tocino, porque, según dicen, había diez tocinos que estaban a desalar colgados de los navíos; y como el tiburón es tragón, que por eso algunos le llaman ligurón, y como halló aquel aparejo, pudo engullir a su placer. También se halló dentro de su buche un plato de estaño, que se cayó de la nao de Pedro de Alvarado y tres zapatos desechados, además de un queso. Esto afirman de aquel tiburón; y en verdad, que traga tan desaforadamente que parece increíble; porque yo he oído jurar por Dios a personas de bien, que han visto muchas veces estos tiburones muertos y abiertos, que se han hallado dentro de ellos cosas que, si no las vieran, las tendrían por imposibles; como decir que un tiburón se traga uno, dos y más pellejos de carneros con la cabeza y cuernos enteros, conforme los arrojan al mar, por no pelarlos. Es el tiburón un pez largo y grueso, y alguno de ocho palmos de cintura y de doce pies de largo. Muchos de ellos tienen dos hileras de dientes, una junto a otra, que parecen sierra o almenas; la boca está en proporción del cuerpo, el buche disforme de grande. Tiene el cuero como el cazón. El macho tiene dos miembros para engendrar, y la hembra no más uno, la cual pare de una vez veinte o treinta tiburoncillos, y hasta cuarenta. Es pescado que acomete a una vaca y a un caballo cuando pace o bebe a orillas de los ríos, y se come un hombre, como quiso hacer uno al calachuni de Acuzamil, que le cortó los dedos de un pie cuando no lo pudo llevar entero, porque le socorrieron. Es tan goloso, que se va tras una nao, para comer lo que de ella echan y cae, quinientas y hasta mil leguas; y es tan ligero, que anda más que ella aunque lleve más próspero tiempo, y dicen que tres veces más, porque al mayor correr de la nave le da él dos y tres vueltas alrededor, y tan superficialmente, que se aparece y se ve cómo lo anda. No es muy bueno de comer por ser duro y desabrido, aunque abastece mucho un navío hecho tasajos en sal o al aire. Cuentan aquellos de la armada de Cortés que comieron del tocino que sacaron al tiburón del cuerpo, que sabía mejor que lo otro, y que muchos conocieron sus raciones por las ataduras y cuerdas.

Capítulo XVII. El mar crece mucho en Campeche, mientras no crece por allí cerca

Con el buen tiempo que hizo después, partió de allí la flota en busca del navío perdido, y hacía Cortés entrar con los bergantines y barcas de las naos en los ríos y calas a buscarlo, y hasta estando junto a Campeche surtos los navíos en la playa, esperando a los bergantines y barcos que andaban entre algunas caletas a descubrir el que faltaba, pronto se quedaron en seco, aunque estaban casi una legua dentro del mar: tanto es el menguante y creciente que hace allí. El mar no crece más que allí, del Labrador a Paria; nadie sabe la causa de ello, aunque dan muchas, pero ninguna satisface; y dicen que si no fuera por esto, hubiesen saltado a tierra a vengar a Francisco Hernández de Córdoba del daño que allí recibió. Navegando, pues, pegados siempre a tierra, emparejaron con una gran cala que ahora llaman Puerto Escondido, en la cual se forman algunas isletas, y en una de ellas estaba el navío que buscaban. Cortés y los demás se alegraron mucho de hallarle sano, y a toda la gente salva y buena, y otro tanto hicieron ellos por ser hallados; pues tenían temor por ellos, por estar solos y no bien provistos, y que la flota estuviera perdida, o hubiese pasado adelante; y sin duda no hubieran podido resistir allí el hambre tanto tiempo, a no ser por una lebrela; mas como ella los proveía, y era aquél el derrotero y camino de la armada, esperaron al capitán, no sin mucho miedo de que le hubiese acontecido algo como a Grijalva o a Francisco Hernández de Córdoba. Como surgieron todos allí donde estaba aquel navío, y se alegraron unos con otros, como era de razón, preguntados de dónde tenían por las jarcias tantos pellejos de, liebre, conejos y venados, les dijeron cómo luego de llegar allí vieron andar por la costa a un perro ladrando y escarbando de cara al navío, y que el capitán y otros salieron a tierra y hallaron una lebrela de buen talle que se vino para ellos. Los halagó con la cola saltando de uno a otro con las patas delanteras, y luego se fue al monte que estaba cerca, y al poco rato volvió cargada de liebres y conejos. Al otro día siguiente hizo lo mismo, y así conocieron que había mucha caza por aquella tierra, y comenzaron a irse tras ella con no sé cuántas ballestas que venían en el navío, y se dieron tan buena diligencia en cazar, que no solamente se habían mantenido de carne fresca los días que allí habían estado, aunque era cuaresma, sino que se habían también abastecido de cecina de venados y conejos para largos días, y en memoria de aquello pegaban por la jarcia las pellejas de los conejos y liebres, y tendían al Sol los cueros de los ciervos para secarlos. No sabían si la lebrela fue de Córdoba o de Grijalva.

Capítulo XVIII. Combate y toma de Potonchan
No se detuvo allí la flota; antes bien partió en seguida, y muy alegres todos en haber hallado a los que tenían por Perdidos, y sin parar, fueron hasta el río de Grijalva, que en aquella lengua se llama Tabasco. No entraron dentro, porque pareció ser la barra muy baja para los navíos mayores; y así, echaron anclas en la desembocadura. Acudieron entonces a mirar a los navíos y gente muchos indios, y algunos con armas y plumajes, que a lo que desde el mar parecía, eran hombres lucidos y de buen parecer, y apenas se asombraban de ver nuestra gente y velas, por haberlas visto en el tiempo que Juan de Grijalva entró por aquel mismo río. A Cortés le pareció bien el aspecto de aquella gente y el asiento de la tierra, y dejando buena guarda en los navíos grandes, metió el resto de la gente española en los bergantines que venían a la popa de las naos, y algunas piezas de artillería, y entró con ello río arriba contra la corriente, que era muy grande. A poco más de media legua de subir por él, vieron un gran pueblo con las casas de adobes y los tejados de paja, el cual estaba cercado de madera con una pared bien gruesa y almenas y troneras para flechar y tirar piedras y varas. Un poco antes de que los nuestros llegasen al lugar, salieron a ellos muchos barquillos, que allí llaman tahucup, llenos de hombres armados, mostrándose muy feroces y deseosos de pelear. Cortés se adelantó haciendo señas de paz, les habló

por medio de Jerónimo de Aguilar, rogándoles los recibiesen bien, pues no venían a hacerles mal, sino a tomar agua dulce y a comprar de comer, como hombres que andando por el mar, tenían necesidad de ello; por tanto, que se lo diesen, que ellos se lo pagarían muy cortésmente. Los de las barquillas dijeron que irían con aquel mensaje al pueblo y les traerían respuesta y comida. Fueron, volvieron luego y trajeron en cinco o seis barquillos pan, fruta y ocho gallipavos, y se lo dieron todo. Cortés les mandó decir que aquélla era muy poca provisión para la necesidad grande que traían y para tantas personas como venían en aquellos grandes bajeles, que ellos aún no habían visto, por estar cerrados, y que les rogaba mucho le trajesen muchísimo más, o le consintiesen entrar en el pueblo a abastecerse. Los indios pidieron aquella noche de término para hacer lo uno o lo otro de aquello que les rogaban, y, con esto se fueron al lugar, y Cortés a una islita que el río hace, a esperar la respuesta al día siguiente de mañana. Cada uno de ellos pensó en engañar al otro; porque los indios tomaron aquel plazo para tener tiempo de alzar aquella noche su ropilla, y poner a seguro sus hijos y mujeres por los montes y espesuras, y llamar gente a la defensa del pueblo; y Cortés mandó salir entonces a la isleta todos los escopeteros y ballesteros, y otros muchos españoles que todavía estaban en los navíos, e hizo ir el río arriba a buscar vado. Entrambas cosas se hicieron aquella noche, sin que los contrarios, ocupados solo en sus cosas, las sintiesen; porque todos los de las naos se vinieron adonde estaba Cortés, y los que fueron a buscar vado anduvieron tanto la ribera tanteando las corrientes, que a menos de media legua hallaron por donde pasar, aunque hasta la cintura, y aun también hallaron tanta espesura y tan cubiertos los montes por una y otra ribera, que pudieron llegar hasta el lugar sin ser sentidos ni vistos. Con estas nuevas señaló Cortés dos capitanes, cada uno con ciento cincuenta españoles, que fueron Alonso de Ávila y Pedro de Alvarado, y envió esa misma noche con guía a meterse en aquellos bosques que estaban entre el río y el lugar, por dos causas: una, para que los: indios viesen que no había más gente en la isleta que el día antes; y otra, para que al oír la señal que concertó, diesen en el lugar por la otra parte de tierra. En cuanto fue de día vinieron con el Sol hasta ocho barcas de indios armados más que la vez primera, a donde estaban los nuestros. Trajeron un poco de comida, y dijeron que no podían conseguir más, porque los vecinos del pueblo habían echado a huir, de miedo de ellos y a sus disformes navíos; por tanto, que les rogaban mucho cogiesen aquello y se volviesen al mar, y no intentasen intranquilizar a la gente de la tierra ni alborotarla más. A esto respondió el lengua, diciendo que era inhumanidad dejarlos perecer de hambre, y que si le escuchasen las razones por las que habían venido allí, verían cuánto bien y provecho les reportaría. Replicaron los indios que no querían consejos de gente que no conocían, ni menos acogerlos en sus casas, porque les parecían hombres terribles y mandones, y que si querían agua, que la cogiesen del río o hiciesen pozos en la tierra, que así hacían ellos cuando la necesitaban. Entonces Cortés, viendo que las palabras estaban de más, les dijo que de ninguna manera podía dejar de entrar en el lugar y ver aquella tierra, para tomar y dar relación de ella al mayor señor del mundo, que allí le enviaba; por eso, que lo tuviesen por bueno, pues él lo deseaba hacer por las buenas, y si no, que se encomendaría a su Dios, a sus manos y a las de sus compañeros. Los indios no decían más que se fuesen, y no intentasen echar bravatas en tierra ajena, porque de ninguna manera le consentirían salir a ella ni entrar en su pueblo; antes bien le avisaban que si en seguida no se marchaban de allí, le matarían a él y a cuantos con él iban. No quiso Cortés dejar de hacer con aquellos bárbaros toda clase de cumplimientos, según razón y conforme a lo que los reyes de Castilla mandan en sus instrucciones, que es requerir una, dos y muchas veces, con la paz a los indios antes de hacerles la guerra ni entrar por la fuerza en sus tierras y lugares; y así, les tomó a requerir con la paz y buena amistad, prometiéndoles buen tratamiento y libertad, y ofreciéndoles la noticia de cosas tan provechosas para sus cuerpos y almas, que se tendrían por bienaventurados después de sabidas; y que si todavía porfiaban en ni acogerle ni admitirle, los apercibía y emplazaba para la tarde antes de ponerse el Sol, porque pensaba, con ayuda de su Dios, dormir en el pueblo aquella noche, a pesar y daño de los moradores, que rehusaban su buena amistad y conversación y la paz. De esto se rieron mucho, y mofándose se fueron al lugar a contar las soberbias y locuras que les parecía haber oído. Al marcharse los indios, comieron los españoles, y poco después se armaron y se metieron en las barcas y bergantines, y aguardaron así a ver si los indios volvían con alguna buena respuesta; pero como declinaba ya el Sol y no venían, avisó Cortés a los españoles, que estaban puestos en celada, y él embrazó su rodela, y apelando a Dios, a Santiago y a San Pedro, su abogado, arremetió al lugar con los españoles que allí estaban, que serían unos doscientos, y en llegando a la cerca que tocaba en agua, y los bergantines en tierra, soltaron los tiros y saltaron al agua hasta el muslo todos, y comenzaron a atacar la cerca de los baluartes, y a pelear con los enemigos, que hacía rato que les tiraban saetas, varas y piedras con hondas y con la mano, y que entonces, viendo junto a sí a los enemigos, peleaban fuertemente desde las almenas a lanzadas, y flechando muy a menudo por las saeteras y traviesas del muro, en donde hirieron a casi veinte españoles; y aunque el humo y el fuego y el trueno de los tiros los espantó, embarazó y derribó al suelo, de temor de oír y ver cosas tan temerosas y por ellos jamás vistas, no desampararon la cerca ni la defensa más que los muertos; antes bien resistían valientemente la fuerza y golpes de sus contrarios, y no les hubieran dejado entrar por allí si no hubiesen sido asaltados por detrás. Mas cuando los trescientos españoles oyeron la artillería allí donde estaban emboscados, que era la señal para acometer ellos también, arremetieron al pueblo; y como toda la gente de él estaba suspensa y embebida peleando con los que tenían delante y les querían entrar por el río, lo hallaron solo y sin resistencia por aquella parte que ellos habían de entrar, y entraron con gran gritería, hiriendo al que topaban. Entonces los del lugar comprendieron su descuido, y quisieron remediar aquel peligro; y así, aflojaron por donde Cortés estaba peleando. Con esto pudo entrar por allí él y los que a su lado combatían, sin otro peligro ni contradicción. Y así, unos por una parte y los otros por la otra, llegaron a un tiempo a la plaza, yendo siempre peleando, con los vecinos, de los cuales no quedó ninguno en el pueblo, sino los muertos y los presos, pues los demás lo abandonaron, y se fueron a meter al monte que estaba cerca, con las mujeres, que ya estaban allí. Los españoles escudriñaron las casas, y no hallaron más que maíz y gallipavos, y algunas cosas de algodón, y poco rastro de oro, pues no había dentro más que cuatrocientos hombres de guerra defendiendo el lugar. Se derramó mucha sangre de indios en la toma de este lugar, por pelear desnudos; los heridos fueron muchos y cautivos quedaron pocos; los muertos no se contaron. Cortés se aposentó en el templo de los ídolos con todos los españoles, y cupieron muy a placer, porque tiene un patio y unas salas muy buenas y grandes. Durmieron allí aquella noche con buena guarda, como en casa de enemigos; mas los indios no se atrevieron a nada. De esta manera se tomó Potonchan, que fue la primera ciudad que Hernán Cortés ganó por la fuerza en lo que descubrió y conquistó.

Capítulo XIX. Preguntas y respuestas entre Cortés y los potonchanos
Al día siguiente por la mañana hizo Cortés venir ante sí a los indios heridos y presos, y les mandó por mediación de su faraute ir a donde estaba el señor con los demás vecinos del lugar, a decirles que del daño hecho, ellos tenían la culpa, y no los cristianos, que les habían rogado con la paz tantas veces; y que si querían volverse a sus casas y pueblo, que lo podían hacer seguramente; que él les prometía por su Dios que no les sería hecho el menor enojo de esta vida, sino todo placer y buen tratamiento; y al señor, que si no confiaba en la palabra y fe que le daba, que le daría rehenes, porque deseaba mucho hablarle y conocerle, e informarse por él de algunas cosas que le interesaba mucho saber, y hasta darle noticia de otras con las que mucho se alegrase y aprovechase; y que si no quería venir, que tuviese por cierto que él lo iría a buscar, y a proveerse de bastimentos por su dinero. Los despidió con esto y los mandó contentos y libres, cosa que ellos no pensaban. Los indios se fueron bien alegres, y dijeron a los otros vecinos lo que se les mandó. Pero no vino hombre alguno; antes bien, se juntaron para caer en los nuestros de sobresalto, creyendo tomarlos descuidados y encerrados, donde les pudieran pegar fuego, si de otra manera no pudiesen vengarse. Envió también, además de estos indios, a algunos españoles por tres caminos que se veían, y que todos iban a dar, según después se vio, a las labranzas y maizales del pueblo; y así, el camino los llevó a donde estaban muchos indios, con los cuales escaramuzaron, por llevar a alguno al capitán que lo examinase en el lugar, y ellos dijeron que todos los de aquella tierra y sus comarcas se andaban preparando para pelear con todo su poder y fuerzas, y dar batalla a aquellos pocos hombres forasteros y matarlos y comérselos, como a enemigos salteadores. Dijeron más: que tenían

concertado entre sí que si fuesen vencidos, para desdicha suya, servir en adelante como esclavos a señores. Cortés los envió libres como a los otros, y a decir a la junta y capitanes que no se preparasen a aquello, que era una locura, y por demás pensar vencer ni matar a aquellos pocos hombres que allí veían; y que si no peleaban y dejaban las armas, él les prometía tenerlos y tratarlos como a hermanos y buenos amigos; y si perseveraban en la enemistad y guerra, que él los castigaría de tal manera, que de allí en adelante jamás tomasen armas para semejante gente que él y los españoles suyos. Con lo que estos mensajeros dijeron allí, o por espiar algo, llegaron al día siguiente veinte personas de autoridad y principales entre los suyos, al pueblo. Tocaron la tierra con los dedos, y los alzaron al cielo, que es la salva y reverencia que acostumbran hacer; y dijeron al capitán Cortés que el señor de aquel pueblo y otros señores vecinos y amigos suyos le enviaban a rogar que no quemase el lugar, y que le traerían mantenimientos. Cortés les dijo que no eran hombres los suyos que se enojaban con las paredes, ni aun tampoco con los demás hombres, si no con muy grande y justa razón, ni habían llegado allí para hacer mal, sino para hacer bien; y que si su señor venía, conocería pronto cuánta verdad le decía en todo aquello, y cuán en breve él y todos los suyos sabrían grandes misterios y secretos de cosas jamás llegadas a sus oídos, de lo que mucho se alegrarían. Con esto se volvieron aquellos veinte embajadores o espías, diciendo que volverían con la respuesta, y así lo hicieron, porque al día siguiente trajeron algunas vituallas, y se excusaron de no traer más a causa de estar la gente desparramada y emboscada de temor; por las cuales no quisieron la paga, sino algunos cascabeles y otras bujerías por el estilo. Dijeron asimismo que su señor de ninguna manera vendría, porque se había ido, de miedo y vergüenza, a un lugar fuerte y lejos de allí; mas que enviaría a personas de crédito y confianza con quien pudiera comunicar lo que quisiese; y que en cuanto a las cosas de comer, que él enviase enhorabuena a buscarlas y comprarlas. Cortés se alegró mucho con esta respuesta, por tener así ocasión y justa causa de entrar por la tierra y saber el secreto de ella. Los despidió, pues, y los avisó que al día siguiente iría con su gente por bastimentos para su ejército; por eso, que lo publicasen entre los naturales, para que tuviesen todo recaudo de comida, pues habían de ser bien pagados. Lo uno y lo otro era cautela;

porque Cortés no lo hacía tanto por el comer cuanto por descubrir oro, que hasta entonces había visto poco; y los indios andaban contemporizando, hasta haberse juntado todos con muchas armas. Al día siguiente, pues, por la mañana, ordenó Cortés tres compañías, de ochenta españoles cada una, y les dio por capitanes a Pedro de Alvarado, Alonso de Ávila y Gonzalo de Sandoval, y algunos indios de Cuba para servicio y carga, si hallasen maíz o aves que traer. Los envió por diferentes caminos, y mandó que no tomasen nada sin pagar ni por fuerza, y que no pasasen más allá de legua y media, o cuando mucho, dos, para que con tiempo pudiesen regresar al pueblo a dormir; y él se quedó con los restantes españoles a guardar el lugar y la artillería. Uno de aquellos capitanes acertó a ir con su bandera a una aldea donde había muchos tabascanos en armas, guardando sus maizales. Les rogó que le diesen o cambiasen a cosas de rescate, de aquel maíz. Ellos dijeron que no querían, pues lo necesitaban para sí. Tras esto echaron mano a las armas los unos y los otros, y comenzaron una brava cuestión; pero como los indios eran muchos más que los españoles, y descargaban en ellos innumerables saetas, con las que malamente los herían, los atrajeron a una casa. Allí los nuestros se defendieron muy bien, aunque con manifiesto temor y peligro de fuego. Y ciertamente hubieran perecido allí todos o la mayoría, si los otros caminos por donde echaron las otras dos compañías, no respondieran allí a aquellas rozas y labranzas. Pero quiso Dios que llegaran casi al mismo tiempo los otros dos capitanes a la misma aldea, cuando mayor era el hervor y gritería que los indios tenían en combatir la casa donde estaban cercados los ochenta españoles, y con su llegada dejaron los indios el combate y se arremolinaron en un sitio; y así, los sitiados salieron, se juntaron con los demás españoles, y echaron hacia el lugar, escaramuzando todavía con los enemigos, que los venían flechando. Cortés iba ya con cien compañeros y con la artillería a socorrerlos, porque los indios de Cuba vinieron a decirle el peligro en que quedaban aquellos ochenta españoles. Los encontró a una milla del pueblo, y como aún venían los enemigos, dañando en los traseros, les hizo tirar dos falconetes, con lo que se quedaron y no pasaron de allí, y él se metió con todos los suyos en el pueblo. Murieron en este día algunos indios, y fueron heridos gravemente muchos españoles.

Capítulo XX. Batalla de Cintla

No se durmió aquella noche Cortés; antes bien hizo llevar a las naos a todos los heridos, ropa y otros embarazos, y sacar los que guardaban la flota, y trece caballos y seis tiros de fuego. Estos caballos fueron los primeros que entraron en aquella tierra, que ahora llaman Nueva España. Ordenó la gente, puso en concierto la artillería, y caminó hacia Cintla, donde el día antes fue la riña, creyendo que allí hallarían a los indios. Ya también ellos, cuando los nuestros llegaron, comenzaban a entrar en el camino, muy en orden, y venían en cinco escuadrones de ocho mil cada uno; y como donde se encontraron eran barbechos y tierra de labranza, y entre muchas acequias y ríos hondos y malos de pasar, se embarazaron los nuestros y se desordenaron; y Hernán Cortés se fue con los de a caballo a buscar mejor paso sobre la mano izquierda, y a encubrirse con unos árboles, y caer por allí, como de emboscada, en los enemigos por las espaldas o lado. Los de a pie siguieron su camino derecho, pasando a cada paso acequias, y escudándose, pues los contrarios les tiraban; y así, entraron en unas grandes rozas labradas y de mucha agua, donde los indios, como hombres que sabían los pasos, que estaban diestros y sueltos en saltar las acequias, llegaban a flechar, y hasta a tirar varas y piedras con honda. De manera que, aunque los nuestros hacían daño en ellos y mataban a algunos con ballestas y escopetas y con la artillería, cuando podía jugar, no los podían rechazar, porque tenían refugio en árboles y valladares; y si intencionadamente los de Potonchan esperaron en aquel lugar, como es de creer, no eran bárbaros ni mal entendidos en guerra. Salieron, pues, de aquel mal paso, y entraron en otro algo mejor, porque era espacioso y llano, y con menos ríos, y allí se aprovecharon más de las armas de tiro, que daban siempre en blanco, y de las espadas, pues llegaron a pelear cuerpo a cuerpo. Pero como los indios eran en número infinito, cargaron tanto sobre ellos, que los arremolinaron en poco trecho de tierra, y les fue forzado, para defenderse, pelear vueltas las espaldas unos a otros, y aun así, estaban en muy grande aprieto y peligro, porque ni tenían espacio para tirar su artillería, ni gente de caballo que les apartase a los enemigos. Estando, pues, así, caídos y a punto de huir, apareció Francisco Morla en un caballo rucio picado, arremetió a los indios, y les hizo arredrar un tanto. Entonces los españoles, pensando que era Cortés, y teniendo algo más de espacio, arremetieron a los enemigos, y mataron a algunos de ellos. Con esto el de a caballo no apareció más, y con su ausencia volvieron los indios sobre los españoles, y los pusieron en el trance que antes. Volvió luego el de a caballo, se puso junto a los nuestros, corrió a los enemigos, y les hizo dejar espacio. Entonces ellos, con la ayuda del hombre a caballo, van con ímpetu a los indios, y matan y hieren a muchos de ellos; pero en lo mejor del tiempo los dejó el caballero, y no lo pudieron ver. Como los indios no vieron tampoco al de a caballo, de cuyo miedo y espanto huían, pensando que era un centauro, vuelven de nuevo sobre los cristianos con gentil denuedo, y los tratan peor que antes. Volvió entonces el de a caballo por tercera vez, e hizo huir a los indios con daño y miedo, y los peones arremetieron también, hiriendo y matando. A esta sazón llegó Cortés con los otros compañeros de a caballo, harto de rodear y de pasar arroyos y montes, pues no había otra cosa por allí. Le dijeron lo que habían visto hacer a uno de a caballo, y preguntaron si era de su compañía; y como dijo que no, porque ninguno de ellos había podido venir antes, creyeron que era el apóstol Santiago, patrón de España. Entonces dijo Cortés: «Adelante, compañeros, que Dios es con nosotros y el glorioso San Pedro». Y en diciendo esto, arremetió a más correr con los de a caballo por medio de los enemigos, y los lanzó fuera de las acequias, a un sitio donde muy a su talante los pudo alancear, y alanceándolos, desbaratar. Los indios dejaron entonces el campo raso, y se metieron por los bosques y espesuras, no parando hombre con hombre. Acudieron entonces los de a pie, y los siguieron; y al darles alcance, mataron muy bien a más de trescientos indios, aparte otros muchos que hirieron de escopeta y de ballesta. Quedaron heridos en este día más de setenta españoles de flechas y hasta de pedradas. Con el trabajo de la batalla, o con el grande y excesivo calor que allí hace, o por las aguas que bebieron nuestros españoles por aquellos arroyos y balsas, les dio un dolor súbito de costillas, que cayeron en tierra más de cien de ellos, a los cuales fue menester llevar a cuestas o arrimados; pero quiso Dios que se les quitase del todo aquella noche, y a la mañana siguiente estuviesen todos buenos. No pocas gracias dieron nuestros españoles cuando se vieron libres de las flechas y muchedumbre de indios, con quienes habían peleado, a nuestro Señor, que milagrosamente les quiso librar; y todos dijeron que vieron por tres veces al del caballo rucio picado pelear en su favor contra los indios, según arriba queda dicho; y que era Santiago, nuestro patrón. Hernán Cortés quería mejor que fuese San Pedro, su especial abogado; pero cualquiera que de ellos fuese, se tuvo a milagro, como de veras pareció; porque, no solamente lo vieron los españoles, sino también los indios lo notaron por el estrago que en ellos hacía cada vez que arremetía a su escuadrón y porque les parecía que los cegaba y entorpecía. De los prisioneros que se tomaron se supo esto.

Capítulo XXI. Tabasco se da por amigo de los cristianos
Cortés soltó a algunos, y envió a decir con ellos al señor y a todos los demás, que sentía el daño hecho a ambas partes por su culpa y dureza; que de su inocencia y comedimiento Dios le era buen testigo. Mas no obstante todo esto, él los perdonaba de su error si venían luego o dentro de dos días a dar justo descargo y satisfacción de su malicia, y a tratar con él la paz y amistad y los otros misterios que les quería declarar; apercibiéndolos que si dentro de aquel plazo no venían, entraría tierra adentro destruyéndola, quemando, talando y matando a cuantos hombres topase, chicos y grandes, armados y sin armar. Despachados aquellos hombres con este mensaje, se fue con todos sus españoles al pueblo a descansar y curar a todos los heridos. Los mensajeros hicieron bien su oficio; y así, al día siguiente vinieron más de cincuenta indios honrados a pedir perdón de lo pasado, licencia para enterrar a los muertos y salvoconducto para venir los señores y personas principales al pueblo con seguridad. Cortés les concedió lo que pedían; y les dijo que no le engañasen ni mintiesen más, ni hiciesen otra junta, que sería para mayor mal suyo y de la tierra; y que si el señor del lugar y los otros amigos suyos y vecinos no viniesen en persona, que no lo oiría más por terceros. Con tan bravo y riguroso mandamiento y protesto como éste y el pasado, fuera por sentirse de flacas fuerzas o de armas desiguales para pelear ni resistir a aquellos pocos españoles, que tenían por invencibles, acordaron los señores y personas más principales de ir a ver y hablar a aquella gente y a su capitán. Así que, pasado el término que llevaron, vino a Cortés el señor de aquel pueblo y otros cuatro o cinco, comarcanos suyos, con buena compañía de indios, y le trajeron pan, gallipavos, frutas y

cosas así de bastimento para el campamento, y hasta 400 pesos de oro en joyuelas, y algunas piedras turquesas de poco valor, y unas veinte mujeres de sus esclavas para que les cociesen pan y guisasen de comer al ejército, con las cuales pensaban hacerle gran servicio, porque los veían sin mujeres, y porque cada día es menester moler y cocer el pan de maíz, en que se ocupan mucho tiempo las mujeres. Pidieron perdón de todo lo pasado. Rogaron que los recibiese por amigos, y se entregaron en su poder y de los españoles, ofreciéndoles la tierra, la hacienda y las personas. Cortés los recibió y trató muy bien, y les dio cosas de rescate, con las que se alegraron mucho, y repartió aquellas veinte mujeres esclavas entre los españoles por camaradas. Relinchaban los caballos y yeguas que tenían atados en el patio del templo, donde pastaban, a unos árboles que había. Preguntaron los indios qué decían. Les respondieron que reñían porque no los castigaban por haber peleado. Ellos entonces les daban rosas y gallipavos para comer, rogándoles que los perdonasen.

Capítulo XXII. Preguntas que Cortés hizo a Tabasco
Muchas cosas pasaron entre los nuestros y estos indios, que como no se entendían, eran cosas de mucho reír. Y después que conversaron y vieron que no les hacían mal, trajeron al lugar sus hijos y mujeres; que no fue así chiquito número, ni más aseado que de gitanos. Entre lo que Hernán Cortés trató y platicó con Tabasco por lengua y conducto de Jerónimo de Aguilar, había cinco cosas. La primera, si había en aquella tierra minas de oro y plata, y cómo tenían y de dónde aquello poco que traían. La segunda, cuál fue la causa de por qué le negaron su amistad, y no al otro capitán que vino allí el año antes con armada. La tercera, por qué razón, siendo ellos tantos, huían de tan poquitos. La cuarta, para darles a entender la grandeza y poderío del emperador y rey de Castilla. Y la otra fue una predicación y declaración de la fe de Cristo. En cuanto a lo del oro y riquezas de la tierra, le respondió que ellos no se preocupaban mucho de vivir ricos, sino contentos y a placer, y que por eso no sabía decir qué cosa era mina, ni buscaban oro más de lo que se hallaban, y que aquello era poco; pero que en la tierra más adentro, y hacia donde el Sol se ponía, se hallaba mucho de ello, y los de allá se dedicaban más a ello que no ellos. A lo del capitán pasado, dijo que como

habían sido aquellos hombres que traía, y los navíos, los primeros que de aquel talle y forma habían arribado a su tierra, les habló y preguntó qué querían; y como le dijeron que cambiar oro, y nada más, lo hicieron de grado; sin embargo, que ahora, viendo más y mayores naos, pensó que volvían a tomarte lo que les quedaba, y hasta también porque estaba afrentado de que alguien le hubiese burlado así, lo que no había hecho a otros señores más bajos que él. En lo demás que tocaba a la guerra, dijo que ellos se tenían por esforzados, y para con los de junto a su tierra valientes, porque nadie se apoderaba de su ropa por la fuerza, ni de las mujeres, ni aun de los hijos para sacrificar, y que lo mismo pensó de aquellos pocos extranjeros; pero que se habían visto engañados en su corazón después que se habían probado con ellos, pues no pudieron matar ninguno. Y que los cegaba el resplandor de las espadas, cuyo golpe y herida era grande, mortal y sin cura; y que el estruendo y fuego de la artillería los asombraba más que los truenos y relámpagos ni que lo rayos del cielo, por el destrozo y muerte que hacía donde daba; y que los caballos les pusieron grande admiración y miedo, así con la boca, que parecía que los iba a tragar, como con la presteza con que los alcanzaba siendo ellos ligeros y corredores; y que como era animal que nunca ellos vieron, les había puesto grandísimo temor el primero que con ellos peleó, aunque no era más que uno; y como al cabo de poco rato eran muchos, no pudieron sufrir el espanto ni la fuerza y furia de su correr, y pensaban que hombre y caballo todo era uno.

Capítulo XIII. Cómo los de Potonchan rompieron sus ídolos y adoraron la cruz
Tras esta relación vio Cortés que aquélla no era tierra para españoles, ni le interesaba asentar allí, no habiendo oro ni plata ni otra riqueza; y así, propuso pasar adelante para descubrir mejor dónde estaba aquella tierra hacia poniente que tenía oro. Pero antes les dijo que el señor en cuyo nombre iban él y aquellos compañeros suyos, era rey de España, emperador de cristianos, y el mayor príncipe del mundo, a quien más reinos y provincias servían y obedecían vasallos, que a otro, y cuyo mando y gobernación de justicia era de Dios, justo, santo, pacífico, suave y a quien le pertenecía la monarquía del universo; por lo cual ellos debían darse como vasallos y

conocidos suyos; y que si lo hacían así, les vendrían muchos y muy grandes provechos de leyes, policía y costumbres. Y en cuanto a lo que tocaba a la religión, les dijo la ceguedad y vanidad grandísima que tenían en adorar muchos dioses, en hacerles sacrificios de sangre humana, en pensar que aquellas estatuas les hacían el bien o mal que les venía, siendo mudas, sin alma, y hechas con sus mismas manos. Les dio a entender un Dios, creador del cielo y de la tierra y de los hombres, que los cristianos adoraban y servían, y que todo lo debían adorar y servir. En fin, tanto les predicó, que rompieron sus ídolos y recibieron la cruz, habiéndoles declarado primero los grandes misterios que en ella hizo y pasó el Hijo del mismo Dios. Y así, con gran devoción y concurso de indios, y con muchas lágrimas de españoles, se puso una cruz en el templo mayor de Potonchan, y de rodillas la besaron y adoraron los nuestros primero, y tras ellos los indios. Los despidió después, y se fueron todos a comer. Les rogó Cortés que viniesen dentro de dos días a ver la fiesta de ramos. Ellos, como hombres religiosos, y que podían venir con toda seguridad, no solo vinieron los vecinos, sino hasta los comarcanos del lugar, en tanta multitud, que causó admiración de dónde tan pronto se pudo juntar allí tantos miles de hombres y mujeres, los cuales todos juntos prestaron obediencia y vasallaje al rey de España en manos de Hernán Cortés, y se declararon como amigos de los españoles. Y esos fueron los primeros vasallos que el emperador tuvo en la Nueva España. Así que fue hora el domingo, mandó Cortés cortar muchos ramos y ponerlos en un montón, como en mesa, mas en el campo, por la mucha gente, y decir el Oficio con los mejores ornamentos que había, al cual se hallaron los indios, y estuvieron atentos a las ceremonias y pompa con que se anduvo la procesión, y se celebró la misa y fiesta, con lo que los indios quedaron contentos, y los nuestros se embarcaron con los ramos en las manos. No menor alabanza mereció en esto Cortés que en la victoria, porque en todo se portó cuerda y esforzadamente. Dejó a aquellos indios a su devoción, y al pueblo libre y sin daño. No tomó esclavos ni saqueo, ni tampoco rescató, aunque estuvo allí más de veinte días. Al pueblo lo llaman los vecinos Potonchan, que quiere decir lugar que huele mal, y los nuestros la Victoria. El señor se llamaba Tabasco, y por eso le pusieron de nombre los primeros españoles al río, el río de Tabasco, y Juan de Grijalva le nombró como él, por lo que no se perderá su apellido ni recuerdo con esto tan pronto, y así habían de hacer los que descubren y pueblan, perpetuar sus nombres. Es gran pueblo, mas no tiene veinticinco mil casas, como algunos dicen; aunque, como cada casa está por sí como isla, parece más de lo que es. Son las casas grandes, buenas, de cal y ladrillo o piedra; otras hay de adobes y palos, pero el tejado es de paja o lancha. La vivienda está en alto, por la niebla y humedad del río. Por el fuego tienen apartadas las casas. Mejores edificios tienen fuera que dentro del lugar, para su recreo. Son morenos, andan casi desnudos, y comen carne humana de la sacrificada. Las armas que tienen son arco, flecha, honda, vara y lanza. Las otras con que se defienden son rodelas, cascos y unos como especie de escarcelones: todo esto de palo o corteza, y alguno de oro, pero muy delgado. Llevan también cierta especie de corazas, que son unos listones estofados de algodón, revueltos a lo hueco del cuerpo.

Capítulo XXIV. El río de Alvarado, que los indios llaman Papaloapan

Después que salió Cortés de Potonchan, entró en un río que llaman de Alvarado, por haber entrado antes que nadie en él aquel capitán. Mas los que habitan en sus riberas le llaman Papaloapan, y nace en Aticpan, cerca de la sierra de Culhuacan. La fuente mana al pie de unos serrejones. Tiene encima un hermoso peñón redondo, ahusado, y de cien estados de altura, cubierto de árboles, donde hacían los indios muchos sacrificios de sangre. Es muy honda, clara, llena de buenos peces, y más de cien pasadas de ancha. Entran en este río Quiyotepec, Vivilla, Chimantlan, Cuauhcuezpaltepec, Tuztlan, Teyuciyocan, y otros ríos menores, que todos llevan oro. Cae al mar por tres canales, uno de arena, otro de lama y otro de peña. Corre por buena tierra, tiene una hermosa ribera, y hace grandes esteros con sus muchas y ordinarias crecidas. Uno de ellos está entre Otlalitlan y Cuauhcupaltepec, dos buenos pueblos. Bulle de peces aquel estero o laguna. Hay muchos sábalos del tamaño de toñinas, muchas sierpes, que llaman en las islas iguanas, y en esta tierra cuauhcuezpaltepec. Parece lagarto de los muy pintados, tiene la cabeza chica y redonda, el cuerpo gordo, el cerro erizado con cerdas, la cola larga, delgada, y que la tuerce y enrolla como un galgo; cuatro pedezuelos de a cuatro dedos, y con uñas de ave; los dientes agudos, mas no muerde, aunque hace ruido con ellos; el color es pardo. Resiste mucho el hambre, pone huevos como la gallina, pues tienen yema, clara y cáscara; son pequeños y redondos, y buenos de comer. La carne sabe a conejo, y es mejor. La comen en cuaresma por pescado, y en carnaval por carne diciendo ser de dos elementos, y por consiguiente, de entrambos tiempos. Es perjudicial para los bubosos. Estos animales salen del agua, se suben a los árboles y andan por la tierra. Asustan a quien los mira, aunque los conozca; tan fiera catadura tienen. Engordan mucho refregándoles la barriga con arena, que es nuevo secreto. Hay también manatíes, tortugas, y otros peces muy grandes que aquí no conocemos; tiburones y lobos marinos que salen a tierra a dormir y roncan muy fuerte. Paren las hembras dos lobos cada una y los crían con leche, pues tienen dos mamas al pecho entre los brazos. Hay perpetua enemistad entre los tiburones y los lobos marinos, y pelean con ahínco, el tiburón por comer y el lobo por no ser comido. Empero, siempre son muchos tiburones para un lobo. Hay muchas aves pequeñas y grandes, de nuevo color y forma para nosotros. Patos negros con alas blancas, que se estiman mucho por su pluma, y que se vende cada uno, en la tierra donde no los hay, por un esclavo. Garcetas blancas, muy estimadas por su plumaje. Otras aves que llaman teuquechul o avediós, como gallos, de que hacen ricas cosas con oro; y si la obra de esta pluma fuese duradera, no habría más que pedir. Hay unas aves como torcazas, blancas y pardas, ánades en el pico, y que tienen un pie de pata y otro de uñas como el gavilán; y así, pescan nadando y cazan volando. Andan también por allí muchas aves de rapiña, como gavilanes, azores y halcones de diversas formas, que se ceban y mantienen de las mansas. Cuervos marinos que pescan maravillosamente, y unas que parecen cigüeñas en el cuello y pico, excepto que lo tienen mucho más largo y raro. Hay muchos alcatraces y de muchos colores, que se sustentan de peces; son como ansarones en el tamaño, y en el pico, que será como de dos palmos; y no mandan el de arriba, sino el de abajo. Tienen un papo desde el pico al pecho, en el que meten y engullen diez libras de peces y un cántaro de agua. Devuelven fácilmente lo que comen. Oí decir que se tragó uno de estos pájaros a un negrillo nacido hacía pocos meses; mas no pudo volar con él; y así, lo cogieron. Alrededor de aquella laguna se crían infinitas liebres, conejos, monillos o gatillos de muchos tamaños; puercos, venados, leones y tigres, y un animal llamado aiotochtli, no mayor que el gato, el cual tiene rostro de anadón, pies de puerco espín o erizo, y cola larga. Está cubierto de conchas, que se encogen como escarcelas, donde se mete como el galápago, y que parecen mucho cubiertas de caballo. Tienen la cola cubierta de conchitas, y la cabeza de una testera de lo mismo, quedando fuera las orejas. Es, en fin, ni más ni menos que un caballo encubertado, y por eso lo llaman los españoles el encubertado o el armado, y los indios aiotochtli, que suena conejo de calabaza.

Capítulo XXV. La buena acogida que Cortés halló en San Juan de Ulúa

Cuando hubieron embarcado, se hicieron a la vela y navegaron al poniente lo más junto a tierra que pudieron; tanto, que veían muy bien la gente que andaba por la costa; en la cual, como no tiene puertos, no hallaron donde poder desembarcar con seguridad con navíos gruesos hasta el jueves Santo, que llegaron a San Juan de Ulúa, que les pareció puerto, al cual los naturales de allí llaman Chalchicoeca. Allí paró la flota y echó anclas. Apenas fueron surtos, cuando en seguida vinieron dos acalles, que son como las canoas, en busca del capitán de aquellos navíos, y cuando vieron las banderas y estandarte de la nao capitana, se dirigieron a ella. Preguntaron por el capitán, y cuando les fue mostrado, hicieron su reverencia, y dijeron que Teudilli, gobernador de aquella provincia, enviaba a saber qué gente y de dónde era aquélla, a qué venía, qué buscaba, si quería parar allí o pasar adelante. Cortés, aunque Aguilar no los entendió bien, les hizo entrar en la nao, les agradeció su trabajo y venida, les dio colación con vino y conservas, y les dijo que al día siguiente saldría a tierra a ver y hablar al gobernador; al cual rogaba no se alborotase de su salida, que ningún daño haría con ella, sino mucho provecho y placer. Aquellos hombres tomaron algunas cosillas de rescate, comieron y bebieron con tiento, sospechando mal, aunque les supo bien el vino; y por eso pidieron de ello y de las conservas para el gobernador; y con tanto, se volvieron. Al otro día, que era Viernes Santo, salió Cortés a tierra con los bateles llenos de españoles, y después hizo sacar la artillería y los caballos, y poco a poco toda la gente de guerra y la de servicio, que era hasta doscientos hombres de Cuba. Tomó el mejor sitio que le pareció entre aquellos arenales de la playa; y así asentó su campamento y se hizo fuerte; y los de Cuba, como hay por allí muchos árboles, hicieron rápidamente las chozas que necesitaban para todos, de ramas. Después vinieron muchos indios de un lugarejo próximo y de otros, al campamento de los españoles, a ver lo que nunca habían visto, y traían oro para cambiar por cosillas semejantes a las que habían llevado los de los acalles, y mucho pan y viandas guisadas a su modo con ají, para dar o vender a los nuestros, por lo cual les dieron los españoles cuentecillas de vidrio, espejos, tijeras, cuchillos, alfileres y otras cosas por el estilo, con las que, no poco alegres, se volvieron a sus casas y las mostraron a sus vecinos. Fue tanto el gozo y contento que todos aquellos hombres sencillos tomaron con aquellas cosillas que de rescate llevaron y vieron, que también volvieron después al día siguiente, ellos y otros muchos, cargados de joyas de oro, de gallipavos, de pan, de fruta, de comida guisada, con que abastecieron el ejército español; y se llevaron por todo ello no muchos sartales ni agujas ni cintas; pero quedaron con ello tan pagados y ricos, que no veían de placer y regocijo, y hasta creían que habían engañado a los forasteros pensando que era el vidrio piedras finas. Visto por Cortés la gran cantidad de oro que aquella gente traía y trocaba tan bobamente por dijes y naderías, mandó pregonar en el campamento que ninguno tomase oro, bajo graves penas, sino que todos hiciesen como que no lo conocían o que no lo querían, para que no pareciese que era codicia, ni su intención y venida encaminadas solo a aquello; y así, disimulaba para ver qué era aquella gran demostración de oro, y si lo hacían aquellos indios por probar si lo hacían por ello. El domingo de Pascua por la mañana vino al campamento Teudilli, o Quintaluor, como dicen algunos, de Cotasta, a ocho leguas de allí, donde residía. Trajo consigo muy bien más de cuatro mil hombres sin armas, empero, la mayoría bien vestidos y algunos con ropas de algodón, ricas a su costumbre; los otros casi desnudos, y cargados de cosas de comer, que fue una abundancia grande y extraña. Hizo su acatamiento al capitán Cortés, como ellos acostumbraban, quemando incienso y pajuelas mojadas en sangre de su mismo cuerpo. Le presentó aquellas vituallas, le dio algunas joyas de oro, ricas y bien labradas, y otras cosas hechas de plumas, que no eran de menor artificio y rarezas. Cortés lo abrazó y recibió muy alegremente; y saludando a los demás, le dio un sayo de seda, una medalla y collar de vidrio, muchos sartales, espejos, tijeras, agujas, ceñidores, camisas y tocadores, y otras quincallerías de cuero, lana y hierro, que tienen entre nosotros muy poco valor, pero que éstos estiman en mucho.

Capítulo XXVI. Lo que habló Cortés a Teudilli, criado de Moctezuma

Todo esto se había hecho sin lengua, porque Jerónimo de Aguilar no entendía a estos indios, que eran de otro lenguaje muy diferente del que él sabía; por lo cual Cortés estaba preocupado y triste, por faltarle faraute para entenderse con aquel gobernador y saber las cosas de aquella tierra; pero después salió de aquella preocupación, porque una de aquellas veinte mujeres que le dieron en Potonchan hablaba con los de aquel gobernador y los entendía muy bien, como a hombres de su propia lengua; y así que Cortés la tomó aparte con Aguilar, y le prometió más que libertad si le trataba verdad entre él y aquellos de su tierra, puesto que los entendía, y él la quería tener por su faraute y secretaria. Tras esto, le preguntó quién era y de dónde. Marina, que así se llamaba después de cristiana, dijo que era de cerca de Jalisco, de un lugar llamado Viluta, hija de padres ricos y parientes del señor de aquella tierra; y que cuando era muchacha la habían robado algunos mercaderes en tiempo de guerra, y llevado a vender a la feria de Xicalanco, que es un gran pueblo sobre Coazacualco, no muy lejos de Tabasco; y de allí había llegado a poder del señor de Potonchan. Esta Marina y sus compañeras fueron los primeros cristianos bautizados de toda la Nueva España, y ella sola, con Aguilar, el verdadero intérprete entre los nuestros y los de aquella tierra. Certificado Cortés de que tenía un seguro y leal faraute en aquella esclava con Aguilar, oyó misa en el campo, puso junto a sí a Teudilli, y después comieron juntos; y después de comer se quedaron ambos en su tienda con los lenguas y otros muchos españoles e indios; y les dijo Cortés que era vasallo de don Carlos de Austria, emperador de cristianos, rey de España y señor de la mayor parte del mundo, a quien muchos y muy grandes reyes y señores servían y obedecían, y los demás príncipes se honraban de ser sus amigos, por su bondad y poderío; el cual, teniendo noticia de aquella tierra y del señor de ella, lo enviaba allí para visitarle de su parte, y decirle algunas cosas en secreto, que traía por escrito, y que se alegraría de conocer; por eso que lo hiciese saber así a su señor, para ver dónde mandaba oír la embajada. Respondió Teudilli que se alegraba mucho de oír la grandeza y bondad del señor emperador; pero que le hacía saber que su señor Moctezuma no era menor rey ni menos bueno; antes bien, se maravillaba de que hubiese otro tan gran príncipe en el mundo; y que pues así era, él se lo haría saber para ver qué mandaba hacer del embajador y de su embajada; pues él confiaba en la clemencia de su señor, que no solo se alegraría con aquellas nuevas, sino que hasta haría mercedes al que las traía. Tras esta plática hizo Cortés que los españoles saliesen con sus armas en ordenanza al paso y son del pífano y tambor, y escaramuzasen, y que los de a caballo corriesen, y se tirase la artillería; y todo con el fin de que aquel gobernador lo dijese a su rey. Los indios contemplaron mucho el traje, gesto y barbas de los españoles. Maravillábanse de ver comer y correr a los caballos. Temían del resplandor de las espadas. Se caían al suelo del golpe y estruendo que hacía la artillería, y pensaban que se hundía el cielo a truenos y rayos; y de las naos decían que venía el Dios Quezalcoatl con sus templos a cuestas, que era el Dios del aire, que se había marchado y esperaban su vuelta. Después que fue hecho todo esto, Teudilli despachó a México a Moctezuma con lo que había visto y oído, y pidiéndole oro para dar al capitán de aquella nueva gente, y era porque Cortés le preguntó si Moctezuma tenía oro. Y como respondió que sí, «envíeme», dice, «de ello, pues tenemos yo y mis compañeros mal de corazón, enfermedad que sana con ello». Estas mensajerías fueron en un día y una noche desde el campamento de Cortés a México, a donde hay más de setenta leguas de camino, y llevaron pintada la figura de los caballos, y del caballo y hombres encima, la forma de las armas, qué y cuántos eran los tiros de fuego, y qué número había de hombres barbudos. De los navíos ya había avisado en cuanto los vio, diciendo cuántos y lo grandes que eran. Todo esto lo hizo Teudilli pintar al natural en algodón tejido para que Moctezuma lo viese. Llegó tan pronto esta mensajería tan lejos, porque había colocado de trecho en trecho hombres, como postas de caballo, que de mano en mano daba uno a otro el lienzo y el recado, y así volaba el aviso. Más se corre así que por la posta de caballos, y es costumbre más antigua que la de los caballos. También envió este gobernador a Moctezuma los vestidos y muchas de las otras cosas que Cortés le dio, las cuales se hallaron después en su recámara.

Capítulo XXVII. Presente y respuesta que Moctezuma envió a Cortés

Despachados que fueron los mensajeros y prometida la respuesta dentro de pocos días, se despidió Teudilli, y a dos o tres tiros de ballesta del campamento de nuestros españoles hizo hacer más de mil chozas de ramas. Dejó allí dos hombres principales, como capitanes, con unas dos mil personas, entre mujeres y hombres, de servicio, y se fue a Cotasta, lugar de su residencia y morada. Aquellos dos capitanes tenían a su cargo el abastecer a los españoles. Las mujeres amasaban y molían pan de centli, que es maíz. Guisaban judías, carne, pescado y otras cosas de comer. Los hombres llevaban la comida al campamento, y ni más ni menos la leña que era menester, y cuanta hierba podían comer los caballos, de la cual por toda aquella tierra están llenos los campos en todo tiempo del año. Y estos indios iban tierra adentro a los pueblos vecinos y traían tantas provisiones para todos, que era cosa digna de ver. Así pasaron siete u ocho días con muchas visitas de indios, y esperando al gobernador, y la respuesta de aquel tan gran señor como todos decían; el cual vino después con un agradable y rico presente, que era de muchas mantas y ropas de algodón blancas y de color y bordadas, como ellos usan; muchos penachos y otras lindas plumas, y algunas cosas hechas de oro y plumas, rica y primorosamente trabajadas; gran cantidad de joyas y piezas de oro y plata, y dos ruedas delgadas, una de plata, que pesaba 52 marcos con la figura de la Luna, y otra de oro, que pesaba 100 marcos, hecha como el Sol, y con muchos follajes y animales en relieve, obra primorosísima. Tienen en aquella tierra a estas dos cosas por dioses, y les dan el color de los metales que les asemejan. Cada una de ellas tenía hasta diez palmos de ancho y treinta de ruedo. Podía valer este presente 20.000 ducados o algo más, el cual tenían para dar a Grijalva, si no se hubiese ido, según decían los indios. Le dijo por respuesta que Moctezuma, su señor, se alegraba mucho de saber y ser amigo de tan poderoso príncipe como le decían que era el rey de España, y que en su tiempo aportasen a su tierra gentes nuevas, buenas, extrañas y nunca vistas, para hacerles todo placer y honra. Por tanto, que viese lo que necesitaba, el tiempo que allí pensaba estar, para sí y para su enfermedad, y para su gente y navíos, que lo mandaría proveer todo muy cumplidamente, y hasta que si en su tierra había alguna cosa que le agradase para llevar a aquel su gran emperador de cristianos, que se lo daría de muy buena voluntad; y que en cuanto a que se viesen y hablasen, que lo consideraba como imposible, a causa de que, como él estaba enfermo, no podía venir al mar, y que pensar de ir a donde él estaba era muy difícil y trabajosísimo, así por las muchas y ásperas sierras que había en el camino, como por los despoblados grandes y estériles que tenía que pasar, donde forzosamente tenía que padecer hambre, sed y otras necesidades de éstas. Y además de esto, mucha parte de la tierra por donde había de pasar era de enemigos suyos, gente cruel y mala, que lo matarían sabiendo que iba como amigo suyo. Todos estos inconvenientes o excusas le ponía Moctezuma y su gobernador a Cortés para que no fuese adelante con su gente, pensando engañarle así y estorbarle el viaje, y espantarle con tantas y tales dificultades y peligros, o esperando algún mal tiempo para la flota que le obligase a irse de allí. Pero cuanto más le contradecían, más gana le entraba de ver a Moctezuma, que tan gran rey era en aquella tierra, y descubrir por entero la riqueza que imaginaba; y así como recibió el presente y respuesta, dio a Teudilli un vestido entero de su persona y otras muchas cosas de las mejores que llevaba para rescatar, que enviase al señor Moctezuma, de cuya liberalidad y magnificencia tan grandes alabanzas le hacía. Y le dijo que solamente por ver a un tan bueno y poderoso rey era justo ir a donde estaba, cuando más que le era forzoso por hacer la embajada que llevaba del emperador de cristianos, que era el mayor rey del mundo. Y si no iba, no hacía bien su oficio ni lo que estaba obligado a la ley de bondad y caballería, e incurriría en desgracia y odio de su rey y señor. Por tanto, que le rogaba mucho avisase de nuevo esta determinación que tenía, para que supiese Moctezuma que no la mudaría por aquellos inconvenientes que le ponían, ni por otros muchos mayores que le pudiesen suceder. Que quien venía por agua dos mil leguas, bien podía ir por tierra setenta. Le instaba con esto a que enviase cuanto antes, para que volviesen pronto los mensajeros, pues veía que tenían mucha gente que mantener, y poco que darle de comer, y los navíos en peligro, y el tiempo se pasaba en palabras.

Teudilli decía que ya despachaba cada día a Moctezuma con lo que se ofrecía, y que entre tanto no se acongojase, sino que se alegrase y divirtiese; que no tardaría el despacho y resolución a venir de México, aunque estaba lejos. Y que del comer no tuviese cuidado, que allí le proveerían abundantísimamente; y con esto le rogó mucho que, pues estaba mal aposentado en el campo y arenales, se fuese con él a unos lugares a seis o siete leguas de allí. Y como Cortes no quiso ir, se fue él, y estuvo allí diez días esperando lo que Moctezuma mandaba.

Capítulo XXVIII. De cómo supo Cortés que había bandos en aquella tierra

En este intermedio andaban algunos hombres en un cerrillo o médano de arena, de los que hay allí muchos alrededor; y como no se juntaban ni hallaban con los que estaban sirviendo a los españoles, preguntó Cortés qué gente era aquélla, que no se atrevía a llegar donde él y ellos estaban. Aquellos dos capitanes le dijeron que eran algunos labradores que se paraban a mirar. No satisfecho de la respuesta, sospechó Cortés que le mentían, pues le pareció que tenían gana de acercarse a los españoles, y que no se atrevían por los del gobernador, y así era; que como toda la costa y aun tierra adentro hasta México estaba llena de las nuevas y extrañas cosas que los nuestros habían hecho en Potonchan, todos deseaban verlos y hablarles; mas no se atrevían, por miedo a los de Culúa, que son los de Moctezuma. Así que envió a ellos cinco españoles que, haciendo señales de paz, los llamasen, o por fuerza cogiesen a alguno y se lo trajesen al campamento. Aquellos hombres, que serian cerca de veinte, se alegraron de ver ir hacia ellos a los cinco extranjeros; y deseosos de mirar tan nueva y extraña gente y navíos, se vinieron al ejército y a la tienda del capitán muy de su grado. Eran estos indios muy diferentes de cuantos hasta allí habían visto, porque eran más altos de cuerpo que los otros, y porque llevaban las ternillas de las narices tan abiertas, que casi llegaban a la boca, donde colgaban unas sortijas de azabache o ámbar cuajado o de otra cosa igual de preciada. Llevaban asimismo horadados los labios inferiores, y en los agujeros unos sortijones de oro con muchas turquesas no finas; mas pesaban tanto, que derribaban los bezos sobre la barbilla y dejaban los dientes por fuera, lo cual, aunque ellos lo hacían por gentileza y bien parecer, los afeaba mucho a los ojos de nuestros españoles, que nunca habían visto semejante fealdad, aunque los de Moctezuma también llevaban agujereados los bezos y las orejas, pero de agujeros pequeños y con pequeñas ruedecitas. Algunos no tenían hendidas las narices, sino con grandes agujeros; mas, sin embargo, todos tenían hechos tan grandes agujeros en las orejas, que podía muy bien caber por ellos cualquiera de los dedos de la mano, y de allí prendían zarcillos de oro y piedras. Esta fealdad y diferencia de rostro puso admiración en los nuestros. Cortés les hizo hablar con Marina, y ellos dijeron que eran de Cempoallan, una ciudad lejos de allí casi un Sol: así cuentan ellos sus jornadas. Y que el término de su tierra estaba a medio camino en un gran río que parte mojones con tierras del señor Moctezumacín; y que su cacique los había enviado a ver qué gentes o dioses venían en aquellos teocalis, que es como decir templos; y que no se habían atrevido a venir antes ni solos, no sabiendo a qué gente iban. Cortés les puso buena cara y los trató halagüeñamente, porque le parecieron bestiales, demostrando que se había alegrado mucho en verlos y en oír la buena voluntad de su señor. Les dio algunas cosillas de rescate para que se llevasen, y les mostró las armas y los caballos, cosa que nunca ellos vieran ni oyeran; y así, andaban por el campamento hechos unos bobos mirando unas y otras cosas; y a todo esto no se trataban ni comunicaban ellos ni los otros indios. Y preguntada la india que servía de faraute, dijo a Cortés que no solamente eran de lenguaje diferente, sino que también eran de otro señor, no sujeto a Moctezuma sino en cierta manera y por fuerza. Mucho se alegró Cortés con semejante noticia, pues ya él barruntaba por las pláticas de Teudilli que Moctezuma tenía por allí guerra y contrarios; y así, apartó luego en su tienda tres o cuatro de aquellos que le parecieron más entendidos o principales, y les preguntó con Marina por los señores que había por aquella tierra. Ellos respondieron que toda era del gran señor Moctezuma, aunque en cada provincia o ciudad había señor por sí, pero que todos ellos te pechaban y servían como vasallos y hasta como esclavos; e incluso que muchos de ellos, de poco tiempo a esta parte, le reconocían por la fuerza de las armas, y le daban parias y tributo, que antes no solían, como era el señor de Cempoallan y otros comarcanos suyos, los cuales siempre andaban en guerras con él por librarse de su tiranía, pero no podían, pues sus huestes eran grandes y de gente muy esforzada. Cortés, muy alegre de hallar en aquella tierra unos señores enemigos de otros y con guerra, para poder efectuar mejor su propósito y pensamientos, les agradeció la noticia que le daban del estado y ser de la tierra. Les ofreció su amistad y ayuda, les rogó que viniesen muchas veces a su ejército, y les despidió con muchos recuerdos y dones para su señor, y que pronto le iría a ver y servir.

Capítulo XXIX. Cómo entró Cortés a ver la tierra con cuatrocientos compañeros
Volvió Teudilli al cabo de diez días, y trajo mucha ropa de algodón, y algunas cosas de pluma bien hechas, en cambio de lo que enviara a México, y dijo que se fuese Cortés con su armada, porque era excusado por entonces verse con Moctezuma, y que mirase qué era lo que quería de la tierra, y que se le daría; y que siempre que por allí pasase harían lo mismo. Cortés le dijo que no haría tal cosa, y que no se iría sin hablar a Moctezuma. El gobernador replicó que no porfiase más en ello, y con tanto se despidió. Y aquella misma noche se fue con todos sus indios e indias que servían y proveían el campamento; y cuando amaneció estaban las chozas vacías. Cortés se receló de aquello, y se apercibió a la batalla; mas como no vino gente, se ocupó en buscar puerto para sus naos, y en buscar buen asiento para poblar, pues su intento era permanecer allí y conquistar aquella tierra, pues había visto grandes muestras y señales de oro y plata y otras riquezas en ella; mas no halló aparejo ninguno en una gran legua a la redonda, por ser todo aquello arenales, que con el tiempo se mudan de una parte a otra, y tierra anegadiza y húmeda y por consiguiente de mala vivienda. Por lo cual despachó a Francisco de Montejo en dos bergantines, con cincuenta compañeros y con Antón de Alaminos, piloto, a que siguiese la costa, hasta tropezar con algún razonable puerto y buen sitio de poblar. Montejo recorrió la costa sin hallar puerto hasta Pánuco, excepto el abrigo de un peñón que estaba metido en el mar. Se volvió al cabo de tres semanas, que empleó en aquel poco camino, huyendo de tan mala mar como había navegado, porque dio en unas corrientes tan temibles, que, yendo a vela y a remo, tornaban atrás los bergantines; pero dijo cómo le salían los de la costa, y se sacaban sangre, y se la ofrecían en pajuelas por amistad o deidad; cosa

amigable. Mucho sintió Cortés la poca relación de Montejo; pero aun así propuso ir al abrigo que decía, por estar cerca de él los buenos ríos para agua y trato, y grandes montones para leña y madera, muchas piedras para edificar, y muchos pastos y tierra llana para labranzas. Aunque no era bastante puerto para poner en ella contratación y escala de naves, si poblaban, por estar muy descubierto y travesía del norte, que es el viento que por allí más corre y perjudica. De manera, pues, que como se fueron Teudilli y los otros de Moctezuma, dejándolo en blanco, no quiso que, o bien le faltasen vituallas allí, o diese las naos al través; y así, hizo meter en los navíos toda su ropa, y él, con cuatrocientos y con todos los caballos, siguió por donde iban y venían aquellos que le proveían; y a las tres leguas de andar, llegó a un río muy hermoso, aunque no muy hondo, porque se pudo vadear a pie. Halló luego, en pasando el río, una aldea despoblada, pues la gente, con miedo a su llegada, había huido. Entró en una casa grande, que debía de ser del señor, hecha de adobes y maderos, los suelos sacados a mano más de un estado encima de la tierra, los tejados cubiertos de paja, mas de hermosa y extraña manera; debajo, tenía muchas y grandes piezas, unas llenas de cántaros de miel, de centli, judías y otras semillas, que comen y guardan para provisión de todo el año; y otras llenas de ropa de algodón y plumajes, con oro y plata en ellos. Mucho de esto se halló en las otras casas, que también eran casi de aquella misma forma. Cortés mandó con público pregón que nadie tocase cosa ninguna de aquéllas, bajo pena de muerte, excepto a las provisiones, por cobrar buena fama y gracia con los de la tierra. Había en aquella aldea un templo, que parecía casa en los aposentos, y tenía una torrecilla maciza con una especie de capilla en lo alto, a donde se subía por veinte gradas, y donde estaban algunos ídolos de bulto. Se hallaron allí muchos papeles, de los que ellos usan, ensangrentados, y mucha más sangre de hombres sacrificados, según dijo Marina, y también hallaron el tajo sobre el cual ponían los del sacrificio, y los navajones de pedernal con que los abrían por el pecho y les sacaban el corazón en vida y le arrojaban al cielo como en ofrenda. Con cuya sangre untaban los ídolos y papeles que se ofrecían y quemaban. Grandísima compasión y hasta espanto puso aquella vista en nuestros españoles. De este lugarejo fue a otros tres o cuatro, que ninguno pasaba de doscientas casas, y todos los halló desiertos, aunque poblados de provisiones y sangre como el primero. Volvióse de allí, porque no hacía fruto ninguno, y porque era tiempo de descargar los navíos y de enviarlos por más gente, y porque deseaba asentar ya: en esto se detuvo por espacio de diez días.

Capítulo XXX. Cómo dejó Cortés el cargo que llevaba
Cuando Cortés volvió a donde los navíos estaban con los demás españoles, les habló a todos juntos, diciendo que ya veían cuánta merced les había hecho Dios en guiarlos y traerlos sanos y con bien a una tierra tan buena y tan rica, según las muestras y apariencias habían visto en tan breve espacio de tiempo, y cuán abundante de comida, poblada de gente, más vestida, más pulida y de razón, y que mejores edificios y labranzas tenía de cuantas hasta entonces se habían visto ni descubierto en Indias; y que era de esperar fuese mucho más lo que no veían que lo que parecía, y por tanto que debían dar muchas gracias a Dios y poblar allí, y entrar tierra adentro a gozar la gracia y mercedes del señor; y que para poderlo hacer mejor, le parecía asentar al presente allí, o en el mejor sitio y puerto que pudiesen hallar, y hacerse muy bien fuertes con cerca y fortaleza para defenderse de aquellas gentes de la tierra, que no se alegraban mucho de su venida y permanencia; y aun también para desde allí poder con más facilidad tener amistad y contratación con algunos indios y pueblos comarcanos, como era Cempoallan y otros en los que había contrarios y enemigos de la gente de Moctezuma, y que asentando y poblando, podían descargar los navíos, y enviarlos después a Cuba, Santo Domingo, Jamaica, Boriquen y otras islas, o a España por mas gente, armas y caballos, y por más vestidos y provisiones; y además de esto, era razón de enviar relación y noticia de lo que pasaba a España, al emperador ley, su señor, con la muestra de oro y plata y cosas ricas de pluma que tenían; y para que todo esto se hiciese con mayor autoridad y consejo, él quería, como su capitán, nombrar cabildo, sacar alcaldes y regidores, y señalar a todos los demás oficiales que eran necesarios para el regimiento y buena gobernación de la villa que habían de hacer, los cuales rigiese, vedasen y mandasen hasta tanto que el emperador proveyese y mandase lo que más a su servicio conviniese. Y tras esto, tomó la posesión de toda aquella tierra con la demás por descubrir, en nombre del emperador

don Carlos, rey de Castilla. Hizo los demás autos y diligencias que en tal caso se requerían, y lo pidió así por testimonio a Francisco Fernández, escribano real, que estaba presente. Todos respondieron que les parecía muy bien lo que había dicho, y loaban y aprobaban lo que quería hacer; por tanto, que lo hiciese como decía, pues ellos habían venido con él para seguirle y obedecerle. Cortés entonces nombró alcaldes, regidores, procurador, alguacil, escribano y todos los demás oficios a cumplimiento del cabildo entero, en nombre del emperador, su señor natural; y les entregó después las varas, y puso nombre al concejo la Villarrica de la Veracruz, porque el viernes de la Cruz habían entrado en aquella tierra. Tras estos autos, hizo luego Cortés otro ante el mismo escribano y ante los nuevos alcaldes, que eran Alonso Fernández Portocarrero y Francisco de Montejo, en que dejó, desistió y cedió en manos y poder de ellos, y como justicia real y ordinaria, el mando y cargo de capitán y descubridor que le dieron los frailes jerónimos, que residían y gobernaban en la isla Española por su majestad; y que no quería usar del poder que tenía de Diego Velázquez, lugarteniente del gobernador en Cuba por el almirante de las indias, para rescatar y descubrir, buscando a Juan de Grijalva, por cuanto ninguno de ellos tenía mando ni jurisdicción en aquella tierra, que él y ellos acababan de descubrir, y comenzaban a poblar en nombre del rey de Castilla, como sus naturales y leales vasallos; y así lo pidió por testimonio, y se lo dieron.

Capítulo XXXI. Cómo los soldados hicieron a Cortés capitán y alcalde mayor
Los alcaldes y oficiales nuevos tomaron las varas y posesión de sus oficios, y se juntaron luego en cabildo, conforme en las villas y lugares de Castilla se suele y acostumbra juntar el concejo, y hablaron y trataron en él muchas cosas tocantes al provecho común y bien de la república, y al regimiento de la nueva villa y población que hacían; y entre ellas acordaron hacer capitán y justicia mayor al mismo Hernán Cortes, y darle poder y autoridad para lo que tocase a la guerra y conquista, entre tanto que el emperador otra cosa acordase y mandase; y así, con este acuerdo, voluntad y determinación, fueron al día siguiente a Cortés, todo el regimiento y concejo junto, y le dijeron que ellos tenían necesidad, entre tanto que el emperador otra cosa

proveía o mandaba, de tener un caudillo para la guerra, y que siguiese la conquista y entrada por aquella tierra, y que fuese su capitán, su cabeza, su justicia mayor, a quien acudiesen en las cosas arduas y dificultosas, y en las diferencias que ocurriesen; y que esto era necesario y conveniente, así al pueblo como al ejército, que le rogaban mucho y encargaban que lo fuese él, pues en él concurrían más partes y calidades que en otro ninguno para regirlos, mandarlos y gobernarlos, por la noticia y experiencia que tenía de las c osas, después y antes que le conociesen en aquella jornada y flota; y que así se lo requerían, y si era menester, se lo mandaban, porque tenían por muy cierto que Dios y el rey serían muy servidos de que él aceptase y tuviese aquel cargo y mando; y ellos recibirían buena obra, y quedarían contentos y satisfechos de que serían regidos con justicia, tratados con humanidad, acaudillados con diligencia y esfuerzo, y que para ello todos ellos le elegían, nombraban y tomaban por su capitán general y justicia mayor, dándole la autoridad posible y necesaria, y sometiéndose bajo su mando, jurisdicción y amparo. Cortés aceptó el cargo de capitán general y justicia mayor a pocos ruegos, porque no deseaba otra cosa por entonces. Elegido, pues, que fue Cortés por capitán, le dijo el cabildo que bien sabía que hasta estar de asiento y conocidos en la tierra, no tenían de que mantenerse sino de las provisiones que él traía en los navíos; que tomase para sí y para sus criados lo que necesitase o le pareciese, y lo demás se tasase en justo precio, y se lo mandase entregar para repartir entre la gente; que a la paga todos se obligarían, o lo sacarían de montón, después de quitado el quinto del rey; y también le rogaron que se apreciasen los navíos con su artillería en un honesto valor, para que de común se pagasen, y de común sirviesen en acarrear de las islas pan, vino, vestidos, armas, caballos, y las demás cosas que fuesen menester para el ejército y para la villa; porque así les saldría más barato que trayéndolo mercaderes, que siempre quieren llevar demasiados y excesivos precios; y si esto hacía, les daría mucho placer y buena obra. Cortés les respondió que cuando en Cuba hizo su matalotaje y abasteció la flota de comida, que no lo había hecho para revendérselo, como acostumbran otros, sino para dárselo, aunque en ello había gastado su hacienda y se había empeñado; por tanto, que lo tomasen todo; que él mandaría y mandaba a los maestres y escribanos de las naos que acudiesen con todas las provisiones que en ellas había, al cabildo; y que el regimiento lo repartiese igualmente por cabezas a raciones, sin mejorar ni aun a él mismo; porque en semejante tiempo y de tal comida, que no es para más que sustentar las vidas, tanto ha menester el chico como el grande, el viejo como el mozo. De manera que, aunque debía más de 7.000 ducados, se lo daba gustoso. Y en cuanto a lo de los navíos, dijo que se haría lo que más conviniese a todos, porque no dispondría de ellos sin hacérselo saber antes. Todo esto lo hacía Cortés por ganarles siempre más las voluntades y bocas, pues había muchos que no le querían bien; aunque en verdad, él era de por sí largo en estos gastos de guerra con sus compañeros.

Capítulo XXXII. Recibimiento que hicieron a Cortés en Cempoallan
No pareciéndoles buen asiento aquel donde estaban, para fundar la villa, acordaron de pasarse a Aquiahuiztlan, que era el abrigo del peñón que decía Montejo; y así, mandó entonces Cortés meter en los navíos gente que los guardase, y la artillería y todo lo demás que estaba en tierra, y que se fuesen allá, y él que iría por tierra aquellas ocho o diez leguas que había de uno de los cabos al otro, con los caballos, con cuatrocientos compañeros, dos medios falconetes, y algunos indios de Cuba. Los navíos se fueron de costa a costa, y él echó hacia donde le habían dicho que estaba Cempoallan, que era recto hacia donde el Sol se pone, aunque rodeaba algo para ir al peñón; y después de andar tres leguas, llegó al río que parte término con tierras de Moctezuma. No halló paso, y se bajó al mar para vadearle mejor en el reventón que hace al entrar en él, y aun allí tuvo trabajo, porque pasaron a volapié. Cuando hubieron pasado, siguieron la orilla del río arriba, porque no pudieron la del mar, por ser tierra anegadiza. Tropezaron con cabañas de pescadores y casillas pobres, y algunas labranzas pequeñitas; mas a legua y media salieron de aquellos lagunajos, y entraron en unas buenas y muy hermosas vegas, y por ellas había muchos venados. Prosiguiendo siempre su camino por el río, y creyendo hallar a la ribera de él algún buen pueblo, vieron en un cerrito unas veinte personas. Cortés entonces envió allí cuatro de a caballo, y les mandó que si haciéndoles señal de paz, huyesen, corriesen tras ellos, y le trajesen los que pudiesen, porque era menester para lengua, y para guía del camino y pueblo, pues iban a ciegas y a tientas, sin saber

por dónde echar a poblado. Los de a caballo fueron, y cuando ya llegaban junto al cerrillo, y les gritaban y señalaban que iban de paz, huyeron aquellos hombres, medrosos y espantados de ver cosa tan grande y alta, que les parecía un monstruo, y que caballo y hombres era todo una cosa; mas como la tierra era llana y sin árboles, en seguida los alcanzaron, y ellos se rindieron porque no llevaban armas. Y así, los trajeron todos a Cortés. Tenían las orejas, nariz y rostro con grandes y feos agujeros y zarcillos, como los otros que habían dicho ser de Cempoallan; y así lo dijeron ellos, y que estaba cerca la ciudad. Preguntados a qué venían, respondieron que a mirar; y por qué huían, que de miedo de gente desconocida. Cortés los aseguró entonces, y les dijo que él iba con aquellos pocos compañeros a su lugar, a ver y hablar a su señor como amigos, con mucho deseo de conocerle, pues no había querido venir ni salir del pueblo; por eso, que le guiasen. Los indios dijeron que ya era tarde para llegar a Cempoallan, mas que le llevarían a una aldea que estaba de la otra parte del río y se parecía, donde, aunque era pequeña, tenía buena posada y comida por aquella noche para toda su compañía. Cuando llegaron allá, algunos de aquellos veinte indios se fueron, con licencia de Cortés, a decir a su señor que habían quedado en aquel lugarejo, y que al día siguiente volverían con la respuesta. Los demás se quedaron allí para servir y proveer a los españoles y nuevos huéspedes; y así, los hospedaron y dieron bien de cenar. Cortés se recogió aquella noche lo mejor y más fuerte que pudo. A la mañana siguiente, muy temprano, llegaron a él hasta cien hombres, todos cargados de gallinas como pavos, y le dijeron que su señor se había alegrado mucho con su venida, y que por ser muy gordo y pesado para caminar, no venía; mas que le quedaba esperando en la ciudad. Cortés almorzó aquellas aves con sus españoles, y se fue luego por donde le guiaron muy dispuesto en ordenanza, y con los dos tirillos a punto, por si algo aconteciese. Desde que pasaron aquel río hasta llegar a otro caminaron por muy buen camino; le pasaron también a vado, y en seguida vieron a Cempoallan, que estaría a una milla de distancia, toda llena de jardines y frescura, y con muy buenas huertas de regadío. Salieron de la ciudad muchos hombres y mujeres, como en recibimiento, a ver a aquellos nuevos y más que hombres. Y les daban con alegre semblante muchas flores y frutas muy diversas de las que los nuestros conocían; y hasta entraban sin miedo entre la ordenanza del escuadrón; y de esta manera, y con este regocijo y fiesta, entraron en la ciudad, que era todo un vergel, y con tan grandes y altos árboles, que apenas se veían las casas. A la puerta salieron muchas personas de lustre, a manera de cabildo, a recibirles, hablarles y ofrecérseles. Seis españoles de a caballo, que iban delante un buen trecho, como descubridores, volvieron atrás muy maravillados, ya que el escuadrón entraba por la puerta de la ciudad, y dijeron a Cortés que habían visto un patio de una gran casa chapado todo de plata. Él les mandó volver, y que no hiciesen demostraciones ni milagros por ello, ni de nada de lo que viesen. Toda la calle por donde iban estaba llena de gente, embobada de ver los caballos, tiros y hombres tan extraños. Pasando por una gran plaza, vieron a mano derecha un gran cercado de cal y canto, con sus almenas, y muy blanqueado de yeso de espejuelo y muy bien bruñido, que con el Sol relucía mucho y parecía plata; y esto era lo que aquellos españoles pensaron que era plata chapada por las paredes. Creo que con la imaginación que llevaban y buenos deseos, todo se les antojaba oro y plata lo que relucía. Y en verdad, como ello fue imaginación, así fue imagen sin el cuerpo y alma que deseaban ellos. Había dentro de aquel patio o cercado una buena hilera de aposentos, y al otro lado seis o siete torres, por sí cada una, y una de ellas mucho más alta que las demás. Pasaron, pues, por allí callando muy disimulados, aunque engañados, y sin preguntar nada, siguiendo todavía a los que guiaban, hasta llegar a las casas y palacio del señor. El cual entonces salió muy bien acompañado de personas ancianas y mejor ataviadas que los demás, y a cada lado suyo un caballero, según su hábito y manera, que le llevaban del brazo. Cuando se juntaron él y Cortés, hizo cada uno su reverencia y cortesía al otro, a estilo de su tierra, y con los farautes se saludaron en breves palabras; y así, se volvió luego a entrar en palacio, y asignó algunas personas de aquellas principales que aposentasen y acompañasen al capitán y a la gente, los cuales llevaron a Cortés al patio cercado que estaba en la plaza, donde cupieron todos los españoles, por ser de grandes y buenos aposentos. Cuando estuvieron dentro se desengañaron, y hasta se avergonzaron los que pensaron que las paredes estaban cubiertas de plata. Cortés hizo repartir las salas, curar los caballos, asentar los tiros a la puerta, y en fin, fortalecerse allí como en campamento y junto a los enemigos, y mandó que ninguno saliese afuera, por mucha necesidad que tuviese, sin expresar licencia suya, bajo pena de muerte. Los criados del señor y oficiales del regimiento proveyeron largamente de cena y camas a su usanza.

Capítulo XXXIII. Lo que dijo a Cortés el señor de Cempoallan

Al día siguiente por la mañana vino el señor a ver a Cortés con una honrada compañía, y le trajo muchas mantas de algodón que ellos visten y anudan al hombro, como las que cubren y llevan las gitanas, y algunas joyas de oro que podían valer 2.000 ducados. Le dijo que descansase y tomase placer él y los suyos, que por eso no quería darle pesadumbre ni hablarle de negocios; y así, se despidió entonces como había hecho el día anterior, diciendo que pidiesen lo que hubiesen menester o quisiesen. Cuando él se fue, entraron con mucha comida guisada más indios que españoles eran, y con grande abundancia de frutas y ramilletes. Y así, de esta manera, estuvieron allí quince días, provistos abundantísimamente. Otro día envió Cortés al señor algunas ropas y vestidos de España, y muchas cosillas de rescate, y a rogarle que le dejase ir a su casa a verle y hablar allí, pues era mala crianza permitir que su merced viniese y que él no le fuese a visitar. Respondió que le placía y que se alegraba de ello, y con esto tomó hasta cincuenta españoles con sus armas para que le acompañasen, y dejando a los demás en el patio y aposento con su capitán, y apercibidos muy bien, se fue a palacio. El señor salió a la calle, y se metieron en una sala baja; pues allí, como tierra calurosa que es, no construyen en alto, aparte que por sanidad levantan con tierra llena y maciza el suelo alrededor de un estado, adonde suben por escalones, y sobre aquello arman la casa y cimientan las paredes, que o son de piedra o de adobe, pero enlucidas de yeso o con cal, y el tejado es de paja u hoja tan bien y extrañamente puesta, que hermosea, y defiende de las lluvias como si fuese teja. Sentáronse en unos banquillos como tajoncillos, labrados y hechos de una pieza pies y todo. El señor mandó a los suyos que se desviasen o se fuesen, y en seguida comenzaron a hablar de negocios por medio de los intérpretes, y estuvieron muy largo rato con preguntas y respuestas, porque Cortés deseaba mucho informarse muy bien de las cosas de aquella tierra y de aquel gran rey Moctezuma, y el señor no era nada necio, aunque gordo, en demandar puntos y preguntas. La suma del razonamiento de Cortés fue darle cuenta y razón de su venida, y de quién y a qué le enviaba, según y como la había dado en Tabasco a Teudilli y a otros. Aquel cacique, después de haber oído con atención a Cortés, comenzó muy de raíz una larga plática, diciendo cómo sus antepasados habían vivido en gran quietud, paz y libertad; mas que de algunos años acá estaba aquel pueblo suyo y tierra tiranizado y perdido, porque los señores de México Tenochtitlán, con su gente de Culúa, habían usurpado, no solamente aquella ciudad, sino aun toda la tierra, por la fuerza de las armas, sin que nadie se lo hubiese podido estorbar ni defender, mayormente que al principio entraban por vía de religión, con la cual juntaban después las armas. Y así, se apoderaban de todo antes de que se percatasen de ello; y ahora, que han caído en tan gran error, no pueden prevalecer contra ellos ni desechar el yugo de su servidumbre y tiranía, por más que lo han intentado tomando armas; antes bien, cuanto más las toman, tanto mayores daños les vienen, porque a los que se les ofrecen y dan, con ponerles cierto tributo y pecho, o reconociéndolos por señores con algunas parias, los reciben y los amparan, y tienen como amigos y aliados; mas empero si les contradicen o resisten y toman armas contra ellos, o se rebelan después de sujetos y entregados, los castigan terriblemente, matando muchos, y comiéndoselos después de haberlos sacrificado a sus dioses de la guerra Tezcatlipuca y Vitcilopuchtli, y sirviéndose de los demás que quieren por esclavos, haciendo trabajar al padre y al hijo y a la mujer, desde que el Sol sale hasta que se pone; y además de esto, les toman y tienen por suyo todo lo que a la sazón poseen; y aun además de todos estos vituperios y males, les enviaban a casa los alguaciles y recaudadores, y les llevaban lo que hallaban, sin tener misericordia ni compasión de dejarlos morir de hambre; siendo, pues, dijo, de esta manera tratados por Moctezuma, que hoy reina en México, ¿quién no se alegrará de ser vasallo, cuanto más amigo, de tan bueno y justo príncipe, como le decían que era el emperador, siquiera por salir de estas vejaciones, robos, agravios y fuerzas de cada día, aunque no fuese por recibir ni gozar otras mercedes y beneficios, que un tan gran señor querrá y podrá hacer? Paró aquí, enterneciéndosele los ojos y corazón; mas, volviendo en sí, encareció la fortaleza y asiento de México sobre el agua, y engrandeció las riquezas, corte, grandezas, huestes y poderío de Moctezuma. Dijo asimismo cómo

Tlaxcala, Huexocinco y otras provincias de por allí, además de la serranía de los totonaques, eran de opinión contraria a los mexicanos, y tenían ya alguna noticia de lo que había pasado en Tabasco, que si Cortés quería, trataría con ellos una liga de todos que no bastase Moctezuma contra ella. Cortés, alegrándose de lo que oía, que hacía mucho a su propósito, dijo que sentía aquel ruin tratamiento que se le hacía en sus tierras y súbditos, mas que tuviese por cierto que él se lo quitaría y aun se lo vengaría, porque no venía sino a deshacer agravios y favorecer a los presos, ayudar a los mezquinos y quitar tiranías, y aparte esto, él y los suyos habían recibido en su casa tan buena acogida y obras, que quedaba en obligación de hacerle todo placer y espaldas contra sus enemigos, y lo mismo haría con aquellos amigos suyos; y que les dijese a lo que venía, y que por ser de su parcialidad sería su amigo y les ayudaría en lo que mandasen. Se despidió con tanto Cortés, diciendo que había estado allí muchos días, y tenía necesidad de ver la otra gente suya y navíos que le aguardaban en Aquiahuiztlan, donde pensaba tomar asiento por algún tiempo, y donde se podrían comunicar. El señor de Cempoallan dijo que si quería estar allí, fuese muy en buen hora, y si no, que los navíos estaban cerca para tratar sin mucho trabajo ni tiempo lo que acordasen. Hizo llamar ocho doncellas muy bien vestidas a su manera y que parecían moriscas, una de las cuales llevaba mejores ropas de algodón y más bordadas, y algunas piezas y joyas de oro encima; y dijo que todas aquellas mujeres eran ricas y nobles, y que la del oro era señora de vasallos y sobrina suya, la cual dio a Cortés, con las demás, para que la tomase por mujer, y las diese a los caballeros de su compañía que mandase, en prenda de amor y amistad perpetua y verdadera. Cortés recibió el don con mucho contento, por no enojar al dador; y así, partió, y con él aquellas mujeres en andas de hombres, con muchas otras que las sirviesen, y otros muchos indios que le acompañasen a él y le guiasen hasta el mar, y le proveyesen de lo necesario.

Capítulo XXXIV. Lo que sucedió a Cortés en Chiauiztlan
El día que partieron de Cempoallan llegaron a Aquiahuiztlan, y aún no habían llegado los navíos, de lo que mucho se sorprendió Cortés, por haber tardado tanto tiempo en tan poco camino. Había un lugar a tiro de

arcabuz o poco más del peñón, en un repecho que se llamaba Chiauiztlan; y como Cortés estaba ocioso, fue allá con los suyos en orden y con los de Cempoallan, que le dijeron que era de un señor de los oprimidos por Moctezuma. Llegó al pie del cerro sin ver hombre del pueblo, sino a dos, que no los entendió Marina. Comenzaron a subir por aquella cuesta arriba, y los de a caballo hubiesen querido apearse, porque la subida era muy pendiente y áspera; Cortés les ordenó que no, para que los indios no viesen que había ni podía haber lugar, por alto y malo que fuese, donde el caballo no subiese; mas subieron poco a poco y llegaron hasta las casas, y como no vieron a nadie, temieron algún engaño. Mas por no mostrar flaqueza entraron por el pueblo, hasta que tropezaron con una docena de hombres honrados que llevaban un faraute que sabía la lengua de Culúa y la de allí, que es la que se usa y habla en toda aquella serranía, que llaman Totonac; los cuales dijeron que gente de tal forma como los españoles, ellos no habían visto jamás, ni oído que hubiesen venido por aquellas partes, y que por esto se escondían; pero que como el señor de Cempoallan les había hecho saber quién eran, y certificado ser gente pacífica, buena, y no dañina, se habían tranquilizado y perdido el miedo que cobraran viéndolos ir hacia su pueblo; y así, venían a recibirlos de parte de su señor y a guiarlos adonde habían de ser aposentados. Cortés los siguió hasta una plaza donde estaba el señor del lugar muy acompañado; el cual hizo gran demostración de placer al ver aquellos extranjeros con tan luengas barbas. Tomó un braserillo de barro con ascuas, echó una cierta resina que parece ánime blanco y que huele a incienso, y saludó a Cortés incensando, que es ceremonia que usan con los señores y con los dioses. Cortés y aquel señor se sentaron debajo de unos portales de aquella plaza, y mientras que aposentaban a la gente, le dio cuenta Cortés de su venida a aquella tierra, como hizo a todos los demás por donde había pasado. El señor le dijo casi lo mismo que el de Cempoallan, y aun con mucho temor de Moctezuma, no se enojase por haberle recibido y hospedado sin su licencia y mandato. Estando en esto, asomaron veinte hombres por la otra parte frontera de la plaza, con unas varas en las manos, como alguaciles, gruesas y cortas, y con sendos moscadores grandes de plumas. El señor y los otros suyos temblaban de miedo al verlos. Cortés preguntó que por qué, y le dijeron que porque venían aquellos recaudadores de las rentas de Moctezuma, y temían que dijesen que habían hallado allí a aquellos españoles, y que fuesen castigados por ello y maltratados. Cortés les animó, diciendo que Moctezuma era su amigo, y haría con él que no les dijese ni hiciese mal ninguno por aquello, y hasta que se alegraría de que le hubiese recibido en su tierra; y si así no fuese, que él los defendería, porque cada uno de los que consigo traía, bastaba para pelear con mil de México, como ya muy bien sabía el mismo Moctezuma por la guerra de Potonchan. No se tranquilizaba nada el señor ni los suyos por lo que Cortés les decía; antes bien, se quería levantar para recibirlos y aposentarlos: tanto era el miedo que a Moctezuma tenían. Cortés detuvo al señor, y le dijo: «Para que veáis lo que podemos yo y los míos, mandad a los vuestros que prendan y tengan a buen recaudo a estos recaudadores de México, que yo estaré aquí con vos, y no bastará Moctezuma a enojaros, ni aun él querrá, por respeto a mí». Con el ánimo que a estas palabras cobró, hizo prender a aquellos mexicanos, y como se defendían les dieron buenos palos. Pusieron a cada uno por sí en prisión en un pie de amigo, que es un palo largo en que les atan los pies a uno de los lados y la garganta al otro y las manos en medio, y por fuerza han de estar tendidos en el suelo. Cuando los tuvieron atados, preguntaron si los matarían; Cortés les rogó que no, sino que los tuviesen así y los vigilasen para que no se les fuesen. Ellos los metieron en una sala del aposento de los nuestros, en medio de la cual encendieron un gran fuego, y los pusieron alrededor de él con muchas guardas. Cortés puso a algunos españoles también de guardia y a la puerta de la sala, y se fue a cenar a su aposento, donde tuvo mucho para sí y para todos los suyos de lo que el señor les envió.

Capítulo XXXV. Mensaje de Cortés a Moctezuma
Cuando le pareció tiempo que ya reposaban los indios, por ser muy de noche, envió a decir a los españoles que guardaban los presos, que procurasen soltar un par de ellos, y los llevaron a la cámara donde estaba Cortés; el cual hizo como que no los conocía, y les preguntó con Aguilar y Marina que le dijesen quiénes eran, qué querían, y por qué estaban presos. Ellos dijeron que eran vasallos de Moctezuma, y que tenían cargo de cobrar ciertos tributos que los de aquel pueblo y provincia pagaban a su señor, y que

no sabían la causa por la que los habían prendido y maltratado; antes bien, se maravillaban de ver aquella novedad y desatino, porque otras veces los salían a recibir al camino con no poco acatamiento, y hacer todo servicio y placer; mas que creían que por estar él allí con los otros compañeros, que dicen que son inmortales, se les habían atrevido aquellos serranos, y aun que temían no matasen a los que quedaban presos, según eran aquellos de allí gente bárbara, antes que Moctezuma lo supiese, contra el cual se alegrarían de rebelarse, por darle costa y enojo, si hallasen aparejo, pues otras veces lo solían hacer. Por tanto, que le suplicaban hiciese que tanto ellos como sus otros compañeros no muriesen ni quedasen en manos de aquellos enemigos suyos; que recibiría Moctezuma, su señor, mucho pesar si aquellos sus viejos y honrados criados padecían algún mal por servirle bien. Cortés les dijo que sentía mucho que el señor Moctezuma fuese deservido, siendo su amigo, donde él estaba, ni sus criados maltratados; que había de mirar por ellos como por los suyos; pero que diesen gracias al Dios del cielo, y a él, que los mandó soltar en gracia y amistad de Moctezuma, para despacharlos después a México con cierto recado. Por eso, que comiesen y se esforzasen en caminar, encomendándose a sus pies, no los cogiesen otra vez, que sería peor que la pasada. Ellos comieron pronto, que no se les cocía el pan por irse de allí. Cortés los despidió después, y los hizo sacar del pueblo por donde ellos guiaron, y darles algo que llevasen de comer; y les encargó, por la libertad y buena obra que de él habían recibido, que dijesen a Moctezuma, su señor, que él lo tenía por amigo y deseaba hacerle todo servicio, desde que oyó su fama, bondad y poder; y que se había alegrado de hallarse allí en semejante momento, para demostrar esta voluntad, soltándolos a ellos, y pugnando por guardar y conservar la honra y autoridad de tan gran príncipe como él era, y por favorecer y amparar a los suyos, y mirar por todas sus cosas como por las propias; y que aunque su alteza no se inclinaba a su amistad ni a la de los españoles, según lo mostró Teudilli, dejándole sin decir adiós, y llevándose la gente de la costa de sus tierras, no dejaría él de servirle siempre que tuviese ocasión, y procurar por todas las vías a él posibles y manifiestas, su gracia, su favor y su amistad; y que bien creído tenía, pues no había razón para ello, sino antes bien toda buena obra y señal de amor de una parte a otra, que su alteza no huía ni rehusaba la amistad, ni mandaba que nadie de los suyos le viese ni hablase, ni proveyese con su dinero de lo que era necesario al sustento de la vida, sino que sus vasallos lo hacían pensando servirle; mas que por acertar, erraban, no comprendiendo que Dios los venía a ver en tropezar con criados del emperador, de quien podían él y todos ellos recibir beneficios grandísimos y saber secretos y cosas santísimas; y que si por él quedaba, que fuese a su culpa; pero que confiaba en su prudencia que, mirándolo bien, se alegraría de verle y hablarle, y de ser amigo y hermano del rey de España, en cuyo felicísimo nombre habían venido allí él y sus otros compañeros; y en cuanto a sus criados que quedasen presos, que él se daría tal mana, que no peligrasen; y así, prometía de librarlos y libertarlos, por solo su servicio, y que ya lo hubiera hecho, como a los dos que enviaba con este mensaje, si no fuera por no enojar a los de aquel lugar, que le habían hospedado y hecho mucha cortesía y buen tratamiento, y no pareciese que se lo pagaba ni agradecía mal en irles a la mano en cosa que hacían en su casa. Los mexicanos se fueron muy alegres, y prometieron de hacer lealmente lo que les mandaba.

Capítulo XXXVI. Rebelión y liga contra Moctezuma por instigación de Cortés
Cuando al día siguiente amaneció y echaron de menos a los dos presos, riñó el señor a las guardas, y quiso matar a los que guardaban; solo que con el rumor que se hizo, y con estar esperando qué dirían o harían los del pueblo, salió Cortés, y rogó que no los matasen, pues eran mandados por su señor, y personas públicas, que, según derecho natural, ni merecían pena ni tenían culpa, de lo que hacían sirviendo a su rey; mas, para que no se les fuesen aquéllos, como habían hecho los otros, que se los confiasen y entregasen a él, y a su cargo si se le soltasen. Se los dieron, y los envió a las naos amenazándoles y diciendo que les pusiesen cadenas. Tras esto se juntaron a consejo con el señor, muertos todos de miedo, y platicaron lo que harían sobre aquel caso, pues estaba cierto que los huidos habían de decir en México la afrenta y mal tratamiento que se les había hecho. Unos decían que era bueno y conveniente a todos enviar el pecho a Moctezuma y otros dones, con embajadores, para aplacarle la ira y enojo, y a disculparse, culpando a los españoles, que los mandaron prender, y suplicarles

les perdonase aquel yerro y disparate que habían hecho, como locos y atrevidos, en desacato de la majestad mexicana. Otros decían que era mucho mejor desechar el yugo que tenían de esclavos, y no reconocer más a los de México, que eran malos y tiranos, pues tenían a su favor a aquellos semidioses e invencibles caballeros españoles, y tendrían otros muchos vecinos que les ayudarían. Resolviéronse a la postre en rebelarse y no perder aquella ocasión, y rogaron a Hernán Cortés que lo tuviese por bien, y que fuese su capitán y defensor, pues por él se habían metido en aquello; que, enviase o no Moctezuma ejército sobre ellos, estaban ya determinados a romper con él y hacerle la guerra. Dios sabe cuánto se alegraba Cortés con estas cosas, pues le parecía que por allí iban allá. Les respondió que mirasen muy bien lo que hacían, pues Moctezuma, según tenía entendido, era poderosísimo rey; mas que si así lo querían, que él los capitanearía y defendería seguramente; que más quería su amistad que la del otro, que le despreciaba; pero que con todo eso quería saber cuánta gente podrían juntar. Ellos dijeron que cien mil hombres entre toda la liga que se hacía. Cortés dijo entonces que enviasen en seguida a todos los de su parcialidad y enemigos de Moctezuma a avisarlos y apercibirlos de aquello, y a certificarles de la ayuda que tenían de los españoles. No porque él tuviese necesidad de ellos ni de sus huestes, que él solo con lo suyos bastaba para todos los de Culúa, y aunque fuesen otros tantos, sino porque estuviesen a recado y sobre aviso, no recibiesen daño si por casualidad Moctezuma enviaba ejército sobre algunas tierras de los confederados, tomándolos a sobresalto y descuido; y también para que si tuviesen necesidad de socorro y gente de aquella suya que los defendiese, se la enviase con tiempo. Con esta esperanza y ánimo que Cortés les daba, y por ser ellos de por sí orgullosos y no bien considerados, despacharon en seguida sus mensajeros por todos aquellos pueblos que les pareció, a hacerles saber lo que tenían acordado, poniendo a los españoles por las nubes. Por aquellos ruegos y medios se rebelaron muchos lugares y señores y aquella serranía entera, y no dejaron recaudador de México en parte ninguna de todo aquello, publicando guerra abierta contra Moctezuma. Quiso Cortés revolver a éstos, para ganar las voluntades a todos y hasta las tierras, viendo que de otra forma mal podría. Hizo prender a los alguaciles, los soltó; se congració de nuevo con Moctezuma; alteró aquel pueblo y la comarca; se les ofreció a la defensa, y dejó a los rebelados para que tuviesen necesidad de él.

Capítulo XXXVII. Fundación de Villarrica de la Veracruz
A esta sazón estaban ya los navíos detrás del peñón; fue a verlos Cortés y llevó muchos indios de aquel pueblo rebelado y de otros de allí cerca, y los que traía consigo de Cempoallan, con los cuales se cortó mucha rama y madera, y se trajo, con alguna piedra, para hacer casas en el lugar que trazó; al que llamó Villarrica de la Veracruz, como habían acordado cuando se nombró el cabildo de San Juan de Ulúa. Se repartieron los solares a los vecinos y regimiento, y se señalaron la iglesia, la plaza, las casas de cabildo, cárcel, atarazanas, descargadero, carnicería, y otros lugares públicos y necesarios al buen gobierno y policía de la villa. Trazóse asimismo una fortaleza sobre el puerto, en sitio que pareció conveniente, y se comenzó en seguida, tanto ella como los demás edificios, a labrar de tapicería, pues la tierra de allí es buena para esto. Estando muy metidos en construir, vinieron de México dos mancebos, sobrinos de Moctezuma, con cuatro hombres ancianos, bien tratados, por consejeros, y muchos otros como criados y para servicio de sus personas. Llegaron a Cortés como embajadores, y le presentaron mucha ropa de algodón, bien llena y tejida, algunos plumajes agradables y raramente trabajados, algunas piezas de oro y plata bien labradas, y un casquete de oro menudo sin fundir, sino en grano, conforme lo sacan de la tierra. Pesó todo esto 2.090 castellanos, y le dijeron que Moctezuma, su señor, le enviaba el oro de aquel casco para su enfermedad, y que le diese noticia de ella. Le dieron las gracias por haber soltado a aquellos dos criados de su casa, y prohibido que matasen a los otros; que estuviese seguro que lo mismo haría él en cosas suyas, y que le rogaba hiciese soltar a los que aún estaban presos, y que perdonaba el castigo de aquel desacato y atrevimiento, porque le quería bien, y por los servicios y buena acogida que le habían hecho en su casa y pueblo; pero que ellos eran tales, que pronto harían otro exceso y delito, por donde lo pagasen, todo junto, como el perro los palos. En cuanto a lo demás, dijeron que como estaba malo, y ocupado en otras guerras y negocios importantísimos, no podía declararte al presente dónde o cómo se viesen; mas que andando el tiempo no faltaría manera. Cortés

los recibió muy alegremente, y los aposentó lo mejor que pudo, en la ribera del río, en Chozas y en unas tiendecillas de campo, y envió luego a llamar al señor de aquel pueblo rebelado, llamado Chiauiztlan. Vino, y le dijo cuánta verdad le había dicho, y cómo Moctezuma no osaría enviar ejército ni causar enojo donde él estuviese. Por tanto, que él y todos los confederados podían de allí en adelante quedar libres y exentos de la servidumbre mexicana, y no acudir con los tributos que solían; mas que le rogaba no lo tuviese a mal si soltaba los presos y los daba a los embajadores. Él le respondió que hiciese conforme a su voluntad, que, puesto que de ella pendían, no excederían un punto de lo que mandase. Bien podía Cortés tener estos tratos entre gente que no entendía por dónde iba el hilo de la trama. Volvióse aquel señor a su pueblo, y los embajadores a México, y todos muy contentos; porque él esparció después aquellas noticias y el miedo que Moctezuma tenía a los españoles, por toda la sierra de los Totonaques, e hizo tomar armas a todos, y quitar a México los tributos y obediencia; y ellos tomaron sus presos y muchas cosas que les dio Cortés, de lino, lana, cuero, vidrio y hierro; y se fueron admirados de ver a los españoles y todas sus cosas.

Capítulo XXXVIII. Cómo tomó Cortés a Tizapancinca por fuerza
No mucho después que pasó todo esto, enviaron los de Cempoallan a pedir a Cortés españoles y ayuda para contra la gente de guarnición de Culúa, que tenía Moctezuma en Izapancinca, que les hacía muchos daños, quemas y talas en sus tierras y labranzas, prendiendo y matando a los que las labraban. Confina Tizapancinca con los Totonaques y con tierras de Cempoallan, y está en un buen lugar y fuerte, pues está asentada junto a un río, y la fortaleza en un peñasco alto; y por ser así de fuerte, y estar entre aquellos que a cada paso se le rebelaban, tenía Moctezuma puesto allí gran acopio de hombres de guarnición; los cuales cuando vieron revueltos y con armas a los rebeldes, y que les venían a guarecer allí, huyendo, los recaudadores y tesoreros de aquellas comarcas, salían a contener la rebelión, y en castigo, quemaban y destruían cuanto hallaban, y hasta habían prendido a muchas personas. Cortés fue a Cempoallan, y desde allí, en dos jornadas, con un gran ejército de aquellos indios amigos suyos, a Tizapancinca, que estaba ocho leguas o más de la ciudad. Salieron al campo los de Culúa, pensando habérselas solo

con cempoallaneses; mas cuando vieron a los de a caballo y a los barbudos, se aterrorizaron y echaron a huir a más correr. Estaba cerca la guarida, y a ella se acogieron rápidamente; quisieron meterse en la fortaleza, mas no pudieron tan de prisa que los de a caballo no llegasen con ellos hasta el lugar, y como no podían subir al peñasco, se apearon Cortés y otros cuatro, y entraron dentro de la fortaleza a revueltas de los del pueblo, sin combate. Cuando entraron, guardaron la puerta hasta que llegaron los demás españoles y otros muchos de los amigos, a los cuales entregó la fortaleza y el pueblo, y rogó que no hiciesen mal a los vecinos, y que dejasen ir libres, pero sin armas ni banderas, a los soldados que lo guardaban, y fue cosa nueva para los indios. Ellos lo hicieron así, y él se volvió al mar por el camino que vino. Con este hecho y victoria, que fue la primera que tuvo Cortés de la gente de Moctezuma, quedó aquella serranía libre del miedo y vejaciones de los de México, y los nuestros con grandísima fama y reputación entre los amigos y no amigos. Tanto, que después, cuando algo se les ofrecía, enviaba a pedir a Cortés un español de los de su compañía, diciendo que aquel solo bastaba para capitán y seguridad. No era malo este principio para lo que Cortés pretendía. Cuando Cortés llegó a Veracruz, muy ufanos los suyos por aquella victoria, halló que había venido ya Francisco de Salceda, con la carabela que él había comprado a Alonso Caballero, vecino de Santiago de Cuba, y que la había dejado dando carena; el cual traía setenta españoles y nueve caballos y yeguas, que le dieron no poco refuerzo y alegría.

Capítulo XXXIX. Presente que Cortés envió al emperador por su quinto
Metía prisa Cortés para que trabajasen en las casas de Veracruz y en la fortaleza, para que tuviesen los vecinos y soldados comodidad de vivienda y alguna resistencia contra las lluvias y enemigos, porque él pensaba irse pronto tierra adelante, camino de México, en demanda de Moctezuma, y por dejarlo todo asentado y como debía estar, para llevar menos cuidado. Comenzó a dar orden y concierto en muchas cosas tocantes así a la guerra como a la paz. Mandó sacar a tierra todas las armas y pertrechos de guerra, y cosas de rescate de los navíos, y las vituallas y provisiones que había; y se las entregó al cabildo, como lo tenía prometido. Habló asimismo a todos,

diciendo que ya estaba bien y era tiempo de enviar al rey la relación de lo sucedido y hecho en aquella tierra hasta entonces, con las nuevas y muestras de oro, plata y riquezas que hay en ella; y que para eso era necesario repartir lo que había conseguido por cabezas, como era costumbre en la guerra de aquellas partes, y sacar de allí primero el quinto; y para que se hiciese mejor, él nombraba, y nombró, como tesorero del rey, a Alonso de Ávila, y del ejército a Gonzalo Mejía. Los alcaldes y regimiento, con todos los demás, dijeron que les parecía bien todo lo que había dicho, y que se hiciese en seguida; y que no solo se alegraban de que aquéllos fuesen tesoreros, sino que ellos lo confirmaban, y rogaban que lo quisiesen ser. Hizo después, tras esto, sacar y llevar a la plaza, para que todos lo viesen, la ropa de algodón que tenían recogida, las cosas de pluma, que eran dignas de ver, y todo el oro y plata que había, y que pesó 27.000 ducados, y se entregó así por peso y cuenta a los tesoreros, y dijo al cabildo que lo repartiesen ellos. Empero todos dijeron y respondieron que no tenían que repartir, porque sacado el quinto que al rey pertenecía, todo lo demás era necesario para pagarle a él las provisiones que les daba, y la artillería y navíos que servían de común a todos. Por eso, que lo tomase todo, y enviase al rey sus derechos muy cumplidamente y lo mejor. Cortés les dijo que tiempo había para tomar él aquello que le daban por sus muchos gastos y deudas, y que de momento no quería parte que lo que le tocaba como a su capitán general, y lo demás fuese para que aquellos hidalgos comenzasen a pagar las deudillas que tenían por venir con él en esta empresa; y porque lo que él tenía pensado enviar al rey, valía más que lo que le venía del quinto, les rogó que no se lo tuviesen a mal, pues era lo primero que enviaban, y cosas que no permitían partirse ni fundirse, si excediese de lo acostumbrado, no preocupándose de quintar a peso ni suertes; y como halló en todos ellos buena voluntad, apartó del montón lo siguiente:

Las dos ruedas de oro y plata que dio Teudilli de parte de Moctezuma.

Un collar de oro de ocho piezas, en el que había ciento ochenta y tres esmeraldas pequeñas engastadas, y doscientas treinta y dos pedrezuelas, como rubíes, de no mucho valor; colgaban de él veintisiete campanillas de oro y unas cabezas de perlas o berruecos.

Otro collar de cuatro trozos torcidos, con ciento dos tubinejos, y con ciento setenta y dos esmeraldejas; diez perlas buenas no mal engastadas, y por orla veintiséis campanillas de oro. Entrambos collares eran dignos de ver, y tenían otras cosas primorosas además de las dichas.

Muchos granos de oro, ninguno mayor que un garbanzo, así como se hallan en el suelo.

Un casquete de granos de oro sin fundir, sino grosero, llano y no cargado.

Un morrión de madera chapado de oro, y por fuera mucha pedrería, y por bebederos veinticinco campanillas de oro, y por cimera un ave verde, con los ojos, pico y pies de oro.

Un capacete de planchuelas de oro y campanillas alrededor, y por la cubierta piedras.

Un brazalete de oro muy delgado.

Una vara, como cetro real, con dos anillos de oro por remates, y guarnecidos de perlas.

Cuatro arrajaques de tres ganchos, cubiertos de pluma de muchos colores, y las puntas de berrueco atado con hilo de oro.

Muchos zapatos como esparteñas, de venado, cosidos con hilo de oro, que tenían la suela de cierta piedra blanca y azul, y muy delgada y transparente.

Otros seis pares de zapatos de cuero de diversos colores, guarnecidos de oro, plata o perlas.

Una rodela de palo y cuero, y alrededor campanillas de latón morisco, y la copa de una plancha de oro, esculpida en ella Vitcilopuchtli, Dios de las batallas, y en aspa cuatro cabezas con su pluma, o pelo, a lo vivo y desollado, que era de león, de tigre, de águila y de un buaro.

Muchos cueros de aves y animales, adobados con su misma pluma y pelo.

Veinticuatro rodelas de oro, pluma y aljófar, vistosas y de mucho primor.

Cinco rodelas de pluma y plata.

Cuatro peces de oro, dos ánades y otras aves, huecas y vaciadas, de oro.

Dos grandes caracoles de oro, que aquí no los hay, y un espantoso cocodrilo, con muchos hilos gruesos de oro alrededor.

Una barra de latón, y de lo mismo algunas hachas y una especie de azadas.

Un espejo grande guarnecido de oro, y otros pequeños.

Muchas mitras y coronas bordadas en pluma y oro, y con mil colores, perlas y piedras.

Muchas plumas muy bonitas y de todos los colores, no teñidas, sino naturales.

Muchos plumajes y penachos, grandes, lindos y ricos, con argentería de oro y aljófar.

Muchos abanicos y moscadores de oro y pluma, y de pluma solamente, pequeños y grandes y de todas clases, pero todos muy hermosos.

Una manta, especie de capa de algodón tejido, de muchos colores y de pluma, con una rueda negra en medio, con sus rayos, y por dentro lisa.

Muchas sobrepellices y vestimentas de sacerdotes, palios, frontales y ornamentos de templos y altares.

Otras muchas de esas mantas de algodón, blancas, o blancas y negras escaqueadas, o coloradas, verdes, amarillas, azules, y otros colores así. Mas por el revés sin pelo ni color, y por fuera vellosas como felpa.

Muchas camisetas, jaquetas, tocadores de algodón; cosas de hombre.

Muchas mantas de cama, paramentos y alfombras de algodón.

Eran estas cosas más bien lindas que ricas, aunque las ruedas eran cosa rica, y valía más el trabajo que las mismas cosas, porque los colores del lienzo de algodón eran finísimos, y los de las plumas, naturales. Las obras de vaciadizo excedían el juicio de nuestros plateros; de los cuales hablaremos después en conveniente lugar. Pusieron también con estas cosas algunos libros de figuras por letras, que usan los mexicanos, cogidos como paños, escritos por todas partes. Unos eran de algodón y engrudo, y otros de hojas de metal, que sirven de papel, cosa muy digna de ver. Pero como no los entendieron, no los estimaron. Tenían a la sazón los de Cempoallan muchos hombres para sacrificar. Se los pidió Cortes para enviar al emperador con el presente, para que no los sacrificasen. Mas ellos no quisieron, diciendo que se enojarían sus dioses y les quitarían el maíz, los hijos y la vida, si se los daban. Aun así les tomó cuatro de ellos y dos mujeres, los cuales eran mancebos dispuestos. Andaban muy emplumados, bailando por la ciudad, y pidiendo limosna para su sacrificio y muerte. Era cosa grande cuánto les ofrecían y miraban. Llevaban en las orejas arracadas de oro con turquesas, y unos gruesos sortijones de lo mismo en los bezos inferiores, que les descubrían los dientes, cosa fea para España, mas hermosa para aquella tierra.

Capítulo XL. Cartas del cabildo y ejército para el emperador por la gobernación para Cortés
Cuando el presente y quinto para el rey estuvo apartado, dijo Cortés al cabildo que nombrase dos procuradores que lo llevasen; que a los mismos daría él también su poder y su nao capitana para llevarlo. En el regimiento señalaron a Alonso Hernández Portocarrero, y a Francisco de Montejo, alcaldes, y Cortés se alegró de ello, y les dio como piloto a Antón de Alaminos; y como iban en nombre de todos, tomaron del montón tanto oro como les pareció suficiente para venir, negociar y volverse. Y lo mismo se hizo del matalotaje para el mar. Cortés les dio su poder para sus negocios muy cumplido y cabal, y una instrucción de lo que habían de pedir en su nombre, y hacer en la corte, en Sevilla y en su tierra; que era dar a su padre Martín Cortés y a su madre algunos castellanos, y las noticias de su prosperidad. Envió con ellos la relación y autos que tenía de lo pasado, y escribió una larga carta al emperador. Lo llamó así, aunque allá no sabían; en la cual le daba cuenta y razón sumariamente de todo lo sucedido hasta allí desde que salió de Santiago de Cuba; de las pasiones y diferencias entre él y Diego Velázquez; de las cosquillas que andaban en el real, de los trabajos que todos habían padecido, de la voluntad que tenían a su real servicio, de la grandeza y riquezas de aquella tierra, de la esperanza que tenía de sujetarla a su corona real de Castilla; y se ofreció a ganarle México, y a echarse a las manos al gran rey Moctezuma vivo o muerto; y al final de todo le suplicaba se acordase de hacerle mercedes en los cargos y provisiones que había de enviar a aquella tierra, descubierta a costa suya, para remuneración de los trabajos y gastos hechos. El cabildo de Veracruz escribió asimismo al emperador dos letras. Una en razón de lo que hasta entonces habían hecho en su real servicio aquellos pocos hidalgos españoles por aquella tierra recientemente descubierta; y en ella no firmaron más que los alcaldes y regidores. La otra fue acordada y firmada por el cabildo y por todos los más principales que había en el ejército. La cual en sustancia decía cómo todos ellos tenían y guardarían aquella villa y tierra, en su real nombre ganada; o morirían por

ello y sobre ello, si otra cosa su majestad no mandase. Y le suplicaron humildemente diese la gobernación de ello, y de lo que en adelante conquistasen, a Hernán Cortés, su caudillo y capitán general, y justicia mayor, electo por ellos mismos, que era merecedor de todo; y que más había hecho y gastado que todos en aquella flota y jornada, confirmándolo en el cargo que ellos mismos le dieron de su propia voluntad, para mejoría y seguridad suya, aunque en nombre de su majestad; y si por ventura había ya dado y hecho merced de aquel cargo y gobernación a otra persona, que lo revocase, por cuanto así convenía a su servicio, y al bien y acrecentamiento de ellos y de aquellos lugares, y también por evitar ruidos, escándalos, peligros y muertes, que se seguirían si otro los gobernase y mandase y entrase como su capitán. Además de esto, le suplicaron por respuesta con brevedad y buen despacho de los procuradores de aquella su villa, en cosas que tocaban al concejo de ella. Partieron, pues, Alonso Hernández Portocarrero, Francisco de Montejo y Antón de Alaminos, de Aquiahuiztlan y Villarrica, en una nave mediana, el 26 de julio del año 1519, con poderes de Hernán Cortés y del concejo de la villa de Veracruz, y con las cartas, autos, testimonios y relación que tengo dicho. Tocaron de camino en el Darién de Cuba; y diciendo que iban a La Habana, pasaron sin detenerse por el canal de Bahama; y navegaron con muy próspero tiempo hasta llegar a España. Escribieron esta carta los de aquel concejo y ejército, recelándose de Diego Velázquez, que tenía muchísimo favor en la corte y Consejo de Indias; y porque andaba ya la noticia en el campamento, con la llegada de Francisco de Salceda, que Diego Velázquez había obtenido la merced de la gobernación de aquella tierra del emperador, con la ida a España de Benito Martín. Lo cual, aunque ellos no lo sabían de cierto, era una gran verdad, según en otra parte se dice.

Capítulo XLI. Motín que hubo contra Cortés, y el castigo
Hubo muchos en el campamento que murmuraron de la elección de Cortés, porque con ella excluían de aquella tierra a Diego Velázquez, cuyas partes tenían, unos como criados, otros como deudores, y algunos como amigos; y decían que había sido por astucia, halagos y sobornos; y que el disimulo de Cortés en hacerse de rogar para que aceptase aquel cargo, fue fingido, y que no pudo ser hecha ni debía valer tal elección de capitán y alcalde mayor,

sin autoridad de los frailes jerónimos que gobernaban las indias, y de Diego Velázquez, que ya tenía la gobernación de aquella tierra de Yucatán, según fama. Cortés se enteró de esto; se informó de quién levantaba la murmuración; prendió a los principales y los metió en una nao; mas después los soltó por complacer a todos, que fue causa de empeorar, por cuanto aquellos mismos quisieron después alzarse con un bergantín, matando al maestre, e irse a Cuba con él, a avisar a Diego Velázquez de lo que pasaba, y del gran presente que Cortés enviaba al emperador, para que se lo quitase a los procuradores al pasar por La Habana, juntamente con las cartas y relación, para que no las viese el emperador y se tuviese por bien servido de Cortés y de todos los demás. Cortés entonces se enojó de veras. Prendió a muchos de ellos, y les tomó sus dichos, en que confesaron ser verdad aquello. Por lo cual condenó a los más culpados, según el proceso y tiempo. Ahorcó a Juan Escudero y a Diego Cermeño, piloto. Azotó a Gonzalo de Umbría, que también era piloto, y a Alonso Peñate. A los demás no los tocó. Con este castigo se hizo Cortés temer y tener en más que hasta allí; y en verdad, si hubiese sido blando, nunca los hubiese señoreado, y si se descuidara, se perdiera; porque aquéllos hubieran avisado con tiempo a Diego Velázquez, y él hubiese tomado la nao con el presente, cartas y relaciones; pues aun después la procuró tomar, enviando tras ella una carabela de armada, pues no pasaron tan secretos Montejo y Portocarrero por la isla de Cuba que no se enterase Diego Velázquez a lo que iban.

Capítulo XLII. Cortés da con los navíos al través
Se propuso Cortés de ir a México, y lo encubría a los soldados, para que no rehusasen la ida por los inconvenientes que Teudilli con otros ponía, especialmente por estar sobre agua, que lo consideraban como fortísimo, como en efecto lo era. Y para que le siguieran todos aunque no quisiesen, acordó romper los navíos; cosa dura y peligrosa y de gran pérdida, por cuya causa tuvo mucho que pensar, y no porque le doliesen los navíos, sino porque no se lo estorbasen los compañeros, pues sin duda se lo estorbaran y hasta se amotinasen de veras si se enteraran. Decidido, pues, a romperlos, negoció con algunos maestres para que secretamente barrenasen sus navíos, de forma que se hundiesen sin poderlos agotar ni tapar; y rogó a otros pilotos

que corriesen las voces de que los navíos no estaban para navegar más, de cascados y roídos de broma, y que se llegasen todos a él, estando con muchos, a decírselo así, como que le daban cuenta de ello, para que después no les echase la culpa. Ellos lo hicieron como él ordenó, y le dijeron delante de todos que los navíos no podían navegar más por hacer mucha agua y estar muy abromados; por eso, que viese lo que mandaba. Todos lo creyeron, por haber estado allí más de tres meses, tiempo suficiente para estar comidos de la broma. Y después de haber platicado mucho sobre ello, mandó Cortés que aprovechasen de ellos lo que más se pudiese, y los dejasen hundir o dar al través, haciendo sentimiento de tanta pérdida y falta. Y así, dieron luego al través en la costa con los mejores cinco navíos, sacando primero los tiros, armas, vituallas, velas, sogas, áncoras, y todas las demás jarcias que podían aprovechar. De allí a poco rompieron otros cuatro; pero ya entonces se hizo con alguna dificultad, porque la gente comprendió el trato y el propósito de Cortés, y decían que los quería meter en el matadero. Él los aplacó diciendo que los que no quisiesen seguir la guerra en tan rica tierra y en su compañía, se podían volver a Cuba en el navío que para eso quedaba; lo cual hizo para saber cuántos y cuáles eran los cobardes y contrarios, y no fiarse ni confiarse de ellos. Muchos le pidieron licencia descaradamente para volverse a Cuba; pues la mitad de ellos eran marineros, y preferían marinear que guerrear. Otros muchos hubo con el mismo deseo, viendo la grandeza de la tierra y la muchedumbre de la gente; pero tuvieron vergüenza de mostrar cobardía en público. Cortés, cuando supo esto, mandó romper aquel navío, y así quedaron todos sin esperanza de salir de allí por entonces, ensalzando mucho a Cortés por tal hecho; hazaña por cierto necesaria para el tiempo, y hecha con juicio de animoso capitán, pero de muy confiado, y cual convenía para su propósito, aunque perdía mucho en los navíos, y quedaba sin la fuerza y servicio de mar. Pocos ejemplos de éstos hay, y aquéllos son de grandes hombres, como fue Omich Barbarroja, del brazo cortado, que pocos años antes de esto rompió siete galeotas y fustas por tomar a Bujía, según extensamente escribo yo en las batallas de mar de nuestros tiempos.

Capítulo XLIII. Cómo los de Cempoallan derrocaron sus ídolos por amonestación de Cortés

No veía Cortés llegar la hora de estar con Moctezuma. Publicó su Partida; sacó del cuerpo del ejército ciento cincuenta españoles, que le parecieron bastaban para vecindad y guarda de aquella villa y fortaleza, que ya estaba casi acabada. Les dio por capitán a Pedro de Hircio, y los dejó en ella con dos caballos y otros dos mosquetes, y con muchos indios que los sirviesen, y con cincuenta pueblos a la redonda, amigos y aliados, de los cuales podían sacar cincuenta mil combatientes y más, siempre que algo les sucediese y los necesitasen; y él se fue con los demás españoles a Cempoallan, que está a cuatro leguas de allí, donde apenas había llegado, cuando le fueron a decir que andaban por la costa cuatro navíos de Francisco de Garay. Volvióse entonces, con aquellas noticias, con los españoles a Veracruz, sospechando mal de aquellos navíos. Cuando llegó, supo que Pedro de Hircio había ido a ellos a informarse quiénes eran y qué querían, y a convidarlos a su pueblo por si algo necesitaban. Supo asimismo que estaban surtos tres leguas de allí, y fue allá con Pedro de Hircio y con una escuadra de su compañía, a ver si alguno de aquellos navíos salía a tierra para tomar lengua, e informarse de qué buscaban, temiendo mal de ellos, pues no habían querido surgir allí cerca ni entrar en el puerto y lugar, pues los convidaban a ello. Y cuando habían andado hasta una legua, encontró a tres españoles de los navíos, de los cuales uno dijo ser escribano, y los otros dos testigos, que venían a notificarle algunas escrituras que no mostraron, y a hacerle requerimiento que partiese con el capitán Garay, de aquella tierra, echando mojones por parte conveniente, por cuanto pretendía también él aquella conquista como primer descubridor, y porque quería asentar y poblar en aquella costa, a veinte leguas de allí, hacia poniente, cerca de Nahutlan, que ahora se llama Almería. Cortés les dijo que volviesen primero a los navíos, a decir a su capitán que se viniese a Veracruz con su armada, y que allí hablarían, y se sabría de qué manera venía; y si traía alguna necesidad, que se la remediarían como mejor pudiesen; y si venía, como ellos decían, en servicio del rey, que no deseaba él cosa mejor que guiar y favorecer a los semejantes, pues estaba allí por su alteza y eran todos españoles. Ellos respondieron que de ninguna manera el capitán Garay ni hombre de los suyos saldría a tierra ni vendría donde estaba. Cortés, viendo la respuesta, entendió el negocio. Los prendió y se puso tras un médano de arena alto, y frontero de las naos, ya que casi era de noche, donde cenó y durmió, y estuvo hasta bien tarde del día siguiente, esperando si el tal Garay o algún piloto, o cualquiera otra persona, saltaría a tierra, para cogerlos e informarse de lo que habían navegado, y del daño que habían hecho, que por lo uno los enviara presos a España, y por lo otro supiera si habían hablado con gente de Moctezuma. Comprendiendo, al fin, que se recelaban mucho, creyó que por algún mal recaudo o despacho; hizo a tres de los suyos que cambiasen vestidos con aquellos mensajeros, y que llegasen a la lengua del agua, llamando y capeando a los de las naos; de las cuales, o porque conocieron los vestidos, o porque los llamaban, vinieron hasta una docena de hombres en un esquife con ballestas y escopetas. Los de Cortés, que tenían los vestidos ajenos, se apartaron a unas matas como para ponerse a la sombra, pues hacía mucho Sol y era mediodía, para no ser conocidos, y los del esquife echaron en tierra dos escopeteros, dos ballesteros y un indio, los cuales caminaron recto hacia las matas, pensando que los que estaban debajo eran sus compañeros. Arremetió entonces Cortés con otros muchos, y los cogieron antes de que pudiesen meterse en el barco, aunque también se quisieron defender; y uno de ellos, que era piloto y llevaba escopeta, encaró al capitán Hircio, y si hubiese llevado buena mecha y pólvora le hubiera matado. Cuando los de las naves vieron el engaño y burla, no aguardaron más, y se dieron a la vela antes de que su esquife llegase. Por estos siete que hubo a las manos se informó Cortés de cómo Garay había corrido mucha costa en busca de la Florida, y tocado en un río y tierra, cuyo rey se llamaba Pánuco, donde vieron oro, aunque poco, y que sin salir de las naves habían rescatado hasta 3.000 pesos de oro, y obtenido mucha comida a cambio de cosillas de rescate; pero que nada de lo andado ni visto había contentado a Francisco de Garay, por descubrir poco oro y no bueno. Volvióse Cortés sin otra relación ni recaudo a Cempoallan con los mismos cien españoles que trajera, y antes de salir de allí acabó con los de la ciudad que derribasen los ídolos y sepulcros de los caciques, que también reverenciaban como a dioses, y adorasen al Dios del Cielo y la cruz que les dejaba, e hizo amistad y confederación con ellos y con otros lugares vecinos, contra Moctezuma, y ellos le dieron rehenes para que estuviesen más cierto y seguro que le serían siempre leales y no faltarían a la fe y palabra dada, y que abastecerían a los españoles que dejaba de guarnición en Veracruz, y le ofrecieron cuanta gente mandase de guerra y servicio. Cortés tomó los rehenes, que fueron muchos, mas los principales eran Mamexi, Teuch y Tamalli, y para servicio al ejército de agua y leña y para carga pidió mil tamemes. Tamemes son bastajes, hombres de carga y recua, que cargan con dos arrobas de peso por dondequiera que los llevan. Éstos tiraban de la artillería y llevaban el hato y comida.

Capítulo XLIV. Encarecimiento que hizo Olintlec del poderío de Moctezuma

Partió, pues, Cortés de Cempoallan, que llamó Sevilla, para México, a 16 días de agosto del mismo año, con cuatrocientos españoles, con quince caballos y con seis tirillos, y con mil trescientos indios entre todos, así nobles y de guerra como tamemes, entre los que cuento los de Cuba. Ya cuando Cortés partió de Cempollan no había vasallo de Moctezuma en su ejército que los guiase camino derecho de México, pues todos se habían marchado, o por miedo, cuando vieron la liga, o por mandato de sus pueblos y señores, y los de Cempoallan no lo sabían bien. Las tres primeras jornadas, en que el ejército caminó por tierras de aquellos amigos suyos, fue muy bien recibido y hospedado, especialmente en Xalapan. El cuarto día llegó a Sicuchimatl, que es un lugar fuerte, puesto en la ladera de una sierra muy áspera, y tiene hechos a mano dos pasos como escaleras para entrar en él, y si los vecinos quisieran prohibirles la entrada, con dificultad subieran por allí los peones, cuanto más los caballeros. Pero, según después se vio, tenían mandato de Moctezuma que hospedasen, honrasen y proveyesen a los españoles, y hasta dijeron que, pues iban a ver a su señor Moctezuma, que supiesen de cierto que les era amigo. Este pueblo tiene muchas y buenas aldeas y alquerías en la parte llana. Sacaba de allí Moctezuma, cuando lo necesitaba, cinco mil hombres de pelea. Cortés agradeció mucho al señor el hospedaje y buen tratamiento, y la buena voluntad de Moctezuma; y cuando se despidió de él, fue a pasar una sierra bien alta por el puerto que llamó del Nombre de Dios, por ser el primero que pasaba; el cual es tan sin camino, tan áspero y alto, que no lo hay tanto en España, pues tiene tres leguas de subida. Hay en ella muchas parras con uvas, y árboles con miel; en bajando aquel puerto, entró en Theuhixuacan, que es otra fortaleza y villa amiga de Moctezuma, donde acogieron a los nuestros como en el pueblo anterior. Desde allí anduvo tres días por tierra despoblada, inhabitable, salitral. Pasaron alguna necesidad de hambre, y mucha más de sed, causa de ser toda el agua con que tropezaron salada, y muchos españoles que a falta de agua dulce bebieron de ella, enfermaron. Les sobrevino también un turbión de piedra, y con él un frío que los puso en mucho trabajo y aprieto, pues los españoles pasaron muy mala noche de frío, sobre la indisposición que tenían, y los indios pensaron morir; y hasta murieron algunos de los de Cuba que iban mal arropados y no hechos a semejante frialdad como la de aquellas montañas. A la cuarta jornada de mala tierra volvieron a subir otra sierra no muy áspera, y porque hallaron en la cumbre de ella mil carretadas, a lo que juzgaron, de leña cortada y compuesta, junto a una torrecilla, en la que había algunos ídolos, la llamaron el Puerto de la Leña. Dos leguas pasado el puerto, era la tierra estéril y pobre: mas después dio el ejército en un lugar que llamaron Castilblanco, por las casas del señor, que eran de piedra, nuevas, blancas, y las mejores que hasta entonces habían visto en aquella tierra, y muy bien labrada, de lo que no poco se maravillaron todos. Llamábase en su lenguaje Zaclotan aquel lugar, y el valle, Zacatami, y el señor, Olintlec; el cual recibió a Cortés muy bien, y aposentó y proveyó a toda su gente muy cumplidamente, porque tenía mandamiento de Moctezuma que lo honrase, según después él mismo dijo, e incluso por aquella noticia y mandamiento o favor sacrificó cincuenta hombres por alegría, cuya sangre vieron fresca y limpia, y hubo muchos del pueblo que llevaron a los españoles en hombros y hamacas, que es casi en andas. Cortés les habló con su farautes, que eran Marina y Aguilar, y les dijo la causa de su venida a aquellos lugares, y lo demás que a los de hasta allí decía siempre, y al cabo le preguntó si conocía o reconocía a Moctezuma. Él, como asombrado de la pregunta, respondió: «Pues, ¿hay alguien que no sea esclavo o vasallo de Moztezumacín?». Entonces Cortés le dijo quien era el emperador, rey de España, y le rogó que fuese su amigo y servidor de aquel tan grandísimo rey que le decía, y si tenía oro, que le diese un poco para enviarle. A esto le respondió que no saldría de la voluntad de Moctezuma, su señor, ni daría, sin que él se lo mandase, oro ninguno, aunque tenía mucho. Cortés calló a esto y disimuló, pues le pareció hombre de corazón, y los suyos gente de manera y de guerra; pero le rogó que le dijese la grandeza de aquel su rey Moctezuma, y respondió que era señor del mundo, que tenía treinta vasallos cada uno con cien mil combatientes, que sacrificaba veinte mil personas cada año; que residía en la más linda y fuerte ciudad de todo lo poblado; que su casa y corte era grandísima, noble y generosa; su riqueza, increíble; su gasto, excesivo. Y por cierto que él dijo la verdad en todo, salvo que se excedió algo en lo del sacrificio, aunque en verdad era grandísima carnicería la suya de hombres muertos en sacrificios por cada templo, y algunos españoles dicen que había años que sacrificaban cincuenta mil. Estando así en estas pláticas, llegaron dos señores del mismo valle a ver a los españoles, y presentaron a Cortés cuatro esclavas cada uno, y sendos collares de oro de no mucha valía. Olintlec, aunque tributario de Moctezuma, era gran señor y de veinte mil vasallos. Tenía treinta mujeres todas juntas y en su propia casa, con más de otras cien que las servían. Tenía dos mil criados para su servicio y guarda. El pueblo era grande, y había en él trece templos, cada uno con muchos ídolos de piedra y diferentes, ante quien sacrificaban hombres, palomas, codornices y otras cosas, con sahumerios y mucha veneración. Aquí, y por su territorio, tenía Moctezuma cinco mil soldados en guarnición y frontera, y postas de hombres en parada hasta México. Nunca hasta entonces había sabido Cortés tan entera y particularmente la riqueza y poderío de Moctezuma; y aunque se le presentaban ante sí muchos inconvenientes, dificultades, temores y otras cosas en su marcha a México, oyendo aquello, que a muchos valientes por ventura desmayara, no mostró punto de cobardía, sino que cuantas más maravillas le decían de aquel gran señor, tanto mayores espuelas le ponían de ir a verlo; y como tenía que pasar para ir allá por Tlaxcala, que todos les afirmaban ser grande ciudad, y de mucha fuerza y belicosísima generación, despachó cuatro cempoallaneses para los señores y capitanes de allí, que de su parte y de la de Cempoallan y confederados les ofreciesen su amistad y paz, y les hiciesen saber que iban a su pueblo aquellos pocos españoles a verlos y servir; por tanto, que les rogasen lo tuviesen por bueno. Pensaba Cortés que los de Tlaxcala harían otro tanto con él como los de Cempoallan, que eran buenos y leales, y que como hasta allí le habían siempre dicho la verdad, que también entonces les podría creer; que aquellos tlaxcaltecas eran sus amigos, y se alegrarían de serlo asimismo de él y de sus compañeros, pues eran muy enemigos de Moctezuma, y hasta que irían de buena gana con él a México, si hubiese de haber guerra, por el deseo que tenían de librarse y vengarse de las injurias y daños que habían recibido de muchos años a esta parte de la gente de Culúa. Disfrutó Cortés en Zaclotan cinco días, pues tiene fresca ribera y es gente apacible. Puso muchas cruces en los templos, derrocando los ídolos, como lo hacía en cada lugar que llegaba y por los caminos. Dejó muy contento a Olintlec, y se fue a un lugar que está dos leguas río arriba, y que era de Ictazmixtlitan, uno de aquellos señores que le dieron las esclavas y collares. Este pueblo tiene en el llano y ribera dos leguas a la redonda, tanto caserío, que casi tocan unas casas con otras, al menos por donde pasó nuestro ejército; y será de más de cinco mil vecinos, y colocado en un cerro alto, y a un lado de él está la casa del señor con la mejor fortaleza de aquellos sitios, y tan buena como en España, cercada de muy buena piedra con barbacanas y hondo foso. Reposó allí tres días para repararse del camino y trabajo pasado, y para esperar los cuatro mensajeros que envió desde Zaclotan, a ver qué respuesta traerían.

Capítulo XLV. Primer reencuentro que tuvo Cortés con los de Tlaxcala
Como tardaban los mensajeros, partió Cortés de Zaclotan sin otra inteligencia de Tlaxcala. No anduvo mucho nuestro campo después que salió de aquel lugar, cuando a la salida del valle por donde iba, tropezó con una gran cerca de piedra seca, y de estado y medio de alta, y de veinte pies de ancha, y con un pretil de dos palmos por toda ella para pelear por encima, la cual atravesaba todo aquel valle de una sierra a la otra, y no tenía más que una sola entrada de diez pasos, y en ella doblaba una de las cercas sobre la otra a manera de rebellín, por trecho y estrecho de cuarenta pasos; de suerte que era fuerte, y mala de pasar habiendo quien la defendiese. Preguntando Cortés la causa de estar allí aquella cerca, y quién la había hecho, le dijo

Iztacmixtlitan, que le acompañó hasta ella, que estaba para atajar, como mojón, sus tierras de las de Tlaxcala, y que sus antecesores la habían hecho para impedir la entrada a los tlaxcaltecas en tiempo de guerra, que venían a robarlos y matarlos por amigos y vasallos de Moctezuma. Grandeza les pareció a nuestros españoles aquella pared allí tan costosa y fanfarrona, mas inútil y superflua, pues había cerca otros pasos para llegar al lugar, rodeando un poco; pero no dejaron con todo eso de sospechar que los de Tlaxcala debían de ser bravos y valientes guerreros, pues tales amparos les ponían delante. Como el ejército se paró para mirar aquella magnífica obra, pensó Iztacmixtlitan que retrocedían y temían de ir adelante, y dijo y rogó al capitán que no fuese por allí, pues era su amigo e iba a ver a su señor, ni intentase atravesar por tierra de los de Tlaxcala, que por ventura, por quedar su amigo, le harían algún daño y le serían malos, como con otros solían y que él le guiaría y llevaría siempre por tierra de Moctezuma, donde sería bien recibido y provisto, hasta llegar a México. Mamexi y los demás de Cempoallan le decían que tomase su consejo, y de ninguna manera fuese por donde Iztacmixtlitan le quería encaminar, que era por desviarle de la amistad de aquella provincia, cuya gente era honrada, buena y valiente, y no quería que se juntase con él para contra Moctezuma, y que no le creyese; que los suyos y él eran unos malos, traidores y falsos, y le meterían donde no pudiese salir, y allí los matarían y comerían. Cortés estuvo suspenso un rato con lo que unos y otros le decían; pero a la postre se arrimó al consejo de Mamexi, porque tenía más concepto de los de Cempoallan y aliados que no de los otros, y por no mostrar miedo; y así, prosiguió el camino de Tlaxcala, que comenzó. Se despidió de Iztacmixtlitan, tomó de él trescientos soldados, y entró por aquella puerta de la cerca, y luego con mucho orden y buen recaudo en todo, caminó, llevando a punto los tiros, y siempre yendo él de los primeros que se adelantaban media y hasta una legua a descubrir el campo, por si hubiese algo, volver con tiempo a concertar su gente y a escoger buen lugar para batalla o para campamento; así que, andadas más de tres leguas desde la cerca, mandó decir a la infantería que caminase de prisa, pues era tarde, y él se fue con los de a caballo casi una legua adelante, donde en encumbrando una cuesta, dieron los dos de a caballo que iban delanteros con unos quince hombres con espadas y rodelas, y con unos penachos que acostumbran llevar en la guerra; los cuales eran escuchas, y cuando vieron a los de a caballo, echaron a huir de miedo o por dar aviso. Llegó Cortés entonces con otros tres compañeros a caballo, y por más que voceó e hizo senas, no quisieron esperar; y porque no se les fuesen sin tomar lengua, corrió tras ellos con seis caballos, y los alcanzó cuando estaban juntos y arremolinados con determinación de morir antes que rendirse; y señalándolos que se estuviesen quietos, se juntó a ellos, pensando tomarlos a manos y con vida; pero ellos solo procuraron esgrimir, y así hubieron de pelear con ellos. Se defendieron tan bien un rato de los seis, que hirieron a dos de ellos, y les mataron dos caballos de dos cuchilladas, y según algunos que lo vieron, cortaron a cercén de un golpe cada pescuezo con riendas y todo. En esto llegaron otros cuatro de a caballo, y luego los demás, con uno de los cuales envió Cortés a llamar corriendo la infantería, porque llegaban ya muy bien cinco mil indios en un ordenado escuadrón, a socorrer y remediar a los suyos, pues los habían visto pelear; mas llegaron tarde para ello, porque ya habían muerto todos y alanceados, con enojo de que hubiesen matado aquellos dos caballos y no se quisieran rendir. Todavía pelearon con los de a caballo, de muy gentil ánimo y denuedo, hasta que vieron cerca los peones y artillería y el otro cuerpo del ejército contrario, y entonces se retiraron, dejando el campo a los nuestros. Los de a caballo salían y entraban en los enemigos, arremetiendo a su gusto por más que eran, sin recibir daño, y mataron hasta setenta de ellos. Así que se fueron, enviaron a nuestro ejército a decir al capitán con dos de los mensajeros que allí tenían hace días, y con otros suyos, que los de Tlaxcala decían que ellos no sabían lo que habían hecho aquéllos, que eran de otras comunidades y sin su licencia; pero que lo sentían, y que pagarían los caballos por ser en su tierra, y se fuesen muy enhorabuena a su pueblo, que se alegrarían de acogerlos y ser sus amigos, porque les parecían hombres valientes. Todo era recado falso. Cortés se lo creyó, y les agradeció su buen comedimiento y voluntad, diciendo que iría, como ellos querían, a ser su amigo, y que no tenían necesidad de pagar por sus caballos, porque pronto le vendrían muchos más. Mas Dios sabe cuánto lo sentían por la falta que le hacían, y de que supiesen los indios que los caballos morían y se podían matar. Pasó Cortés casi una legua más adelante de donde fue la muerte de los caballos, aunque era casi puesta de Sol, y

137

venía su gente cansada de haber caminado mucho aquel día, por poner su campamento en lugar fuerte y de agua; y así, lo asentó junto a un arroyo, donde estuvo toda la noche con miedo y con recado de centinelas a pie y a caballo, mas ningún sobresalto le dieron los enemigos; y así, pudieron Los suyos reposar más descansados de lo que pensaban.

Capítulo XLVI. Donde se juntaron ciento cuarenta mil hombres contra Cortés
Al día siguiente con el Sol partió Cortés de allí con su escuadrón bien concertado, y en medio del fardaje y artillería, y cuando ya llegaban a un pequeño pueblo allí cerquita, tropezaron con los otros dos mensajeros de Cempoallan que fueron de Zaclotan, que venían llorando, y dijeron que los capitanes del ejército de Tlaxcala los habían atado y guardado, pero que ellos se habían soltado y escapado aquella noche, porque los querían sacrificar luego en siendo de día, al Dios de la victoria, y comérselos para dar buen comienzo a la guerra, y en señal que así tenían que hacer a los barbudos y a cuantos venían con ellos. Apenas acabaron de contar esto, cuando a menos de tiro de ballesta asomaron por detrás de un cerrillo unos mil indios muy bien armados, y llegaron con un alarido que subía hasta el cielo, a tirar dardos, piedras y saetas a los nuestros. Cortés les hizo muchas señales de paz para que no peleasen, y les habló por medio de los farautes, rogando y requiriéndoselo en forma ante escribano y testigos, como si hubiera de aprovechar o entendieran lo que era; y como cuanto más les decían, tanta más prisa se daban ellos en combatir, pensando desbaratarlos, o meterlos en juego para que los siguiesen hasta llevarlos a una celada de más de ochenta mil hombres, que les tenían preparada entre unas grandes quebradas de arroyos que atravesaban el camino y hacían mal paso, tomaron los nuestros las armas y dejaron las palabras; trabóse una animada contienda, porque aquellos mil eran tantos como los que de nuestra parte combatían, y diestros y valientes hombres, y situados en mejor lugar para pelear. Duró muchas horas la batalla, y al cabo, o bien por cansados, o bien por meter a los enemigos en el garlito donde pensaban cogerlos a bragas enjutas, comenzaron a aflojar y a retirarse hacia los suyos, no desbaratados, sino cogidos. Los nuestros, encendidos en la pelea y matanza, que no fue chica,

los siguieron con toda la gente y fardaje, y cuando menos se cataron, entraban en las acequias y quebradas, y entre una infinidad de indios armados que los aguardaban en ellas. No se pararon por no desordenarse, y las pasaron con mucho temor y trabajo, por la mucha prisa y guerra que los contrarios les daban; de los cuales hubo muchos que arremetieron a los de a caballo en aquellos malos pasos para quitarles las lanzas: tan atrevidos eran. Muchos españoles hubieran quedado allí perdidos, si no les hubiesen ayudado los indios amigos. Les ayudó también mucho el valor y consuelo de Cortés, que aunque iba en la delantera con los caballos peleando y abriendo paso, volvía de cuando en cuando a concertar el escuadrón y animar a su gente. Salieron, en fin, de aquellas quebradas a campo llano y raso, donde pudieron correr los caballos y jugar la artillería; dos cosas que hicieron mucho daño en los enemigos, y que mucho los sorprendió por su novedad; y así, después huyeron todos. Quedaron este día en uno y otro reencuentro, muchos indios muertos y heridos, y de los españoles algunos fueron heridos, pero ninguno muerto, y todos dieron gracias a Dios, que los libró de tal multitud de enemigos; y muy alegres con la victoria, se subieron a poner real en Teocacinco, aldea de pocas casas, que tenía una torrecilla y templo, donde se hicieron fuertes, y muchas chozas de paja y rama, que trajeron después los tamemes. Lo hicieron tan bien aquellos indios que iban en nuestro ejército de los de Cempoallan y de Iztacmixtlitan, ora fuese por miedo de ser comidos, ora por vergüenza y amistad, que les dio Cortés muy cumplidas gracias. Durmieron aquella noche, que fue la primera de septiembre, los nuestros mal sueño, con recelo no les asaltasen de nuevo los enemigos; pero ellos no vinieron, pues no acostumbran pelear de noche. Y luego, en siendo día, envió Cortés a rogar y requerir a los capitanes de Tlaxcala con la paz y amistad, y a que le dejasen pasar con Dios por su tierra a México, que no iba a hacerles enojo ni mal ninguno. Dejó doscientos españoles, la artillería y los tamemes en el campamento, tomó otros doscientos, y los trescientos de Iztacmixtlitan y hasta cuatrocientos cempoalleneses, y salió a correr el campo con ellos y con los caballos antes que los de la tierra se pudiesen juntar. Fue, quemó cinco o seis lugares, y se volvió con unas cuatrocientas personas presas, sin recibir daño, aunque le siguieron peleando hasta la torre y real, donde halló la respuesta de los capitanes contrarios, la cual era que al día siguiente vendrían a verle y a responderle, como vería. Cortés estuvo aquella noche muy preparado, pues le pareció brava respuesta y decidida para hacer lo que decían, mayormente porque le certificaban los prisioneros que se juntaban ciento cincuenta mil hombres para venir sobre él al día siguiente y tragarse vivos a los españoles, a quien querían muy mal, creyendo eran muy grandes amigos de Moctezuma, al cual deseaban la muerte y todo mal; y así era en efecto, porque los de Tlaxcala juntaron toda la gente posible para tomar a los españoles, y hacer con ellos los más solemnes sacrificios y ofrendas a sus dioses, como jamás se hubiesen hecho, y un banquete general de aquella carne, que llamaban celestial. Se divide Tlaxcala en cuatro cuarteles o apellidos, que son Tepeticpac, Ocotelulco, Tizatlan y Cuyahuiztlan, que es como decir en romance los Serranos, los de Pinar, los del Yeso y los del Agua. Cada apellido de éstos tiene su cabeza y señor, a quien todos acuden y obedecen, y éstos así juntos hacen el cuerpo de la república y ciudad. Mandan y gobiernan en paz, y en guerra también; y así, aquí en ésta hubo cuatro capitanes, de cada cuartel el suyo; mas el general de todo el ejército fue uno de ellos mismos que se llamaba Xicotencatl, y era de los del Yeso, y llevaba el estandarte de la ciudad, que es una grulla de oro con las alas tendidas y muchos esmaltes y argentería. La traía detrás de toda la gente, como es su costumbre estando en guerra; que si no, va delante. El segundo capitán era Maxixcacín. El número de todo el ejército era casi ciento cincuenta mil combatientes. Tanta junta y aparato hicieron contra cuatrocientos españoles, y al cabo fueron vencidos y rendidos, aunque después amigos grandísimos. Vinieron, pues, estos cuatro capitanes con todo su ejército, que cubría el campo, a ponerse cerca de los españoles, con un gran barranco en medio solamente, al otro día siguiente, como prometieron, y antes de que amaneciese. Era gente muy lucida y bien armada, como ellos acostumbran, aunque venían pintados con achiote y jagua, que mirados al gesto parecían demonios. Llevaban grandes penachos, y campeaban a maravilla; traían hondas, varas, lanzas, espadas, que aquí llaman bisarmas; arcos y flechas sin hierbas; llevaban asimismo cascos, brazalates y grebas de madera, pero doradas o cubiertas de pluma o cuero. Las corazas eran de algodón, las rodelas y broqueles muy bien adornados, y no poco fuertes, pues eran de palo y cuero recio, y con latón y pluma; las espadas, de palo y pedernal engastado en él, que cortan bien y hacen mala herida. El campo estaba repartido por sus escuadrones, y cada uno de ellos con muchas bocinas, caracolas y atabales, que sin duda era digno de mirar, y nunca españoles vieron junto mejor ni mayor ejército en indias desde que las descubrieron.

Capítulo XLVII. Amenazas que hacían a nuestros españoles los de Tlaxcala

Aquéllos estaban feroces y habladores, y decían entre sí: «¿Qué gente poca y loca es ésta que nos amenaza sin conocernos, y se atreve a entrar en nuestra tierra sin licencia y contra nuestra voluntad? No vayamos a ellos tan de prisa; dejémoslos descansar, que tiempo tenemos de tomarlos y atarlos. Enviémosles de comer, que vienen hambrientos, no digan después que les tomamos por hambre y por cansados». Y así, les enviaron luego trescientos gallipavos y doscientas cestas de bollos de centli, que es su pan ordinario, que pesaban más de cien arrobas; lo cual fue gran refrigerio y socorro para la necesidad que tenían. Al cabo de poco rato dijeron: «Vamos a ellos que ya habrán comido, y nos los comeremos, y nos pagarán nuestros gallipavos y nuestras tortas, y sabremos quién les mandó entrar aquí; y si es Moctezuma, que venga y los libre; y si es su atrevimiento que lleven el pago». Estas y parecidas amenazas y liviandades hablaban entre sí unos con otros, viendo tan poquitos españoles delante, y no conociendo aún sus fuerzas y coraje. Aquellos cuatro capitanes enviaron luego hasta dos mil de sus más esforzados hombres y soldados viejos al campamento, a tomar a los españoles sin hacerles mal; y si tomasen armas y se defendiesen, que los atasen y trajesen por la fuerza, o los matasen; mas ellos no querían, diciendo que ganarían poca honra en meterse todos con tan poca gente. Los dos mil pasaron el barranco, y llegaron a la torre atrevidamente. Salieron los de a caballo, y tras ellos los de a pie; y a la primera arremetida les hicieron conocer cuánto cortaban las espadas de hierro; y a la segunda les mostraron para cuánto eran aquellos pocos españoles que poco antes ultrajaban; y a la otra, les hicieron huir gentilmente los que ellos venían a prender. No escapó hombre de ellos, sino los que acertaron el paso del barranco. Corrió entonces la demás gente con grandísima gritería hasta llegar al real de los nuestros, y sin que les pudiesen resistir, entraron dentro muchos de ellos, y anduvieron a cuchilladas y brazos con los españoles, los cuales tardaron un buen rato en matar y echar fuera a aquellos que entraron, saltando el valladar; y, estuvieron peleando más de cuatro horas con los enemigos, antes de que pudiesen hacer plaza entre el valladar y los que combatían, y al cabo de aquel tiempo aflojaron grandemente, viendo los muchos muertos de su parte y las grandes heridas, y que no mataban a nadie de los contrarios aunque no dejaron de hacer algunas arremetidas hasta que fue tarde y se retiraron; de lo que mucho se alegró Cortés y los suyos, que tenían los brazos cansados de matar indios. Más alegría tuvieron aquella noche los nuestros que miedo, por saber que con la oscuridad no pelean los indios; y así, descansaron y durmieron más a placer que hasta allí, aunque con buen recaudo en las estancias, y muchos vigilantes y escuchas por todas partes. Los indios, aunque echaron de menos a muchos de los suyos, no se tuvieron por vencidos, según lo que después mostraron. No se pudo saber cuántos fueron los muertos, pues ni los nuestros tuvieron tiempo para ello, ni los indios cuenta. Al otro día por la mañana salió Cortés a talar el campo, como la otra vez, dejando la mitad de los suyos guardando el campamento; y por no ser sentido antes de hacer el daño, partió antes del día. Quemó más de diez pueblos, y saqueó uno de tres mil casas, en la cual había poca gente de pelea, porque estaban en la junta. Todavía pelearon los que estaban dentro y mató a muchos de ellos. Le prendió fuego, y volvióse a su fuerte sin mucho daño y con mucha prisa, a mediodía, cuando ya los enemigos cargaban a más andar para despojarle y dar en el campamento; los cuales vinieron después como el día antes, trayendo comida y fanfarroneando. Pero, aunque combatieron el real y pelearon cinco horas, no pudieron matar ningún español, muriendo infinidad de los suyos, que, como estaban apretados, hacía destrozo en ellos la artillería. Quedó por ellos el pelear, y por los nuestros la victoria. Pensaban que estaban encantados, pues no les dañaban sus flechas. Luego, al día siguiente, enviaron aquellos señores y capitanes tres clases de cosas en presente a Cortés; y los que las trajeron le decían: «Señor, veis aquí cinco esclavos: si sois Dios bravo, que coméis carne y sangre, comeos éstos, y traeremos más; si sois Dios bueno, he aquí incienso y pluma; si sois hombre, tomad aves, pan y cerezas». Cortés les dijo que él y sus compañeros eran hombres mortales, ni más ni menos que ellos; y que, pues siempre les decía verdad, por qué trataban con él mentira y lisonjas; y que deseaba ser su amigo; y que no fuesen locos ni porfiados en pelear, pues recibirían siempre muy gran daño, y que ya veían cuántos mataban de ellos sin morir ninguno de los españoles. Con esto los despidió; mas no por eso dejaron de venir después más de treinta mil a tentar las corazas a los nuestros a su propio campamento, como en días anteriores; pero se volvieron descalabrados como siempre. Es aquí de saber que aunque llegaron el primer día todos los de aquel gran ejército a combatir nuestro campamento y a pelear juntos, los otros siguientes no llegaron así, sino cada cuartel por sí, para repartir mejor el trabajo y mal por todos, y para que no se embarazasen unos a otros con tanta multitud, pues no habían de pelear sino pocos y en lugar pequeño, y aun por esto eran más recios los combates y batallas; pues cada apellido de aquéllos pugnaba por hacerlos más valientes, para ganar más honra si matasen o prendiesen algún español; pues les parecía que todo su mal y vergüenza lo recompensaba la muerte o prisión de un solo español; y también es de considerar sus convites y peleas, porque, no solo estos días hasta aquí, sino ordinariamente durante los quince días o más que estuvieron allí los españoles, ora peleasen, ora no, les llevaban unas tortillas de pan, gallipavos y cerezas; mas, sin embargo, no lo hacían por darles de comer, sino por saber qué daño habían hecho ellos, y qué ánimo tenían los nuestros o qué miedo; y esto no lo entendían los españoles, y siempre decían que los de Tlaxcala, de los cuales eran ellos, no peleaban, sino algunos bellacos otomíes que andaban por allí desmandados, que no reconocían superior por ser de unas behetrías que estaban detrás de las sierras, que mostraban con el dedo.

Capítulo XLVIII. Cómo Cortés cortó las manos a cincuenta espías
Al día siguiente, tras los presentes como a dioses, que fue el 6 de septiembre, vinieron al real unos cincuenta indios de los de Tlaxcala, honrados a su manera, y dieron a Cortés mucho pan, cerezas y gallipavos, que traían ordinariamente de comida; y le preguntaron cómo estaban los españoles, y qué querían hacer, y si necesitaban alguna cosa; y tras esto anduvieron por el campamento, mirando los vestidos y armas de España, y los caballos y artillería, y se hacían los bobos y maravillados; aunque en verdad también se

maravillaban de veras; pero todo su motivo era andar espiando. Entonces se llegó a Cortés Teuch, de Cempoallan, hombre experto y criado desde niño en la guerra, y le dijo que no le parecían bien aquellos tlaxcaltecas, porque miraban mucho las entradas y salidas y lo flaco y fuerte del real. Por eso, que se enterase si eran espías aquellos bellacos. Cortés le agradeció el buen aviso, y se sorprendió cómo él ni español alguno no habían caído en aquello, en tantos días que entraban y salían indios enemigos en su real con comida, y había caído en ello aquel cempoallanés. Y no fue por ser aquel indio más agudo y sabio que los españoles con los de Iztacmixtlitan, para sacar de ellos con puntadas lo que querían saber. Así que Cortés conoció que no venían por hacerle bien, sino a espiar, mandó coger al que más a mano y apartado estaba de la compañía, y meterlo secretamente donde no lo viesen; y allí lo examinó con Marina y Aguilar; el cual, al cabo de una hora, confesó que era espía, y que venia a ver y anotar los pasos y lados por donde mejor le pudiesen dañar y ofender, y quemar aquellas chocillas suyas; y que puesto que ellos habían probado fortuna a todas las horas del día, y no les salía nada a su propósito, ni a la fama y antigua gloria que de guerreros tenían, habían decidido venir de noche, y quizá tendrían mejor suerte; y aun también para que no temiesen los suyos de noche y con la oscuridad a los caballos ni las cuchilladas y estragos de los tiros de fuego; y que Xicotencatl, su capitán general, estaba ya para tal efecto con muchos millares de soldados detrás de algunos cerros, en un valle fronterizo y cercano al campamento. Cuando Cortés vio la confesión de éste, hizo luego tomar a otros cuatro o cinco, cada uno aparte, y confesaron asimismo que ellos y todos los que en su compañía venían eran espías, y dijeron lo mismo que el primero, casi con los mismos términos. Así que por los dichos de éstos los prendió a los cincuenta, y allí después les hizo cortar a todos las manos, y los envió a su ejército, amenazando que otro tanto harían a todos los espías que cogiese; y que dijesen a quien los envió que, de día y de noche, y cada y cuando que viniesen, verían quiénes eran los españoles. Grandísimo pavor tomaron los indios de ver cortadas las manos a sus espías, cosa nueva para ellos, y creían que tenían los nuestros algún familiar que les decía lo que ellos tenían allá en su pensamiento; y así, se fueron todos, cada uno por donde mejor pudo, para que no les cortasen las suyas, y alejaron las vituallas que traían para la hueste, para que no se aprovechasen de ellas los adversarios.

Capítulo XLIX. Embajada que Moctezuma envió a Cortés

En yéndose los espías, vieron desde nuestro campamento cómo atravesaba por un cerro grandísima muchedumbre de gente, y era la que traía Xicotencatl; y como era ya casi noche, decidió Cortés salir a ellos, y no aguardar a que llegasen, para que del primer ímpetu no pegasen fuego, como tenían pensado, a las chozas; pues si así lo hicieran, pudiera ser no escapase español alguno del fuego o manos de los enemigos, y aun también para que temiesen más las heridas viéndolas, que sintiéndolas solamente. Así que en seguida puso casi toda su gente en orden, y mandó que pusiesen a los caballos pretales de cascabeles, y fuesen hacia donde habían visto pasar a los enemigos. Mas ellos no se atrevieron a esperarle, después de haber visto cortadas las manos de los suyos, y con el nuevo ruido de los cascabeles. Los nuestros los siguieron dos horas de noche por entre muchos sembrados de centli, y mataron muchos en el alcance, y volviéronse a su real muy victoriosos. Ya a esta sazón habían llegado al campamento seis señores mexicanos, personas muy principales, con unos doscientos hombres de servicio, a traer a Cortés un presente, en el que había mil ropas de algodón, algunas piezas de pluma y 1.000 castellanos de oro; y a decirle de parte de Moctezuma que él quería ser amigo del emperador y suyo, y de los españoles, y que viese cuánto quería de tributo cada año en oro, plata, perlas, piedras o esclavos y ropa, y cosas de las que en sus reinos había y que lo daría sin falta y pagaría siempre, en tanto que aquellos que allí estaban con él fuesen a México; y que esto era, no tanto porque no entrasen en su tierra, cuanto porque ella era muy estéril y fragosa; y sentiría que hombres tan valientes y honrados padeciesen trabajo y necesidad en su señorío, y que él no lo pudiese remediar. Cortés les agradeció su venida y el ofrecimiento para el emperador y rey de Castilla, y con ruegos los detuvo que no partiesen hasta ver el fin de aquella guerra, para que llevasen a México la nueva de la victoria y matanza que él y sus compañeros harían de aquellos mortales enemigos de su señor Moctezuma. Después tuvo Cortés unas calenturas, por las cuales no salía a correr al campo ni a hacer talas, quemas y otros daños a los enemigos. Solamente proveía que guardasen su fuerte de algunos montones y tropeles de indios que llegaban a gritar y a escaramuzar; que tan ordinario era como las cerezas y comida que traían cada día, excusándose siempre que los de Tlaxcala no les daban enojo, sino ciertos bellacos otomíes, que no querían hacer lo que les rogaban ellos; pero ni las escaramuzas ni la fruta de los indios era tanta como al principio. Quiso Cortés purgarse con una masa de píldoras que trajo de Cuba; partió cinco pedazos, y se los tragó a la hora, pues se suele tomar de noche, y acaeció que luego al día siguiente, antes de que obrase, vinieron tres grandísimos escuadrones a caer en el real, o porque sabían que estaba malo o pensando que de miedo no se había atrevido a salir aquellos días. Se lo dijeron a Cortés, y él, sin tener en cuenta que estaba de purga, cabalgó y salió con los suyos al encuentro, y peleó con los enemigos todo el día hasta la tarde. Los rechazó un grandísimo trecho, y se volvió al campamento, y al otro día purgó como si hubiese tomado entonces la purga. No lo cuento como milagro, sino por decir lo que pasó, y que Cortés era muy sufrido de trabajos y males, y siempre el primero se hallaba a puñetazos con los enemigos; y no solamente era —lo cual raras veces acontece— buen hombre por las manos, sino que tenía gran acierto en lo que hacia. Habiendo, pues, purgado y descansado aquellos días, velaba de noche el tiempo que le correspondía, como cualquier compañero y como siempre acostumbraba hacer; y no era peor por eso, ni menos querido de los que con él andaban.

Capítulo L. Cómo ganó Cortés Cimpancinco, ciudad muy grande
Subió Cortés una noche encima de la torre, y mirando a una parte y a otra, vio a cuatro leguas de allí, junto a unos peñascos de la sierra y entre un monte, gran cantidad de humos, y pensó había mucha gente por allí. No dio parte a nadie; mandó que le siguiesen doscientos españoles y algunos indios amigos, y los demás que guardasen el campamento, y a las tres o las cuatro de la madrugada caminó hacia la sierra a tientas, pues estaba muy oscuro. No bien hubo andado una legua, cuando dio súbitamente a los caballos una especie de torozón que los derribó en el suelo, sin que se pudiesen menear. Cuando cayó el primero, y se lo dijeron, respondió: «Pues vuélvase su dueño con él al real». Cayó después otro, y dijo lo mismo.

Cuando cayeron tres o cuatro, comenzaron los compañeros a retroceder, y le dijeron que mirase que aquélla era mala señal, y que era mejor que se volviesen, o esperar que amaneciese para ver a dónde o por dónde iban. Él les decía que no creyesen en agüeros, y que Dios, cuya causa trataban, estaba sobre natura, y que no dejaría aquella jornada, pues se le figuraba que de ella les había de seguir mucho bien aquella noche, y que era el diablo, que por estorbarlo ponía delante aquellos inconvenientes; y en diciendo esto se cayó el suyo. Entonces hicieron alto, y lo consultaron mejor; y fue que volviesen aquellos caballos caídos al real, y que los demás los llevasen del diestro, y prosiguieron su camino. Pronto estuvieron buenos los caballos, mas no se supo de qué cayeron. Anduvieron, pues, hasta perder la pista de las peñas. Dieron en unos pedregales y barrancos, que creyeron no salir nunca de allí. Al cabo, después de haber pasado mal rato, con los cabellos erizados de miedo, vieron una lumbrecita; fueron a tientas hacia ella, y estaba en una casa, donde hallaron dos mujeres; las cuales, y otros dos hombres que por casualidad tropezaron luego, los guiaron y llevaron a las peñas donde habían visto los humos, y antes de que amaneciese dieron en unos lugarejos. Mataron a mucha gente, pero no los quemaron por no ser sentidos con el fuego, y por no detenerse, pues le decían que estaban allí junto a grandes poblaciones. De allí entró luego en Cimpancinco, un lugar de veinte mil casas, según después se vio por la visita que a ellas hizo Cortés; y como estaban descuidados de semejante cosa, y los tomaron por sorpresa, y antes de que se levantasen, salían en cueros por las calles, a ver qué eran tan grandes llantos. Murieron muchos de ellos al principio; mas, como no hacían resistencia, mandó Cortés que no los matasen ni tomasen mujeres ni ropa ninguna. Era tanto el miedo de los vecinos, que huían a más no poder, sin preocuparse el padre del hijo, ni el marido de la mujer, casa ni hacienda. Les hicieron señas de paz, y que no huyesen, y les dijeron que no temiesen; y así, cesó la huida y el mal. Salido ya el Sol y pacificado el pueblo, se puso Cortés en un alto a descubrir tierra, y vio una grandísima población, que, preguntando cuál era, le dijeron que Tlaxcala con sus aldeas. Llamó entonces a los españoles, y dijo: «Ved que haría al caso matar a los de aquí, habiendo tantos enemigos allí». Y con esto, sin hacer daño en el pueblo, salió fuera a una agradable fuente que había; y allí vinieron los principales que gobernaban el pueblo, y otros más de cuatro mil, sin armas y con mucha comida. Rogaron a Cortés que no les hiciesen más mal, y que le agradecían el poco que había hecho, y que querían servirle, obedecerle y ser sus amigos, y no solamente guardar allí en adelante muy bien su amistad, sino trabajar también con los señores de Tlaxcala y con otros, para que hiciesen otro tanto. Él les dijo que era cierto que ellos habían peleado con él muchas veces, aunque entonces le traían de comer; pero que los perdonaba, y recibía en su amistad y al servicio del emperador. Con tanto, les dejó, y se volvió a su real muy alegre con tan buen suceso, de tan mal principio como fue lo de los caballos, diciendo: «No digáis mal del día hasta que haya pasado»; y llevando una cierta confianza en que los de Cimpancinco harían con los de Tlaxcala que dejasen las armas y fuesen sus amigos, y por eso mandó que de allí en adelante nadie hiciese mal ni enojo a indio alguno; y hasta dijo a los suyos que creía, con ayuda de Dios, que había acabado aquel día la guerra de aquella provincia.

Capítulo LI. Deseo que algunos españoles tenían de dejar la guerra
Cuando Cortés llegó al campamento tan alegre como dije, halló a sus compañeros algo despavoridos por lo de los caballos que les enviara, pensando no le hubiese acontecido algún desastre. Pero como lo vieron venir bueno y victorioso, no cabían en sí de gozo; aunque bien es verdad que muchos de la compañía andaban mustios y de mala gana, y que deseaban volver a la costa, como ya se lo habían rogado algunos muchas veces; pero mucho más querían irse de allí viendo tan gran tierra muy poblada, muy cuajada de gente, y toda con muchas armas y ánimo de no consentirlos en ella, y hallándose tan pocos, tan dentro de ella, y tan sin esperanza de socorro; cosas ciertamente para temer cualquiera, y por eso platicaban algunos entre ellos mismos que sería bueno y necesario hablar a Cortés, y hasta requerírselo, y no pasar más adelante, sino que se volviese a Veracruz, desde donde poco a poco se tendría inteligencia con los indios, y harían según el tiempo dijese, y podría llamar y recoger más españoles y caballos, que eran los que hacían la guerra. No se preocupaba mucho de ello Cortés, aunque algunos se lo decían en secreto para que proveyese y remediase lo que pasaba,

hasta que una noche, saliendo de la torre donde descansaba, a pedir las velas, oyó hablar fuerte en una de las chozas que alrededor estaban, y se puso a escuchar lo que hablaban: y era que algunos compañeros decían: «Si el capitán quiere ser loco e irse donde lo maten, que se vaya solo; no le sigamos». Entonces llamó a dos amigos suyos, Como por testigos, y les dijo que oyesen lo que estaban hablando aquéllos; que quien se atrevía a decirlo, se atrevería a hacerlo; y asimismo oyó decir a otros por los co rrales y corrillos, que había de suceder lo que a Pedro Carbonerote, que por entrar a tierra de moros a asaltarla, se había quedado allí muerto con todos los que con él fueron; por eso, que no le siguiesen, sino que se volviesen con tiempo. Mucho sentía Cortés oír estas cosas, y hubiese querido reprender y aun castigar a los que las trataban; pero viendo que no era oportuno, acordó de llevarlos por las buenas, y les habló a todos juntos de la manera siguiente:

Capítulo LII. Oración de Cortés a los soldados

«Señores y amigos: Yo os escogí por compañeros míos, y vosotros a mí por vuestro capitán, y todo para servicio de Dios y acrecentamiento de su santa fe, y para servir también a nuestro rey, y aun pensando hacer en nuestro provecho. Yo, como habéis visto, no os he faltado ni enojado, ni por cierto vosotros a mí hasta aquí; mas, empero, ahora veo flaqueza en algunos, y poca gana de acabar la guerra que traemos entre manos; y si a Dios place, acabada está ya, o al menos sabido hasta dónde puede llegar el daño que nos puede hacer. El bien que de ella conseguiremos, en parte lo habéis visto, aunque lo que tenéis que ver y tener es sin comparación mucho más, y excede su grandeza a nuestro pensamiento y palabra. No temáis, compañeros míos, de ir y estar conmigo, pues ni los españoles jamás temieron en estas nuevas tierras, que por su propia virtud, esfuerzo y destreza han conquistado y descubierto, ni tal concepto tengo de vosotros. Nunca quiera Dios que ni yo piense, ni nadie diga que caiga miedo en mis españoles, ni desobediencia a su capitán, No hay volver la cara al enemigo, que no parezca huida; no hay huida, o si lo queréis suavizar, retirada, que no cause a quien la hace infinitos males: vergüenza, hambre, pérdida de amigos, de hacienda y armas, y la muerte, que es lo peor, aunque no lo último, porque para siempre queda la infamia. Si dejamos esta tierra, esta guerra, este camino comenzado, y nos volvemos, como alguno desea, ¿hemos por ventura de estar jugando, ociosos y perdidos? No por cierto, diréis; que nuestra nación española no es de esa condición cuando hay guerra y va la honra. Pues ¿adónde irá el buey que no are? ¿Pensáis quizá que habéis de hallar en otra parte menos gente, peor armada, no tan lejos del mar? Yo os certifico que andáis buscando cinco pies al gato, y que no vamos a lado ninguno que no hallemos tres leguas de mal camino como dicen, peor que éste que llevamos; porque a Dios gracias, nunca desde que entramos en esta tierra nos ha faltado el comer, ni amigos, ni dinero, ni honra; ya que veis que os tienen por más que hombres los de aquí, y por inmortales, y hasta por dioses, si decirse puede, pues siendo ellos tantos, que ellos mismos no se pueden contar, y tan armados como vosotros decís, no han podido matar siquiera uno de vosotros; y en cuanto a las armas, ¿qué mayor bien queréis de ellas que el que no lleven hierbas, como los de Cartagena, Veragua, los caribes, y otros que han matado con ellas a muchos españoles rabiando? Pues aun por esto solo, no deberíais buscar otros con quien guerrear. El mar está lejos, yo lo reconozco, y ningún español hasta nosotros se alejó de él tanto en las indias; porque le dejamos atrás cincuenta leguas; pero tampoco ninguno ha hecho ni merecido tanto como vosotros. Hasta México, donde reside Moctezuma, de quien tantas riquezas y mensajerías habéis oído, no hay más de veinte leguas; lo más ya está andado, como veis, para llegar allá. Si llegamos, como espero en Dios nuestro Señor, no solo ganaremos para nuestro emperador y rey natural rica tierra, grandes reinos, infinitos vasallos, sino también para nosotros mismos muchas riquezas, oro, plata, piedras, perlas y otros haberes; y aparte esto, la mayor honra y prez que hasta nuestros tiempos, no digo nuestra nación, sino ninguna otra ganó; porque cuanto mayor rey es éste tras del que andamos, cuanto más ancha tierra, cuanto más enemigos, tanto es mayor nuestra gloria, y, ¿no habéis oído decir que cuanto más moros, más ganancias? Además de todo esto, estamos obligados a ensalzar y ensanchar nuestra santa fe católica, como comenzamos y como buenos cristianos, desarraigando la idolatría, blasfemia tan grande de nuestro Dios; quitando los sacrificios y comida de carne de hombres, tan contra natura y tan usada, y excusando otros pecados que por su torpedad no los nombro. Así que, por tanto, ni temáis ni dudéis de la victoria; que lo más ya está hecho. Vencisteis a los de Tabasco, y ciento cincuenta mil el otro día de estos de Tlaxcala, que tienen fama de descarrillaleones; venceréis también, con ayuda de Dios y con vuestro esfuerzo, los que de éstos quedan, que no pueden ser muchos, y los de Culúa, que no son mejores, si no desmayáis y si me seguís.» Todos quedaron contentos del razonamiento de Cortés. Los que flaqueaban, se animaron; los valientes, cobraron doble ánimo; los que algún mal le querían, comenzaron a honrarlo; en conclusión, él fue de allí en adelante muy amado de todos aquellos españoles de su compañía. No fue poco necesario tantas palabras en este caso, porque según algunos andaban deseosos de dar la vuelta, hubiesen movido un motín que le hubiese obligado a volver al mar; y hubiese sido tanto como nada cuanto habían hecho hasta entonces.

Capítulo LIII. Cómo vino Xicotencatl como embajador de Tlaxcala al real de Cortés
No bien habían acabado de separarse platicando sobre lo arriba tratado, cuando entró en el campamento Xicotencatl, capitán general de aquella guerra, con cincuenta personas principales y honradas que le acompañaban. Llegó a Cortés, y saludáronse cada uno a estilo de su tierra; y ya sentados, le dijo que venía de su parte y de la de Maxixca, que es el otro señor más principal de toda aquella provincia, y de otros muchos que nombró, y en fin, por toda la república de Tlaxcala, a rogarle los admitiese a su amistad, y a darse a su rey, y que les perdonase por haber tomado armas y peleado contra él y sus compañeros, no sabiendo quiénes eran ni qué buscaban en sus tierras; y que si le habían prohibido la entrada, era como a extranjeros y hombres de otra facción muy diferente de la suya, y tal, que jamás vieron su igual; y temiendo no fuesen de Moctezuma, antiguo y perpetuo enemigo suyo, puesto que venían con él sus criados y vasallos; o fuesen personas que quisiesen enojarlos y usurparles su libertad, que desde tiempo inmemorial tenían y conservaban; y que por conservarla, como habían hecho todos sus antepasados, tenían derramada mucha sangre, perdida mucha gente y hacienda, y padecido muchos males y desventuras, especialmente desnudez, porque como aquella tierra suya era fría, no criaba algodón; y así, les era forzoso andarse como nacieron, o vestir de hojas de metl, y asimismo no

comían sal, cosa sin la cual ningún manjar tiene gusto ni buen sabor, porque allí no se hacía; y que de estas dos cosas, sal y algodón, tan necesarias a la vida humana, carecían, y las tenían Moctezuma y otros enemigos suyos, por quienes estaban cercados; y como no alcanzaban oro ni piedras, ni las demás cosas preciadas con que cambiarlas, tenían necesidad muchas veces de venderse para comprarlas. Cuyas faltas no tendrían si quisiesen estar sujetos y vasallos de Moctezuma; pero que antes morirían todos que cometer tal deshonra y maldad, pues eran tan buenos para defenderse de su poderío, como lo habían sido sus padres y abuelos defendiéndose del suyo y de su abuelo, que fueron tan grandes señores como él, y los que sojuzgaron y tiranizaron toda la tierra; y que también ahora habían querido defenderse de los españoles, mas que no podían, aunque habían probado y echado todas sus fuerzas y gente, así de noche como de día, y los hallaban fuertes e invencibles, y ninguna dicha contra ellos. Por tanto, puesto que su suerte era tal, querían antes estar sujetos a ellos que a otro ninguno; porque, según les decían los de Cempoallan, eran buenos, poderosos, y no venían a hacer mal; y según ellos habían visto, en la guerra y batallas eran valerosísimos y venturosos. Y por estas dos razones confiaban de ellos que su libertad sería menos quebrada; sus personas, sus mujeres, más miradas, y no destruidas sus casas ni labranzas; y si alguno los quisiese ofender, defendidos. En fin, al cabo de todo le rogó mucho, y hasta con los ojos arrasados, que mirase que nunca jamás Tlaxcala reconoció rey ni tuvo señor, ni entró hombre nacido en ella a mandar, sino aquel al que llamaban y rogaban. No se podría decir cuánto se alegró Cortés con tal embajador y embajada; porque, además de tanta honra como venir a su tienda tan gran capitán y señor a humillarse, era grandísimo negocio para su empresa tener amiga y sujeta aquella ciudad y provincia, y haber acabado la guerra con mucho contento de los suyos, y con gran fama y reputación para con los indios. Así es que le respondió alegre y graciosamente, aunque cargándole la culpa del daño que había recibido su tierra y ejército, por no quererlo escuchar ni dejar entrar en paz, como se lo rogaba y requería con los mensajeros de Cempoallan, que les envió desde Zaclotan; pero que él les perdonaba los dos caballos que le mataron, los asaltos que hicieron, las mentiras que le dijeron, peleando ellos y echando la culpa a otros; el haberle llamado a su pueblo para matarle en el camino sobre seguro y en celada, y no desafiándole primero, tan valientes hombres como eran. Admitió el ofrecimiento que le hizo al servicio y sujeción del emperador, y te despidió diciéndole que pronto estaría con él en Tlaxcala, y que no iba entonces por motivo de aquellos criados de Moctezuma.

Capítulo LIV. Recibimiento y servicio que hicieron en Tlaxcala a los nuestros

Mucho sintieron en gran manera los embajadores mexicanos la venida de Xicotencatl al real de los españoles, y el ofrecimiento que a Cortés hizo para su rey de las personas, pueblo y hacienda. Y le dijeron que no creyese nada de aquello ni confiase en palabras; que todo era fingido, mentira y traición, para cogerlo en la ciudad a puerta cerrada y a salvo. Cortés les decía que aunque todo aquello fuese verdad, decidía ir allá, porque menos los temía en poblado que en el campo. Ellos, cuando vieron esta respuesta y decisión, le rogaron que diese licencia a uno de ellos para ir a México a decir a Moctezuma lo que pasaba, y la respuesta de su principal recado, que dentro de seis días volvería sin falta ninguna; y que hasta entonces no partiese del real. Él se la dio, y esperó allí a ver qué traería de nuevo, y porque, en verdad, no se atrevía a fiarse de los otros sin mayor certeza. En este intermedio iban y venían al campamento muchos de Tlaxcala, unos con gallipavos, otros con pan, cuál con cerezas, cuál con ají, y todos lo daban de balde y con alegres semblantes, rogando que se fuesen con ellos a sus casas. Vino, pues, el mexicano, como prometió, al sexto día, y trajo a Cortés diez piezas y joyas de oro muy bien labradas y ricas, y mil quinientas ropas de algodón, hechas de mil maravillas, y mucho mejores que las otras mil primeras. Y le rogó muy ahincadamente de parte de Moctezuma que no se pusiese en aquel peligro, confiándose de los de Tlaxcala, que eran pobres, y le robarían lo que él le había enviado, y le atacarían solo con saber que trataba con él. Vinieron asimismo todos los capitanes y señores de Tlaxcala a rogarle les hiciese el honor de ir con ellos a la ciudad, donde sería servido, provisto y aposentado; Pues era vergonzoso para ellos que tales personas estuviesen en chozas tan ruines; y que si no se fiaba de ellos, que viese cualquier otra seguridad o rehenes, y se los darían; pero que le prometían y juraban que podían ir y estar con toda seguridad en su pueblo, porque no quebrantarían su juramento, ni faltarían a la fe de la república, ni a la palabra de tantos señores y capitanes, por todo el mundo. Así que, viendo Cortés tanta voluntad en aquellos caballeros y nuevos amigos, y que los de Cempoallan, de quienes tenía muy buen crédito, le importunaban y aseguraban que fuese, hizo cargar su fardaje a los bastajes, y llevar la artillería, y partió para Tlaxcala, que estaba a seis leguas, con tanto orden y recado como para una batalla. Dejó en la torre y campamento, y donde había vencido, cruces y mojones de piedra. Salió tanta gente a recibirle al camino y por las calles, que no cabían de pies. Entró en Tlaxcala el 18 de septiembre, se aposentó en el templo mayor, que tenía muchos y buenos aposentos para todos los españoles, y puso en otros a los indios amigos que iban con él; puso también ciertos límites y señales hasta donde podían salir los de su compañía, y no pasar de allí, bajo graves penas, y mandó que no tomasen sino lo que les diesen; lo cual cumplieron muy bien, porque para ir a un arroyo, que estaba a un tiro de piedra del templo, le pedían licencia. Mil placeres hacían aquellos señores a los españoles, y mucha cortesía a Cortés, y les proveían de cuanto necesitaban para su comida; y muchos les dieron sus hijas en señal de verdadera amistad, para que naciesen hombres esforzados de tan valientes varones y les quedase casta para la guerra; o quizá se las daban por ser costumbre suya o por complacerlos. Les pareció bien a los nuestros aquel lugar y la conversación de la gente, y disfrutaron allí veinte días, en los cuales procuraron conocer las particularidades de la república y secretos de la tierra, y tomaron la mejor información y noticia que pudieron del hecho de Moctezuma.

Capítulo LV. En Tlaxcala
Tlaxcala quiere decir pan cocido o casa de pan; pues se coge allí más centli que por los alrededores. De la ciudad se nombra la provincia, o al revés. Dicen que primero se llamó Texcallan, que quiere decir casa de barranco. Es un pueblo grandísimo; está a orillas de un río que nace en Atlancatepec y que riega buena parte de aquella provincia, y después entra en el mar del Sur por Zacatullan. Tiene cuatro barrios, que se llaman Tepeticpac, Ocotelulco, Tizatlan y Quiyahuiztlan. El primero está en un cerro alto, y aleja-

do del río más de media legua, y como está en la sierra se llama Tepeticpac, que es Somosierra; el cual fue la primera población que allí hubo, y estaba en lo alto a causa de las guerras. Otro está en la ladera que baja hasta el río, y como allí había pinos cuando se pobló, lo llamaron Ocotelulco, que es pinar. Era la mejor y más poblada parte de la ciudad, en donde estaba la plaza mayor, en la que hacían el mercado, que llaman tianquiztli, y donde tiene sus casas Maxixcacín. Río arriba, en la parte llana, había otro pueblo, que llaman Tizatlan, por haber allí mucho yeso, en el cual residía Xicotencatl, capitán general de la república. El otro barrio está también en llano, más río abajo, que por ser aguazal se llamó Quiyahuiztlan. Desde que la tienen los españoles, se ha alterado casi toda y hecho de nuevo, y con calles mucho mejores, y casas de piedra, y en la parte llana junto al río. Es república como Venecia, que gobiernan los nobles y ricos. Mas no hay uno solo que mande, porque huyen de ello como de tiranía. En la guerra hay, según dije arriba, cuatro capitanes o coroneles, uno por cada barrio de aquellos cuatro, de los cuales sacan el general. Otros señores hay que también son capitanes, pero de menor cuantía. En guerra, el pendón va detrás. Acabada la batalla o alcance, le hincan donde todos lo vean. Al que no se recoge, le castigan. Tienen dos saetas como reliquias de los primeros fundadores, que llevan a la guerra dos principales capitanes, valientes soldados, por las cuales agüeran la victoria o pérdida, pues tiran una de ellas a los enemigos con que tropiezan primero. Si mata o hiere, es señal de que vencerán, y si no, que perderán. Así lo decían ellos, y de ninguna manera dejan de recobrarla. Tiene esta provincia veintiocho lugares, en los que hay ciento cincuenta mil vecinos. Son bien dispuestos, muy guerreros, que no tienen igual. Son pobres, pues no tienen otra riqueza ni granjería sino el centli, que es su pan, del cual, además de lo que comen, sacan para vestidos y tributos y para las otras necesidades de la vida. Tienen muchos sitios para mercados; pero el mayor, y que se hace muchas veces en semana, y en la plaza de Ocotelulco, es tal, que llegan a él treinta mil personas y más en un día a vender y comprar, o por mejor decir, cambiar, pues no saben qué cosa es moneda batida de metal ninguno. En él se vende, como aquí, lo que necesitan para vestir, calzar, comer, beber y fabricar. Hay toda clase de buena policía en él, porque hay plateros, plumajeros, barberos y baños; y también olleros, que hacen vasos muy buenos, y es tan buena loza y barro como el que hay en España. Es la tierra muy grasa para pan, para frutas y para pastos, pues en los pinares nace tanta y tal hierba, que ya los nuestros apacientan en ellos su ganado y herbajan sus ovejas, lo que aquí no pueden. A dos leguas de la ciudad hay una sierra redonda, que tiene de subida otras dos leguas y de cerco quince. Suele cuajar en ella la nieve. Se llama ahora de San Bartolomé, y antes, de Matlalcueje, que era su diosa del agua. También tenían Dios del vino, que llamaban Ometochtli, por sus muchas borracheras a su usanza. El ídolo mayor, y Dios principal suyo, es Comaxle, o por otro nombre Mixcouatlh, cuyo templo estaba en el barrio de Ocotelulco, en el cual había años que sacrificaban ochocientos hombres y más. Hablan en Tlaxcala tres lenguas: nahuatlh, que es la cortesana, y la mayor en toda la tierra de México; otra es la de otomix, y ésta se usa más fuera que dentro de la ciudad. Un solo barrio hay que habla la pinomex, y es grosera. Había cárcel pública, donde estaban los malhechores con prisiones. Castigaban lo que tenían por pecado. Sucedió entonces que un vecino hurtó a un español un poco de oro. Cortés lo dijo a Maxixca, el cual hizo su información y pesquisa con tanta diligencia, que le fueron a buscar a Cholula, que es otra ciudad a cinco leguas de allí, y le trajeron preso y lo entregaron con el mismo oro, para que Cortés hiciese justicia de él como en España. Pero él no quiso, sino que les agradeció la diligencia. Y ellos, con pregón público que manifestaba su delito, le pasearon por algunas calles y por el mercado, y en una especie de teatro, lo acogotaron con una porra, de lo que no poco se sorprendieron los españoles.

Capítulo LVI. Respuesta que dieron a Cortés los de Tlaxcala sobre dejar sus ídolos
Viendo, pues, que guardaban justicia y vivían en religión, aunque diabólica, siempre que Cortés les hablaba, les predicaba con los faraútes, rogándoles que dejasen los ídolos y aquella cruel vanidad que tenían matando y comiendo hombres sacrificados, pues ninguno de todos ellos querría ser muerto así ni comido, por más religioso ni santo que fuese; y que tomasen y creyesen el verdadero Dios de cristianos que los españoles adoraban, que era el creador del cielo y de la tierra, y el que llovía y criaba todas las

cosas que la tierra produce, para el solo uso y provecho de los mortales. Unos le respondían que con gusto lo harían, siquiera por complacerle, pero que temían ser apedreados por el pueblo. Otros, que era muy duro dejar de creer lo que ellos y sus antepasados tantos siglos habían creído, y sería condenarlos a todos y a sí mismos. Otros, que podía ser que andando el tiempo lo hicieran, viendo la manera de su religión, comprendiendo bien las razones por las que debían hacerse cristianos, y conociendo mejor y por entero la vida de los españoles, las leyes, las costumbres y las condiciones; porque en cuanto a la guerra, ya habían conocido que eran hombres invencibles, y que su Dios les ayudaba bien. Cortés a esto les prometió que pronto les daría quien les enseñase y adoctrinase, y entonces verían la mejoría y el grandísimo fruto y gozo que sentirían si tomasen su consejo, que como amigo les daba; y puesto que al presente no podía hacerlo, por la prisa de llegar a México, que tuviesen por bueno que en aquel templo donde tenían su aposento, hiciese iglesia donde él y los suyos orasen e hiciesen sus devociones y sacrificios, y que también ellos podían venir a verlo. Le dieron la licencia, y hasta vinieron muchos a oír la misa que se decía cada día de los que allí estuvo, y a ver las cruces y otras imágenes que se pusieron allí y en otros templos y torres. Hubo asimismo algunos que se vinieron a vivir con los españoles, y todos los de Tlaxcala les mostraban amistad; pero el que más de veras y como señor demostró ser amigo, fue Maxixca, que no se apartaba de Cortés, ni se cansaba de ver y oír a los españoles.

Capítulo LVII. Enemistad entre mexicanos y tlaxcaltecas
Viendo, pues, de cuán buena gana hablaban y conversaban, les preguntaron por Moctezuma, y cuán grande y rico señor era. Ellos lo encarecieron grandemente y como hombres que lo habían probado y que, según afirmaban, hacía noventa o cien años que tenían guerra con él y con su padre Axaxaca y con otros tíos y abuelos suyos; y decían que el oro y plata y las demás riquezas y tesoros que aquel rey tenía eran más de lo que ellos podían decir, según todos contaban. El señorío que tenía era de toda la tierra que ellos sabían. La gente innumerable, pues juntaban doscientos y trescientos mil hombres para una batalla; y si quisiese, que los doblaría; y que de eso eran ellos buenos testigos, por haber peleado muchas veces con ellos.

Engrandecían tanto las cosas de Moctezuma, especialmente Maxixcacín, que deseaba que no se metiesen en peligro entre los de Culúa, que no acababan, y muchos españoles sospechaban mal. Cortés les dijo que estaba determinado, con todo aquello que oía, de llegar a México a ver a Moctezuma; por tanto, que viesen lo que mandaban que negociase con él de su parte y provecho, que lo haría, como estaban obligados, porque tenía por cierto que Moctezuma haría por él lo que le rogase. Ellos le rogaron por licencia para sacar algodón y sal, pues no la comían a derechas durante aquellos años en que duraron las guerras, si no era alguno de ellos, que o la compraba a escondidas o de algunos vecinos amigos, a peso de oro, porque Moctezuma mataba al que la vendía y sacaba fuera de sus reinos para vendérsela a ellos. Al preguntar cuál era la causa de aquellas guerras y ruin vecindad que Moctezuma les hacia, dijeron que enemistades viejas y amor a la libertad y exención. Mas, según los embajadores afirmaban, y a lo que después Moctezuma dijo, y otros muchos en México, no era así, sino por otras razones muy diversas, si ya no decimos que cada uno alegaba su derecho, justificando su partido; y eran las razones, porque los mancebos mexicanos y de Culúa ejercitasen sus personas en la guerra allí cerca, sin ir lejos a Pánuco y Tecuantepec, que eran fronteras muy alejadas; y también por tener allí siempre gente que sacrificar a sus dioses, tomada en guerra; y así, para hacer fiestas y sacrificio enviaban a Tlaxcala el ejército a cautivar cuantos hombres necesitaban para aquel año; que averiguado está que si Moctezuma quisiera, en un día los sujetara y matara a todos, haciendo la guerra de veras; pero como no quería más que cazar hombres para sus dioses y bocas, no enviaba sobre ellos sino pocos; y así, algunas veces los vencían los de Tlaxcala. Gran placer experimentaba Cortés viendo la discordia, las guerras y contradicción tan grande entre aquellos sus nuevos amigos y Moctezuma, que era muy a su propósito, creyendo por aquella vía sojuzgar más pronto a todos. Y así, trataba con los unos y con los otros en secreto, por llevar el negocio bien de raíz. A todas estas cosas estaban muchos de Huexocinco que habían estado en guerra contra los nuestros. Iban y venían a su ciudad, que también es república, al estilo de Tlaxcala, y tan amiga y unida con ella, que son una misma cosa para contra Moctezuma, que los tenía oprimidos también, y para las carnicerías de sus templos de México; y se dieron a Cortés para el servicio y vasallaje del emperador.

Capítulo LVIII. Solemne recibimiento que hicieron a los españoles en Cholula

Los embajadores de Moctezuma dijeron a Cortés que, pues, todavía se determinaba de ir a México, se fuese por Cholula, a cinco leguas de Tlaxcala; que eran los de aquella ciudad amigos suyos, y allí esperarían mejor la resolución de la voluntad del señor, si era que entrase en México o no; lo cual decían por sacarle de allí, que ciertamente sentía mucho Moctezuma de ver la paz y amistad tan grande entre los tlaxcaltecas y españoles, temiendo que de allí habría de resurgir cualquier mal golpe que lo lastimase; y para que lo hiciese le daban siempre alguna cosa, que era cebarlo para ir más pronto allá. Los de Tlaxcala se deshacían de enojo, viendo que quería ir a Cholula, y diciendo que Moctezuma era un engañoso, tirano y fementido, y Cholula amiga suya, aunque desleal; y que podría ser que le enojasen cuando allá dentro lo tuviesen, y le hiciesen la guerra. Por eso, que lo mirase bien; y que si decidía irse, le darían cincuenta mil personas para que le acompañasen. Aquellas mujeres que dieron a los españoles cuando entraron, se enteraron de una trama que se urdía para matarlos en Cholula por medio de uno de aquellos cuatro capitanes; una hermana del cual lo descubrió a Pedro de Alvarado, que la tenía. Cortés habló entonces con aquel capitán, y con palabras le sacó fuera de su casa, y le hizo ahogar sin ser sentido, ni sin otra alteración ni movimiento; y así, no hubo escándalo ninguno, y se atajó la trama. Fue maravilla no revolverse Tlaxcala habiendo muerto así aquel caballero tan principal en la república. Se hicieron pesquisas después en la casa, y se averiguó que era verdad que había enviado a Cholula Moctezuma más de treinta mil soldados, y que estaban a dos leguas en guarnición para el efecto, y que tenían tapadas las calles, en las azoteas muchas piedras, el camino real cerrado, y hecho otro nuevo con grandes hoyos, e hincados por él muchos palos en los que se mancasen los caballos y no pudiesen correr, y que los tenían cubiertos de arena para que no los viesen, aunque fuesen delante a descubrir. Lo creyó también porque no habían venido ni enviado los de allí a verle ni a ofrecerse a nada, como habían hecho los de Huexocinco, que allí cerca estaban. Entonces, pon consejo de los de Tlaxcala, envió a Cholula algunos mensajeros a llamar a los señores y capitanes. Mas no vinieron, sino que enviaron tres o cuatro a excusarse por estar enfermos, y a ver lo que querían. Los de Tlaxcala dijeron que aquéllos eran hombres de poco más o menos, y tal parecían ellos; y que no partiese sin que antes viniesen allí los capitanes. Volvió a enviar los mismos mensajeros con mandamiento por escrito de que si no venían dentro del tercer día, los tendría por rebeldes y enemigos, y como a tales los castigaría rigurosamente. Al día siguiente vinieron muchos señores y capitanes de Cholula a disculparse por ser los de Tlaxcala sus enemigos y no poder estar seguros en su pueblo, y porque sabían el mal que de ellos le habían dicho; pero que no lo creyese, que eran unos falsos y crueles; y que se fuese con ellos a su lugar, y vería qué burla era todo lo que le decían aquéllos, y ellos cuán buenos y leales. Y tras esto, se ofrecieron para servirle y contribuir como súbditos. Y todo esto hizo Cortés que pasase ante escribano e intérprete. Despidióse Cortés de los de Tlaxcala. Maxixca lloraba de verlo ir. Salieron con él cien mil hombres de guerra. Fueron también con él muchos mercaderes a rescatar sal y mantas. Mandó Cortés que siempre fuesen aquellos cien mil por sí, aparte de los suyos. No llegó aquel día a Cholula, sino que se quedó en un arroyo, donde vinieron muchas personas de la ciudad a rogarle con mucha instancia que no consintiese a los de Tlaxcala hacerles daño en su tierra ni mal en las personas. Y por esto Cortés les hizo volver a sus casas a todos, excepto cinco o seis mil, aunque muy contra su voluntad; y avisándole que se guardase de aquella mala gente, que no era de guerra, sino mercaderes y hombres que mostraban un corazón y tenían otro: y que no lo quisieran dejar en peligro, pues ya se le dieron por amigos. Al día siguiente por la mañana llegaron nuestros españoles a Cholula. Los salieron a recibir en escuadrones de más de diez mil ciudadanos, muchos de los cuales traían pan, aves y rosas. Llegaba cada escuadrón, pues venía a dar a Cortés la enhorabuena por su venida, y se apartaba para que llegase otro. Entrando por la ciudad, salió el resto de la gente saludando a los españoles, que iban en fila, maravillados de ver tal figura de hombres y de caballos. Tras éstos salieron luego todos los religiosos, sacerdotes y ministros de los ídolos, que eran muchos y dignos de ver, vestidos de blanco como con sobrepellices, algunas cerradas por delante, con los brazos fuera, y como orlas, madejas de algodón hilado. Unos llevaban cornetas, otros huesos, otros atabales; había quien traía braseros con fuego, quien ídolos cubiertos, y todos cantando a su manera. Llegaron a Cortés y a los otros españoles; echaban cierta resina y copal, que huele como incienso, e incensabanlos con ellos. Con esta pompa y solemnidad, que por cierto fue grande, los metieron en la ciudad, y los aposentaron en una casa, donde cupieron a placer, y les dieron aquella noche a cada uno un gallipavo, y a los de Tlaxcala, Cempoallan e Iztacmixtlitan los pusieron a su lado y los proveyeron.

Capítulo LIX. Cómo los de Cholula trataron de matar a los españoles

Pasó la noche Cortés muy sobre aviso y a recaudo, porque por el camino y en el pueblo hallaron algunas señales de lo que en Tlaxcala le dijeran; y más que, aunque la primera noche les proveyeron a gallina por barba, los otros tres días siguientes no les dieron casi nada de comida, y muy pocas veces venían aquellos capitanes a ver a los españoles, lo que le daba mala espina. Durante aquel tiempo le buscaron no sé cuántas veces aquellos embajadores de Moctezuma para estorbarle la ida a México; unas veces diciendo que no fuese allí, que el gran señor se moriría de miedo si le viese; otras, que no había camino para ir; otras, que a qué iba, pues no tenía de qué mantenerse; y aún también, como viesen que a todo esto les satisfacía con buenas palabras y razones, echáronle de manga a los del pueblo, que le dijesen cómo donde Moctezuma estaba había lagartos, tigres, leones y otras muy bravas fieras. Que siempre que el señor las soltase, bastaban para despedazar y comerse a los españoles, que eran poquitos. Y viendo que esto tampoco aprovechaba nada contra él, tramaron con los capitanes y principales de matar a los cristianos. Y para que lo hiciesen les prometieron grandes partidos por Moctezuma. Y dieron al capitán general un tambor de oro, y que traería los treinta mil soldados que estaban a dos leguas. Los chololanos prometieron atarlos y entregárselos. Pero no consintieron que entrasen aquellos soldados de Culúa en su pueblo, temiendo que con aquel pretexto no se alzasen contra él, que solía ser maña de mexicanos; y dicen que pensaban matar dos pájaros de un tiro, pues tenían creído coger durmiendo a los españoles y quedarse con Cholula; y que si no pudiesen atarlos dentro de la ciudad, que los llevasen por otro camino, que no fuese el real para México, sobre la mano izquierda; en el cual había muchos malos pasos, que se hacían en él por ser tierra arenisca, y que tenía tal barranco comido de las aguas, que era de veinte, treinta y aun más estados de profundidad; y que allí los atajarían y llevarían atados a Moctezuma. Concluido, pues, el acuerdo, comenzaron a alzar el hato, y sacar fuera a la sierra los hijos y las mujeres. Estando ya los nuestros para marcharse de allí, por el ruin tratamiento que les daban y mal talante que les mostraban, sucedió que la mujer de un principal, que por ser piadosa, o por parecerle bien aquellos barbudos, dijo a Marina de Viluta, que se quedase allí con ella, que la quería mucho, y sentiría que la matasen con sus amos. Ella disimuló la mala nueva, y le saco quien y cómo la tramaban. Corrió luego a buscar a Jerónimo de Aguilar, y juntos se lo dijeron a Cortés. Él no se durmió, sino que rápidamente hizo coger a un par de vecinos, que, examinados, le confesaron la verdad de lo que pasaba, como aquella señora dijera. Difirió por esto la partida dos días para enfriar el negocio y para desviar a los de allí de aquel mal propósito, o castigarlos. Llamó a los que gobernaban, y les dijo que no estaba satisfecho de ellos; y les rogó que ni le mintiesen ni anduviesen con él en mañas, pues sentiría esto mucho más que si le desafiasen para batalla, porque de hombres de bien era pelear y no mentir. Ellos respondieron que eran sus amigos y servidores, y que lo serían siempre; y que ni le mentían ni mentirían, sino que antes bien les dijese cuándo quería partir, para irle a servir y acompañar armados. Él les dijo que al día siguiente, y que no quería más que algunos esclavos para llevar el fardaje, pues ya venían cansados sus tamemes, y alguna cosa de comer. De esto último se sonreían, diciendo entre dientes: «¿Para qué quieren comer éstos, pues pronto los tienen que comer a ellos cocidos en ají, y si Moctezuma no se enojase, que los quiere para su plato, aquí los habríamos comido ya?».

Capítulo LX. Castigo que se hizo en los de Cholula por su traición
Así que, al día siguiente por la mañana, muy alegres, pensando que tenían bien entablado su juego, hicieron venir a muchos para llevar el hato, y otros con hamacas para llevar a los españoles, como en andas, creyendo cogerlos

en ellas. Vinieron asimismo gran cantidad de hombres armados, de los más valientes, para matar al que se rebullese; y los sacerdotes sacrificaron a su Quezalcouatlh diez niños de tres años, cinco de ellos hembras, costumbre que tenían al comenzar alguna guerra. Los capitanes se pusieron disimuladamente en las cuatro puertas del patio y aposento de los españoles, con algunos que traían armas. Cortés, muy silenciosamente, avisó muy de mañana a los de Tlaxcala y Cempoallan y los demás amigos. Hizo estar a caballo a los suyos, y dijo a los demás españoles que meneasen las manos en sintiendo una escopeta, pues les iba en ello la vida; y como vio que los del pueblo iban llegando, mandó que llamasen a su cámara a los capitanes y señores, que se quería despedir de ellos. Vinieron muchos, pero no dejó entrar mas que hasta treinta, que le parecieron, por lo que antes había visto, ser los principales, y les dijo que siempre les había dicho verdad, y que ellos a él mentira, aun habiéndoselo rogado y avisado; y que porque le rogaron, aunque con dañada intención, que no entrasen los de Tlaxcala en su pueblo, lo había hecho con gusto, y aun también había mandado a los de su compañía que no les hiciesen mal ninguno, y a pesar de que no le habían dado de comer, como era de razón, no había consentido que los suyos les cogiesen ni siquiera una gallina, y que en pago de aquellas buenas obras tenían acordado de matarle con todos los suyos. Y ya que dentro de casa no podían, allá fuera en el camino en los malos pasos por donde le querían guiar, ayudándose de los treinta mil hombres de las guarniciones de Moctezuma, que estaban a dos leguas. Pues por esta maldad, dijo, moriréis todos; y en señal de traidores, se asolará la ciudad, hasta no quedar ni recuerdo; y pues ya lo sabía, no tenían por qué negarle la verdad. Ellos se sorprendieron terriblemente: mirábanse unos a otros, más encendidos que las brasas, y decían: «Éste es como nuestros dioses, que todo lo sabe; no hay por qué negárselo». Y, así, confesaron luego que era verdad delante de los embajadores, que estaban también allí. Fuera de esto apartó a cuatro o cinco por sí, para que no los oyesen aquellos mexicanos, y contaron todo el hecho de la traición desde su principio, y entonces dijo a los embajadores cómo los de Cholula le querían matar, inducidos por ellos, de parte de Moctezuma; mas que no lo creía, porque Moctezuma era su amigo y gran señor, y los grandes señores no solían mentir ni hacer traiciones, y que quería castigar a aquellos bellacos traidores y fementidos. Pero que ellos no temiesen, que eran inviolables, como personas públicas y enviados de rey, a quien tenían que servir, y no enojar; y que era tal y tan bueno, que no mandaría tan fea e infame cosa. Todo esto lo decía por no descompadrear con él hasta verse dentro de México. Mandó matar a algunos de aquellos capitanes, y los demás los dejó atados. Hizo disparar la escopeta, que era la señal, y arremetieron con gran ímpetu y enojo todos los españoles y sus amigos a los del pueblo. Hicieron conforme al apuro en que estaban, y en dos horas mataron más de seis mil. Mandó Cortés que no matasen niños ni mujeres. Pelearon cinco horas, porque, como los del pueblo estaban armados y las calles con barreras, tuvieron defensa. Quemaron todas las casas y torres que hacían resistencia. Echaron fuera toda la vecindad; quedaron teñidos en sangre. No pisaban más que cuerpos muertos. Se subieron a la torre mayor, que tiene ciento veinte gradas, hasta veinte caballeros, con muchos sacerdotes del mismo templo; los cuales con flechas y cantos hicieron mucho daño. Fueron requeridos, pero no se rindieron, y así, se quemaron con el fuego que les prendieron, quejándose de sus dioses cuán mal lo hacían en no ayudarlos ni defendiendo su ciudad y santuario. Se saqueó la ciudad. Los nuestros tomaron el despojo de oro, plata y pluma, y los indios amigos mucha ropa y sal, que era lo que más deseaban, y destruyeron cuanto les fue posible, hasta que Cortés mandó que cesasen. Aquellos capitanes que estaban presos, viendo la destrucción y matanza de su ciudad, vecinos y parientes, rogaron con muchas lágrimas a Cortés que soltase a alguno de ellos, para ver qué habían hecho sus dioses de la gente menuda; y que perdonase a los que quedaban vivos, para volverse a sus casas, pues no tenían tanta culpa de su daño como Moctezuma, que los sobornó. Él soltó a dos, y al siguiente día estaba la ciudad que no parecía que faltaba hombre; y luego, a ruegos de los de Tlaxcala, que tomaron por intercesores, los perdonó a todos y soltó los presos, y dijo que otro semejante castigo y daño haría donde le mostrasen mala voluntad y le mintiesen y urdiesen aquellas traiciones; de que no poco miedo les quedó a todos. Hizo amigos a los de Cholula con los de Tlaxcala, como ya en tiempo pasado solían ser, sino que Moctezuma y los otros reyes antes que él los habían enemistado con dádivas y palabras y aun por miedo. Los de la ciudad, como había muerto su general, crearon otro con licencia de Cortés.

Capítulo LXI. Cholula, santuario de indios

Es Cholula república como Tlaxcala, y tiene un capitán general o gobernador, que todos eligen. Es lugar de veinte mil casas dentro de los muros, y fuera, por los arrabales, de otras tantas. Por fuera es de las más hermosas que pueden ser a la vista. Muy guarnecida de torres, porque hay tantos templos, según dicen, como días en el año; y cada uno tiene su torre y algunos más; y así, contaron cuatrocientas torres. Hombres y mujeres son de gentil disposición y gestos, y muy ingeniosos; ellas grandes plateras, talladoras y cosas así. Ellos muy sueltos, belicosos y buenos maestros de cualquier cosa. Van mejor vestidos que los de hasta allí, pues llevan, sobre otras ropas, una especie de albornoces moriscos, sino que tienen aberturas. El término que alcanzan en llano es graso y de buenas labranzas, que se riegan, y tan lleno de gente, que no hay un palmo vacío, por cuya causa hay pobres que piden por las puertas, cosa que no habían visto hasta entonces por aquella tierra. El pueblo de mayor religión de todas aquellas comarcas es Cholula y el santuario de los indios, donde todos iban en romería y a devociones, y por eso tenía tantos templos. El principal era el mejor y más alto de toda la Nueva España, donde subían a la capilla por ciento veinte gradas. El ídolo mayor de sus dioses lo llaman Quezalcouatlh, Dios del aire, que fue el fundador de la ciudad; virgen, como ellos dicen, y de grandísima penitencia; instituidor del ayuno, del sacar sangre de lengua y orejas, y de que no sacrificasen más que codornices, palomas y cosas de caza. Nunca se vistió más que una ropa de algodón blanca, estrecha y larga, y encima una manta sembrada de cruces encarnadas. Tiene algunas piedras verdes, que fueron suyas, como reliquias. Una de ellas es una cabeza de mona muy al natural. Esto se pudo conocer en poco más de veinte días que allí estuvieron nuestros españoles. Iban y venían en ese tiempo tantos a contratar, que causaba admiración, y una de las cosas dignas de ver que en los mercados había era la loza, hecha de mil formas y colores.

Capítulo LXII. El monte que llaman Popocatepetl

Hay un monte a ocho leguas de Cholula, que llaman Popocatepetl, que quiere decir sierra de humo, porque rebosa muchas veces humo y fuego. Cortés envió allá diez españoles, con muchos vecinos que los guiasen y llevasen de comer. La subida era áspera y embarazosa. Llegaron hasta oír el ruido, mas no se atrevieron a subir a lo alto a verlo, porque temblaba la tierra, y había tanta ceniza, que impedía el camino; y así, se querían volver. Pero dos de ellos, que debían ser más animosos o curiosos, determinaron de ver el lado y misterio de tan admirable y espantoso fuego, y por dar alguna razón a quien los enviaba, no los tuviese por medrosos y ruines. Y así, aunque los demás no querían, y los guías los atemorizaban, diciendo que nunca jamás lo habían hollado pies ni visto ojos humanos, subieron allá por entre medio de la ceniza, y llegaron a lo último por debajo de un espeso humo. Miraron un rato, y se les figuró que tenía media legua de boca aquella concavidad, en que retumbaba el ruido, que estremecía la sierra, y poco hondo, pero como un horno de vidrio cuando más hierve. Era tanto el calor y humo, que se volvieron pronto por las mismas pisadas que fueron, por no perder el rastro y perderse. Apenas se hubieron desviado y andado un pedazo, cuando comenzó a lanzar ceniza y llama, y luego ascuas, y por último unas grandes piedras ardientes de fuego; y si no hubiesen hallado dónde meterse debajo de una peña, hubieran perecido allí abrasados. Y como trajeron buenas señas, y volvieron vivos y sanos, vinieron muchos indios a besarles la ropa y a verlos, como por milagro o como dioses, dándoles muchos presentillos: tanto se maravillaron de aquel hecho. Piensan aquellos simples que es una boca de infierno, a donde van los señores que gobiernan mal o tiranizan, después de muertos, a purgar sus pecados, y de allí al descanso. Esta sierra, que llaman volcán, por la semejanza que tiene con el de Sicilia, es alta y redonda, y jamás le falta nieve. Parece desde muy lejos, por la noche, que echa llamas. Hay cerca de él muchas ciudades, pero la más cercana es Huexocinco. Estuvo más de diez años sin echar humo, y el año de 1540 volvió a hacerlo como antes, y producía tanto ruido que puso espanto a los vecinos que estaban a cuatro leguas y más. Salió mucho humo, y tan espeso, que no recordaban cosa igual. Lanzó tanto fuego y con tal fuerza, que llegaron las cenizas a Huexocinco, Quetlaxcoapan, Tepejacac, Cuauhquecholla, Cholula y Tlaxcala, que está a diez leguas, y hasta dicen que llegó a quince. Cubrió el campo, y quemó las hortalizas y los árboles, y hasta los vestidos.

Capítulo LXIII. Consulta que Moctezuma tuvo para dejar a Cortés ir a México
No quería Cortés reñir con Moctezuma antes de entrar en México; mas tampoco quería tantas palabras, excusas y niñerías como le decían. Se quejó vivamente a sus embajadores de que un tan gran príncipe, y que con tantos y tales caballeros le había dicho que era su amigo, buscase maneras de matarle o dañarle con mano ajena, por excusarse si no te sucedía; y que, puesto que no guardaba su palabra ni mantenía la verdad, igual que quería ir antes amigo y de paz, determinaba ir ahora como enemigo y de guerra; que o sería con bien o con mal. Ellos echaron sus disculpas, y rogaron que perdiese la saña y enojo, y que diese licencia a uno para ir a México y volver con respuesta pronto, pues había poco camino. Él dijo que fuese muy enhorabuena. Fue uno, y a los seis días volvió con otro compañero que fuera poco antes, y le trajeron diez platos de oro, mil quinientas mantas de algodón, gran cantidad de gallinas, pan y cacao, y un vino que ellos elaboran de aquel cacao y centli, y negaron que hubiese entrado en la conjuración de Cholula, ni ésta había sido por su mandato ni consejo, sino que aquella gente de guarnición que allí estaba era de Acacinco y Azacán, dos provincias suyas y vecinas de Cholula, con quienes tenían alianza y comparaciones de vecindad; los cuales, por inducción de aquellos bellacos, urdirían aquella maldad; y que de allí adelante sería buen amigo, como vería y como lo había sido; y que fuese, que en México lo esperaría: palabra que agradó mucho a Cortés. Moctezuma sintió temor cuando supo la matanza y quema de Cholula, y dijo: «Ésta es la gente que nuestro Dios me dijo que había de venir y señorear esta tierra»; y se fue entonces a visitar los templos, encerrándose en uno, donde estuvo en oración y ayuno ocho días. Sacrificó muchos hombres para aplacar la ira de sus dioses, que estarían enojados. Allí le habló el diablo, animándole a que no temiese a los españoles, que eran pocos, y que, cuando llegasen, haría de ellos a su voluntad, y que no cesase

en los sacrificios, no le aconteciese algún desastre; y tuviese de su parte a Vitzcilopuchtli y Tezcatlipuca para guardarle; porque Quetzalcouatlh, Dios de Cholula, estaba enojado porque le sacrificaban pocos y mal, y no fue contra los españoles. Por lo cual, y porque Cortés le había enviado a decir que iría en son de guerra, pues de paz no quería, otorgó que fuese a México a verle. Ya Cortés cuando llegó a Cholula iba grande y poderoso; pero allí se hizo mucho más, pues en seguida voló la nueva y fama por toda aquella tierra y señorío del rey Moctezuma, y de que como hasta entonces se maravillaban, comenzaran de allí en adelante a temerle; y así, por miedo, mas que por cariño, le abrían las puertas a dondequiera que llegaba. Quería Moctezuma al principio hacer con Cortés que no fuese a México, poniéndole muchos temores y espantos, pues pensaba que temería los peligros del camino, la fortaleza de México, la muchedumbre de hombres y su voluntad, que era muy fuerte cosa, pues cuantos señores había en aquella tierra, la temían y obedecían, y para esto tuvo gran negociación; mas viendo que no aprovechaba, lo quiso vencer con dádivas, pues pedía y tomaba oro. Sin embargo, como siempre porfiaba en verle y llegar a México, preguntó al diablo lo que debía sobre tal caso, después de haber tomado consejo con sus capitanes y sacerdotes, pues no le pareció bien hacerle la guerra, que le serviría de deshonra emprenderla contra tan pocos extranjeros, y que decían ser embajadores, y por no incitar la gente contra sí, que es lo mas cierto; pues estaba claro que entonces estarían con él los otomíes y tlaxcaltecas, y otras muchas gentes, para destruir a los mexicanos. Así que se decidió a dejarlo entrar en México simplemente, creyendo poder hacer de los españoles, que tan pocos eran, lo que quisiese, y almorzárselos una mañana, si lo enojaran.

Capítulo LXIV. Lo que sucedió a Cortés desde Cholula hasta llegar a México
Cuando recibió la buena respuesta que le dieron los embajadores de México, dio Cortés licencia a los indios amigos que se quisiesen volver a sus casas, y partió de Cholula con algunos vecinos que quisieron seguirle, y no quiso tirar por el camino que le mostraban los de Moctezuma, porque era malo y peligroso, según vieron los españoles que fueron al Volcán, y porque le querían asaltar en él, según decían los chololanos, sino por otro más

llano y más próximo. Reprendidos por ello, respondieron que lo guiaban por allí, aunque no era buen camino, para que no pasase por tierra de Huexocinco, que eran sus enemigos. No caminó aquel día más que cuatro leguas, para dormir en unas aldeas de Huexocinco, donde fue bien recibido y mantenido, y hasta le dieron algunos esclavos, ropa y oro, aunque escaso; pues tienen poco y son pobres, a causa de tenerlos acorralados Moctezuma, por ser de la parcialidad de Tlaxcala. Al día siguiente, antes de comer, subió un puerto entre dos sierras nevadas, de dos leguas de subida, donde, si los treinta mil soldados que habían venido para coger a los españoles en Cholula hubiesen esperado, los hubiesen cogido a las manos, de tanta nieve y frío como les hizo en el camino. Desde aquel puerto se descubría tierra de México, y la laguna con sus pueblos alrededor, que es la mejor vista del mundo. Tanto Cortés se alegró de verla, cuanto temieron algunos de sus compañeros, y hasta hubo entre ellos diversos pareceres si llegarían allí o no, y dieron muestras de motín; pero él, con prudencia y disimulo, lo deshizo, y con esfuerzos, esperanza y buenas palabras que les dio, y con ver que era el primero en los trabajos y peligros, temieron menos de lo que imaginaban. En bajando al llano, del otro lado halló una casa de placer en el campo, muy grande y buena; y tal, que cupieron todos los españoles cómodamente, y hasta seis mil indios que llevaban de Cempoallan, Tlaxcala, Huexocinco y Cholula, aunque para los tamemes hicieron los de Moctezuma chozas de paja. Tuvieron buena cena y grandes fuegos para todos, que los criados de Moctezuma proveían copiosamente, y hasta les traían mujeres. Allí le vinieron a hablar muchos señores principales de México, y entre ellos un pariente de Moctezuma. Dieron a Cortés 3.000 pesos de oro, y le rogaron que se volviese por la pobreza, hambre y mal camino, pues se anda por medio de barquillos, y que además del peligro de ahogarse, no tendrían qué comer, y que le daría mucho, además del tributo que le pareciese, para el emperador que le enviaba, puesto cada año en el mar o donde quisiese. Cortés los recibió como era razón, y les dio cosillas de España, especialmente al pariente del gran señor; y les dijo que de buena gana le gustaría servir a tan poderoso príncipe si pudiera hacerlo sin enojar al rey, y que de su ida no le vendría más que mucho bien y honra; y que puesto que no había de hacer más que hablarle y volverse, que de lo que tenían para sí habría para todos qué comer, y que aquel agua no era nada en comparación de las dos mil leguas que había venido por mar solamente para verlo y comunicarle algunos negocios de mucha importancia. Con todas estas pláticas, si lo hubiesen hallado descuidado, le hubiesen acometido, pues venían muchos para tal efecto, como dicen algunos. Pero él hizo saber a los capitanes y embajadores que los españoles no dormían de noche, ni se desnudaban armas y vestidos; y que si veían alguno en pie o andar entre ellos, lo mataban, y él no se lo resistía; por tanto, que lo dijese así a sus hombres, para que se guardasen, que sentiría que alguno de ellos muriese allí; y con esto pasó la noche. Al día siguiente, en cuanto amaneció, partió de allí y fue a Amaquemacan, a dos leguas, que cae en la provincia de Chalco, lugar que, con las aldeas, tiene veinte mil vecinos. El señor de allí le dio cuarenta esclavas, 3.000 pesos de oro, y de comer dos días con gran abundancia, y hasta en secreto muchas quejas de Moctezuma. Desde Amaquemacan caminó cuatro leguas al otro día hasta un pequeño lugar, poblado la mitad en agua de laguna y la otra mitad en tierra, al pie de una sierra áspera y pedregosa. Le acompañaron muchísimos de Moctezuma, que le proveyeron; los cuales, con los del pueblo, quisieron pegar con los españoles, y enviaron sus espías a ver qué hacían por la noche. Pero los que puso Cortés, que eran españoles, mataron hasta veinte de ellos, y allí paró la cosa, y cesaron los tratos de matar a los españoles; y es cosa de risa que a cada trinquete quisiesen o intentasen matarlos y no fuesen capaces de ello. Entonces, al día siguiente, muy de mañana, viendo que se marchaba el ejército, llegaron allí doce señores mexicanos, pero el principal era Cacamacín, sobrino de Moctezuma, señor de Tezcuco, mancebo de veinticinco años, a quien todos acataban mucho. Venía en andas a hombros, y cuando le bajaron de ellas le limpiaban las piedras y pajas del suelo que pisaba. Éstos venían para ir acompañando a Cortés, y disculparon a Moctezuma, que por enfermo no venía él mismo a recibirlo allí. Todavía porfiaron que se volviesen los españoles y no llegasen a México, y dieron a entender que les ofenderían allí, y hasta prohibirían el paso y entrada: cosa que facilísimamente podían hacer; mas, sin embargo, andaban ciegos, o no se atrevieron a romper la calzada. Cortés les habló y trató como quienes eran, y hasta les dio cosas de rescate. Salió de aquel lugar muy acompañado de personas de cuenta, a quienes seguían una infinidad de otros, que no cabían por los caminos, y también venían muchos de aquellos mexicanos a ver hombres tan nuevos, tan afamados; y sorprendidos de las barbas, vestidos, armas, caballos y tiros, decían: «Éstos son dioses». Cortés les avisaba siempre que no atravesasen por entre los españoles ni los caballos si no querían ser muertos. Lo uno, para que no se desvergonzasen con las armas de pelear, y lo otro, para que dejasen abierto camino para ir adelante, porque los llevaban rodeados. Así, pues, fue a un lugar de dos mil fuegos, fundado todo dentro del agua, para llegar al cual anduvo más de media legua por una muy agradable calzada de veinte pies de ancha. Tenía muy buenas casas y muchas torres. El señor de él recibió muy bien a los españoles, y los proveyó honradamente, y rogó que se quedasen a dormir allí, y hasta secretamente se quejó a Cortés de Moctezuma por muchos agravios y tributos no debidos, y le certificó que había camino, y bueno, hasta México, aunque por una calzada como la que había pasado. Con esto descansó Cortés, pues iba con determinación de parar allí y hacer barcas o fustas; mas todavía quedó con miedo no le rompiesen las calzadas, y por eso llevó grandísimo cuidado. Cacamacín y los demás señores le importunaban para que no se quedase allí, sino que se fuese a Iztacpalapan, que no estaba más que a dos leguas adelante, y era de otro sobrino del gran señor. Él tuvo que hacer lo que tanto le rogaban aquellos señores, y porque no le quedaban más que dos leguas de allí a México, adonde podría entrar el otro día con tiempo y a su gusto. Fue, pues, a dormir a Iztacpalapan, y además de que de dos en dos horas iban y venían mensajeros de Moctezuma, le salieron a recibir buen trecho Cuetlauac, señor de Iztacpalapan, y el señor de Culuacan, también pariente suyo. Presentáronle esclavas, ropa, plumajes y hasta 4.000 pesos de oro. Cuetlauac hospedó a todos los españoles en su casa, que son unos grandísimos palacios, todos de cantería y carpintería, muy bien labrados, con patios y cuartos bajos y altos, y todo el servicio muy cumplido. En los aposentos muchos paramentos de algodón, ricos a su manera. Tenían frescos jardines de flores y árboles olorosos, con muchos andenes de red de cañas, cubiertas de rosas y hierbecitas, y con estanques de agua dulce. Tenían también una huerta muy hermosa de frutales y hortalizas, con una grande alberca de cal y canto, que era de cuatrocientos pasos en cuadro, y mil seiscientos de contorno, y con escalones hasta el agua y aun hasta el suelo, por muchas partes, en la cual había toda clase de peces; y acuden a ella muchas garcetas, lavancos, gaviotas y otras aves, que cubren a veces el agua. Es Iztacpalapan de hasta diez mil casas, y está en la laguna salada, medio en agua, medio en tierra.

Capítulo LXV. Cómo salió Moctezuma a recibir a Cortés
De Iztacpalapan a México hay dos leguas por una calzada muy ancha, por la que holgadamente van ocho caballos por ella a la par, y tan recta como hecha por nivel, y quien tenía buena vista alcanzaba a ver las puertas de México. A ambos lados de ella están Mixicalcinco, que tiene cerca de cuatro mil casas, toda dentro del agua; Coloacan, de seis mil, y Vicilopuchtli, de cinco. Tienen estas ciudades muchos templos, con tantas torres, que las hermosean, y gran comercio de sal, porque allí la hacen y venden, o llevan fuera a ferias y mercados. Sacan agua de la laguna, que es salada, por arroyuelos a hoyos de tierra, y en ellos se cuaja; y así hacen pelotas y panes de sal, y también la cuecen, y es mejor, pero más embarazosa. Era gran renta para Moctezuma. En esta calzada hay, de trecho en trecho, puentes levadizos sobre los ojos por donde corre el agua de una a otra laguna. Por esta calzada fue Cortés con sus cuatrocientos compañeros, y otros seis mil indios amigos, de los pueblos que atrás pacificó. Apenas podía andar, con la apretura de la mucha gente que salía a ver a los españoles. Llegó cerca de la ciudad, donde se junta esta calzada con otra, y donde hay un baluarte y fuerte grande, de piedra, dos estados de alto, con dos torres a los lados, y en medio un pretil almenado y dos puertas; fuerza muy fuerte. Aquí salieron cuatro mil caballeros cortesanos y ciudadanos a recibirle, vestidos ricamente a su usanza, y todos de la misma manera. Cada uno, cuando llegaba Cortés, tocaba con su mano derecha en tierra, la besaba, se humillaba, y pasaba adelante por el orden en que venían. Tardaron una hora en esto, y fue cosa digna de mirar. Desde el baluarte sigue todavía la calzada, y tiene, antes de entrar en la calle, un puente levadizo de madera, de diez pasos de ancho, por el ojo del cual corre el agua y entra de uno en otro. Hasta este puente salió Moctezuma a recibir a Cortés, debajo de un palio de pluma verde y oro, con mucha argentería colgando, que llevaban cuatro señores sobre sus cabezas. Le llevaban del brazo Cueltlauac y

Cacamacín, sobrinos suyos y grandes príncipes. Venían los tres ataviados de una manera riquísima, excepto que el señor llevaba unos zapatos de oro y piedras engastadas, que solamente eran las suelas prendidas con correas, como se pintan a lo antiguo. Andaban criados suyos de dos en dos, poniendo y quitando mantas por el suelo, para que no pisase en la tierra. Seguían luego doscientos señores como en procesión, todos calzados, y con ropa de más rica librea que los tres mil primeros. Moctezuma venía por en medio de la calle, y estos otros detrás y arrimados cuanto podían a las paredes, con los ojos en tierra, para no mirarle a la cara, que es desacato. Cortés se apeó del caballo, y cuando se juntaron, le fue a abrazar según nuestra costumbre. Los que le llevaban del brazo le detuvieron, para que no llegase hasta él, pues era pecado tocarle; saludáronse, sin embargo, y Cortés le echó entonces al cuello un collar de margaritas y diamantes y otras piezas de vidrio. Moctezuma se fue adelante con uno de los sobrinos, y mandó al otro que llevase de la mano a Cortés inmediatamente detrás de él y por en medio de la calle. Al comenzar a marchar llegaron los de la librea uno a uno, a hablarle y darle el parabién de su llegada, y tocando la tierra con la mano pasaban y se volvían en orden a su sitio. No hubiesen acabado aquel día si todos los de la ciudad les hubieran, como querían, saludado; mas como el rey iba delante, volvían todos la cara a la pared, y no se atrevían a llegar a Cortés. A Moctezuma le gustó el collar de vidrio, y por no tomar sin dar mejor, como gran príncipe, mandó entonces traer dos collares de camarones encarnados, gruesos como caracoles, y que allí aprecian mucho, y de cada uno de ellos colgaban ocho camarones de oro, de labor perfectísima, y de a jeme cada uno, y se los puso al cuello con sus propias manos, que tuvieron como grandísimo favor, y se sorprendieron de ello. Ya en esto acababan de pasar por la calle, que tiene un tercio de legua, ancha, recta y muy hermosa, y llena de casas por ambas aceras; en cuyas puertas, ventanas y azoteas había tanta gente para ver a los españoles, que no sé quién se maravillaba más, si los nuestros de ver tanta muchedumbre de hombres y mujeres que aquella ciudad tenía, o ellos de la artillería, caballos, barbas y traje de hombres que nunca vieran. Llegaron, pues, a un patio grande, recamara de ídolos, que eran casas de Axaiaca. A la puerta tomó Moctezuma de la mano a Cortés y lo metió dentro de una gran sala; lo puso en un rico estrado, y le dijo: «En vuestra casa estáis; comed, descansad y haced placer; que luego torno». Tal como habéis oído fue el recibimiento que a Hernán Cortés hizo Moctezuma, rey poderosísimo, en su gran ciudad de México, a 8 días del mes de noviembre del año 1519 que Cristo nació.

Capítulo LXVI. Oración de Moctezuma a los españoles
Era esta casa en que los españoles estaban aposentados muy grande y hermosa, con salas bastante largas y otras muchas cámaras, donde muy bien cupieron ellos y casi todos los indios amigos que los servían y acompañaban armados; y estaba toda ella muy limpia, lucida, esterada y tapizada con paramentos de algodón y pluma de muchos colores, que era todo cosa de mirar. Cuando Moctezuma se fue, repartió Cortés el aposento, y puso la artillería de cara a la puerta, y luego comieron una buena comida; en fin, como de tan gran rey a tal capitán. Moctezuma, así que comió y supo que los españoles habían comido y reposado, volvió a Cortés, le saludó, se sentó junto a él en otro estrado que le pusieron, le dio muchas y diversas joyas de oro, plata, pluma y seis mil ropas de algodón ricas, bordadas y tejidas de maravillosos colores; cosa que manifestó su grandeza, y confirmó lo que tenían imaginado por los presentes pasados. Hizo todo esto con mucha gravedad, y con la misma dijo, según Marina y Aguilar declaraban: «Señor y caballeros míos, mucho me alegra tener tales hombres como vosotros en mi casa y reino, para poderles hacer alguna cortesía y bien, según vuestro merecimiento y estado; y si hasta aquí os rogaba que no entraseis acá, era porque los míos tenían grandísimo miedo de veros, pues espantabais la gente con estas vuestras barbas fieras, y que traíais tinos animales que se tragaban los hombres, y que como veníais del cielo, bajabais de allá rayos, relámpagos y truenos, con que hacíais temblar la tierra, y heríais al que os enojaba o al que se os antojaba; mas, empero, como ya ahora conozco que sois hombres mortales, mas de bien, y no hacéis daño alguno, y he visto los caballos, que son como ciervos, y los tiros, que parecen cerbatanas, tengo por burla y mentira lo que me decían, y aun a vosotros por parientes; pues, según mi padre me dijo, que lo oyó también al suyo, nuestros antepasados y reyes, de quien yo desciendo, no fueron naturales de esta tierra, sino advenedizos; los cuales vinieron con un gran señor, que al cabo de poco tiempo

se fue a su naturaleza, y que al cabo de muchos años volvió por ellos; mas no quisieron ir, por haber poblado aquí, y tener ya hijos y mujeres y mucho mando en la tierra. Él se volvió muy descontento de ellos, y les dijo al marcharse que enviaría sus hijos a que los gobernasen y mantuviesen en paz y justicia, y en las antiguas leyes y religión de sus padres. Por esta causa, pues, hemos esperado siempre y creído que algún día vendrían los de aquellas partes a sujetarnos y mandar, y pienso yo que sois vosotros, según de donde venís, y la noticia que decís que ese vuestro gran rey y emperador que os envía ya tenía de nosotros. Así que, señor capitán, estad seguros de que os obedeceremos, si es que no traéis algún engaño o cautela, y partiremos con vos y los vuestros lo que tengamos. Y aun cuando esto que digo no fuese, solo por vuestra virtud y fama y obras de esforzados caballeros, lo haría de muy buena gana; que bien sé lo que hicisteis en Tabasco, Teoacacinco, Cholula y otras partes, venciendo tan pocos a tantos; y si estáis creídos que soy un Dios, y que las paredes y tejados de mi casa, con todo el resto del servicio, son de oro fino, como sé que os han hablado los de Cempoallan, Tlaxcala, Huexocinco y otros, os quiero desengañar, aunque os tengo por gente que no lo creéis, y que conocéis que con vuestra venida se me han rebelado, y de vasallos tornado enemigos mortales; pero esas alas yo se las romperé. Tocad, pues, mi cuerpo, que es de carne y hueso; hombre soy como los demás, mortal, no Dios, no; aunque, como rey, me tengo en más, por la dignidad y preeminencia. Las casas ya las veis, que son de barro y palo, y cuando mucho, de canto: ¿veis cómo os mintieron? En cuanto a lo demás, es verdad que tengo plata, oro, pluma, armas y otras joyas y riquezas en el tesoro de mis padres y abuelos, guardado de grandes tiempos a esta parte, como es costumbre de reyes. Todo lo cual vos y vuestros compañeros tendréis siempre que lo quisiereis; mientras tanto descansad, que vendréis cansados». Cortés le hizo una gran reverencia, y con alegre semblante, porque se le saltaban algunas lágrimas, le respondió que, confiado de su clemencia y bondad, había insistido en verle y hablarle, y que comprendía ser todo mentira y maldad lo que de él le habían dicho aquellos que le deseban mal, como también él veía por sus mismos ojos las burlas y consejas que de los españoles le contaron; y que tuviese por certísimo que el emperador, rey de España, era aquel su natural señor a quien esperaba, cabeza del mundo y mayorazgo del linaje y tierra de sus antepasados; y en lo que tocaba al tesoro, que se lo tenía en muy gran merced. Tras esto preguntó Moctezuma a Cortés si aquellos de las barbas eran todos vasallos o esclavos suyos, para tratar a cada uno como quien era. Él dijo que todos eran hermanos, amigos y compañeros, excepto algunos, que eran criados; y con tanto, se fue a Tecpan, que es un palacio, y allá se informó particularmente por los lenguas, cuáles eran o no caballeros, y según le informaron, así les envió el don: si era hidalgo y buen soldado, bueno y con mayordomo, y si no, y marinero, no tal y con lacayo.

Capítulo LXVII. Limpieza y majestad con que se servía a Moctezuma

Era Moctezuma hombre mediano, de pocas carnes, de color moreno aceitunado, muy oscuro, según son todos los indios. Llevaba el cabello largo, y tenía hasta seis pelillos de barba, negros, de un jeme de largo. Era de buena condición, aunque justiciero, afable, bien hablado, gracioso, pero cuerdo y grave, y se hacía temer y acatar. Moctezuma quiere decir hombre sañudo y grave. A los nombres propios de reyes, de señores y de mujeres, añaden la sílaba cin, por cortesía o dignidad, como nosotros el don, los turcos sultán y los moros muley; y así, dicen Moctezumacín. Tenía con los suyos tanta majestad, que no les dejaba sentarse delante de sí, ni llevar zapatos ni mirarle a la cara, si no era a poquísimos y grandes señores. A los españoles, cuya conversación le agradaba, o porque los tenía en mucho, no los consentía estar de pie. Cambiaba con ellos sus vestidos, si le parecían bien los de España; mudaba cuatro vestidos al día, y ninguno volvía a vestir por segunda vez. Estas ropas se guardaban para dar albricias, para hacer presentes, para dar a criados y mensajeros, y a soldados que pelean y prenden algún enemigo, que es gran merced y como un privilegio; y de éstas eran aquellas muchas y lindas mantas que por tantas veces envió a Hernán Cortés. Andaba Moctezuma muy pulido y limpio a maravilla; y así, se bañaba dos veces al día; pocas veces salía fuera de la cámara si no era a comer; comía siempre solo, mas solemnemente y en grandísima abundancia. La mesa era una almohada o un par de cueros de color; la silla, un banquillo bajo, de cuatro pies, hecho de una pieza, cavado el asiento y muy bien labrado y pintado; los manteles, pañizuelos y toallas de algodón, muy blancos, nuevos, flamantes, que no se ponían más que aquella vez. Llevaban la comida cuatrocientos pajes, caballeros, hijos de señores, y la ponían toda junta en la sala; salía él, miraba las viandas y señalaba las que más le agradaban. Luego ponían debajo de ellas braseros con ascuas, para que ni se enfriasen ni perdiesen el sabor; y pocas veces comía de otras, si no era algún buen guisado que le alababan los mayordomos. Antes de que se sentase venían unas veinte mujeres suyas de las más hermosas o favoritas o semaneras, y le servían las fuentes con grande humildad; tras esto se sentaba, y luego llegaba el maestresala, y echaba una red de palo, que separaba la mesa de la gente, para que no se echasen encima; y él solo ponía y quitaba los platos, pues los pajes no llegaban a la mesa ni hablaban palabra, ni tampoco hombre ninguno de cuantos allí estaban, mientras que el señor comía, si no era un truhán o alguien que le preguntase algo, y todos estaban y servían descalzos. Asistían continuamente al lado del rey, aunque algo desviados, seis señores ancianos, a los cuales daba algunos platos del manjar que le sabía bien. Ellos los tomaban con gran reverencia, y se los comían allí con el mayor respeto, sin mirarle a la cara, que era la mayor humildad que podían demostrar delante de él. Tenía música, comiendo, de zampoña, flauta, caracola, hueso y atabales, y otros instrumentos así, pues mejores no los alcanzan, ni voces, digo, pues no sabían canto ni eran buenas. Había siempre al tiempo de la comida enanos, gibosos, contrahechos y otros así, y todos por grandeza o por riqueza, a los cuales daban de comer con los truhanes y chocarreros al fondo de la sala, con los restos de la comida. El resto del sobrante se lo comían tres mil, que formaban la guardia ordinaria, que estaban en los patios y plaza; y por esto dicen que llevaban siempre tres mil platos de manjar y tres mil jarros de comida y vino que ellos usan, y que nunca se cerraba la botillería ni la despensa, que era digno de ver lo que en ellas había. No dejaban de guisar ni tener cada día de cuanto en la plaza se vendía, que era, como después diremos, infinito, más lo que traían los cazadores, renteros y tributarios. Los platos, escudillas, tazas, jarros, ollas y demás servicio era todo de barro y muy bueno, si lo hay en España, y no servía al rey más que para una comida. También tenía vajilla de oro y plata grandísima, pero poco se servía de ella: dicen que por no servirse dos veces con ella, que parecía bajeza. Lo que algunos cuentan, que guisaban niños para que se los comiese Moctezuma, eran solamente hombres sacrificados, pues de no ser así no comía carne humana; y esto no era lo corriente. Alzados los manteles, se acercaban las mujeres, que todavía estaban allí en pie, cono los hombres, a darle otra vez aguamanos con el mismo acatamiento que antes, y se iban a su aposento a comer con las demás; y así hacían todos, excepto los caballeros y pajes que les tocaba la guardia.

Capítulo LXVIII. Jugadores de pies
Quitada la mesa y marchada la gente, y estando todavía sentado Moctezuma, entraban los negociantes descalzos, pues todos se descalzaban para entrar en palacio los que llevaban zapatos, sino eran los muy grandes señores, como los de Tezcuco y Tlacopan, y otros pocos amigos y parientes suyos. Iban pobremente vestidos; si eran señores o ricoshombres y hacía frío, se ponían mantas viejas o groseras y ruines sobre las finas y nuevas; pero todos hacían tres o cuatro reverencias. No le miraban al rostro, hablaban humillados y andando para atrás. Él les respondía muy mesurado, muy bajo y en pocas palabras, y aun no todas las veces ni a todos, que otros secretarios suyos o consejeros, que para esto estaban allí, respondían; y con tanto, volvían a salir sin volver la espalda al rey. Después de esto se entretenía con algún pasatiempo oyendo música y romances, o a truhanes, con los que se divertía mucho, o mirando a unos jugadores que hay allí en pies, como aquí de manos, los cuales llevan en los pies un palo como especie de cuartón, rodillo, parejo y liso, que arrojan a lo alto y lo recogen, y le dan dos mil vueltas en el aire tan bien y rápidamente, que apenas se ve cómo; y hacen otros juegos, monerías y gentilezas por gentil concierto y arte, que causa admiración. A España vinieron después algunos con Cortés que jugaban así con los pies, y muchos los vieron en la corte. También hacían matachines, pues se subían tres hombres uno sobre otro de pies planos en los hombros, y el último hacía maravillas. Algunas veces miraba Moctezuma cómo jugaban al patoliztli, que se parece mucho al juego de las tablas, y que se juega con habas o judías rajadas, como dados de harinillas, que llaman patolli; los cuales mueven con ambas manos, y los arrojan sobre una estera o en el suelo, donde hay algunas rayas como en el alquerpe, en donde señalan

con piedras el punto que cayó arriba, quitando o poniendo china. A esto se juegan cuanto tienen, y hasta muchas veces sus cuerpos para esclavos los tahúres y hombres bajos.

Capítulo LXIX. Juego de pelota

Otras veces iba Moctezuma al tlachtli, que es el trinquete para pelota. A la pelota la llaman ullamaliztli, la cual se hace de la goma del ulli, que es un árbol que se cría en tierras calientes, y que al punzarle llora unas gotas gruesas y blancas, que se cuajan muy pronto, las cuales juntas, mezcladas y tratadas, se vuelven mas negras que la pez, y no tiznan. De aquello redondean y hacen pelotas, que, aunque pesadas, y por consiguiente duras para la mano, botan y saltan muy bien, y mejor que nuestras pelotas de viento. No juegan a chazas, sino al vencer, como al balón o a la chueca, que es dar con la pelota en la pared que los contrarios tienen en el puesto, o pasarla por encima. Pueden darle con cualquier parte del cuerpo que mejor les venga, pero hay postura que hace perder al que la toca, si no es con la nalga o cuadril, que es la gentileza, y por eso se ponen un cuero sobre las nalgas; pero le puede dar siempre que haga bote, y da muchos, uno en pos de otro. Juegan en partida, tantos a tantos y a tantas rayas, una carga de mantas, o más o menos, según sean los jugadores. También juegan cosas de oro y pluma, y hay veces que hasta a sí mismos, como hacen al patolli, en que les está permitido, como el venderse. Es este tlachtli o tlachco, una sala baja, larga y estrecha y alta, pero más ancha de arriba que de abajo, y más alta por los lados que por los frentes, hechas así a propósito para estos juegos. Lo tienen siempre muy encalado y liso; ponen en las paredes de los lados unas piedras como de molino, con su agujero en medio que pasa a la otra parte, por donde rara vez cabe la pelota. El que emboca por allí la pelota, lo cual acontece muy raramente, porque hasta con la mano cuesta trabajo, gana el juego, y son suyas, por costumbre antigua y ley entre jugadores, las capas de cuantos miran cómo juegan en aquella pared por cuya piedra y agujero entró la pelota, y en la otra, que serían las capas de la mitad de los que estaban presentes. Mas era obligado hacer ciertos sacrificios al ídolo del trinquete y piedra por cuyo agujero metió la pelota. Decían los mirones que tal individuo debía ser ladrón o adúltero, o que moriría pronto. Cada trinquete es un templo, porque ponían dos imágenes del Dios del juego de la pelota encima de las dos paredes más bajas, a la medianoche de un día de buen signo, con ciertas ceremonias y hechicerías, y en medio del suelo hacían otros semejantes, cantando romances y canciones que para ello tenían, y luego venía un sacerdote del templo mayor, con otros religiosos, a bendecirlo. Decía ciertas palabras, echaba cuatro veces la pelota por el juego, y con esto quedaba consagrado, y podían jugar en él, cosa que hasta entonces no podían de ninguna manera; y hasta el dueño del trinquete, que siempre era señor, no jugaba a la pelota sin hacer primero no sé qué ceremonias y ofrendas al ídolo: tan supersticiosos eran. A este juego llevaba Moctezuma a los españoles, y mostraba divertirse mucho en verlo jugar, y ni más ni menos que mirarlos a ellos jugar a los naipes y dados.

Capítulo LXX. Bailes de México
Moctezuma tenía otro pasatiempo, que regocijaba a los de palacio y aun a toda la ciudad, pues es muy bueno, largo y público, el cual, o bien lo mandaba él hacer, o bien venían los del pueblo a hacerle en palacio aquel servicio y solaz, y era de esta manera: que después de la comida comenzaban un baile, que llaman netoteliztli, danza de regocijo y placer. Mucho antes de comenzarlo, tendían una gran estera en el patio de palacio, y encima de ella ponían dos atabales: uno pequeño, que llaman teponaztli, y que es todo de una pieza, de palo muy bien labrado por fuera, hueco y sin cuero ni pergamino, pero se tañe con palillos como los nuestros. El otro es muy grande, alto, redondo y grueso como un tambor de los de aquí, hueco, tallado por fuera, y pintado. Sobre la boca ponen un parche de venado curtido y bien estirado, y que apretado sube el tono, y flojo le baja. Se tañe con las manos, sin palos, y es el contrabajo. Estos dos atabales concertados con voces, aunque allá no las hay buenas, suenan mucho, y no del todo mal. Cantan cantares alegres, regocijados y graciosos, o algún romance en loor de los reyes pasados, recontando en ellos guerras, victorias, hazañas y cosas semejantes; y esto va todo en copla por sus consonantes, que suenan bien y agradan. Cuando ya es tiempo de comenzar, silban ocho o diez hombres muy fuertes, y luego tocan los atabales muy bajo, y no tardan en venir los bailadores con ricas mantas blancas, encarnadas, verdes, amarillas y tejidas

de diversos colores; y llevan en las manos ramilletes de rosas, o abanicos de pluma, o de pluma y oro. Muchos vienen con papahígos de pluma, o carátulas, hechas de forma de cabezas de águila, tigre, caimán y animales salvajes. Se juntan a este baile mil bailadores muchas veces, y cuando menos cuatrocientos, y son todos personas principales, nobles y hasta señores; y cuanto mayor y mejor es cada uno, tanto más junto está de los atabales. Bailan en corro cogidos de las manos, una orden tras otra; guían dos de ellos, que son sueltos y diestros danzarines, y todos hacen y dicen lo que aquellos dos directores: si cantan ellos, responde todo el corro, unas veces mucho, y otras veces poco, según el cantar o romance requiere; que así es aquí y en todas partes. El compás que llevan los dos, lo siguen todos, excepto los de las últimas filas, que por estar lejos y ser muchos, hacen dos mientras que ellos una, y les cumple meter más obra; pero a un mismo tiempo alzan o bajan los brazos o el cuerpo, o la cabeza sola, y todo con no poca gracia, y con tanto concierto y sentido, que no discrepan uno de otro; tanto, que se emboban allí los hombres. Al principio cantan romances y van despacio; tañen, cantan y bailan lentamente, que parece todo lleno de gravedad; mas cuando se encienden, cantan villancicos y cantares alegres, se aviva la danza y andan fuerte y de prisa; y como dura mucho, beben, que hay allí escanciadores con tazas y jarros. También a veces andan sobresalientes algunos truhanes, imitando a otras naciones en traje y en lenguaje, y haciendo de borracho, loco o vieja, que hacen reír y divertir a la gente. Todos los que han visto este baile dicen que es cosa muy digna de ver, y mejor que la zambra de los moros, que es la mejor danza que por aquí tenemos; y si la hacen las mujeres es mucho mejor que la de los hombres. Pero en México no bailaban ellas tal baile públicamente.

Capítulo LXXI. Las muchas mujeres que tenía Moctezuma en palacio

Moctezuma tenía muchas casas dentro y fuera de México, así para recreo y grandeza, como para morada: no hablaremos de todas, pues sería muy largo. Donde él moraba y residía continuamente la llaman Tepac, que es como decir palacio, el cual tenía veinte puertas que responden a la plaza y calles públicas. Tres patios muy grandes, y en uno de ellos una fuente muy hermosa. Había en él muchas salas, cien aposentos de veinticinco y treinta pies de largo y hueco cada uno, cien baños. El edificio, aunque sin clavazón, todo muy bueno; las paredes de canto, mármol, jaspe, pórfido, piedra negra, con unas vetas encarnadas como rubí, piedra blanca, y otra que se trasluce; los techos de madera bien labrada y tallada de cedros, palmas, cipreses, pinos y otros árboles; las cámaras pintadas, esteradas, y muchas con paramentos de algodón, de pelo de conejo y de plumas; las camas, pobres y malas, porque, o eran de mantas sobre esteras o sobre heno, o esteras solas. Pocos hombres dormían dentro de estas casas, mas había mil mujeres, y algunos afirman que tres mil entre señoras, criadas y esclavas. De las señoras, hijas de señores, que eran muchísimas, tomaba para sí Moctezuma las que bien le parecía; las otras las daba por mujeres a sus criados y a otros caballeros y señores. Y así, dicen que hubo vez que tuvo ciento cincuenta preñadas a un tiempo, las cuales, a persuasión del diablo, abortaban, tomando cosas para expulsar a las criaturas, o quizá porque sus hijos no habían de heredar. Tenían estas mujeres muchas viejas para guardarlas, que ni aun mirarlas dejaban a hombre alguno, pues los reyes querían la mayor honestidad en palacio. El escudo de armas que estaba en las puertas de palacio y que llevan las banderas de Moctezuma y las de sus antecesores, es un águila abatida a un tigre, las manos y uñas puestas como para hacer presa. Algunos dicen que es grifo, y no águila, afirmando que en las sierras de Teoacan hay grifos, y que despoblaron el valle de Auacatlan, comiéndose los hombres, y tienen por argumento que se llaman aquellas sierras Cuitlachtepetl, de cuitlachtli, que es grifo, como también león. Ahora creo que no los hay, porque todavía no los han visto los españoles. Los indios muestran estos grifos, que llaman quezalcuitlactli, por sus antiguas figuras, y tienen vello en lugar de pluma, y dicen que rompían con las uñas y dientes los huesos de hombres y venados; tiran mucho a león, y parecen águilas, porque los pintan con cuatro pies, con dientes y con vello, que casi es más lana que pluma; con pico, con uñas, y alas con las que vuela; y en todas estas cosas responde la pintura a nuestra escritura y pinturas, de manera que ni es del todo ave ni del todo bestia. Plinio tiene por mentira esto de los grifos, aunque hay muchos cuentos sobre ellos. También hay otros señores que tienen por armas este grifo, que va volando con un ciervo en las uñas.

Capítulo LXXII. Casa de aves para pluma

Otra casa tiene Moctezuma con muchos y buenos aposentos, y con unos agradables corredores levantados sobre pilares de jaspe, todos de una pieza, que caen a una huerta muy grande, en la cual hay diez o más estanques, unos de agua salada para las aves de mar, y otras de agua dulce para las de río y laguna, que vacían muchas veces y vuelven a llenar por la limpieza de la pluma. Andan por ellos tantas aves, que no caben dentro ni fuera; y de tan diversas formas, plumas y figuras, que llenaban de admiración a los españoles mirándolas, pues la mayoría de ellas no las conocían ni habían visto hasta entonces. A cada clase de aves les daban el cebo y pasto con que se mantenían en el campo; si con hierbas, les daban hierba; si con grano, les daban centli, judías, habas y otras simientes; si con pescado, peces, de los cuales era lo corriente diez arrobas cada día, que pescaban y cogían en las lagunas de México; y hasta a algunas les daban moscas y sabandijas, que era su comida. Había para el servicio de estas aves trescientas personas: unos limpian los estanques, otros pescan, otros les dan de comer; unos están para espulgarlas, otros para guardar los huevos, otros para echarlas cuando encloquecen, otros las curan si enferman, otros las pelan, que esto era lo principal, por la pluma, con la que hacen ricas mantas, tapices, rodelas, plumajes, moscadores y otras muchas cosas, con oro y plata, obra perfectísima.

Capítulo LXXIII. Casa de aves para caza

Tiene otra casa con muy cumplidos cuartos y aposentos, que llaman casa de aves, no porque hay en ella más que en la otra, sino porque las hay mayores, o porque, con ser para caza y de rapiña, las tienen por mejores y más nobles. Hay en esta casa muchas salas altas, en donde están hombres, mujeres y niños, blancos de nacimiento por todo su cuerpo y pelo, que pocas veces nacen así, y aquéllos los tienen como por milagro. Había también enanos, corcovados, quebrados, contrahechos y monstruos en gran cantidad, que los tenía por pasatiempo, y hasta dicen que de niños los quebraban y engibaban, como por una grandeza de rey. Cada clase de estos hombrecillos estaba por sí en su sala y cuarto. Había en las salas bajas muchas jaulas de fuertes vigas; en unas había leones, en otras tigres, en otras onzas, en otras lobos; en fin, no había fiera ni animal de cuatro patas que no estuviese allí, por el solo hecho de decir que los tenía en su casa el gran señor Moctezumacín, aunque eran muy bravos. Les daban de comer, por sus raciones, gallipavos, venados, perros, y cosas de caza; había asimismo en otras piezas, en grandes tinajas, cántaros y otras vasijas por el estilo con agua o con tierra, culebras como un muslo, víboras, cocodrilos, que llaman caimanes o lagartos de agua; otra clase de lagartos, lagartijas, sabandijas y serpientes de tierra y agua, tan fieras como ponzoñosas, y que espantan con su sola vista y mala catadura; había también en otro cuarto, y por el patio, en jaulas de palos rollizos y alcándaras, toda suerte y ralea de aves de rapiña: alcotanes, gavilanes, milanos, buitres, azores, nueve o diez clases de halcones, muchos géneros de águilas, entre las cuales había cincuenta mucho mayores que las nuestras caudales, y que de un pasto se come una de ellas un gallipavo de aquellos de allá, que son mayores que nuestros pavones; había muchas de cada ralea, y estaba cada una por su lado, y tenía de ración para cada día quinientos gallipavos, y trescientos hombres de servicio, sin los cazadores, que son infinitos. Había allí otras muchas aves que los españoles no conocían; pero les dijeron eran todas muy buenas para la caza, y así lo mostraban ellas en el semblante, talle, uñas y presa que tenían. Daban a las culebras y a sus compañeras las sangre de personas muertas en sacrificio, que chupasen y lamiesen, y hasta, como algunos cuentan, les echaban de la carne, pues con mucho agrado se la comen unos y otros lagartos. Los españoles no vieron esto, mas vieron el suelo cuajado de sangre como en matadero, que olía espantosamente mal, y que temblaba si metían palo. Era digno de ver el bullicio de los hombres que entraban y salían en esta casa, y que andaban cuidando de las aves, animales y sierpes; y nuestros españoles se divertían mirando tal diversidad de aves, tanta bravura de bestias fieras, y el enconamiento de las ponzoñosas serpientes; pero, sin embargo, no podían oír de buena gana los espantosos silbidos de las culebras, los temerosos bramidos de los leones, los aullidos tristes del lobo, ni los fieros gañidos de las onzas y tigres, ni los gemidos de los demás animales, que daban teniendo hambre o acordándose de que estaban acorralados y no libres para ejecutar su saña. Y ciertamente, era de noche un traslado del infierno y morada del diablo; y así en ello, porque en una sala de ciento cincuenta pies de larga y cincuenta de ancha, había una capilla chapada de oro y plata de gruesas planchas, con muchísima cantidad de perlas y piedras, ágatas, cornalinas, esmeraldas, rubíes, topacios y otras así, adonde Moctezuma entraba a orar muchas noches, y el diablo venía a hablarle y se le aparecía, y aconsejaba según la petición y ruegos que oía. Tenía casa solamente para graneros, y donde poner la pluma y mantas de las rentas y tributos, que era cosa muy digna de ver. Sobre las puertas tenían por armas o señal un conejo. Aquí moraban los mayordomos, tesoreros, contadores, receptores, y todos los que tenían cargos y oficios en la hacienda real. Y no había casa de éstas del rey donde no hubiese capillas y oratorios del demonio, que adoraban por amor de lo que allí estaba, y por tanto, todas eran grandes y para mucha gente.

Capítulo LXXIV. Casas de armas
Moctezuma tenía algunas casas de armas, cuyo blasón es un arco y dos aljabas por cada puerta. De toda suerte de armas que ellos usan, había muchas, y eran arcos, flechas, hondas, lanzas, lanzones, dardos, porras y espadas; broqueles y rodelas más adornadas que fuertes; cascos, grebas y brazaletes, pero no en tanta abundancia, y de palo dorado o cubierto de cuero. El palo de que hacen estas armas es muy fuerte. Lo tuestan, y en las puntas hincan pedernal o huesos del pez libiza, que es enconado, o de otros huesos, que como se quedan en la herida, la hacen casi incurable y enconan. Las espadas son de palo, con agudos pedernales injeridos en él y encolados. El engrudo es de cierta raíz, que llaman zacotl, y de teujalli, que es una arena fuerte y como de vena de diamantes, que mezclan y amasan con sangre de murciélago y no sé qué otras aves, el cual pega, traba y dura extremadamente, tanto, que dando grandes golpes no se despega. De esto mismo hacen punzones, que barrenan cualquier madera y piedra, aunque sea un diamante. Y las espadas cortan lanzas y un pescuezo de caballo a cercén, y hasta entran en el hierro y lo mellan, cosa que parece imposible. En la ciudad nadie lleva armas; solamente las llevan a la guerra, a la caza o en la guardia.

Capítulo LXXV. Jardines de Moctezuma
Además de las casas ya mencionadas, tenía también otras muchas de placer, con muy buenos jardines solamente de hierbas medicinales y olorosas, de flores, de rosas, de árboles de olor, que son infinitos. Era para alabar al creador tanta diversidad, tanta frescura y olores. El artificio y delicadeza con que están hechos mil personajes de hojas y flores. No consentía Moctezuma que en estos vergeles hubiese hortalizas ni frutas, diciendo que no era propio de reyes tener granjerías ni provechos en sus lugares de deleites; que las huertas eran para esclavos o mercaderes, aunque con todo esto, tenía huertos con frutales, pero lejos, y donde muy pocas veces iba. Tenía asimismo fuera de México casas en bosques de gran circuito y cercados de agua, dentro de las cuales había fuentes, ríos, albercas con peces, conejeras, vivares, riscos y peñones por donde andaban ciervos, corzos, liebres, zorras, lobos y otros animales semejantes para caza, en donde mucho y a menudo se ejercitaban los señores mexicanos. Tantas y tales eran las casas de Moctezumacín, que pocos reyes en eso se le igualaban.

Capítulo LXXVI. Corte y guardia de Moctezuma
Cada día, seiscientos señores y caballeros tenían que hacer guardia a Moctezuma, cada uno con tres o cuatro criados con armas; y algunos llevaba veinte o más, según era y lo que tenía; y así, eran tres mil hombres, y aun dicen que muchos más, los que estaban en palacio guardando al rey. Los criados, ni subían arriba ni se iban hasta la noche después de haber cenado. Eran tantos los de la guardia, que aunque eran grandes los patios, plazas y calles, lo llenaban todo. Pudo ser que entonces en honor de los españoles pusiesen tanta guardia e hiciesen aquella apariencia y majestad, y que la ordinaria fuese menor, aunque en verdad es certísimo que todos los señores que están bajo el imperio mexicano, que, como dicen, son treinta de a cien mil vasallos, y tres mil señores de lugares y muchos vasallos, residían en México por obligación y reconocimiento, en la corte del gran Moctezumacín, cierto tiempo del año. Y cuando iban fuera a sus tierras y señoríos, era con licencia y voluntad del rey. Y dejaban algún hijo o hermano por seguridad y para que no se alzasen; y por esta causa tenían todos

casas en la ciudad de México Tenochtitlán. Tanto era el estado y casa de Moctezuma; su corte tan grande, tan generosa, tan noble.

Capítulo LXXVII. Tributo que todos hacen al rey de México
No hay quien no tribute algo al señor de México en todos sus reinos y señoríos; porque los señores y nobles pechan con tributo personal, y los labradores, a los que llaman macebaltin, con persona y bienes; y esto de dos maneras: o son renteros o herederos. Los que tienen heredades propias pagan por año una parte de tres que cogen o crían. Perros, gallinas, aves de pluma, conejos, oro, plata, piedras, sal, cera y miel, mantas, plumajes, algodón, cacao, centli, ají, camatli, habas, judías y toda clase de frutas, hortalizas y semillas, de que principalmente se mantienen. Los renteros pagan por meses o por años lo que se obligan; y porque es mucho, los llaman esclavos; que hasta cuando comen huevos, les parece que el rey les hace merced. Oí decir que les tasaban lo que habían de comer, y lo demás se lo cogían. Visten por esta causa pobrísimamente. Y en fin, no alcanzan ni tienen más que una olla para cocer hierbas, y una piedra o un par para moler su trigo, y una estera para dormir. Y no solamente daban este pecho los renteros y los herederos, sino que también servía para las personas todas las veces que el gran señor quería, aunque no quería más que en tiempos de guerras y caza. Era tanto el señorío que los reyes de México tenían sobre ellos, que callaban aunque les tomasen las hijas para lo que quisiesen, y los hijos; y por esto dicen algunos que de tres hijos que cada labrador y no labrador tenía, daba uno para sacrificar, lo cual es falso; pues si así fuera, no hubiese parado hombre alguno en la tierra, y no estaría tan poblada como estaba, y porque los señores no comían hombres sino de los sacrificados, y los sacrificados rarísimamente eran personas libres, sino esclavos y presos en guerra. Eran crueles carniceros, y mataban durante el año muchos hombres y mujeres, y algunos niños; sin embargo, no tantos como dicen, y los que eran, después los contaremos por días y cabezas. Todas esas rentas las traían a México a cuestas los que no podían en barcas, al menos las que eran necesarias para mantener la casa de Moctezuma. Las demás las gastaban con los soldados o se cambiaban por oro, plata, piedras, joyas y otras cosas ricas, que los reyes estiman y guardan en sus recámaras y tesoros. En México había trojes,

graneros, y, como ya dije, casas en donde guardan el pan, y un mayordomo mayor con otros menores, que lo recibían y gastaban por acuerdo y cuenta en libros de pintura; y en cada pueblo había su recaudador, que eran una especie de alguaciles, y llevaban varas y abanicos en las manos; los cuales acudían, y daban cuenta con paga de la recogida y gente por padrón que tenían del lugar y provincia de su partido, a los de México. Si se equivocaban o engañaban, morían por ello, y hasta castigaban a los de su linaje, como parientes de traidor al rey. A los labradores, cuando no pagaban, los prendían; y si están pobres por enfermedad, los esperan; si por holgazanes, los apremian. En fin, si no cumplen y pagan en ciertos plazos que les dan, pueden tomar por esclavos a los unos y a los otros y venderlos para la deuda y tributo, o sacrificarlos. También tenía muchas provincias que le tributaban cierta cantidad y reconocían en algunas cosas de mayoría; pero esto era más honra que provecho. De suerte, pues, que por esta vía tenía Moctezuma, y aún le sobraba, para mantener su casa y gente de guerra, y para tener tanta riqueza y aparato, tanta corte y servicio; y más, que de todo esto no gastaba nada en labrar cuantas casas quería, porque ya desde hace mucho tiempo están destinados muchos pueblos cercanos, que no pechan ni contribuyen en otra cosa más que en hacerle casas, repararlas y tenerlas siempre en pie a su propia costa; que ponían su trabajo, pagaban a los oficiales y traían a cuestas o arrastrando el canto, la cal, la madera, el agua, y todos los demás materiales necesarios a las obras. Y ni más ni menos proveían, y muy abundantemente, de cuanta leña se quemaba en las cocinas, cámaras y braseros de palacio, que eran muchos, y necesitaban, según cuentan, quinientas cargas de tamemes, que son mil arrobas; y muchos días de invierno, aunque no es crudo, muchas más. Y para los braseros y chimeneas del rey traían cortezas de encina y otros árboles, porque hacían mejor fuego, o por diferenciar la lumbre, pues son grandes aduladores, o para que pasasen más fatiga. Tenía Moctezuma cien ciudades grandes con sus provincias, de las cuales llevaba las rentas, tributos, parias y vasallajes que dije, y donde tenía fuerzas, guarnición y tesoreros del servicio y pechos, a que estaban obligadas. Extendíase su señorío y mando desde el mar del Norte al del Sur, y doscientas leguas de tierra adentro; si bien es verdad que había en medio algunas provincias y grandes pueblos, como Tlaxcala, Michoacan,

Pánuco y Tecuantepec, que eran enemigos suyos, y no le pagaban pecho ni servicio alguno; pero le valía mucho el rescate y cambio que había con ellos cuando quería. Había asimismo otros muchos señores y reyes, como los de Tezcuco y Tlacopan, que no le debían nada, más que la obediencia y homenaje, los cuales eran de su mismo linaje, y con quienes casaban los reyes de México a sus hijas.

Capítulo LXXVIII. México Tenochtitlán

Era México, cuando Cortés entró, un pueblo de sesenta mil casas. Las del rey, señores y cortesanos son grandes y buenas. Las de los otros, pequeñas y ruines, sin puertas ni ventanas; mas por pequeñas que son, pocas veces dejan de tener dos, tres y hasta diez moradores; y así, hay en él infinidad de gente. Está fundado sobre agua, ni más ni menos que Venecia. Todo el cuerpo de la ciudad está en agua. Tiene tres clases de calles anchas y agradables. Las unas son de agua sola, con muchísimos puentes; las otras, de tierra solamente, y las otras, de tierra y agua, es decir, la mitad de tierra, por donde andan los hombres a pie, y la mitad agua, por donde andan los barcos. Las calles de agua son de por sí limpias; las de tierra las barren a menudo. Casi todas las casas tiene dos puertas: una sobre la calzada, y otra sobre el agua, por donde se andan con las barcas; y aunque está edificada sobre agua, no se aprovecha de ella para beber, sino que la traen de una fuente desde Chapultepec, que está a una legua de allí, en una pequeña sierra, al pie de la cual hay dos estatuas de bulto talladas en la peña, con sus rodelas y lanzas, de Moctezuma y Axaiaca, su padre, según dicen. La traen por dos caños tan gruesos como un buey cada uno. Cuando uno de ellos está sucio, la echan por el otro hasta que se ensucia. De esta fuente se abastece la ciudad y se proveen los estanques y fuentes que hay por muchas casas, y en canoas van vendiendo de aquel agua, de donde pagan ciertos derechos. Está la ciudad dividida en dos barrios: a uno le llaman Tlatelulco, que quiere decir isleta; y al otro México, donde habita Moctezuma, que quiere decir manantial, y es el más principal, por ser mayor barrio y morar en él los reyes: se quedó la ciudad con este nombre, aunque su propio y antiguo nombre es Tenochtitlán, que significa fruta de piedra, pues está compuesto de tetl, que es piedra, y de nuchtli, que es la fruta que en Cuba y Haití llaman tunas. El árbol, o más propiamente cardo, que produce esta fruta nuchtli se llama entre los indios mexicanos de Culúa, nopal, el cual es casi todo hojas algo redondas, un palmo de anchas, un pie de largas; y un dedo y hasta dos gruesas, o más o menos, según donde nacen. Tiene muchas espinas dañinas y enconadas. El color de la hoja es verde, el de la espina pardo. Se planta, y va creciendo de una hoja en otra, y engrosando tanto por el pie, que viene a hacerse como árbol. Y no solamente produce una hoja a otra por la punta, sino que echa también otras por los lados; mas puesto que aquí los hay, no hay más que decir. En algunas partes, como en los teuchichimecas, donde la tierra es estéril y falta de agua, beben el zumo de estas hojas de nopal. La fruta nuchtli es parecida a los higos, pues así tiene los granillos y el hollejo delgado. Pero son más largos y coronados, como níspolas. Es de muchos colores. Hay nuchtli que es verde por fuera y por dentro encarnada, y sabe bien; hay nuchtli que es amarilla, otra que es blanca, y otra que llaman picadilla, por la mezcla que tiene de colores. Buenas son las picadillas, mejores las amarillas, pero las perfectas y sabrosas son las blancas, de las cuales a su tiempo hay muchas. Duran mucho. Unas saben a peras, otras a uvas. Son muy frescas; y por eso las comen en verano cuando van de camino y con calor los españoles, que se dan más por ellas que los indios. Cuanto más cultivada está esta fruta, es mejor, y así, nadie, si no es muy pobre, come de las que llaman montesinas o magrillas. Hay también otra clase de nuchtli, que es encarnada, la cual no es estimada, aunque sí gustosa. Si algunos la comen, es porque vienen temprano y las primeras de todas las tunas. No las dejan de comer por ser malas o desabridas, sino porque tiñen mucho los dedos, labios y vestidos, y es muy mala de quitar la mancha, y además de esto, porque tiñen la orina de tal forma, que parece pura sangre. Muchos españoles nuevos en la tierra han desmayado por comer de estos higos encarnados, pensando que con la orina se les iba toda la sangre del cuerpo, con lo que hacían reír a los compañeros. Asimismo han picado muchos médicos recién llegados de aquí, viendo la orina de quienes habían comido esa fruta encarnada; porque, engañados por el color, y no conociendo el secreto, daban remedio para restañar la sangre del hombre sano, con grandes risas de los oyentes y sabedores de la burla. De aquella fruta nuchtli, y de tetl, que es piedra, se forma el nombre de Tenochtitlán, y cuando se comenzó a poblar fue cerca de una piedra que estaba dentro de la laguna, de la cual nacía un nopal muy grande, y por eso tiene México por armas y divisa un pie de nopal nacido entre una piedra, que está muy conforme con el nombre. También dicen algunos que tomó esta ciudad nombre de su primer fundador, que fue Tenuch, hijo segundo de Iztacmixcoatl, cuyos hijos y descendientes poblaron, como después diré, esta tierra de Anahuac, que ahora se llama Nueva España. Tampoco falta quien piense que se llamó así por la grana, que llaman nuchiztli, la cual sale del mismo cardón nopal y fruta nuchtli, de donde toma el nombre. Los españoles la llaman carmesí por ser de color muy subido, y es de mucho precio. Como quiera, pues, que ello fuese, lo cierto es que el lugar y sitio se llama Tenochtitlán, y el natural y vecino, tenuchca. México, como ya dije más arriba, no es toda la Ciudad, sino la mitad y un barrio, aunque bien suelen decir los indios México Tenochtitlán todo junto. Y creo que lo intitulan así en las provisiones reales. México quiere decir manantial o fuente, según la propiedad del vocablo y lengua; y así, dicen, que hay alrededor de él muchas fuentecillas y ojos de agua, de donde le nombraron así los primeros que poblaron. También afirman otros que se llama México de los primeros fundadores, que se llamaban mexiti, pues aún ahora se llaman méxica los de aquel barrio y población; los cuales mexiti tomaron nombre de su principal Dios e ídolo, llamado Mexitli, que es el mismo que Vitcilopuchtli. Antes de que se poblase este barrio de México, estaba ya poblado el de Tlatelulco, que por comenzarlo en una parte alta y enjuta de la laguna lo llamaron así, que quiere decir isleta, y viene de tlatelli, que es isla. Está México Tenochtitlán todo cercado de agua dulce, puesto que está en la laguna. No tiene más que tres entradas por tres calzadas: una de ellas viene de poniente un trecho de media legua, la otra del norte por espacio de una legua. Hacia levante no hay calzada, sino barcas para entrar. A mediodía está la otra calzada de dos leguas de larga, por la cual entraron Cortés y sus compañeros, según ya dije. La laguna en que está México asentada, aunque parece toda una, son dos, y muy diferentes una de otra, por la una es de agua salitrosa, amarga, pestífera, y que no admite ninguna clase de peces, y la otra de agua dulce y buena, y que cría peces, aunque pequeños. La salada crece y mengua; mas según el aire que corre, corre ella. La dulce está más alta, y así, cae el agua buena a la mala, y no al revés, como algunos pensaron, por seis o siete ojos bien grandes que tiene la calzada, que las corta por medio, sobre los cuales hay puentes de madera muy graciosos. La laguna salada tiene cinco leguas de ancho, y ocho o diez de largo, y más de quince de circunferencia. Otro tanto tendrá la dulce de cada cosa, y así, medirá toda la laguna más de treinta leguas, y tendrá dentro y a la orilla más de cincuenta pueblos, y muchos de ellos de cinco mil casas, algunos de diez mil, y un pueblo, que es Tezcuco, tan grande como México. El agua que se recoge en este hondo que llaman laguna, viene de una corona de sierras que están a la vista de la ciudad y a la redonda de la laguna, la cual para en tierra salitrosa, y por eso es salada, que el suelo y sitio son lo que lo ocasionan, y no otra cosa, como piensan muchos. Se hace en ella mucha sal, de la que hay gran comercio. Andan por estas lagunas doscientas mil barquillas, que los naturales llaman acalles, que quiere decir casas de agua, porque atl es agua, y calli casa, de que está compuesto el vocablo. Los españoles las llaman canoas, acostumbrados a la lengua de Cuba y Santo Domingo. Son a manera de artesa, y hechas de una pieza, grandes o pequeñas, según el tronco del árbol. Antes me quedo corto que largo en el número de estas acalles, conforme a lo que otros dicen, pues solo en México hay ordinariamente cincuenta mil de ellas para acarrear bastimentos y transportar gente, y así, las calles están cubiertas de ellas, y muy gran trecho alrededor de la ciudad, especialmente un día de mercado.

Capítulo LXXIX. Mercados de México
Al mercado lo llaman tianquiztli. Cada barrio y parroquia tiene su plaza para contratar el mercado. Mas México y Tlatelulco, que son los mayores, las tienen grandísimas. Especialmente lo es una de ellas, donde se hace mercado la mayoría de los días de la semana; pero lo corriente es de cinco en cinco días, y creo que la orden y costumbre de todo el reino y tierras de Moctezuma. La plaza es ancha, larga, cercada de portales, y tal, en fin, que caben en ella sesenta mil y hasta cien mil personas, que andan vendiendo y comprando, porque, como es la cabeza de toda la tierra, acuden allí de toda la comarca, y hasta de lejos. Y más todos los pueblos de la laguna, por cuya causa hay siempre tantos barcos y tantas personas como digo, y aun

más. Cada oficio y cada mercadería tiene su lugar señalado, que nadie se lo puede quitar ni ocupar, que no es poco orden; y como tanta gente y, mercaderías no caben en la plaza grande, la reparten por las calles más cercanas, principalmente las cosas engorrosas y embarazosas, como son piedras, madera, cal, ladrillos, adobes y toda cosa para edificar, tosca y labrada. Esteras finas, groseras y de muchas maneras; carbón, leña y hornija; loza y toda clase de barro pintado, vidriado y muy lindo, del que hacen todo género de vasijas, desde tinajas hasta saleros; cueros de venados, crudos y curtidos, con su pelo y sin él, y teñidos de muchos colores para zapatos, broqueles, rodelas, cueras y forros de armas de palo. Y además de esto tenían cueros de otros animales, y aves con su pluma, adobados y llenos de hierbas, unas grandes, otras pequeñas, cosa digna de mirar, por los colores y rareza. La más rica mercadería es la sal y las mantas de algodón, blancas, negras y de todos colores; unas grandes, otras pequeñas; unas para cama, otras para capa, otras para colgar, para bragas, camisas, tocas, manteles, pañizuelos y otras muchas cosas. También hay mantas de hoja de metl y de palma, y de pelo de conejo, que son buenas, preciadas y calientes; pero mejores son las de pluma. Venden hilado de pelo de conejo, telas de algodón, hilaza y madejas blancas y teñidas. La cosa más digna de ver es la volatería que viene al mercado, pues, además de que de estas aves comen la carne, visten la pluma, y cazan a otras con ellas, son tantas, que no tienen número, y de tantas raleas y colores, que no lo sé decir; mansas, bravas, de rapiña, de aire, de agua, de tierra. Lo más lindo de la plaza son las obras de oro y pluma, con lo que imitan cualquier cosa y color. Y son los indios tan diestros en esto, que hacen de pluma una mariposa, un animal, un árbol, una rosa, las flores, las hierbas y peñas tan a lo vivo, que parece como si fuera natural. Y suele ocurrirles no comer en todo un día, poniendo, quitando y colocando la pluma, y mirando a una parte y a otra, al Sol, a la sombra, a la vislumbre, por ver si sienta mejor a pelo o contrapelo o al través, por el derecho o por el revés; y en fin, no la dejan de las manos hasta ponerla con toda perfección. Tanta paciencia pocas naciones la tienen, sobre todo donde hay cólera, como en la nuestra. El oficio más primoroso y artificioso es el del platero; y así, sacan al mercado cosas bien labradas con piedra y fundidas con fuego. Un plato ochavado, con un cuerto de oro y otro de plata, no soldado, sino fundido y en la fundición pegado; una calderita, que sacan con su asa, como aquí una campana, pero suelta; un pez con una escama de plata y otra de oro, aunque tenga muchas. Vacían un papagayo de forma que se le mueva la lengua, y que se menee la cabeza y las alas. Funden una mona que juegue pies y cabeza y tenga en las manos un huso, que parezca que hila, o una manzana, que parezca que come. Y lo apreciaron mucho nuestros españoles, y los plateros de aquí no llegan a alcanzar este primor. Esmaltan asimismo, engastan y labran esmeraldas, turquesas y otras piedras, y agujerean las perlas, pero no tan bien como por acá. Pues volviendo al mercado, hay en él mucha pluma, que vale mucho; oro, plata, cobre, plomo, latón y estaño, aunque poco de los tres metales últimos; perlas y piedras muchas. Mil maneras de conchas y caracoles pequeños y grandes. Huesos, chinas, esponjas y otras menudencias. Y cierto que son muchas y muy diferentes y para reír las bujerías, los melindres y dijes de estos indios de México. Hay que ver las hierbas y raíces, hojas y simientes que se venden, así para comida como para medicina; pues los hombres, mujeres y niños entienden mucho de hierbas, porque con la pobreza y necesidad las buscan para comer y preservarse de sus dolencias, pues poco gastan en médicos, aunque los hay, y muchos boticarios, que sacan a la plaza ungüentos, jarabes, aguas y otras cosillas de enfermos. Casi todos sus males los curan con hierbas, pues aun hasta para matar los piojos tienen hierba propia y conocida. Las cosas que venden para comer no tienen cuento. Pocas cosas vivas dejan de comer. Culebras sin cola ni cabeza, perrillos que no gañen, castrados y cebados; topos, lirones, ratones, lombrices, piojos y hasta tierra, porque con redes de malla muy menuda barren, en cierto tiempo del año, una cosa molida que se cría sobre el agua de las lagunas de México, y se cuaja, que ni es hierba, ni tierra, sino una especie de cieno. Hay mucho de ello y cogen mucho, y en eras, como quien hace sal, los vacían, y allí se cuaja y seca. Lo hacen tortas como ladrillos, y no solo las venden en el mercado, sino que las llevan también a otros fuera de la ciudad y lejos. Comen esto como nosotros el queso, y así tiene un saborcillo de sal, que con chilmolli es sabroso. Y dicen que a este cebo vienen tantas aves a la laguna, que muchas veces en el invierno la cubren por algunos sitios. Venden venados enteros y a cuartos: gamos, liebres, conejos, tuzas, que son menores que ellos; perros, y otros, que gañen como ellos y a los que llaman cuzatli. En fin, muchos animales de éstos, que crían y cazan. Hay tanto bodegón y casillas de mal cocinado, que espanta pensar dónde se hunde y gasta tanta comida guisada y por guisar como había en ellas. Carne y pescado asado, cocido en pan, pasteles, tortillas de huevos de muy distintas aves. Es innumerable el mucho pan cocido y en grano y espiga que se vende, juntamente con habas, judías y otras muchas legumbres. No se pueden contar las muchas y diferentes frutas de las nuestras que aquí se venden en cada mercado, verdes y secas. Pero la más principal y que sirve de moneda son una especie de almendras, que ellos llaman cacauatl, y los nuestros cacao, como en las islas de Cuba y Haití. No hay que olvidar la mucha cantidad y diferencias que venden de colores que aquí tenemos, y de otros muchos y buenos de que carecemos y ellos hacen de hojas de rosas, flores, frutas, raíces, cortezas, piedras, madera y otras cosas que no se pueden tener en la memoria. Hay miel de abejas, de centli, que es su trigo, de metl y otros árboles y cosas, que vale más que el arrope. Hay aceite de chián, simiente que unos la comparan a la mostaza y otros a la zaragatona, con que untan las pinturas para que no las perjudique el agua. También lo hacen de otras cosas. Guisan con él y untan, aunque emplean más la manteca, saín y sebo. Las muchas clases que hacen y venden de vino, en otro lado se dirán. No acabaría si hubiese de contar todas las cosas que tienen para vender, y los oficiales que hay en el mercado, como son estuferos, barberos, cuchilleros y otros, que muchos piensan que no los había entre estos hombres de nueva manera. Todas estas cosas que digo, y muchas que no sé, y otras que callo, se venden en cada mercado de estos de México. Los que venden pagan algo del asiento al rey, o por alcabala o porque los guarden de los ladrones; y así, andan siempre por la plaza y entre la gente unos como especie de alguaciles. Y en una casa, desde donde todos los ven, hay doce hombres ancianos, como en judicatura, librando pleitos. La venta y compra es cambiando una cosa por otra; éste da un gallipavo por un haz de maíz; otro da mantas por sal o por dinero, que son las almendras de cacauatl, que circulan como tal por toda la tierra, y de esta manera pasa la baratería. Tienen cuenta, porque por una manta o gallina dan tantos cacaos. Tienen medida de cuerda para cosas como el centli y pluma, y de barro para otras como miel y vino. Si las falsean, castigan al falsario y rompen las medidas.

Capítulo LXXX. El templo de México

Al templo le llaman teocali, que quiere decir casa de Dios, y está compuesto de teutl, que es Dios, y de calli, que es casa; vocablo muy apropiado, si fuera el Dios verdadero. Los españoles que no saben esta lengua llaman cues a los templos, y a Vitcilopuchtli, Uchilobos. Muchos templos hay en México, por sus parroquias y barrios, con torres, en los que hay capillas con altares, donde están los ídolos e imágenes de sus dioses, las cuales sirven de enterramiento para los señores que las poseen, pues los demás se entierran en el suelo alrededor y en los patios. Todos o casi todos, son de una forma; y por lo tanto, con hablar del mayor bastara para entenderse, y así como es general en toda esta tierra, así es nueva forma de templos, y creo que ni vista ni oída más que aquí. Tiene este templo su sitio cuadrado. De esquina a esquina hay un tiro de ballesta. La cerca de piedra con cuatro puertas, que responden a las calles principales que vienen de tierra por tres calzadas que dije, y por otra parte de la ciudad que no tiene calzada, sino muy buena calle. En medio de este espacio hay una cepa de tierra y piedra maciza, esquinada como el patio, y de cincuenta brazas de ancha de un cantón a otro. Cuando sale de tierra y comienza a crecer el montón, tiene unos grandes relejes. Cuanto más crece la obra, tanto más se estrecha la cepa y disminuyen los relejes, de manera que parece una pirámide como las de Egipto, solo que no se remata en punta, sino en rellano y en un cuadro de unas ocho o diez brazas. Por la parte de poniente no lleva relejes, sino gradas para subir arriba a lo alto, y cada una de ellas alza la subida un buen palmo. Y eran todas ellas ciento trece o ciento catorce gradas, y como eran muchas y altas y de piedra bonita, resultaban muy bien. Y era cosa digna de mirar ver subir y bajar por allí a los sacerdotes con alguna ceremonia o con algún hombre para sacrificar. En todo lo alto hay dos altares muy grandes, separado uno del otro, y tan juntos a la orilla y borde de la pared, que no quedaba más espacio que el necesario para que un hombre pudiese holgadamente andar por detrás. Uno de estos altares está a mano derecha, y el otro a la izquierda. No eran más altos que cinco palmos. Cada uno de ellos tenía las paredes de piedra pintadas de cosas feas y monstruosas. Y su capilla muy linda y bien labrada de masonería de madera. Y tenía cada capilla tres sobrados, uno encima de otro, y cada cual bien alto y hecho de artesones, por cuya causa se empinaba mucho el edificio sobre la pirámide, y quedaba hecha una gran torre y muy vistosa, que se divisaba desde muy lejos. Y desde allí se miraba y contemplaba muy a placer toda la ciudad y laguna con sus pueblos, que eran la mejor y más hermosa vista del mundo. Y para que la viesen Cortés y los demás españoles, los subió arriba Moctezuma cuando les mostró el templo. Desde el remate de las gradas hasta los altares quedaba una plazoleta, que dejaba anchura de sobra a los sacerdotes para celebrar los oficios muy cómodamente y sin embarazo. Todo el pueblo miraba y oraba hacia donde sale el Sol, que por eso hacen sus templos mayores así. Y en cada uno de aquellos dos altares había un ídolo muy grande. Además de esta torre hecha con las capillas sobre la pirámide, había otras cuarenta o más torres pequeñas y grandes en otros teocalis pequeños, que están en el mismo circuito del mayor, los cuales, aunque eran de la misma forma, no miraban a oriente, sino a otras partes del cielo, por distinguir al templo mayor. Unos eran mayores que otros, y cada uno de diferente Dios. Y entre ellos había uno redondo, dedicado al Dios del aire, llamado Quezalcouatlh; porque así como el aire anda alrededor del cielo, así le hacían el templo redondo. La entrada era por una puerta hecha como boca de serpiente, y pintada endiabladamente. Tenía los colmillos y diente en relieve, cosa que asombraba a los que allí entraban, especialmente a los cristianos, que se les presentaba el infierno al verla delante. Otros teocalis o cues había en la ciudad, que tenían las gradas y subida por tres sitios, y algunos que tenían otros pequeños en cada esquina. Todos estos templos tenían casas por sí con todo servicio, y sacerdotes aparte, y dioses particulares. A la entrada de cada puerta de las cuatro del patio del templo mayor hay una sala grande con sus buenos aposentos alrededor, altos y bajos. Estaban llenos de armas, pues eran casas públicas y comunes, pues las fortalezas y fuerzas de cada pueblo son los templos, y por eso tienen en ellos la munición y almacén. Había otras tres salas al lado con sus azoteas, encima, altas, grandes, con las paredes de piedras pintadas, el teguillo de madera e imaginería, con muchas capillas o cámaras de puertas muy pequeñas y oscuras allá dentro, donde hay una infinidad de ídolos grandes y pequeños, y de muchos metales y materiales. Están todos bañados en sangre, y negros, de como los untan y rocían con ella cuando sacrifican algún hombre. Y hasta las paredes tienen una costra de sangre de dos dedos de gruesa, y los suelos un palmo. Huelen pestilencialmente, y a pesar de todo esto entran en ellas todos los días los sacerdotes, y no dejan entrar allí más que a grandes personajes, y hasta han de ofrecer algún hombre para que no lo maten allí. Para lavarse los sayones y ministros del demonio de la sangre de los sacrificados, y para regar, y para el servicio de las cocinas y gallinas, hay un gran estanque, el cual se llena de un caño que viene de la fuente principal en donde beben. Todo lo demás del sitio grande y cuadrado, que está vacío y descubierto, son corrales para criar aves, y jardines de hierbas, árboles olorosos, rosales y flores para los altares. Tal y tan grande y tan extraño templo como se ha dicho era éste de México, que para sus falsos dioses tenían los engañados hombres. Residen en él continuamente cinco mil personas, y todas duermen dentro, y comen a costa de él, pues es riquísimo, porque tiene muchos pueblos para su fábrica y reparaciones, que están obligados a tenerlo siempre en pie, y que de concejo siembran, recogen y mantienen a toda esta gente de pan y frutas, carne y pescado, y de leña cuando es menester, y es menester mucha y bastante más que en palacio. Y aun con toda esta carga, vivían más descansados, y en fin, como vasallos de los dioses, según ellos decían. Moctezuma llevó a Cortés a este templo para que los españoles lo viesen, y por mostrarles su religión y santidad, de la cual hablaremos en otra parte muy extensamente, que es la más extraña y cruel que jamás oísteis.

Capítulo LXXXI. Los ídolos de México
Los dioses de México eran dos mil, según dicen. Pero los principalísimos se llaman Vitcilopuchtli y Tezcatlipuca, cuyos ídolos estaban en lo alto del teocali sobre los dos altares. Eran de piedra, y del grosor, altura y tamaño de gigante. Estaban cubiertos de nácar, y encima muchas perlas, piedras y piezas de oro engastadas con engrudo de zacotl, y aves, sierpes, animales, peces y flores, hechas como mosaico, de turquesas, esmeraldas, calcedonias, amatistas y otras piedrecillas finas que hacían bonitas labores, descubriendo el nácar. Tenían por cintura sendas culebras de oro gruesas, y por

collares diez corazones de hombres cada uno, de oro, y sendas máscaras de oro con ojos de espejo, y al colodrillo gestos de muerto; todo lo cual tenía sus consideraciones y entendimiento. Ambos eran hermanos: Tezcatlipuca, Dios de la providencia, y Vitcilopuchtli, de la guerra, que era más dorado y temido que todos los demás. otro ídolo grandísimo había sobre la capilla de aquellos ídolos susodichos que, según algunos dicen, era el mayor y mejor de sus dioses, y estaba hecho de cuantos géneros de semillas se hallan en la tierra, y que se comen, y aprovechan de algo, molidas y amasadas con sangre de niños inocentes y de niñas vírgenes sacrificadas y abiertas por los pechos para ofrecer los corazones por primicia al ídolo. Lo consagraban con grandísima pompa y ceremonias los sacerdotes y ministros del templo. Toda la ciudad y tierra se hallaba presente a la consagración, con regocijo y devoción increíble, y muchas personas devotas se llegaban a tocar el ídolo con la mano después de bendecido, y a meter en la masa piedras preciosas, tejuelos de oro y otras joyas y arreos de sus cuerpos. Después de esto ningún seglar podía, ni aun le dejaban, tocar ni entrar en su capilla, ni tampoco los religiosos, si no eran tlamacaztli, que es sacerdote. Lo renovaban de tiempo en tiempo, y desmenuzaban el viejo; y beato el que podía conseguir un pedazo de él para reliquias y devociones, especialmente los soldados. También bendecían entonces, juntamente con el ídolo, cierta vasija de agua con otras muchas ceremonias y palabras, y la guardaban al pie del altar muy religiosamente para consagrar al rey cuando se coronaba, y para bendecir al capitán general cuando lo elegían para alguna guerra, dándole a beber de ella.

Capítulo LXXXII. El osario que los mexicanos tenían para remembranza de la muerte

Fuera del templo, y enfrente de la puerta principal, aunque a más de un tiro largo de piedra, había un osario de cabezas de hombres presos en guerra y sacrificados a cuchillo, el cual era una especie de teatro, más largo que ancho, de cal y canto, con sus gradas, en donde estaban incrustadas entre piedra y piedra las calaveras con los dientes hacia fuera. A la cabeza y pie del teatro había dos torres hechas solamente de cal y cabezas con los dientes afuera, que, como no llevaban piedra ni otra materia, al menos que se viese, estaban las paredes extrañas y vistosas. En lo alto del teatro había setenta o más vigas altas, apartadas unas de otras cuatro o cinco palmos, y llenas de palos cuanto cabían de alto abajo, dejando cierto espacio entre palo y palo. Estos palos hacían muchas aspas por las vigas, y cada tercio de aspa o palo tenía cinco cabezas ensartadas por las sienes. Andrés de Tapia, que me lo dijo, y Gonzalo de Umbría, las contaron un día, y hallaron ciento treinta y seis mil calaveras en las vigas y gradas. Las de las torres no las pudieron contar. Cruel costumbre, por ser de cabezas de hombres degollados en sacrificio, aunque tiene apariencia de humanidad por el recuerdo que pone de la muerte. También hay personas encargadas de que al caerse una calavera, pongan otra en su lugar, y así nunca falte aquel número.

Capítulo LXXXIII. Prisión de Moctezuma
Durante los seis días que Hernán Cortés y los españoles estuvieron mirando la ciudad y los secretos de ella, y cosas notables que hemos dicho, y otras que después diremos, fueron muy visitados de Moctezuma y su corte y caballería, y otras gentes, y muy cumplidamente provistos, como el primer día, y ni más ni menos los indios compañeros y los caballos, a los que daban cebada verde y hierba fresca, que la hay todo el año; harina, grano, rosas, y todo cuanto sus dueños pedían, y hasta les hacían las camas de flores. Mas, sin embargo, aunque eran regalados de esta forma y se tenían por muy ufanos con estar en tan rica tierra, donde podían llenar las manos, no estaban contentos ni alegres todos, sino algunos con miedo y muy cuidadosos. Especialmente Cortés, a quien, como a caudillo y cabeza, correspondía velar y guardar a sus compañeros; el cual andaba muy pensativo, viendo el sitio, gente y grandeza de México y algunas congojas de muchos españoles que le venían con noticias de la fortaleza y red en que estaban metidos, pareciéndoles ser imposible escapar hombre alguno de ellos el día que a Moctezuma se le antojase, o se revolviese la ciudad, con solo tirarles cada vecino su piedra, o rompiendo los puentes de la calzada, o no dándoles de comer; cosas muy fáciles para los indios. Así pues, con el cuidado que tenía de guardar a sus españoles, de remediar aquellos peligros y atajar inconvenientes para sus deseos, decidió prender a Moctezuma y hacer cuatro fustes para sojuzgar la laguna y barcas, si algo fuese, como ya traía

pensado, según yo creo, antes de entrar, considerando que los hombres en agua son como peces en tierra, y que sin prender al rey no tomarían el reino, y bien quisiera hacer en seguida los fustes, que era cosa fácil; mas por no alargar la prisión, que era lo principal y el toque de todo el negocio, los dejó para después, y determinó, sin dar parte a nadie, prenderlo en seguida. La ocasión o pretexto que tuvo para ello fue la muerte de nueve españoles que mató Cualpopoca, y la osadía, haber escrito al emperador que lo prendería, y querer apoderarse de México y de su imperio. Cogió, pues, las cartas de Pedro de Hircio, que contaban la culpa de Cualpopoca en la muerte de los nueve españoles, para enseñarlas a Moctezuma. Las leyó, y se las metió en la faltriquera, y se paseó un gran rato solo, y preocupado de aquel gran hecho que emprendía, y que hasta a él mismo le parecía temerario, pero necesario para su intento. Andando así paseando, vio una pared de la sala más blanca que las demás; se llegó a ella, y conoció que estaba recién encalada, y que era una puerta de poco tiempo con piedra y cal. Llamó a dos criados, pues los demás, como era muy de noche, ya dormían. La hizo abrir, entró y halló muchas cámaras, y en algunas gran cantidad de ídolos, plumajes, joyas, piedras, plata, y tanto oro, que lo espantó, y tantas preciosidades, que se deslumbró. Cerró la puerta lo mejor que pudo, y se fue sin tocar a cosa ninguna de todo ello, por no escandalizar a Moctezuma, no se estorbase por eso su prisión, y porque aquello en casa se quedaba. Al día siguiente por la mañana vinieron a él algunos españoles, con muchos indios de Tlaxcala, a decirle que los de la ciudad tramaban de matarlos, y querían romper los puentes de las calzadas para hacerlo mejor. Así que con estas noticias, falsas o verdaderas, deja para recaudo y guarda de su aposento a la mitad de los españoles, pone en las encrucijadas de las calles a muchos otros, y a los demás les dice que de dos en dos, y de tres a cuatro, o como mejor les pareciese, se fueran a palacio muy disimuladamente, porque quiere hablar a Moctezuma sobre cosas en lo que les va las vidas. Ellos lo hicieron así, y él se fue derecho a Moctezuma con armas secretas, que así iban los que las tenían. Moctezuma lo salió a recibir, y lo metió en una sala, donde tenía su estrado. Entraron con él allí unos treinta españoles; los demás se quedaron en la puerta y en el patio. Le saludó Cortés según acostumbraba, y luego comenzó a bromear y tener palacio, como otras veces solía. Moctezuma, que muy descuidado, y sin pensamiento de lo que la fortuna tenía ordenado, estaba muy alegre y contento de aquella conversación, dio a Cortés muchas joyas de oro y una hija suya, y otras hijas de señores para otros españoles. Él las tomó por no disgustarle, que hubiese sido afrenta para Moctezuma si no lo hiciera así; mas le dijo que era casado y no la podía tomar por mujer, pues su ley de cristianos no permitía que nadie tuviese más de una sola mujer, so pena de infamia y señal en la frente por ello. Después de todo esto, le mostró las cartas de Pedro de Hircio, que llevaba, y se las hizo declarar, quejándose de Cualpopoca, que había matado a tantos españoles, y de él mismo, que lo había mandado, y de que los suyos publicasen que querían matar a los españoles y romper los puentes. Moctezuma se disculpó enérgicamente de lo uno y de lo otro, diciendo que era mentira lo de sus vasallos, y falsedad muy grande que aquel malo de Cualpopoca le levantaba; y para que viese que era así, llamó luego a la hora, con la saña que tenía, a algunos criados suyos, les mandó que fuesen a llamar Cualpopoca, y les dio una piedra como sello, que llevaba al brazo y que tenía la figura de Vitcilopuchtli. Los mensajeros partieron al momento, y Cortés le dijo: «Mi señor, conviene que vuestra alteza se venga conmigo a mi aposento, y esté allí hasta que los mensajeros vuelvan y traigan a Cualpopoca y la claridad de la muerte de mis españoles; que allí seréis tratado y servido y mandaréis como aquí. No tengáis pena; que yo miraré por vuestra honra y persona como por la mía propia o por la de mi rey; y perdonadme que lo haga así, pues no puedo hacer otra cosa; que si disimulase con vos, éstos que conmigo vienen se enojarían de mí, porque no los amparo y defiendo. Así que mandad a los vuestros que no se alteren ni rebullan, y sabed que cualquier mal que nos viniere lo pagará vuestra persona con la vida, pues está en vuestra boca ir callando y sin alborotar a la gente».

Mucho se turbó Moctezuma, y dijo con toda gravedad: «No es persona la mía para estar presa, y aunque lo quisiese yo, no lo sufrirían los míos». Cortés replicó, y él también, y así estuvieron ambos más de cuatro horas sobre esto, y al cabo dijo que iría, puesto que había de mandar y gobernar. Mandó que le aderezasen muy bien un cuarto en el patio y casa de los españoles, y se fue allí con Cortés. Vinieron muchos señores, se quitaron las ropas, las pusieron bajo el brazo, y descalzos y llorando lo llevaron en unas ricas andas. Como se dijo por la ciudad que el rey iba preso en poder de los españoles, comenzóse a alborotar toda. Mas él consoló a los que lloraban, y mandó a los otros cesar, diciendo que ni estaba preso ni contra su voluntad, sino muy a su placer. Cortés le puso guarda española con un capitán, que la quitaba y ponía cada día, y nunca faltaban de su lado españoles que lo entretenían y regocijaban, y él se divertía mucho con aquella conversación, y les daba siempre algo. Era servido allí como en palacio, por los suyos mismos, y por los españoles también, que no veían placer que no le diesen, ni Cortés regalo que no le hiciese, suplicándole continuamente que no tuviese pena, y dejándole librar pleitos, despachar negocios y entender en la gobernación de sus reinos como antes, y hablar pública y secretamente con todos cuantos querían de los suyos; que era cebo con que picasen en anzuelo él y todos sus indios. Nunca griego ni romano ni de otra nación, desde que hay reyes, hizo cosa igual que Hernán Cortés en prender a Moctezuma, rey poderosísimo, en su propia casa, en lugar fortísimo, entre infinidad de gente, no teniendo más que cuatrocientos cincuenta compañeros.

Capítulo LXXXIV. La caza de Moctezuma
No solo tenía Moctezuma toda la libertad que digo, estando así preso en casa y poder de los españoles, sino que también le dejaba Cortés salir siempre que quería a caza o al templo, pues era hombre devotísimo y cazador. Cuando salía a cazar, iba en andas a hombros de hombres; llevaba ocho o diez españoles en guarda de la persona, y tres mil mexicanos entre señores, criados y cazadores, de que tenía grandísimo número; unos para montear, otros para ojeos, otros para altanería. Los monteros esperaban liebres, conejos y guanas; tiraban a venados, corzos, lobos, zorros y otros animales, así como coyutles, con arcos, de que son diestros y certeros, especialmente si eran teuchichimecas, que tienen pena errando el tiro de ochenta pasos abajo. Cuando mandaba cazar a ojeo, era maravilla el ver la gente que se juntaba para ello, y la caza y matanza que a manos, palos, redes y arcos hacían de animales mansos, bravos y espantosos, como leones, tigres, y unas como especies de onzas, que se asemejan a los gatos. Muy difícil es coger un león, así por ser peligrosa presa y tener pocas armas y defensa los que lo hacen, aunque más vale maña que fuerza; sin embargo, mucho

más es coger las aves que van volando por el aire, a ojeo, como hacen los cazadores de Moctezuma; los cuales tienen tal arte y destreza, que cogen cualquier ave, por brava y voladora que sea, en el aire, si el señor lo manda, según aconteció uno de esos días, que estando con Moctezuma los españoles que lo guardaban, en un corredor, vieron un gavilán, y dijo uno de ellos: «¡Oh, qué buen gavilán! ¡Quién lo tuviese!». Entonces llamó a algunos criados, que decían ser cazadores mayores, y les mandó que siguiesen a aquel gavilán y se lo trajesen. Ellos fueron, y pusieron tanta diligencia y maña, que se lo trajeron, y él lo dio a los españoles; cosa que sobra de crédito, mas certificada de muchos por palabras y escrituras. Locura fuera de un tal rey Moctezuma mandar tal cosa, y necedad de los otros obedecerle, si no lo pudieran o supieran hacer; si ya no decimos que lo hizo por demostración de grandeza y vanagloria, y los cazadores mostrasen otro gavilán bravo, y jurasen ser aquel mismo que les mandara coger. Si ello es verdad, como afirman, antes alabaría yo a quien lo cogió que al que lo mandó. El mayor pasatiempo de estas salidas era la caza de altanería, que hacían de garzas, milanos, cuervos, picazas y otras aves, fuertes y flojas, grandes y chicas, con águilas, buitres y otras aves de rapiña, suyas y nuestras, que volaban a las nubes, y algunas que matan liebres y lobos, y como dicen, ciervos. Otros andaban a caza de volatería con redes, losas, lazos, señuelos y otros ingenios, y Moctezuma tiraba bien con arco a las fieras, y con cerbatana, de la que era un gran tirador y certero, a los pájaros. Las casas a donde iba eran de placer, y los bosques que dije, dos leguas por lo menos fuera de la ciudad; y aunque algunas veces hacía fiesta y banquete allí a los españoles y señores que con él iban, nunca dejaba de volver por la noche a dormir a casa de Cortés, ni de dar algo a los españoles que le habían acompañado aquel día; y como Cortés viese con cuánta franqueza y alegría hacía mercedes, le dijo que los españoles eran traviesos, y habían escudriñado la casa, y cogido algún oro y otras cosas que hallaron en unas cámaras; que viese lo que mandaba hacer de ello; y era lo que él descubrió. Él dijo liberalmente: «Eso es de los dioses de la ciudad; mas dejad las plumas y cosas que no son de oro ni plata, y lo demás tomadlo para vos y para ellos; y si más queréis, más os daré».

Capítulo LXXXV. Cómo comenzó Cortés a derrocar los ídolos de México

Cuando Moctezuma iba al templo, era la mayoría de las veces a pie, arrimado a uno, o entre dos, que lo llevaban de los brazos, y otro señor delante con tres varas en la mano, altas y delgadas, como demostrando ir allí la persona del rey, o en señal de justicia y castigo. Si iba en andas, cogía una de aquellas varas en su mano al bajar de ellas; y si a pie, creo que la llevaba siempre como cetro. Era muy ceremonioso en todas sus cosas y servicio; pero lo más substancial ya está dicho desde que Cortés entró en México hasta aquí. Los primeros días que los españoles llegaron, y siempre que Moctezuma iba al templo, mataban hombres en el sacrificio, y para que no hiciesen tal crueldad y pecado en presencia de los españoles que tenían que ir con él allí, aviso Cortés a Moctezuma que mandase a los sacerdotes no sacrificasen cuerpo humano, si no quería le asolase el templo y la ciudad, y hasta le previno que quería derribar los ídolos delante de él y de todo el pueblo. Mas él le dijo que no hiciese tal, pues se alborotarían y tomarían armas en defensa y guarda de su antigua religión y dioses buenos, que les daban agua, pan, salud y claridad y todo lo necesario. Fueron, pues, Cortés y los españoles con Moctezuma la primera vez que después de preso salió del templo; y él por una parte y ellos por otra, comenzaron al entrar a derrocar los ídolos de las sillas y altares en que estaban, por las capillas y cámaras. Moctezuma se turbó grandemente, y se azoraron los suyos muchísimo, hasta el punto de querer tomar las armas y matarlos allí. Mas, sin embargo, Moctezuma les mandó estarse quietos, y rogó a Cortés que se dejase de aquel atrevimiento. Él lo dejó, pues le pareció que aún no era sazón ni tenía el aparejo necesario para salir con bien del intento; pero les dijo así con los intérpretes:

Capítulo LXXXVI. Plática que hizo Cortés a los de México sobre los ídolos

«Todos los hombres del mundo, muy soberano rey, y nobles caballeros y religiosos, ora vosotros aquí, ora nosotros allá en España, ora en cualquier otra parte, que vivan de él, tienen un mismo principio y fin de vida, y traen su comienzo y linaje de Dios, casi con el mismo Dios. Todos somos hechos de una forma de cuerpo, de una igualdad de alma y de sentidos; y así todos sin duda ninguna somos, no solo semejantes en cuerpo y alma, sino aun también parientes de sangre. Sin embargo, acontece, por la providencia de aquel mismo Dios, que unos nazcan hermosos y otros feos; unos sean sabios y discretos, otros necios, sin entendimiento, sin juicio ni virtud; por donde es justo, santo y muy conforme a razón y a la voluntad de Dios, que los prudentes y virtuosos enseñen y adoctrinen a los ignorantes, y guíen a los ciegos y a los que andan errados, y los pongan en el camino de salvación por la vereda de la verdadera religión. Yo, pues, y mis compañeros, os deseamos y procuramos tanto bien y mejoría, cuanto más el parentesco, amistad y el ser vuestros huéspedes, cosa que a quienquiera y donquiera, obligan, nos fuerzan y constriñen. En tres cosas, como ya sabréis, consiste el hombre y su vida: en cuerpo, alma y bienes. De vuestra hacienda, que es lo menos, ni queremos nada, ni hemos tomado sino lo que nos habéis dado. A vuestras personas ni a las de vuestros hijos ni mujeres, no hemos tocado, ni aun queremos; el alma solamente buscamos para su salvación; a la cual ahora pretendemos aquí mostrar y dar noticia entera del verdadero Dios. Nadie que tenga juicio natural negará que hay Dios; mas, sin embargo, por ignorancia dirá que hay muchos dioses, y no atinará al que verdaderamente es Dios. Mas yo digo y certifico que no hay otro Dios sino el nuestro de cristianos, el cual es uno, eterno, sin principio, sin fin, creador y gobernador de lo creado. Él solo hizo el cielo, el Sol, la Luna y las estrellas, que vosotros adoráis; Él mismo creó el mar con los peces, y la tierra con animales, aves, plantas, piedras, metales, y cosas semejantes, que ciegamente vosotros tenéis por dioses. Él asimismo, con sus propias manos, ya después de todas las cosas creadas, formó un hombre y una mujer, y una vez formado, le puso el alma con el soplo, y le entregó el mundo, y le mostró el paraíso, la gloria y a sí mismo. De aquel hombre, pues, y de aquella mujer venimos todos, como al principio dije; y así, somos parientes, y hechura de Dios, y hasta hijos suyos; y si queremos volver al Padre, es menester que seamos buenos, humanos, piadosos, inocentes y corregibles, lo que no podéis ser vosotros si adoráis estatuas y matáis a los hombres. ¿Hay hombre de vosotros que querría le matasen? No por cierto. Pues, ¿por qué matáis a otros tan cruelmente? Donde no podéis meter el alma, ¿para qué la sacáis? Nadie hay de vosotros que pueda hacer almas ni sepa forjar cuerpos de carne y hueso; que si pudiese no habría nadie sin hijos, y todos tendrían cuantos quisiesen y como los quisiesen, grandes, hermosos, buenos y virtuosos; empero, como los da este nuestro Dios del cielo que digo, los da como quiere y a quien quiere, que por eso es Dios, y por eso le habéis de tomar, tener y adorar por tal, y porque llueve, serena y hace Sol, con que la tierra produzca pan, fruta, hierbas, aves y animales para vuestro mantenimiento. No os dan estas cosas las duras piedras, ni los secos maderos, ni los fríos metales ni las menudas semillas de que vuestros mozos y esclavos hacen con sus manos sucias estas imágenes y estatuas feas y espantosas, que vanamente adoráis. ¡Oh, qué gentiles dioses, y qué donosos religiosos! Adoráis lo que hacen manos que no comeréis lo que guisan o tocan. ¿Creéis que son dioses lo que pudre, carcome, envejece y no tiene ningún sentido? ¿Lo que ni sana ni mata? Así que no hay por qué tener aquí más estos ídolos, ni se hagan más muertes ni oraciones delante de ellos, pues son sordos, mudos y ciegos. ¿Queréis saber quién es Dios y dónde está? Alzad los ojos al cielo, y en seguida veréis que allá arriba hay alguna deidad que mueve el cielo, que rige el curso del Sol, que gobierna la Tierra, que abastece el mar, que provee al hombre y aun a los animales de agua y pan. A este Dios, pues, que ahora imagináis dentro en vuestros corazones, a Ése servid y adorad, no con muerte de hombres ni con sangre ni sacrificios abominables, sino solo con devoción y palabras, como los cristianos hacemos; y sabed que para enseñaros, esto vinimos aquí.»

Con este razonamiento aplacó Cortés la ira de los sacerdotes y ciudadanos; y como había ya derribado los ídolos, para adelantar, acabó con ellos, otorgando Moctezuma que no volviesen a ponerlos, y que barriesen y limpiasen la sangre hedionda de las capillas, y que no sacrificasen más hombres, y que le consintiesen poner un crucifijo y una imagen de santa María en los altares de la capilla mayor, a donde suben por las ciento catorce gradas que dije. Moctezuma y los suyos prometieron no matar a nadie en sacrificio, y tener la cruz e imagen de nuestra Señora, si les dejaban los ídolos de sus dioses que aun no estaban derribados, en pie; y así lo hizo él, y lo cumplieron ellos, porque nunca más, después, sacrificaron hombre alguno, al menos en público ni de manera que los españoles lo supiesen; y pusieron cruces e imágenes de nuestra Señora y de otros santos entre sus ídolos. Pero les quedó un odio y rencor mortal hacia ellos por esto, que no pudieron disimular en mucho tiempo. Más honra y prez ganó Cortés con esta hazaña cristiana que si los hubiese vencido en batalla.

Capítulo LXXXVII. Quema del señor Cualpopoca y de otros caballeros

Transcurridos veinte días desde que Moctezuma fue apresado, volvieron aquellos criados suyos que habían ido con su mandato y sello, y trajeron a Cualpopoca y a un hijo suyo, y a otras quince personas principales, que según hallaron por pesquisa, eran culpados y participantes en consejo y muerte de los españoles. Entró Cualpopoca en México acompañado como gran señor que era, y en unas ricas andas que llevaban a hombros criados y vasallos suyos; y después de hablar con Moctezuma, fue entregado a Cortés con el hijo y los quince caballeros. Él los apartó y examinó estando con prisiones, y ellos confesaron que habían matado a los españoles en batalla. Preguntado Cualpopoca si era vasallo de Moctezuma, respondió: «¿Pues hay otro señor quien poderlo ser?». Casi diciendo que no. Cortés le dijo: «Mucho mayor es el rey de los españoles que vos matasteis sobre seguro y a traición; y aquí lo pagaréis». Examináronse otra vez con más rigor, y entonces todos a una voz confesaron que ellos habían matado a dos españoles, tanto por aviso e inducción del gran señor Moctezuma, como por su causa; y a los demás en la guerra que le fueron a hacer en su casa y tierra, donde lícitamente les pudieron matar. Cortés, por la confesión que de la culpa hicieron con su propia boca, los sentenció y condenó a quemar; y así, se quemaron públicamente en la plaza mayor, delante de todo el pueblo, sin haber ningún escándalo, sino todo silencio y espanto de la nueva forma de justicia que veían ejecutar en señor tan principal y en reino de Moctezuma, a hombres extranjeros y huéspedes.

Capítulo LXXXVIII. La causa de quemar a Cualpopoca

Mandó Cortés a Pedro de Hircio que procurase poblar donde ahora está Almería, para que Francisco de Garay no entrase allí, pues ya lo habían echado una vez de aquella costa. Hircio requirió a los indios a su amistad, para que se diesen al emperador. Cualpopoca, señor de Nahutlan, o cinco villas que ahora llaman Almería, envió a decir a Pedro de Hircio que él no iba a prestarle obediencia por tener enemigos en el camino; mas que iría si le enviase algún español para asegurarle el camino, pues nadie osaría enojarle. Le envió cuatro, creyendo ser verdad, y porque tenía gana de poblar allí. Al entrar los cuatro españoles en tierra de Nahutlan, les salieron muchos hombres con armas al encuentro, y mataron a dos de ellos, haciendo muestras de gran alegría; los otros dos escaparon heridos a dar la noticia en Veracruz. Pedro de Hircio, creyendo que lo había hecho Cualpopoca, fue contra él con cincuenta españoles y con diez mil de Cempoallan, y llevó dos caballos que tenía y dos tirillos. Cualpopoca, en cuanto lo supo, salió con gran ejército a echarlos de su tierra. Peleó con ellos tan bien, que mató siete españoles y muchos cempoallaneses; mas al cabo fue vencido, su tierra talada, su pueblo saqueado, y muchos de los suyos muertos y cautivos. Estos últimos dijeron, cómo por mandato del gran señor Moctezuma había hecho todo aquello Cualpopoca. Pudo ser, pues también lo confesaron al tiempo de la muerte: mas otros dijeron que por excusarse echaban la culpa a los de México. Esto escribió Pedro de Hircio a Cortés a Cholula, y por estas cartas entró Cortés para prender a Moctezuma, según ya se dijo.

Capítulo LXXXIX. Cómo Cortés puso grillos a Moctezuma
Antes de que los llevasen a la hoguera, dijo Cortés a Moctezuma que Cualpopoca y los demás habían dicho y jurado que por su aviso y mandato mataron a los dos españoles; y que lo había hecho muy mal, siéndole tan amigos y sus huéspedes; y que si no fuese por el cariño que le tenía, de otra forma terminaría el negocio. Y le puso unos grillos, diciendo: «Quien mata, merece morir, según ley de Dios». Esto lo hizo por ocuparle el pensamiento en sus duelos y dejase los ajenos. Moctezuma se puso como muerto, y recibió grandísimo espanto y alteración con los grillos, cosa nueva para rey, y dijo que no tenía culpa ni sabía nada de aquello. Y así, aquel mismo día, después de hacer la quema, le quitó Cortés los grillos, y le propuso la libertad para que se fuese a palacio. Él quedó muy gozoso en verse sin prisiones, y agradeció el comedimiento, pero no quiso irse, o porque le pareció, como así debía de ser, todo palabras y cumplidos, o porque no se atrevía, de miedo

a que los suyos le matasen viéndole fuera de los españoles, por haberse dejado prender y tener así; y decía que si se iba de allí le harían rebelarse, y matar a él y a sus españoles. Hombre sin corazón y de poco debía ser Moctezuma, pues se dejó prender, y ya preso, nunca procuró la libertad, convidándole a ella Cortés y rogándoselo los suyos; y siendo tal, era tan obedecido, que nadie se atrevía en México a enojar a los españoles por no enojarle; y que Cualpopoca vino de setenta leguas solo con decirle que el señor le llamaba y con mostrarle la figura de su sello, y que en muchas leguas a la redonda hacían todo lo que quería y mandaba.

Capítulo XC. Cómo envió Cortés a buscar oro en muchas partes
Tenía Cortés mucha gana de saber cuán lejos llegaba el señorío y mando de Moctezuma, y cómo se llevaban con él los reyes y señores comarcanos, y allegar alguna buena suma de oro para enviar a España del quinto al emperador, con entera relación de tierra, gente y cosas hechas; y por tanto, rogó a Moctezuma te dijese y mostrase las minas de donde él y los suyos tenían el oro y plata. Él dijo que le complacía, y en seguida nombró ocho indios, cuatro de ellos plateros y conocedores del mineral, y los otros cuatro que sabían la tierra a donde los quería enviar; y les mandó que de dos en dos fuesen a cuatro provincias, que son Zuzolla, Malinaltepec, Tenich y Tututepec, con otros ocho españoles que Cortés dio, a conocer los ríos y minas de oro y traer muestra de ello. Partieron aquellos ocho españoles y ocho indios con señas de Moctezuma. A los que fueron a Zuzolla, que está a ochenta leguas de México y son vasallos suyos, les mostraron tres ríos con oro, y de todo les dieron muestra de ello, mas poco, porque sacan poco, por falta de aparejos y maña o codicia. Estos, para ir y volver, pasaron por tres provincias muy pobladas y de buenos edificios y tierra fértil; y la gente de una de ellas, que se llama Tlamacolopan, es muy razonable y va mejor vestida que la mexicana. Los que fueron a Malinaltepec, a setenta leguas, trajeron también muestras de oro que los naturales sacan de un gran río que atraviesa por aquella provincia. A los que fueron a Tenich, que está río arriba de Malinaltepec, y es de otro lenguaje diferente, no dejaba entrar ni tomar razón de lo que buscaban el señor de ella, que llaman Coatelicamatl, porque ni reconoce a Moctezuma ni es amigo suyo, y pensaba que iban

como espías. Mas como le informaron quiénes eran los españoles, dijo que se fuesen los mexicanos fuera de su tierra, y los españoles que hiciesen el mandato a que venían, para que llevasen recado a su capitán. Cuando vieron esto los de México, pusieron mal corazón a los españoles, diciendo que era malo aquel señor y cruel, y que los mataría. Algo dudaron los nuestros de hablar a Coatelicamatl, aunque ya tenían licencia, con lo que sus compañeros decían, y porque andaban los de la tierra armados y con unas lanzas de veinticinco palmos, y aun algunos de a treinta. Mas al cabo entraron, porque hubiese sido cobardía no hacerlo y dar que sospechar de sí y que los mataran. Coatelicamatl los recibió muy bien, les hizo mostrar luego siete u ocho ríos, de los cuales sacaron oro en su presencia y les dieron la muestra para traer, y envió embajadores a Cortés ofreciéndole su tierra y persona, y algunas mantas y joyas de oro. Cortés se alegró más de la embajada que del presente, por ver que los contrarios de Moctezuma deseaban su amistad. A Moctezuma y los suyos no les agradaba mucho, porque Coatelicamatl, aunque no es gran señor, tiene gente guerrera y tierra áspera de sierras. Los otros que fueron a Tututepec, que está cerca del mar y a doce leguas de Malinaltepec, volvieron con la muestra del oro de dos ríos que anduvieron, y con noticias de estar aquella tierra preparada para hacer en ella estancias y sacarlo; por lo cual rogó Cortés a Moctezuma que les hiciese allí una a nombre del emperador. Él mandó en seguida ir allá oficiales y trabajadores, y al cabo de dos meses estaba hecha una casa grande, con otras tres pequeñas alrededor, para servicio, y en ella un estanque de peces con quinientos patos para pluma, que pelan muchas veces al año para mantas; mil quinientos gallipavos, y tanto ajuar y aderezos de casa en todas ellas, que valía 20.000 castellanos. Había asimismo sesenta fanegas sembradas de centli, diez de judías, y dos mil pies de cacauatlh o cacao, que se cría muy bien por allí. Se comenzó esta granjería, mas no se acabó con la llegada de Pánfilo de Narváez y con la revuelta de México que se siguieron. Le rogó también que le dijese si en la costa de su tierra, que está a este mar, había algún buen puerto en donde las naves de España pudiesen estar seguras. Dijo que no lo sabía, mas que lo preguntaría o lo enviaría a saber. Y así, hizo entonces pintar en lienzo de algodón toda aquella costa, con cuantos ríos, bahías, ancones y cabos había en lo que era suyo; y en todo lo pintado y trazado no aparecía cala ni cosa segura, sino un gran ancón que está entre las sierras que ahora llaman de San Martín y San Antón, en la provincia de Coazacoalco, y hasta los pilotos españoles pensaron que era un estrecho para ir a las Molucas y Especiería. Mas, empero, estaban muy engañados, y creían lo que deseaban. Cortés nombró diez españoles, todos pilotos y gente de mar, para que fuesen con los que Moctezuma daba, pues hacia tan bien la costa del camino. Partieron, pues, los diez españoles con los criados de Moctezuma, y fueron a dar a Chalchicocca, donde habían desembarcado, que ahora se dice San Juan de Ulúa. Anduvieron setenta leguas de costa sin hallar ancón ni río, aunque tropezaron con muchos, que fuese sondable y bueno para naos. Llegaron a Coazacoalco, y el señor de aquel río y provincia, llamado Tuchintlec, aunque enemigo de Moctezuma, recibió a los españoles porque ya sabía de ellos desde cuando estuvieron en Potonchan, y les dio barcas para mirar y sondear el río. Ellos lo midieron, y, hallaron seis brazas por el sitio más hondo. Subieron por él arriba, doce leguas. Es su ribera de grandes poblaciones, y fértil a lo que parecía. Tuchintlec envió a Cortés con aquellos españoles algunas cosas de oro, piedras, ropas de algodón, de pluma, de cuero, y trigues, y a decir que quería ser su amigo y tributario del emperador de un tanto cada año, con tal que los de Culúa no entrasen en su territorio. Mucha alegría tuvo Cortés con este mensaje, y de que se hubiese hallado aquel río, pues decían los marineros que desde el río de Grijalva hasta el de Pánuco no había río bueno; mas creo que también se engañaron. Volvió a enviar allá algunos de aquellos mismos españoles con cosas de España para el Tuchintlec, y a que se enterasen mejor de su voluntad, y de la comodidad de la tierra y del puerto bien por entero. Fueron y volvieron muy contentos y seguros de todo; y así, despachó entonces Cortés allí a Juan Velázquez de León por capitán de ciento cincuenta españoles, para que poblase e hiciese una fortaleza.

Capítulo XCI. Prisión de Cacama, rey de Tezcuco
La poquedad de Moctezuma, o cariño que a Cortés y a los otros españoles tenía, ocasionaba que los suyos no solamente murmurasen, sino que tramasen novedades y rebelión, especialmente su sobrino Cacama, señor de Tezcuco, mancebo feroz, de ánimo y honra; el cual sintió mucho la prisión

del tío, y como vio que iba muy a la larga, le rogó que se soltara y fuese señor y no esclavo. Y viendo que no quería se amotinó, amenazando de muerte a los españoles; unos decían que por vengar la deshonra del rey, su tío; otros, que por hacerse el señor de México; otros, que por matar a los españoles. Sea por lo uno o sea por lo otro, o por todo, él se puso en armas, juntó mucha gente suya y de amigos, que no le faltaban entonces, con estar Moctezuma preso, y para ponerse en contra de los españoles, y anunció que quería ir a sacar del cautiverio a Moctezuma y a echar de la tierra a los españoles, o matarlos y comérselos. Terrible noticia para los nuestros; pero ni aun por aquellas bravatas se acobardó Cortés; antes bien le quiso hacer en seguida la guerra y cercarlo en su propia casa y pueblo, sino que Moctezuma se lo estorbó, diciendo que Tezcuco era lugar muy fuerte y dentro de agua, y que Cacama era orgulloso, bullicioso, y tenía a todos los de Culúa, como señor de Culuacan y Otumba, que eran fuerzas muy fuertes, y que le parecía mejor llevarlo por otra vía; y así, condujo Cortés el asunto todo a consejo de Moctezuma, y envió a decir a Cacama que le rogaba mucho se acordase de la amistad que había entre los dos desde que lo salió a recibir y meter en México, y que siempre era mejor paz que guerra para hombre que tiene vasallos; y dejase las armas, que al tomar eran sabrosas para el que no las ha probado, porque en esto haría gran placer y servicio al rey de España. Respondió Cacama que no tenía él amistad con quien le quitaba la honra y reino, y que la guerra que quería hacer era en provecho de sus vasallos y defensa de sus tierras y religión; y que antes dejase las armas, vengaría a su tío y a sus dioses; y que él no sabía quién era el rey de los españoles ni lo quería oír, cuanto más saber. Cortés volvió a amonestarle y requerir otras muchas veces; y como no le quisiese escuchar, hizo con Moctezuma que le mandase lo que él le rogaba. Moctezuma le envió a decir que se llegase a México para dar un corte a las diferencias y enojos entre él y los españoles, y a ser amigo de Cortés. Cacama le respondió muy ásperamente, diciendo que si él tuviera sangre en el ojo, ni estaría preso ni cautivo de cuatro extranjeros, que con sus buenas palabras le tenían hechizado y usurpado el reino; ni la religión mexicana y dioses de Culúa abatidos y hollados por pies de salteadores y embaucadores, ni la gloria y fama de sus antepasados infamada y, perdida por su cobardía y apocamiento; y que para reparar la religión, restituir los dioses, guardar el reino, recobrar la fama y libertar a él y a México, iría de muy buena gana; mas no con las manos en el pecho, sino en la espada, para matar a los españoles, que tanta mengua y afrenta habían hecho a la nación de Culúa. En grandísimo peligro estaban los nuestros, así de perder a México como las vidas, si no se atajaba esta guerra y motín; porque Cacama era animoso, guerrero, porfiado, y tenía mucha y buena gente de guerra; y porque también andaban en México deseosos de revuelta para recobrar a Moctezuma y matar a los españoles o echarles de la ciudad. Mas lo remedió muy bien Moctezuma, que comprendiendo que de nada aprovechaba guerra ni fuerza, y que al cabo se había de resolver todo en él, trató con algunos capitanes y señores que estaban en Tezcuco con Cacama, para que le prendiesen y se lo entregasen. Ellos, o por ser Moctezuma su rey y estar aún vivo, o porque le habían servido siempre en las guerras, o por dádivas y promesas, prendieron a Cacama un día estando con él ellos y otros muchos en consejo para consultar las cosas de la guerra; y en acalles que para ello tenían a punto y armadas, le metieron y trajeron a México, sin otras muertes ni escándalos, aunque fue dentro de su propia casa y palacio, que toca en la laguna; y antes de entregarlo a Moctezuma, le pusieron en unas ricas andas, como acostumbran los reyes de Tezcuco, que son los mayores y principales señores de toda esta tierra, después de México. Moctezuma no le quiso ver, y lo entregó a Cortés, que en seguida le echó grillos y esposas, y puso a recaudo y guarda. Y a voluntad y consejo de Moctezuma hizo señor de Tezcuco y Culuacan a Cucuzca, su hermano menor, que estaba en México con el tío y huido del hermano. Moctezuma le intituló e hizo las ceremonias que suelen a los nuevos señores, como en otra parte diremos; y en Tezcuco le obedecieron entonces por mandato suyo, y porque era más estimado que Cacama, que era duro y testarudo. De esta manera se remedió aquel peligro; mas si hubiera muchos Cacamas no sé cómo fuera; y Cortés hacía reyes y mandaba con tanta autoridad como si hubiera ganado el imperio mexicano. Y en verdad, siempre tuvo esto desde que entró en la tierra; pues luego se le encajó que había de conquistar a México y señorear el estado de Moctezuma.

Capítulo XCII. Oración que Moctezuma hizo a sus caballeros dándose al rey de Castilla

Moctezuma hizo llamamiento y cortes tras la prisión de Cacama, a las cuales vinieron todos los señores comarcanos que estaban fuera de México. Y de su albedrío, o por el de Cortés, les hizo delante de los españoles el infrascripto razonamiento:

«Parientes, amigos y criados míos: bien sabéis que hace dieciocho años que soy vuestro rey, como lo fueron mis padres y abuelos, y que siempre os he sido buen señor, y vosotros a mí buenos y obedientes vasallos; y así, confío en que lo seréis ahora y todo el tiempo de mi vida. Recuerdo debéis tener, que u os lo dijeron vuestros padres, o lo habréis oído a nuestros sabios adivinos y sacerdotes, cómo ni somos naturales de esta tierra, ni nuestro reino es duradero; porque nuestros antepasados vinieron de lejanas tierras, y su rey o caudillo que traían se volvió a su tierra, diciendo que enviaría quien los rigiese y mandara si él no viniese. Creed por cierto que el rey que esperamos hace tantos años, es el que ahora envía estos españoles que aquí veis, pues dicen que somos parientes, y tienen desde hace mucho tiempo noticias de nosotros. Demos gracias a los dioses, que han venido en nuestros días los que tanto deseábamos. Me haréis placer que os deis a este capitán por vasallos del emperador y rey de España, nuestro señor, pues yo ya me he dado por su servidor y amigo; y os ruego mucho que de aquí en adelante le obedezcáis bien, y así como hasta aquí habéis hecho a mí, y le deis y paguéis los tributos, pechos y servicios que me soléis dar, pues no me podéis dar mayor contento.»

No les pudo hablar más, de lágrimas y sollozos. Lloraba tanto toda la gente, que por un buen rato no le pudo responder. Dieron grandes suspiros, dijeron muchas lástimas, que hasta los nuestros enternecieron el corazón. En fin, respondieron que harían lo que les mandaba. Y Moctezuma primero, y luego tras él todos, se dieron por vasallos del rey de Castilla y prometieron lealtad; y así, se tomó por testimonio con escribano y testigo, y cada cual se fue a su casa con el corazón que Dios sabe y vosotros podéis pensar. Fue cosa muy digna de ver llorar a Moctezuma y a tantos señores y caballeros, y ver cómo se mataba cada uno por lo que pasaba. Mas no pudieron hacerlo, así porque Moctezuma lo quería y mandaba, como porque tenían pronósticos y señales, según los sacerdotes publicaban, de la venida de gente extranjera, blanca, barbuda y oriental, a señorear aquella tierra; y también porque entre ellos se comentaba que en Moctezuma se acababa, no solamente el linaje de los de Culúa, sino también el señorío; y por eso decían algunos no fuera él ni se llamara Moctezuma, que significa enojado, por su desdicha. Dicen también que el mismo Moctezuma tenía del oráculo de sus dioses respuesta muchas veces de que se acabarían con él los emperadores mexicanos, y que no le sucedería en el reino ningún hijo suyo, y que perdería la silla a los ochos años de su reinado, y que por esto nunca quiso hacer guerra a los españoles, creyendo que le habían ellos de suceder; aunque por otro lado lo tenía por burla, pues hacía más de diecisiete años que era rey. Ya fuese, pues, por esto, o por la voluntad de Dios, que da y quita los reinos, Moctezuma hizo aquello, y amaba mucho a Cortés y a los españoles, y no sabia enojarlos. Cortés dio a Moctezuma las gracias cuan más cumplidamente pudo, de parte del emperador y suya, y lo consoló, pues quedó triste de la plática, y le prometió que siempre sería rey y señor, y mandaría como hasta allí y mejor; y no solo en sus reinos, sino aun también en los demás que él ganase y atrajese al servicio del emperador.

Capítulo XCIII. El oro y joyas que Moctezuma dio a Cortés
Transcurridos algunos días después que Moctezuma y los suyos prestaron obediencia, le dijo Cortés los muchos gastos que el emperador tenía en guerra y obras que hacía, y que estaría bien contribuyesen todos y comenzasen a servir en algo; por otra parte, que convenía enviar por todos sus reinos a cobrar los tributos en oro, y a ver qué hacían y daban los nuevos vasallos, y que diese también él algo si tenía. Moctezuma dijo que le placía, y que fuesen algunos españoles con unos criados suyos a la casa de las aves. Fueron allá muchos; vieron bastante oro en planchas, tejuelos, joyas y piezas bordadas, que estaban en una sala y dos cámaras que les abrieron; y espantados de tanta riqueza, no quisieron o no se atrevieron a tocarla sin que antes la viese Cortés. Así pues, lo llamaron, y él fue allí, lo cogió, y lo llevó todo a su aposento. Dio asimismo, además de esto, muchas y ricas ropas de algodón y pluma, tejidas a maravilla; no tenían igual en colores

y figuras, y nunca los españoles las habían visto tan buenas; dio más de doce cerbatanas de fusta y plata con las que solía él tirar, las unas pintadas y matizadas de aves, animales, rosas, flores y árboles. Y todo tan perfecta y menudamente, que bien tenían qué mirar los ojos y qué notar el ingenio. Las otras eran vaciadas y cinceladas con más primor y sutileza que la pintura. La red para bodoques y turquesas era de oro, y algunas de plata. Envió también criados de dos en dos y de cinco en cinco, con un español por compañía a sus provincias, y a tierras de señores, a ochenta y cien leguas de México, a recoger oro por los tributos acostumbrados, o por nuevo servicio para el emperador. Cada señor y provincia dio la medida y cantidad que Moctezuma señaló y pidió, en hojas de oro y plata, en tejuelos y joyas, y en piedras y perlas. Vinieron todos los mensajeros, aunque tardaron muchos días, y recogió Cortés y los tesoreros todo lo que trajeron; lo fundieron, y sacaron de oro fino y puro 160.000 pesos, y aún más, y de plata más de 500 marcos. Se repartió por cabezas entre los españoles. No se dio todo, sino que se señaló a cada uno según era. Al de a caballo, doblado que al peón, y a los oficiales y personas de cargo o cuenta se dio ventaja. Se le pagó a Cortés de montón lo que le prometieron en Veracruz; correspondió al rey de su quinto más de 32.000 pesos de oro, y 100 marcos de plata; de la cual se labraron platos, tazas, jarros, salserillas y otras piezas, al estilo que usan los indios, para enviar al emperador. Valía además de esto 100.000 ducados lo que Cortés apartó de todo el grueso, antes de la fundición, para enviar como presente con el quinto, en perlas, piedras, ropa, pluma, oro y pluma, piedra y pluma, pluma y plata, y otras muchas joyas, como las cerbatanas, que, aparte el valor, eran raras y lindas, porque eran peces, aves, sierpes, animales, árboles y cosas así, artificiales y hechas muy al natural de oro o plata, o piedras con pluma, que no tenían igual; mas no se envió, y todo o la mayoría se perdió, con lo de todos, cuando el desorden de México, según detalladamente diremos después.

Capítulo XCIV. Cómo rogó Moctezuma a Cortés que se fuera de México

En tres cosas empleaba Cortés el pensamiento, cuando se vio rico y pujante. Una era enviar a Santo Domingo y otras islas, dinero y noticias de la tierra y su prosperidad, para traer gente, armas y caballos, pues los suyos eran pocos para tan gran reino. La otra era tomar todo el estado de Moctezuma, pues lo tenía a él preso, y tenía a su devoción a los de Tlaxcala, a Coatelicamatlh y a Tunchintlec, y sabía que los de Pánuco y Tecuantepec, y los de Michoacan eran muy enemigos de los mexicanos y le ayudarían si le fuese menester. Era la tercera hacer cristianos a todos aquellos indios; lo cual comenzó en seguida como mejor y más principal. Pues aunque no asoló los ídolos por las causas ya dichas, prohibió matar hombres en sacrificio, puso cruces e imágenes de nuestra Señora y de otros santos por los templos, y hacía a los clérigos y frailes que dijesen misa cada día, y bautizasen; aunque pocos se bautizaron, o porque los indios tenían mucho apego a su envejecida religión, o porque los nuestros atendían a otras cosas, esperando para esto tiempo que fuese mejor. Él oía misa todos los días y mandaba que todos los españoles la oyesen también, pues siempre se celebraba en casa. Mas relegáronse por entonces estos pensamiento suyos, porque Moctezuma volvía la hoja, o al menos quiso, y porque vino Pánfilo de Narváez contra él, y porque tras esto le echaron los indios de México. Todas estas cosas, que son muy notables, las contaremos por su orden. La vuelta de Moctezuma, como algunos quieren, fue decir a Cortés que se fuese de su tierra si no quería que le matasen con los demás españoles. Tres razones o causas le movieron a ello, de las cuales dos de ellas eran públicas. Una fue el combate grande y continuo que los suyos le daban constantemente a que saliese de prisión, y echase de allí a los españoles o los matase, diciendo que era grande afrenta y mengua suya y de todos ellos, estar así preso y abatido y que los mandasen a coces aquellos poquitos extranjeros, que les quitaban la honra y robaban la hacienda, cosechando todo el oro y riqueza de los pueblos y señores para sí y para su rey, que debía de ser pobre; y que si él quería, bien; si no, aunque no quisiese, que puesto que no quería ser su señor, tampoco ellos sus vasallos; y que no esperase mejor fin que Coalpopoca y Cacama, su sobrino, aunque mejores palabras y halagos le hiciesen. Otra fue que el diablo, como se le aparecía, puso muchas veces en el corazón a Moctezuma que matase a los españoles o los echase de allí, diciendo que si no lo hacía, se iría, y no le hablaría más, por cuanto le atormentaban y causaban enojo las misas, el Evangelio, la cruz y el bautismo de los cristianos. Él le decía que no estaba bien matarlos siendo sus amigos y hombres de bien; pero que les rogaría que se fuesen, y si no quisiesen, entonces los mataría. A esto replicó el diablo que lo hiciese así, y que le haría grandísimo placer; que, o se tenía que ir él o los españoles, pues sembraban la fe cristiana, muy contraria religión a la suya, pues no se compadecían juntas entrambas. La tercera razón, y que no se publicaba, era, según sospecha de muchos, que como los hombres son mudables y nunca permanecen en un ser y voluntad, así Moctezuma se arrepintió de lo que había hecho, y sentía la prisión de Cacamacín, al que algún tiempo quiso mucho, y que a falta de sus hijos, le había de heredar, y porque reconocía ser como le decían los suyos, y porque le dijo el diablo que no podía hacer mayor servicio, ni sacrificio más agradable a los dioses, que matar y echar de su tierra a los cristianos; y echándolos, que ni se acabaría en él la casta de los reyes de Culúa, antes bien se alargaría, ni dejarían de reinar sus hijos tras él; y que no creyese en agüeros, pues había ya pasado el octavo año, y andaba en el decimooctavo de su reinado. Por estas causas, pues, o por ventura por otras que no sabemos, Moctezuma preparó cien mil hombres tan secretamente, que Cortés no lo supo, para que si los españoles no se iban diciéndoselo, los prendiesen y matasen. Así que, con esto, determinó hablar a Cortés. Y un día salió disimuladamente al patio con muchos de sus caballeros, a quien debía dar parte, y envió a llamar a Cortés. Cortés dijo: «No me agrada esta novedad; quiera Dios sea para bien», Tomó doce españoles, los que más a mano halló, y fue a ver qué le quería o para qué le llamaba, cosa que no solía hacer. Moctezuma se levantó a él, lo cogió de la mano, lo metió en una sala, mandó traer asientos para ambos, y le dijo: «Os ruego que os vayáis de esta mi ciudad y tierra, pues mis dioses están conmigo muy enojados porque os tengo aquí; pedidme lo que quisiereis, y dároslo he, porque os amo mucho; y no penséis que os digo esto burlando, sino muy de veras. Por lo demás, cumple que así se haga en todo caso». Cortés cayó en seguida en la cuenta, pues no le pareció que le recibía con el talante de otras veces, puesto que usó con él todas aquellas ceremonias y buena crianza; y antes de que el faraute acabase de declararle la voluntad de Moctezuma, dijo a un español de los doce que fuese a avisar a los compañeros que se aparejasen, por cuanto se trataba con él de sus vidas. Entonces se acordaron los nuestros de lo que les habían dicho en Tlaxcala, y todos vieron que era menester gracia de Dios y buen corazón para salir de aquella afrenta. Cuando acabó el intérprete, respondió Cortés: «He entendido lo que decía, y os lo agradezco mucho; ved cuándo mandáis que nos vayamos, y así se hará». Replicó Moctezuma: «No quiero que os vayáis sino cuando quisiereis, y tomad el término que os parezca, que para entonces os daré a vos dos cargas de oro, y una a cada uno de los vuestros». Entonces le dijo Cortés: «Ya, señor, sabéis cómo eché al través mis naos en cuanto llegamos a vuestra tierra; por tanto, quería que llamaseis a vuestros carpinteros para cortar y labrar madera, que yo tengo quien haga las naos; y hechas, nos iremos, si nos dais lo que habéis prometido, y decidlo así a vuestros dioses y vuestros vasallos». Gran contento mostró entonces Moctezuma, y dijo: «Sea así». Y luego hizo llamar a muchos carpinteros; fueron a unos pinares, cortaron muchos y grandes árboles y comenzaron a labrarlos. Moctezuma, que no debía ser muy malicioso, lo creyó; sin embargo, Cortés habló con sus españoles, y dijo a los que enviaba: «Moctezuma quiere que nos vayamos de aquí porque sus vasallos y el diablo le andan al oído; cumple que se hagan navíos; id con estos indios por vuestra fe, y córtese harta madera, que entre tanto, Dios nuestro Señor, cuyo negocio tratamos, proveerá de gente, socorro y remedio para que no perdamos esta buena tierra; y conviene mucho que pongáis la mayor dilación posible, pareciendo que hacéis algo, no sospechen ésos mal, para que así los engañemos y hagamos acá lo que nos cumple. Vais con Dios, y avisadme siempre cómo estáis allí y qué hacen o dicen ésos».

Capítulo XCV. El miedo a ser sacrificados que tuvieron Cortés y los suyos

Ocho días después que fueron a cortar madera, llegaron a la costa de Chalchicocca quince navíos. Las personas que por allí estaban en gobernación y atalaya avisaron a Moctezuma de ello con mensajeros, que en cuatro días caminaron ochenta leguas. Temió Moctezuma, en cuanto lo supo, y llamó a Cortés, que no temía menos, recelándose siempre de algún furor del pueblo y antojo del rey. Cuando le dijeron a Cortés que Moctezuma salía al palacio, creyó, si daba en los españoles, que estaban todos perdidos, y les dijo: «Señores y amigos: Moctezuma me llama; no es buena señal, habiendo pasado lo del otro día; yo voy a ver qué quiere; estad alerta, y la barba en la cebadera, por si algo intentaren estos indios; encomendaos mucho a Dios, acordaos quiénes sois y quién son estos infieles hombres, aborrecidos de Dios, amigos del diablo, con pocas armas y no buen uso de guerra; si hubiéremos de pelear, las manos de cada uno de nosotros han de mostrar con obras y por la propia espada el valor de su ánimo; y así, aunque muramos quedaremos vencedores, pues habremos cumplido con la misión que traemos, y con lo que debemos al servicio de Dios como cristianos, y al de nuestro rey como españoles, y en honra de nuestra España y defensa de nuestras vidas». Le respondieron: «Haremos nuestro deber hasta morir, sin que el temor ni el peligro lo estorben, pues menos estimamos la muerte que nuestro honor». Con esto se fue Cortés a Moctezuma, el cual le dijo: «Señor capitán, sabed que ya tenéis naves en que poderos ir; por eso, de aquí en adelante cuando mandéis». Le respondió Cortés: «Muy poderoso señor, en teniéndolas hechas yo me iré». «Once navíos», dice Moctezuma, «están en la playa junto a Cempoallan, y pronto tendré aviso si los que en ellos vienen han salido de tierra, y entonces sabremos qué gente es y cuánta.» «¡Bendito sea Jesucristo», dijo Cortés, «y doy muchas gracias a Dios por las mercedes que nos hace a mí y a todos estos hidalgos de mi compañía!» Un español salió a decirlo a los compañeros, y todos ellos cobraron valor. Alabaron a Dios, y se abrazaron unos a otros con muy gran placer de aquella nueva. Estando así Cortés y Moctezuma, llegó otro correo de a pie, y dijo que estaban ya en tierra ochenta de a caballo, ochocientos infantes y doce tiros de fuego; de todo lo cual mostró la figura, en que venían pintados hombres, caballos, tiros y naos. Se levantó Moctezuma entonces, abrazó a Cortés, y le dijo: «Ahora os amo más que nunca, y me quiero ir a comer con vos». Cortés le dio las gracias por lo uno y por lo otro. Se cogieron por las manos, y se fueron al aposento de Cortés, el cual dijo a los españoles no mostrasen alteración, sino que todos estuviesen juntos y sobre aviso, y diesen gracias al señor con tales nuevas. Moctezuma y Cortés comieron solos, con gran regocijo de todos; unos pensando quedarse y sojuzgar el reino y gente; otros creyendo que se irían los que no podían ver en su tierra. A Moctezuma le pesaba, según dicen, aunque no lo demostraba; y uno de sus capitanes, viendo esto, le aconsejaba que matase a los españoles de Cortés, puesto que eran pocos, y así tendría menos que matar en los que venían, y no dejase juntar unos con otros; y porque aquéllos no se atreverían a llegar, muertos éstos. Con esto llamó Moctezuma a consejo a muchos señores y capitanes; propuso el caso, y el parecer de aquel capitán. Hubo diferentes votos, pero al cabo se decidió que dejasen llegar a los españoles que venían, pensando que cuantos más moros mas ganancia, y que así matarían más y a todos juntos, diciendo que si mataban a los que estaban en la ciudad, se volverían los otros a las naos, y no podrían hacer el sacrificio de ellos que sus dioses querían. Con esta determinación pasaba Moctezuma todos los días con quinientos caballeros y señores a ver a Cortés, y mandaba servir y regalar a los españoles mejor que hasta entonces, pues había de durar poco.

Capítulo XCVI. De cómo Diego Velázquez envió contra Cortés a Pánfilo de Narváez con mucha gente
Estaba Diego Velázquez muy enojado de Hernán Cortés, no tanto por el gasto, que poco o ninguno había hecho, cuanto por el interés de lo presente y por la honra, formando muy fuertes quejas de él porque no le había dado cuenta ni parte, como a teniente de gobernador de Cuba, de lo que había hecho y descubierto, sino enviándola a España al rey, como si aquello estuviera mal hecho o traición; y donde primero mostró la saña, fue al saber que Cortés enviaba el quinto y presente, y las relaciones de lo que había descubierto y hecho, al rey y a su consejo, con Francisco de Montejo y con Alonso Fernández Portocarrero en una nao; pues en seguida armó una o dos carabelas, y las despachó corriendo a tomar la de Cortés y lo que llevaba; y en una de ellas fue Gonzalo de Guzmán, que después fue teniente de gobernador en Cuba por su muerte; mas como se detuvieron mucho en prepararla, ni la tomaron ni la vieron, y después, como cuanto más prósperas nuevas y hazañas oyese de Cortés, tanto más le creciese la saña y mala querencia, no hacía sino pensar cómo deshacerle y destruirle. Estando, pues, en este pensamiento, sucedió que llegó a Santiago de Cuba Benito Martín, su capellán, que le trajo cartas del emperador y el título de adelantado, y cédula de la gobernación de todo lo que hubiese descubierto, poblado y conquistado en tierra y costa de Yucatán, con lo cual se alegró mucho, y tanto por echar

de México a Cortés, cuanto por el dictado y favores que el rey le daba; y así, vino entonces con esta armada, que tenía ochenta caballos, y se acordó con Pánfilo de Narváez que viniese como capitán general de ella y su teniente de gobernador; y para que partiese más pronto, anduvo él mismo por la isla y llegó a Guaniguanico, que es lo último de ella al poniente, donde, estando ya para partir Diego Velázquez a Santiago y Pánfilo de Narváez a México, llegó el licenciado Lucas Vázquez de Ayllón, oidor de Santo Domingo, en nombre de aquella chancillería y de los frailes jerónimos que gobernaban, y del licenciado Rodrigo de Figueroa, juez de residencia y visitador de la audiencia, a requerir, bajo graves penas, a Diego Velázquez que no enviase, y Pánfilo que no fuese, contra Cortés, pues sería causa de muertes, guerras civiles, y otros muchos males entre españoles, y se perdería México con todo lo demás que estaba ganado y pacífico para el rey. Les dijo, que si tenía enojo con él y diferencia sobre hacienda o sobre puntos de honra, que al emperador pertenecía conocer y sentenciar la causa y no que él mismo hiciese justicia en su propio pleito, haciendo fuerza al contrario. Les rogó, si querían servir al rey y a Dios primeramente, y ganar honra y provecho, que fuesen a conquistar nuevas tierras, pues había muchas descubiertas sin la de Cortés, y tenían tan buena gente y armada. No bastó este requerimiento ni la autoridad y persona del licenciado de Ayllón, para que Diego Velázquez y Narváez dejasen de proseguir su viaje contra Cortés. Viendo, pues, tanta obstinación en ellos y tan poca reverencia a la justicia, decidió irse con Narváez en la nao que vino desde Santo Domingo, para impedir daños, pensando que lo acabaría mejor allí con él solo que estando presente Diego Velázquez, y también para mediar entre Cortés y Narváez si rompiesen. Embarcóse con tanto Pánfilo en Guaniguanico, y fue a surgir con su flota cerca de Veracruz, y cuando supo que había allí ciento cincuenta españoles de los de Cortés, envió allí un clérigo, a Juan Ruiz de Guevara y a Alonso de Vergara a requerirlos para que le tuviesen por capitán y gobernador; pero no quisieron escucharle los de dentro, antes bien, les prendieron y los enviaron a México a Cortés para que se informase de ellos. Sacó después a tierra a la gente, caballos, armas y artillería, y se fue a Cempoallan. Los indios comarcanos, tanto amigos de Cortés como vasallos de Moctezuma, le dieron oro, mantas y comida, pensando que era de Cortés.

Capítulo XCVII. Lo que Cortés escribió a Narváez

Más de lo que nadie piensa dio que pensar esta nueva y grande armada a Cortés, antes de que supiese de quién era. Por una parte se alegraba de que viniesen españoles; por otra sentía que fuesen tantos. Si venían a ayudarle, tenía por ganada la tierra; si contra él, por perdida. Si venían de España, creía que le traerían buen despacho; si de Cuba, temía guerra civil con ellos. Le parecía que de España no podía venir tanta gente, y sospechaba que era de las islas, y que debía de venir allí Diego Velázquez, y después que lo supo tuvo otro tanto de pensar, porque le cortaba el hilo de su prosperidad y le atajaban los pasos que traía en calar los secretos de la tierra, las minas, la riqueza, las fuerzas, los que eran amigos de Moctezuma o enemigos; le estorbaban de poblar los lugares que tenían comenzado, de ganar amigos, de cristianar a los indios, que era y debía ser lo principal, y cesaban otras muchas cosas tocantes al servicio de Dios y del rey y a provecho de nuestra nación. Temía que por desviar un inconveniente podían seguirle otros muchos; si dejaba llegar a México a Pánfilo de Narváez, capitán que venía de aquella flota por Diego Velázquez, estaba segura su perdición; si salía contra él, la revuelta de la ciudad y la libertad de Moctezuma, y ponía en condición su vida, su honra, sus trabajos, y por no llegar a estos extremos, se arrimó a los medios. Lo primero que hizo fue despachar dos hombres, uno a Juan Velázquez de León, que iba a poblar a Coazacoalco, para que luego, en viendo su carta, se volviese a México, y le dio noticia de la llegada de Narváez, y de la necesidad que tenía de él y de los ciento cincuenta españoles que consigo llevaba. El otro a Veracruz a que le trajesen razón cierta y completa de la llegada de Pánfilo, y de qué buscaba y qué decía. El tal Juan Velázquez hizo lo que Cortés le escribió, y no lo que Narváez, que como cuñado suyo, y deudo de Diego Velázquez, le rogaba se pasase a él, por lo cual Cortés lo honró mucho de allí en adelante. De Veracruz fueron a México veinte españoles con aviso de lo que Narváez publicaba, y llevaron presos a un clérigo y a Alonso de Guevara y a Juan Ruiz de Vergara, que habían ido a la villa para amotinar a la gente de Cortés, bajo pretexto de que iban a requerirla con cédula del rey. Lo segundo fue, que envió a fray Bartolomé de Olmedo, de la Merced, con otros dos españoles, a ofrecer su amistad a Narváez, y si no la quería, a requerirle de parte del rey, y en nombre suyo, como justicia mayor de aquella tierra, y de la de los alcaldes y regidores de Veracruz, que estaban en México, que entrase callado si traía provisiones del rey o de su Consejo, y sin hacer daño en la tierra; no escandalizase ni causase males, ni estorbase la buena ventura que allí tenían los españoles, ni el servicio del emperador, ni la conversión de los indios; y si no las traía, que se volviese y dejase en paz la tierra y la gente. Mas poco aprovechó este requerimiento ni las cartas de Cortés y regimiento. Soltó al clérigo que trajeron preso los de Veracruz, y le envió después tras el fraile a Narváez con algunos collares de oro muy ricos y otras joyas, y una carta que en resumen contenía cuánto se alegraba de que viniese él en aquella flota antes que otro ninguno, por el viejo conocimiento que entre ellos había, y que se viesen solos si mandaba, para dar orden de que no hubiese guerra ni muerte ni enojo entre españoles y hermanos, porque si traía provisiones del rey, y se las mostraba a él o al cabildo de Veracruz, que se obedecerían, como era justo, y si no, que tomarían otro buen acuerdo. Narváez, como venía tan pujante, nada o muy poco se preocupaba de aquellas cartas ni ofertas ni requerimientos de Cortés, y porque Diego Velázquez, que le enviaba, estaba muy enojado e indignado.

Capítulo XCVIII. Lo que Pánfilo de Narváez dijo a los indios y respondió a Cortés

Pánfilo de Narváez dijo a los indios que estaban engañados, por cuanto él era el capitán y señor; que Cortés no, sino un malo, y los que con él estaban en México, que eran sus mozos, y que él venía a cortarle la cabeza y a castigarlos y echarlos de la tierra, y luego irse y dejársela libre. Ellos se lo creyeron al verle con tantos barbudos y caballos, creo que de ligeros o medrosos; con esto le servían y acompañaban, y dejaban a los de Veracruz. También se congració con Moctezuma, diciéndole que Cortés estaba allí contra la voluntad de su rey; que era hombre bandolero y codicioso, que le robaba su tierra y le quería matar para alzarse con el reino, y que él iba a soltarle y a restituirle cuanto aquellos malos le habían tomado; y para que a otros no hiciesen semejantes daños y mal tratamiento, que los prendería y mataría, o metería en prisión; por eso, que estuviese alegre, pues pronto se verían, y no iba a hacer más que restituirle en su reino y volverse a su tierra. Eran estos tratos tan malos y tan feos, e injuriosas palabras y cosas que Pánfilo decía públicamente de Cortés y los españoles de su compañía, que parecían muy mal a los de su ejército; y muchos no las pudieron sufrir sin afeárselas, especialmente Bernaldino de Santa Clara, que viendo la tierra tan pacífica y tan bien contenta de Cortés, le dio una buena reprimenda, y asimismo le hizo uno y muchos requerimientos el licenciado Ayllón y le mandó, bajo gravísimas penas de muerte y pérdida de bienes, que no dijese aquello ni fuese a México; que sería grandísimo escándalo para los indios y desasosiego para los españoles, deservicio del emperador y estorbo del bautismo. Enojado de ello, Pánfilo prendió al licenciado Ayllón, oidor del rey, a un secretario de la Audiencia y a un alguacil. Los metió en otra nao, y los envió a Diego Velázquez; mas él se supo dar tan buena maña que, o sobornando a los marineros, o atemorizándolos con la justicia del rey, se volvió libremente a su chancillería, donde contó cuanto le sucediera con Narváez a sus compañeros y gobernadores, que no poco dañó los negocios de Diego Velázquez y mejoró los de Cortés. Cuando prendió Narváez al licenciado, pregonó guerra a fuego, como dicen, y a sangre contra Cortés; prometió algunos marcos de oro al que prendiese o matase a Cortés, a Pedro de Alvarado y a Gonzalo de Sandoval, y a otras principales personas de su compañía, y repartió el dinero y ropa a los suyos, haciendo mercedes de lo ajeno. Tres cosas fueron éstas harto livianas y fanfarronas. Muchos españoles de Narváez se amotinaban por los mandamientos del licenciado Ayllón, o por la fama de la riqueza y franqueza de Cortés; y así, Pedro de Villalobos y un portugués, y otros seis o siete se pasaron a Cortés, y otros le escribieron, según algunos dicen, ofreciéndosele si venía para ellos; y que Cortés leyó las cartas, callando la firma y nombres de quienes eran, a los suyos; en las cuales los llamaba sus mozos, traidores, salteadores, y los amenazaba de muerte y a quitarles la hacienda y tierra. Unos cuentan que ellos se amotinaron, y otros que Cortés los sobornó con cartas, ofertas y una carga de collares y tejuelos de oro que envió secretamente al campamento de Pánfilo de Narváez con un criado suyo, y que publicaba tener en Cempoallan doscientos españoles. Todo pudo ser, pues el uno era tibio y descuidado y el otro era cuidadoso y ardía en los negocios. Narváez respondió a Cortés con el fraile de la Merced, y lo substancial de la carta era que fuese después, vista la presente, a donde él estaba, que traía y le quería mostrar unas provisiones del emperador para tomar y tener aquella tierra por Diego Velázquez, y que ya tenía hecha una villa de hombres solamente con alcaldes y regidores. Tras esta carta envió a Bernaldino de Quesada y a Alonso de Mata a requerirle que saliese de la tierra, bajo pena de muerte, y notificarle las provisiones; mas no se las notificaron, o porque no las llevaban, que fuera poco sabio si de nadie las confiara, o porque no les dieran lugar; antes bien Cortés hizo prender al tal Pedro de Mata porque se llamaba escribano del rey no siéndolo o no mostrando el título.

Capítulo XCIX. Lo que dijo Cortés a los suyos
Viendo, pues, Cortés que hacían poco fruto las cartas y mensajeros, aunque cada día iban y venían de Narváez a él, y de él a Narváez, y que nunca se habían visto ni mostrado las provisiones del rey, decidió verse con él, que barba a barba, como dicen, honra se cata, y por llevar el negocio por bien y buenos medios si fuese posible; y para esto despachó a Rodrigo Álvarez Chico, veedor, y a Juan Velázquez y Juan del Río, para que tratasen con Narváez muchas cosas. Pero tres fueron las principales: que se viesen solos o tantos a tantos; que Narváez dejase a Cortés en México, y él se fuese con los que traía, a conquistar a Pánuco, que estaba de paz, con personas de allí muy principales que tenía, o a otros reinos, y Cortés pagaría los gastos y socorrería a los españoles que traía; o que se estuviese Narváez en México y diese a Cortés cuatrocientos españoles de la armada, para que con ellos y con los suyos él siguiese adelante a conquistar otras tierras. La otra era que le mostrase las provisiones que del rey traía, y las obedecería. Narváez no vino a ningún partido, solamente al concierto de que se viesen cada uno con diez hidalgos sobre seguro y con juramento, y lo firmaron con sus nombres; mas no se efectuó, porque Rodrigo Álvarez Chico avisó a Cortés de la trama que Narváez urdía para prenderle o matarle en las vistas. Como entendía en el negocio, entendió la maña y engaño, o quizá se lo dijo alguien que no quería mal a Cortés. Deshechos los conciertos, determina Cortés ir a él, con decir: «Algo será». Antes de irse habló con sus españoles, trayéndoles a la memoria cuanto él por ellos y ellos por él habían hecho desde que comenzó

aquella jornada hasta entonces; dijo cómo Diego Velázquez, en lugar de darles las gracias, los enviaba a destruir y matar con Pánfilo de Narváez, que era hombre fuerte y testarudo, por lo que habían hecho en servicio de Dios y del emperador, y porque acudieron al rey, como buenos vasallos, y no a él, no estando obligados, y que Narváez les tenía ya confiscados sus bienes, y hechas mercedes de ellos a otros, y los cuerpos condenados a horca y las famas puestas al tablero, no sin muchas injurias y befas que de todos hacía; cosas ciertamente no de cristiano, ni que ellos, siendo tales y tan buenos, querrían disimular y dejar sin el castigo que merecían, y aunque la venganza él y ellos la debían dejar a Dios, que da el pago a los soberbios y envidiosos, que le parecía no dejasen al menos gozar de sus trabajos y sudores a otros, que con sus manos lavadas venían a comer la sangre del prójimo, y que descaradamente iban contra otros españoles, levantando a los indios que los servían como amigos, y urdiendo guerras mucho peores que las civiles de Mario y Sila, ni que las de César y Pompeyo, que turbaron el imperio romano; y que él determinaba salirle al camino y no dejarle llegar a México, pues era mejor. Dios os salve que no quién está allá; y que si eran muchos, que valía más a quien Dios ayuda que no quien mucho madruga, y que buen corazón quebranta mala ventura, como el suyo de ellos, que estaba pasado por el crisol, desde que con él seguían las armas y la guerra; y también que de los de Narváez había muchos que se pasarían a él, que por eso les daba cuenta de lo que pensaba y hacía, para que los que quisiesen ir con él, que se preparasen, y los que no, que quedasen en buena hora a guardar México y a Moctezuma, que tanto montaba. Les hizo también muchos ofrecimientos si volvía con victoria. Los españoles dijeron que como él ordenase así lo harían. Mucho les indignó con esta plática, y en verdad temían la soberbia y ceguedad de Pánfilo de Narváez, y por otra parte a los indios, que ya tomaban alas con ver disensión entre españoles, y que los de la costa estaban con los otros.

Capítulo C. Ruegos de Cortés a Moctezuma
Tras esto, como los halló amigos y deseosos de lo mismo que él, habló a Moctezuma, para ir con menos cuidado y por saber lo que había en él, y le dijo razones semejantes a éstas:

«Señor, conocido tenéis el amor que os tengo y el deseo de serviros, y la esperanza de que a mí y a mis compañeros haréis, cuando nos vayamos, muy crecidas mercedes. Pues ahora os suplico me las hagáis en estaros siempre aquí, y miréis por estos españoles que con vos os dejo, y que os encomiendo, con el oro y joyas que les queda y que vos nos disteis; pues yo parto a decir a aquellos que hace poco llegaron en la flota, que vuestra alteza manda que yo me vaya, y que no haga daño ni enojo a vuestros súbditos y vasallos, ni entren en vuestras tierras, sino que se estén en la costa hasta que nosotros vayamos para poder embarcar e irnos, como es vuestra voluntad y merced; y si entre tanto que voy y vuelvo, alguno vuestro, de mal criado, necio o atrevido, quisiere enojar a los míos que en vuestra guarda quedan, mandaréis que estén quietos.»

Moctezuma prometió hacerlo así; y le dijo que si aquéllos eran malos y no hacían lo que les mandase, que se lo avisase, y él le enviaría gente de guerra que los castigase y echase fuera de su tierra; y si quería, le daría guías que le llevasen hasta el mar siempre por sus tierras; y mandaría que le sirviesen por el camino y le mantuviesen. Cortés le besó las manos por ello. Se lo agradeció mucho, y le dio un vestido de España y algunas joyas a un hijo suyo, y muchas cosas de rescate a otros señores que estaban allí en la plática. Mas no conoció de lo que entendía, o porque aún no le habían dicho nada de parte de Narváez, o porque disimuló gentilmente, alegrándose de que se matasen unos cristianos a otros, creyendo que por allí tendría más segura su libertad y se aplacarían sus dioses.

Capítulo CI. Prisión de Pánfilo de Narváez

Estaba tan bienquisto de aquellos españoles suyos Cortés, que todos querían ir con él, y así, pudo escoger a los que quiso llevar, que fueron doscientos cincuenta, con los que tomó en el camino a Juan Velázquez de León. Dejó a los demás, que eran otros doscientos, en guarda de Moctezuma y de la ciudad. Les dio por capitán a Pedro de Alvarado. Les dejó la artillería y cuatro fustas que había hecho para señorear la laguna, y les rogó que atendiesen solamente a que Moctezuma no se les fuese a Narváez, y a no salir del real y casa fuerte. Partió, pues, con aquellos pocos españoles y con ocho o nueve caballos que tenía, y muchos indios de servicio. Pasando por

Cholula y Tlaxcala fue bien recibido y hospedado. Quince leguas, o poco menos, antes de llegar a Cempoallan, donde estaba Narváez, tropezó con dos clérigos y con Andrés de Duero, su conocido y amigo, a quien debía dinero, que le prestó para acabar de dotar a la flota, que venía a decirle fuese a obedecer al general y teniente de gobernador Pánfilo de Narváez, y a entregarle la tierra y fuerzas de ella; que si no, procedería contra él como contra enemigo y rebelde, hasta ejecución de muerte; y si lo hacía, que le daría sus naos para irse, y le dejaría libre y seguro con las personas que quisiese. A esto respondió Cortés, que antes moriría que dejarle la tierra que había él ganado y pacificado por sus puños e industria, sin mandato del emperador; y si a gran tuerto le quería hacer guerra, que se sabría defender; y si vencía, como esperaba en Dios y en su razón, que no necesitaba sus naves, y si moría, mucho menos. Por eso, que le mostrase las provisiones y recaudos que del rey traía, porque, hasta no verlas antes y leerlas, no aceptaría ningún partido; y puesto que no se las había mostrado ni mostraba, era señal de que no las traía ni tenía. Y siendo así, que le rogaba, requería y mandaba se volviese con Dios a Cuba; y si no, que le prendería y enviaría a España con grillos, al emperador, para que lo castigase como merecían sus deservicios y alborotos. Y así, con esto, despidió a Andrés de Duero, y envió un escribano y otros muchos con poder y mandamiento suyo, a requerirle que se embarcase y no escandalizase más los hombres y tierra, que a más andar se le levantaban, y se fuese antes de que se recreciesen más muertes o males; y que si no, que para el día de Pascua del Espíritu Santo, que era de allí a tres días, sería con él. Pánfilo se burló de aquel mandamiento, prendió al que llevaba el poder, y se mofó fuertemente de Cortés, que con tan poca gente venía haciendo bravatas. Hizo alarde de su gente delante de Juan Velázquez de León, Juan de Río y los demás de Cortés que andaban y estaban con él en los tratos y conciertos. Halló ochenta escopeteros, ciento veinte ballesteros, seiscientos infantes, ochenta de a caballo; aun les dijo: «¿Cómo os defenderéis de nosotros, si no hacéis lo que queremos?». Prometió dinero a quien le trajese preso o muerto a Cortés, y lo mismo hizo Cortés contra Pánfilo. Hizo un caracol con los infantes, escaramuzó con los caballos, y jugó la artillería, para atemorizar a los indios; y por este temor el gobernador que allí cerca tenía Moctezuma le dio un presente de mantas y joyas de oro, en nombre del gran señor, y se le ofreció mucho. Narváez envió, como dicen, de nuevo otro mensaje a Moctezuma y a los caballeros de México, con los indios que llevaban el alarde pintado; y cuando le dijeron que Cortés venía cerca, salió a correr el campo, y el día de Pascua sacó sus ochenta caballos y quinientos peones, y fue una legua de donde ya Cortés llegaba. Mas, como no lo halló, pensó que los lenguas que se llevaba por espías se estaban burlando, y se volvió a su campamento casi ya de noche, y se durmió. Mas, por si los enemigos venían, puso por centinela en el camino, casi a una legua de Cempoallan, a Gonzalo de Carrasco y Alonso de Hurtado. Cortés anduvo el día de Pascua más de diez leguas con gran trabajo de los suyos. Poco antes de llegar dio su mandamiento por escrito a Gonzalo de Sandoval, su alguacil mayor, para que prendiese a Narváez, y le dio ochenta españoles de compañía con que lo hiciese. Los corredores de Cortés, que iban siempre buen trecho delante, dieron con las escuchas de Narváez. Cogieron a Gonzalo de Carrasco, que les dijo cómo tenía repartido Pánfilo de Narváez el aposento, gente y artillería. Alonso de Hurtado se les escapó, y fue a todo correr, y entró por el patio del aposento de Narváez, diciendo a voces: «Arma, arma que viene Cortés». A este ruido despertaron los dormidos, y muchos no lo creían. Cortés dejó los caballos en el monte, hizo algunas picas que faltaban para que todos los suyos llevasen sendas, y entró él delante en la ciudad y en el real de los contrarios a medianoche, que, por descuidarlos y no ser visto, aguardó a aquella hora. Mas, por bien que caminó, ya se sabía su venida por el centinela, que llegó media hora antes, y estaban ya todos los caballos ensillados, y muchos enfrenados, y los hombres armados. Entró tan silenciosamente, que antes de que fuese visto dijo: «Cierra y a ellos», aunque tocaban alarma. Andaban por allí muchos cocuyos, y pensaron que eran mechas de arcabuz. Si un tiro soltara huyeran. Dijeron a Narváez, cuando estaba poniéndose una cota: «Catad, señor, que entra Cortés». Respondió: «Dejadle venir, que me viene a ver». Tenía Narváez su gente en cuatro torrecillas con sus alas y aposentos, y él estaba en una de ellas con unos cien españoles, y en la puerta trece tiros, o según otros dicen, diecisiete, todos de latón. Hizo Cortés subir arriba a Gonzalo de Sandoval con cuarenta o cincuenta compañeros y el se quedó a la puerta para defender la entrada con veinte; los demás cargaron las torres; y así, no se pudieron socorrer los unos a los otros. Narváez, cuando sintió ruido junto a sí, quiso pelear, por más que fue requerido y rogado; y al salir de su cámara le dieron un picazo los de Cortés, que le sacaron un ojo. Echáronle luego mano, y arrastrando le llevaron escaleras abajo. Cuando se vio delante de Cortés, dijo: «Señor Cortés, tened en mucho la ventura de tener mi persona presa». Él le respondió: «Lo menos que yo he hecho en esta tierra, es haberos prendido». Luego le hizo aprisionar y llevar a la Villarrica, y le tuvo algunos años preso. Duró el combate muy poco, pues al cabo de una hora estaba preso Pánfilo y los demás principales de su hueste, y quitadas las armas a los demás. Murieron dieciséis de la parte de Narváez, y de la de Cortés dos solamente, que mató un tiro. No tuvieron tiempo ni lugar de poner fuego a la artillería, con la prisa que Cortés les dio, si no fue un tiro, con el que mataron a aquellos dos. Los tenían tapados con cera por la mucha agua. De aquí tuvieron pretexto los vencidos para decir que Cortés tenía sobornado al artillero y a otros. Mucha templanza tuvo aquí Cortés, pues, ni aun de palabra injurió a ninguno de los presos y rendidos, ni a Narváez, que tanto mal había dicho de él, estando muchos de los suyos con gana de vengarse, y Pedro de Malvenda, criado de Diego Velázquez, que venía como mayordomo de Narváez, recogió y guardó los navíos y toda la ropa y hacienda dé entrambos, sin que Cortés se lo impidiese. ¿Cuánta ventaja lleva un hombre a otro? ¿Qué hizo, dijo, pensó cada uno de estos dos capitanes? Pocas veces, o nunca por ventura, tan pocos vencieron a tantos de una misma nación, especialmente estando los muchos en lugar fuerte, descansados y bien armados.

Capítulo CII. Mortandad por viruelas
Costó esta guerra mucho dinero a Diego Velázquez, la honra y un ojo a Pánfilo de Narváez, y muchas vidas de indios que murieron, no a hierro, sino de enfermedad; y fue que, como la gente de Narváez salió a tierra, salió también un negro con viruelas, el cual las pegó en la casa que lo tenían en Cempoallan, y luego un indio a otro; y como eran muchos, y dormían y comían juntos, cundieron tanto en breve, que por toda aquella tierra anduvieron matando. En la mayoría de las casas morían todos, y en muchos pueblos la mitad, que como era nueva enfermedad para ellos, y acostumbraban

bañarse en todas las enfermedades, se bañaban con ella y se tullían; y hasta tienen por costumbre o vicio entrar en baños fríos saliendo de calientes, y por maravilla escapa hombre que las tuviese; y los que quedaron vivos, quedaban de tal suerte, por haberse rascado, que espantaban a los otros con los muchos y grandes hoyos que se les hicieron en la cara, manos y cuerpo. Les sobrevino el hambre, y no tanto de pan como de harina, porque, como no tienen molinos ni tahonas, no hacen otro las mujeres sino moler su grano de centli entre dos piedras, y cocer. Cayeron, pues, malas de las viruelas, y faltó el pan, y perecieron muchos de hambre. Olían tan mal los cuerpos muertos que nadie los quería enterrar, y con esto estaban llenas las calles; y para que no los echasen en ellas, dicen que derribaba la justicia las casas sobre los muertos. Llamaron los indios a este mal huizauatl, que suena la gran lepra. Desde la cual, como de cosa muy señalada, contaban después ellos sus años. Me parece que pagaron aquí las bubas que pegaron a los nuestros, según en otro capítulo tengo dicho.

Capítulo CIII. Rebelión de México contra los españoles
Conocía Cortés a casi todos los que venían con Narváez. Les habló cortésmente. Les rogó que olvidasen lo pasado, que así haría él, y que tuviesen por bien de ser sus amigos e irse con él a México, que era el más rico pueblo de indias. Les devolvió sus armas, pues muchos las habían perdido, y a muy pocos dejó presos con Narváez. Los de a caballo salieron al campo con ánimo de pelear, mas luego se entregaron por lo que les dijo y prometió. En fin, todos ellos, que no venían sino a gozar la tierra, se alegraron de ello, y lo siguieron y sirvieron. Rehizo la guarnición de Veracruz, y envió allí los navíos de la flota. Despachó doscientos españoles al río de Garay, y volvió a enviar a Juan Velázquez de León con otros doscientos a poblar en Coazacoalzo. Envió delante a un español con la noticia de la victoria, y él partió luego a México, no sin preocupación por lo suyos que allí estaban, a causa de los mensajes de Narváez a Moctezuma. El español que fue con las noticias, en lugar de albricias, tuvo heridas que le hicieron los indios alzados. Mas, aunque llegado, volvió para decir a Cortés que los indios estaban rebelados y con armas, y que habían quemado los cuatro fustes, combatido la casa y fuerte de los españoles, derribado una pared, minado otra, pegado fuego a

las municiones, quitado las vituallas, y llegado a tanto aprieto, que hubieran matado o prendido a los españoles si Moctezuma no les hubiera mandado dejar el combate; y aun con todo eso, no dejaron las armas ni el cerco; solamente aflojaron por complacer a su señor. Estas nuevas fueron muy tristes para Cortés, pues convirtieron su gozo en cuidado, y le hicieron apresurar el camino para socorrer a sus amigos y compañeros; y si hubiese tardado un poco más, no los hubiese hallado vivos, sino muertos o para sacrificar. La mayor esperanza que tuvo de no perderlos y perderse, fue no haberse ido Moctezuma. Hizo reseña en Tlaxcala de los españoles que llevaba, y eran mil peones y ciento de a caballo, pues llamó a los que había enviado a poblar. No paró hasta Tezcuco, donde no vio a los caballeros que conocía, ni le recibieron como otras veces, ni por el camino tampoco; antes bien halló la tierra, o despoblada o alborotada. En Tezcuco le llegó un español que Alvarado enviaba, a llamarle y certificarle de lo arriba dicho, y que entrase pronto porque con su llegada aflojaría la ira. Vino asimismo con el español un indio de parte de Moctezuma, que le dijo que de lo pasado el no era culpable, y que si traía enojo hacia él, que lo perdiese y se fuese al aposento de antes, donde él estaba, y los españoles también vivos y sanos, como los dejó. Con esto descansaron él y los demás españoles aquella noche, y al otro día, que era San Juan Bautista, entró en México a la hora de comer, con cien de a caballo y mil españoles, y gran muchedumbre de los amigos de Tlaxcala, Huexocinco y Cholula. Vio poca gente por las calles, no recibimiento, algunos puentes desbaratados y otras malas señales. Llegó a su aposento, y los que no cupieron en él, se fueron al templo mayor. Moctezuma salió al patio a recibirle, disgustado, según mostraba, de lo que los suyos habían hecho. Se disculpó, y entró cada uno en su cámara. Pedro de Alvarado y los demás españoles no cabían en sí de gozo con su llegada y la de tantos otros, que les daban las vidas, que tenían medio perdidas. Se saludaron unos a otros, y se preguntaron cómo estaban y venían, y cuanto los unos contaban de bueno, tanto los otros de malo.

Capítulo CIV. Causas de la rebelión
Quiso Cortés saber por entero la causa del levantamiento de los indios mexicanos. Lo preguntó a todos juntos. Unos decían que por lo que

Narváez les había enviado a decir, otros que por echarlos de México para que se fuesen, como estaba concertado, en teniendo navíos, pues peleando les gritaba: «íos, íos de aquí»; otros que por libertar a Moctezuma, pues en los combates decían: «Soltad nuestro Dios y rey si no queréis ser muertos»; quién decía que por robarles el oro, plata y joyas que tenían, y que valían más de 700.000 ducados, pues oían a los que llegaban cerca: «Aquí dejaréis el oro que nos habéis cogido»; quién que por no ver allí a los tlaxcaltecas y a otros que eran sus enemigos mortales; muchos, en fin, creían que por haberles derribado los ídolos de sus dioses, y por decírselo el diablo. Cada una de estas causas era bastante para que se rebelasen, cuanto más todas juntas. Pero la principal fue porque pocos días después de haberse ido Cortés hacia Narváez, vino cierta fiesta solemne que los mexicanos celebraban y la quisieron celebrar como solían, y para ello pidieron permiso a Pedro de Alvarado, que quedó de alcaide y teniente por Cortés, para que no pensase, según ellos decían, que se juntaban para matar a los españoles. Alvarado se lo dio, con tal que en el sacrificio no interviniese muerte de hombres ni llevasen armas. Se juntaron más de seiscientos caballeros y principales personas, y hasta algunos señores, en el templo mayor; otros dicen que más de mil. Hicieron grandísimo ruido aquella noche con atabales, caracolas, cornetas, huesos hendidos, con los que silban muy fuerte. Hicieron su fiesta, y desnudos, aunque cubiertos de piedras y perlas, collares, cintas, brazaletes y otras muchas joyas de oro, plata y aljófar, y con muy ricos penachos en la cabeza, bailaron el baile que llaman mazaualiztli, que quiere decir merecimiento con trabajo, y así al labrador llaman mazauali. Este baile es como el netoteliztli, que ya dije, pues ponen esteras en los patios de los templos, y encima de ellas los atabales. Danzan en corro, cogidos de las manos y por filas; bailan al son de los que cantan, y responden bailando. Los cantares son santos, y no profanos, en alabanza del Dios para el cual es la fiesta, para que les dé agua o grano, salud, victoria o porque les dio paz, hijos, sanidad y otras cosas así; y dicen los prácticos de esta lengua y ritos ceremoniales, que cuando bailan así en los templos hacen otras mudanzas muy diferentes que al netoteliztli, así con la voz como con movimientos del cuerpo, cabeza, brazos y pies, en que manifestaban sus conceptos, malos o buenos, sucios o loables. A este baile lo llaman los españoles areíto; que es vocablo de las islas de Cuba y Santo Domingo. Estando, pues, bailando aquellos caballeros mexicanos en el patio del templo de Vitcilopuchtli, fue allí Pedro de Alvarado. Si fue de su cabeza o por acuerdo de todos no lo sabría decir; mas de que unos dicen que fue avisado que aquellos indios, como principales de la ciudad, se habían juntado allí a concertar el motín y rebelión que después hicieron; otros, que al principio fueron a verlos bailar un baile tan elogiado y famoso, y viéndolos tan ricos, se llenaron de codicia por el oro que llevaban encima, y así tomó las puertas, cada una con diez o doce españoles, y él entró dentro con más de cincuenta, y sin duelo ni piedad cristiana, los acuchilló y mató, y quitó lo que tenían encima. Cortés, aunque lo debió de sentir, disimuló por no enojar a los que lo hicieron, pues estaba en tiempo en que los iba a necesitar mucho, o para contra los indios o para que no hubiese novedad entre los suyos.

Capítulo CV. Amenazas que hacían los de México a los españoles
Conocida la causa de la rebelión, les preguntó Cortés cómo peleaban los enemigos. Ellos dijeron que en cuanto cogieron las armas cargaron con furia muy grande, pelearon y combatieron la casa diez días consecutivos, en los cuales habían hecho los daños que ya sabía, y que por no dar lugar a que Moctezuma se marchase y se fuese a Narváez, como algunos decían, no se habían atrevido ellos a salir de casa a pelear por las calles, sino a defenderse solamente y guardar a Moctezuma, como se lo dejaran encargado; y que como eran pocos, y los indios muchos, y que de credo a credo se remudaban, que no solo se cansaban, sino que hasta desmayaban, y si a los mayores arrebatos no subía Moctezuma a una azotea y mandaba a los suyos que se estuviesen quietos, si lo querían vivo, ya estarían todos muertos, pues luego, en viéndole, cesaban. Dijeron también que como vino la noticia de la victoria contra Pánfilo, Moctezuma les mandó, y ellos quisieron aflojar y no pelear; no, según era fama, de miedo, sino porque, llegado él, los matasen a todos juntos; mas, sin embargo, que, arrepentidos, y comprendiendo que al llegar Cortés con tantos españoles tendrían más quehacer, volvieron a las armas y batería como la primera vez, y hasta con más gana y denuedo, de donde coligieron algunos que no era con voluntad de Moctezuma. Contaron asimismo muchos milagros: que como les faltase agua de beber, cavaron

en el patio de su aposento hasta la rodilla o poco más, y salió agua dulce, siendo el suelo salobre; que muchas veces ensayaron los indios quitar la imagen de nuestra Señora gloriosísima del altar donde Cortés la puso, y en tocándola se les pegaba la mano a los que tocaban, y en buen rato no se les despegaba, y despegada, quedaba con señal; y así, la tuvieron que dejar; que cargaron un día de duro combate el mayor tiro, y cuando le pusieron fuego para arredrar a los enemigos, no quiso salir; los cuales, cuando vieron esto, arremetieron muy denodadamente con terrible griterío, con palos, flechas, lanzas y piedras que cubrían la casa y calle, diciendo: «Ahora redimiremos a nuestro rey, libertaremos nuestras casas y nos vengaremos». Mas, al mejor hervor del combate, salió el tiro, sin cebarlos más ni ponerle fuego de nuevo, con espantoso sonido; y como era grande y tenía perdigones en la pelota, escupió muy fuerte, mató a muchos y los asombró a todos; y así se retiraron atónitos; que andaban peleando por los españoles Santa María y Santiago en un caballo blanco, y decían los indios que el caballo hería mataba tantos con la boca y con los pies y manos como el caballero con la espada, y que la mujer del altar les echaba polvos por las caras y los cegaba, y entonces, como no veían pelear, se iban a sus casas pensando estar ciegos, y allí se encontraban buenos; y cuando volvían a combatir la casa, decían: «Si no tuviéramos miedo a una mujer y al del caballo blanco, ya estaría derribada vuestra casa, y vosotros cocidos, aunque no comidos, pues no sois buenos de comer, que el otro día lo probamos, y amargáis; mas os hemos de echar a las águilas, leones, tigres y culebras, que os traguen por nosotros; pero con todo esto, si no soltáis a Moctezuma y os vais en seguida, pronto seréis muertos santamente, cocidos con chilmolli y comidos por animales salvajes, pues no sois buenos para estómagos de hombres; porque siendo Moctezuma nuestro señor y el Dios que nos da mantenimiento, os atrevisteis a prenderle y tocar con vuestras manos ladronas, y a vosotros, que cogéis lo ajeno, ¿cómo os aguanta la tierra, que no os traga vivos? Pero andad, que nuestros dioses, cuya religión profanasteis, os darán vuestro merecido; y si no lo hacen pronto, nosotros os mataremos y despojaremos después, y a esos hijos de ruines y apocados de Tlaxcala, vuestros esclavos, que no se irán sin castigo ni alabándose porque cogen las mujeres de sus señores y piden tributo a quien pechaban». Éstas y tales cosas braveaban y baladroneaban aquellos mexicanos; y los nuestros, que de puro miedo se les soltaba el vientre, los reprendían de semejantes boberías que se dejaban decir acerca de Moctezuma, diciéndoles que era hombre mortal, y no mejor ni diferente de ellos, que sus dioses eran vanos y su religión falsa, y la nuestra cierta y buena; nuestro Dios justo, verdadero criador de todas las cosas, y la mujer que peleaba era madre de Cristo, Dios de los cristianos, y el del caballo blanco era apóstol del mismo Cristo, llegado del cielo para defender a aquellos pocos españoles y matar a tantos indios.

Capítulo CVI. El apuro en que los mexicanos pusieron a los españoles

En oír esto, en mirar la casa y preparar lo necesario se pasó aquella noche, y luego, a la mañana siguiente, por saber qué intención tenían los indios con su llegada, dijo Cortés que hiciesen mercado, como acostumbraban, de todas las cosas, y ellos estar quietos. Entonces le dijo Alvarado que hiciese como que estaba enojado con él, y como que le quería prender y castigar por lo que hizo, pues le remordía la conciencia, pensando que así Moctezuma y los suyos se aplacarían y hasta rogarían por él. Cortés no hizo caso de aquello, antes bien, muy enojado, dijo, según dicen, que eran unos perros, y que con ellos no había necesidad de cumplimiento, y mandó luego a un principal caballero mexicano que allí estaba, que de todas maneras hiciesen mercado. El indio comprendió que hablaban mal de ellos, teniéndolos en poco más que bestias, y se enojó también él, y desdeñado, fue como que a cumplir lo que Cortés mandaba, y no fue sigo a vocear libertad y a publicar las palabras injuriosas que había oído, y en poco tiempo revolvió la feria, porque unos rompían los puentes, otros llamaban a los vecinos, y todos a una dieron sobre los españoles y les cercaron la casa con tanta gritería que no se oían. Tiraban tantas piedras, que parecía pedrisco; tantas flechas y dardos, que llenaban paredes y patio hasta el punto de no poder andar por él. Salió Cortés por una parte, y otro capitán por otra, con doscientos españoles cada uno, y pelearon con ellos los indios fuertemente, y les mataron cuatro españoles, hirieron a otros muchos de los nuestros y no murieron de ellos sino pocos, por tener la guardia cerca o en las casas, o detrás de los puentes y albarradas. Si arremetían los nuestros por las calles,

les cortaban los puentes; si a las casas, recibían mucho daño de las azoteas, con los cantos y piedras que de ellas arrojaban. Al retirarse, les persiguieron terriblemente. Prendieron fuego a la casa por muchos lados, y por uno de ellos se quemó un buen pedazo sin poderlo apagar hasta derribar sobre él unas cámaras y paredes, por donde hubieran entrado a escala vista, si no hubiese sido por la artillería, ballestas y escopetas que se pusieron allí. Duró la pelea y combate todo el día, hasta ser de noche, y ni aun entonces los dejaban con gritería y combates. No durmieron mucho aquella noche, teniendo que reparar los portillos de lo quemado y debilitado, curar los heridos, que eran más de ochenta, reparar los aposentos y ordenar la gente para pelear al otro día si fuese menester. En cuanto fue de día, cayeron sobre ellos más indios, y más fuerte que el día anterior, tanto que los artilleros, sin asestar, jugaban con los tiros. Ninguna mella hacían en ellos ballestas ni escopetas, ni trece falcones que siempre disparaban, porque aunque se llevaba el tiro diez, quince y hasta veinte indios, en seguida cerraban por allí, que parecía no haber hecho daño. Salió Cortés con otros tantos, como el día anterior; ganó algunos puentes, quemó algunas casas, y mató en ellas a muchos que se defendían dentro; mas eran tantos los indios, que ni se descubría el daño ni se sentía; y eran tan pocos los nuestros, que aun peleando todos durante las horas del día, no bastaban a defenderse, cuanto más a ofender. No fue muerto ningún español; mas quedaron heridos sesenta, de piedra o saeta, que hubo que curar aquella noche. Para remediar que de las casas y azoteas no recibiesen daño ni heridas, como hasta entonces, hicieron tres ingenios de madera, cuadrados, cubiertos y con sus ruedas, para llevarlos mejor. Cabía en cada uno veinte hombres con picas, escopetas y ballestas, y un tiro. Detrás de ellos habían de ir los zapadores para derrocar casas y albarradas, y para conducir y ayudar a andar el ingenio.

Capítulo CVII. Muerte de Moctezuma
Mientras que se hacían estos ingenios, no salían los nuestros a pelear, ocupados en la obra; solamente resistían. Mas los enemigos, pensando que todos estaban muy mal heridos, los combatían a más no poder, y hasta les decían denuestos y palabras injuriosas, y los amenazaban que si no les daban a Moctezuma, que les darían la más cruda muerte que jamás hom-

bre alguno llevó. Cargaban tanto y porfiaban a entrar en la casa, que rogó Cortés a Moctezuma se subiese a una azotea y mandase a los suyos cesar e irse. Subió, se puso al pretil para hablarlos, y nada más empezar, tiraron tantas piedras desde abajo y desde las casas fronterizas que de una que le acertó en las sienes le derribaron y mataron sus propios vasallos. Y no lo quisieran hacer más que sacarse los ojos. Ni lo vieron, porque un español lo tenía cubierto y amparado con una rodela para que no le diese en la cara alguna pedrada, que tiraban muchas; ni creyeron que estaba allí, por más señas y voces que les daba. Después, Cortés publicó la herida y peligro de Moctezuma, mas unos lo creían y otros no, todos peleaban a porfía. Tres días estuvo Moctezuma con dolor de cabeza, y al cabo se murió. Cortés, para que los indios viesen que moría de la pedrada que ellos le habían dado, y no del mal que él le hubiese hecho, lo hizo sacar a cuestas a dos caballeros mexicanos y presos, que dijeron la verdad a los ciudadanos; los cuales a la sazón estaban combatiendo la casa; mas ni por eso dejaron el combate ni la guerra, como muchos de los nuestros pensaban; antes bien, la hicieron mayor y sin ningún respeto. Al retirarse hicieron grandes llantos para enterrar al rey en Chapultepec. De esta manera murió Moctezumacín, que de los indios era tenido por Dios, y que era tan gran rey como se ha dicho. Pidió el bautismo, según dicen, por Carnestolendas; y no se lo dieron entonces por dárselo en la Pascua con la solemnidad que requería tan alto sacramento y tan poderoso príncipe, aunque hubiese sido mejor no alargarlo; mas como vino antes Pánfilo de Narváez, no se pudo hacer, y ya herido, se olvidó, con la prisa de pelear. Afirman que nunca Moctezuma, aunque por muchos fue requerido, consintió en muerte de ningún español, ni en daño a Cortés, a quien mucho quería. También hay quien dice lo contrario. Todos dan buenas razones; mas, sin embargo, no pudieron saber la verdad nuestros españoles, porque ni entonces entendían el lenguaje, ni después hallaron vivo a ninguno con quien Moctezuma hubiese comunicado este secreto. Una cosa sé decir: que nunca habló mal de los españoles, que no poco enojo y descontento era para los suyos. Dicen los indios que fue el mejor de su linaje y el mejor rey de México. Y es gran cosa que cuando los reinos están más florecientes y más encumbrados, entonces se caen y pierden o cambian señor, según cuentan las historias, y como lo hemos visto en Moctezuma y Atabaliba. Más perdieron nuestros españoles con la muerte de Moctezuma que los indios, si bien consideráis las muertes y destrozos que luego siguió a los unos, y el contento y descanso de los otros; pues muerto él, se quedaron en sus casas y tomaron nuevo rey. Fue Moctezuma ordenado en el comer; no vicioso, como otros indios, aunque tenía muchas mujeres. Fue dadivoso y muy franco con los españoles, y creo que también con los suyos; pues si fuera por astucia, y no por naturaleza, fácilmente se le hubiera conocido al dar en el semblante; que los que dan de mala gana mucho descubren el corazón. Cuentan que fue sabio: a mi parecer, o fue muy sabio, pues pasaba así por las cosas, o muy necio, que no las sentía. Fue tan religioso como belicoso, pues tuvo muchas guerras, en que se halló presente. Dicen que venció nueve batallas y otros nueve campos en desafío uno a uno. Reinó diecisiete años y algunos meses.

Capítulo CVIII. Combates que unos a otros se daban
Muerto que fue Moctezuma, envió a decir Cortés a sus sobrinos y a los otros señores y capitanes que sustentaban la guerra, que les quería hablar. Vinieron, y él les dijo desde aquella misma azotea donde le mataran, que puesto que había muerto Moctezuma, dejasen las armas y atendiesen a elegir otro rey y a enterrar el difunto, que se quería hallar en las honras como amigo. Y que supiesen cómo, por cariño a Moctezuma, que se lo rogaba, no les había ya derribado y asolado la ciudad, como a rebelde y obstinada. Mas puesto que ya no tenía a quién tener respeto, les quemaría las casas y los castigaría si no cesaba la guerra y eran sus amigos. Ellos respondieron que no dejarían las armas hasta verse libres y vengados; y que sin su consejo sabrían tomar el rey que por derecho les venía, pues los dioses les habían llevado su querido Moctezuma. Que del cuerpo harían lo que con otros reyes muertos. Y que si él quería ir a morar con los dioses y hacer compañía a su amigo, que saliese y lo matarían. Y que más querían guerra que paz, si había de estar en la ciudad. Y si se enojaba, que tendría dos males; pues ellos no eran como otros, que se rendían a palabras. Que también ellos, puesto que había muerto su señor, por cuya reverencia no les habían quemado las casas y a ellos asado y comido, le matarían si no se iba. Y una vez por todas, que saliese fuera, y que después hablarían de amistad.

Cortés, como los halló duros, comprendió que iba malo su partido, y que le decían que se fuese para cogerlo entre puentes. Tanto les rogaba por el daño que recibía como por el que hacía. Así que, viendo que las vidas y el mandar consistían en los puños y en tener fuerte corazón, salió una mañana con los tres ingenios, con cuatro tiros, con más de quinientos españoles y con tres mil tlaxcaltecas, a pelear con los enemigos, a derribar y quemar las casas. Arrimaron los ingenios a unas grandes casas que estaban junto a un puente. Echaron escalas para subir a las azoteas, que estaban llenas de gente, y comenzaron a combatirlas; mas pronto se volvieron al fuerte sin hacer cosa que dañase mucho a los contrarios, y con un español muerto y otros muchos heridos, y con los ingenios rotos. Fueron tantos los indios que al ruido cargaron, y apretaron de tal forma a los nuestros, que no les dieron lugar ni tiempo de soltar los tiros. Y los de aquella casa tiraron tantas piedras y tan grandes de las azoteas, que desbarataron los ingenios y los ingenieros. Y los hicieron volver más que a paso en poco tiempo. Cuando los hubieron encerrado, recobraron todas las casas y calles perdidas, y el templo mayor, en cuya torre se encastillaron quinientos hombres principales. Metieron muchos bastimentos, muchas piedras, muchas lanzas largas y con puntas de pedernal, anchas y agudas. Y en verdad, con ninguna arma hacían tanto daño como con piedras, ni tan a su salvo. Era fuerte aquella torre y alta, según ya dije, y estaba tan cerca del fuerte de los nuestros, que les hacía muy gran daño. Cortés, aunque con mucha tristeza, animaba siempre a los suyos, y siempre iba delante a las afrentas y peligros. Y por no estar acorralado, que no lo sufría su corazón, coge trescientos españoles y va a combatir aquella torre. La acometió tres o cuatro veces y otros tantos días, mas nunca la pudo subir, porque era muy alta y había muchos defensores con buenas piedras y armas, con las que por detrás le fatigaban mucho. Antes por el contrario, siempre acababan rodando gradas abajo y huyendo, de lo que, orgullosos los indios, seguían a los nuestros hasta las puertas del real. Y los españoles iban de hora en hora desmayando más, y muchos murmurando. Estaba su corazón con estas cosas como podéis pensar. Y porque los indios, con tener la torre y victorias, andaban más bravos que nunca, así en obras como en palabras, decide Cortés salir, y no volver sin ganarla. Se ató la rodela al brazo que tenía herido; fue, cercó y combatió la torre con muchos españoles, tlaxcaltecas y amigos; y aunque los de arriba la defendieron mucho y duramente, y derribaron a tres o cuatro españoles por las escaleras, y vinieron muchos a socorrerla, la subió y ganó, Pelearon arriba con los indios hasta que los hicieron saltar a unos pretiles y andenes que tenía la torre alrededor, un paso o más de anchos; los cuales eran tres, y uno dos estados más alto que otro, conforme a los sobrados de las capillas. Algunos indios cayeron al suelo por saltar de uno en otro, que además del golpe llevaron muchas estocadas de los nuestros que quedaron abajo. Españoles hubo que, abrazados con los enemigos, se arrojaron a los pretiles, y hasta de uno a otro, por matarlos o tirarlos al suelo; y así, no dejaron a ninguno vivo. Pelearon tres horas allá arriba, pues, como eran muchos indios, ni los podían vencer ni acabar de matar. Al fin, murieron los quinientos indios como valientes hombres. Y si hubiesen tenido armas iguales, más mataran que murieran, según el lugar y corazón tenían. No se halló la imagen de nuestra Señora, que al principio de la rebelión no podían quitar; y Cortés prendió fuego a las capillas y a otras tres torres, en las que se quemaron muchos ídolos. No perdieron coraje aunque perdieron la torre; con el cual, y por la quema de sus dioses, que les llegó al alma, hacían muchas arremetidas a la casa fuerte de los nuestros.

Capítulo CIX. Rehúsan los de México las treguas que Cortés pidió
Cortés, considerando la multitud de los enemigos, el ánimo, la porfía, y que ya los suyos estaban hartos de pelear, y hasta deseosos de irse, si los indios los dejaran, volvió a requerir con la paz y a rogar a los mexicanos por treguas, diciéndoles que morían muchos y no mataban ninguno, y que les demandaba para que reconociesen su daño y mal consejo. Ellos, más endurecidos que nunca, le respondieron que no querían paz con quien tanto mal les había hecho, matándoles sus hombres y quemándoles sus dioses, ni menos querían treguas, pues no tenían agua, ni pan, ni salud; y que si morían, que también mataban y herían, pues no eran dioses ni hombres inmortales para no morir como ellos; y que mirase cuánta gente aparecía por las azoteas, torres y calles, sin contar tres veces más que había en las casas, y hallaría que más pronto se acabarían sus españoles muriendo de uno en uno, que los vecinos de mil en mil, ni de diez mil en diez mil; porque,

acabados aquellos que veía, vendrían luego otros tantos, y tras aquéllos, otros y otros; mas, acabados él y los suyos, no vendrían más españoles, y ya que ellos no los matasen con armas, se morirían de heridas, de sed y de hambre, y aunque ya quisiesen irse, no podrían, por estar deshechos los puentes, rotas las calzadas, no teniendo barcas para ir por agua. En estas razones, que le dieron mucho que pensar y temer, les cogió la noche; y es cierto que el hambre solo, el trabajo y cuidado, los consumía, y consumiera sin otra guerra. Aquella noche se armaron la mitad de los españoles, y salieron muy tarde, y como los contrarios no peleaban a tales horas, quemaron fácilmente trescientas casas en una calle. Entraron en algunas, y mataron a los que hallaron dentro: quemáronse entre ellas tres azoteas cerca del fuerte, que les hacían daño. La otra mitad de españoles adobaban los ingenios y reparaban la casa. Como les fue bien en la salida, volvieron al amanecer a la calle y puente donde les desbarataran los ingenios; y aunque hallaron muchísima resistencia, como les iba en ello la vida, que de la honra ya no hacían tanto caudal, ganaron muchas casas con azoteas y torres, que quemaron; ganaron asimismo, de ocho puentes que tiene, cuatro de ellos, aunque estaban tan fuertes con barricadas de lodo y adobes, que apenas podían derribarlos los tiros. Las cegaron con los mismos adobes y con la tierra, piedras y madera de lo derrocado; quedó guarda en lo ganado, y se volvieron al real con muchas heridas, cansancio y tristeza, porque más sangre y ánimo perdían que tierra ganaban. Después, al otro día, por tener paso a tierra, salieron, ganaron y cegaron los otros cuatro puentes hasta tierra firme, tras los enemigos que huían; y estando Cortés cegando y allanando los puentes y malos pasos para los caballos, llegaron a decirle que estaban esperándole muchos señores y capitanes que querían la paz; por eso que fuese allá, y llevase un tlamacazque, que era de los sacerdotes principales y estaba preso, para tratar en los conciertos de ella. Cortés fue y lo llevó; se trató la paz, y el tlamacazque fue a que dejasen las armas y el cerco del real; empero, no regresó. Todo era fingido y por ver qué ánimo tenían los nuestros, o por recobrar el religioso, o por descuidarlos. Con tanto, se fueron todos a comer, que ya era hora; mas no bien se hubo sentado Cortés a la mesa cuando entraron algunos de Tlaxcala dando voces que los enemigos andaban con armas por la calle y habían recobrado los puentes perdidos y matado a la mayoría de los españoles que los guardaban. Salió entonces a la hora con los de a caballo que más a punto estaban, y algunos de a pie; rompió el cuerpo de los adversarios, que eran muchos, y los siguió hasta tierra. A la vuelta, como los españoles de a pie estaban heridos y cansados de pelear y guardar la calle, no pudieron sostener el ímpetu y golpe de los muchos contrarios que sobre ellos cargaron, y que llenaron tanto la calle, que además no podían volver a su aposento. Y no solo estaba llena la calle de gente, sino que hasta había por agua muchas canoas, y unos y otros apedrearon y agarrocharon a los nuestros bravísimamente, e hirieron a Cortés muy mal en la rodilla de dos pedradas, y luego corrió la voz por toda la ciudad que le habían matado, lo que no poco entristeció a los nuestros y alegró a los indios; mas él, aunque herido, animaba a los suyos y daba en los enemigos. En el último puente cayeron dos caballos, y uno de ellos se soltó e impidieron el paso a los que venían detrás. Revolvió Cortés sobre los indios e hizo al tanto de lugar; y allí pasaron todos los de a caballo, y él, que iba el último, hubo de saltar con su caballo con muy gran trabajo y peligro, y fue maravilla que no le prendieran; le dieron, con todo, de pedradas; con lo que se recogió al real ya bien tarde. Después de cenar envió a algunos españoles a guardar la calle y algunos puentes de ella, para que no los recobrasen los indios ni le fatigasen en casa por la noche, pues habían quedado muy ufanos con el buen suceso del día; aunque no acostumbraban ellos, según he dicho otras veces, pelear por la noche.

Capítulo CX. Cómo huyó Cortés de México
Cortés, viendo el negocio perdido, habló a los españoles para irse, y todos ellos se alegraron mucho de oírlo, pues no había casi ninguno que no estuviese herido. Tenían miedo de morir, aunque ánimo para morir; porque eran tantos indios, que aunque no hicieran sino degollarlos como a carneros, no bastaban. No tenían tanto pan como para atreverse a hartarse; no tenían pólvora, ni Pelotas, ni almacén ninguno; estaba medio destruida la casa, que no pocos se ocupaban en guardarla. Todas estas causas eran suficientes para desamparar a México y amparar sus vidas; aunque, por otra parte, les parecía mal caso volver la cara al enemigo, que las piedras se levantan contra el que huye. Especialmente temían el pasar los ojos de la calzada por

donde entraron, pues tenían quitados los puentes; así que por un lado los cercaban duelos, y por otro, quebrantos. Acordóse, pues, entre todos, el marcharse, y además, aquella noche, que era la de Botello; el cual presumía de astrólogo, o como lo llamaban, de nigromántico, y que había dicho muchos días antes que si se marcharan de México a cierta hora señalada de la noche, que era ésta, se salvarían, y si no, que no. Ora lo creyesen, ora no, todos, en fin, acordaron de irse aquella noche; y para pasar los ojos de la calzada hicieron un puente de madera, para ponerle y quitarle. Es muy de creer que todos se concertasen, y no lo que algunos dicen, que Cortés partió a cencerros tapados, y que se quedaron más de doscientos españoles en el mismo patio y real, sin saber de la partida; a quien después mataron, sacrificaron y comieron los de México; pues de la ciudad no se pudiera salir, cuanto más de una misma casa. Cortés dice que se lo requirieron. Llamó Cortés a Juan de Guzmán, su camarero, para que abriese una sala donde tenía el oro, plata, joyas, piedras, plumas y mantas ricas, para que delante de los alcaldes y regidores tomasen el quinto del rey sus tesoreros y oficiales, y les dio una yegua suya y hombres que lo llevasen y guardasen; dijo asimismo que cada uno cogiese lo que quisiese o pudiese del tesoro, que él se lo daba. Los de Narváez, hambrientos de aquello, cargaron de cuanto pudieron; mas caro les costó, porque a la salida, con la carga, no podían pelear ni andar, y así los indios mataron a muchos de ellos, los arrastraron y comieron. También los de a caballo llevaron de ello a las ancas; y en fin, todos llevaron algo, pues había más de 700.000 ducados, sino que, como estaban en joyas y piezas grandes, hacían gran volumen. El que menos tomó libró mejor, pues fue sin embarazo y se salvó; y aunque algunos digan que se quedó allí mucha cantidad de oro y cosas, creo que no, porque los tlaxcaltecas y los otros indios dieron saco y lo cogieron todo. Encargó Cortés a algunos españoles que llevasen a recaudo a un hijo y dos hijas de Moctezuma, a Cacama, y a otro hermano suyo y otros muchos grandes señores que tenían presos. Mandó a otros cuarenta que llevasen el pontón y a los indios amigos la artillería y un poco de centli que había; puso delante a Gonzalo de Sandoval y a Antonio de Quiñones; dio la retaguardia a Pedro de Alvarado, y él acudía a todas partes con cien españoles. Y así, en este orden, salieron de casa a medianoche en punto, y con gran niebla y muy callandito para no ser sentidos, y encomendándose a Dios para que los sacase con vida de aquel peligro y de la ciudad. Echó Cortés por la calzada de Tlacopan, por la que habían entrado, y todos le siguieron; pasaron el primer ojo con el puente artificial que llevaban. Los centinelas de los enemigos y los guardas del templo y ciudad sonaron entonces sus caracolas y dieron voces que se iban los cristianos; y en un salto, como no tienen armas ni vestidos que echar encima y los impidan, salió toda la gente tras ellos con los mayores gritos del mundo, diciendo: «¡Mueran los malos, muera quien tanto mal nos ha hecho!». Y así, cuando Cortés llegó a echar el pontón sobre el segundo ojo de la calzada, llegaron muchos indios que se lo impedían peleando; pero, al fin, hizo tanto que lo echó y pasó con cinco de a caballo y cien peones españoles, y con ellos aguijó hasta la tierra, pasando a nado los canales y quebradas de la calzada, pues su puente de madera ya estaba perdido. Dejó los peones en tierra con Juan Jaramillo, y volvió con los cinco de a caballo a por los demás y a meterles prisa para que caminasen; pero cuando llegó a ellos, aunque algunos peleaban intensamente, halló muchos muertos. Perdió el oro, el fardaje, los tiros y los prisioneros; y en fin, no halló hombre con hombre ni cosa con cosa de como lo dejó y sacó del real. Recogió a los que pudo, los echó delante, siguió tras ellos y dejó a Pedro de Alvarado para animar y recoger a los que quedaban; mas Alvarado, no pudiendo resistir ni sufrir la carga que los enemigos daban, y mirando la mortandad de sus compañeros, vio que no podía él escapar si atendía, y siguió tras Cortés con la lanza en la mano, pasando sobre españoles muertos y caídos, y oyendo muchas lástimas. Llegó al último puente y saltó al otro lado sobre la lanza. De este salto quedaron los indios espantados, y hasta los españoles, pues era grandísimo, y otros no pudieron hacerlo, aunque lo probaron, y se ahogaron. Cortés, entonces, se paró, y hasta se sentó, y no a descansar, sino a hacer duelo sobre los muertos y los que quedaban vivos, y pensar y decir el golpe que la fortuna le daba con perder tantos amigos, tanto tesoro, tanto mando, tan grande ciudad y reino; y no solamente lloraba la desventura presente, sino que temía la venidera, por estar todos heridos, por no saber adónde ir, y por no tener segura la guarida y amistad en Tlaxcala; y ¿quién no llorara viendo la muerte y estrago de aquellos que con tanto triunfo, pompa y regocijo habían entrado? Empero, para que no acabasen de perecer allí los que quedaban, caminando y peleando llegó a Tlacopan, que está en la tierra, fuera ya de la calzada. Murieron en el desconcierto de esta triste noche, que fue el 10 de julio del año 20 sobre 1500, cuatrocientos cincuenta españoles, cuatro mil indios amigos, cuarenta y seis caballos, y creo que todos los prisioneros. Quién dice más, quién menos; pero esto es lo más cierto. Si esto hubiese sido de día, quizá no murieran tantos ni hubiera tanto ruido; mas como pasó en noche oscura y con niebla, fue de muchos gritos, llantos, alaridos y espanto; pues los indios, como vencedores, voceaban victoria, invocaban sus dioses, ultrajaban a los caídos y mataban a los que en pie se defendían. Los nuestros, como vencidos, maldecían su desastrada suerte, la hora y quien allí los llevó. Unos clamaban a Dios, otros a Santa Maria, otros decían: «Ayuda, ayuda, que me ahogo». No se sabría decir si murieron tantos en agua como en tierra, por querer echarse a nado o saltar las quebradas y ojos de la calzada, y porque los arrojaban a ella los indios, no pudiendo vencerlos de otra manera. Y dicen que al caer el español en el agua, era con él el indio, y como nadan bien, los llevaban a las barcas y a donde querían, o los desbarrigaban. También andaban muchas calles a raíz de la calzada, peleando, y, como tiraban a bulto, daban a todos, aunque algo divisaban el vestido de los suyos, que parecían encamisados, y eran tantos los de la calzada, que se derribaban unos a otros al agua y a la tierra; y así, ellos se hicieron a sí mismos más daño que los nuestros, y si no se hubiesen detenido en despojar a los españoles caídos, pocos o ninguno dejaran vivos. De los nuestros tanto más morían cuanto más cargados iban de ropa, oro y joyas, pues no se salvaron más que los que menos oro llevaban y los que fueron delante o sin miedo; de manera que los mató el oro y murieron ricos. Cuando acabaron de pasar la calzada no siguieron los indios a nuestros españoles, o porque se contentaron con lo hecho, o porque no se atrevieron a pelear en lugar anchuroso, por ponerse a llorar a los hijos de Moctezuma, que hasta entonces nunca los habían conocido ni sabido que fuesen muertos. Grandes llantos y lamentaciones hicieron sobre ellos, mesándose la cabellera por haberlos matado ellos.

Capítulo CXI. Batalla de Otumba

No sabían en Tlacopan, cuando los españoles llegaron, cuán rotos y huyendo iban, y los nuestros se arremolinaron en la plaza sin saber qué hacer ni adónde ir. Cortés, que venía detrás para llevar a todos los suyos delante, los metió prisa para que saliesen al campo a lo llano, antes que los del pueblo se armasen y juntasen con más de cuarenta mil mexicanos que, acabado el llanto, venían ya picándole. Tomó la delantera, echó delante a los indios amigos que le quedaban, y caminó por unas tierras labradas. Peleó hasta llegar a un cerro alto, donde había una torre y templo, que ahora llaman por eso Nuestra Señora de los Remedios. Le mataron algunos españoles rezagados y muchos indios antes de que subiese arriba; perdió mucho oro de lo que había quedado, y demasiado fue librarse de la muchedumbre de enemigos, porque ni los veinticuatro caballos que le quedaron podían correr, de cansados y hambrientos, ni los españoles levantar los brazos, ni los pies del suelo, de sed, hambre, cansancio y pelear, pues en todo el día y la noche no habían parado ni comido. En aquel templo, que tenía buen aposento, se fortaleció. Bebieron, pero no cenaron nada o muy poco, y estuvieron mirando qué harían tantos indios que alrededor estaban como en cerco, gritando y arremetiendo, y porque no tenían de comer; guerra peor que la de los enemigos. Hicieron muchos fuegos de la leña del sacrificio, y hacia la medianoche, para que no fuesen sentidos, partieron. Mas como no sabían el camino, iban a tientas, quitando un tlaxcalteca que los guió, y dijo que los llevaría a su tierra si no lo impedían los de México; y con esto comenzaron a caminar. Cortés ordenó su gente, puso los heridos y ropa que había en medio; los sanos y los caballos los repartió en vanguardia y retaguardia. No pudieron ir tan silenciosamente como para no sentirlos los escuchas que estaban cerca; los cuales empezaron a llamar y vino mucha gente, que no hizo más que seguirlos hasta llegar el día. Cinco de a caballo, que iban delante a descubrir, tropezaron con algunos escuadrones de indios que los aguardaban para robarlos, y que al verlos creyeron venían allí todos los españoles, y huyeron. Mas reconociendo el poco número, pararon y se juntaron con los que venían detrás, y peleando los siguieron tres leguas, hasta que tomaron los nuestros una cuesta en la que había otro templo con una buena torre y aposento, donde se pudieron albergar aquella noche, pero no cenar. Al alba les hicieron los indios una buena acometida; empero, fue más el temor que el daño. Partieron de allí, y fueron a un pueblo grande por fragoso camino, por el cual hicieron poco mal los caballos en los enemigos, y ellos no mucho en los nuestros. Los del lugar huyeron a otro de miedo; y así, pudieron estar allí aquella noche y la siguiente, descansar y curar los hombres y bestias; mataron el hambre, y llevaron provisión, aunque no mucha, pues no había quién. Desde el momento en que partieron, los persiguieron infinidad de contrarios, que los acometían duramente y los fatigaban. Y como el indio de Tlaxcala que guiaba no sabía bien el camino, iban fuera de él. Al cabo llegaron a una aldea de pocas casas, donde durmieron aquella noche. A la mañana siguiente prosiguieron su camino, y tras ellos siempre los enemigos, que los fatigaron todo el día. Hirieron a Cortés con una honda tan mal, que se le pasmó la cabeza, o porque no le curaron bien al sacarle los cascos, o por el demasiado trabajo que pasó. Entró a curarse en un lugar yermo, y luego, para que no le cercasen, sacó de él a su gente; y caminando, cargó tanta muchedumbre sobre él, y peleó tan duramente, que hirieron cinco españoles y cuatro caballos, uno de los cuales se murió, y se lo comieron sin dejar, como dicen, pelo ni hueso. La tuvieron por buena cena, aunque no tuvieron demasiado siendo tantos. No había español que no pereciese de hambre. Dejo a un lado el trabajo y las heridas, cosas que cada una de ellas bastaba para acabarlos; sin embargo, nuestra nación española soporta más el hambre que otra ninguna, y éstos de Cortés más que todos, puesto que todavía no tenían tiempo para coger hierbas que le bastasen para comer. Al día siguiente, al llegar la mañana, partieron de aquellas casas; y porque tenía temor de la mucha gente que aparecía, mandó Cortés que los de a caballo pusiesen a las ancas a los más enfermos y heridos, y los que no lo estaban tanto, que se agarrasen de las colas y estribos, o hiciesen muletas y otros remedios para ayudarse y poder andar si no querían quedarse a dar buena cena a los enemigos. Sirvió mucho este aviso para lo que les esperaba, y hasta hubo español que llevó a otro a cuestas, y lo salvó así. Andado que hubieron una legua, en un llano salieron tantos indios a ellos, que cubrían el campo y que los cercaron a la redonda. Acosaron intensamente, y pelearon de tal suerte, que creyeron los nuestros ser aquél el último día de su vida, pues muchos indios hubo que se atrevieron a llegar a los españoles brazo a brazo y pie a pie; y aunque tranquilamente se los llevaban arrastrando, ya fuese por sobra de ánimo suyo, ya por falta en los nuestros, con los muchos trabajos, hambre y heridas, era muy lamentable ver de aquella manera llevar a los españoles y oír las cosas que iban diciendo. Cortés, que andaba a una y otra parte confortando a los suyos, y que veía muy bien lo que pasaba, encomendóse a Dios, llamó a san Pedro, su abogado, arremetió con su caballo por entre medias de los enemigos, rompió el cerco, llegó hasta el que llevaba el estandarte real de México, que era capitán general, y le dio dos lanzadas, de las que cayó y murió. En cayendo el hombre y el pendón, abatieron las banderas en tierra, y no quedó indio con indio, sino que en seguida se desparramaron cada uno por donde mejor pudo, y huyeron, que tal costumbre tienen en guerra, muerto su general y abatido el pendón. Recobraron los nuestros el coraje, los siguieron a caballo, y mataron una infinidad de ellos, tantos dicen, que no me atrevo a contarlos. Los indios eran doscientos mil, según afirman, y el campo donde esta batalla tuvo lugar se llama Otumba. No ha habido más notable hazaña ni victoria de Indias desde que se descubrieron; y cuantos españoles vieron pelear ese día a Hernán Cortés afirman que nunca hombre alguno peleó como él, ni acaudilló así a los suyos, y que él solo por su persona los libró a todos.

Capítulo CXII. Acogida que hallaron los españoles en Tlaxcala
Conseguida la victoria, y cansados de matar indios, se fueron Cortés y sus españoles a dormir a una casa que estaba en un llano, desde la cual se divisaban algunas sierras de Tlaxcala, que no poco los alegraron, aunque por otro lado les puso en cuidado si les serían amigos en tal tiempo hombres tan guerreros como los de allí; porque el desdichado, el vencido y el que huye, nada encuentra en su favor; todo le sale mal o al revés de lo que piensa y necesita. Cortés, aquella noche, fue atalaya de los suyos, y no tanto por estar más sano o descansado que los compañeros, sino porque siempre quería que fuese igual el trabajo para todos, como era común el daño y pérdida. Al ser de día caminaron por tierra llana recto a las sierras y provincias de Tlaxcala. Pasaron por una fuente muy buena, donde se refrescaron, que

según los indios amigos dijeron, partía términos entre mexicanos y tlaxcaltecas. Fueron a Huacilipan, lugar de Tlaxcala y de cuatro mil vecinos, donde fueron muy bien recibidos y provistos tres días que en él estuvieron descansando y curándose. Algunos del pueblo no quisieron darles nada sin que lo pagasen; sin embargo, la mayoría se portaron muy bien con ellos. Aquí vinieron Maxixca, Xicotencatlh, Acxotecatlh, y otros muchos señores de Tlaxcala y Huexocinco, con cincuenta mil hombres de guerra, los cuales iban a México a socorrer a los españoles, sabiendo las revueltas, y no la salida, daño y pérdida que llevaban. Otros dicen que, sabiendo que venían destrozados y huyendo, los salieron a consolar y a convidar a su pueblo, de parte de la república. En fin, ellos mostraron pena de verlos así, y placer por hallarlos allí. Lloraban y decían: «Bien os lo dijimos y avisamos, que los mexicanos eran malos y traidores, y no lo creísteis; sentimos vuestro mal y desastre. Si queréis, vamos allá, y venguemos esta injuria y las pasadas, y las muertes de vuestros cristianos y de nuestros ciudadanos; y si no, venid con nosotros, que en nuestras casas os curaremos». Cortés se alegró grandemente de hallar aquel amparo y amistad en tan buenos hombres de guerra; lo que venía dudando. Les agradeció, como era de razón, su venida y voluntad; les dio algunas de las joyas que quedaron; les dijo que tiempo habría para emplearlo contra los de México, y que al presente era necesario curar los enfermos. Aquellos señores les rogaron que, pues no quería volver a México, les dejase salir a combatir con los de Culúa, que aún andaban muchos por allí, dicen que más por robar que por otra cosa. Él les dio algunos españoles que estaban sanos o poco heridos, con los que fueron, pelearon, y mataron a muchos de ellos, y de allí en adelante no aparecieron más los enemigos. Luego se marcharon muy alegres y victoriosos a su ciudad, y tras ellos los nuestros. Les sacaron al camino, de comer, según dicen, veinte mil hombres y mujeres; pienso que la mayoría salieron por verlos, tanto era el cariño y afición que les tenían; o por saber de los suyos que habían ido a México; mas pocos volvían. En Tlaxcala fueron bien recibidos y tratados; pues Maxixca dio su casa y cama a Cortés, y a los demás españoles los hospedaron los caballeros y principales personas de la ciudad, y les hicieron mil regalos, de los cuales tanto más gozaron cuanto más destrozados venían; y creo que no habían dormido en cama quince días atrás. Mucho se debe a los de Tlaxcala por su lealtad y ayuda, especialmente en Maxixca, que arrojó por las gradas abajo del templo mayor a Xicotencatlh, porque aconsejó al pueblo que matase a los españoles para reconciliarse con los mexicanos; e hizo dos oraciones, una a los hombres y otra a las mujeres, en favor de los españoles, diciendo que no habían comido sal ni vestido algodón en muchos años sino desde que ellos eran sus amigos. También se preciaban mucho ellos mismos de esto, y de la resistencia y batalla que dieron a Cortés en Teoaccinco; y así, cuando hacen fiestas o reciben algún virrey, salen al campo sesenta o setenta mil de ellos a escaramuzar y pelear como pelearon con él.

Capítulo CXIII. Requerimiento que los soldados hicieron a Cortés
Había dejado Cortés allí en Tlaxcala, al tiempo que partió a México a verse con Moctezuma, 20.000 pesos de oro, y aún más que, después de sacado y enviado el quinto al rey con Montejo y Portocarrero, se quedaron sin repartir, con las cortesías que hubo entre él y los compañeros. Dejó también las mantas y cosas de pluma, por no llevar aquel embarazo y carga a donde no era menester, y lo dejó allí por ver cuán amigos y buenos hombres eran aquéllos; y con objeto de que, si en México no le faltase dinero, de enviarlos a Veracruz para repartir entre los españoles que allí quedaban por guarda y pobladores, pues era razón darles parte de lo que tuviesen. Cuando después volvió con la victoria de Narváez, escribió al capitán que enviase por aquella ropa y oro, y lo repartiese entre sus vecinos, a cada uno como merecía. El capitán envió por ello a cincuenta españoles con cinco caballos, los cuales a la vuelta fueron apresados con todo el oro y ropa, y muertos a manos de gente de Culúa, que con la venida y palabras de Pánfilo anduvieron levantados y robando muchos días. Mucho sintió Cortés, cuando lo supo, tanta pérdida de españoles y de oro. Y temiendo no les hubiese ocurrido algún mal semejante o guerra a los españoles de Veracruz, envió allí un mensajero, el cual, cuando volvió, dijo que todos estaban sanos y buenos, y los comarcanos seguros y pacíficos; de lo que gran alegría tuvo Cortés, y aun los demás, que deseaban ir allá y él no les dejaba, por lo cual todos bramaban y murmuraban de él diciendo: «¿Qué piensa Cortés? ¿Qué quiere hacer de nosotros? ¿Por qué nos quiere tener aquí, donde muramos de mala muerte? ¿Qué le

merecemos para que no nos deje ir? Estamos descalabrados, tenemos los cuerpos llenos de heridas, podridos, con llagas, sin sangre, sin fuerza, sin vestidos; nos vemos en tierra ajena, pobres, flacos, enfermos, cercados de enemigos, y sin esperanza ninguna de subir de donde caímos. Muy locos y necios seríamos si nos dejásemos meter en otro peligro semejante al pasado. No queremos morir locamente como él, que con la insaciable sed que de gloria y mando tiene, no estima su muerte, cuanto más la nuestra, y no mira que le faltan hombres, artillería, armas y caballos, que hacen la guerra en esta tierra, y que le faltará la comida, que es lo principal. Yerra, y de verdad mucho lo yerra, en confiarse de éstos de Tlaxcala, gente, como todos los indios son, liviana, mudable, amiga de novedades, y que querrá más a los de Culúa que a los de España; y que si bien ahora disimulan y temporizan con él, en viendo ejército de mexicanos sobre sí, nos entregarán vivos a que nos coman y sacrifiquen; pues es cierto que nunca pega bien ni dura la amistad entre personas de diferente religión, traje y lenguaje». Tras estas quejas, hicieron un requerimiento a Cortés en forma, de parte del rey y en nombre de todos, que sin poner excusa ni dilación saliese en seguida de allí y se fuese a Veracruz antes de que los enemigos cortasen los caminos, tomasen los puertos, alzasen las vituallas, y se quedasen ellos allí aislados y vendidos; puesto que mucho mejor aparejo podía tener allí para rehacerse si quería volver sobre México, o para embarcarse si fuese necesario. Algo turbado y confuso se halló Cortés con este requerimiento, y por la determinación que tenían comprendió que todo era por sacarlo de allí, y después hacer de él lo que quisiesen; y como esto estaba muy lejos de su propósito, les respondió así:

Capítulo CXIV. Oración de Cortés en respuesta del requerimiento
«Yo, señores, haría lo que rogáis y mandáis, si os cumpliese; pues no hay ninguno de vosotros, cuanto más todos juntos, por quien no ponga mi hacienda y vida si lo necesita, pues a ello me obligan cosas que, si no soy ingrato, jamás las olvidaré. Y no penséis que no haciendo esto que ahincadamente pedís disminuyo o desprecio vuestra autoridad, pues muy cierto es que con hacer al contrario la engrandezco y le doy mayor reputación; porque yéndonos se acabaría, y quedando, no solo se conserva, sino que

se acrecienta. ¿Qué nación de las que mandaron el mundo no fue vencida alguna vez? ¿Qué capitán, de los famosos hablo, se volvió a su casa porque perdiese una batalla o le echasen de algún lugar? Ninguno ciertamente; pues si no perseverara no saliera vencedor ni triunfara. El que se retira, huyendo parece que va, y todos le chiflan y persiguen; al que hace rostro, muestra ánimo y está quieto, todos le favorecen o temen. Si salimos de aquí pensarán estos amigos nuestros que lo hacemos de cobardes, y no querrán más nuestra amistad; y nuestros enemigos, que de miedosos; y así, no nos temerán, lo que sería harto menoscabo de nuestra estimación. ¿Hay alguno de nosotros que no tuviese por afrenta si le dijesen que huyó? Pues cuantos más somos tanto mayor vergüenza sería. Me maravillo de la grandeza de vuestro invencible corazón en batallar, pues soléis ser codiciosos de guerra cuando no la tenéis, y bulliciosos teniéndola; y ahora que se os ofrece, tal, y tan justa y tan loable, la rehusáis y teméis: cosa muy ajena de españoles y muy fuera de vuestra condición. ¿Por ventura la dejáis porque a ello os llama y convida quien mucho blasona del arnés y nunca se le viste? Nunca hasta aquí se vio en estas Indias y Nuevo Mundo que los españoles echasen atrás un pie por miedo, ni aun por hambre ni heridas que tuviesen, y ¿queréis que digan: «Cortés y los suyos se volvieron estando seguros, hartos y sin peligros»? Nunca Dios tal permita. Las guerras consisten mucho en la fama; pues ¿qué mayor que estar aquí, en Tlaxcala, a despecho de vuestros enemigos, y publicando guerra contra ellos, y que no se atrevan a venir a enojaros? Por donde podéis conocer cómo estáis aquí más seguros y fuertes que fuera de aquí. Por el hecho de que en Tlaxcala tenéis seguridad, fortaleza y honra; y además de esto, toda clase de medicinas necesarias y convenientes a vuestra cura y salud, y otros muchos regalos con que cada día vais mejorando, que callo, y que donde nacisteis no los tendríais tales. Yo llamaré a los de Coazacoalco y Almería, y así seremos muchos españoles; y aunque no viniesen, demasiados somos; que menos éramos cuando por esta tierra entramos y ningún amigo teníamos; y como bien sabéis, no pelea el número, sino el ánimo; no vencen los muchos, sino los valientes. Y yo he visto que uno de esta compañía ha desbaratado un ejército, como hizo Jonás, y muchos, que cada uno por sí ha vencido mil y diez mil indios, igual que David contra los filisteos. Caballos pronto me vendrán de las islas; armas y artillería en seguida traeremos de Veracruz, que hay demasiado y está cerca. De las vituallas perded temor y cuidado, que yo os proveeré abundantísimamente, cuando más que siempre siguen ellas al vencedor y que señorea el campo, como haremos nosotros con los caballos. Por los de esta ciudad, salgo fiador de que os serán leales, buenos y perpetuos amigos, que así me lo prometen y juran. Y si otra cosa quisiesen, ¿cuándo mejor tiempo tendrán del que han tenido estos días, en que yacíamos dolientes en sus camas y propias casas, solos, mancos y, como decís, podridos? Los cuales, no solamente os ayudarán como amigos, sino que también os servirán como criados, que más quieren ser vuestros esclavos que súbditos de mexicanos: tanto odio les tienen, y a vosotros tanto amor. Y para que veáis ser esto, y todo lo que dicho tengo, así quiero probarlos y probaros contra los de Tepeacac, que mataron hace ya días doce españoles; y si nos fuese mal con esta ida, haré lo que pedís; y si bien, haréis lo que os ruego.»

Con esta plática y respuesta perdieron el antojo que tenían de irse de Tlaxcala a Veracruz, y dijeron que harían cuanto mandase. La causa de ello debió de ser aquella esperanza que les dio para después de la guerra de Tepeacac; o mejor dicho, porque nunca el español dice a la guerra que no, pues lo tiene por deshonra y caso de menos valer.

Capítulo CXV. Guerra de Tepeacac

Quedó Cortés muy descansado con esto, y libre de aquel cuidado que tanto le fatigaba; y verdaderamente, si él hubiera hecho lo que los compañeros querían, nunca recobrara México, y ellos hubieran muerto por el camino, pues tenían pasos que pasar; y si acaso pasaran, tampoco se hubieran detenido en Veracruz, sino que se hubiesen ido, como tenían intención, a las islas; y así, México se perdiera de veras, y Cortés hubiese quedado destruido y con poca reputación. Mas él, que lo entendió muy bien, tuvo el esfuerzo y la cordura que hemos contado. Cortés curó de sus heridas, y los compañeros también de las suyas. Algunos españoles murieron por no haber curado desde el principio las llagas, dejándolas sucias o sin atar, y de debilidad y trabajo, según decían los cirujanos. Otros quedaron cojos, otros mancos, que no poca lástima y pérdida era. La mayoría, en fin, curaron y sanaron muy bien; y así, después de veinte días de llegar allí, ordenó Cortés de hacer guerra a los de Tepeaca o Tepeacac, pueblo grande y no lejano, porque habían matado a doce españoles que venían de Veracruz a México; y porque, siendo de la Liga de Culúa, les ayudaban los mexicanos y hacían daño en tierra de Tlaxcala, como decía Xicotencatlh. Rogó a Maxixca y a otros señores de aquéllos que se fuesen con él. Ellos lo consultaron con la república, y a consejo y voluntad de todos, le dieron más de cuarenta mil hombres de pelea, y muchos tamemes para cargar, y bastimentos y otras provisiones. Fue, pues, con aquel ejército y con los caballos y españoles que pudieron caminar. Les requirió que, en satisfacción de los doce españoles, fuesen sus amigos, obedeciesen al emperador, y no acogiesen más en sus casas y tierra mexicano ninguno ni hombre de Culúa. Ellos respondieron que si mataron a los españoles fue con justa razón, pues en tiempo de guerra quisieron pasar por su tierra por fuerza y sin pedir licencia, y que los de Culúa y México eran sus amigos y señores, y no dejarían de tenerlos en sus casas siempre que a ellos quisiesen venir, y que no querían su amistad ni obedecer a quien no conocían; por tanto, que se volviesen a Tlaxcala si no deseaban la muerte. Cortés les invitó con la paz otras muchas veces, y como no la quisieron, les hizo la guerra muy de veras. Los de Tepeacac, con los de Culúa, que iban a su favor, estaban muy bravos. Cogieron los pasos fuertes y defendieron la entrada, y como eran muchos, y entre ellos había hombres valientes, pelearon muy bien y muchas veces. Mas al cabo fueron vencidos y muertos sin matar ningún español, aunque mataron a muchos tlaxcaltecas. Los señores y republica de Tepeacac, viendo que ni sus fuerzas ni las de los mexicanos bastaban a resistir a los españoles, se dieron a Cortés por vasallos del emperador, accediendo a echar de todas sus tierras a los de Culúa, y a dejarle castigar como quisiese a los que mataron a los españoles; por lo cual Cortés, y porque estuvieron muy rebeldes, hizo esclavos a los pueblos que se hallaron en la muerte de aquellos doce españoles, y de ellos sacó el quinto para el rey. Otros dicen que sin convenio los tomó a todos, y los castigó así en venganza, y por no haber obedecido sus requerimientos, por putos, por idólatras, por comer carne humana, por rebeldía que tuvieron, para que temiesen los demás, y porque eran muchos y, si así no los trataba, volverían a rebelarse. Como quiera que ello fue, él los tomó por esclavos, y en poco más de veinte días que la guerra duró, dominó y pacificó aquella provincia, que es muy grande. Echó de ella a los de Culúa, derribó los ídolos, le obedecieron los señores, y para mayor seguridad fundó una villa, que llamó Segura de la Frontera, y nombró un cabildo que la guardase, para que, puesto que el camino de Veracruz a México es por allí, fuesen y viniesen seguros los españoles e indios. Ayudaron en esta guerra como amigos verdaderos los de Tlaxcalla, Huexocinco y Cholula, y dijeron que lo mismo harían contra México, y aun mejor. Con esta victoria cobraron ánimo los españoles y mucha fama por toda aquella comarca, que los tenía por muertos.

Capítulo CXVI. Cómo se dieron a Cortés los de Huacacholla matando a los de Culúa

Estando Cortés en Segura, llegaron a él unos mensajeros del señor de Huacacholla secretamente a decirle que se le daría con todos sus vasallos si los libraba de la servidumbre de los de Culúa, que no solo les comían sus haciendas, sino que les cogían sus mujeres y les hacían otras fuerzas y demasías; y que en la ciudad estaban aposentados los capitanes con muchos otros soldados, y por las aldeas y comarca. Y en Mexinca, que estaba cerca, habían otros treinta mil para defenderle la entrada a tierra de México, y si mandaba que fuese o enviase españoles, podría con su ayuda apoderarse de aquellos capitanes. Muchísimo se alegró Cortés con tal mensaje; y, ciertamente, era cosa para alegrarse, porque comenzaban a ganar tierra y reputación más de lo que pensaban poco antes los suyos. Alabó al Señor, honró a los mensajeros, les dio más de trescientos españoles, trece de a caballo, treinta mil tlaxcaltecas y de los otros indios amigos que tenía en su ejército, y los envió. Ellos fueron a Cholula, que está a ocho leguas de Segura, y luego, caminando por tierra de Huexocinco, dijo uno de allí a los españoles que iban vendidos; porque era trato doble entre Huacacholla y Huexocinco, llevados así para matarlos allí en su lugar, que era fuerte, por contentar a los de Culúa, con quienes estaban recién confederados y amigos. Andrés de Tapia Diego de Ordás y Cristóbal de Olid, que eran los capitanes: o por miedo, o por mejor entender el caso, prendieron a los mensajeros de Huacacholla y a los capitanes y personas principales de Huexocinco que iban con él, y se volvieron a Cholula, y desde allí enviaron los presos a

Cortés con Domingo García de Alburquerque, y una carta en que le avisaban del asunto, y de cuán atemorizados quedaban todos. Cortés, cuando leyó la carta, habló y examinó a los prisioneros, y averiguó que sus capitanes habían entendido mal; porque, como estaba concertado que aquellos mensajeros tenían que meter a los nuestros sin ser sentidos en Huacacholla y matar a los de Culúa, entendieron que querían matar a los españoles, o aquel que se lo dijo les engañó. Soltó y dio satisfacciones a los capitanes y mensajeros, que estaban quejosos, y se fue con ellos, para que no aconteciese algún desastre en sus compañeros, y porque se lo rogaron. El primer día fue a Cholula, y el segundo a Huexocinco. Allí acordó con los mensajeros cómo y por dónde había de entrar en Huacacholla, y que los de la ciudad cerrasen las puertas del aposento de los capitanes, para que mejor y más pronto los prendiesen o matasen. Ellos partieron aquella noche, e hicieron lo prometido, pues engañaron a los centinelas, cercaron a los capitanes y pelearon con los demás. Cortés salió una hora antes de amanecer, y a las diez del día estaba ya sobre los enemigos, y poco antes de entrar en la ciudad salieron a él muchos vecinos con más de cuarenta prisioneros de Culúa, en señal de que habían cumplido su palabra, y lo llevaron a una gran casa donde estaban encerrados los capitanes, y peleando con tres mil del pueblo que los tenían cercados y en aprieto. Con su llegada cargaron unos y otros sobre ellos con tanta furia y muchedumbre, que ni él ni los españoles pudieron impedir que los matasen a casi todos. De los otros murieron muchos antes de que llegase Cortés, y cuando llegó, huyeron hacia los demás de su guarnición, pues ya venían treinta mil de ellos a socorrer a sus capitanes; los cuales llegaron a prender fuego a la ciudad al tiempo que los vecinos estaban ocupados y embelesados en combatir y matar enemigos. Cuando Cortés lo supo, salió a su encuentro con los españoles. Les rompió el cerco con los caballos, y los atrajo a una muy alta y grande cuesta; en la cual cuando acabaron de subir, ni ellos ni los nuestros se podían rodear. Y así, quedaron estancados dos caballos, y uno de ellos murió, y muchos de los enemigos cayeron al suelo, de puro cansados y sin herida ninguna, y se ahogaron de calor, y como luego sobrevinieron nuestros amigos, y comenzaron de refresco a pelear, en poco rato estaba el campo vacío de vivos y lleno de muertos. Tras esta matanza, los de Culúa abandonaron sus estancias, y los nuestros fueron allí y las quemaron y saquearon. Fue digno de ver el aparato y vituallas que en ellas tenían, y qué adornados estaban ellos con oro, plata y plumajes. Llevaban lanzas mayores que picas, pensando con ellas matar los caballos; y en verdad, si lo hubiesen sabido hacer, bien pudieran. Tuvo Cortés este día en campo más de cien mil hombres con armas, y tanto era de maravillar la brevedad con que se juntaron, cuanto la muchedumbre. Huacacholla es lugar de cinco mil y pico de vecinos. Está en un llano y entre dos ríos, que, con las muchas y hondas barrancas que tienen, hacen pocas entradas al lugar, y éstas tan malas, que apenas se puede subir a caballo. La cerca es de cal y canto, ancha, cuatro estados de alta, con su pretil para pelear, y solamente con cuatro puertas estrechas, largas y de tres vueltas de pared. Muchas piedras, por todas partes, para tirar; así que con poca defensa las hubiesen guardado los de Culúa, si hubiesen estado avisados. Por un lado tiene muchos cerros muy ásperos, y por el otro gran llanura y labranza. En el término y jurisdicción habrá otra tanta vecindad. Tres días estuvo Cortés en Huacacholla, y allí le enviaron algunos mensajeros de Ocopaxuin, que está a cuatro leguas y junto al volcán que llaman Popocatepetl, a dársele, y a decir que su señor se había ido con los de Culúa, y le rogaban que tuviese a bien lo fuese un hermano suyo que le era muy aficionado y amigo de españoles. Él los recibió en nombre del emperador, y les dejó tomar al que pedían por señor, y partió.

Capítulo CXVII. La toma de Izcuzan
Estando Cortés en Huacacholla, le dijeron que en Izcuzan, a cuatro leguas de allí, había gente de Culúa que lo amenazaba y que hacía daño a sus enemigos; fue allá, entró por la fuerza, lanzó fuera a los enemigos, unos por las puertas, y otros saltando por los adarves. Los siguió legua y media; prendió a muchos, y en fin, de seis mil que eran los que guardaban el pueblo, pocos escaparon de sus manos, y de un río que cerca de la ciudad pasa, en el cual se ahogaron muchos, por haberle cortado el puente para su seguridad y fortaleza. De los nuestros, los de a caballo pasaron pronto, mas los otros se detuvieron mucho. Ya Cortés tenía entonces ciento veinte mil combatientes, y más gente, que con la fama y victoria concurrían a su ejército desde muchas ciudades y provincias. Izcuzan es lugar de comercio,

especialmente de fruta y algodón. Tiene tres mil casas, buenas calles, cien templos con cien torres, y una fortaleza en un cerrillo; lo demás está en llano. Pasa por allí un río que la rodea de grandes barrancos, en los cuales, y alrededor, hay una pared de piedra con su pretil, en donde tenían muchos ruejos. Cerca hay un buen valle, redondo, fértil y que se riega con acequias hechas a mano. El pueblo quedó desierto de gente y ropa, pues pensando defenderlo, se habían ido todos a lo alto y espeso de la sierra que está al lado. Los indios amigos de Cortés cogieron lo que encontraron, y él quemó los ídolos y hasta las torres. Soltó a dos presos para que fuesen a llamar al señor y vecinos, dándoles su palabra de no hacerles mal. Con esta seguridad, y porque todos deseaban volver a sus casas, pues los españoles no enojaban a quien se les entregaba, vinieron al tercer día algunos principales del pueblo a entregarse y a pedir perdón para todos. Cortés los perdonó y recibió; y así, al cabo de dos días estaba Izcuzan tan poblada como antes, y los presos sueltos; excepto que el señor no quiso venir, por temor, o por ser pariente del señor de México; y por esta causa hubo debate entre los de Izcuzan y los de Huacacholla sobre quién sería señor, pues los de Izcuzan querían que lo fuese un hijo bastardo de uno de sus señores que había matado Moctezuma. Los otros decían que fuese un nieto del ausentador, porque era hijo del señor de Huacacholla. En fin, Cortés interpuso su autoridad, y acordaron que fuese éste, y no el bastardo, por ser legítimo y pariente muy cercano de Moctezuma por vía de mujer; que como en otro lugar se dirá, es costumbre en esta tierra que hereden al padre los hijos que tiene en parientas de los reyes de México, aunque tengo otros mayores; y como era un niño de diez años, mandó Cortés que lo tuviesen, criasen y gobernasen dos caballeros de Izcuzan y uno de Huacacholla. Estando apaciguando esta diferencia y tierra, vinieron embajadores de ocho pueblos de la provincia de Claoxtomacan, que está a cuarenta leguas de allí, a ofrecer gente a Cortés y a entregársele, diciendo que no habían matado español ninguno ni tomado armas contra él. Era tanta su nombradía, que corría por muchas tierras, y todos los tenían por más que hombre; y así, le venían a porfía de muchas partidas embajadas; mas, porque no fueron tan importantes como ésta, no se cuentan.

Capítulo CXVIII. La mucha autoridad que Cortés tenía entre los indios

Hechas todas estas cosas, se volvió Cortés a Segura, y cada indio a su casa, menos los que sacó de Tlaxcala; y de allí, por no perder tiempo para la guerra de México ni ocasión en las demás, pues le sucedían tan prósperamente, despachó un criado suyo a Veracruz, para que, Con cuatro navíos que estaban allí de la flota de Pánfilo, fuese a Santo Domingo por gente, caballos, espadas, ballestas, artillería, pólvora y munición; por paño, lienzo, zapatos y otras muchas cosas. Escribió al licenciado Rodrigo de Figueroa sobre ello y a la Audiencia, dándole cuenta de sí y de lo que había hecho desde que fue echado de México, y pidiéndole favor y ayuda para que aquel criado suyo trajese buen recado y pronto. Envió asimismo veinte de a caballo y doscientos españoles y mucha gente de amigos, a Zacatami y Xalacinco, tierras sujetas a mexicanos, y en camino para venir de Veracruz, que estaban en armas hacía días y habían matado algunos españoles al pasar por allí. Ellos fueron allá, hicieron sus protestos y amonestaciones, pelearon, y aunque se templaron, hubo muertes, fuego y saqueo. Algunos señores y muchos principales hombres de aquellos pueblos vinieron a Cortés, tanto por fuerza como por ruegos, a entregarse, pidiendo perdón, y prometiendo no tomar otra vez armas contra españoles. Él los perdonó, y envió amigos; y así, se volvió el ejército. Cortés, por celebrar la Navidad, que era de ahí a doce días, en Tlaxcala, dejó un capitán con sesenta españoles en aquella nueva villa de Segura de la Frontera, para guardar el paso. Y para asustas a los pueblos comarcanos envió delante todo su ejército, y él se fue, con veinte de a caballo, a dormir a Colunan, ciudad amiga que tenía deseos de verlos y hacer con su autoridad muchos señores y capitanes en lugar de los que habían muerto de viruelas. Estuvo en ella tres días, en los cuales se declararon los nuevos señores, que después le fueron muy amigos. Al otro día llegó a Tlaxcala, que hay seis leguas, donde fue triunfalmente recibido. Y ciertamente, él hizo entonces una jornada dignísima de triunfo. Había ya fallecido su gran amigo Maxixca con las viruelas del negro de Pánfilo de Narváez, de que hizo sentimiento con luto, a estilo de España. Dejó hijos, y al mayor, que sería de doce años, nombró señor del estado del padre, a ruego también de la república, que dijo le pertenecía. No pequeña gloria es la suya, dar y quitar señoríos, y que tanto respeto le tuviesen o temor, que nadie se atreviese sin su licencia y voluntad aceptar la herencia y estado de los padres. Se preocupó Cortés de que las armas de todos se preparasen muy bien. Metió prisa en hacer bergantines, pues la madera ya estaba cortada de antes de que fuese a Tepeacac. Envió a Veracruz por velas, jarcia, clavazón, sogas y las demás cosas necesarias que allí había de los navíos que echó a pique. Y como faltaba pez, y en aquella tierra ni la conocen ni la usan, mandó a algunos marineros españoles que la hiciesen en una sierra que está cerca de la ciudad.

Capítulo CXIX. Bergantines que hizo construir Cortés y españoles que juntó contra México

Era tanta la fama de la prosperidad y riqueza de Cortés al tiempo que tenía en su poder a Moctezuma, y con la victoria contra Pánfilo de Narváez, que todos los españoles de Cuba, Santo Domingo y las demás islas se iban con él de veinte en veinte y como podían, aunque a muchos de los que fueron les costó la vida, pues en el camino los mataron los hombres de Tepeacac y Xalacinco, según queda dicho, y otros, que por verlos venir en pequeñas cuadrillas y estar Cortés arrojado de México, se les atrevían. Aun así llegaron a Tlaxcala tantos, que se rehizo su ejército, y que le dieron ánimo de apresurar la guerra. No podía Cortés tener espías en México, pues en seguida conocían allí a los tlaxcaltecas en los bezos y orejas y en otras señales, y tenían mucha vigilancia y pesquisas sobre ello; y por eso no sabía las cosas de aquella ciudad tan por entero como deseaban para proveerse de lo necesario. Solamente le había dicho un capitán de Culúa, que fue preso en Huacacholla, cómo, por muerte de Moctezuma, era señor de México su sobrino Cuetlauac, señor de Iztacpalapan, hombre astuto y valiente, y el que le había hecho la guerra y echado de México; el cual se fortalecía con fosos y trincheras y muchas clases de armas, especialmente de lanzas muy largas como las que hallaron en los ranchos de la guarnición de Culúa, que ya estaban en lo de Huacacholla y Tepeacac, para ofensa de los caballos; y que suspendía los tributos y toda clase de pecho por un año, más el tiempo que la guerra durase, a todos los señores y pueblos a él sujetos, si mataban a los españoles o los echaban de sus tierras; cosa con que ganó mucho crédito entre sus vasallos, y que les dio ánimo de resistir y aun ofender a los españoles. Y no fue mal aviso el de las lanzas, si los que las habían de llevar en la guerra tuvieran destreza para esperar y herir con ellas a los caballos. Todo lo que el cautivo dijo era verdad, excepto que Cuetlauac había ya fallecido de viruelas, y reinaba Cuahutimoccín, sobrino, y no hermano, como algunos dicen, de Moctezuma; hombre muy valiente y guerrero, según después diremos, y que envió sus mensajeros por toda la tierra, unos a quitar los tributos a sus vasallos, y otros a dar y prometer grandes cosas a los que no lo eran, diciendo cuánto más justo era seguirle y favorecerle a él que no a Cortés, ayudar a los naturales que a los extranjeros, y defender su antigua religión que acoger la de los cristianos, hombres que se querían hacer señores de lo ajeno; y tales, que si no les defendían en seguida la tierra, no se contentarían con ganarla toda, sino que tomarían la gente por esclavos, y la matarían; pues así le estaba certificado. Mucho animó Cuahutimoccín a los indios contra los españoles con estos mensajes; y así, unos le enviaron ayuda, y otros se pusieron en armas; empero muchos de ellos no hicieron caso de aquello; y o se adherían a los nuestros y a Tlaxcala, o se estaban quietos, por miedo o por fama de Cortés, o por el odio que tenían a los mexicanos. Viendo, pues, esto, acordó Cortés comenzar cuanto antes la guerra y camino de México, antes de que se enfriasen los indios que le seguían, o los españoles, que con el buen suceso en las guerras pasadas de Tepeacac y las demás provincias no se acordaban de las islas: tanto puede una buenandanza. Pasó revista a los suyos el segundo día de Navidad. Halló cuarenta de a caballo y quinientos cuarenta de a pie, ochenta de ellos con ballestas o escopetas, y nueve tiros con no mucha pólvora. De los caballos hizo cuatro escuadras, de diez cada una, y de los peones nueve cuadrillas, de sesenta compañeros cada una. Nombró capitanes y oficiales del ejército, y a todos juntos les habló así:

Capítulo CXX. Cortés a los suyos
«Muchas gracias doy a Jesucristo, hermanos míos, de veros ya sanos de vuestras heridas y libres de enfermedad. Me alegra mucho veros así armados y deseosos de volver de nuevo sobre México a vengar la muerte de

nuestros compañeros y recobrar aquella gran ciudad; lo cual confío en Dios haréis en breve tiempo, por estar de nuestra parte Tlaxcala y otras muchas provincias, por ser vosotros quien sois, y los enemigos los que suelen, y por la fe cristiana que vinimos a publicar. Los de Tlaxcala y los demás que nos han seguido siempre, están dispuestos y armados para esta guerra, y con tanta gana de vencer y sujetar a los mexicanos como nosotros; pues en ello no solo les va la honra, sino la libertad y aun la vida también; porque si no venciésemos, ellos quedaban perdidos y esclavos, pues los de Culúa los quieren peor que a nosotros, por habernos recogido en su tierra, por cuya causa jamás nos desampararán, y con tino procurarán servirnos y proveernos, y hasta de atraer a sus vecinos a nuestro favor. Y ciertamente lo hacen tan bien y cumplidamente como al principio me lo prometieron y yo os lo certifiqué; pues tienen a punto de guerra cien mil hombres para enviar con nosotros, y gran número de tamemes, que nos lleven de comer, la artillería y fardaje. Vosotros, pues, sois los mismos que siempre fuisteis; y que siendo yo vuestro capitán habéis vencido muchas batallas, peleado con ciento y con doscientos mil enemigos, ganado por fuerza muchas y fuertes ciudades, y sujetado grandes provincias, no siendo tantos como ahora sois. Y aunque cuando en esta tierra entramos no éramos más, ni al presente necesitamos más por los muchos amigos que tenemos; y aunque no los tuviésemos, sois tales, que sin ellos conquistaríais toda esta tierra, dándoos Dios salud; pues los españoles al mayor temor se atreven; el pelear lo tienen por gloria, y el vencer, por costumbre. Vuestros enemigos ni son más ni mejores que hasta aquí, según lo demostraron en Tepeacac y Huacacholla, Izcuzan y Xalacinco, aunque tienen otro señor y capitán; el cual, por más que ha hecho, no ha podido quitarnos la parte y pueblos de esta tierra que le tenemos; antes bien allí en México, donde está, teme nuestra llegada y nuestra ventura; pues, como todos los suyos piensan, hemos, de ser señores de aquella gran ciudad de Tenochtitlán. Y mal contada nos sería la muerte de Moctezuma si Cuahutimoc quedase con el reino. Y poco nos haría al caso, para lo que pretendemos, todo, mientras que no ganemos México; y nuestras victorias serían tristes si no vengamos a nuestros compañeros y amigos. La causa principal por la que venimos a estos lugares es por ensalzar y predicar la fe de Cristo, aunque juntamente con ella nos viene honra y provecho, que pocas veces caben en un saco. Derrocamos los ídolos, impedimos que sacrificasen ni comiesen hombres, y comenzamos a convertir indios aquellos pocos días que estuvimos en México. No es razón que dejemos tanto bien comenzado, sino que vamos a donde nos llaman la fe y los pecados de nuestros enemigos, que merecen un gran azote y castigo; que si bien os acordáis, los de aquella ciudad, no contentos de matar infinidad de hombres, mujeres y niños delante de las estatuas en sus sacrificios por honra de sus dioses, o mejor hablando, diablos, se los comen sacrificados; cosa inhumana y que mucho aborrece Dios y castiga, y que todos los hombres de bien, especialmente los cristianos, abominan, prohíben y castigan. Además de esto, cometen sin pena ni vergüenza el maldito pecado por que fueron quemadas y asoladas aquellas cinco ciudades con Sodoma. Pues, ¿qué mayor ni mejor premio desearía nadie aquí en el suelo que arrancar estos males e implantar entre estos crueles hombres la fe, predicando el Santo Evangelio? Luego entonces, vayamos ya, sirvamos a Dios, honremos a nuestra nación, engrandezcamos a nuestro rey, y enriquezcámonos nosotros, que para todo es la empresa de México. Mañana, Dios mediante, comenzaremos.»

Todos los españoles respondieron a una con muy grande alegría, que fuese muy en buena hora; que ellos no le faltarían. Y tanto entusiasmo tenían, que hubiesen querido partir inmediatamente, o porque son los españoles de tal condición, o arregostados al mando y riquezas de aquella ciudad, de la que gozaron ocho meses.

Hizo luego, tres esto, pregonar algunas ordenanzas de guerra, tocantes a la buena gobernación y orden del ejército, que tenía escritas, entre las cuales estaban éstas:

Que nadie blasfemase el santo nombre de Dios.

Que no riñese un español con otro.

Que no se jugasen las armas ni el caballo.

Que no forzasen a las mujeres.

Que nadie cogiese ropa ni cautivase indios, ni hiciese correrías, ni saquease sin licencia suya y acuerdo del cabildo.

Que no injuriasen a los indios de guerra amigos, ni pegasen a los de carga.

Puso, además de esto, tasa en el herraje y vestidos, por los excesivos precios a que estaban.

Capítulo CXXI. Cortés a los de Tlaxcala
Al día siguiente llamó Cortés a todos los señores, capitanes y personas principales de Tlaxcala, Huexocinco, Cholula, Chalco, y de otros pueblos que allí estaban, y por sus farautes les dijo:

«Señores y amigos míos, ya sabéis la jornada y camino que voy a hacer. Mañana, si Dios quiere, he de partir a la guerra y cerco de México y entrar por tierra de mis enemigos y vuestros. Lo que os ruego delante de todos, es que estéis seguros y constantes en la amistad y concierto que entre nosotros hay hecho, como hasta aquí habéis estado, y como de vosotros pregono y confío; y porque no podría yo acabar tan pronto esta guerra, según mis designios y vuestro deseo, sin tener estos bergantines que aquí se están haciendo, puestos sobre la laguna de México, os pido por merced que tratéis a los españoles que dejo construyéndolos, con el cariño que acostumbráis, dándoles todo lo que para sí y para la obra pidieren; que yo prometo quitar de sobre vuestra cerviz el yugo de servidumbre que os tienen puesto los de Culúa, y hacer con el emperador que os haga muchas y muy crecidas mercedes.»

Todos los indios que estaban presentes hicieron gestos y señas de que les parecía bien, y en pocas palabras respondieron los señores que no solo harían lo que les rogaba, sino que, acabados los bergantines, los llevarían a México y se irían todos con él a la guerra.

Capítulo CXXII. Cómo se apoderó Cortés de Tezcuco
El día de los inocentes partió Cortés de Tlaxcala con sus españoles muy en orden. La salida fue digna de ver, porque salieron con él más de ochenta mil hombres, y la mayoría de ellos con armas y plumajes, que daban gran lustre al ejército; pero él no quiso llevarlos consigo todos, sino que esperasen hasta que fuesen hechos los bergantines y estar cercado México, y aun también por causa de las provisiones, pues tenía por dificultoso mantener tanta muchedumbre de gente por el camino y en tierra de enemigos. Todavía llevó veinte mil de ellos, más los que fueron menester para arrastrar la artillería y

para llevar la comida y fardaje, y aquella noche fue a dormir a Tezmoluca, que está a seis leguas, y es lugar de Huexocinco, donde los señores de aquella provincia le acogieron muy bien. Al otro día durmió a cuatro leguas de allí, en tierra de México, y en una sierra que, si no fuera por la mucha leña, perecieran de frío los indios; y aun con ella, pasaron trabajo ellos y los españoles. En siendo de día comenzó a subir el puerto, y envió delante cuatro peones y cuatro de a caballo a descubrir, los cuales hallaron el camino lleno de árboles recién cortados y atravesados. Mas pensando que más adelante no estaría así, y por llevar buena relación anduvieron hasta que no pudieron pasar, y volvieron a decir cómo estaba el camino, cortado con muchos y gruesos pinos, cipreses y otros árboles, y que de ninguna manera podrían pasar los caballos por él. Cortés les preguntó si habían visto gente, y cuando dijeron que no, se adelantó con todos los de a caballo y con algunos españoles de a pie, y mandó a los demás que con todo el ejército y artillería caminasen de prisa, y que le siguiesen mil indios, con los cuales comenzó a quitar los árboles del camino; y como iban llegando los demás, iban apartando las ramas y troncos; y así, limpiaron y desembarazaron el camino, y pasó la artillería y caballos sin peligro ni daño, aunque con trabajo de todos, y ciertamente si los enemigos hubiesen estado allí no hubiesen pasado, y si pasaran, fuera con mucha pérdida de gente y caballos, por ser aquello fragoso, de muy espeso monte. Mas ellos, pensando que no iría por aquella parte nuestro ejército, se contentaron con cegar el camino y se pusieron en otros pasos más llanos, pues hay tres caminos para ir de Tlaxcala a México, y Cortés escogió el más áspero, pensando lo que fue, o porque alguien le avisó de que los enemigos no estaban en él. En pasando aquel mal paso, descubrieron las lagunas y dieron gracias a Dios, prometiendo no volver atrás sin ganar primero a México o perder las vidas. Se detuvieron un rato para que todos fuesen juntos al bajar a lo llano y raso, porque ya los enemigos hacían muchas ahumadas, y comenzaban a darles gritos y llamar a toda la tierra, y habían llamado a los que guardaban los otros caminos, y querían cogerlos entre unos puentes que hay por allí; y así, se puso en ellos un buen escuadrón; mas Cortés les echó veinte de a caballo, que los alancearon y rompieron. Llegaron luego los demás españoles, y mataron algunos, desalojando el camino, y sin recibir daño llegaron a Cuahutepec, que es jurisdicción de Tezcuco, donde durmieron aquella noche. En el lugar no había nadie, pero cerca de él había más de cien mil hombres de guerra, y aun más, los de Culúa, que enviaban los señores de México y Tezcuco contra los nuestros; por lo cual Cortés hizo ronda y vela el primero con diez de a caballo. Avisó a su gente y estuvo alerta; pero los contrarios se estuvieron quietos. Al otro día por la mañana salió de allí para Tezcuco, que está a tres leguas, y no anduvo mucho cuando vinieron a él cuatro indios del pueblo, hombres principales, con una banderilla en una barra de oro de hasta 4 marcos, que es señal de paz, y le dijeron que Coacnacoyoccín, su señor, los enviaba a rogarle que no hiciesen daño a su tierra, y a ofrecérsele, y a que se fuese con todo su ejército a aposentarse en la ciudad, que allí sería muy bien hospedado. Cortés se alegró de la embajada, aunque le pareció fingida. Saludó a uno de ellos, que lo conocía, y les respondió que no venía para hacer mal, sino bien, y que él recibiría y tendría por amigo al señor y a todos ellos con tal de que le devolviesen lo que habían cogido a cuarenta y cinco españoles y trescientos tlaxcaltecas que mataron hacía días, y que las muertes, puesto que no tenían remedio, las perdonaba. Ellos dijeron que Moctezuma los había mandado matar, y se había quedado con el despojo, y que la ciudad no era culpable de aquello; y con esto se volvieron. Cortés se fue a Cuahutichan y Huaxuta, que son como arrabales de Tezcuco, donde fueron él y todos los suyos bien provistos. Derribó los ídolos; se fue luego a la ciudad, y entró en unas grandes casas, donde cupieron todos los españoles y muchos de sus amigos; y como al entrar no había visto mujeres ni muchachos, sospechó de traición. Se preparó, y, mandó pregonar que nadie, bajo pena de la vida, saliese fuera. Comenzaron los españoles a repartir y preparar sus aposentos, y por la tarde subieron algunos de ellos a las azoteas a mirar la ciudad, que es tan grande como México, y vieron cómo la abandonaban los vecinos y se iban con sus hatos, unos camino de los montes, y otros por agua, que era cosa muy digna de ver el bullicio de veinte mil o más barquillas que andaban sacando gente y ropa. Quiso Cortés impedirlo; pero sobrevino la noche y no pudo, y hasta hubiese querido prender al señor, mas él fue el primero que se marchó a México. Cortés, entonces, llamó a muchos de Tezcuco, y les dijo que don Fernando era hijo de Nezaualpilcintli, su amado señor, y que le hacía su rey, pues Coanacoyoccín estaba con los enemigos, y había matado malamente a Cucuzca, su hermano y señor, por codicia de reinar y a persuasión de Cuahutimoccín, enemigo mortal de los españoles. Los de Tezcuco comenzaron a venir a ver a su nuevo señor y a poblar la ciudad, y en breve estuvo tan poblada como antes; y como no recibían daño de los españoles, servían en cuanto les era mandado; y el tal don Fernando fue siempre amigo de los españoles. Aprendió nuestra legua; tomó aquel nombre por Cortés, que fue su padrino de pila. De allí a pocos días vinieron los de Cuahutichan, Huaxuta y Autenco a darse, pidiendo perdón si en algo habían errado. Cortés los recibió, perdonó y acabó con ellos que se volviesen a sus casas con hijos, mujeres y haciendas, pues también ellos se habían ido a la sierra y a México. Cuahutimoc, Coanacoyo y los demás señores de Culúa enviaron a reñir y reprender a estos tres pueblos porque se habían dado a los cristianos. Ellos prendieron y trajeron los mensajeros a Cortés, y él se informó por ellos de las cosas de México, y los envió a rogar a sus señores con la paz y amistad; mas poco le aprovechó, pues estaban muy decididos a la guerra. Anduvieron entonces algunos amigos de Diego Velázquez amotinando a la gente para volverse a Cuba y deshacer a Cortés. Él lo supo, los prendió y tomó sus dichos. Por la confesión que hicieron condenó a muerte a Antonio de Villasaña, natural de Zamora, por amotinador, y ejecutó la sentencia. Con lo cual cesó el castigo y el motín.

Capítulo CXXIII. Combate de Iztacpalapan
Ocho días estuvo Cortés sin salir de Tezcuco, fortaleciendo la casa en que habitaba; que toda la ciudad, por ser grandísima, no podía, y absteciéndose por si le cercasen los enemigos, y después, como no le acometían, tomó quince de a caballo, doscientos españoles, entre los que había diez escopetas y treinta ballestas, y unos cinco mil indios amigos, y se fue orilla adelante de la laguna a Iztacpalapan derecho, que está a cinco leguas de allí. Los de la ciudad fueron avisados por los de la guarnición de Culúa, con humos que hicieron desde las atalayas, de que iban sobre ellos españoles, y metieron su ropa y las mujeres y niños en las casas que están dentro del agua; enviaron gran flota de acalles, y salieron a unas dos leguas de camino muchos, y bien armados a su manera y hechos escuadrones. No pelearon de hecho, sino que se volvieron al pueblo escaramuzando, con el pensa-

miento de meter y matar allí a los enemigos. Los españoles se metieron a revueltas dentro, que era lo que querían, y pelearon fuertemente hasta echar los vecinos al agua, donde muchos de ellos se ahogaron; mas como son nadadores, y no les llegaba más que al pecho, y tenían muchas barcas que los recogían, no murieron tantos como se pensaba. Todavía mataron los de Tlaxcala más de seis mil, y si la noche no los dispersara, hubiesen matado muchos más. Los españoles recogieron algún despojo, prendieron fuego a muchas casas y se dispusieron a alojarse; pero Cortés les mandó salir fuera a más andar, aunque era muy de noche, para que no se ahogasen, pues los de la ciudad habían abierto la calzada, y entraba tanta agua que lo cubría todo; y ciertamente, si aquella noche se hubiesen quedado allí, no hubiera escapado hombre alguno de su compañía, y aun con toda la prisa que se dio, eran las nueve de la noche cuando acabaron de salir. Pasaron el agua a volapié; perdióse todo el despojo, y se ahogaron algunos de Tlaxcala. Tras este peligro pasaron muy mala noche de frío, porque estaban mojados, y de comida, porque no pudieron sacarla. Los de México, que sabían todo esto, cayeron sobre ellos a la mañana siguiente, y les fue forzoso irse a Tezcuco, peleando con los enemigos que los apretaban mucho por tierra, y con otros que salían del agua; y ni podían dañar a éstos, que se acogían en seguida a sus barquillos, ni se atrevían a meterse entre los otros, que eran muchos. Y así, llegaron a Tezcuco con grandísimo trabajo y hambre. Murieron muchos indios de nuestros amigos y un español, que creo fue el primero que murió peleando en el campo. Cortés estuvo triste aquella noche, pensando que con la jornada pasada dejaba mucho ánimo a los enemigos, y miedo a otros, que no se le diesen; mas luego, a la mañana siguiente, vinieron mensajeros de Otumba, donde fue la renombrada batalla que Cortés venció, según atrás se dijo, y de otras cuatro ciudades, que están a cinco o seis leguas de Tezcuco, a pedir perdón por las guerras pasadas y ofrecerse a su servicio, y a rogarle los protegiese de los de Culúa, que los amenazaban y maltrataban, como hacían a todos los que se le daban. Cortés, aunque les elogió y agradeció aquello, dijo que si no le traían atados los mensajeros de México, ni los perdonaría ni los recibiría. Tras éstos de Otumba, avisaron a Cortés que los de la provincia de Chalco querían ser sus amigos y venir a dársele, pero que no les dejaba la guarnición de Culúa, que estaba allí en su tierra. Él despachó

271

entonces a Gonzalo de Sandoval con veinte caballos y doscientos peones españoles, para que fuesen a tomar a los de Chalco y echar a los de Culúa. Envió también cartas a Veracruz, pues hacía mucho que no sabía de los españoles que allí estaban, por tener los enemigos cortado el camino. Fue, pues, Sandoval con su compañía. Lo primero que hizo fue procurar poner a salvo las cartas y mensajeros de Cortés, y encaminar a muchos tlaxcaltecas para que fuesen seguros a sus casas con la ropa que llevaban ganada, y luego juntarse con los de Chalco; mas cuando de ellos se apartó, los acometieron los enemigos, mataron a algunos, y les robaron buena parte del despojo. Tuvo aviso de ello Sandoval, acudió pronto allí, y remedió mucho daño, desbaratando y siguiendo a los contrarios, y así pudieron ir a Tlaxcala y a Veracruz. Juntóse luego con los de Chalco, que, sabiendo su llegada, estaban en armas y aguardándole. Dieron todos juntos sobre los de Culúa, que pelearon mucho y bien; mas al cabo fueron vencidos, y muchos de ellos muertos. Les quemaron los ranchos y se los saquearon. Volvióse con tanto Sandoval a Tezcuco; vinieron con él unos hijos del señor de Chalco; trajeron a Cortés unos 400 pesos de oro en piezas, y llorando se disculparon, y dijeron que su padre, cuando murió, les mandó que se diesen a él. Cortés los consoló, les agradeció su deseo, les confirmó el estado, y les dio al mismo Sandoval para que los acompañase hasta su casa.

Capítulo CXXIV. Españoles que sacrificaron en Tezcuco
Iba Cortés ganando cada día fuerzas y reputación, y acudían a él todos los que no eran de la parcialidad de Culúa, y muchos de los que lo eran; y así, a los dos días de hacer señor de Tezcuco a don Fernando, vinieron los señores de Huaxuta y Cuahutichan, que ya eran amigos, a decirle que venían sobre ellos todas las fuerzas de los mexicanos; que si llevarían sus hijos y hacienda a la sierra, o los traerían a donde él estaba: tanto era su temor. Él los animó, y rogó que se estuviesen quietos en sus casas y no tuviesen miedo, sino cuidado y espías; que de que los enemigos viniesen se alegraba él; por eso, que le avisaran, y verían cómo los castigaba. Los enemigos no fueron a Huaxuta, como se pensaba, sino a los tamemes de Tlaxcala, que estaban proveyendo a los españoles. Salió a ellos Cortés con dos tiros, con doce de a caballo, doscientos infantes y muchos tlaxcaltecas. Peleó y mató

pocos, porque se refugiaban en el agua; quemó algunos pueblos donde se recogían los de México, y se volvió a Tezcuco. Al otro día vinieron tres pueblos de los más principales de aquella comarca a pedirle perdón, y a rogarle no los destruyese, y que no acogerían más a hombre alguno de Culúa. Por esta embajada hicieron castigo en ellos los de México, y muchos aparecieron después descalabrados ante Cortés para que los vengase. También enviaron los de Chalco por socorro, pues los destruían los mexicanos; mas él, como quería enviar por los bergantines, no se lo podía dar de españoles, sino remitirlos a los de Tlaxcala, Huexocinco, Cholula, Huacacholla y otros amigos, y darles esperanza que pronto iría él. No estaban ellos nada contentos con la ayuda de aquellas provincias, sin los españoles; pero todavía pidieron cartas para que lo hiciesen. Estando en esto, llegaron hombres de Tlaxcala a decir a Cortés que estaban terminados los bergantines, y si necesitaba gente, porque hacía poco que habían visto más ahumadas y señales de guerra que nunca. El, entonces, los puso con los de Chalco, y les rogó dijesen de su parte a los señores y capitanes que, olvidasen lo pasado y fuesen sus amigos y les ayudasen contra los mexicanos, que con ello le darían gran placer; y de allí en adelante fueron muy buenos amigos, y se ayudaron unos a otros. Vino asimismo de Veracruz un español con noticia de que habían desembarcado treinta españoles, sin contar los marineros de la nao, y ocho caballos, y que traían mucha pólvora, ballestas y escopetas. Por lo cual hicieron alegrías los nuestros, y en seguida envió Cortés a Tlaxcala a por los bergantines a Sandoval con doscientos españoles y quince de a caballo. Le mandó que de camino destruyese el lugar en que prendieron a trescientos tlaxcaltecas y cuarenta y cinco españoles con cinco caballos, cuando estaba México cercado; este lugar es de Tezcuco, y linda con tierra de Tlaxcala. Bien hubiese querido castigar por lo mismo a los de Tezcuco, pero no era tiempo ni convenía por entonces; pues mayor pena merecían que los otros, porque los sacrificaron y comieron, y derramaron la sangre por las paredes, haciendo señales con ella misma de que era de españoles. Desollaron también los caballos, curtieron los cueros con sus pelos, y los colgaron con las herraduras que tenían, en el templo mayor, y junto a ellos los vestidos de España como recuerdo. Sandoval fue allá decidido a combatir y asolar aquel lugar, así porque se lo mandó Cortés, como porque halló un poco antes de llegar a él, escrito con carbón en una casa: «Aquí estuvo preso el sin ventura de Juan Juste»; que era un hidalgo de los cinco de a caballo. Los de aquel lugar, aunque eran muchos, lo dejaron, y huyeron en cuanto vieron españoles sobre ellos, los cuales les fueron detrás siguiendo; mataron y prendieron muchos de éstos, especialmente niños y mujeres, que no podían andar, y que se entregaban por esclavos y a misericordia. Viendo, pues, tan poca resistencia, y que lloraban las mujeres por sus maridos, y los hijos por sus padres, tuvieron compasión los españoles, y ni mataron a la gente ni destruyeron el pueblo; antes bien llamaron a los hombres y los perdonaron, con juramento que hicieron de servirlos y serles leales; y así se vengó la muerte de aquellos cuarenta y cinco españoles. Preguntados cómo cogieron tantos cristianos sin que se defendiesen ni escapase hombre alguno de todos ellos, dijeron que se habían puesto al acecho, muchos frente a un mal paso en una cuesta arriba, que tenía estrecho el camino, donde por detrás los acometieron; y como iban de uno en uno y los caballos del diestro, y no se podían dar la vuelta ni hacer uso de las espadas, los prendieron fácilmente a todos, y los enviaron a Tezcuco donde, como arriba he dicho, fueron sacrificados en venganza de la prisión de Cacama.

Capítulo CXXV. Cómo trajeron los bergantines a Tezcuco los de Tlaxcala
Reducidos y castigados los que prendieron a los españoles, caminó Sandoval para Tlaxcala, y en la raya de aquella provincia tropezó con los bergantines; la tablazón y clavazón de los cuales lo traían ocho mil hombres a cuestas. Venían guardándolos veinte mil soldados, y otros dos mil con vituallas y para servicio de todos. Cuando Sandoval llegó dijeron los carpinteros españoles que, puesto que entraban ya en tierra de enemigos y no sabían lo que les podía acontecer, fuese delante la ligazón y detrás la tablazón, por ser cosa de más peso y embarazo. Todos dijeron que estaba bien y que se hiciese así, excepto Chichimecatetl, señor muy principal, hombre esforzado y capitán de diez mil que llevaban la delantera y cargo de la tablazón; el cual tenía por afrenta que le echasen atrás, yendo él delantero. Sobre esto dijo buenas cosas; mas al fin se tuvo que mudar y quedar en retaguardia. Teutipil y Teutecatl y los demás capitanes, señores también principales, tomaron la

vanguardia con otros diez mil. Se pusieron en medio los tamemes y los que llevaban la fusta y aparejo de los bergantines. Delante de estos dos capitanes iban cien españoles y ocho de a caballo, y tras de toda la gente Sandoval con los otros españoles y siete caballos; y si Chichimecatetl estuvo difícil antes más lo estuvo después porque no se quedaban con él los españoles, diciendo que o no le tenían por valiente o por leal. Concertados, pues, los escuadrones de la manera que oísteis, caminaron para Tezcuco dando las mayores voces, chiflos y relinchos del mundo, y gritando: «¡Cristianos, cristianos, Tlaxcala, Tlaxcala y España!». Al cuarto día entraron en Tezcuco por orden al son de muchos atabales, caracolas y otros instrumentos semejantes de música. Se pusieron para entrar penachos y mantas limpias, y ciertamente fue una entrada vistosa; pues como era lucida gente, pareció bien, y como eran muchos, tardaron seis horas en entrar, sin romper la fila; ocupaban dos leguas de camino. Cortés les salió a recibir, dio las gracias a los señores, y aposentó a toda la gente muy bien.

Capítulo CXXVI. Vista que dio Cortés a México
Reposaron cuatro días, y después mandó Cortés a los maestros que armasen y clavasen los bergantines de prisa, y que se hiciese una zanja mientras tanto para echarlos por ella a la laguna sin peligro de romperse antes; y como traían grandes deseos de tropezar con los de México, salió con ellos y con veinticinco caballos y trescientos españoles, entre los que había cincuenta escopeteros y ballesteros; llevó también seis tiros. A cuatro leguas de allí tropezó con un gran escuadrón de enemigos, en el cual rompieron los de a caballo, acudieron luego los de a pie y lo desbarataron; fueron al alcance los tlaxcaltecas y mataron a cuantos pudieron. Los españoles, como era tarde, no fueron, sino que asentaron su real en el campo, y durmieron aquella noche con cuidado y aviso, porque había por allí muchos de Culúa. Cuando fue de día echaron camino de Xaltoca, y Cortés no dijo dónde iba, pues se recelaba de muchos de Tezcuco que venían con él avisasen a los enemigos. Llegaron a Xaltoca, lugar situado en la laguna, y que por la tierra tiene muchas acequias anchas, hondas y llenas de agua, hasta el punto de no poder pasar los caballos. Los del pueblo les daban gritas, y se burlaban de verlos andar por aquellos arroyos, tirándoles flechas y piedras. Los

españoles de a pie, saltando y como mejor pudieron, pasaron las acequias, combatieron el lugar, entraron, aunque con mucho trabajo, echaron fuera a los vecinos a cuchilladas, y quemaron buena parte de las casas. No pararon allí, sino que se fueron a dormir una legua adelante. Tiene Xaltoca por armas un sapo. Otra noche durmieron en Huatullan, lugar grande, mas despoblado de miedo. Pasaron otro día por Tenanioacan y Accapuzalco sin resistencia, y llegaron a Tlacopan, que estaba fuerte de gente y de fosos con agua; mas, aunque algo se defendió, entraron, mataron a muchos y lanzaron fuera a todos; y como sobrevino la noche, se recogieron con tiempo en una casa muy grande, y en amaneciendo se saqueó el lugar y se quemó casi todo, en pago del daño y muerte de algunos españoles que hicieron cuando salían huyendo de México. Seis días estuvieron los nuestros allí, de los cuales ninguno se pasó sin escaramuzar con los enemigos, y muchos con gran rebato, y con tal gritería, según lo tienen por costumbre, que espantaba oírlos. Los de Tlaxcala, que se querían mejorar con los de Culúa, hacían maravillas peleando, y como los contrarios eran valientes, había que ver, especialmente cuando se desafiaban uno a uno o tantos a tantos. Cruzaban entre ellos grandes razonamientos, amenazas e injurias, que quien los entendía se moría de risa. Salían de México por la calzada a pelear, y, para coger en ella a los españoles, fingían huir. Otras veces los convidaban a la ciudad, diciendo: «Entrad, hombres, a divertiros». Unos decían: «Aquí moriréis como antaño»; otros: «Idos a vuestra tierra; que no hay otro Moctezuma que haga a vuestro sabor». Se llegó Cortés un día entre semejantes pláticas a un puente que estaba alzado; hizo señas de hablar, y dijo: «Si está ahí el señor, le quiero hablar». Respondieron: «Todos los que veis son señores; decid lo que queréis»; y como no estaba, calló, y ellos lo deshonraron. Tras esto, les dijo un español que los tenían cercados y se morirían de hambre; que se entregasen. Replicaron que no tenían falta de pan; pero que cuando la tuviesen, comerían de los españoles y tlaxcaltecas que matasen; y arrojaron luego algunas tortas de centli, diciendo: «Comed vosotros si tenéis hambre; que nosotros ninguna, gracias a nuestros dioses; y quitaos de ahí, si no, moriréis»; y luego comenzaron a gritar y a pelear. Cortés, como no pudo hablar con Cuahutimoccín, y porque todos los pueblos estaban sin gente, se volvió para Tezcuco casi por el camino que vino. Los enemigos, que le vieron volver así, creyeron que de miedo, y se juntaron una infinidad de ellos a darle carga y se la dieron muy cumplidamente. Él quiso un día castigar su locura, y envió delante todo el ejército y la infantería española, con cinco de a caballo; hizo a otros seis de a caballo ponerse emboscados a uno de los lados del camino y cinco al otro, y tres en otra parte, y él se escondió con los demás entre unos árboles. Los enemigos, como no vieron caballos, arremetieron desmandados a nuestro escuadrón. Salió Cortés, y pasó diciendo: «Santiago y a ellos; San Pedro y a ellos»; que era la señal para los de a caballo; y como los cogieron de través y por la espalda, los alancearon a placer. Los desbarataron a los primeros golpes, los siguieron dos leguas por un buen llano, y mataron muchísimos; y con tal victoria entraron y durmieron en Aycolman, a dos leguas de Tezcuco. Los enemigos quedaron tan hostigados de aquella emboscada, que no aparecieron en muchos días; y aquellos señores de Tlaxcala obtuvieron licencia para volverse, y se fueron muy ufanos y victoriosos, y los suyos ricos, cargados de sal y ropa, que habían conseguido en la vuelta de la laguna.

Capítulo CXXVII. Guerra de Accapichtlan
Viendo los mexicanos que les iba mal con los españoles, se las tenían con los de Chalco, que era tierra muy importante, y en el camino para Tlaxcala y a Veracruz. Los de Chalco llamaron a los de Huexocinco y Huacacholla para que les ayudasen, y pidieron a Cortés españoles. Él les envió trescientos, y quince caballos, con Gonzalo de Sandoval; el cual fue, y en llegando acordó de ir a Huazytepec, donde estaba la guarnición de Culúa que hacía el mal. Antes de que allí llegasen les salieron al encuentro los de la guarnición, y pelearon. Mas no pudiendo resistir la furia de los caballos ni las cuchilladas, se metieron en el lugar, y los nuestros tras ellos, los cuales mataron allí dentro muchos, y a los demás vecinos les echaron fuera, que como no tenían allí mujeres ni hacienda que defender, no reparaban. Los españoles comieron, y dieron de comer a los caballos, y los amigos buscaban ropa por las casas. Estando así oyeron el ruido y gritería que traían los contrarios por las calles y plaza del pueblo. Salieron a ellos, pelearon, y a fuerza de lanzadas los echaron otra vez fuera y los siguieron una gran legua, donde hicieron gran matanza. Dos días estuvieron allí los nuestros, y luego fueron a

Accapichtlan, donde también había gente de México. Les requirieron con la paz; mas ellos, como estaban en lugar alto y fuerte, y malo para los caballos, no escucharon; antes bien tiraban piedras y saetas, amenazando a los de Chalco. Los indios, nuestros amigos, aunque eran muchos, no se atrevían a acometer. Los españoles arremetieron nombrando a Santiago, y subieron al lugar y lo tomaron, por más fuerte y defendido que fue. Es verdad que quedaron muchos de ellos heridos de piedras y varas. Entraron tras ellos los de Chalco y sus aliados, e hicieron grandísima carnicería de los de Culúa y vecinos. Otros muchos se despeñaron a un río que pasa por allí. En fin, pocos escaparon de la muerte; y así, fue señalada la victoria ésta de Accapichtlan. Los nuestros padecieron en este día mucha sed, así del calor y trabajo de la pelea, como porque aquel río estaba teñido en sangre, y no pudieron beber de él en un buen espacio de tiempo, y no había otra agua. Sandoval se volvió a Tezcuco, y los otros cada uno a su casa. Mucho sintieron en México la pérdida de tantos hombres y tan fuerte lugar, y volvieron a enviar sobre Chalco nuevo ejército, mandándole diese batalla antes de que los españoles lo supiesen. Aquel ejército se dio tanta prisa en hacer lo que Cuauhtimoccín le mandaba, que no dio lugar a sus enemigos de esperar socorro de Cortés, como lo pedían y esperaban. Mas los de Chalco se juntaron todos, aguardaron la batalla, y fácilmente la vencieron con ayuda de los vecinos. Mataron a muchos mexicanos, y prendieron cuarenta, entre los cuales había un capitán, y arrojaron de su tierra a los enemigos. Por tanto mayor se tuvo esta victoria, cuanto menos se pensaba. Gonzalo de Sandoval volvió con los mismos españoles que antes a Chalco. Se dio prisa por llegar antes de que la batalla se diese; mas cuando llegó, ya estaba dada y vencida; y así, se volvió con los cuarenta prisioneros. Con estas victorias de Chalco quedó libre y seguro el camino de México a Veracruz, y después vinieron a Tezcuco los españoles y caballos que arriba dije, y trajeron muchas ballestas, escopetas, pólvora y balas, y otras cosas de España, con lo que nuestro ejército recibió tanto placer cuanta necesidad tenía; y dijeron que habían llegado otras tres naos con alguna gente y caballos.

Capítulo CXXVIII. Peligro que los nuestros pasaron al tomar dos peñones

Cortés se informó por aquellos cuarenta presos que trajo Sandoval, de las cosas de México y Cuahutimoc, y supo de ellos la determinación que tenían de defenderse y no ser amigos de cristianos; y pareciéndole guerra larga y dificultosa, hubiese preferido con ellos paz que enemistad; y por descansar, y no andar cada día en peligro, les rogó que fuesen a México a tratar de la paz con Cuahutimoc, pues él no los quería matar ni destruir, pudiéndolo hacer. Ellos no se atrevían a ir con tal mensaje, sabiendo la enemistad que su señor le tenía. Mas tanto les dijo, que acabó por conseguir que fuesen dos; los cuales le pidieron cartas, no porque allí las habían de entender, sino para crédito y seguro. Él se las dio, y cinco de a caballo que los pusieron en salvo. Mas poco aprovechó, pues nunca tuvo respuesta; antes bien, cuando él más pedía paz, más la rehusaban ellos, pensando que lo hacía por flaqueza; y por cogerle por la espalda fueron más de cincuenta mil a Chalco. Los de aquella provincia avisaron de ello a Cortés, pidiéndole socorro de españoles, y le enviaron un paño de algodón pintado de los pueblos y gente que sobre ellos venían y los caminos que traían. Él les dijo que iría en persona de allí a diez días; que antes no podía, por ser Viernes Santo y luego la Pascua de su Dios. Con esta respuesta quedaron tristes, pero aguardaron. Al tercer día de Pascua vinieron otros mensajeros a meter prisa por el socorro, pues entraban ya por su tierra los enemigos. En este intermedio se dieron los pueblos de Accapan, Mixcalcinco, Nautlan y otros vecinos suyos. Dijeron que nunca habían matado español alguno, y trajeron como presente ropa de algodón. Cortés los recibió, trató y despidió alegremente y en breve, porque estaba de partida para Chalco, y luego partió con treinta de a caballo y trescientos compañeros, de los que hizo capitán a Gonzalo de Sandoval. Llevó asimismo veinte mil amigos de Tlaxcala y Tezcuco. Fue a dormir a Tlamanalco, donde, por ser frontera de México, tenían su guarnición los de Chalco. Al día siguiente se le juntaron más de otros cuarenta mil, y al siguiente supo que los enemigos le esperaban en el campo. Oyó misa, fue para ellos, y dos horas después de mediodía llegó a un peñón muy alto y áspero, en cuya cumbre había infinidad de mujeres y niños, y en las faldas mucha gente de guerra, que en descubriendo el ejército de españoles, hicieron en lo alto ahumadas, y dieron tantos alaridos las mujeres, que fue cosa maravillosa, y los hombres, que estaban más abajo, comenzaron a tirar varas, piedras y flechas, con que hicieron daño a los que llegaron cerca, y que, descalabrados, se hicieron atrás. Combatir tan fuerte cosa era locura, retirarse parecía cobardía; y por no mostrar poco ánimo, y por ver si de miedo o hambre se entregarían, acometieron el peñón por tres partes. Cristóbal del Corral, alférez de setenta españoles de la guardia de Cortés, subió por lo más áspero; Juan Rodríguez de Villafuerte, con cincuenta, por otra, y Francisco Verdugo, con otros cincuenta, por otra. Todos éstos llevaban espadas y ballestas o escopetas. Al cabo de un rato hizo señal una trompeta, y siguieron a los primeros Andrés de Mojaraz y Martín de Hircio, cada uno con cuarenta españoles, de que también eran capitanes, y Cortés con los demás. Ganaron dos vueltas del peñón, y se bajaron hechos pedazos, pues no se podían tener con las manos y pies, cuanto más pelear y subir; tan áspera era la subida. Murieron dos españoles y quedaron heridos más de veinte; y todo fue con piedras y pedazos de los cantos que desde arriba arrojaban y se rompían; y hasta si los indios tuvieran algún ingenio, no dejaran español sano. Ya cuando los nuestros dejaron el peñón y se arremolinaban para hacerse fuertes, habían venido tantos indios en socorro de los cercados, que cubrían el campo y tenían semblante de pelear; por lo cual Cortés y los de a caballo, que estaban a pie, cabalgaron y arremetieron a ellos en lo llano, y a lanzadas los echaron de él. Mataron allí y en el alcance, que duró hora y media, muchos. Los de a caballo, que fueron los que más los siguieron, vieron otro peñón no tan fuerte ni con tanta gente, aunque con muchos lugares alrededor. Cortés se fue con todos los suyos a dormir allí aquella noche, pensando recobrar su reputación que en el día perdió, y por beber, pues no habían encontrado agua aquella jornada. Los del peñón hicieron por la noche grandes ruidos con bocinas, atabales y gritería. Por la mañana miraron los españoles lo flaco y fuerte del peñón, y era todo él bastante duro de combatir y tomar. Cortés dijo que le siguiesen todos, pues quería tentar los padrastros; y comenzó a subir a la sierra. Los que los guardaban los dejaron, y se fueron al peñón, pensando que los españoles iban a combatirlo, para socorrerlo; y cuándo él vio el desconcierto, mandó a un capitán que fuese con cincuenta compañeros, y tomasen el más áspero y cercano padrastro; y él con los demás arremetió el peñón; le ganó una vuelta, y subió bien alto; y un capitán puso su bandera en lo más alto del cerro y disparó las ballestas y escopetas que llevaba, con lo que hizo más miedo que daño; pues los indios se sorprendieron, y soltaron en seguida las armas en el suelo, que es señal de rendirse, y se entregaron. Cortés les mostró alegre rostro, y mandó que no se les hiciese mal ni enojo. Ellos, viendo tanta humanidad, enviaron a decir a los del otro peñón que se entregasen a los españoles, que eran buenos, y tenían alas para subir a donde querían. Por estas razones, o por falta que de agua tenían, o por irse seguros a sus casas, vinieron a entregarse a Cortés y a pedir perdón por los dos españoles que mataron. Él los perdonó de buen grado, y se alegró mucho que se entregasen aquellos que estaban con victoria, porque era ganar mucha fama con los de aquella tierra.

Capítulo CXXIX. Batalla de Xochimilco
Estuvo allí dos días, envió los heridos a Tezcuco, y él partió para Huaxtepec, que tenía mucha gente de Culúa en guarnición. Durmió con todo su ejército en una casa de placer y huerta que tiene una legua, y está muy bien cercada de piedra, y la atraviesa por medio un buen río. Los del lugar huyeron cuando fue de día, y los nuestros corrieron tras ellos hasta Xilotepec, que estaba descuidado de aquel sobresalto. Entraron, mataron algunos y cogieron muchas mujeres, muchachos y viejos que no pudieron huir. Esperó Cortés dos días a ver si venía el señor; y como no vino, prendió fuego al lugar. Estando allí se entregaron a él los de Yautepec; de Xilotepec fue a Coahunauac, lugar fuerte y grande, cercado de profundos barrancos; no tiene entrada para caballos más que por dos sitios, y éstos con puentes levadizos. Por el camino que fueron los nuestros no podían entrar a caballo sin rodear legua y media, que era muy gran trabajo y peligro. Estaban tan cerca, que hablaban con los del lugar, y se tiraban unos a otros piedras y saetas. Cortés les requirió de paz; ellos respondieron de guerra. Entre estas pláticas pasó el barranco un tlaxtalteca sin ser visto, por un paso muy peligroso, pero muy secreto; pasaron tras él cuatro españoles, y luego otros muchos, siguiendo todos las pisadas del primero; entraron en el lugar, llegaron adonde estaban los vecinos peleando con Cortés, y a cuchilladas

los hicieron huir. Atónitos de ver que les habían entrado, que lo tenían por imposible, huyeron con esto a la sierra, y ya cuando el ejército entró estaba quemada la mayoría del lugar. Por la tarde vino el señor con algunos principales a entregarse ofreciendo su persona y hacienda contra los mexicanos. De Coahunauac fue Cortés a dormir, siete leguas de allí, a unas estancias por tierra despoblada y sin agua. Pasó mal día el ejército, de sed y trabajo; al otro día llegó a Xochimilco, ciudad muy bonita y sobre la laguna Dulce; los vecinos y otra mucha gente de México alzaron los puentes, rompieron las acequias, y se pusieron a defenderla, creyendo que podrían, por ser ellos muchos y el lugar fuerte. Cortés ordenó su hueste, hizo apear a los de a caballo, y llegó con algunos compañeros a probar de ganar la primera trinchera; y tanta prisa dio a los enemigos con escopetas y ballestas, que, aunque eran muchos, la abandonaron y se fueron mal heridos. Cuando ellos la dejaron, se arrojaron los españoles al agua; pasaron, y en media hora de pelear, habían ganado el principal y más fuerte puente de la ciudad. Los que le defendían se acogieron al agua en barcas, y pelearon hasta la noche, unos pidiendo paz, otros guerra, y todo era ardid para, entre tanto, alzar su ropilla y que les viniese socorro de México, que no estaba de allá más de cuatro leguas, y romper la calzada por donde los nuestros entraron. Cortés no podía pensar al principio por qué unos pedían paz y otros no, pero luego cayó en la cuenta; y con los caballos dio en los que rompían la calzada, los desbarató, huyeron, salió tras ellos al campo y alanceó a muchos. Eran tan valientes, que pusieron en aprieto a los nuestros, porque muchos de ellos esperaban un caballo solo con la espada y la rodela, y peleaban con el caballero; y si no hubiese sido por un tlaxcalteca, hubiesen prendido aquel día a Cortés, pues cayó su caballo, de cansado, porque hacía gran rato que peleaba. Llegó en esto la infantería española, y huyeron los enemigos. En la ciudad mataron a dos españoles que se desmandaron solos a robar. No siguieron el alcance, sino que se volvieron en seguida al lugar a descansar y cerrar lo roto de la calzada con piedras y adobes. Cuando en México se supo esto, envió Cuahutimoc un gran batallón de gente por tierra, dos mil barcas por agua, con doce mil hombres dentro, pensando tomar a los españoles a mano en Xochimilco. Cortés se subió a una torre para ver la gente, y con qué orden venía, y por dónde combatirían la ciudad; se asombró de tanto barco y gente, que cubrían agua y tierra. Repartió a los españoles a la guardia y defensa del pueblo y calzada, y él salió a los enemigos con la caballería y con seiscientos tlaxcaltecas, que partió en tres partes, a los cuales mandó que, roto el escuadrón de los contrarios, se replegasen a un cerro que les mostró a una media legua. venían los capitanes de México delante con espadas de hierro, esgrimiendo por el aire y diciendo: «Aquí os mataremos, españoles, con vuestras propias armas». Otros decían: «Ya murió Moctezuma; no tenemos a quién temer para no comeros vivos». Otros amenazaban a los de Tlaxcala; y en fin, todos decían muchas injurias a los nuestros, y exclamando: «México, México, Tenochtitlán, Tenochtitlán», andaban a prisa. Cortés arremetió a ellos con sus caballos y cada cuadrilla de los de Tlaxcala por su parte, y a puras lanzadas los desbarató; mas luego se ordenaron. Como vio su concierto y ánimo, y que eran muchos, rompió por ellos otra vez, mató algunos y se replegó hacia el cerro que indicó; mas como lo tenían ya tomado los contrarios, mandó a parte de los suyos que subiesen por detrás, y él rodeó lo llano. Los que estaban arriba huyeron de los que subían, y dieron en los caballos, a cuyos pies murieron en poco rato quinientos de ellos. Descansó Cortés allí un poco, envió por cien españoles, y cuando vinieron, peleó con otro gran escuadrón de mexicanos que venía detrás; lo desbarató también, y se metió en el lugar, porque lo combatían por tierra y agua intensamente, y con su llegada se retiraron. Los españoles que lo defendían mataron a muchos contrarios, y tomaron dos espadas de las nuestras; se vieron en peligro, porque los apretaron mucho aquellos capitanes mexicanos, y porque se les acabaron las saetas y almacén. Apenas se habían ido éstos, cuando entraron otros por la calzada con los mayores gritos del mundo. Fueron a ellos los nuestros, y como hallaron muchos indios y mucho miedo, entraron por medio de ellos con los caballos, y echaron infinitos al agua, y a los demás fuera de la calzada, y así se pasó aquel día. Cortés hizo quemar la ciudad, excepto donde habitaban los suyos; estuvo allí tres días, en los cuales ninguno dejó de pelear; se marchó al cuarto, y fue a Culuacan, que está a dos leguas. Le salieron al camino los de Xochimilco, mas él los castigó. Estaba Culuacan despoblada, como otros muchos lugares de la laguna; mas como pensaba poner por allí cerco a México, que hay legua y media de calzada, se estuvo dos días derrocando ídolos y mirando el sitio para el real y dónde poner los bergantines, que tuviesen buena guarida; dio vista a México con doscientos españoles y cinco de a caballo; combatió una trinchera, y aunque se la defendieron duramente, la ganó; mas le hirieron a muchos españoles. Se volvió, con tanto, para Tezcuco, porque ya había dado vuelta a la laguna y visto la disposición de la tierra. Tuvo otros encuentros con los de Culúa, donde murieron muchos indios de una y de otra parte; pero lo dicho es lo principal.

Capítulo CXXX. La zanja que hizo Cortés para echar los bergantines al agua
Cuando Cortés llegó a Tezcuco, halló muchos españoles recién venidos a seguirle en aquella guerra, que con grandísima fama comenzaba; los cuales habían traído muchas armas y caballos, y decían que todos los demás que estaban en las islas morían por venir a servirle, pero que Diego Velázquez lo impedía a muchos. Cortés les hacía todo placer, y les daba de lo que tenía. Venían asimismo de muchos pueblos a ofrecerse, unos por miedo de ser destruidos, otros por odio que tenían a los mexicanos; y de esta manera tenía Cortés buen número de españoles y grandísima abundancia de indios. El capitán de Segura de la Frontera envió a Cortés una carta que había recibido de un español; la cual, en suma, contenía lo siguiente:

«Nobles señores: dos o tres veces os he escrito, y no he tenido respuesta, y creo que ni de ésta la tendré. Los de Culúa andan por esta tierra haciendo guerra y mal; nos han acometido, los hemos vencido; esta provincia desea ver a Cortés y entregarse a él; tiene necesidad de españoles: enviadle treinta.»

No le envió Cortés a los treinta españoles que pedía, porque entonces quería poner cerco a México; mas respondió dándole las gracias y esperanzas de que pronto se verían. Era aquel español uno de los que Cortés había enviado a Chinanta desde México hacía un año, a calar los secretos de la tierra, y a descubrir oro y hacer granjerías, a quien el señor de aquella provincia había hecho capitán contra los de Culúa, sus enemigos, que le daban guerra por tener españoles consigo, desde que Moctezuma murió; empero, él quedaba siempre vencedor por la destreza y el valor de este español; el cual, cuando supo que había españoles en Tepeacac, escribió las veces que la carta dice, mas ninguna se entregó más que ésta. Mucho se alegraron los nuestros por estar vivos aquellos españoles y Chinanta de su parte, y alababan a Dios por las mercedes que les hacía. No hablaban mas que de cómo habían escapado estos españoles, pues cuando fueron arrojados de México por la fuerza, habían matado los indios a todos los otros que estaban en minas y granjerías. Apresuraba Cortés el cerco, procurándose lo necesario para él, haciendo pertrechos para escalar y combatir, y acarreando vituallas; metió mucha prisa en clavar y acabar los bergantines, y una zanja para echarlos a la laguna. Era la zanja larga como de media legua, de doce o más pies de ancha, y dos estados de honda donde menos, pues era preciso tanto fondo para igualar con el peso del agua de la laguna, y tanta anchura para que cupiesen los bergantines. Estaba toda ella achapada de estacas, y encima su valladar. Se guió por una acequia de regadío que los indios tenían. Se tardó en hacerla cincuenta días; la hicieron cuatrocientos mil hombres, pues cada día de estos cincuenta, trabajaban en ella ocho mil indios de Tezcuco y su tierra; obra digna de recuerdo. Los bergantines se calafatearon con estopa de algodón, y a falta de sebo y saín, aceite, que la pez ya dije cómo la hicieron; los brearon, según algunos, con saín de hombre; no que para esto los matasen, sino de los que en tiempo de guerra mataran; cosa inhumana e impropia de españoles. Los indios, que acostumbrados a sus sacrificios son crueles, abrían el cuerpo muerto y le sacaban el saín. Cuando los bergantines estuvieron en el agua, pasó Cortés revista, y halló novecientos españoles, ochenta y seis de ellos con caballos, ciento dieciocho con ballestas y escopetas, y los demás con picas y rodelas o alabardas, aparte las espadas y puñales que cada uno llevaba. También llevaban algunos coseletes, y muchos, corazas y cotas. Halló asimismo tres tiros gruesos de hierro colado, y quince pequeños de bronce, con diez quintales de pólvora y muchas balas. Esta fue la gente, armas y munición de España con que Cortés cercó a México, el más grande y fuerte lugar de las indias y Nuevo Mundo. Puso en cada bergantín un tirillo, y los otros fueron para el ejército. Hizo pregonar de nuevo las ordenanzas de guerra, rogando a todos que las guardasen y cumpliesen, y les dijo, mostrando con el dedo los bergantines que estaban metidos en la zanja:

«Hermanos y compañeros míos, ya veis acabados y puestos a punto aquellos bergantines, y bien sabéis cuánto trabajo nos cuesta, y a costa de cuánto sudor de nuestros amigos hasta haberlos puesto aquí; una gran parte de la esperanza que tengo de tomar en breve a México está en ellos, porque con ellos, o quemaremos pronto todas las barcas de la ciudad, o las acorralaremos allá dentro en las calles, con lo cual haremos tanto daño a los enemigos cuanto con el ejército de tierra; pues menos pueden vivir sin ellas que sin comer. Cien mil amigos tengo para sitiar México, que son, según ya conocéis, los más diestros y valientes hombres de estas partes; para que no os falte la comida está provisto muy cumplidamente. Lo que a vosotros toca es pelear como soléis, y rogar a Dios por la salud y victoria, pues es suya la guerra.»

Capítulo CXXXI. Ejército de Cortés para cercar a México
Mandó después, al día siguiente, mensajeros a las provincias de Tlaxcala, Huexocinco, Cholula, Chalco y otros pueblos, para que todos viniesen dentro de diez días a Tezcuco con sus armas y los demás aparejos necesarios al cerco de México, pues los bergantines estaban ya acabados, y todo lo demás estaba a punto, y los españoles tan deseosos de verse sobre aquella ciudad, que no esperaban una hora más de aquel tiempo que de plazo les daba. Ellos, para que no se pusiese el cerco en su ausencia, vinieron en seguida como les fue mandado, y entraron por ordenanzas más de sesenta mil hombres, la más lucida y armada gente que podía ser, según el uso de aquellas partes. Cortés les salió a ver y recibir, y los aposentó muy bien. El segundo día de Pascua del Espíritu Santo salieron todos los españoles a la plaza, y Cortés hizo tres capitanes como maestres de campo, entre los cuales repartió todo el ejército. A Pedro de Alvarado, que fue uno, dio treinta de a caballo, ciento setenta peones, dos tiros de artillería y más de treinta mil indios, con los cuales pusiese real en Tlacopan. Dio a Cristóbal de Olid, que era el otro capitán, treinta y tres españoles a caballo, ciento ochenta peones, dos tiros y cerca de treinta mil indios, con que estuviese en Culuacan. A Gonzalo de Sandoval, que era el otro maestre de campo, dio veintitrés caballos, ciento sesenta peones, dos tiros y más de cuarenta mil hombres de Chalco, Cholula, Huexocinco y otras partes, con que fuese a destruir a

Iztacpalapan, y luego a tomar asiento donde mejor le pareciera para campamento. En cada bergantín puso un tiro, seis escopetas o ballestas, y veintitrés españoles, hombres casi los más diestros en mar. Nombró capitanes y veedores de ellos, y él quiso ser el general de la flota; de lo cual algunos principales de su compañía que iban por tierra murmuraron, pensando que corrían ellos mayor peligro; y así, le requirieron que se fuese con el ejército y no en la armada. Cortés no hizo caso de tal requerimiento, porque, además de ser más peligroso pelear por agua, convenía poner mayor cuidado en los bergantines y batalla naval, que no habían visto, que en la de tierra, pues se habían hallado en muchas. Y así, partieron Alvarado y Cristóbal de Olid el 10 de mayo, y fueron a dormir a Acolman, donde tuvieron entrambos gran discusión sobre el aposento; y si Cortés no enviara aquella misma noche una persona que los apaciguó, hubiera habido mucho escándalo y hasta muertes. Durmieron al otro día en Xilotepec, que estaba despoblada. Al tercero entraron bien temprano en Tlacopan, que también estaba, como todos los pueblos de la costa de la laguna, desierto. Se aposentaron en las casas del señor, y los de Tlaxcala dieron vista a México por la calzada, y pelearon con los enemigos hasta que la noche los dispersó. Al otro día, que era 13 de mayo, fue Cristóbal de Olid a Chapultepec, rompió los caños de la fuente y quitó el agua a México, como Cortés se lo había mandado, a pesar de los contrarios que se lo defendían duramente peleando por agua y tierra. Un gran daño recibieron al quitarles esta fuente que, como en otro lugar dije, abastecía la ciudad. Pedro de Alvarado se ocupó en adobar los malos pasos para los caballos, preparando puentes y tapando acequias; y como había mucho quehacer en esto, gastaron allí tres días, y como peleaban con muchos, quedaron heridos algunos españoles, y muertos muchos indios amigos, aunque tomaron algunos puentes y trincheras. Se quedó Alvarado allí en Tlacopan con su guarnición, y Cristóbal de Olid se fue a Culuacan con la suya, conforme a las instrucciones que de Cortés llevaban. Se hicieron fuertes en las casas de los señores de aquellas ciudades, y cada día, o escaramuzaban con los enemigos, o se juntaban a correr el campo y llevar a sus reales centli, fruta y otras provisiones de los pueblos de la sierra, y en esto pasaron toda una semana.

Capítulo CXXXII. Batalla y victoria de los bergantines contra los acalles

El rey Cuahutimoccín, así que supo que Cortés tenía ya sus bergantines en agua y tan gran ejército para sitiarle México, reunió a los señores y capitanes de su reino para tratar del remedio. Unos le incitaban a la guerra, confiados en la mucha gente y fortaleza de la ciudad; otros, que deseaban la salud y bien público, y que fueron de parecer que no sacrificasen a los españoles cautivos, sino que los guardasen para hacer las amistades, aconsejaban la paz. Otros dijeron que preguntasen a los dioses lo que querían. El rey, que se inclinaba más a la paz que a la guerra, dijo que habría su acuerdo y plática con sus ídolos, y les avisaría de lo que consultase con ellos; y en verdad él querría tomar algún buen asiento con Cortés, temiendo lo que después le vino. Sin embargo, como vio a los suyos tan decididos, sacrificó cuatro españoles que aún tenía vivos y anjaulados, a los dioses de la guerra, y cuatro mil personas, según dicen algunos: yo bien creo que fueron muchas, pero no tantas. Habló con el diablo en figura de Vitcilopuchtli; el cual le dijo que no temiese a los españoles, pues eran pocos, ni a los demás que con ellos venían, por cuanto no perseverarían en el cerco; y que saliese a ellos y los esperase sin miedo ninguno, pues él le ayudaría y mataría a sus enemigos. Con esta palabra que del diablo tuvo, mandó Cuahutimoccín quitar en seguida los puentes, hacer baluartes, vigilar la ciudad y armar cinco mil barcos; y en esta determinación y preparativos estaba cuando llegaron Cristóbal de Olid y Pedro de Alvarado a combatir los puentes y a quitar el agua a México; y no los temía mucho, antes bien los amenazaban desde la ciudad, diciendo que contentarían a los dioses con su sacrificio, y hartarían con la sangre a las culebras, y con la carne a los tigres, que ya estaban cebados con cristianos. Decían también a los de Tlaxcala: «¡Ah, cornudos, ah, esclavos, oh, traidores a vuestros dioses y rey!: no os queréis arrepentir de lo que hacéis contra vuestros señores; pues aquí moriréis de mala muerte, pues os matará el hambre o nuestros cuchillos, os prenderemos y comeremos, haciendo de vosotros el mayor sacrificio y banquete que jamás en esta tierra se hizo; en señal y voto de lo cual os arrojamos ahí esos brazos y piernas de vuestros propios hombres, que por alcanzar victoria sacrificamos; y después iremos a vuestra tierra, asolaremos vuestras casas y no dejaremos casta de vuestro linaje». Los tlaxcaltecas se burlaban mucho de tales bravatas, y respondían que más les valdría entregarse que resistir a Cortés, pelear que echar bravatas, callar que injuriar a otros mejores; y si querían hacer algo, que saliesen al campo; y que tuviesen por muy cierto haber llegado al fin de sus bellaquerías y señorío, y hasta de sus vidas. Era muy digno de ver estas y semejantes charlas y desafíos que pasaban entre unos y otros indios. Cortés, que tenía aviso de esto y de todo lo demás que cada día pasaba, envió delante a Gonzalo de Sandoval a tomar Iztacpalapan, y él se embarcó para ir también allá. Sandoval comenzó a combatir aquel lugar por una parte, y los vecinos, ya por temor o por meterse en México, a salirse por otra y a refugiarse en las barcas. Entraron los nuestros y le prendieron fuego. Llegó Cortés a la sazón a un peñón grande, fuerte, metido en agua, y con mucha gente de Culúa, que al ver venir los bergantines a la vela hizo ahumadas; y que al tenerlos cerca les dio gritos y les tiró muchas flechas y piedras. Saltó Cortés a él con unos ciento cincuenta compañeros; lo combatió y tomó las trincheras, que para mejor defensa tenían hechas. Subió a lo alto, pero con mucha dificultad, y peleó arriba de tal forma que no dejó hombre con vida, excepto mujeres y niños. Fue una hermosa victoria, aunque fueron heridos veinticinco españoles, por la matanza que hubo, por el espanto que puso en los enemigos y por la fortaleza del lugar. Ya entonces había tantas humaredas y fuegos alrededor de la laguna y por la sierra, que parecía arder todo. Y los de México, comprendiendo que los bergantines venían, salieron en sus barcas, y algunos caballeros tomaron quinientas de las mejores, y se adelantaron para pelear con ellos, pensando vencer, o al menos, ver que cosa era esos navíos de tanta fama. Cortés se embarcó con el despojo, y mandó a los suyos estar quietos y juntos, para resistir mejor, y para que los contrarios pensasen que de miedo, para que sin orden ni concierto acometiesen y se perdiesen. Los de las quinientas barcas caminaron muy de prisa; mas se detuvieron a un tiro de arcabuz de los bergantines a esperar la flota, pues les pareció no dar batalla con tan pocas y cansados. Llegaron poco a poco tantas canoas, que llenaban la laguna. Daban tantas voces, hacían tanto ruido con atabales, caracolas y otras bocinas, que no se entendían unos a otros; y decían tantas villanías y amenazas, como habían dicho a los otros españoles y tlaxcaltecas. Estando, pues, así cada una de las armadas con intención de pelear, sobrevino un viento terral por la popa de los bergantines, tan favorable y a tiempo, que pareció milagro. Cortés, entonces, alabando a Dios, dijo a los capitanes que arremetiesen juntos y a una, y no parasen hasta encerrar a los enemigos en México, pues era nuestro Señor servido darles aquel viento para conseguir la victoria, y que mirasen cuánto les iba en que la primera vez ganasen la batalla y las barcas cogiesen miedo a los bergantines en el primer encuentro. En diciendo esto, embistieron a las canoas, que, con el tiempo contrario, ya comenzaban a huir. Con el ímpetu que llevaban, a unas las rompían, a otras las echaban al fondo; y a los que se alzaban y se defendían, los mataban. No hallaron tanta resistencia como al principio pensaban; y así, las desbarataron pronto. Las siguieron dos leguas, y las acorralaron dentro de la ciudad. Prendieron algunos señores, muchos caballeros y otra gente. No se pudo saber cuántos fueron los muertos, mas de que la laguna parecía de sangre. Fue una señalada victoria, y estuvo en ella la llave de aquella guerra, porque los nuestros quedaron señores de la laguna, y los enemigos con gran miedo y pérdida. No se perdieran así, sino por ser tantas, que se estorbaban unas a otras; ni tan pronto, sino por el tiempo. Alvarado y Cristóbal de Olid, cuando vieron la derrota, estragos y alcance que Cortés hacía con los bergantines en las barcas, entraron por la calzada con sus huestes. Combatieron y tomaron algunos puentes y trincheras, por más duramente que se defendían; y con la ayuda que les llegó de los bergantines corrieron a los enemigos una legua, haciéndolos saltar en la laguna a la otra parte, pues no había fustes. Se volvieron con esto, mas Cortés pasó adelante; y como no aparecían más canoas, saltó en la calzada que va de Iztacpalapan con treinta españoles, combatió dos torres pequeñas de ídolos con sus cercas bajas de cal y canto, donde le recibiera Moctezuma. Las ganó, aunque con bastante peligro y trabajo; pues los que había dentro eran muchos y las defendían bien. Hizo luego sacar tres tiros para espantar a los enemigos, que cubrían la calzada y que estaban muy reacios y difíciles de echar. Tiraron una vez e hicieron mucho daño; pero como se quemó la pólvora, por descuido del artillero, y además por la puesta del Sol, cesaron de pelear los unos y los otros. Cortés, aunque otra cosa tenía pensada y acordada con sus capitanes, se quedó allí aquella noche. Envió luego por pólvora al real de Gonzalo de Sandoval, por cincuenta peones de su guardia y por la mitad de la gente de Culhuacan.

Capítulo CXXXIII. Cómo puso Cortés cerco a México

Estuvo Cortés aquella noche en tan gran peligro como temor, porque no tenía más que cien compañeros, pues los otros eran necesarios en los bergantines, y porque hacia la medianoche cayeron sobre él gran cantidad de enemigos en barcas y por la calzada, con terrible grita y flechería; pero más fue el ruido que las nueces, aunque fue novedad, porque no acostumbran pelear a tal hora. Dicen algunos que por el daño que recibían con los tiros de los bergantines se volvieron. Cuando amanecía llegaron a Cortés ocho caballos y unos ochenta peones de los de Cristóbal de Olid, y los de México comenzaron en seguida a combatir las torres por agua y tierra, con tantos gritos y alaridos como acostumbran; salió Cortés a ellos, los siguió la calzada adelante, y les tomó un puente con su baluarte y les hizo tanto daño con los tiros y caballos, que los encerró y siguió hasta las primeras casas de la ciudad; y como recibía daño y le herían a muchos desde las canoas, rompió un pedazo de la calzada junto a su real para que pasasen cuatro bergantines de la otra parte; los cuales, a las pocas arremetidas, acorralaron las canoas a las casas, y así quedó señor de ambas lagunas. Al otro día partió Gonzalo de Sandoval de Iztacpalapan para Culuacan, y de camino tomó y destruyó una pequeña ciudad que está en la laguna, porque salieron a pelear con él. Cortés le envió dos bergantines para que por ellos, como por un puente, pasase el ojo de la calzada, que habían roto los enemigos; dejó Sandoval su gente con Cristóbal de Olid y se fue para Cortés con diez a caballo: le halló revuelto con los de México, se apeó a pelear y le atravesaron un pie con una vara. Otros muchos españoles quedaron aquel día heridos; mas bien se lo pagaron sus enemigos, pues de tal manera los trataron, que de allí en adelante mostraban más miedo y menos orgullo de lo que solían. Con lo que hasta aquí había hecho pudo Cortés muy a su placer asentar y ordenar su gente y real en los lugares que mejor pareció, y proveerse de pan y de otras muchas cosas necesarias; tardó en ello seis días, que ninguno pasó sin escaramuza, y los bergantines hallaron canales para navegar alrededor de la ciudad, que fue cosa muy provechosa. Entraron muy adentro de México y quemaron muchas casas por los arrabales. Cercóse México por cuatro partes, aunque al principio se determinó por tres; Cortés estuvo entre dos torres de la calzada que separa las lagunas. Pedro de Alvarado en Tlacopan, Cristóbal de Olid en Culuacan y Gonzalo de Sandoval creo que en Xaltoca, porque Alvarado y otros dijeron que por aquel lado se saldrían los de México viéndose en aprieto, si no guardaban una calzadilla que iba por allí. No le hubiese pesado a Cortés dejar salida al enemigo, especialmente de lugar tan fuerte, sino porque no se aprovechase de la tierra, metiendo por allí pan, armas y gente; pues él pensaba aprovecharse mejor de los contrarios en tierra que en agua, y en cualquier otro pueblo que en aquél, y porque dicen: «A tu enemigo, si huye, hazle el puente de plata».

Capítulo CXXXIV. Primera escaramuza dentro de México
Quiso Cortés un día entrar en México por la calzada y tomar cuanto pudiese de la ciudad y ver qué ánimo ponían los vecinos; mandó decir a Pedro de Alvarado y a Gonzalo de Sandoval que cada uno acometiese por su estancia, y a Cristóbal de Olid que le enviase algunos peones y unos cuantos de a caballo, y que con los demás guardase la entrada de la calzada de Culuacan de los de Xochimilco, Culuacan, Iztacpalapan, Vitcilopuchtli, Mexicalcinco, Guitlabac y otras ciudades de alrededor, aliadas y sujetas, no le entrasen por detrás. Mando asimismo que los bergantines fuesen a raíz de la calzada, guardándole la espalda por entrambos lados. Salió, pues, de su real muy de mañana con más de doscientos españoles y hasta ochenta mil amigos, y a poco trecho hallaron a los enemigos bien armados y puestos en defensa de lo que tenían roto de la calzada, que sería cuanto una lanza en largo y otra en hondo. Peleó con ellos, y se defendieron un gran rato detrás de un baluarte; al fin les ganó aquello y los siguió hasta la entrada de la ciudad, donde había una torre, y al pie de ella alzado un gran puente, con muy buena trinchera, por debajo del cual corría gran cantidad de agua. Era tan fuerte de combatir y tan temible de pasar, que solo su vista espantaba, y tiraban tantas piedras y flechas, que no dejaban llegar a los nuestros; pues aun así lo combatió, y como hizo llegar junto a sí a los bergantines por una parte y por la otra, lo ganó con menor trabajo y peligro del que pensaba;

lo cual hubiese sido imposible sin ayuda de ellos. Cuando los contrarios comenzaron a dejar la trinchera, saltaron a tierra los de los bergantines y luego pasó por ellos y a nado el ejército. Los de Tlaxcala, Huexocinco, Cholula y Tezcuco cegaron con piedra y adobes aquel puente. Los españoles pasaron adelante y ganaron otra trinchera que estaba en la principal y más ancha calle de la ciudad; y como no tenía agua, pasaron fácilmente y siguieron a los enemigos hasta otro puente, el cual estaba alzado y no tenía más que una sola viga; los contrarios, no pudiendo pasar todos por él, pasaron por el agua a todo correr, para ponerse a salvo. Quitaron la viga y se pusieron a la defensa; llegaron los nuestros y estancaron, porque no podían pasar sin echarse al agua, lo cual era muy peligroso sin tener bergantines; y como desde la calle y baluarte y de las azoteas peleaban con mucho corazón y les hacían daño, hizo Cortés asestar dos tiros a la calle y que tirasen a menudo las ballestas y escopetas. Recibían con esto mucho daño los de la ciudad y aflojaban algo de la valentía que al principio tenían; los nuestros lo comprendieron y se arrojaron algunos españoles al agua, y la pasaron. Cuando los enemigos vieron que pasaban, abandonaron las azoteas y la trinchera, que habían defendido durante dos horas, y huyeron. Pasó el ejército, y luego hizo Cortes a sus indios cegar aquel puente con los materiales de la trinchera y con otras cosas; los españoles, con algunos amigos, prosiguieron el alcance, y a dos tiros de ballesta hallaron otro puente, pero sin trinchera, que estaba junto a una de las principales plazas de la ciudad; asentaron allí un tiro con que hacían mucho mal a los de la plaza; no se atrevían a entrar dentro, por los muchos que en ella había. Mas al cabo, como no tenían agua que pasar, se decidieron a entrar; viendo los enemigos la determinación puesta en obra, vuelven las espaldas y cada uno echó por su lado, aunque la mayoría fueron al templo mayor; los españoles y sus amigos corrieron en pos de ellos. Entraron dentro, y a las pocas vueltas los arrojaron fuera, que con el miedo no salían de sí. Subieron a las torres, derribaron muchos ídolos y anduvieron un rato por el patio. Cuahutimoccín reprendió mucho a los suyos porque así huyeron; ellos volvieron en sí, reconocieron su cobardía y, como no había caballos, revolvieron sobre los españoles y por la fuerza los echaron de las torres y de todo el circuito del templo, y les hicieron huir graciosamente. Cortés y otros cuantos capitanes los detuvieron y les hicieron hacerles frente debajo de los portales del patio, diciendo cuánta vergüenza era huir. Mas al fin no pudieron esperar viendo el peligro y aprieto en que estaban, pues los impelían duramente. Se retiraron a la plaza, donde hubiesen querido rehacerse, mas también fueron echados de allí; abandonaron el tiro que poco antes dije, no pudiendo sufrir la furia y fuerza del enemigo. Llegaron a esta sazón tres de a caballo, y entraron por la plaza alanceando indios; cuando los vecinos vieron caballos comenzaron a huir, y los nuestros a cobrar ánimo y a revolver sobre ellos con tanto ímpetu, que les volvieron a tomar el templo grande, y cinco españoles subieron las gradas y entraron en las capillas y mataron a diez o doce mexicanos que se hacían fuertes allí y se volvieron a salir. Vinieron otros seis de a caballo, se juntaron con los tres, y prepararon todos una celada, en la que mataron más de treinta mexicanos. Cortés, entonces, como era tarde y estaban los suyos cansados, hizo señal de recoger. Cargó tanta multitud de contrarios a la retirada, que si no fuera por los de a caballo, peligraran muchos españoles, porque arremetían como perros rabiosos, sin temor ninguno, y los caballos no aprovecharan si Cortés no tuviera aviso de allanar los malos pasos de la calle y calzada. Todos huyeron y pelearon muy bien; que la guerra lo lleva. Los nuestros quemaron algunas casas de aquella calle, para que cuando entrasen otra vez no recibiesen tanto daño con piedras que de las azoteas les tiraban. Gonzalo de Sandoval y Pedro de Alvarado pelearon muy bien por sus cuarteles.

Capítulo CXXXV. El daño y fuego a las casas
Andaba por este tiempo don Fernando de Tezcuco por su tierra visitando y atrayendo a sus vasallos al servicio y amistad de Cortés, que para esto se quedó; y con su maña, o porque a los españoles les iba prósperamente, atrajo a casi toda la provincia de Culuacan, que señorea Tezcuco, y a seis o siete hermanos suyos, que más no pudo, aunque tenía más de ciento, según después se dirá; y a uno de ellos que llamaban Iztlixuchilh, mancebo esforzado y de unos veinticinco años, lo hizo capitán, y le envió al cerco con unos cincuenta mil combatientes muy bien preparados y armados. Cortés lo recibió alegremente, agradeciéndole su voluntad y obra. Tomó para su real treinta mil de ellos, y repartió los otros por las guarniciones. Mucho sintieron en México este socorro y favor que don Fernando enviaba a Cortés, por-

que se lo quitaba a ellos, y porque venían allí parientes y hermanos, y hasta padres de muchos que dentro de la ciudad estaban con Cuahutimoccín. Dos días después que Iztlixuchilh llegó vinieron los de Xochimilco y algunos serranos de la lengua que llaman otomitlh a darse a Cortés, rogando que les perdonase la tardanza, y ofreciendo gente y vituallas para el cerco. Él se alegró mucho de su venida y ofrecimiento, porque siendo aquéllos sus amigos, estaban seguros los del real de Culuacan. Trató muy bien a los embajadores y les dijo que dentro de tres días querían combatir la ciudad; por tanto, que todos viniesen para entonces con armas, y que en aquello conocería si eran sus amigos; y así, los despidió. Ellos prometieron venir y lo cumplieron. Envió tras esto tres bergantines a Sandoval y otros tres a Pedro de Alvarado, para impedir que los de México se aprovechasen de la tierra, metiendo en las canoas agua, frutas, centli y otras vituallas por aquella parte, y para guardar las espaldas y socorrer a los españoles todas las veces que entrasen por la calzada a combatir la ciudad; pues él tenía muy bien conocido de cuánto provecho eran aquellos navíos estando cerca de los puentes. Los capitanes de ellos recorrían noche y día toda la costa y pueblos de la laguna por allí; hacían grandes asaltos, tomaban muchas barcas a los enemigos, cargadas de gente y mantenimiento, y no dejaban a ninguna entrar ni salir. El día que emplazó a los enemigos al combate oyó Cortés misa, informó a los capitanes de lo que habían de hacer, y salió de su real con veinte caballos, trescientos españoles y gran muchedumbre de amigos, y dos o tres piezas de artillería. Tropezó en seguida con los enemigos, que, como en tres o cuatro días atrás no habían tenido combates, habían abierto muy a su placer lo que los nuestros cegaron, y hecho mejores baluartes que antes, y estaban esperando con los alaridos acostumbrados. Mas cuando vieron bergantines por una y otra parte de la calzada, aflojaron la defensa. Comprendieron en seguida los nuestros el daño que hacían: saltan de los bergantines a tierra y ganan las trincheras y puentes; pasó entonces el ejército, y dio en pos de los enemigos, los cuales a poco trecho se guarecieron en otro puente. Mas pronto, aunque con mucho trabajo, se lo tomaron los nuestros, y les siguieron hasta otro; así, peleando de puente en puente, los echaron de la calzada y de la calle, y hasta de la plaza. Cortés anduvo con hasta diez mil indios, cegando con adobes, piedra y madera todos los caños de agua, y allanando los malos pasos; y hubo tanto quehacer, que se ocuparon en ello todos los diez mil indios hasta la hora de vísperas. Los españoles y amigos escaramuzaron todo este tiempo con los de la ciudad, de los cuales mataron muchos en las celadas que les pusieron. También anduvieron un rato por las calles, donde no tenían agua ni puentes, los de a caballo, alanceando ciudadanos, y de esta manera los tuvieron encerrados en las casas y templos. Era cosa notable lo que nuestros indios hacían y decían aquel día a los de la ciudad: unas veces los desafiaban, otras los convidaban a cenar, mostrándoles piernas y brazos, y otros pedazos de hombres, y decían: «Esta carne es de la vuestra, y esta noche la cenaremos y mañana la almorzaremos, y después vendremos por más; por eso no huyáis, que sois valientes, y más os vale morir peleando que de hambre»; y luego, tras esto, nombraban cada uno a su ciudad y prendían fuego a las casas. Mucho pesar tenían los mexicanos de verse así afligidos por los españoles; empero más sentían el verse ultrajados por sus vasallos y en oír a sus puertas: ¡Victoria, victoria! Tlaxcala, Chalco, Tezcuco, Xochimilco y otros pueblos así; pues del comer carne no hacían caso, porque también ellos se comían a los que mataban. Cortés, viendo a los de México tan endurecidos y porfiados en defenderse o morir, coligió dos cosas: una, que habría poca o ninguna de las riquezas que en vida de Moctezuma vio y tuvo; otra, que le daban ocasión y le forzaban a destruirlos totalmente. Él sentía ambas cosas, pero más la última, y pensaba qué cosa haría para atemorizarlos y hacerles venir en conocimiento de su yerro y del mal que podían recibir; y por eso derribó muchas torres y quemó los ídolos; quemó asimismo las casas grandes en que la otra vez habitó, y la casa de las aves, que estaba cerca. No había español, mayormente de los que antes las vieron, que no sintiese pena de ver arder tan magníficos edificios; mas porque los ciudadanos lo sentían mucho, las dejaron quemar. Y nunca los mexicanos ni hombre alguno de aquella tierra pensó que fuerza humana, cuanto más la de aquellos pocos españoles, bastara para entrar en México a su pesar y prender fuego a lo principal de la ciudad. Entre tanto que ardía el fuego, recogió Cortés a su gente y se volvió para su real. Los enemigos hubiesen querido remediar aquella quema, mas no pudieron; y como vieron marcharse a los contrarios, les dieron grandísima carga y grita, y mataron a algunos que, de cargados con el despojo, iban rezagados. Los de a caballo, que podían correr muy bien por la calle y calzada, los detenían a lanzadas; y así, antes de que anocheciese estaban los nuestros en su fuerte y los enemigos en sus casas, los unos tristes y los otros cansados. Mucha fue la matanza de este día, pero más fue la quema que de casas se hizo; porque sin las ya dichas, quemaron otras muchas los bergantines por las calles donde entraron. También entraron por su parte los otros capitanes; mas como era solamente para divertir a los enemigos, no hay mucho que contar.

Capítulo CXXXVI. Diligencia de Cuahutimoccín y de Cortés
Al día siguiente muy de mañana, y después de haber oído misa, volvió Cortés a la ciudad con la misma gente y orden, para que los contrarios no tuviesen lugar de limpiar los puentes ni hacer baluartes. Mas por mucho que madrugó, fue tarde, pues no se durmieron en la ciudad; sino que así que tuvieron fuera al enemigo, cogieron palas y picos y abrieron lo cegado, y con lo que sacaban hacían trincheras; y así se fortificaron como estaban antes. Muchos desmayaban, y bastantes perecían en la obra, del sueño y hambre que, además de cansados, pasaban. Mas no podían hacer otra cosa, porque Cuahutimoccín andaba presente. Cortés combatió dos puentes con sus trincheras; y aunque fueron difíciles de tomar, las ganó. Duró el combate de ellas desde las ocho a la una después de mediodía; y como hacía grandísimo calor y hubo mucho trabajo, padecieron infinito. Se gastó toda la pólvora y balas de las escopetas, y todas las saetas y almacén que los ballesteros llevaban. Bastante tuvieron con tomar y cegar estos dos puentes aquel día. Al retirarse recibieron algún daño, porque cargaron los enemigos como si los nuestros fueran huyendo. Venían tan ciegos y engolosinados, que no advertían las celadas que les ponían los de a caballo, en las cuales morían muchos, y los delanteros, que debían de ser más esforzados, y aun con todo este daño, no cesaban hasta verlos fuera de la ciudad. Pedro de Alvarado tomó también este día dos puentes de su calzada y quemó algunas casas con ayuda de los tres bergantines, y mató muchos enemigos. Algunos españoles culpaban a Cortés porque no iba mudando su real conforme iba ganando tierra; y las causas que para ello había eran grandes, porque cada día tenía un mismo trabajo, y hasta cada vez mayor, en ganar de nuevo y cegar otra vez los puentes y caños de agua. El peligro que pasaban en ello

era grande y notorio, porque les era forzoso echarse a nado todas las veces que ganaban un puente; y unos no sabían nadar, otros no se atrevían y otros no querían, porque los enemigos no les dejaban salir, a cuchilladas y botes de lanza; y así, se volvían heridos o se ahogaban. Otros decían que ya que no pasaba el real adelante, debía sostener los puentes, poniendo en ellos gente que los guardase. Mas él, aunque bien reconocía esto, no lo quería hacer por ser mejor; pues estaba seguro de que si pasaba el real a la plaza, les podían cercar los contrarios, por ser grande la ciudad y muchos los vecinos; y así el cercador quedaría cercado, y a cada hora del día y de la noche tendría ataques y sería duramente combatido, y ni podría resistir ni tendría qué comer si perdía la calzada; y conservar los puentes era imposible, o al menos dudoso, por dos razones: la una, porque eran pocos españoles, y quedando cansados del día, no podían pelear por la noche; la otra, que si los encomendaba a los indios era incierta la defensa y cierta la pérdida o desorden, de que se podría seguir gran mal. Así que por esto, como porque se confiaba en el buen corazón de sus españoles, que cayéndose o levantándose habían de hacer como él, seguía su parecer y no el ajeno.

Capítulo CXXXVII. Cómo tuvo Cortés doscientos mil hombres sobre México

Eran los de Chalco tan leales amigos de los españoles, o tan enemigos de los mexicanos, que convocaron a muchos pueblos e hicieron guerra a los de Iztacpalapan, Mexicalcinco, Cluitlauac, Vitcilopuchtli, Culuacan y otros lugares de la laguna Dulce, que no estaban declarados como amigos de Cortés, aunque nunca después que sitió a México le habían enojado. Por esta causa, y por ver que los españoles llevaban las de vencer a los mexicanos, vinieron embajadores de todos aquellos pueblos a encomendarse a Cortés y a rogarle les perdonase de lo pasado, y que mandase a los de Chalco no les hiciesen más daño. Él los recibió bajo su amparo, y les dijo que no les sería hecho más mal; y que nunca de ellos tuvo enojo, sino de los de México, y que por ver si era cierta o fingida su embajada, les hacía saber que no levantaría el cerco hasta tomar aquella ciudad de paz o de guerra. Por eso, que les rogaba le ayudasen con acalles, pues tenían muchos, y con la mayor cantidad de gente que pudiesen armar en ellos, y le diesen algunos hombres que hiciesen casas a los españoles que no las tenían, y era tiempo de las grandes aguas. Ellos prometieron cumplirlo; y así, vinieron muchos hombres de aquellos lugares, e hicieron tantas casillas en la calzada, de torre a torre, donde estaba el real, que muy a placer cabían en ellas los españoles y otros dos mil indios que les servían; que los demás, en Culuacan dormían siempre, que no estaban a más de legua y media. También proveyeron éstos el real de algún pan y pescado y de infinidad de cerezas, de las cuales hay tantas por allí, que pueden abastecer al doble de la gente que entonces había en toda aquella tierra. Duran seis meses del año, y son algo diferentes a las nuestras. No quedaba ya pueblo que algo montase en toda aquella comarca por darse a Cortés, y entraban y salían libremente entre los españoles. Todos se venían a sus reales, unos por ayudar, otros por comer, otros por robar y muchos por mirar, y así, pienso que había en México doscientos mil hombres; y aunque es mucho ser capitán de tan grande ejército, fue mucho más la destreza y gracia de Cortés en tratar y regirlo tanto tiempo sin motín ni riña. Deseaba Cortés ganar y allanar la calle y calzada que va de Tlacopan, que es muy principal y tiene siete puentes, para que libremente se comunicase con Pedro de Alvarado, y con eso pensaba tener hecho lo más importante; y para hacerlo llamó a la gente y barcos de Iztacpalapan y de los otros pueblos de la laguna Dulce, y luego vinieron tres mil; mil quinientos echó con cuatro bergantines en una de las lagunas, y los otros mil quinientos en la otra con otros tres bergantines, para que recorriesen la ciudad, quemasen las casas e hiciesen todo el más daño que pudiesen. Mandó a cada guarnición que entrase por su cuartel y calle matando, prendiendo y destruyendo lo posible, y él se metió por la calle de Tlacopan con ochenta mil hombres. Ganó tres puentes de ella y los cegó; los otros los dejó para otro día, y se volvió a su puesto. Volvió luego al día siguiente por la misma calle con la gente y orden que la vez pasada. Tomó una gran parte de la ciudad, y Cuahutimoccín seguía sin dar señal de paz, de lo que mucho se maravillaba Cortés, así por el mal que recibía, como por el que hacía.

Capítulo CXXXVIII. Lo que hizo Pedro de Alvarado por aventajarse
Quiso Pedro de Alvarado pasar su real a la plaza del Tlatelulco, porque pasaba trabajo y peligro en conservar los puentes que ganaba con españoles a

pie y a caballo, teniendo su fuerte lejos de ellos, a tres cuartos de legua, y por aventajarse tanto como su capitán, y porque le importunaban los de su compañía diciendo que sería para ellos una afrenta si Cortés u otro alguno ganase aquella plaza antes que ellos, pues la tenían más cerca que ninguno; y así, decidió tomar los puentes de su calzada que le quedaban y pasarse a la plaza. Fue, pues, con toda la gente de su guarnición, llegó a un puente roto, que tenía sesenta pasos de largo, pues para que los nuestros no pasasen le habían alargado y ahondado dos estados en agua. Le combatió, y con ayuda de los tres bergantines pasó el agua y le ganó. Dejó dicho a unos que lo cegasen, y siguió el alcance con unos cincuenta españoles. Cuando los de la ciudad no vieron más que aquellos pocos, pues no podían pasar los de a caballo, revolvieron sobre él tan de súbito y con tanto denuedo, que le hicieron volver las espaldas y echarse al agua, sin saber cómo. Mataron a muchos de nuestros indios y prendieron a cuatro españoles, que luego allí, para que todos los viesen, los sacrificaron y comieron. Alvarado cayó de su locura por no creer a Cortés, que siempre le decía no pasase adelante sin dejar primero el camino llano. Los que le aconsejaron pagaron con las vidas, y Cortés sintió esta desgracia; y otro tanto le pudiera haber sobrevenido a él si hubiese creído a los que decían que se pasase al mismo mercado; mas él lo consideraba mejor, porque cada casa estaba ya hecha isla, las calzadas rotas por muchas partes, y las azoteas llenas de cantos, que de estos y de otros muchos ardides usó Cuahutimoccín. Cortés fue a ver dónde había mudado su real Pedro de Alvarado, a reprenderle por lo sucedido y avisarle de lo que tenía que hacer. Y como le halló tan metido dentro de la ciudad, y consideró los muchos y malos pasos que había ganado, no solo no le culpó, sino que le alabó. Platicó con él muchas cosas tocantes a la conclusión del cerco, y se volvió a su real.

Capítulo CXXXIX. Las alegrías y sacrificios que hacían los mexicanos por una victoria

Dilataba Cortés el poner su real en la plaza, aunque cada día entraba o mandaba entrar a la ciudad a pelear con los vecinos, por las razones poco antes dichas, y por ver si Cuahutimoccín se entregaría, y aun también porque no podía ser la entrada sin mucho peligro y daño, por cuanto los enemigos estaban ya muy juntos y muy fuertes. Todos los españoles, juntamente con el tesorero del rey, viendo su determinación y el daño pasado, le rogaron y requirieron que se metiese en la plaza. Él les dijo que hablaban como valientes, pero que convenía antes mirarlo muy bien, pues los enemigos estaban fuertes y decididos a morir defendiéndose. Tanto replicaron, que al cabo otorgó lo que pedían, y anunció la entrada para el día siguiente. Escribió con dos criados suyos a Gonzalo de Sandoval y a Pedro de Alvarado la instrucción de lo que debían hacer; la cual era, en suma, que Sandoval hiciese alzar todo el fardaje de su guarnición, como que levantaba el real, y que pusiese diez de a caballo en la calzada, tras unas casas, para que si de la ciudad saliesen creyendo que huían, los almacenasen, y él que se viniese a donde Pedro de Alvarado estaba, con diez de a caballo y cien peones; y con los bergantines; y dejando allí la gente tomase los otros tres bergantines y se fuese a ganar el paso donde fueron desbaratados los de Alvarado; y si lo ganaba, que lo cegase muy bien antes de ir más adelante; y que si fuese, no se alejase ni ganara paso que no lo dejase ciego y bien preparado; y Alvarado, que entrase cuanto pudiese en la ciudad, y que le enviasen ochenta españoles. Ordenó asimismo que los otros siete bergantines guiasen las tres mil barcas, como la otra vez, por entrambas lagunas. Repartió la gente de su real en tres compañías, porque para ir a la plaza había tres calles. Por una de ellas entraron el tesorero y contador con setenta españoles, veinte mil indios, ocho caballos, doce zapadores y muchos gastadores para cegar los caños de agua, allanar los puentes y derribar las casas. Por la otra calle envió a Jorge de Alvarado y Andrés de Tapia con ochenta españoles y más de, diez mil indios. Quedaron en la desembocadura de esta calle dos tiros y ocho de a caballo. Cortés fue por la otra con gran número de amigos y con cien españoles de a pie, de los cuales veinticinco eran ballesteros y escopeteros. Mandó a ocho de a caballo que llevaba quedarse, y que no fuesen tras él sin que se lo enviara a decir. De esta manera entraron todos a un tiempo, y cada cuadrilla por su lado, e hicieron maravillas, derrocando hombres y trincheras y ganando puentes. Llegaron cerca del Tianquiztli; cargaron tantos indios de nuestros amigos, que entraron por las casas a escala vista y las robaron; y según iba la cosa, parecía que todo se ganaba aquel día. Cortés les decía que no pasasen más adelante, que bastaba lo hecho, no recibiesen algún revés, y que mirasen si dejaban bien cegados los puentes ganados, en donde estaba todo el peligro o victoria. Los que iban con el tesorero siguiendo victoria y alcance dejaron una quebrada falsamente ciega, que tendría doce pasos de anchura y dos estados de hondura. Fue allí Cortés, cuando se lo dijeron, a remediar aquel mal recado; mas tan pronto como llegó vio venir huyendo a los suyos y arrojarse al agua por miedo de los muchos y consecutivos enemigos que venían detrás, los cuales se echaban tras ellos para matarlos. Venían también barcas por el agua, que cogían vivos a muchos de nuestros amigos y hasta españoles. No daba abasto entonces Cortés y otros quince que allí estaban a dar las manos a los caídos; unos salían heridos, otros medio ahogados, y muchos sin armas. Cargó tanta gente enemiga, que los cercó. Cortés y sus quince compañeros, entretenidos en socorrer a los del agua, y ocupados con los socorridos, no se dieron cuenta del peligro en que estaban; y así, echaron mano de él algunos mexicanos, y se lo hubiesen llevado si no hubiese sido por Francisco de Olea, criado suyo, que cortó las manos al que le tenía asido, de una cuchillada; al cual mataron después allí los contrarios; y así, murió por dar la vida a su amo. Llegó en esto Antonio de Quiñones, capitán de la guardia; cogió del brazo a Cortés, y le sacó por fuerza de entre los enemigos, con quienes duramente peleaba. Ya entonces, al rumor de que Cortés estaba preso, acudían los españoles a la brega, y uno de a caballo hizo algún tanto de lugar; mas pronto le dieron una lanzada por la garganta, que le hicieron dar la vuelta. Estancó un poco la pelea, y Cortés cabalgó en un caballo que le trajeron; y como no se podía pelear allí bien a caballo, recogió a los españoles, dejó aquel mal paso, y se salió a la calle de Tlacopan, que es ancha y buena. Murió allí Guzmán, camarero de Cortés, por querer darle un caballo, cuya muerte dio mucha tristeza a todos, pues era honrado y valiente. Anduvo tan revuelta la cosa, que cayeron al agua dos yeguas; la una se salvó, y la otra la mataron los indios, como hicieron al caballo de Guzmán. Estando combatiendo una trinchera el tesorero y sus compañeros, les echaron de una casa tres cabezas de españoles, diciendo que otro tanto harían de ellos si no alzaban el cerco. Viendo esto y dándose cuenta del estrago que digo, se retrajeron poco a poco. Los sacerdotes se subieron a unas torres de Tlatelulco, encendieron braseros, pusieron sahumerios de copalli en señal de victoria. Desnudaron a los españoles cautivos, que serían unos cuarenta, los abrieron por el pecho, les sacaron los corazones para ofrecérselos a sus ídolos, y rociaron el aire con la sangre. Hubiesen querido los nuestros ir allá y vengar aquella crueldad, ya que no la podían impedir; mas bien tuvieron qué hacer en ponerse en cobro, según la carga y prisa que les dieron los enemigos, no temiendo a caballos ni a espadas. Fueron ese día cuarenta españoles presos y sacrificados. Quedó herido Cortés en una pierna, más otros treinta. Se perdió un tiro y tres o cuatro caballos. Murieron cerca de dos mil indios amigos nuestros. Muchas de nuestras canoas se perdieron, y los bergantines estuvieron para ello. El capitán y el maestre de uno de ellos salieron heridos, y el capitán murió de la herida al cabo de ocho días. También murieron peleando este mismo día cuatro españoles del real de Alvarado. Fue aciago el día, y la noche triste y llorosa para nuestros españoles y amigos. Regocijáronse aquella tarde y noche los de México con grandes fuegos, con muchas bocinas y atabales, con bailes, banquetes y borracheras. Abrieron las calles y puentes como antes las tenían. Pusieron vigilantes en las torres, y centinelas cerca de los reales; y luego, por la mañana, envió el rey dos cabezas de cristianos y otras dos de caballos por toda la comarca, en señal de la victoria tenida, rogándoles que dejasen la amistad de los españoles, y prometiendo que pronto acabaría con los que quedaban y libraría a toda la tierra de guerra; lo cual fue causa de que algunas provincias tomasen animo y armas contra los amigos y aliados de Cortés, como hicieron Malinalco y Cuixco contra Coahunauac. Sonó luego esto por muchas partes, y temían los nuestros rebelión en los pueblos amigos y motín en el ejército; mas quiso Dios que no lo hubiese. Cortés salió con su gente otro día a pelear, por no mostrar flaqueza, y se volvió desde el primer puente.

Capítulo CXL. Conquista de Malinalco, Matalcinco y otros pueblos
A los dos días del desastre vinieron al campamento de Cortés los de Coahunauac, que hacía ya muchos días que eran sus amigos, a decirle que los de Malinalco y Cuixco les hacían la guerra, y les destruían los panes y frutas, y le amenazaban a él para después que los hubiesen a ellos vencido; por tanto, que les diese alguna ayuda de españoles. Cortés, aunque tenía

más necesidad de ser socorrido que de socorrer, les prometió españoles, tanto por no perder crédito, cuando por la instancia con que los pedían; lo cual contradijeron algunos españoles, a quienes no les parecía bien sacar gente del ejército. Les dio ochenta peones españoles y diez de a caballo, y por capitán a Andrés de Tapia, a quien encargó mucho la guerra y la brevedad. Le dio diez días de plazo para ir y venir. Andrés de Tapia fue allá, se juntó con los de Coahunauac, halló los enemigos en una aldea cerca de Malinalco, peleó con ellos en campo raso, los desbarató y los siguió hasta la ciudad, que es un pueblo grande, abundante de agua, y asentado en un cerro muy alto, donde los caballos no podían subir. Taló lo llano, y se volvió. Hizo tanto fruto esta salida, que liberó a los amigos y atemorizó a los enemigos, que habían tomado alas pensando que iban muy de caída los españoles. Al segundo día que Andrés de Tapia llegó a Coahunauac, vinieron dieciséis mensajeros de lengua otomitlh, quejándose de los señores de la provincia de Matalcinco, sus vecinos, que les hacían cruda guerra y que les habían destruido la tierra, quemado un lugar y llevado a la gente; y que venían hacia México con el propósito de pelear con los españoles, para que saliesen entonces los de la ciudad y los matasen o echasen del cerco; y que preparase pronto el remedio, porque no estaba de allí más que a doce leguas, y eran muchos. Cortés creyó ser así, porque días atrás, cuando andaban peleando, le amenazaban los mexicanos con Matalcinco. Envía allá a Gonzalo de Sandoval con dieciocho caballos y cien peones, y con muchos de aquella serranía que estaban hacía días en el cerco. Tanto hizo Cortés esto por no mostrar flaqueza a los amigos y enemigos, como por socorrer a aquéllos; que bien sabía en cuánto peligro andaban los que iban y los que quedaban, y que se quejaban los suyos. Sandoval partió, durmió dos noches en tierra de Otomitlh, que estaba destruida; llegó después a un río que pasaban los enemigos, los cuales llevaban gran prisa de un lugar que acababan de quemar; y como vieron españoles y hombres a caballo, huyeron, dejando buena parte del despojo. Pasaron otro río y se detuvieron en un llano. Sandoval los siguió. Halló en el camino fardos de ropa, cargas de centli y niños asados. Arremetió a los enemigos con los caballos. Llegaron luego los de a pie, y con ellos los desbarató. Huyeron. Los siguió hasta encerrarlos en Matalcinco, que estaba a tres leguas. Murieron en el alcance dos mil.

La ciudad se puso en defensa para que entretanto se fuesen las mujeres y los muchachos y llevasen la ropa a un cerro muy alto, donde había una especie de fortaleza. Acabaron en esto de llegar nuestros amigos, que serían hasta setenta mil. Entraron dentro, echaron fuera a los vecinos, saquearon el pueblo y luego lo quemaron, y en esto se pasó la noche. Los vencidos se refugiaron en el cerro que digo. Tuvieron grandes llantos y alaridos y un estruendo increíble de atabales y bocinas hasta medianoche, pues después todos se fueron de allí. Sandoval sacó todo su ejército luego, por la mañana. Fue al cerro, y no halló a nadie ni rastro de los enemigos. Dio sobre un lugar que estaba de guerra; mas el señor dejó las armas, abrió las puertas, se entregó, y prometió atraer a la paz a los de Matalcinco, Malinalco y Cuixco. Y lo cumplió, porque luego les habló y los llevó a Cortés. Él los perdonó, y ellos le sirvieron muy bien en el cerco, lo cual sintió mucho el rey Cuahutimoccín.

Capítulo CXLI. Determinación de Cortés en asolar a México
Chichimecatl, señor tlaxcalteca, que trajo la tablazón de los bergantines y que estaba con Pedro de Alvarado desde el principio de la guerra, viendo que ya no peleaban los españoles como solían hacerlo antes, entró con los de su provincia solamente, cosa que no se había hecho, a combatir la ciudad. Acometió un puente con mucha gritería, y nombrando su linaje y ciudad, le ganó. Dejó allí cuatrocientos flecheros, y siguió a los enemigos que intencionadamente, para cogerle a la vuelta, huían. Revolvieron sobre él y se trabó una buena escaramuza, pues unos y otros pelearon duramente y por igual. Pasaron grandes razones. Muchos heridos y muertos de una y otra parte, con lo que todos cenaron muy bien. Le dieron carga, y pensaron cogerle al paso del agua; mas él lo pasó con seguridad con la ayuda de los cuatrocientos flecheros, que detuvieron a los contrarios y les hicieron perder la soberbia. Quedaron los de México corridos de aquella entrada y espantados de la osadía de los tlaxcaltecas, y hasta los españoles se maravillaron del ardid y destreza. Como no combatían los nuestros según acostumbraban, pensaban en México que por cobardes o enfermos, o por ventura de hambrientos; y un día, al cuarto del alba, dieron en el real de Alvarado un buen ataque. Lo sintieron los centinelas, tocaron alarma, salieron los de dentro a pie y a caballo, y a lanzadas les hicieron huir. Muchos de ellos se

ahogaron, muchos fueron heridos, y todos escarmentaron. Dijeron tras esto los de México que querían hablar a Cortés. Él se llegó a un puente alzado a ver qué decían. Ellos una vez pedían treguas y otra paces, y siempre hacían hincapié en que los españoles se fuesen de toda su tierra. Era todo esto para descubrir qué ánimo tenían los nuestros y para tomar algunos días de tregua a fin de abastecerse; que su voluntad siempre fue la de morir defendiendo su patria y religión. Cortés les respondió que las treguas ni a él ni a ellos convenían; pero que la paz, puesto que en todo tiempo era buena, no se perdería por él, aunque era el sitiador y tenía mucho qué comer. Que mirasen ellos cómo la querían, antes de que se les acabase el pan, no se muriesen de hambre. Estando así platicando con el faraute, se puso en el baluarte un anciano, y a la vista de todos sacó muy despacio de una mochila pan y otras cosas, que se comió, dando a entender que no tenían necesidad; y con tanto se acabó la plática. Muy largo se le hacía a Cortés el cerco, porque en cerca de cincuenta días no había podido tomar a México; y se maravillaba que los enemigos durasen tanto tiempo en las escaramuzas y combates, y de que no quisiesen paz ni concordia sabiendo cuántos millares de ellos habían muerto a manos de los contrarios y cuántos de hambre y dolencias. Les rogaba fuesen sus amigos; si no, que los mataría a todos y los tendría cercados por agua y tierra, para que no les metiesen fruta, pan ni agua y se comiesen unos a otros. Ellos decían que antes se morirían los españoles; y cuanto más miedo les metían más valor mostraban, y más reparos y ardides; pues llenaron la plaza y muchas calles de piedras grandes, para que no pudiesen correr los caballos; y cortaron otras calles a piedra seca, para que no entrasen los españoles. Cortés, aunque no hubiese querido destruir tan hermosa ciudad, decidió derribar por el suelo todas las casas de las calles que ganase, y con ellas cegaron muy bien los canales de agua. Lo comunicó a sus capitanes, y a todos les pareció bien, aunque trabajoso y largo. Lo dijo también a los señores indios del ejército, los cuales se alegraron con aquella nueva, y después hicieron venir a muchos labradores con huictles de palo, que sirven de pala y azada. En esto se pasaron cuatro días. Cortés, cuando tuvo gastadores, preparó a su gente y comenzó a combatir la calle que va a la plaza Mayor. Los de la ciudad pidieron paz fingidamente. Cortés se detuvo y preguntó por el rey.

Respondieron que le habían ido a llamar. Esperó una hora, y al cabo le tiraron muchas piedras, flechas y varas, y le insultaron. Arremetieron entonces los españoles, tomaron una gran trinchera y entraron en la plaza. Quitaron las piedras que estorbaban a los caballos, cegaron el agua de aquella calle de tal manera, que nunca más se abrió; derrocaron todas las casas, y dejando la entrada llana y abierta, se volvieron al real. Seis días consecutivos hicieron los nuestros otro tanto como aquél, sin recibir mucho daño, excepto que el último les hirieron dos caballos. Cortés les hizo entonces al siguiente día una emboscada. Llamó a Gonzalo de Sandoval que viniese con treinta caballos suyos y de Alvarado para juntarlos con otros veinticinco que él tenía. Envió los bergantines delante y toda la gente, y él se metió con treinta caballos en unas casas grandes de la plaza. Pelearon en muchas partes con los de la ciudad, y se retiraron. Al pasar por aquella casa soltaron un tiro de escopeta, que era la señal de salir la celada. Venían con tanto hervor y grita los contrarios ejecutando el alcance, que pasaron bien adelante de la emboscada. Salió Cortés con sus treinta caballos, diciendo: «San Pedro y a ellos; Santiago y a ellos»; e hizo gran estrago, matando a unos, derrocando a otros, y cortando el paso a muchos, que en seguida prendían allí los indios amigos. En esta emboscada, sin contar los de los combates, murieron quinientos mexicanos y quedaron presos otros muchos. Tuvieron bien de cenar aquella noche los indios nuestros amigos. No se les podía quitar el comer carne de hombres. Algunos españoles subieron a una torre de ídolos, abrieron una sepultura, y hallaron hasta 1.500 castellanos en cosas de oro. De esta hecha cobraron en México tanto temor, que ni gritaban ni amenazaban como antes, ni se atrevieron de allí adelante esperar en la plaza hasta ver que los nuestros se retiraban, por miedo de otra. Y en fin, esto fue causa para ganar más pronto México.

Capítulo CXLII. El hambre y las enfermedades que los mexicanos pasaban con mucho ánimo

Dos mexicanos, hombres de poca manera, se escaparon de noche, de puro hambrientos, y se vinieron al real de Cortés; los cuales dijeron que sus vecinos estaban muy amedrentados, muertos de hambre y dolencias, y que amontonaban los muertos en las casas por encubrirlos, y que salían por las noches a pescar entre las casas y a donde no les cogiesen los bergantines, y a buscar leña y coger hierbas y raíces que comer. Cortés quiso saber aquello con más seguridad. Hizo que los bergantines rodeasen la ciudad, y él, con unos quince de a caballo y cien peones españoles y muchos indios amigos, fue allá antes de que amaneciese, se metió tras unas casas, y puso espías que le avisasen con cierta señal cuando hubiese gente. Cuando fue de día, comenzó a salir mucha gente a buscar de comer. Salió Cortés, por la señal que tuvo, e hizo gran matanza en ellos, puesto que la mayoría eran mujeres y muchachos, y los hombres iban casi desarmados. Murieron allí ochocientos. Los bergantines tomaron también muchos hombres y barcos pescando. Sintieron el ruido los centinelas de la ciudad; mas los vecinos, espantados de ver andar por allí españoles a hora desacostumbrada, se temieron otra emboscada y no pelearon. Al día siguiente, que era víspera de Santiago, patrón de España, entró Cortés a combatir como solía la ciudad. Acabó de tomar la calle de Tlacopan, y quemó las casas de Cuahutimoccín, que eran grandes y fuertes y estaban cercadas de agua. Ya con esto estaban, de cuatro partes de México, ganadas tres de ellas, y se podía ir con seguridad del campamento de Cortés al de Alvarado. Como se derribaban o quemaban todas las casas de lo ganado, decían aquellos mexicanos a los de Tlaxcala y a los de los otros pueblos: «Así, así, daos prisa; quemad y asolad bien esas casas; que vosotros las volveréis a hacer, mal que os pese, a vuestra costa y trabajo; porque si somos vencedores, las haréis para nosotros, y si vencidos, para los españoles». De allí a cuatro días entró Cortés por su parte y Alvarado por la suya; el cual trabajó lo posible por tomar dos torres del Tlatelulco, para estrechar a los enemigos por su estancia, como hacía su capitán; hizo, en fin, tanto, que las tomó, aunque perdió tres caballos. Al otro día se paseaban los de a caballo por la plaza, y los enemigos miraban desde las azoteas. Andando por la ciudad hallaron montones de cuerpos por las casas y calles y en el agua, y muchas cortezas y raíces de árboles roídos, y a los hombres tan flacos y amarillos, que dieron lástima a nuestros españoles. Cortés les movió partido. Ellos, aunque flacos de cuerpo, estaban recios de corazón, y le respondieron que no hablase de amistad ni esperase despojo ninguno de ellos, porque habían de quemar todo lo que tenían, o echarlo al agua, donde nunca pareciese, y que uno solo de ellos quedase y había de morir peleando. Faltaba ya la pólvora, aunque sobraban las saetas y picas, ya que se hacían todos los días; y para dañar, o al menos espantar a los enemigos, se hizo un trabuco y se puso en el teatro de la plaza, con el cual nuestros indios amenazaban mucho a los de la ciudad. No lo acertaron a hacer los carpinteros, y así no aprovechó. Los españoles disimularon con que no querían hacer más daño de lo hecho. Como habían estado cuatro días ocupados en hacer el trabuco, no habían entrado a combatir la ciudad, y cuando después entraron, hallaron llenas las calles de mujeres, niños, viejos y otros hombres mezquinos que se traspasaban de hambre y enfermedad. Mandó Cortés a los suyos no hiciesen mal a personas tan miserables. La gente principal y sana estaba en las azoteas sin armas y con mantas, cosa nueva y que causó admiración. Creo que guardaban fiesta. Les requirió con la paz; respondieron con disimulos. Al día siguiente dijo Cortés a Pedro de Alvarado que combatiese un barrio de unas mil casas, que estaba por ganar, y que él ayudaría por la otra parte. Los vecinos se defendieron muy bien un gran rato; mas al cabo huyeron, no pudiendo sufrir la furia y prisa de los contrarios. Los nuestros tomaron todo aquel barrio, y mataron doce mil ciudadanos. Hubo tanta mortandad porque anduvieron tan crueles y encarnizados los indios nuestros amigos, que a ningún mexicano daban vida, por más reprendidos que fueron. Quedaron tan arrinconados al perder este barrio, que apenas cabían en pie en las casas que tenían, y estaban las calles tan llenas de muertos y enfermos, que no podían pisar sino en cuerpos. Cortés quiso ver lo que tenía por ganar de la ciudad; se subió a una torre, miró, y le pareció que una octava parte. Al otro día volvió a combatir lo que le quedaba. Mandó a todos los suyos que no matasen sino al que se defendiese. Los de México, llorando su desventura, rogaban a los españoles que los acabasen de matar, y algunos caballeros llamaron a Cortés con mucha prisa. Él fue corriendo allí, pensando que era para tratar de algún acuerdo. Se puso a la orilla de un puente, y te dijeron: «¡Ah, capitán Cortés!, pues eres hijo del Sol, ¿por qué no acabas con él que nos acabe? ¡Oh Sol!, que puedes dar vuelta al mundo en tan breve espacio de tiempo como es un día con su noche, mátanos ya, y sácanos de tanto y tan largo penar; que deseamos la muerte para ir a descansar con Quetzalcouatlh, que nos está esperando». Tras esto lloraban y llamaban a sus dioses a grandes voces. Cortés les respondió lo que te pareció, mas no pudo convencerlos. Gran compasión les tenían nuestros españoles.

Capítulo CXLIII. Prisión de Cuahutimoccín
Cortés, que los vio en tanta estrechez y males, quiso probar si se entregarían. Habló con un tío de don Fernando de Tezcuco, que tres días antes había sido cogido preso y aún estaba herido, y le rogó que fuese a tratar de paz con su rey. El caballero rehusó al principio, sabiendo la determinación de Cuahutimoccín; pero al fin dijo que iría, por ser cosa de honra y bondad. Así que Cortés entró al otro día con su gente y envió a aquel caballero delante con algunos españoles; los que guardaban la calle lo recibieron y saludaron con el acatamiento que tal persona merecía; fue luego al rey, y le dijo su embajada. Cuahutimoccín se enojó y le mandó sacrificar. La respuesta que dio fueron flechazos, pedradas, lanzadas y alaridos, y que querían morir y no paz. Pelearon intensamente aquel día; hirieron y mataron a muchos hombres, y un caballo con una hoz que traía un mexicano hecha de una espada española; pero si muchos mataron, muchos murieron. Al otro día entró también Cortés, mas no peleó, esperando que se rendirían. Sin embargo, ellos no tenían tal pensamiento. Se llegó a una trinchera, habló a caballo con algunos señores que conocía, diciendo que podía acabar con ellos muy fácilmente en poco tiempo, pero que de lástima lo dejaba, y porque los quería mucho; que hiciesen que con el señor se entregasen, y serían bien recibidos y tratados, y tendrían qué comer. Con estas y otras razones así les hizo llorar. Respondieron que bien conocían su error y sentían su daño y perdición; pero que habían de obedecer a su rey y a sus dioses, que así lo querían; mas que se esperase allí, que iban a decirlo a su señor Cuahutimoccín. Fueron, y al cabo de un rato volvieron diciendo que por ser ya tarde no venía el señor, pero que al día siguiente vendría sin duda ninguna a la hora de comer, a hablarle en la plaza. Con tanto, se volvió Cortés a su real muy alegre, pensando que en la entrevista se pondrían de acuerdo. Mandó preparar el teatro de la plaza con estado, a estilo de los señores mexicanos, y de comer para el día siguiente. Fue con muchos españoles muy preparados. No vino el rey, pero envió a cinco señores muy principales que tratasen en conciertos, y que le disculpasen

por enfermo. Sintió que el rey no viniese; sin embargo, se alegró mucho con aquellos señores creyendo por su mediación conseguir la paz. Comieron y bebieron como hombres que tenían necesidad; llevaron algún refresco, y prometieron volver, porque Cortés se lo rogó, y les dijo que sin la presencia del rey no se podía dar ni tomar ningún acuerdo. Volvieron al cabo de dos horas; trajeron como presente unas mantas de algodón muy buenas, y dijeron que de ninguna manera vendría el rey, pues tenía vergüenza y miedo; y se fueron, porque ya era noche. Volvieron al otro día los mismos a decir a Cortés que se fuese al mercado, que le quería hablar Cuahutimoccín. Fue, y esperó más de cuatro horas, y nunca vino el rey. Viendo la burla, envió Cortés a Sandoval con los bergantines por una parte, y él por otra, combatió las calles y trincheras en que se hacían fuertes los enemigos; y como halló poca resistencia, pues no tenían piedras ni flechas, entró e hizo lo que quiso. Pasaron de cuarenta mil las personas que fueron aquel día muertas y presas, y más tuvieron que hacer los españoles en impedir que sus amigos matasen que en pelear. El saqueo no se lo impidieron. Era tanto el llanto de las mujeres y niños, que partía el corazón de los españoles; y tan grande la hediondez de los cuerpos que ya estaban muertos, que se retiraron en seguida. Propusieron aquella noche, Cortés de acabar al día siguiente la guerra y Cuahutimoccín de huir, pues para eso se metió en una canoa de veinte remos. Así pues, por la mañana, tomó Cortés su gente y cuatro tiros, y se fue al rincón donde los enemigos estaban acorralados. Dijo a Pedro de Alvarado que se estuviese quieto hasta oír una escopeta, y a Sandoval que entrase con los bergantines a un lago de entre las casas, donde estaban recogidas todas las barcas de México, y que mirase por el rey y no le matase. Mandó a los demás que echasen al enemigo hacia los bergantines; subióse a una torre, y preguntó por el rey. Vino Xihuacoa, gobernador y capitán general. Le habló, y no pudo conseguir de él que se entregasen. Todavía salieron muchos, y la mayoría eran viejos, muchachos y mujeres; y como eran tantos y llevaban prisa, unos a otros se empujaban, se echaban al agua y se ahogaban. Rogó Cortés a los señores indios que mandasen a los suyos no matasen a aquella gente mezquina, puesto que se entregaban. Empero, no pudieron tanto que no matasen y sacrificasen a más de quince mil de ellos. Tras esto hubo grandísimo rumor entre la gente menuda de la ciudad, porque el señor quería huir y ellos ni tenían ni sabían a dónde ir; y así, procuraron todos de meterse en las barcas, y como no cabían, se caían al agua y se ahogaban. Muchos hubo que se escaparon nadando. La gente de guerra estaba arrimada a las paredes de las azoteas, disimulando su perdición. La nobleza mexicana y otros muchos estaban en las canoas con el rey. Cortés hizo soltar la escopeta para que Pedro de Alvarado acometiese por su parte, y luego se retiró la artillería al rincón donde estaban los enemigos. Les dieron tanta prisa, que en poco rato lo ganaron, sin dejar cosa alguna por tomar. Los bergantines rompieron la flota de las barcas, sin que ninguna se defendiese. Antes bien, echaron todas a huir por donde mejor pudieron, y abatieron el estandarte real. Garci Holguín, que era capitán de un bergantín, echó tras una canoa grande de veinte remos y muy cargada de gente. Le dijo un prisionero que llevaba consigo, que aquéllos eran del rey, y que bien podía ser fuese él allí. Le dio entonces caza, y la alcanzó. No quiso embestirla, sino que le encaró tres ballestas que tenía. Cuahutimoccín se puso en pie en la popa de su canoa para pelear; mas como vio ballestas armadas, espadas desnudas y mucha ventaja en el navío, hizo señal de que iba allí el señor y se rindió. Garci Holguín, muy alegre con tal presa, lo llevó a Cortés, el cual lo recibió como a rey, le puso buena cara, y le atrajo hacia sí. Cuahutimoccín entonces echó mano al puñal de Cortés, y le dijo: «Yo ya he hecho todo lo posible para defenderme a mí y a los míos, y lo que era obligado para no llegar a tal estado y lugar como estoy; y pues vos podéis ahora hacer de mí lo que quisiereis, matadme, que es lo mejor». Cortés lo consoló y le dio buenas palabras y esperanzas de vida y señorío. Le subió a una azotea, y le rogó mandase a los suyos que se entregasen; él lo hizo, y ellos, que serían alrededor de setenta mil, dejaron las armas en viéndole.

Capítulo CXLIV. La toma de México
De la manera que queda dicho ganó Hernán Cortés a México Tenochtitlán, el martes 13 de agosto, día de San Hipólito, año de 1521. En remembranza de tan gran hecho y victoria hacen todos los años, en semejante día, los de la ciudad, fiesta y procesión, en la que llevan el pendón con que se ganó. Duró el cerco tres meses. Tuvo en él doscientos mil hombres, novecientos españoles, ochenta caballos, diecisiete tiros de artillería, trece bergantines y

seis mil barcas. Murieron de su parte hasta cincuenta españoles y seis caballos, y no muchos indios. Murieron de los enemigos cien mil, y según otros dicen, muchísimos más; pero yo no cuento los que mató el hambre y pestilencia. Estaban a la defensa todos los señores, caballeros y hombres principales; y así, murieron muchos nobles. Eran muchos, comían poco, bebían agua salada, dormían entre los muertos, y estaban en perpetua hedentina. Por estas cosas enfermaron y les vino pestilencia, en la que murieron infinitos. De las cuales también se colige la firmeza y esfuerzo que pusieron en su propósito; porque, llegando al extremo de comer ramas y cortezas y a beber agua salobre, jamás quisieron la paz. Ellos bien la hubiesen querido a la postre, pero Cuahutimoccín no la quiso, porque al principio la rehusaron contra su voluntad y consejo, y porque, muriéndose todos, no dieron señal de flaqueza; pues se quedaban con los muertos en casa para que sus enemigos no los viesen. Por aquí también se conoce cómo los mexicanos, aunque comen carne de hombre, no comen la de los suyos como algunos piensan; pues si la comieran, no morirían de hambre. Alaban mucho a las mujeres mexicanas, y no porque se estuvieron con sus maridos y padres, sino por lo mucho que trabajaron en servir a los enfermos, en curar a los heridos, en hacer hondas y labrar piedras para tirar, y hasta en pelear desde las azoteas; que tan buena pedrada daban ellas como ellos. Se dio a México al saqueo, y los españoles cogieron el oro, plata y pluma, y los indios la ropa y el resto del despojo. Cortés hizo encender muchos y grandes fuegos en las calles, por alegría y por quitar el mal olor que los encalabrinaba. Enterró los muertos como mejor pudo. Herró muchos hombres y mujeres por esclavos con el hierro del rey, y a los demás los dejó libres. Varó los bergantines en tierra, dejó en guarda de ellos a Villafuerte con ochenta españoles, para que no los quemasen los indios. Estuvo ocupado en esto cuatro días, y luego pasó al real de Culuacan, donde dio las gracias a los señores y pueblos amigos que le habían ayudado. Les prometió gratificárselo, y dijo que se fuesen con Dios los que quisiesen, pues al presente no tenía más guerra, y que los llamaría si la hubiese. Con esto, se fueron casi todos ricos, y muy contentos con haber destruido a México, y por irse amigos de los españoles y en gracia de Cortés.

Capítulo CXLV. Señales y pronósticos de la destrucción de México
Poco antes de que Hernán Cortés llegase a la Nueva España, apareció muchas noches un gran resplandor sobre el mar por donde entró, el cual aparecía dos horas antes del día, se subía a lo alto y después se deshacía. Los de México, vieron entonces llamas de fuego hacia oriente, donde está Veracruz, y un humo grande y espeso, que parecía llegar al cielo y que los espantó. Vieron asimismo pelear por el aire gentes armadas, unas con otras; cosa nueva y maravillosa para ellos, y que les dio qué pensar y qué temer, por cuanto se platicaba entre ellos cómo había de ir gente blanca y barbuda a señorear la tierra en tiempo de Moctezuma. Entonces se alteraron mucho los señores de Tezcuco y Tlacopan diciendo que la espada que Moctezuma tenía era las armas de aquellas gentes del aire, y los vestidos el traje; y tuvo él que aplacarlos mucho, fingiendo que aquellas ropas y armas fueron de sus antepasados, y para que lo creyesen hizo que probasen a romper la espada; y como no pudieron o no supieron, quedaron maravillados y pacíficos. Parece ser que algunos hombres de la costa habían llevado poco antes a Moctezuma una caja de vestidos con aquella espada y algunos anillos de oro y otras cosas de las nuestras, que hallaron a orillas del agua, traídas por la tormenta. Otros dicen que fue la alteración de aquellos señores cuando vieron los vestidos y la espada que Cortés envió a Moctezuma con Teudilli, mirando cómo se parecía al vestido y armas de los que peleaban en el aire. Como quiera que fuese, ellos cayeron en que se habían de perder entrando en su tierra los hombres de aquellas armas y vestidos. El mismo año que Cortés entró en México, se apareció una visión a un malli o cautivo de guerra para sacrificar, que lloraba mucho de desventura y muerte de sacrificio, llamando al Dios del cielo; la cual le dijo que no temiese tanto la muerte, y que Dios, a quien se encomendaba, tendría piedad de él; y que dijese a los sacerdotes y ministros de los ídolos que muy pronto cesaría su sacrificio y derramamiento de sangre humana, por cuanto ya venían cerca los que lo habían de prohibir y mandar en la tierra. Lo sacrificaron en medio del Tlatelulco, donde ahora está la horca de México. Notaron mucho sus palabras y la visión, que llamaban aire del cielo, y que cuando después vieron ángeles pintados, con alas y diademas, decían parecerse al que habló con

el malli. También reventó la tierra el año 20 cerca de México, y salían grandes peces con el agua, que lo miraron como novedad. Contaban los mexicanos cómo viniendo Moctezuma con la victoria de Xochnuxco muy ufano, dijo al señor de Culuacan que quedaba México seguro y fuerte, pues había vencido aquella y otras provincias, y que ya no habría quien contra él pudiese. «No confíes tanto, buen rey», respondió aquel señor, «que una fuerza, fuerza otra.» De cuya respuesta mucho se enojó Moctezuma, y lo miraba con malos ojos. Mas después, cuando Cortés los prendió a entrambos, se acordó muchas veces de aquellas pláticas, que fueron profecía.

Capítulo CXLVI. Cómo dieron tormento a Cuahutimoccín para saber del tesoro
No se halló en México todo el oro que primeramente tuvieron los nuestros, ni rastro del tesoro de Moctezuma, que tenía gran fama; de lo que mucho se lamentaban los españoles, pues pensaban, cuando acabaron de ganar a México, hallar un gran tesoro, o al menos que hallaran cuanto perdieran al huir de tal ciudad. Cortés se maravillaba de que ningún indio le descubría oro ni plata. Los soldados presionaban a los vecinos por sacarles dinero. Los oficiales del rey querían descubrir el oro, plata perlas, piedras y joyas, para juntar mucho quinto; empero: nunca pudieron conseguir que ningún mexicano dijese nada, aunque todos decían que era grande el tesoro de los dioses y de los reyes; así que acordaron dar tormento a Cuahutimoccín y a otro caballero privado suyo. El caballero tuvo tanto sufrimiento, que, aunque murió en el tormento de fuego, no confesó cosa alguna de cuantas le preguntaron sobre tal caso, o porque no lo sabía, o porque guardan con gran constancia el secreto que su señor les confía. Cuando lo quemaban miraba mucho al rey, para que, teniendo compasión de él, le diese licencia, como dicen, de manifestar lo que sabía, o lo dijese él. Cuahutimoccín le miró con ira y, lo trato vilmente, como persona muelle y de poco, diciendo si estaba él en algún deleite o baño. Cortés quitó del tormento a Cuahutimoccín, pareciéndole afrenta y crueldad, o porque dijo que había echado en la laguna, diez días antes de su prisión, las piezas de artillería, el oro y plata, las piedras, perlas y ricas joyas que tenía, por haberle dicho el diablo que sería vencido. Acusaron esta muerte a Cortés en su residencia como cosa fea e indigna

de tan gran rey, y que lo hizo de avaro y cruel; mas él se defendía con que se hizo a petición de Julián de Alderete, tesorero del rey, y porque se averiguase la verdad; pues todos decían que se guardaba él toda la riqueza de Moctezuma, y no quería atormentarle para que no se supiese. Muchos buscaron este tesoro en la laguna y en tierra, por lo que dijo Cuahutimoccín, mas nunca se halló; y es cosa notable haber escondido tanta cantidad de oro y plata y no decirlo.

Capítulo CXLVII. Servicio y quinto para el rey, de los despojos de México
Hicieron fundición de los despojos de México. Hubo 130.000 castellanos, que se repartieron según el servicio y méritos de cada uno. Al quinto del rey le cupo 26.000 castellanos. Cupiéronle también muchos esclavos, plumajes, abanicos, mantas de algodón y mantas de pluma; rodelas de mimbre forradas con pieles de tigres y cubiertas de pluma, con la copa y cerco de oro; muchas perlas, algunas como avellanas, pero algo negras la mayoría, de cómo queman las conchas para sacarlas y aun para comer la carne. Sirvieron al emperador con muchas piedras, y entre ellas, con una esmeralda fina, como la palma, pero cuadrada, y que se remataba en punta como pirámide, y con una gran vajilla de oro y plata, en tazas, jarros, platos, escudillas, ollas y otras piezas de vaciadizo, unas como aves, otras como peces, otras como animales, otras como frutas y flores, y todas tan a lo vivo, que había mucho que ver. Le dieron asimismo muchos brazaletes, zarcillos, sortijas, bezotes y otras joyas de hombres y de mujeres, y algunos ídolos y cerbatanas de oro y de plata; todo lo cual valía 150.000 ducados, aunque otros dicen que 200.000. Le enviaron, además de esto, muchas máscaras en mosaico de piedrecitas finas, con las orejas de oro y los colmillos de hueso fuera de los labios. Muchas ropas de sacerdotes, bragas, frontales, palios y otros ornamentos de templos, lo cual era de pluma, algodón y pelo de conejo. Enviaron también algunos huesos de gigantes que se hallaron allí en Culuacan, y tres tigres, uno de los cuales se soltó en la nao, y arañó a seis o siete hombres, y hasta mató a dos y se echó al mar. Mataron la otra para que no hiciese otro tanto. Otras cosas enviaron, pero esto es lo substancial; y muchos enviaron dinero a sus parientes, y Cortés envió 4.000

ducados a su padre con Juan de Ribera, su secretario. Trajeron esta riqueza Alfonso de Ávila y Antonio de Quiñones, procuradores de México, en tres carabelas. Pero cogió las dos carabelas que traían el oro Florín, pirata francés, más acá de las Azores, y aun también se apoderó entonces de otra nao que venía de las islas, con 72.000 ducados, 700 marcos de aljófar y perlas, y dos mil arrobas de azúcar. Escribió el cabildo al emperador en alabanza de Cortés, y él le suplicaba por los conquistadores, para que les confirmase los repartimientos, y que enviase una persona docta y curiosa a ver la mucha y maravillosa tierra que había conquistado, y que tuviese a bien que se llamase Nueva España. Que enviase obispos, clérigos y frailes para ocuparse en la conversión de los indios; y labradores con ganado, plantas y simientes, y que no permitiese pasar allí tornadizos, médicos ni letrados.

Capítulo CXLVIII. Cómo Cazoncín, rey de Michoacan, se entregó a Cortés
Puso un gran miedo y admiración en todos la destrucción de México, que era la mayor y más fuerte ciudad de todas aquellas partes, y más poderosa en reino y riqueza. Por lo cual, no solamente se dieron a Cortés los súbditos de los mexicanos, sino también los enemigos, por alejar de sí la guerra, no les aconteciese como a Cuahutimoccín; y así, venían a Culuacan embajadores de grandes y diversas provincias y muy lejanas; pues, según cuentan, algunas estaban a más de trescientas leguas de allí. El rey de Michoacan, de nombre Cazoncín, antiguo y natural enemigo de los reyes mexicanos y muy gran señor, envió sus embajadores a Cortés, alegrándose de la victoria y dándosele por amigo. Él los recibió muy bien, y los tuvo consigo cuatro días. Hizo escaramuzar delante de ellos a los de a caballo para que fuesen a ver aquel reino y tomar lengua del mar del Sur, y los despidió. Tantas cosas dijeron de los españoles aquellos embajadores a su rey, que estuvo por venir a verlos; pero se lo estorbaron sus consejeros. Y así, envió allí a un hermano suyo con mil personas de servicio y muchos caballeros. Cortés lo recibió y trató conforme a la persona que era. Le llevó a ver los bergantines, el sitio y destrucción de México. Anduvieron los españoles el caracol en ordenanzas, y soltaron las escopetas y ballestas. Jugó la artillería al blanco que se puso en una torre. Corrieron los de a caballo y escaramuzaron con lanzas. Quedó

maravillado aquel caballero de estas cosas, y de las barbas y trajes. Se fue a los cuatro días de llegar, y tuvo mucho que contar al rey su hermano. Viendo Cortés la voluntad del rey Cazoncín, envió a poblar en Chincicila de Michoacan a Cristóbal de Olid con cuarenta de a caballo y cien infantes españoles, y Cazoncín se alegró de que poblasen, y les dio mucha ropa de pluma y algodón, 5.000 pesos de oro sin ley, por tener mucha mezcla de plata, y 1.000 marcos de plata revuelta con cobre; todo esto en piezas de aparador y joyas de cuerpo, y ofreció su persona y reino al rey de Castilla, como se lo rogaba Cortés. La cabeza principal de la ciudad de Michoacan la llaman Chincicila, y está de México poco más de cuarenta leguas, y en una ladera de sierras, sobre una laguna dulce, tan grande como la de México, y de muchos y buenos peces. Además de esta laguna, hay en aquel reino otros muchos lagos, en los que hay grandes pesquerías; por cuya causa se llama Michoacan, que quiere decir lugar de pescado. Hay también muchas fuentes, y algunas tan calientes, que no las resiste la mano, las cuales sirven de baños. Es tierra muy templada, de buenos aires, y tan sana, que muchos enfermos de otras partes se van a sanar a ella. Es fértil en pan, fruta y verdura. Es abundante de caza, y tiene mucha cera y algodón. Los hombres son más hermosos que sus vecinos, fuertes y para mucho trabajo. Grandes tiradores de arco y muy certeros, especialmente los que llaman teuchichimecas, que están debajo o cerca de aquel señorío; a los cuales, si yerran la caza, les ponen una vestidura de mujer que llaman cueitl por afrenta. Son guerreros y diestros hombres, y siempre tenían guerra con los de México, y nunca o por maravilla perdían batalla. Hay en este reino muchas minas de plata y oro bajo, y en el año 1525 se descubrió en él la más rica mina de plata que se había visto en la Nueva España; y por ser tal, la tomaron para el rey sus oficiales, no sin agravio de quien la halló. Mas quiso Dios que después se perdiese o acabase; y así, la perdió su dueño, y el rey su quinto, y ellos la fama. Hay buenas salinas, mucha piedra negra, de la que hacen sus navajas, y finísimo azabache. Se cría grana de la buena. Los españoles han puesto morales para seda, sembrado trigo y criado ganado, y todo se da muy bien, pues Francisco de Terrazas cogió seiscientas fanegas, de cuatro que sembró.

Capítulo CXLIX. Conquista de Tochtepec y Coazacoalco, que hizo Gonzalo de Sandoval

Al tiempo que México se rebeló y arrojó fuera a los españoles, se rebelaron también todos los pueblos de su bando, y mataron a los españoles que andaban por la tierra descubriendo minas y otros secretos. Mas la guerra de México no había dado lugar al castigo; y como los más culpables eran Huatuxco, Tochtepec y otros lugares de la costa, envió allá desde Culuacan, a fin de octubre del año 21, a Gonzalo de Sandoval con doscientos españoles a pie, con treinta y cinco de a caballo y con un razonable ejército de amigos, en el que iban algunos señores mexicanos. Al llegar a Huatuxco se le rindió toda aquella tierra. Pobló en Tochtepec, que está de México a ciento veinte leguas, y le llamó Medellín por mandato de Cortés y en su honor, que así se llama donde nació. De Tochtepec fue después Sandoval a poblar en Coazacoalco, pensando que los de aquel reino estaban amigos de Cortés, como lo habían prometido a Diego de Ordás cuando fue allá en vida de Moctezuma. No halló en ellos buena acogida, ni aun voluntad de su amistad. Les dijo que los iba a visitar de parte de Cortés, y a saber si necesitaban algo. Ellos le respondieron que no tenían necesidad de su gente ni amistad; que se volviese con Dios. Él les pidió la palabra, y les rogó con la paz y religión cristiana mas no la quisieron; antes bien se armaron, amenazándole con la muerte. Sandoval no hubiese querido guerra; pero como no podía hacer otra cosa, asaltó de noche un lugar, donde prendió a una señora que fue parte para que llegasen los nuestros al río sin contienda, y se apoderasen de Coazacoalco y sus riberas. A cuatro leguas del mar pobló la villa del Espíritu Santo, pues no se halló antes buen sitio. Atrajo a su amistad a Quechollan, Ciuatlan, Quezaltepec, Tabasco, que luego se rebelaron, y otros muchos pueblos, que se encomendaron a los pobladores del Espíritu Santo por cédula de Cortés. En este mismo tiempo se conquistó Huaxacac con mucha parte de la provincia de Mixtecapan, porque daban guerra a los de Tepeacac y a sus aliados. Hubo tres encuentros, en los que murió mucha gente antes que se entregasen y consintiesen a los nuestros poblar en su tierra.

Capítulo CL. Conquista de Tututepec

Deseaba Cortés tener tierra y puertos en el mar del Sur para descubrir por allí la costa de la Nueva España, y algunas islas ricas de oro, piedras, perlas, especias, y otras cosas y secretos admirables, y hasta traer por allí la especiería de las Molucas con menos trabajo peligro; y como tenía noticia de aquel mar desde el tiempo de Moctezuma, y entonces se le ofrecían a ello los de Michoacan, envió allí cuatro españoles por dos caminos con buenos guías; los cuales fueron a Tecuantepec, Zacatollan y otros pueblos. Tomaron posesión de aquel mar y tierra, poniendo cruces. Dijeron a los naturales su embajada; pidieron oro, perlas y hombres para la vuelta y para mostrar a su capitán, y se volvieron a México. Cortés trató muy bien a aquellos indios; les dio algunas cosas, y muchos saludos y ofrecimientos para su rey, con lo que se fueron alegres. Envió luego el señor de Tecuantepec un presente de oro, algodón, pluma y armas, ofreciendo su persona y estado al emperador; y no mucho después pidió españoles y caballos contra los de Tututepec, que le hacían la guerra por haberse entregado a los cristianos, mostrándoles el mar. Cortés le envió a Pedro de Alvarado el año 22, y no 23, con doscientos españoles, cuarenta de a caballo y dos tirillos de campo. Alvarado fue por Huaxacac, que ya estaba pacífica; tardó un mes en llegar a Tututepec; halló en algunos pueblos resistencia, mas no perseverancia. Le recibió bien el señor de aquella provincia, y quiso aposentarlo dentro de Tututepec, que es una gran ciudad, en unas casas suyas, muy buenas, aunque cubiertas de paja, con el pensamiento de quemar a los españoles aquella noche; mas Alvarado, que lo sospechó o le avisaron, no quiso quedarse allí, diciendo que no era bueno para sus caballos, y se aposentó en la parte baja de la ciudad, y detuvo al señor y a un hijo suyo; los cuales se rescataron en 25.000 castellanos de oro; pues la tierra es rica en minas y ferias y en algunas perlas. Pobló Alvarado en Tututepec; la llamó Segura. Pasó allí los vecinos de la otra Segura de la Frontera, que ya no tenían enemigos, y les encomendó las provincias de Coaztlauac, Tachquiauco y otras, con cédulas de Cortés. Vino Alvarado a negociar cosas del nuevo pueblo con Cortés; y los vecinos en su ausencia dejaron el lugar, por las pasiones que, había, y se metieron en Huaxacac; por lo cual envió Cortés allí a Diego de Ocampo, su alcalde mayor, como pesquisidor, que condenó a uno a muerte; mas Cortés se la mudó en destierro, en grado de apelación. Murió en esto el señor de Tututepec, tras cuya muerte se rebelaron algunos pueblos de la comarca. Volvió allá Pedro de Alvarado; peleó, y aunque le mataron a algunos españoles y otros amigos, los redujo como antes; pero no se pobló más Segura.

Capítulo CLI. La guerra de Coliman
Cuando tuvo Cortés entrada y amistad en la costa del mar del Sur, envió cuarenta españoles carpinteros y marineros a construir en Zacatullan, o Zacatula, como dicen ya, dos bergantines para descubrir aquella costa y el estrecho que entonces pensaban, y otras dos carabelas para buscar islas que tuviesen especias y piedras, e ir a las Molucas; y tras ellos envió hierro, áncoras, velas, maromas, otras muchas jarcias y aparejos de naos que tenía en Veracruz, con muchos hombres y mujeres; que fue un gasto y camino muy grande. Mandó Cortés ir después allí a Cristóbal de Olid a ver los navíos, y costear aquella tierra en siendo acabados. Cristóbal de Olid se encaminó entonces para Zacatullan desde Chincicila, con más de cien españoles y cuarenta de a caballo, y michuacaneses. Supo en el camino que los pueblos de Coliman andaban en armas, y que eran ricos. Fue a ellos, peleó muchos días, y al cabo quedó vencido y corrido, por haberle matado los de Coliman tres españoles y gran número de sus amigos. Despachó Cortés entonces a Gonzalo de Sandoval con veinticinco de a caballo, setenta peones y muchos indios amigos, de guerra y carga, que fuesen a vengar eso y a castigar a los de Impilcinco, que hacían la guerra a sus vecinos por ser amigos de los cristianos. Sandoval fue a Impilcinco, peleó con los de allí algunas veces, y no los pudo conquistar, por ser tierra áspera para los caballos. Fue de allí a Zacatullan, miró los navíos, tomó más españoles, pasó a Coliman, que estaba a sesenta leguas, y pacificó de camino algunos lugares. Salieron a él los de Coliman al mismo paso que desbarataron a Olid, pensando desbaratarlo también a él. Pelearon duramente los unos y los otros, mas vencieron los nuestros, aunque con muchos heridos, pero con ningún muerto, excepto indios; quedaron heridos muchos caballos. Hago siempre mención de los caballos muertos o heridos, porque importaban muchísimo en aquellas guerras, pues por ellos se alcanzaba la victoria la mayoría de las veces, y

porque valían mucho dinero. Recibieron tanto daño los impilcincos con esta batalla que, sin esperar a otra, se entregaron por vasallos del emperador, e hicieron entregarse a Colimantlec, Ciutlan y otros pueblos. Poblaron en Coliman veinticinco de a caballo y ciento veinte peones, a los cuales repartió Cortés aquella tierra. Trajeron entendido Sandoval y sus compañeros que a diez soles de allí había una isla de amazonas, tierra rica; mas nunca se han hallado tales mujeres: creo que nació aquel error del hombre Ciuatlan, que quiere decir tierra o lugar de mujeres.

Capítulo CLII. Cristóbal de Tapia, que fue como gobernador a México
Poco después que México se ganó, fue Cristóbal de Tapia, veedor de Santo Domingo, por gobernador de la Nueva España. Entró en Veracruz, presentó las provisiones que llevaba, pensando hallar valedores por amor del obispo de Burgos, que lo enviaba, y amigos de Diego Velázquez que le favoreciesen. Le respondieron que las obedecían; mas, en cuanto a su cumplimiento, que vendrían los vecinos y regidores de aquella villa, que andaban ocupados en la reedificación de México y conquistas de la tierra, y harían lo que más conviniese al servicio del emperador y rey, su señor. Él sintió enojo y desconfianza de aquella respuesta; escribió a Cortés, y marchó al poco tiempo para México. Cortés le respondió que se alegraba de su venida, por la buena conversación y amistad que habían tenido en tiempos pasados, y que enviaba a fray Pedro Melgarejo de Urrea, comisario de la Cruzada, para informarle del estado en que la tierra y los españoles estaban, como persona que se había hallado en el cerco de México, y le acompañase. Informó al fraile de lo que había de hacer, y dispuso que Tapia fuese bien provisto por el camino; mas, para que no llegase a México, determinó salirle al camino, dejando el de Pánuco, que tenía a punto. Los capitanes y procuradores de todas las villas que allí estaban no le dejaron ir; por lo cual envió poderes a Gonzalo de Sandoval, Pedro de Alvarado, Diego de Valdenebro y fray Pedro Melgarejo, que ya estaban en Veracruz, para negociar con Tapia; y todos juntos le hicieron volver a Cempoallan, y allí, presentando sus provisiones otra vez, suplicaron de ellas para el emperador, diciendo que así cumplía a su real servicio, al bien de los conquistadores y paz de la tierra, y hasta le

dijeron que las provisiones eran favorables y falsas, y él incapaz e indigno de tan grande gobernación. Viendo, pues, Cristóbal de Tapia tanta contradicción y otras amenazas, se volvió por donde fue, con grande afrenta, no sé si con moneda; y aun en Santo Domingo le quisieron quitar el oficio la Audiencia y gobernador, porque fuera a revolver la Nueva España, habiéndole mandado que no fuese bajo gravísimas penas. También fue luego Juan Bono de Quexo, que había ido con Narváez como maestre de nao, con despachos del obispo de Burgos para Cristóbal de Tapia. Llevaba cien cartas de un tenor, y otras en blanco, firmadas por el mismo obispo, y llenas de ofrecimientos para los que recibiesen por gobernador a Tapia, diciendo que Cortés había faltado a la obligación de servir al emperador; y una para el mismo Cortés con muchas mercedes si dejaba la tierra a Cristóbal de Tapia, y si no, que le sería contrario. Muchos se alteraron con estas cartas, que eran ricas; y si Tapia no se hubiera marchado, hubiera habido novedades; y algunos dijeron que no era mucho hubiese comunidad en México, pues la había en Toledo; mas Cortés lo atajó sabia y halagüeñamente. Los indios asimismo cambiaron con esto, y se rebelaron los cuixtecas, los de Coazacoalco, Tabasco y otros, lo cual les costó caro.

Capítulo CLIII. Guerra de Pánuco
Antes de que Moctezuma muriese, y después que México fue destruido, se había ofrecido el señor de Pánuco al servicio del emperador y amistad de los cristianos; por lo cual quería ir Cortés a poblar en aquel río cuando llegó Cristóbal de Tapia, y porque le decían ser bueno para navíos, y tener oro y plata. Movíale también el deseo de vengar a los españoles de Francisco de Garay que allí mataran, y anticiparse a poblar y conquistar aquel río y costa antes de que llegase el mismo Garay; pues era fama que procuraba la gobernación de Pánuco, y que armaba para ir allá. Así que, habiendo escrito mucho antes a Castilla por la jurisdicción de Pánuco, y pidiéndole ahora gente algunos de allí para contra sus enemigos, disculpándose de las muertes de algunos soldados de Garay y de otros que yendo a Veracruz dieran allí al través, fue con trescientos españoles de a pie y ciento cincuenta de a caballo, y con cuarenta mil mexicanos. Peleó con los enemigos en Ayotuxtetlatlan; y como era campo raso y llano, donde se aprovechó muy

bien de los caballos, concluyó pronto la batalla y la victoria, haciendo gran matanza de ellos. Murieron muchos mexicanos y quedaron heridos cincuenta españoles y algunos caballos. Estuvo allí Cortés cuatro días por los heridos, en los cuales vinieron a darle obediencia y dones muchos lugares de aquella liga. Fue a Chila, a cinco leguas del mar, donde fue desbaratado Francisco de Garay. Envió desde allí mensajeros por toda la comarca más allá del río, rogándoles con la paz y predicación. Ellos, o por ser muchos y estar fuertes en sus lagunas, o pensando matar y comerse a los de Cortés, como habían hecho con los de Garay, no hicieron caso de tales ruegos ni requirimientos ni amistades; antes bien mataron a algunos mensajeros, amenazando fuertemente a quien los enviaba. Cortés esperó quince días, por atraerlos por las buenas. Después les hizo la guerra; pero, como no les podía dañar por tierra, pues estaban en sus lagunas, mudó la guerra, buscó barcas, y en ellas pasó de noche, para no ser sentido, al otro lado del río con cien peones y cuarenta de a caballo. Fue entonces visto con el día, y cargaron sobre él tantos y tan duramente, que nunca los españoles vieran en aquellas partes acometer en campo tan denodadamente a indios ningunos. Mataron dos caballos, e hirieron a diez muy gravemente; pero con todo eso, fueron desbaratados y seguidos una legua, y muertos en gran cantidad. Los nuestros durmieron aquella noche en un lugar sin gente, en cuyos templos hallaron colgados los vestidos y armas de los españoles de Garay, y las caras con sus barbas desolladas, curtidas y pegadas por las paredes. Algunas de ellas las reconocieron y lloraron, que ciertamente causaban gran lástima; y bien parecían ser los de Pánuco tan bravos y crueles como los mexicanos decían; pues, como tenían guerra ordinaria con ellos, habían probado semejantes crueldades. Fue Cortés desde allí a un hermoso lugar donde todos estaban con armas, como en emboscada, para echarle mano en las casas. Los de a caballo que iban delante los descubrieron. Ellos, cuando fueron vistos, salieron y pelearon tan duramente que mataron un caballo e hirieron otros veinte, y muchos españoles. Tuvieron gran tesón, por lo cual duró buen rato la pelea. Fueron vencidos tres o cuatro veces, y otras tantas se rehicieron con gentil acuerdo. Hacían corrillos, hincaban las rodillas en el suelo, y tiraban sus varas, flechas y piedras sin hablar palabra; cosa que pocos indios acostumbran. Y cuando ya estaban todos cansados, se tiraron a un río que por allí pasaba, y poco a poco lo pasaron; lo cual no sintió Cortés. En la orilla se detuvieron, y se estuvieron allí con grande ánimo hasta que cerró la noche. Los nuestros se volvieron al lugar, cenaron el caballo muerto, y durmieron con buena guardia. Al día siguiente fueron corriendo el campo a cuatro pueblos despoblados, donde hallaron muchas tinajas del vino que usan, puestas en bodegas en buen orden. Durmieron en unos maizales por causa de los caballos. Anduvieron otros dos días; y como no hallaban gente, volvieron a Chila, donde estaba el campamento. No venía hombre alguno a ver a los españoles de cuantos había más allá del río, ni les hacían guerra. Tenía Cortés pena de lo uno y de lo otro, y por atraerlos a una de las dos cosas, echó de la otra parte del río la mayoría de los caballos, españoles y amigos, para que asaltasen un gran pueblo, a orillas de una laguna. Lo acometieron de noche por agua y tierra e hicieron estrago. Se espantaron los indios de ver que de noche y en agua los acometían, y comenzaron en seguida a rendirse, y en veinticinco días se entregó toda aquella comarca y vecinos del río. Fundó Cortés a Santisteban del Puerto, junto a Chila. Puso en él cien infantes y treinta de a caballo. Les repartió aquellas provincias. Nombró alcaldes, regidores y los demás oficiales de concejo, y dejó como teniente suyo a Pedro de Vallejo. Asoló Pánuco y Chila y otros grandes lugares, por su rebeldía y por la crueldad que tuvieron con los de Garay; y dio la vuelta para México, que se estaba edificando. Les costó 70.000 pesos esta salida, porque no hubo despojo. Se vendían las herraduras a peso de oro o por el doble de plata. Se fue a pique un navío entonces, que venía con bastimento y munición para el ejército desde Veracruz, del que no se salvó más que tres españoles en una islita, a cinco leguas de tierra, los cuales se mantuvieron muchos días con lobos marinos, que salían a dormir a tierra, y con una especie de higos. Se rebeló a esta razón Tututepec del norte con otros muchos pueblos que están en el límite de Pánuco, cuyos señores quemaron y destruyeron más de veinte lugares amigos de cristianos. Fue a ellos Cortés, y los conquistó guerreando. Le mataron muchos indios rezagados, y reventaron doce caballos por aquellas sierras, que hicieron gran falta. Fueron ahorcados el señor de Tututepec y el capitán general de aquella guerra, que se prendieron en la batalla, porque habiéndose dado por amigos, y rebelado y perdonado otra vez, no guardaron su palabra y juramento. Se vendieron por esclavos en almoneda doscientos de aquellos hombres, para rehacer la pérdida de los caballos. Con este castigo y con darles por señor otro hermano del muerto, estuvieron quietos y sujetos.

Capítulo CLIV. Cómo fue Francisco de Garay a Pánuco con grande armada

Francisco de Garay fue a Pánuco el año 18, y los de Chila lo desbarataron, se comieron a los españoles que mataron, y hasta pusieron las pieles en sus templos por memoria o voto, según ya está dicho. Volvió allá con más gente al año siguiente, según algunos dicen, y también lo echaron por fuerza de aquel río. Él entonces, por la reputación, y por conseguir la riqueza de Pánuco, procuró el gobierno de allí. Envió a Castilla a Juan López de Torralba con información del gasto y descubrimiento que había hecho; el cual le consiguió el adelantamiento y gobernación de Pánuco. Armó en virtud de ello, el año 23, nueve naves y dos bergantines, en que metió ciento cuarenta y cuatro caballos y ochocientos cincuenta españoles, y algunos isleños de Jamaica, donde preparó la flota; muchos tiros, doscientas escopetas y trescientas ballestas; y como era rico, abastecía la armada muy bien de carne, pan y mercería. Hizo un pueblo en Aire, que llamó Garay. Nombró por alcaldes a Alonso de Mendoza y a Fernando de Figueroa; por regidores, a Gonzalo de Ovalle, Diego de Cifuentes y un tal Villagrán. Puso alguacil, escribano, fiel, procurador y todos los demás oficios que tiene una villa en Castilla. Les tomó juramento, y también a los capitanes del ejército, que no le dejarían ni se pondrían contra él. Y con tanto, partió de Jamaica por San Juan. Fue a Jagua, puerto de Cuba muy bueno, donde supo que Cortés había poblado en Pánuco y conquistado aquella tierra; cosa que mucho sintió y temió; y para que no le aconteciese como a Pánfilo de Narváez, pensó de tratar en acuerdo con Hernán Cortés. Escribió a Diego Velázquez y al licenciado Alonso Zuazo sobre ello, rogando a Zuazo que fuese a México a tratar en su nombre con Cortés. Zuazo se alegró de ello, vino a Jagua, habló con Garay, y se marcharon cada uno a su negocio. Zuazo corrió fortuna y pasó grandes trabajos antes de llegar a la Nueva España. Garay tuvo también fuerte temporal, y llegó al río de Palmas el día de Santiago. Surgió allí con todos sus navíos, ya que otra cosa no pudo hacer. Envió río arriba a Gonzalo de Ocampo, pariente suyo, con un bergantín, a ver la disposición, gente y lugares de aquella ribera. Ocampo subió quince leguas, vio que entraban muchos ríos en aquél, y volvió al cuarto día, diciendo que la tierra era pobre y desierta. Fue creído, aunque no supo lo que dijo. Sacó Garay con esto a tierra cuatrocientos compañeros y los caballos. Mandó que los navíos fuesen costa a costa con Juan de Grijalva, y él caminó ribera del mar a Pánuco, en orden de guerra. Anduvo tres días por despoblado y por unas malas ciénagas. Pasó un río que llamó Montalto, por correr de grandes sierras, a nado y en balsas. Entró en un gran lugar vacío de gente, mas lleno de maíz y de guayabos. Rodeó una gran laguna, y luego mandó mensajeros con unos de Chila que prendió, y sabían castellano, a un pueblo para que lo recibiesen en paz. Allí le hospedaron, y abastecieron a Garay de pan, fruta y aves, que cogían en las lagunas. Los soldados se medio amotinaron porque no les dejaba saquear. Pasaron otro río crecido, donde se ahogaron ocho caballos. Se metieron luego por unos lagunajos por donde les costó trabajo salir, y si hubiese habido por allí gente de guerra, no hubiese escapado hombre alguno de ellos. Arribaron, en fin, a buena tierra, después de haber sufrido mucha hambre, mucho trabajo, muchos mosquitos, chinches y murciélagos, que se los comían vivos; y llegaron a Pánuco, que tanto deseaban. Mas no hallaron qué comer, a causa de las guerras pasadas que tuvo allí Cortés, o como ellos pensaban por haber alzado las vituallas los contrarios, que estaban de la otra parte del río. Por lo cual, y como no aparecían los navíos que traían los bastimentos, se desparramaron los soldados a buscar de comer y ropa; y Garay envió a Gonzalo de Ocampo a saber qué voluntad le tenían los de Cortés que estaban en Santisteban del Puerto. El cual volvió diciendo que buena, y que podían ir allá; mas, sin embargo, él se engañó o lo engañaron y así, engañó a Garay, que se acercó a los contrarios más de lo que debiera; y decía a los indios, para que les favoreciesen, que venían a castigar a aquellos soldados de Cortés que les habían hecho enojo y daño. Salieron los de Santisteban a escondidas, que conocían la tierra, y dieron en los de a caballo de Garay, que estaban en Nachapalan, pueblo muy grande, y prendieron al capitán Alvarado con otros cuarenta, por usurpadores de la tierra y ropa ajena. De lo cual recibió Garay mucho daño y enojo; y como se le perdieron Cuatro naos, aunque las otras surgieran a la boca de Pánuco, comenzó a temer la fortuna de Cortés. Envió a decir a Pedro de Vallejo, teniente de Cortés, que venía a poblar con poderes y licencia del emperador, que le devolviese sus hombres y caballos. Vallejo le respondió que le mostrase las provisiones para creerlo, y requirió a los maestres de las naos que entrasen al puerto; no recibiesen el daño que las otras veces Pasadas, viniendo tormenta; y si no lo hacían que los tendría por corsarios. Mas él y ellos replicaron que no lo querían hacer por decirlo él, y que harían lo que les conviniese.

Capítulo CLV. Muerte del adelantado Francisco de Garay

Pedro de Vallejo avisó a Cortés de la llegada y armada de Garay en cuanto la vio, y después de lo que con él había pasado, para que proveyese con tiempo de más compañeros, municiones y consejo. Cortés, cuando lo supo, dejó las armadas que hacía para Higueras, Chiapanac y Cuahutemallan, y se preparó para ir a Pánuco, aunque malo de un brazo. Y ya cuando pensaba partir, llegaron a México Francisco de las Casas y Rodrigo de Paz, con cartas del emperador y con las provisiones de la gobernación de la Nueva España y todo lo que hubiese conquistado, y señaladamente a Pánuco. Por las cuales no fue; mas envió a Diego de Ocampo, su alcalde mayor, con aquella provisión, y a Pedro de Alvarado con mucha gente. Anduvieron en demandas y respuestas Garay y Ovando: uno decía que la tierra era suya, pues el rey se la daba; otro que no, pues el rey mandaba que no entrase en ella teniéndola poblada Cortés, y tal era la costumbre en indias; de suerte que la gente de Garay padecía entre tanto, y deseaba la riqueza y abundancia de los contrarios, y hasta perecía en manos de los indios, y los navíos se comían en broma y estaban en peligro de fortuna; por lo cual, o por negociación, Martín de San Juan, guipuzcoano, y un tal Castromocho, maestres de naos, llamaron a Pedro de Vallejo secretamente y le dieron las suyas. Él, cuando las tuvo, requirió a Grijalva que surgiese dentro del puerto, según usanza de marineros, o se fuese de allí. Grijalva respondió con tiros de artillería; mas como volvió Vicente López, escribano, a requerirle otra vez, y vio que las otras naves entraban por el río, surgió en el puerto con la capitana; lo prendió Vallejo, mas luego lo soltó Ovando, y se apoderó de los navíos, que fue desarmar y deshacer a Garay; el cual pidió sus navíos, y gente mostrando su provisión real y requiriendo con ella, y diciendo que se quería ir a poblar en el río de Palmas; y se quejaba de Gonzalo de Ocampo, que le habló mal del río de Palmas, y de los capitanes del ejército y oficiales de concejo, que no le dejaron poblar allí al desembarcar, como él quería, por no trabar más pasión con Cortés, que estaba próspero y bienquisto. Diego de Ocampo, Pedro de Vallejo y Pedro de Alvarado le persuadieron de que escribiese a Cortés en concierto, o se fuese a poblar en el río de las Palmas, pues era tan buena tierra como la de Pánuco, que ellos le devolverían los navíos y hombres, y le abastecerían de vituallas y armas. Garay escribió y aceptó aquel partido; y allí se pregonó después que todos se embarcasen en los navíos que fueron, bajo pena de azotes al peón, y a los demás de las armas y caballos, y que los que habían comprado armas, se las devolviesen. Los soldados, cuando vieron esto, comenzaron a murmurar y a rehusar; unos se metieron tierra adentro, a los que mataron los indios, y otros se escondieron; y así se disminuyó mucho aquel ejército. Los demás echaron por achaque que los navíos estaban podridos y abromados, y dijeron que no estaban obligados a seguirle más que hasta llegar a Pánuco, ni querían ir a morir de hambre, como habían hecho algunos de la compañía. Garay les rogaba no le desamparasen, les prometía grandes cosas, les recordaba el juramento. Ellos a hacerse los sordos; anochecían y no amanecían, y hubo noche en que se le fueron hasta cincuenta. Garay, desesperado con esto, envió a Pedro Cano y a Juan Ochoa con cartas a Cortés, en las que le encomendaba su vida, su honra y remedio, y en cuanto tuvo respuesta se fue a México. Cortés mandó que le proveyesen por el camino, y le hospedó muy bien. Capitularon después de haber dado y tomado muchas quejas y disculpas, que casase el hijo mayor de Garay con doña Catalina Pizarro, hija de Cortés, niña y bastarda; que Garay poblase en las Palmas, y Cortés le proveyese y ayudase; y se reconciliaron en grande amistad, Fueron ambos a maitines la noche de Navidad del año 1523, y almorzaron después de la misa con mucho regocijo. Garay sintió después dolor de costado con el aire que le dio saliendo de la iglesia; hizo testamento, dejó por albacea a Cortés, y murió quince días después; otros dicen que cuatro. No faltó quien dijese que le habían ayudado a morir, porque habitaba con Alonso de Villanueva; pero esto era falso, pues murió de mal de costado, y así lo juraron el doctor

Ojeda y el licenciado Pero López, médicos que lo asistieron. Así acabó el adelantado Francisco de Garay, pobre, descontento, en casa ajena, en tierra de su adversario, pudiendo, si se hubiese contentado, morir rico, alegre, en su casa, al lado de sus hijos y mujer.

Capítulo CLVI. Pacificación de Pánuco
Cuando Francisco de Garay se fue a México, hizo Diego de Ocampo salir de Santisteban, con público pregón, a los capitanes y hombres principales del ejército de Garay, para que no revolviesen la tierra y la gente, pues muchos de ellos eran grandes amigos de Diego Velázquez, como, por ejemplo, Juan de Grijalva, Gonzalo de Figueroa, Alonso de Mendoza, Lorenzo de Ulloa, Juan de Medina, Juan de Ávila, Antonio de la Cerda, Taborda y otros muchos; por lo cual, y por verse sin cabeza, aunque estaba allí un hijo de Garay, comenzó la hueste a desmandarse sin rienda ninguna; se iban a los pueblos, y cogían la ropa y las mujeres que podían; en fin, andando sin orden ni concierto. Enojados los indios por esto, acordaron matarlos, y en poco tiempo mataron y se comieron cuatrocientos españoles; solamente en Tamiquitl degollaron a cien de ellos; de lo cual tanto se enojó Garay, que apresuró su muerte, y los indios cogieron tanta osadía, que combatieron a Santisteban y la pusieron a punto de perderse; mas como los de adentro tuvieron tiempo de salir al campo, lo desbarataron, después de haber peleado muchas veces. En Tucetuco quemaron una noche cuarenta españoles y quince caballos de Hernán Cortés; el cual, cuando lo supo, envió en seguida allí a Gonzalo de Sandoval con cuatro tiros, cincuenta de a caballo, cien infantes españoles y dos señores mexicanos cada uno con quince mil indios e indias. Nombro las indias, porque siempre que Cortés o sus capitanes iban a la guerra, llevaban en el ejército muchas mujeres para panaderas y para otros servicios, y muchos indios no querían ir sin sus mujeres o amigas. Caminó Sandoval a grandes jornadas, peleó dos veces con los de aquella provincia de Pánuco; los rompió, y entró en Santisteban, donde ya no había más que veintidós caballos y cien españoles, y si tardara un poco no los hallara vivos, tanto por no tener qué comer, como por ser muy combatidos y muy duramente. Hizo luego Sandoval tres compañías de los españoles, para que entrasen por tres sitios tierra adelante, matando, saqueando y

quemando cuanto hallasen. En poco tiempo se hizo mucho daño, porque se abrasaron muchos pueblos, y se mataron infinidad de personas; prendieron a sesenta señores de vasallos y cuatrocientos hombres ricos y principales, sin contar otra mucha gente baja. Se hizo proceso contra todos ellos, por el cual, y por sus propias confesiones, los condenó a muerte de fuego. Lo consultó con Cortés, soltó la gente menuda, y quemó a los cuatrocientos cautivos y a los sesenta señores; llamó a sus hijos y herederos a que lo viesen para que escarmentasen, y luego les dio los señoríos en nombre del emperador, con palabra que dieron de ser siempre amigos de los cristianos y españoles, aunque ellos poco la guardan, tan mudables y bulliciosos son; pero, en fin, se allanó Pánuco.

Capítulo CLVII. Trabajos del licenciado Alonso Zuazo
Partiendo el licenciado Zuazo del cabo de San Antón, en Cuba, para la Nueva España, le dio temporal que desatinó al piloto de la carabela, y se perdió en las Víboras, donde algunos fueron comidos por los tiburones y lobos marinos, y el licenciado y otros de su compañía se mantuvieron de tortugas, peces como adargas, una de las cuales lleva sobre la concha andando seis hombres, y que ponen en tierra quinientos huevos pequeños; pero lo comían todo crudo, a falta de lumbre. Estuvo muchos días en otra islita, donde se mantuvo de aves crudas, y de la sangre por bebida, donde con la sed y calor grandísimo pronto hubiera perecido, pero sacó lumbre con palos, según los indios la sacan, que le aprovechó mucho. En otra isleta sacó agua con grandísimo trabajo, y quemó leña cubierta de piedra, cosa nueva; hizo una barquilla de la madera de la carabela rota, en la cual envió aviso de su desventura a Cortés con Francisco Ballester, Juan de Arenas y Gonzalo Gómez, que llegaron a prometer castidad perpetua en la tormenta, y un indio que agotase la barquilla; los cuales fueron a dar cerca de Aquiahuistlan, y luego en Veracruz, y después en Medellín, donde preparó Diego de Ocampo un navío y se lo dio, para ir por Zuazo, y lo mismo mandó Cortés, al saberlo, y que si allí viniese Zuazo, le proveyesen muy bien; y tras esto, envió un criado a esperarle a Medellín, el cual, cuando llegó Zuazo, le dio 10.000 castellanos, vestidos y cabalgaduras, con que se fuese a México; y fue bien recibido y aposentado por Hernán Cortés, de manera que su desdicha paró en alegría.

Capítulo CLVIII. Conquista de Utlatlan que hizo Pedro de Alvarado
Se habían dado por amigos, tras la destrucción de México, los de Cuahutemallan, Utlatlan, Chiapa, Xochnuxco, y otros pueblos de la costa del Sur, enviando y aceptando presentes y embajadores; mas, como son mudables, no perseveraron en la amistad, antes bien, hicieron guerra a otros porque perseveraban; por lo cual, y pensando hallar por allí ricas tierras y extrañas gentes, envió Cortés contra ellos a Pedro de Alvarado; le dio trescientos españoles con cien escopetas, ciento setenta caballos, cuatro tiros, y algunos señores de México con alguna gente de guerra y de servicio, por ser el camino largo. Partió, pues, Alvarado de México a seis días del mes de diciembre, el año 1523. Fue por Tecuantepec a Xochnuxco, para allanar algunos pueblos que se habían rebelado. Castigó a muchos rebeldes, dándolos por esclavos, después de haberlos requerido muy bien y aconsejado. Peleó muchos días con los de Zapatullan, que es un pueblo muy grande y fuerte donde fueron heridos muchos españoles y algunos caballos, y muertos infinidad de indios de entrambas partes. De Zapatullan fue a Quezaltenanco en tres días; el primero pasó dos ríos con mucho trabajo; el segundo, un puerto muy áspero y alto, que duró cinco leguas; en una de cuyas pendientes halló una mujer y un perro sacrificados, que según los intérpretes y guías dijeron, era desafío. Peleó en un barranco con unos cuatro mil enemigos, y más adelante en llano con treinta mil, y a todos los desbarató. No paraba hombre con hombre en viendo junto a sí algún caballo, animal que jamás habían visto. Volvieron luego a pelear con él junto a unas fuentes, y los volvió a romper. Se rehicieron en la falda de una sierra, y revolvieron sobre los españoles con gran grita, ánimo y osadía; pues muchos de ellos hubo que esperaban a uno y hasta a dos caballos, y otros que por herir al caballero se asían a la cola del caballo. Mas, en fin, hicieron tal estrago en ellos los caballos y escopetas, que huyeron graciosamente. Alvarado los siguió gran rato, y mató a muchos en el alcance. Murió un señor, de cuatro que son en Utlatlan, que venía por capitán general de aquel ejército. Murieron algunos españoles, y quedaron muchos heridos, y muchos caballos. Otro día entró en Quezaltenanco, y no halló persona dentro; refrescóse allí, y recorrió la tierra; al sexto vino un gran ejército de

Quezaltenanco, muy en orden, a pelear con los españoles. Alvarado salió a ellos con noventa de a caballo y con doscientos de a pie y un buen escuadrón de amigos, se puso en un llano muy grande a tiro de arcabuz del campamento, por si necesitase socorro. Ordenó cada capitán su gente, según la disposición del lugar, y luego arremetieron entrambos ejércitos, y el nuestro venció al otro. Los de a caballo siguieron el alcance más de dos leguas, y los peones hicieron una increíble matanza al pasar un arroyo. Los señores y capitanes y otras muchas personas señaladas se refugiaron en un cerro peleando, y allí fueron apresados y muertos. Cuando los señores de Utlatlan y Quezaltenanco vieron la destrucción, convocaron a sus vecinos y amigos, y dieron parias a sus enemigos para que les ayudasen, y así volvieron a juntar otro campo muy grueso, y enviaron a decir a Pedro de Alvarado que querían ser sus amigos y dar de nuevo obediencia al emperador, y que se fuese a Utlatlan. Todo era cautela para coger dentro a los españoles, y quemarlos una noche, pues la ciudades fuerte por demás, las calles angostas, las casas espesas, y no tiene más que dos puertas: una, con treinta escalones de subida, y la otra con una calzada, que ya tenían cortada por muchas partes, para que los caballos no pudiesen correr ni servir. Alvarado lo creyó, y fue allá, mas como vio deshecha la calzada, la gran fortaleza del lugar y la falta de mujeres, sospechó la ruindad y se salió fuera; pero no tan de prisa que no recibiese mucho daño. Disimuló el engaño, trató con los señores, y fue, como dicen, a un traidor dos alevosos; pues con buenas palabras y con dádivas los aseguró y prendió; pero no por eso cesaba la guerra, antes bien andaba más dura, porque tenían a los españoles casi cercados, pues no podían ir por hierba ni leña sin escaramuzar, y mataban todos los días indios y hasta españoles. Los nuestros no podían recorrer la tierra para quemar y talar los panes y huertas, por los muchos y hondos barrancos que alrededor de su fuerte había. Así es que Alvarado, pareciéndole más corta vía para conquistar la tierra, quemó a los señores que tenía presos, y publicó que quemaría la ciudad; y para esto y para saber qué voluntad le tenían los de Cuahutemallan, les envió a pedir ayuda, y ellos se la dieron de cuatro mil hombres, con los cuales, y con los demás que él tenía, dio tal prisa a los enemigos, que los lanzó de su propia tierra. Vinieron luego los principales de la ciudad y la gente baja a pedir perdón y a entregarse; echaron la culpa de la guerra a los señores quemados, la cual también ellos habían confesado antes de que los quemasen. Alvarado los recibió con juramento que hicieron de lealtad; soltó dos hijos de los señores muertos, que tenía presos, y les dio el estado y mando de los padres, y así se sujetó aquella tierra y se pobló Utlatlan como antes estaba. otros muchos prisioneros se herraron y se vendieron por esclavos, y de ellos se dio el quinto al rey, y lo cobró el tesorero de aquel viaje, Baltasar de Mendoza. Es aquella tierra rica, de mucha gente, de grandes pueblos, abundante en mantenimientos; hay sierras de alumbre y de un licor que parece aceite, y de azufre tan excelente que sin refinar ni otra mezcla hicieron nuestros arcabuceros muy buena pólvora. Esta guerra de Utlatlan se acabó a principios de abril del año 1524. Se vendió en ella la docena de herraduras en 150 castellanos.

Capítulo CLIX. Guerra de Cuahutemallan
De Utlatlan fue Alvarado a Cuahutemallan, donde fue recibido muy bien y hospedado. Había a siete leguas de allí una ciudad muy grande y a orillas de una laguna, que hacía guerra a Cuahutemallan y Utlatlan y a otros pueblos. Alvarado envió allí a dos hombres de Cuahutemallan a rogarles que no hiciesen mal a sus vecinos, que los tenía por amigos, y a requerirles con su amistad y paz. Ellos, confiados en la fuerza del agua y multitud de canoas que tenían, mataron a los mensajeros sin temor ni vergüenza. Él entonces fue allá con ciento cincuenta españoles y otros sesenta de a caballo y muchos indios de Cuahutemallan, y ni le quisieron recibir ni aun hablar. Caminó cuanto pudo con treinta caballos la orilla de la laguna hacia un peñón, poblado dentro del agua. Vio entonces un escuadrón de hombres armados; lo acometió, lo rompió y lo siguió por una estrecha calzada, donde no se podía ir a caballo. Se apearon todos, y a vueltas de los contrarios entraron en el peñón. Luego llegó el resto de la gente, y en breve tiempo lo ganaron y mataron a mucha gente. Los otros se echaron al agua, y a nado se pasaron a una isleta. Saquearon las casas, y se salieron a un llano lleno de maizales, donde asentaron el campamento y durmieron aquella noche. Al otro día entraron en la ciudad, que estaba sin gente. Se asombraron de cómo la habían abandonado siendo tan fuerte, y fue la causa perder el peñón, que era su fortaleza, y ver que dondequiera entraban los

españoles. Recorrió Alvarado la tierra, prendió algunos hombres de ella, y envió tres de ellos a los señores a rogarles que viniesen de paz y serían bien tratados; pero que si no, los perseguiría y les talaría sus huertas y labranzas. Respondieron que jamás su tierra había sido hasta entonces dominada de nadie por la fuerza de las armas; pero que, pues él lo había hecho con tanta valentía, ellos querían ser sus amigos; y así, vinieron y le tocaron las manos, y quedaron pacíficos y servidores de los españoles. Alvarado se volvió a Cuahutemallan, y al cabo de tres días vinieron a él todos los pueblos de aquella laguna con presentes, y a ofrecerles sus personas y hacienda, diciendo que por cariño a él, y por quitarse de guerra y enojos con sus vecinos, querían paz con todos. Vinieron asimismo otros muchos pueblos de la costa del Sur a entregarse, para que les favoreciese; y le dijeron que los de la provincia de Izcuintepec no dejaban pasar por su tierra a nadie que fuese amigo de cristianos. Alvarado fue a ellos con toda su gente; durmió tres noches en despoblado, y después entró en el término de aquella ciudad; y como nadie tiene contratación con ella, no había camino abierto mayor que senda de ganado, y éste todo cerrado por espesas arboledas. Llegó al lugar sin ser visto, los cogió en las casas, pues por la gran cantidad de agua que caía no andaba nadie por las calles; mató y prendió a algunos; los vecinos no se pudieron juntar ni armar, al ser asaltados así. Huyeron la mayoría; los otros, que esperaron y se hicieron fuertes en algunas casas, mataron a muchos de nuestros indios e hirieron a algunos españoles. Y quemó el pueblo, y avisó al señor que haría otro tanto con los panes, y aun con ellos, si no prestaban obediencia. El señor y todos los demás vinieron entonces y se entregaron. Con esto se detuvo allí ocho días, y acudieron a él todos los pueblos de la redonda, ofreciéndole su amistad y servicio. De Izcuintepec fue Alvarado a Caetipar, que es de lengua diferente, y de allí a Tatixco, y luego a Necendelan. Mataron en este camino a muchos de nuestros indios rezagados; tomaron mucho fardaje, y todo el herraje e hilado para las ballestas, que no fue pequeña pérdida. Envió tras ellos a Jorge de Alvarado, su hermano, con cuarenta de a caballo, mas no lo pudo recobrar, por más que corrió. Todos los de Necendelan llevaban sendas camapanillas en las manos peleando. Estuvo en aquel pueblo más de ocho días, en los cuales no pudo atraer a los moradores a su amistad, y se fue a Pazuco, que le rogaban, pero con traición, para matarle con seguridad. Tropezó en el camino con muchas flechas hincadas por el suelo, y a la entrada del lugar algunos hombres que hacían cuartos a un perro; y tanto lo uno como lo otro era señal de guerra y enemistad. Vio luego gente armada, peleó con ella hasta sacarla del pueblo, la siguió y mató a mucha. Fue a Mopicalanco, y de allí a Acayucatl, donde bate el mar del Sur; y antes de entrar adentro halló el campo lleno de hombres armados, que, sabiendo su venida, le atendían para pelear con gentil semblante. Pasó cerca de ellos; y aunque llevaba doscientos cincuenta españoles a pie y ciento de a caballo, y seis mil indios, no se atrevió a romper en ellos, porque los vio fuertes y bien ordenados. Mas ellos, en pasando él, arremetieron hasta agarrar los estribos y colas de los caballos. Revolvieron los de a caballo, y después todo el cuerpo del ejército, y casi no dejaron a ninguno de ellos vivo, así porque pelearon valientemente sin volver un paso atrás, como por llevar pesadas armas, pues en cayendo no se podían levantar, y huir con ellas era por demás. Eran aquellas armas unos sacos con mangas hasta los pies, de algodón retorcido, duro y de tres dedos de grueso. Parecían bien con los sacos pues eran blancos y de colores, con muy buenos penachos que llevaban en la cabeza. Llevaban grandes flechas, y lanzas de treinta palmos. En este día quedaron muchos españoles heridos, y Pedro de Alvarado cojo, pues de un flechazo que le dieron en una pierna, le quedó más corta que la otra cuatro dedos. Peleó después con otro ejército mayor y peor, porque llevaban larguísimas lanzas y enarboladas; mas también lo venció y destruyó. Fue a Mahuatlan, y de allí a Athlechuan, donde vinieron a dársele de Cuitlachan; pero con mentiras, para descuidarle, pues su intención era matar a los españoles, porque, como eran tan pocos, pensaban todos poderlos fácilmente sacrificar. Alvarado supo su mal propósito, y les rogó con la paz. Ellos se ausentaron de la ciudad, y estuvieron muy rebeldes haciéndole la guerra, en la cual le mataron once caballos, que se pagaron con los cautivos que se vendieron por esclavos. Estuvo allí cerca de veinte días sin poderlos atraer, y se volvió a Cuahutemallan. Anduvo Pedro de Alvarado en este viaje cuatrocientas leguas de trecho, y casi no obtuvo despojo ninguno; pero pacificó y redujo a su amistad muchas provincias. Padeció mucha hambre, pasó grandes trabajos, y ríos tan calientes, que no se dejaban vadear. Le pareció tan bien a Pedro de Alvarado la disposición de aquella tierra de Cuahutemallan y la manera de ser de la gente, que acordó quedarse allí y poblar, según la orden e instrucción que de Cortés llevaba. Así que fundó una ciudad y la llamó Santiago de Cuahutemallan. Eligió dos alcaldes, cuatro regidores, y todos los oficios necesarios a la buena gobernación de un pueblo. Hizo una iglesia del mismo nombre, donde ahora está la silla del obispado de Cuahutemallan. Encomendó muchos pueblos a los vecinos y conquistadores, y dio cuenta a Cortés de todo su viaje y pensamiento, y él le envió otros doscientos españoles y confirmó los repartimientos, y ayudó a pedir aquella gobernación.

Capítulo CLX. Guerra de Chamolla
El 8 de diciembre del año 23 envió Hernán Cortés a Diego de Godoy con treinta de a caballo y cien españoles a pie, dos tiros y mucha gente de amigos, a la villa del Espíritu Santo, contra algunas provincias de allí cerca, que estaban rebeladas. No le dio más gente por estar aquella tierra entre Chiapa y Cuahutemallan, donde iba Pedro de Alvarado, y entre Higueras, adonde luego había de partir Cristóbal de Olid. Diego de Godoy fue e hizo su camino muy bien, y con el teniente de aquella nueva villa hizo algunas entradas y correrías. Llegó a Chamolla, que es un buen pueblo, cabecera de provincia, fuerte y puesto en un cerro, donde los caballos no podían subir, y tiene una cerca de tres estados de alto: la mitad de tierra y piedra, y la otra mitad de tablones. La combatió dos días consecutivos con muy gran peligro y trabajo de sus compañeros. La tomó al fin, porque los vecinos tomaron su ropa y huyeron, viendo que no podían resistir. Al principio de ser combatidos echaron un pedazo de oro por encima del adarve a los españoles, haciendo burla de su codicia y locura; y dijeron que entrasen a por aquello, que tenían mucho. Para irse arrimaron muchas lanzas a la cerca, para que los de fuera pensasen que no se iban; pero ni aun con todo esto lo pudieron hacer sin que antes lo supiesen los nuestros; los cuales entraron, mataron y prendieron a muchos de ellos, de estos últimos especialmente mujeres y muchachos. No fue grande el despojo, pero fue mucho el bastimento que allí se tomó. La principal arma era la lanza, y unos paveses rodados de algodón hilado, con que se cubrían el cuerpo, y que para caminar arrollan y para

pelear extienden. Chiapa, Huehueiztlan y otras provincias y ciudades se visitaron y hollaron en esta jornada de Godoy; pero no hubo cosas notables.

Capítulo CLXI. La armada que Cortés envió a Higueras con Cristóbal de Olid

Cortés deseaba poblar a Higueras y Honduras, que tenían fama de mucho oro y buena tierra, aunque estaban lejos de México; mas como tenía que ir la gente por mar, era fácil la jornada; quiso enviar allá antes que Francisco de Garay llegase a Pánuco, pero no pudo, por no perder aquel río y tierra que tenía poblada. Cuando se vio libre de tan poderoso competidor, y tuvo cartas del emperador, dadas en Valadolid a 6 de junio del año 23, en que le mandaba buscar por ambas costas de mar el estrecho que decían, armó de propósito. Dio 7.000 castellanos de oro a Alonso de Contreras para que fuese a comprar en Cuba caballos, armas y bastimentos, y hacer gente; y despachó luego a Cristóbal de Olid con cinco naves y un bergantín, bien artillados y pertrechados, y con cuatrocientos españoles y treinta caballos. Le mandó ir a La Habana a tomar los hombres, caballos y vituallas que Contreras tuviese, y que poblase en el cabo de Higueras, y enviase a Diego Hurtado de Mendoza, su primo, a costear desde allí al Darién para descubrir el estrecho que todos decían, como el emperador mandaba. Le dio, además de esto, instrucciones de lo demás que debía hacer; y con tanto, partió Cristóbal de Olid de Chalchicoeca el 11 de enero del año 24, según unos; y Cortés envió dos navíos a buscar el estrecho de Pánuco a la Florida, y mandó que también fuesen los bergantines de Zacatullan hasta Panamá, buscando muy bien el estrecho por aquella costa; mas se habían quemado cuando el mandato llegó, y así, ceso aquella demanda.

Capítulo CLXII. Conquista de Zapotecas

Los zapotecas y mixtecas, que son grandes provincias y guerreras, se apartaron de la obediencia que dieron a Cortés, cuando fue México destruido, y trajeron otros muchos pueblos contra los españoles, de lo cual se siguieron muertes y daños. Cortés envió allá a Rodrigo Rangel, el cual, por no llevar caballos, y por las aguas, o por ser aquellas gentes valientes, no las pudo dominar; antes bien perdió en la jornada algunos españoles, y les dejó mayor ánimo del que antes tenían, por el cual talaron y robaron muchos pueblos amigos y sujetos a Cortés, que se quejaron mucho, pidiendo remedio y castigo. Cortés tornó a enviar contra ellos al mismo Rangel con ciento cincuenta españoles, pues los caballos no los admite aquella tierra para pelear, y con muchos de Tlaxcala y México. Fue, pues, Rodrigo Rangel el 5 de febrero del año 24, y llevó cuatro tirillos. Les hizo muchos requerimientos, y, como no escuchaban, mucha guerra, en la que mató y cautivó gran número de ellos, y los marcó y vendió por esclavos. Les halló mucha ropa y oro, que trajo a México, y los dejó tan castigados y mansos, que nunca más se rebelaron. Otras entradas y conquistas hizo Cortés por sí mismo y por capitanes; sin embargo, éstas que hemos contado fueron las principales, y que sujetaron todo el imperio mexicano y otros muchos y grandes reinos que se incluyen en lo que llaman Nueva España, Guatemala, Pánuco, Jalisco y Honduras, que son gobernaciones por sí.

Capítulo CLXIII. Reedificación de México
Quiso Cortés reedificar a México, no tanto por el sitio y majestad del pueblo, cuanto por el nombre y fama, y por hacer lo que deshizo; y así, trabajó para que fuese mayor y más poblado. Nombró alcaldes, regidores, almotacenes, procurador, escribanos, alguaciles, y los demás oficios que ha menester un concejo. Trazó el lugar, repartió los solares entre los conquistadores, habiendo señalado suelo para iglesias, plazas, atarazanas, y otros edificios públicos y comunes. Mandó que el barrio de los españoles estuviese apartado del barrio de los indios, y así, los separa el agua. Procuró traer muchos indios para edificar a menos costa; lo cual tuvo al principio dificultad por andar muchos señores, parientes de Cuahutimoccín y de otros prisioneros, amotinados, y procurando matarle con todos los capitanes por librar a su rey. Buscó la forma de prenderlos y castigarlos; los demás se alegraron de ir con el tiempo. Hizo señor de Tezcuco a don Carlos Iztlixuchitl con voluntad y petición de la ciudad, por muerte de don Fernando, su hermano, y le mandó llevar a la obra a la mayoría de sus vasallos, por ser carpinteros, canteros y obreros de casas. Dio y prometió solares y heredamientos, privilegios y otras mercedes a los naturales de México, y a todos cuantos viniesen a poblar y morar allí; que convidó a muchos a venir. Soltó a Xihuacoa, capitán general,

y le dio cargo de la gente y edificio, y el señorío de un barrio. Dio también otro barrio a don Pedro de Moctezuma. Hizo a otros caballeros señores de islas y calles para que las poblasen, y así les repartió el sitio; y ellos se repartieron los solares y tierras a su placer, y comenzaron a edificar con gran diligencia y alegría. Cargó tanta gente a la fama que México Tenochtitlán se rehacía, y que habían de ser francos los vecinos, que no cabían pie en una legua a la redonda. Trabajaban mucho, comían poco, y enfermaron. Les sobrevino pestilencia, y murieron infinitos. El trabajo fue grande, Pues traían a cuestas o arrastrando la piedra, la tierra, la madera, cal, ladrillos y todos los materiales. Pero era muy digno de ver los cantares y música que tenían, el nombrar a su pueblo y señor, y el motejarse unos a otros. De la falta de comida fue causa el cerco y guerra pasada, pues no sembraron, como solían; aunque la muchedumbre causaba hambre, y causó pestilencia y mortandad. Sin embargo, y poco a poco, rehicieron a México de cien mil casas mejores que las de antes y los españoles labraron muchas y buenas casas a nuestra costumbre; y Cortés una, en otra de Moctezuma, que renta 4.000 ducados o más, y que es un pueblo. Pánfilo de Narváez lo acusó por ella, diciendo que para hacerla taló los montes, y que le puso siete mil vigas de cedro. Aquí parece mucho más; allí, que los montes son de cedro, no es nada. Huerto hay en Tezcuco que tiene mil cedros por tapias y cerca. No es de callar que una viga de cedro tenga ciento veinte pies de largo y doce de grueso de lado a lado, y no redonda, sino cuadrada; la cual estaba en Tezcuco en casa de Cacama. Se construyeron unas muy buenas atarazanas para seguridad de los bergantines y fortaleza de los hombres, parte en tierra y parte en agua, y de tres naves, donde por recuerdo están hoy día los trece bergantines. No abrieron las calles de agua, como estaban antes, sino que edificaron el suelo seco; y en esto no es México el que solía, y hasta la laguna va decreciendo del año 24 acá, y algunas veces huele mal; pero en lo demás sanísima vivienda es, templada por las sierras que tiene alrededor, abastecida por la fertilidad de la tierra y comodidad de la laguna; y así, es aquello lo más poblado que se conoce, y México la mayor ciudad del mundo, y la más ennoblecida de las indias, así en armas como en policía, porque hay dos mil vecinos españoles, que tienen otros tantos caballos en las caballerizas, con ricos jaeces y armas, y porque hay mucho trato y oficiales de seda y paño, vidrio, molde y moneda, y estudio, que llevó el virrey don Antonio de Mendoza. Por lo cual tienen razón de preciarse los vecinos de México, aunque hay gran diferencia de ser vecino conquistador a ser vecino solamente. Pues como México quedó hecho, aunque no acabado, se pasó Cortés a morar en él desde Culuacan, o como dicen otros, Coyoacan, y los que eran vecinos, y los soldados también. Corrió la fama de Cortés y grandeza de México, y en poco tiempo había tantos indios como hemos dicho, y tantos españoles, que pudieron conquistar cuatrocientas leguas y más de tierra, y cuantas provincias nombramos, gobernándolo todo desde allí Hernán Cortés.

Capítulo CLXIV. Cómo atendió Cortés al enriquecimiento de Nueva España

No le parecía a Cortés que la gloria y fama de haber conquistado la Nueva España con los otros reinos estaba cumplida, si no la pulía y fortificaba; para lo cual llevó a México a doña Catalina Suárez con gran fausto y compañía, que se había quedado en Santiago de Cuba todo el tiempo de las guerras. Hizo enviar por mujeres a muchos vecinos de México y de las otras villas que poblara. Dio dinero para llevar de España doncellas, hidalgas y cristianas viejas; y así, fueron muchos hombres casados con sus hijas a costa de él, como fue el comendador Leonel de Cervantes, que llevó siete hijas, y se casaron rica y honradamente. Envió por vacas, puercas, ovejas, cabras, asnas y yeguas a las islas de Cuba, Santo Domingo, San Juan del Boriquen y Jamaica, para casta. Entonces, y aun antes, vedaron la saca de caballos en aquellas islas, especialmente en Cuba, para venderlos más caros, sabiendo la riqueza, necesidad y deseo de Cortés; para carne, leche, lana y corambre, y para carga, guerra y labor. Envió por cañas de azúcar, moreras para seda, sarmientos y otras plantas a las mismas islas, y a España por armas, hierro, artillería, pólvora, herramientas y fraguas, para sacar hierro, y por cuescos, pepitas y simientes, que salen vanas en las islas. Labró cinco piezas de artillería, dos de las cuales eran culebrinas, a mucha costa, por haber poco estaño y muy caro. Compró los platos de ello a peso de plata, y lo sacó con gran trabajo en Tachco, a veintiséis leguas de México, donde había unas piececitas de ello como de moneda, y hasta sacándolo se halló vena de hierro, que le alegró mucho. Con estas cinco y con las que comprara en la almoneda de Juan Ponce de León y de Pánfilo de Narváez, tuvo treinta y cinco tiros de bronce y setenta de hierro colado, con lo que fortaleció a México, y después le llegaron más de España, con arcabuces y coseletes. Hizo asimismo buscar oro y plata por todo lo conquistado, y se hallaron muchas y ricas minas, que hincharon aquella tierra y ésta, aunque costó la vida de muchos indios que llevaron a las minas por fuerza y como esclavos. Pasó el puerto y descargadero que hacían las naos en Veracruz, a dos leguas de San Juan de Ulúa, en un estero que tiene una ría para barcas y es más seguro, y mudó allí a Medellín, donde ahora se hace un gran muelle para seguridad de los navíos, y puso casa de contratación, y allanó el camino de allí a México para la recua que lleva y trae las mercaderías.

Capítulo CLXV. De cómo fue recusado el obispo de Burgos en las cosas de Cortés
Tenía el obispo de Burgos, Juan Rodríguez de Fonseca, que gobernaba las Indias, tanta enemistad y odio a Hernán Cortés, o tanto cariño y amistad a Diego Velázquez, que desfavorecía y encubría sus hechos y servicios; por donde Cortés fue difamado cuando merecía más fama, y no pudieron Martín Cortés, su padre, ni Francisco de Montejo, ni el licenciado Francisco Núñez, su primo, y otros procuradores suyos, tener respuesta ni despacho ninguno del obispo, en lo que cumplía a la conquista de Nueva España y contentamiento de los conquistadores. Pendían del obispo todos los negocios de las Indias; estaba el rey en Alemania como emperador, y no tenían remedio ni aún esperanzas de negociar bien. Así que acordaron de recusarle, aunque pareciese muy duro y feo. Hablaron al Papa Adriano, que gobernaba estos reinos antes que pasase a Italia, y al emperador así que vino. El Papa quiso llevar aquel negocio muy de raíz, por ser el Obispo tan principalísima persona, a súplicas del señor de Lasao, que era de la cámara del emperador, y había venido a darle el parabién del pontificado, el cual favorecía a Cortés por la fama; y oídas las partes y vistas las relaciones, mandó al Obispo, estando en Zaragoza, que no se ocupase más en negocios de Cortés ni de Indias, según pareció, y el emperador mandó lo mismo siguiendo la declaración del Papa. Las causas que dieron y probaron fueron el odio

que tuvo siempre a Cortés y a sus cosas, llamándole públicamente traidor: que encubría sus relaciones y torcía sus servicios para que no lo supiese el rey; que mandaba a Juan López de Recalde, contador de la casa de la contratación de Sevilla, que no dejase pasar a la Nueva España hombres, ni armas, ni vestidos, ni hierro, ni otras cosas; que proveía los oficios y cargos a hombres que no los merecían, como fue Cristóbal de Tapia, que se apasionó por Diego Velázquez, por casarle con doña Petronila de Fonseca, su sobrina; que consentía y aprobaba las falsas relaciones de Diego Velázquez, que ordenaron Andrés de Duero, Manuel de Rojas y otros contra las de Cortés, y esto fue lo que le dañó y afrentó, pues sonó muy mal condenar las relaciones verdaderas, y aprobar las falsas. Esta recusación fue causa de que el Obispo se marchase de la corte descontento y enojado, y Diego Velázquez fuese condenado y hasta removido de la gobernación de Cuba, sino que se murió en seguida, y Cortés se declarase como gobernador de la Nueva España con grande honra. Se ocupó en las cosas de las Indias Juan Rodríguez de Fonseca cerca de treinta años, y las mandó muy absolutamente. Comenzó siendo deán de Sevilla y acabó obispo de Burgos, arzobispo de Rosano y comisario general de la Cruzada, y hubiese sido arzobispo de Toledo si hubiese tenido ánimo; mas como era clérigo riquísimo y había servido tanto tiempo, y le favorecía su hermano Antonio de Fonseca, se confió mucho, y le robó, como dicen, la bendición don Alonso de Fonseca, sobrino suyo, arzobispo de Santiago, que prestó dinero para lo de Fuenterrabía, por lo cual no se hablaban.

Capítulo CLXVI. De cómo fue Cortés hecho gobernador
Después de ser tenido por recusado el obispo de Burgos, mandó el emperador que viesen y determinasen las diferencias y pleitos de Hernán Cortés y Diego Velázquez, Mercurino Gatinara, gran chanciller, que era italiano; el señor de Lasao; el doctor de la Rocha, flamenco; Fernando de Vega, señor de Grajales y comendador mayor de Castilla; el doctor Lorenzo Galíndez de Carvajal y el licenciado Francisco de Vargas, tesorero general de Castilla; los cuales se juntaron muchos días en las casas de Alonso de Argüello, donde habitaba el Gran Chanciller. Oyeron a Martín Cortés, Francisco de Montejo, Francisco Núñez y otros procuradores de Cortés, y a Manuel de

Rojas, Andrés de Duero y otros procuradores de Diego Velázquez. Llevaron lo procesado, y después sentenciaron a favor de Cortés, más por derecho y rigor de justicia que por admiración de virtud, loando sus hazañas y servicios y aprobando su fidelidad. Impusieron silencio a Diego Velázquez en la gobernación de la Nueva España, dejándole su derecho a salvo, si algo le debía Cortés, y hasta pienso que le quitaron el gobierno de Cuba porque envió con armada a Pánfilo de Narváez. Los descargos, razón y justicia que tuvo Cortés para librarlo de aquel pleito y darle la gobernación de la Nueva España y tierras que habían conquistado, la historia los cuenta. Los cargos de la acusación y culpa eran que había ido con dinero y poder de Diego Velázquez a descubrir, rescatar y conquistar; que no acudió a él con la ganancia y obediencia; que sacó un ojo a Narváez; que no recibió a Cristóbal de Tapia; que no obedecía las provisiones reales; que no pagaba el quinto real; que tiranizaba a los españoles y maltrataba a los indios. Por la sentencia que dieron estos señores, y porque se lo aconsejaron así, hizo el emperador a Hernán Cortés adelantado, repartidor y gobernador de la Nueva España y cuantas tierras ganase, alabando y confirmando todo lo que había hecho en servicio de Dios y suyo. Firmó las provisiones en Valladolid, a 22 de octubre, el año 1522. Las signó el licenciado don García de Padilla, y las refrendó el secretario Francisco de los Cobos. Le dio también cédulas para echar de la Nueva España a los tornadizos y letrados; éstos para que hubiese menos pleitos, y aquéllos para que no estragasen la conversión. Le escribió también el emperador, agradeciéndole los trabajos que había pasado en aquella conquista, y el servicio de Dios en quitar los ídolos. Le prometió grandes mercedes, animándole a semejantes empresas. Dijo que le enviaría obispos, clérigos y frailes para la conversión como los pedía, y haría llevar todas las demás cosas que solicitaba para fortalecer, cultivar y ennoblecer la tierra. Caminaron luego con estos buenos despachos de su majestad Francisco de las Casas y Rodrigo de Paz. Notificaron la sentencia y provisión a Diego Velázquez con público pregón, en Santiago de Baracoa de Cuba, el siguiente mayo del año 23. De lo cual sintió tanto pesar Diego Velázquez, que llegó a morir de ello. Murió triste y pobre, habiendo sido riquísimo, y nunca después de muerto pidieron nada a Cortés sus herederos.

Capítulo CLXVII. Los conquistadores

Repartía siempre Cortés la tierra entre los que la conquistaban, según la costumbre de las Indias, y por la confianza que tuvo de ser repartidor general en lo que conquistase, o por hacer bien a sus amigos, que los tuvo grandes; y como tuvo cédula del emperador de poder encomendar y repartir la Nueva España a los conquistadores y pobladores de ella, hizo muchos y grandes repartimientos, mandando a los encomenderos tener un clérigo o fraile en cada pueblo o cabecera de pueblos, para enseñar la doctrina cristiana a los indios encomendados, y ocuparse en la conversión, porque muchos de ellos pedían el bautismo. No dio a todos repartimiento, pues hubiese sido imposible y demasiado, ni tal como ellos deseaban y pretendían; por lo cual algunos se corrieron y otros se quejaron. Ninguna cosa indigna y mueve más a los conquistadores que los repartimientos, y por ninguna otra cosa han caído tanto en odio y enemistades los capitanes y gobernadores cuanto por ésta; de suerte que, siendo el más necesario y honrado cargo, es el más dañoso y envidioso. Todos los reyes y repúblicas que señorearon muchas tierras, las repartieron entre sus capitanes y soldados o ciudadanos haciendo poblaciones para conservación y perpetuidad de su estado, y para galardonar los trabajos y servicios de los suyos, y en España se ha usado y guardado siempre desde que hay reyes, y así lo hicieron los reyes Católicos don Fernando y doña Isabel, y hasta el emperador, hasta que le aconsejaron al revés; pues en Madrid, el año 25, mandó dar los repartimientos perpetuos, que es mucho más, sobre acuerdo y parecer de su Consejo de Indias y de muchos frailes dominicos y franciscanos, y otros letrados que para ello juntaron, según muchos afirman. Trabajan y gastan mucho los que van a conquistar, y por eso los honran y enriquecen; y así, quedan nobles y famosos, y es buen privilegio ser caballero de conquista. Si la historia lo permitiese, todos los conquistadores se habían de nombrar; mas, puesto que no puede ser, hágalo cada uno en su casa.

Capítulo CLXVIII. Cómo trató Cortés la conversión de los indios

Siempre que Cortés entraba en algún pueblo, derrocaba los ídolos y prohibía el sacrificio de hombres, por quitar la ofensa de Dios e injuria del prójimo, y con las primeras cartas y dinero que envió al emperador después que ganó a México, pidió obispos, clérigos y frailes para predicar y convertir a los indios a su majestad y Consejo de Indias. Despues escribió a fray Francisco de los Ángeles, del linaje de Quiñones, general de los franciscanos, que le enviase frailes para la conversión y que les haría dar los diezmos de aquella tierra; y él le envió doce frailes con fray Martín de Valencia de don Juan, provincial de San Gabriel, varón muy santo y que hizo milagros. Escribió lo mismo a fray García de Loaisa, general de los dominicos, el cual no se los envió hasta el año 26, que fue fray Tomás Ortiz con doce compañeros. Tardaban en ir los obispos, e iban pocos clérigos; por lo cual, y porque le parecía lo más procedente, volvió a suplicar al emperador le enviase muchos frailes, que hiciesen monasterios y atendiesen a la conversión y llevasen los diezmos; empero su majestad no quiso, siendo mejor aconsejado, pedirlo al Papa, que ni lo hiciera ni convenía hacerlo. Llegó a México en el año 24 fray Martín de Valencia con doce compañeros, como vicario del Papa. Les hizo Cortés grandes regalos, servicios y acatamiento. No les hablaba una vez siquiera sino con la gorra en la mano y la rodilla en el suelo, y les besaba el hábito, para dar ejemplo a los indios que se habían de volver cristianos, y porque de suyo les era devoto y humilde. Maravilláronse mucho los indios de que se humillase tanto el que ellos adoraban; y así, le tuvieron siempre en gran reverencia. Dijo a los españoles que honrasen mucho a los frailes, especialmente los que tenían indios de cristianar, lo cual hicieron con grandes limosnas, para redimir sus pecados; aunque algunos le dijeron cómo hacía por quien los destruyese cuando se viesen en su reino; palabras que después recordó muchas veces. Llegados, pues, que fueron aquellos frailes, se avivó la conversión, derribando los ídolos; y como había muchos clérigos y otros frailes en los pueblos encomendados, según Cortés mandara, se hacía grandísimo fruto en predicar, bautizar y casar. Hubo dificultad en saber con cuál de las mujeres que cada uno tenía se debían de velar los que, bautizados, se casaban a puertas de iglesia, según tiene por costumbre la santa madre Iglesia; pues, o no lo sabían ellos decir, o los nuestros entender; y así, juntó Cortés aquel mismo año 24 un sínodo os que fue el primero de Indias, para tratar de aquel y otros casos. Hubo en él treinta hombres: seis de ellos eran letrados, mas legos, y entre ellos Cortés; cinco clérigos y diecinueve frailes. Presidió fray Martín como vicario del Papa. Declararon que por entonces casasen con la que quisiesen, pues no se sabían los ritos de sus matrimonios.

Capítulo CLXIX. El tiro de plata que Cortés envió al emperador

Escribió tras esto Cortés al emperador, besando los pies de su majestad por las mercedes y favor que le había hecho, desde México el 15 de octubre del año 24. Le suplicó por los conquistadores; pidió franquezas y privilegios para las villas que él tenía pobladas, y para Tlaxcala, Tezcuco y los otros pueblos, que le habían ayudado y servido en las guerras. Le envió 70.000 castellanos de oro con Diego de Soto, y una culebrina de plata, que valía 24.000 pesos de oro; pieza hermosa, y más de ver que de valor. Pesaba mucho, pero era de la plata de Michoacan. Tenía en relieve un ave fénix, con una dedicatoria al emperador, que decía:

> Aquesta nació sin par;
> Yo en serviros sin segundo;
> Vos sin igual en el mundo.

No quiero contar las cosas de pluma, pelo y algodón que envió entonces, pues las deshacía el tiro; ni las perlas, ni los tigres, ni las demás cosas buenas de aquella tierra y raras aquí en España. Mas contaré que este tiro le causó envidia y malquerencia con algunos de la corte, por causa del letrero; aunque el vulgo lo ponía por las nubes, y creo que jamás se hizo tiro de plata sino éste de Cortés. La copia él mismo se la hizo, que cuando quería no trovaba mal. Muchos probaron sus ingenios y vena de coplear, pero no acertaron. Por lo cual dijo Andrés de Tapia:

> Aqueste tiro, a mi ver,
> Muchos necios ha de hacer.

Y quizá porque costó de hacer más de 3.000 castellanos. Envió 25.000 castellanos en oro y 1550 marcos de plata a Martín Cortés, su padre, para llevarle su mujer, y para que le enviase armas, artillería, hierro, naos con muchas velas, sogas, áncoras, vestidos, plantas, legumbres y cosas semejantes, para mejorar la buena tierra que conquistara; pero lo tomó todo el rey con lo demás que vino entonces de las Indias. Con este dinero que Cortés envió al emperador, quedaba la tesorería del rey vacía y él sin blanca, por lo mucho que había gastado en los ejércitos y armadas que, como la historia os ha contado, había hecho. Llegaron al mismo tiempo a México muchos criados y oficiales del rey, y de Ciudad Real, Alonso de Estrada, por tesorero; Gonzalo de Salazar, de Granada, por factor; Rodrigo de Albornoz, de Paradinas, por contador, y Peralmíndez Cherino, por veedor; que fueron los primeros de la Nueva España, y aun muchos conquistadores que pretendían aquellos cargos, se agraviaron, quejándose de Cortés. Entraron en cuentas con Julián de Alderete y con los otros que Cortés y el cabildo tenían puestos para cobrar y tener el quinto, rentas y hacienda del rey, y no les pasaban ciertas partidas que habían dado a Cortés, que serían 60.000 castellanos; mas, como él demostró haberlos gastado en servicio del emperador, y pedía más de otros 50.000 que tenía puestos de lo suyo, se puso fin a la cuenta. Todavía quedaron aquellos oficiales en la idea de que Cortés tenía grandes tesoros, tanto por lo que en España oyeran sobre ellos y porque Juan de Ribera ofreció en su nombre al emperador 200.000 ducados, como porque no faltaba quien les decía al oído que cada día le traían los indios escondido el tesoro de Moctezuma, y robado el del emperador y conquistadores, con indios que secretamente lo sacaban de noche por el postigo de su casa; y así, no considerando lo que había enviado a Castilla y gastado en las guerras, escribieron a España, especialmente Rodrigo de Albornoz, que llevó cifras para avisar secretamente de lo que le pareciese, muchas cosas contra él acerca de su avaricia y tiranía; pues, como no lo conocían y venían mal informados, y hallaban allí personas que no le querían bien, porque no les daba los repartimientos, o tantos repartimientos como ellos pedían, creían cuanto oían.

Capítulo CLXX. Del estrecho que muchos buscaron en las Indias
Deseaban en Castilla hallar estrecho en las Indias para ir a las Molucas, por quitarse de pleito con Portugal sobre la Especiería; y así, mandó el emperador que lo buscasen, desde Veragua a Yucatán, a Pedrarias de Ávila, a

Cortés, a Gil González de Ávila y otros; pues era opinión que lo había, desde que Cristóbal Colón descubrió tierra firme; y más cuando Vasco Núñez de Balboa halló el otro mar, viendo cuan poco trecho de tierra hay del Nombre de Dios a Panamá. Así que lo buscaron y acertaron a buscarle casi a un mismo tiempo; aunque Pedrarias más bien envió a Francisco Hernández a conquistar y poblar que a buscar estrecho. El cual Francisco Hernández pobló a Nicaragua y llegó a Honduras. Hernán Cortés envió a Cristóbal de Olid, según ya contamos. Gil González fue muy de propósito el año 23. Pobló a San Gil de Buena Vista, destruyó y despojó a Francisco Hernández, y comenzó a conquistar aquella tierra.

Capítulo CLXXI. De cómo se alzó Cristóbal de Olid contra Hernán Cortés

Fue Cristóbal de Olid a Cuba, según Cortés le mandara, y tomó en La Habana los caballos y las vituallas que Contreras tenía compradas, que costaron bien caras. Costaba entonces la fanega de maíz 2 pesos de oro, la de judías 4, la de garbanzos 9, una arroba de aceite 3 pesos, otra de vinagre 4, otra de candelas de sebo 9, y la de jabón otros 9, un quintal de estopa 4 pesos, otro de hierro 6, 2 pesos una ristra de ajos, una lanza un peso, un puñal 3, una espada 8, una ballesta 20, y el ovillo 1, una escopeta 100, un par de zapatos otro peso de oro, un cuero de vaca 12. Ganaba un maestre de nao 800 pesos cada mes; y con esta carestía hizo Cortés ésta y otras armadas, y en ésta gastó 30.000 castellanos. Entretanto que se cargaban y proveían las naos de estos bastimentos, y de agua y leña, se escribió y concertó con Diego Velázquez para alzarse contra Cortés, con aquella gente armada y tierra que a su cargo llevaba. Intervinieron en el concierto Juan Ruano, Andrés de Duero, el bachiller Parada, el provisor Moreno y otros que, después de muertos Velázquez y Olid, se descubrieron. Tomó, pues, lo que Contreras y Diego Velázquez le dieron, y se fue a desembarcar quince leguas antes del puerto de Caballos, habiendo corrido mal tiempo y peligro; y como llegó el 3 de mayo, llamó al pueblo que trazó Triunfo de la Cruz. Nombró por alcaldes, regidores y oficiales a los que Cortés señalara en México, tomó la posesión, e hizo otros autos en nombre del emperador y de Hernán Cortés, cuyo poder llevaba. Todo esto era, según después pareció, para asegurar los parientes y criados de Cortés, y para fortalecerse muy bien y reconocer aquella tierra; mas luego mostró odio y enemistad a Cortés y a sus cosas, y amenazaba con la horca al que algo le contradecía o murmuraba. Prometió oficios, obispados y audiencias a muchos; y así, no había hombre que le fuese a la mano. Dejó de enviar a descubrir el estrecho, y se puso a echar de aquella tierra y costa a Gil González de Ávila, que, como poco antes dije, estaba en ella, y tenía poblado a San Gil de Buena Vista. Mató muchos españoles por hacerlo, y entre ellos a Gil de Ávila, su sobrino, y prendió al mismo Gil González de Ávila con otros muchos, por quedarse solo en aquella tierra, que no era pobre. Cortés, cuando supo lo que Cristóbal de Olid había hecho, envió con gran prisa a Francisco de las Casas con nuevos poderes y mandamientos de prenderle, en dos naves muy buenas, y bien acompañado. Cristóbal de Olid, cuando vio aquellas naos, sospechó lo que traían; se metió en dos carabelas que tenía con mucha gente para no dejarles tomar tierra, y les tiraba. Francisco de las Casas alzó una bandera de paz; mas no fue creído. Echó al mar los bateles con muchos hombres armados para pelear y tomar tierra si hallasen entrada, y comenzó a jugar su artillería; y como en no escucharle se manifestaba la malicia y rebelión que se decía, se dio tal maña, que echó a fondo una carabela del contrario. No se ahogó la gente ni él se atrevió a arribar al puerto, sino que se estuvo con sus naos sobre las anclas, esperando lo que acordara hacer Cristóbal de Olid, que luego movió partido, y era por esperar una compañía de su gente que había ido contra los de Gil González. Entretanto sobrevino un fuerte temporal y viento, que dio con los navíos de Francisco de las Casas a través, de forma que muy pronto fueron presos los que venían en ellos, sin derramamiento de sangre. Estuvieron tres días sin comer y con muchas aguas y fríos; murieron cerca de cuarenta españoles. Les hizo Cristóbal de Olid jurar sobre los Evangelios, como a los de Gil González, que le obedecerían en todo y por todo; que nunca serían contra él ni seguirían más a Cortés; y con tanto, los soltó a todos, excepto a Francisco de las Casas, que llevó consigo a Naco, buen pueblo, que destruyeron Albitez y Cereceda. De la manera susodicha prendió Cristóbal de Olid a Francisco de las Casas, y antes, o como dicen otros, después a Gil González de Ávila. Como quiera que fuese, está cierto que los tuvo presos a entrambos a un mismo tiempo y en su propia casa, y que estaba muy ufano con tan buenos prisioneros, así por la reputación y fama, como pensando conseguir por ellos aquella tierra libremente, y que se concertaría con Hernán Cortés. Mas le sucedió muy el contrario; porque Francisco de las Casas le rogó muchas veces delante de todos los españoles que le soltase para ir a dar razón de sí a Cortés, pues su persona y prisión le hacía poco al caso; y como siempre le respondía que no lo haría, le dijo que le tuviese a buen recaudo, porque de otra manera le mataría; palabra muy fuerte y atrevida para hombre preso. Cristóbal de Olid, que presumía de valiente, y que le tenía sin armas y entre sus criados, no hizo caso de aquellas amenazas. Acordaron, pues, ambos prisioneros de matarle; y cenando los tres a una mesa, otros dicen que paseándose por la sala, tomaron sendos cuchillos de servicio o de escribanía. Le echó mano por la barba Francisco de las Casas, y sin que se pudiese rebullir, le hicieron muchas heridas, diciendo: «No es tiempo de sufrir más a este tirano». Al fin se les escapó, y se fue al campo a esconder en unas chozas de indios, con el pensamiento de que, llegados los suyos a cenar, pues entonces estaba solo, matarían a Francisco de las Casas y a Gil González; pero ellos dijeron luego: «Aquí los de Cortés»; y al poco tiempo tuvieron sin sangre ni mucha contradicción las armas y personas de todos los españoles a su mando, y presos algunos favorecedores de Cristóbal de Olid. Lo pregonaron, y se supo dónde estaba; le prendieron e hicieron proceso, y por sentencia que entrambos a dos dieron, fue degollado públicamente en Naco, a los pocos días de ser apresado. Y así feneció su vida, por tener en poco a su contrario y no seguir el consejo de su enemigo. Tras la muerte de Cristóbal de Olid gobernó la gente y tierra Francisco de las Casas y Gil González, sin apartarse ninguno con la suya; y Francisco de las Casas pobló la villa de muchas cosas Trujillo en 18 de mayo del año 25; ordenó cumplideras a Cortés, y se volvió a México por tierra, llevando consigo a Gil González de Ávila. Tenía la audiencia de Santo Domingo autoridad del emperador para castigar al que se descomediese y moviese guerra entre españoles en aquella tierra de las Higueras, y envió allí lo más pronto que pudo al bachiller Pedro Moreno, su fiscal, con cartas y poder; mas ya cuando llegó había muerto Cristóbal de Olid, y los matadores marchado a México, y no pudo ni supo hacer nada; antes bien, dicen que fue mejor mercader que juez.

Capítulo CLXXII. Cómo salió Cortés de México contra Cristóbal de Olid

No descansaba Cortés ni cesaba de mostrar con palabras el enojo que dentro del pecho tenía de Cristóbal de Olid, por haberse alzado siendo su hechura y amigo, ni se confiaba de la diligencia de Francisco de las Casas, porque Olid tenía muchos amigos; así que determinó ir allá. Apercibe a sus amigos, adereza su partida y publica su determinación. Los oficiales del rey le rogaron que dejase aquel viaje, pues importaba más la seguridad de México que la de Higueras, y no diese ocasión a que con su ausencia se rebelasen los indios y matasen a los pocos españoles que quedaban; pues, según entendían, no estaban muy fuera de ello, porque siempre andaban llorando la muerte de sus padres, la prisión de sus señores y su cautiverio; y que perdiéndose México, se perdía toda la tierra; y que más le temían y acataban a él solo que a todos juntos; y que a Cristóbal de Olid, o el tiempo o Francisco de las Casas o el emperador lo castigaría. Además de esto, le dijeron que era un camino muy largo, trabajoso y sin provecho, y que ir era mover guerra civil entre españoles. Cortés respondía que dejar sin castigo a aquél, era dar a otros ruines causa de hacer otro tanto; lo cual él temía mucho, por haber muchos capitanes por la Nueva España desparramados, que por ventura se le desacatarían, tomando ejemplo de Cristóbal de Olid, y que harían excesos en la tierra, por donde se rebelase todo, y no bastase después él ni ellos ni nadie a recobrarla. Ellos entonces le requirieron de parte del emperador que no fuese, y él prometió que no iría más que a Coazacoalco y otras provincias por allí rebeladas; y con tanto, se eximió de los ruegos y requerimientos, y preparó su partida, aunque con mucho seso; porque, como de él pendían todos los negocios, y el bien o mal de la tierra, tuvo bien qué pensar y qué proveer. Ordenó muchas cosas tocantes a su gobernación; mandó que la conversión de los indios se continuase y con todo el calor posible y necesario; escribió a los concejos y encomenderos que derribasen todos los ídolos; dio repartimientos a los oficiales del rey y a otros muchos, por no dejar a nadie descontento; dejó por sus tenientes de gobernadores a Alonso de Estrada, tesorero, y al contador Rodrigo de Albornoz, que le parecieron hombres para ello; y al licenciado Alonso Zuazo para las cosas de justicia; y para que Gonzalo de Salazar y Peralmíndez Chirino no se resintiesen de aquello, los llevó consigo. Dejó a Francisco de Solís como capitán de la artillería y alcaide de las atarazanas, y muy bien proveídos los bergantines, y muchas armas y municiones, por si algo aconteciese. Decidió llevar con él a todos los señores y principales de México y Culúa que podían alterar la tierra y causar algún bullicio en su ausencia, y entre ellos estaban el rey Cuahutimoccín; Couanacochcín, señor que fue de Tezcuco; Tetepanquezatl, señor de Tlacopan; Oquici, señor de Azcapuzalco; Xihuacoa, Tlacatlec y Mexicalcinco, hombres muy poderosos para cualquier revolución, estando presentes. Ordenado, pues, todo esto, partió Cortés de México por octubre del año 1524, pensando que todo se haría bien; pero todo se hizo mal, excepto la conversión de indios, que fue grandísima y bien hecha, según después largamente diremos.

Capítulo CLXXIII. Cómo se alzaron contra Cortés en México sus tenientes
Alonso de Estrada y Rodrigo de Albornoz comenzaron en seguida, en saliendo Cortés de la ciudad, a tener puntillos y resabios sobre la precedencia y mando; y un día, estando en ayuntamiento, llegaron a echar mano a las espadas sobre poner un alguacil, y poco a poco llegaron a no hacer como debían su oficio. El cabildo lo escribió a Cortés por dos o tres veces; y como las cartas le cogían por el camino, no proveía de remedio, más que escribirles reprendiéndoles su yerro y desatino, y apercibiéndolos que si no se enmendaban y conformaban, les quitaría el cargo y los castigaría. Ellos ni aun por eso perdían sus pasiones, antes bien crecían las rencillas y el odio; pues Estrada, que presumía de hijo de rey, despreciaba a Albornoz, y Albornoz, como así era, presumía de tan honrado, y no se dejaba pisar. Perseverando, pues, ellos en su discordia, y avisando a Cortés la ciudad muy de prisa para que volviese a poner remedio a aquello y a apaciguar a los vecinos, así indios como españoles, que con el alboroto de aquellos dos estaban desasosegados, acordó, por no dejar su camino y empresa, de dar al factor Gonzalo de Salazar y al veedor Peralmíndez Chirino de Úbeda igual poder que los otros tenían, para que, no afrentando a ninguno, gobernasen los cuatro. Les dio asimismo otro poder secreto para que ellos dos solos,

juntamente con el licenciado Zuazo, fuesen gobernadores, revocando y suspendiendo a Alonso de Estrada y Rodrigo de Albornoz, si les parecía que convenía, y los castigasen si tenían culpa. De este poder secreto que Cortés les dio con buen fin, resultó gran odio y revueltas entre los oficiales del rey, y nació una guerra civil, en la que murieron muchos españoles, y estuvo México a punto de perderse. Salazar y Chirino tomaron los poderes y ciertas instrucciones; se despidieron de Cortés en la villa del Espíritu Santo, aunque no en la gracia, y se volvieron a México. No procuraron gobernar juntamente con los otros, sino solos; hicieron su pesquisa e información contra ellos, y los prendieron. Enviaron preso al licenciado Alonso Zuazo, encima de una acémila y con grillos y cadena a Veracruz, para que allí le metiesen en una nao y le llevasen a Cuba a dar cuenta de cierta residencia; y tras esto, hicieron otras cosas peores que Estrada y Albornoz; y como si no hubiera rey ni Dios, así se portaban con todos los que no andaban a su labor; y pensando que Cortés no había de volver jamás a México, y por demasiada codicia, aunque publicaban ellos ser para servicio del emperador, prendieron a Rodrigo de Paz, primo y mayordomo mayor de Cortés y alguacil mayor de México. Le dieron tormento muy cruelmente para que dijese del tesoro, y como no confesaba, pues no sabía de él ni lo había, le ahorcaron, y se apoderaron de las casas de Cortes, con la artillería armas, ropa y todas las demás cosas que dentro estaban: cosa que pareció muy mal a toda la ciudad. Por lo cual fueron después condenados a muerte, aunque no ejecutados, de los oidores y licenciados Juan de Salmerón, Quiroga, Ceinos y Maldonado, estando por presidente Sebastián Ramírez de Fuenleal, obispo de Santo Domingo, y por el Consejo de Indias de España; y mucho después los condenó la misma Audiencia de México, siendo virrey don Antonio de Mendoza, a pagar la artillería y todo lo demás que cogieron de casa de Cortés. Quedaron los buenos gobernadores con esto tan disolutos como absolutos; y estando las cosas así, se rebelaron los de Huaxacac y Zoatlan, y mataron cincuenta españoles y ocho o diez mil indios esclavos que cavaban en las minas. Fue allá Peralmíndez con doscientos españoles y ciento a caballo; y por la guerra que les dio, se refugiaron en cinco o seis peñones, y al cabo se recogieron en uno muy fuerte y grande, con toda su ropa y oro. Chirino los cercó, y estuvo sobre ellos cuarenta días; porque los del peñón tenían una gran sierpe de oro, muchas rodelas, collares, moscadores, piedras y otras ricas joyas; mas ellos una noche, sin que él los sintiese, se fueron con todo su tesoro. Gonzalo de Salazar se hizo pregonar en México públicamente y con trompetas por gobernador y capitán general de aquellas tierras de la Nueva España. Andando así las cosas, avisaron a Cortés para que viniese con el capitán Francisco de Medina, al cual mataron los de Xicalanco muy cruelmente, pues le hincaron muchas astillas de tea por el cuerpo, y lo quemaron poco a poco, haciéndole andar alrededor de un hoyo, que es ceremonia de hombre sacrificado; y mataron con él otros españoles e indios que le guiaban y servían. Fue tras Medina Diego de Ordás con gran prisa, por Cortés, y cuando supo la muerte que le dieron, se volvió; y para que no le tuviesen por cobarde, o pensando que hubiese muerto también en manos de indios, dijo que Cortés había muerto; que causó gran parte del mal. Con lo cual, y por malas nuevas que venían de muchos trabajos y peligros en que Cortés y los de su compañía andaban, lo creía casi toda la ciudad; y así, muchas mujeres hicieron exequias a sus maridos, y al mismo Cortés le hicieron también algunos parientes, amigos y criados suyos las honras como a muerto. Juana de Mansilla, mujer de Juan Valiente, dijo que Cortés estaba vivo; llegó a oídos de Gonzalo de Salazar, y la mandó azotar por las calles públicas y acostumbradas de la ciudad; dislate que no hiciera un ignorante; mas Cortés, cuando vino, restituyó a esta mujer en su honra, llevándola a las ancas por México y llamándola doña Juana; y en unas coplas que después hicieron, a imitación de las del Provincial, dijeron por allá que le habían sacado el don de las espaldas, como narices del brazo. Estaban a la sazón seis o siete naos de mercaderes en Medellín, que, a la fama de las riquezas de México, habían ido a vender sus mercaderías. Gonzalo de Salazar y todos los demás oficiales del rey querían enviar en ellas dinero al emperador, que era el toque de su negocio, y escribir al Consejo y a Cobos en derecho de su dedo; pero no faltó quien se lo contradijese, diciendo que no estaba bien aquello sin voluntad y cartas del gobernador Hernán Cortés. Llegó en esto Francisco de las Casas con Gil González de Ávila; y como era caballero, hombre altivo, animoso, y cuñado de Cortés, se opuso fuertemente contra ellos, y hasta los atropelló un día, maltratando a Rodrigo de Albornoz, y envió en seguida a quitar las áncoras y velas a las naos que estaban en Medellín para que no tuviesen en qué enviar a España relaciones, como él decía, falsas, mentirosas y perjudiciales; pero el factor Salazar, que era mañoso, lo prendió, juntamente con Gil González; procedió contra ellos por la muerte de Cristóbal de Olid, por la desobediencia y desacato que le tuvo por lo de las naos, y porque era gran Contraste para sus pensamientos. Los condenó a muerte, y si no hubiese sido por buenos rogadores, los hubiera degollado, aunque habían apelado para el emperador. Todavía los envió presos a España, con el proceso y sentencia, en una nao de Juan Bono de Quexo. Envió asimismo 12.000 castellanos en barras y joyas de oro con Juan de la Peña, criado suyo; pero quiso la fortuna que se hundiese aquella carabela en la isla del Fayal, que es una de las Azores; y así se perdieron las cartas, procesos y escrituras, y se salvaron los hombres y el oro.

Capítulo CLXXIV. Prisión del factor y veedor
Estando, pues, Gonzalo de Salazar triunfando de esta manera en México, y Peralmíndez Chirino sobre el peñón que dije de Zoatlan, llegó a la ciudad Martín Dorantes, mozo de espuelas de Cortés, con muchas cartas y con poderes del gobernador, para que gobernasen Francisco de las Casas y Pedro de Alvarado, y removiesen del cargo y castigasen al factor y veedor. Entró en San Francisco, sin ser visto de nadie; y cuando supo por los frailes que Francisco de las Casas era llevado preso a España, llamó secretamente a Rodrigo de Albornoz y Alonso de Estrada, y les dio las cartas de Cortés. Ellos, después de leerlas, llamaron a todos los de la parcialidad de Cortés, los cuales eligieron entonces a Alonso Estrada como lugarteniente de Cortés, en nombre del emperador, por no estar allí tampoco Pedro de Alvarado ni Francisco de las Casas, a quien los poderes venían. Divulgóse entonces por toda la ciudad que Cortés estaba vivo, y hubo grande alegría; y todos salían de sus casas por ver y hablar al tal Dorantes. Con el regocijo de tan buenas nuevas parecía México otro del que hasta allí. Gonzalo de Salazar temió valientemente el furor del Pueblo. Habló a muchos, según la necesidad que tenía, para que no le desamparasen. Asestó la artillería a la puerta de las casas de Cortés, donde residía después de ahorcar a Rodrigo de Paz, y se hizo fuerte con unos doscientos españoles. Alonso de Estrada, con todo su bando, fue a combatirle la casa. Cuando aquellos doscientos

españoles vieron venir a toda la ciudad sobre sí, y que era mejor inclinarse a la parte de Cortés, puesto que estaba vivo, que no tener con el factor, y por no morir, comenzaron a dejarle y descolgarse por las ventanas a unos corredores de la casa; y entre los primeros que se descolgaron estaba don Luis de Guzmán; y no le quedaron más que doce o quince, que debían de ser sus criados. El factor no por eso perdió el ánimo; antes bien, cuando vio que todos se le iban, esforzó a los que le quedaban, y se puso a resistir, y él mismo pegó fuego con un tizón a un tiro; pero no hizo mal, porque los contrarios se abrieron al pasar la pelota. Arremetió tras esto Estrada y su gente, y entraron y prendieron al factor en una cámara, donde se retiró. Le echaron una cadena, lo llevaron por la plaza y otras calles, no sin vituperio e injuria, para que todos lo viesen; lo metieron en una red, y le pusieron muy buena guardia, y después se pasaron a la misma casa Estrada y Albornoz. Estrada derechamente le fue contrario, mas Albornoz anduvo doblado, porque afirman que salió de San Francisco, y habló al factor, prometiéndole que ni estaría contra él ni con él, sino en poner paz. Y a la vuelta tropezó con Estrada, que venía a combatir la casa, e hizo que le apeasen de la mula y le diesen caballo y armas para sí y para sus criados, para que pareciese fuerza si el factor vencía. Peralmíndez Chirino dejó la guerra que hacía, en cuanto supo que Cortés estaba vivo y revocado su poder de gobernador; y caminó para México cuanto más pudo para ayudar con su gente a su amigo Gonzalo de Salazar; mas antes de llegar supo que ya estaba preso y enjaulado, y se fue a Tlaxcala, y se metió en San Francisco, monasterio de frailes, pensando guarecerse allí y escapar de las manos de Alonso de Estrada y bando de Cortés; sin embargo, así que se supo en México enviaron por él, y le trajeron y metieron en otra jaula junto a su compañero, sin que le valiese la iglesia. Con la prisión de estos dos cesó todo el escándalo, y gobernaban Estrada y Albornoz en nombre del rey y del pueblo muy en paz, aunque aconteció que algunos amigos y criados de Gonzalo de Salazar y Peralmíndez se hermanaron y acordaron matar un día señalado a Rodrigo de Albornoz y Alonso de Estrada, y que las guardias soltasen entre tanto a los presos. Mas como tenían las llaves los mismos gobernadores, no se podía efectuar su concierto sin hacer otras; porque romper las jaulas, que eran de vigas muy gruesas, era imposible sin ser sentidos y presos. Así que dan parte del secreto, prometiéndole grandes cosas, a un tal Guzmán, hijo de un cerrajero de Sevilla que hacía vergas de ballesta. El tal Guzmán, que era buen hombre y allegado de Cortés, se informó muy bien de quiénes y cuántos eran los conjurados, para denunciarlos y ser creído. Les prometió llaves, limas y ganzúas para cuando las pedían, y les rogó que todos los días le viesen y avisasen de lo que pasaba, porque se quería hallar en librar los presos, no lo matasen. Aquéllos se lo creyeron, de necios y poco recatados, e iban y venían a su tienda muchas veces. Guzmán descubrió el negocio a los gobernadores, declarando por su nombre a los concertados, los cuales entonces pusieron espías, y hallaron ser verdad. Dieron mandamiento para prender a los del monipodio. Presos confesaron ser verdad que querían soltar a sus amos y matarlos a ellos; y así, fueron sentenciados. Ahorcaron a un tal Escobar, que era el cabecilla, y a otros. A unos les cortaron las manos, a otros los pies, a otros los azotaron, a muchos desterraron, y en fin, todos fueron bien castigados. Y con tanto, no hubo de allí adelante quien revolviese la ciudad ni perturbase la gobernación de Alonso de Estrada. Así como digo pasó esta guerra civil de México entre españoles, estando ausente Hernán Cortés; y la levantaron oficiales del rey, que son más de culpar. Pues nunca Cortés salió fuera que soldado suyo se saliese de su mandato y comisión, ni hubiese la menor alteración de las pasadas. Fue maravilla no se alzasen los indios entonces, pues tenían aparejo para ello, y aun armas, aunque dieron muestra de hacerlo; mas esperaban que Cuahutimoccín se lo enviase a decir cuando él hubiese matado a Cortés, como trataba por el camino, según después se dirá.

Capítulo CLXXV. Gente que Cortés llevó a Las Higueras
Así que Cortés despachó a Gonzalo de Salazar y a Peralmíndez desde la villa del Espíritu Santo con poderes para gobernar en México, hizo saber a los señores de Tabasco y Xicalanco que estaba allí y quería ir por cierto camino: que le enviasen algunos hombres prácticos de la costa y de la tierra. Entonces aquellos señores le enviaron diez personas de las más honradas de sus pueblos, y mercaderes, con el crédito que de costumbre tienen; los cuales, después de haber entendido muy bien el intento de Cortés, le dieron un dibujo de algodón tejido, en que pintaron todo el camino que hay

de Xicalanco hasta Naco y Nito, donde estaban los españoles, y aun hasta Nicaragua, que está en el mar del Sur, y hasta donde residía Pedrarias, gobernador de Tierra Firme; cosa digna de ver porque tenía todos los ríos y sierras que se pasan y todos los grandes pueblos y las ventas a donde hacer jornada cuando van a las ferias; y le dijeron como, por haber quemado muchos pueblos los españoles que andaban por aquella tierra, habían huido los naturales a los montes; y así, no se hacían las ferias como solían en aquellas ciudades. Cortés se lo agradeció, y les dio algunas cosillas por el trabajo y por las noticias de lo que buscaba, y se maravilló de la noticia que tenían de tierra tan lejana. Teniendo, pues, guía y lengua, pasó revista y halló ciento cincuenta caballos y otros tantos españoles a pie muy en orden de guerra, para servicio de los cuales iban tres mil indios y mujeres. Llevó una piara de puercos, animales para mucho camino y trabajo, y que se multiplicaban en gran manera. Metió en tres carabelas cuatro piezas de artillería que sacó de México, mucho maíz, judías, pescado y otros mantenimientos, muchas armas y pertrechos, y todo el vino, aceite, vinagre y cecinas que tenía traídas de Veracruz y de Medellín. Envió los navíos a que fuesen costa a costa hasta el río de Tabasco, y él tomó el camino por tierra, con pensamiento de no desviarse mucho del mar. A nueve lenguas de la villa del Espíritu Santo pasó un gran río en barcas, y entró en Tunalan; y otras tantas leguas más adelante pasó otro río, que llamó Aquiauilco, y los caballos a nado. Tropezó después con otro tan ancho, que para que no se le ahogasen los caballos hizo un puente de madera, no media legua del mar, que tenía novecientos treinta y cuatro pasos. Fue obra que maravilló a los indios, y aun que los cansó. Llegó a Copilco, cabeza de la provincia; y en treinta y cinco leguas que anduvo atravesó cincuenta ríos y desaguaderos de ciénagas y casi otros tantos puentes que hizo, pues no hubiese podido pasar de otra manera la gente. Es aquella tierra muy poblada, aunque muy baja y de muchos cenagales y lagunajos, a causa de ser muy alta la costa y ribera; y así, tienen muchas canoas. Es rica en cacao, abundante en pan, fruta y pesca. Sirvió muy bien este camino, y quedó amiga y depositada a los españoles vecinos de la villa del Espíritu Santo. De Anaxaxuca, que es el último lugar de Copilco para ir a Ciuatlan, atravesó unas montañas muy cerradas y un río, llamado Quezatlapan, bien grande, el cual entra en el de

Tabasco, que llaman Grijalva; y por él se proveyó de comida a los carabelones con veinte barquillas de Tabasco, que trajeron doscientos hombres de aquella ciudad, con las cuales pasó el río. Se le ahogó un negro, y se perdieron hasta cuatro arrobas de herraje, que hicieron mucha falta. Creo que aquí se casó Juan Jaramillo con Marina, estando borracho. Culparon a Cortés, que lo consintió teniendo hijos con ella. Huyeron; y en veinte días que estuvo allí Cortés ni vieron ni halló quién le mostrase camino, si no fueron dos hombres y unas mujeres que le dijeron que el señor y todos estaban por los montes y esteros, y que ellos no sabían andar más que en barcas. Preguntados si conocían Chilapan, que estaba en el dibujo, señalaron con el dedo una sierra a unas diez leguas de allí. Cortés hizo un puente de trescientos pasos, en el que entraron muchas vigas de treinta y de cuarenta pies, y pasó un gran cenagal; pues sin pasar sobre el agua no se podía salir de aquel pueblo. Durmió en el campo alto y enjuto, y al otro día entró en Chilapan, gran lugar y bien asentado; mas estaba quemado y destruido. No halló en él más que dos hombres, que lo guiaron a Tamaztepec, que por otro nombre llaman Tecpetlican. Antes de llegar allí pasó un río, que tiene por nombre Chilapan, como el lugar que dejaron atrás. Se ahogó allí otro esclavo, y se perdió mucho fardaje. Tardó dos días en andar seis leguas, y casi siempre fueron los caballos por agua y cieno hasta las rodillas, y aun hasta la barriga por muchas partes. El trabajo y peligro que pasaron los hombres fue excesivo, y por poco se ahogaron tres españoles. Tamaztepec estaba sin gente y desolado. Todavía reposaron en él los nuestros seis días. Hallaron fruta, maíz verde en lo labrado, y maíz en grano en silos, que fue mucho remedio y refrigerio, según iban hombres y caballos; y hasta cómo pudieron llegar los puercos fue maravilla. De allí fue a Iztapan en dos jornadas por ciénagas y tremedales espantosos, donde se hundían los caballos hasta la cincha. Los de aquel pueblo, cuando vieron hombres a caballo, huyeron, y también porque les había dicho el señor de Ciuatlan que los españoles mataban a cuantos tropezaban; y hasta prendieron fuego a muchas casas. Llevaron su ropilla y mujeres a la otra parte del río que pasa por el pueblo, y muchos de ellos, por pasar deprisa, se ahogaron. Se prendió a algunos, que dijeron cómo por el miedo que les había metido el señor de Ciuatlan habían hecho aquello. Cortés, entonces, llamó a los que traía de Ciuatlan, Chilapan y Tamaztepec, para que dijesen el buen tratamiento que se les daba; y les dio luego en presencia de aquel preso algunas cosillas, y permiso para que se volviesen a sus casas, y cartas para que las mostrasen a los cristianos que viniesen por sus pueblos, porque con ellas estarían seguros. Con esto se alegraron y aseguraron los de Iztapan, y llamaron al señor, el cual vino con cuarenta hombres, y se dio por vasallo del emperador; y dio largamente de comer a nuestro ejército aquellos ocho días que allí estuvo. Pidió veinte mujeres, que fueron apresadas en el río, y en seguida se las dieron. Acaeció estando allí que un mexicano se comió una pierna de otro indio de aquel pueblo, que fue muerto a cuchilladas. Lo supo Cortés, y lo mandó entonces quemar en presencia del señor; el cual quiso saber la causa, y le fue dicha, y aun le hizo Cortés un largo razonamiento y sermón, con intérprete, dándole a entender cómo había venido a aquellos lugares en nombre del más bueno y poderoso príncipe del mundo, a quien toda la tierra reconocía como a monarca, y que así debía hacer él; y que también venía a castigar a los malos que comían carne de otros hombres, como hacía aquel de México, y a enseñar la ley de Cristo, que mandaba creer y adorar un solo Dios y no tantos ídolos; y notificar a los hombres el engaño que les hacía el diablo para llevarlos al infierno, donde los atormentase con terrible y perdurable fuego. Le declaro asimismo muchos misterios de nuestra santa fe católica. Le cebó con el paraíso, y le dejó muy contento y maravillado de las cosas que le dijo. Este señor dio a Cortés tres canoas para enviar a Tabasco por el río abajo con tres españoles y la instrucción de lo que habían de hacer los carabelones, y de cómo tenían que ir a esperarle a la bahía de la Ascensión, y para llevar con ellas y con otras carne y pan de los navíos a Acalan por un estero. Le dio asimismo otras tres canoas y hombres, que fueron con unos españoles río arriba a apaciguar y allanar la tierra y camino, que no fue poca amistad. De aquí comenzaron a ir ruines nuevas a México, y que nunca más volvería Cortés, por lo cual mostraron entonces sus dañosas intenciones Gonzalo de Salazar y Peralmíndez.

Capítulo CLXXVI. Los sacerdotes de Tatahuitlapan
De Iztapan fue Cortés a Tatahuitlapan, donde no halló gente ninguna, salvo veinte hombres, que debían de ser sacerdotes, en un templo del otro lado

del río muy grande y bien adornado; los cuales dijeron haberse quedado allí para morir con sus dioses, que les decían que los mataban aquellos barbudos, y era que Cortés rompía siempre los ídolos o ponía cruces; y como vieron a los indios de México con unos aderezos de los ídolos, dijeron llorando que ya no querían vivir, pues sus dioses eran muertos. Cortés, entonces, y los dos frailes franciscanos, les hablaron con los lenguas que llevaban, otro tanto que al señor de Iztapan, y que dejasen aquella su loca y mala creencia. Ellos respondieron que querían morir en la ley de sus padres y abuelos. Uno de aquellos veinte, que era el principal, mostró dónde estaba Huatipan, que figuraba en el paño, diciendo que no sabia andar por tierra. Simpleza harto grande; pero con ella vivían contentos y descansados. Poco después de salir el ejército de allí, pasó un cenagal de media legua, y luego un estero hondo, donde fue necesario hacer puente, y más adelante otra ciénaga de una legua; pero como era algo tiesta debajo, pasaron los caballos con menos fatiga, aunque les daba en las cinchas, y donde menos, encima de la rodilla. Entraron en una montaña tan espesa, que no veían sino el cielo y lo que pisaban, y los árboles tan altos, que no se podían subir en ellos para atalayar la tierra. Anduvieron dos días por ella desatinados; descansaron a orillas de una balsa, que tenía hierba, para que paciesen los caballos; durmieron y comieron aquella noche poco, y algunos pensaban que antes de acertar a poblado habían de dormir. Cortés tomó una aguja y carta de marear que llevaba para semejantes necesidades, y acordándose del paraje que le habían señalado en Tahuitlapan, miró, y halló que corriendo al nordeste iban a salir a Guatecpac o muy cerca. Abrieron, pues, el camino a brazos, siguiendo aquel rumbo, y quiso Dios que fueran derechos a dar en el mismo lugar, después de muy trabajados. Mas se refrescaron entonces en él con frutas y otra mucha comida, y ni más ni menos los caballos con maíz verde y con hierba de la ribera, que es muy hermosa. Estaba el lugar despoblado, y no podía Cortés tener rastro de las tres barcas y españoles que había enviado río arriba, y andando por el pueblo, vio una saeta de ballesta hincada en el suelo, por la cual conoció que habían pasado adelante, si ya no los habían matado los de allí. Pasaron el río algunos españoles en unas barquillas; anduvieron buscando gente por las huertas y labranzas, y al cabo vieron una gran laguna, donde todos los de aquel pueblo estaban metidos en barcas e isletas; muchos de los cuales salieron entonces a ellos con mucha risa y alegría, y vinieron al lugar hasta cuarenta, que dijeron a Cortés cómo por el señor de Ciuatlan habían dejado el pueblo, y cómo habían pasado algunos barbudos el río adelante con hombres de Iztapan, que les dijeron certeza del buen tratamiento que los extranjeros hacían a los naturales, y cómo se había ido con ellos un hermano de su señor en cuatro canoas de gente armada, para que no les hiciesen mal en el otro pueblo más arriba. Cortés envió por los españoles, y vinieron en seguida al otro día con muchas canoas cargadas de miel, maíz, cacao y un poco de oro, que alegró la vista a todos. También vinieron de otros cuatro o cinco lugares a traer a los españoles bastimento, y a verlos, por lo mucho que de ellos se decía, y en señal de amistad les dieron un poquito de oro, y todos quisieran que fuera más. Cortés les hizo mucha cortesía, y rogó que fuesen amigos de los cristianos. Todos ellos se lo prometieron. Volviéronse a sus casas, quemaron muchos de sus ídolos por lo que les fue predicado, y el señor dio del oro que tenía.

Capítulo CLXXVII. El puente que hizo Cortés
De Huatecpan tomó el camino para la provincia de Acalan, por una senda que emplean los mercaderes; que otras personas poco andan de un pueblo a otro, según ellos decían. Pasó el río en barcas; se ahogó un caballo, y se perdieron algunos fardeles. Anduvo tres días por unas montañas muy ásperas con gran fatiga del ejército, y luego dio sobre un estero de quinientos pasos de ancho, el cual puso en gran apuro a los nuestros, por no tener barcas ni hallar fondo. De manera que con lágrimas pedían a Dios misericordia, pues si no era volando, parecía imposible pasarlo, y volver atrás, como la mayoría quería, era perecer; porque, como había llovido mucho, se habían llevado las crecidas todos los puentes que hicieron. Cortés se metió en una barquilla con dos españoles hombres de mar, los cuales sondaron todo el ancón y estero, y por dondequiera hallaban cuatro brazas de agua. Tentaron con picas, atadas una a otra, el suelo, y había otras dos brazadas de lama y cieno; de suerte que eran seis brazas de hondura, y quitaban la esperanza de construir un puente. Todavía quiso él probar de hacerle. Rogó a los señores mexicanos que consigo llevaba hiciesen que los indios cortasen árboles,

labrasen y trabajasen vigas grandes, para hacer allí un puente por donde escapasen de aquel peligro. Ellos lo hicieron, y los españoles iban hincando aquellas maderas por el cieno, puestas sobre balsas, y con tres canoas, pues no tenían más; pero les resultaba tan trabajoso y enojoso, que renegaban del puente y hasta del capitán, y murmuraban terriblemente de él por haberlos metido locamente a donde no los podría sacar, con toda su agudeza y saber, y decían que el puente no se acabaría, y cuando se acabase estarían ellos acabados; por tanto, que diesen vuelta antes de acabar las vituallas que tenían, pues así como así se habrían de volver sin llegar a Higueras. Nunca Cortés se vio tan confuso; mas para no enojarlos, no les quiso contradecir, y les rogó que descansasen cinco días solamente, y si en ellos no tuviese hecho el puente, les prometía volver. Ellos a esto respondieron que esperarían aquel tiempo aunque comisen cantos. Cortés, entonces, habló a los indios que mirasen en cuánta necesidad estaban todos, pues forzosamente habían de pasar o perecer. Los animó al trabajo, diciendo que en seguida de pasar aquel estero estaba Acalan, tierra abundantísima y de amigos, y donde estaban los navíos con muchos bastimentos y refresco. Les prometió grandes cosas para en volviendo a México si hacían aquel puente. Todos ellos, y los señores principalmente, respondieron que les placía, y en seguida se repartieron por cuadrillas. Unos para coger raíces, hierbas y frutas de monte que comer, otros para cortar árboles, otros para labrarlos, otros para traerlos, y otros para hincarlos en el estero. Cortés era el maestro mayor de la obra, el cual puso tanta diligencia y ellos tanto trabajo, que al cabo de seis días fue hecho el puente, y el séptimo pasaron por encima de él todo el ejército y caballos; cosa que pareció hecha no sin ayuda de Dios, y los españoles se maravillaron muchísimo y hasta trabajaron su parte, que aunque hablan mal, obran bien. La hechura era común, mas la maña que los indios se dieron fue extraña. Entraron en él mil vigas de ocho brazas de largo y cinco y seis palmos de grueso y otras muchas maderas menores y menudas para cubierta. La atadura fue de bejucos, pues clavazón no hubo, sino de clavos de herrar y clavijas de palo por algunos barrenos. No duró la alegría que todos llevaban por haber pasado a salvo aquel estero, pues en seguida toparon con un cenagal muy espantoso, aunque no muy ancho, donde los caballos, quitadas las sillas, se sumían hasta las orejas, y cuanto más forcejeaban, más se hundían, de manera que allí se perdió del todo la esperanza de escapar caballo ninguno. Todavía les metían debajo del pecho y barriga haces de rama y de hierba en que se sostuviesen, lo cual, aunque aprovechaba algo, no bastaba. Estando así, se abrió por medio un callejón por donde acanaló el agua, y por allí salieron a nado los caballos, pero tan fatigados, que no se podían tener en pie. Dieron gracias a nuestro Señor por tan grandes mercedes como les había hecho; pues sin caballos quedaban perdidos. Estando en esto llegaron cuatro españoles que habían ido delante, con ochenta indios de aquella provincia de Acalan, cargados de aves, fruta y pan, con lo que Dios sabe cuánto se alegraron todos, mayormente cuando dijeron que Apoxpalon, señor de aquella provincia y toda la demás gente, quedaba esperando el ejército de paz, y con muy buena voluntad de verle y aposentarlo en sus casas; y algunos de aquellos indios dieron a Cortés cosillas de oro de parte del señor, y dijeron que tenía gran contentamiento de su venida por aquella tierra, pues hacía muchos años que tenía noticia de él por los mercaderes de Xicalanco y Tabasco. Cortés les agradeció tan buena voluntad; les dio algunas cosillas de España para el señor; los hizo ir a ver el puente, y los volvió con los mismos españoles. Fueron admirados del edificio del puente, así porque no los hay por allí, como por ser tan grande, y porque pensaban que ninguna cosa era imposible a los españoles. Al otro día llegaron a Tizapetl, donde los vecinos tenían mucha comida aderezada para los hombres, y mucho grano, hierba y rosas para los caballos. Reposaron allí seis días, satisfaciendo al trabajo y hambre pasada. Vino a ver a Cortés un mancebo de buena disposición y muy bien acompañado, que dijo ser hijo de Apoxpalon. Le trajo muchas gallinas y algún oro; le ofreció su persona y tierra, fingiendo que su padre había muerto. Él lo consoló y mostró tener tristeza, aunque barruntaba no decir verdad, porque cuatro días antes estaba vivo y le había enviado un presente. Le dio un collar de cuentas de Flandes que llevaba al cuello, y que fue muy estimado del mancebo, y le rogó que no se fuese tan pronto.

Capítulo CLXXVIII. Apoxpalon, señor de Izancanac
De Tizapetl fueron a Teuticaccac, que estaba a seis leguas, donde el señor les dio muy buen tratamiento. Se aposentaron en dos templos, pues los

hay muchos y muy hermosos, uno de los cuales era el mayor y dedicado a una diosa a quien sacrificaban doncellas vírgenes y hermosas, que si no lo eran, dicen que se enojaba mucho con ellos, y por esta causa las buscaban desde niñas y las criaban regaladamente. Sobre esto les dijo Cortés como mejor pudo lo que convenía a cristiano y lo que el rey mandaba, y derribó los ídolos; de lo que no mostraron mucha pena los del pueblo. Aquel señor de Teuticaccac trabó grandes pláticas y conversación con los españoles, y tomó mucha amistad y cariño a Cortés. Le dio más entera razón de los españoles que iban buscando y del camino que había de llevar. Le dijo con mucho secreto que Apoxpalon estaba vivo, y que le quería guiar por un rodeo, aunque no mal camino, para que no viese sus pueblos y riqueza. Le rogó que guardase el secreto si le quería ver vivo y con su hacienda y estado. Cortés se lo agradeció mucho, y no solamente le prometió secreto, sino buenas obras de amigo. Llamó luego al mancebo que dije, y le examinó; el cual, como no pudo negar la verdad, dijo que su padre estaba vivo, y a ruego de Cortés le fue a llamar y le trajo en seguida al segundo día. Apoxpalon se excusó con mucha vergüenza, diciendo que de miedo de tan extraños hombres y animales lo hacía, hasta ver si eran buenos, para que no le destruyesen sus pueblos; pero que ahora, pues veía que no hacían mal a nadie, le rogaba se fuese con él a Izancanac, ciudad populosa, donde él residía. Cortés se marchó al otro día, y dio un caballo a Apoxpalon en que fuese, de lo cual mostró gran placer, aunque al principio pensó caer. Entraron con gran recibimiento en aquella ciudad. Cortés y Apoxpalon se alojaron en una casa donde cupieron los españoles con sus caballos. A los de México los repartieron por las casas. Aquel señor dio largamente de comer a todos el tiempo que allí estuvieron, y a Cortés algún oro y veinte mujeres. Le dio una canoa y hombres que llevasen por el río abajo hasta el mar, a donde estaban los carabelones, a un español que poco antes llegara de Santisteban de Pánuco con letras, y cuatro indios que habían traído cartas de Medellín, de la villa del Espíritu Santo y de México, hechas antes de que Gonzalo de Salazar y Peralmíndez llegasen; con los cuales respondía que iba bueno, aunque con muchos trabajos, y también escribió a los españoles que estaban en los carabelones lo que habían de hacer y a donde tenían que ir a esperarlo. Acostumbraban, según dicen, en aquella tierra de

Acalan hacer señor al más caudaloso mercader, y por eso lo era Apoxpalon, que tenía grandísimo trato por tierra de algodón, de cacao, esclavos, sal, oro, aunque poco y mezclado con cobre y con otras cosas; de caracoles colorados, con que ataviaban sus personas y sus ídolos; de resina y otros sahumerios para los templos, de teas para alumbrarse, de olores y tintas con que se pintan para las guerras y fiestas y se tiñen para defensa del calor y del frío, y de otras muchas mercaderías que ellos estiman y necesitan; y así, tenía mucho en pueblos de ferias, como era Nito, factor y barrio por sí, poblado de sus vasallos y criados tratantes. Mostróse Apoxpalon muy amigo de los españoles, hizo un puente para que pasasen una ciénaga, tuvo canoas para pasar un estero; envió muchos guías con ellos, prácticos del camino, y por todo esto no pidió más que una carta de Cortés para si algunos españoles fuesen por allí, que supiesen que era su amigo. Acalan es muy poblada y rica. Izancanac, gran ciudad.

Capítulo CLXXIX. Muerte de Cuahutimoccín
Llevaba Cortés consigo a Cuahutimoccín y otros muchos señores mexicanos, para que no revolviesen la ciudad y tierra, y tres mil indios de servicio y carga. Cuahutimoccín, afligido de tener guarda, y como tenía alientos de rey, y veía a los españoles alejados de socorro, flacos del camino, metidos en tierra que no sabían, pensó matarlos para vengarse, especialmente a Cortés, y volverse a México gritando libertad y alzarse por rey, como solía ser. Dio parte a los otros señores, y avisó a los de México, para que en un mismo día matasen también ellos a los españoles que allí había, pues no eran mas que doscientos y no tenían más de cincuenta caballos, y estaban reñidos y en bandos; y si lo hubiese sabido hacer como pensar, no pensara mal; porque Cortés llevaba pocos, y pocos eran los de México, y aquellos mal avenidos. Había tan pocos entonces por haber ido con Alvarado a Cuahutemallan, con Casas a Higueras y a las minas de Michoacan. Los de México se concertaron para en viendo descuidados o reñidos a los españoles, y para el segundo mandamiento de Cuahutimoccín. Hacían de noche gran ruido con sus atabales, huesos, caracolas y bocinas, y como era más y más a menudo que antes, cogieron sospecha los españoles y preguntaron la causa. Se recataron de ellos, no sé si por indicios o por certificación, y salían siempre

armados, y hasta en las procesiones que hacían por Cortés llevaban los caballos a su lado, ensillados y enfrenados. Mexicalcinco, que después se llamó Cristóbal, descubrió a Cortés la conjuración y trato de Cuahutimoccín, mostrándole un papel con las figuras y nombres de los señores que le urdían la muerte. Cortés elogió mucho a Mexicalcinco, le prometió grandes mercedes, y prendió a diez de aquellos que estaban pintados en el papel sin que uno supiese de otro: les preguntó cuántos eran en aquella liga, diciendo al que examinaba cómo se lo habían dicho ya otros. Era tan cierto, según Cortés, que no podían negarlo; y así, confesaron todos que Cuahutimoccín, Couanacochcín y Tetepanquezatl habían movido aquella plática; que los demás, aunque seguramente se alegraban de ello, no habían consentido de veras ni se habían hallado en la consulta; y que, obedecer a su señor y desear cada uno su libertad y señoría, no era mal hecho ni pecado, y que les parecía que nunca podrían tener mejor tiempo ni lugar que allí para matarle, por tener pocos compañeros y ningún amigo, y que no temían mucho a los españoles que estaban en México, por ser nuevos en la tierra y no avezados a las armas, y muy metidos en bandos de guerra, cosa que a Cortés le dio mala espina; mas, empero, pues los dioses no lo querían, que los matase. Tras esta confesión les hizo proceso, y al cabo de poco tiempo se ahorcó por justicia a Cuahutimoccín, Tlacatlec y Tetepanquezatl. Para castigo de los otros bastó el miedo y espanto; pues ciertamente pensaron todos ser muertos y quemados, pues ahorcaron a los reyes, y creían que la aguja y carta de marear se lo habían dicho, y no hombre ninguno; y tenían por muy cierto que no se le podían ocultar los pensamientos, pues había acertado aquello y el camino de Huatepan; y así, vinieron muchos a decirle que mirase en el espejo, que así llaman ellos a la aguja, y vería cómo le tenían muy buena voluntad y ningunas intenciones malas. Él y todos los españoles les hacían creer ser esto verdad para que temiesen. Se hizo esta justicia por Carnestolendas del año 1525 en Izancanac. Fue Cuahutimoccín hombre valiente, según de la historia se colige, y en todas sus adversidades tuvo ánimo y corazón real, tanto al principio de la guerra para la paz, cuanto en la perseverancia del cerco, y así cuando le prendieron, como cuando le ahorcaron, y como cuando, porque hablase del tesoro de Moctezuma, le dieron tormento, el cual fue untándole muchas veces los pies con aceite y poniéndoselos luego al fuego; pero más infamia sacaron que oro, y Cortés hubiera debido guardarlo vivo como oro en paño, pues era el triunfo y gloria de sus victorias. Mas no quiso tener que guardar en tierra y tiempo tan trabajoso; es verdad que se preciaba mucho de él, pues los indios le honraban mucho por su amor y respeto, y le hacían aquella misma reverencia y ceremonias que a Moctezuma, y creo que por eso le llevaba siempre consigo por la ciudad a caballo, si cabalgaba, y si no, a pie como él iba. Apoxpalon quedó espantado de aquel castigo de tan grandísimo rey; y de temor, o por lo que Cortés le había dicho acerca de los muchos dioses, quemó infinitos ídolos en presencia de los españoles, prometiéndoles no honrar más las estatuas de allí adelante y de ser su amigo y vasallo de su rey.

Capítulo CLXXX. Cómo Canec quemó los ídolos
De Izancanac, que es cabecera de Acalan, habían de ir nuestros españoles a Mazatlan, pueblo que también se llama de otra manera en otro lenguaje, mas no sé cómo se tiene que escribir; y aunque he procurado mucho informarme muy bien de los propios vocablos y nombres de los lugares que nuestro ejército pasó en este viaje de las Higueras, no estoy satisfecho del todo. Por tanto, si algunos no se pronuncian como deben, nadie se maraville, pues aquel camino no se pisa. Cortés, para que no le faltase provisión, hizo mochila para seis días, aunque no había de estar en el camino más que tres, o cuando mucho cuatro, escarmentado de la necesidad pasada. Envió delante cuatro españoles con dos guías que le dio Apoxpalon. Pasó la ciénaga y estero con el puente y canoas que aderezó aquel señor, y a cinco leguas de andar, volvieron los cuatro españoles diciendo que había buen camino y mucho pasto y labranzas; que fue buena nueva para todos, que iban hostigados de los malos caminos pasados. Envió otros corredores más sueltos a coger a algunos de la tierra para saber cómo tomaban la llegada de españoles; los cuales trajeron presos dos hombres de Acalan, mercaderes, según iban cargados de ropa para vender, y ellos dijeron que en Mazatlan no había memoria de tales hombres, y que el lugar estaba lleno de gente. Cortés dejó volver a los que traía de Izancanac, y llevó por guías aquellos dos mercaderes. Durmió aquella noche, como la pasada, en un monte. Al otro día los españoles que descubrían tropezaron con cuatro hombres de

Mazatlan, que estaban de escuchas, y tenían arcos y flechas, y que, cuando los vieron, desembrazaron sus arcos, hirieron un indio nuestro y se refugiaron en un monte. Corrieron tras ellos los españoles, y no pudieron coger sino a uno. Le entregaron a los indios, y prosiguieron el camino por ver si había más. Aquellos tres que se metieron en el monte, cuando vieron marchar a los españoles, cayeron sobre nuestros indios, que eran otros tantos, y por fuerza les quitaron el preso. Ellos, corridos de la afrenta, corrieron tras los otros, volvieron a pelear, hirieron a uno de Mazatlan, en un brazo, de una gran cuchillada, y le prendieron; los demás huyeron porque llegaba cerca el ejército. Este herido dijo que no sabían nada en su lugar de aquella gente barbuda, y que estaban allí por velas, como es su costumbre, para que sus enemigos, que tenían muchos por la comarca, no llegasen sin ser sentidos a asaltar el pueblo y las labranzas, y que no estaba lejos el lugar. Cortés aguijó por llegar allá aquella noche, mas no pudo. Durmió cerca de una ciénaga en una cabañuela, sin tener agua que beber. Al amanecer se preparo la ciénaga con ramas y mucha broza, y pasaron los caballos del diestro no con mucho trabajo, y a las tres leguas andadas llegaron a un lugar puesto sobre un peñón en mucho orden, pensando hallar resistencia; mas no la hubo, porque los moradores habían huido de miedo. Hallaron muchos gallipavos, miel, judías, maíz, y otras provisiones en gran cantidad. Aquel lugar es fuerte por estar en gran risco; no tiene más que una puerta, pero llana la entrada; está rodeado por una parte de una laguna y por otra de un arroyo muy hondo que también entra en la laguna; tiene un foso bien profundo, y luego un pretil de madera hasta los pechos, y después una cerca de tablones y vigas, de dos estados de alto, en la cual hay muchas troneras para flechar, a trechos garitas que sobrepasan la cerca otro estado y medio, con muchas piedras y saetas, y hasta las casas son fuertes y tienen sus travesías y saeteras para tirar, que responden a las calles. Todo, en fin, era fuerte y bien ordenado para las armas que usan en aquella tierra, y tanto más se alegraron los nuestros, cuanto más fuerte era el lugar, porque lo abandonaron; mayormente que era frontera y tenía guarnición de soldados. Cortés envió uno de aquellos de Acalan a llamar al señor y a la gente. Vino el gobernador; dijo que el señor era un niño y tenía mucho miedo, y se fue con él hasta

Tiac, que está a seis leguas de allí; pero ya cuando llegaron se habían ido los vecinos al monte, huyendo de temor. Era Tiac un pueblo mayor, pero no tan fuerte, por estar en llano. Tiene tres barrios cercados cada uno por sí, y otra cerca que los rodea a todos juntos. No pudo Cortés conseguir de los de allí que viniesen estando dentro su ejército, aunque le dieron vituallas y alguna ropa y un hombre que lo guiase, el cual dijo que había visto otros hombres barbudos y otros

ciervos; así llaman por allí a los caballos. Cuando tuvo Cortés tan buen guía, dio permiso y paga a los de Acalan, para que se fuesen a su tierra, y muchos saludos para Apoxpalon. De Tiac fue a dormir a Xucahuitl, que también era lugar fuerte y cercado como los demás, y estaba yermo de gente, pero lleno de mantenimiento. Allí se proveyó el ejército para cinco días que había de camino y despoblado, hasta Taica, según el nuevo guía. Cuatro noches hicieron en sierras; pasaron un mal puerto que se llamó de Alabastro, por ser todas las peñas y piedras de ello. Al quinto día llegaron a una gran laguna, en una isleta en la cual estaba una gran pueblo, que, según el guía dijo, era cabecera de aquella provincia de Taica y no se podía entrar en él sino por barca. Los corredores cogieron a un hombre de aquel lugar en una canoa, y hasta no le cogieron ellos, sino un perro de ayuda que llevaban; ese hombre dijo que en la ciudad no se sabía nada de semejantes hombres, y que si querían entrar allí, que fuesen a unas labranzas que estaban cerca de un brazo de la laguna, y podrían coger muchas barcas de los labradores. Cortés cogió doce ballesteros, y a pie siguió por donde le llevaba aquel hombre. Pasó un gran rato de aguacero hasta la rodilla y más arriba. Como tardó mucho en el mal camino, y no podía ir encubierto, le vieron los labradores y se metieron en sus canoas por la laguna adelante. Se asentó el campamento entre aquellos panes, y se fortificó lo mejor posible, porque le dijo el guía que los de aquella ciudad estaban muy ejercitados en la guerra y eran hombres a quien toda la comarca temía; y si quería, que él iría en aquella canoíta suya a la isleta, y entraría en el lugar y hablaría con Canec, señor de Taica, que ya de otras veces le conocía, y le diría su intención y venida, Cortés le dejó ir y llevar al dueño de la barquilla. Fue, pues, y volvió a medianoche; pues, como hay dos leguas de distancia de la costa al pueblo y malos remos, no pudo antes. Trajo dos personas, a lo que mostraban honradas, las cuales dijeron venir de parte de Canec, su señor, a visitar al capitán de aquel ejército y a saber lo que quería. Cortés le habló alegremente; les dio un español que quedase en rehenes, para que viniese Canec al campamento. Ellos se alegraron infinito de mirar los caballos, el traje y barbas de nuestros españoles, y se fueron. Al otro día por la mañana vino el señor con treinta personas y seis canoas; trajo consigo al español, y ninguna demostración de miedo ni de guerra. Cortés lo recibió con mucho placer, y por hacerle fiesta y mostrarle cómo honraban los cristianos a su Dios, hizo cantar la misa con solemnidad, y tañer los menestriles, sacabuches y chirimías que llevaban. Canec oyó la música y canto con mucha atención, y miró muy bien en las ceremonias y servicio del altar, y a lo que mostraba se divirtió mucho, y alabó grandemente aquella música, cosa que nunca había oído. Los clérigos y frailes, al acabar el oficio divino, se llegaron a él; le hicieron acatamiento, y después con el faraute le predicaron. Respondió que de buen grado desharía sus ídolos, y que quería mucho saber y tener la manera cómo debía honrar y servir al Dios que le declaraban. Pidió una cruz para poner en su pueblo; replicaron que la cruz después se la darían, como hacían en cada sitio que llegaban, y que pronto le enviarían religiosos que lo adoctrinasen en la ley de Cristo, pues por entonces no podía ser. Cortés, tras este sermón, te hizo otra breve plática sobre la grandeza del emperador, y rogándole que fuese vasallo suyo, como lo eran los de México Tenochtitlán. Él dijo que desde allí se daba por tal, y que hacia algunos años que los de Tabasco, como pasan por su tierra a las ferias, le habían dicho que llegaron a su pueblo algunos extranjeros como ellos, y que peleaban mucho porque los habían vencido en tres batallas. Cortés entonces le dijo que era él mismo el capitán de aquellos hombres que los de Tabasco decían, y para que creyese ser esto verdad, que se informase de los de allí. Con tanto, se acabaron las pláticas y se sentaron a comer. Canec hizo sacar de las canoas aves, peces, tortas, miel, fruta y oro, aunque poca cantidad, y unos sartales de caracoles coloradillos que estiman mucho. Cortés le dio una camisa, una gorra de terciopelo negro, y otras cosillas de hierro, como decir tijeras y cuchillos; y le preguntó si sabía algo de algunos españoles suyos que habían de estar no muy lejos de allí, en la costa de mar. Él dijo que tenía mucha noticia de ellos, porque muy cerca de donde andaban había unos vasallos suyos, y si quería, que le daría una persona que lo llevase allí sin errar el camino; pero que era áspero y malo de pasar, por las grandes montañas, y que si iba por mar, que no sería tan trabajoso. Cortés le agradeció las noticias y guía, y le dijo que no eran buenas aquellas barquillas para llevar caballos ni líos ni tanta gente, y por eso le era forzoso ir por tierra; que le diese medios para pasar aquella laguna. Canec dijo que a tres leguas de allí la desecharía, y entre tanto que el ejército la andaba, se fuese con él a la ciudad a ver su casa, y vería quemar los ídolos. Cortés se fue con él muy contra la voluntad de los compañeros, y llevó consigo veinte ballesteros. Osadía fue demasiada. Estuvo en aquel lugar con mucho regocijo de los vecinos, hasta la tarde. Vio arder muchos ídolos; tomó guía, encargó que curasen un caballo que dejaba en el campamento, cojo de una estaca que se metió por el pie, y se salió a dormir con el campo que ya había dado la vuelta a la laguna.

Capítulo CLXXXI. El trabajoso camino que los nuestros pasaron
Al día siguiente que partió de allí caminó por buena tierra llana, donde alancearon los de a caballo dieciocho gamos: tantos había. Murieron dos caballos que, como iban flacos, no pudieron resistir la caza. Cogieron a cuatro cazadores que llevaban muerto un león, de lo que se maravillaron los nuestros, pues les pareció gran cosa matar un león cuatro hombrecillos solamente con flechas. Llegaron a un estero de agua, grande y hondo, a la vista del cual estaba el lugar donde pensaban ir; no tenían en qué pasar; capearon a los del pueblo, que andaban muy revueltos por coger su ropilla y meterse en el monte. Vinieron dos hombres en una canoa, con una docena de gallipavos; mas no quisieron acercarse a tierra, hasta que los suyos acabasen de alzar el hato y esconderse. Estando, pues, así, puso un español las piernas a su caballo, se metió por el agua, y a nado fue tras los indios; ellos, de miedo, se turbaron, y no supieron remar. Acudieron luego otros españoles buenos nadadores, y cogieron la canoa. Aquellos dos indios guiaron el campo por rodeo una legua aproximadamente, con el cual se desechó el estero, y así llegaron al lugar bien cansados, porque habían caminado ocho leguas; no hallaron gente, mas sí mucho de comer. Se llama aquel lugar Tleccan, y el señor, Ainohan. Estuvo allí nuestro campo cuatro días esperando si vendría el señor o los vecinos; como no vinieron, abastecióse para seis

días, que, según los guías decían, tantos teñían que caminar por despoblado. Partió, y llegó a dormir a seis leguas de allí a una venta grande, que era de Ainohan, donde hacían jornada los mercaderes. Allí reposaron un día, por ser fiesta de la Madre de Dios; pescaron en el río, atajaron una gran cantidad de sábalos, y los cogieron todos, que, además de ser provechosa, fue hermosa pesquería. Al otro día anduvieron nueve leguas; en lo llano mataron siete venados, en el puerto, que fue malo y duró dos leguas de subida y bajada, se desherraron los caballos, y para herrarlos fue necesario estar allí un día entero. La siguiente jornada que hicieron fue a un caserío de Canec, que se llamaba Axuncapuin, donde estuvieron dos días; de Axuncapuin fueron a dormir a Taxaitetl, que es otro caserío de Ainohan; allí hallaron mucha fruta y maíz verde, y hombres que los encaminaron. A dos leguas que al otro día tenían andadas de buen camino, comenzaron a subir una asperísima sierra, que duró ocho leguas, y tardaron en andarla ocho días, y murieron sesenta y ocho caballos despeñados y desjarretados, y los que escaparon no volvieron en sí aquellos tres meses: tan lastimados quedaron. No cesó de llover noche y día en todo aquel tiempo; fue sorprendente la sed que pasaron, lloviendo tanto. Se rompió la pierna un sobrino de Cortés por tres o cuatro partes, de una caída que dio; fue muy dificultoso sacarlo de aquellas montañas. No se acabaron allí los duelos; que después dieron en un río grande, y con las lluvias pasadas, muy crecido e impetuoso; tanto, que desmayaban los españoles porque no había barcas, y aunque las hubiera, no aprovecharan; hacer un puente era imposible, volver atrás era la muerte. Cortés envió unos españoles río arriba a ver si se estrechaba o se podría vadear, los cuales volvieron muy alegres por haber hallado paso. No os podría contar cuántas lágrimas de placer echaron nuestros españoles con tan buena nueva, abrazándose unos a otros; dieron muchas gracias a Dios nuestro Señor, que los socorría en tal angustia, y cantaron el Te Deum Laudamus y Letanía; y como era Semana Santa, todos se confesaron. Era aquel paso una losa o peña llana, lisa, y larga cuanto el río ancho, con más de veinte grietas por donde caía el agua sin cubrirlas; como que parece fábula o encantamiento como los de Amadís de Gaula, pero que es certísima. Otros lo cuentan como milagro; mas ello es obra de la Naturaleza, que dejó aquellas pasaderas para el agua, o la misma agua con su continuo curso comió la peña de aquella manera. Cortaron, pues, madera, que bien cerca había muchos árboles, y trajeron más de doscientas vigas, y muchos bejucos, que como en otro lugar tengo dicho, sirven de sogas, y nadie entonces haraganeaba; atravesaban los canales con aquellas vigas, las atacaban con bejucos, y así hicieron el puente; tardaron en hacerlo y en pasar dos días. Hacía tanto ruido el agua entre aquellos ojos de la peña, que ensordecía a los hombres. Los caballos y puercos pasaron a nado por debajo de aquel lugar, pues con la profundidad iba el agua mansa. Fueron a dormir aquella noche a Teucix, a una legua de allí, que tiene unos buenos caseríos y granja, donde se cogieron veinte personas o más; pero no se halló comida que bastase para todos, que fue gran desconsuelo, porque iban muy hambrientos, pues no habían comido en ocho días más que palmitos y sus dátiles, y hierbas cocidas sin sal. Aquellos hombres de Teucix dijeron que a una jornada río arriba había un buen pueblo de la provincia de Tauican, que tenía muchas gallinas, cacao, maíz y otros mantenimientos; pero que era menester volver a pasar el río, y ellos no sabían cómo, por venir tan crecido y furioso. Cortés les dijo que bien se podía pasar, que le diesen un guía, y envió treinta españoles y mil indios; los cuales fueron y vinieron muchas veces, y proveyeron el campo, aunque con mucho trabajo. Estando allí en Teucix, envió Cortés algunos españoles con un natural por guía, a descubrir el camino que habían de llevar para Azuzulín, cuyo señor se llamaba Aquiahuilquín; los cuales, a diez leguas, cogieron a siete hombres y una mujer en una casilla, que debía ser venta, y se volvieron diciendo que era muy buen camino en comparación del pasado. Entre aquellos siete venía uno de Acalan, mercader, y que había habitado mucho tiempo en Nito, donde estaban los españoles, y que dijo que hacia un año entraron en aquella ciudad muchos barbudos a pie y a caballo, y que la saquearon, maltratando a los vecinos y mercaderes, y que entonces se salió un hermano de Apoxpalon, que tenía la factoría, y todos los tratantes; muchos de los cuales pidieron licencia a Aquiahuilquín para poblar y contratar en su tierra, y así estaba él contratando; pero que ya las ferias se habían perdido, y los mercaderes destruido, después que aquellos extranjeros vinieron. Cortés le rogó que le guiase allí, y que se lo gratificaría muy bien; y como le prometió, soltó a los presos, pagó a los otros guías que llevaba y los envió con Dios.

Despachó luego a cuatro de aquellos siete con dos de Teucix, que fuesen a rogar a Aquiahuilquín que no se ausentase, porque deseaba hablarle y no hacerle mal. Cuando al día siguiente amaneció se había ido el acalanés y los otros tres; y así, quedó sin guías. Al fin partió, y fue a dormir a un monte a cinco leguas de allí. Desjarretóse un caballo en un mal paso del camino; al otro día anduvo el ejército seis leguas; se pasaron dos tíos, uno de ellos con canoas, en el cual se ahogaron dos yeguas. Aquella noche estuvieron en una aldea de unas veinte casas todas nuevas, que era de los mercaderes de Acalan, mas ellos se habían ido; de allí fueron a Azuzulín, que estaba desierta y sin ninguna cosa de comer; que fue doblar la pena. Estuvieron buscando por aquella tierra hombres de donde tomar lengua para ir a Nito, y en ocho días no hallaron más que unas mujercillas, que hicieron poco al propósito; antes bien perjudicaron, porque una de ellas dijo que los llevaría a un pueblo a dos jornadas de distancia, donde les darían nuevas de lo que buscaban; fueron con ella algunos españoles, mas no hallaron a nadie en el lugar; y así, se volvieron muy tristes; y Cortés estaba desesperado, pues no podía atinar por dónde tenía que ir, por más que miraba en la aguja: tan altas montañas había delante y tan sin rastro de hombres. Casualmente atravesó un muchacho por aquellos montes, y fue cogido; el cual los guió a unas haciendas en tierra de Tuniha, que era una provincia de las que para recuerdo llevaban en el dibujo. Llegó en dos días a ellas, y después los guió un viejecico, que no pudo huir, otras dos jornadas hasta un pueblo, donde se cogieron cuatro hombres, pues los demás habían huido de miedo, y éstos dijeron que a dos soles de allí estaba Nito y los españoles; y para que mejor lo creyesen, fue uno y trajo dos mujeres naturales de Nito, las cuales nombraron a los españoles a quienes habían servido, que fue mucho descanso para quien lo oía, según iban, porque temieron, perecer de hambre en aquella tierra de Tuniha, ya que no comían más que palmitos verdes o cocidos con puerco fresco, sin sal, y aun de éstos no se hartaban, y tardaban un día dos hombres en cortar una palma, y media hora en comerse el palmito o pimpollo que tenía encima. Juan de Abalos, primo de Cortés, rodó con su caballo por una sierra abajo, las últimas jornadas, y se rompió un brazo.

Capítulo CLXXXII. Lo que hizo Cortés en Nito
Cortés despachó luego que supo cuán cerca estaba de Nito, quince españoles con uno de aquellos cuatro hombres, que fuesen a buscar si toparían algún español o indio del pueblo que más particularmente le declarasen cuyos y cuántos eran. Los quince españoles anduvieron hasta llegar a un río grande; tomaron una canoa de indios mercaderes, esperaron allí dos días y al cabo salió una barca con cuatro españoles que pescaban, y tomáronlos sin ser sentidos del pueblo; los cuales dijeron cómo estaban allí sesenta españoles y veinte mujeres, y los más enfermos, y que eran de Gil González y tenían por capitán a Diego Nieto, y que Cristóbal de Olid era muerto, y Francisco de las Casas y Gil González, que le mataron, idos a México por tierra y gobernación de Pedro de Alvarado. Dios sabe cuánto Cortés de tales nuevas se holgó; escribió a Diego Nieto cómo estaba allí y quería ir a verle, que tuviese algunas barcas para pasar el río, y luego partiose. Tardó en llegar tres días, y en pasar el río con todo su ejército cinco, porque no tenían más de un esquife y una o dos canoas.

Muy gran consolación fue para todos llegar allí Cortés, porque los que iban no podían más andar, y los que estaban no tenían ni salud ni qué comer. Érale pues forzado a Cortés proveer de comida para tanta gente. Envió por muchas partes a buscarla; pero de ninguna la trajeron, sino las cabezas rotas. Tornó a enviar otra vez, y tampoco trajeron sino a un principal mercader con cuatro esclavos, que tomaron en la mar en unas canoas. Así que, pues eran tantos los comedores y tan poca la vianda que había, que perecían de hambre, y verdaderamente perecieran sino por unos pocos puercos que aún duraban, y por las yerbas y raíces que cogían los mexicanos; mas quiso Dios, que a nadie olvida, que aportase allí a tal tiempo un navío que traía treinta españoles, sin los marineros, trece caballos, setenta y cinco puercos, doce botas de carne salada y muchas cargas de maíz. Dieron todos muchas gracias a Jesucristo, y comenzaron a sacar el vientre del malo año.

Cortés compró aquel navío con todo el bastimento; que los caballos dueños traían; adobó luego una carabela que aquellos españoles tenían casi perdida, y labró un bergantín de la madera de otros navíos quebrados, y así tuvo presto aparejo para navegar si le conviniese. Espanta la diligencia que en todas sus cosas Cortés ponía, y cuán vivo estaba siempre.

Salían desde Nito a correr la tierra después que Cortés allí llegó, que antes ni osaban ni podían, y andando por unas partes y otras se halló una vereda entre unas muy ásperas sierras, que iba a dar a Lequela, buen lugar y abastado; pero como estaba diez y ocho leguas, y casi todas de mal camino, era imposible proveerse de allí. Vista por Cortés la ruin disposición y manera de poblar allí, y por tener otro la posesión, apareja sus tres navíos para irse a la bahía de San Andrés; envía a Gonzalo de Sandoval con casi toda su gente y caballos, sino fueron dos, a Naco, que estaba a veinte leguas, para apaciguar los españoles, que con las revueltas pasadas estaban algo alborotados. No quiso embarcarse sin llevar más copia de bastimentos, por si se detenía mucho en navegar; tomó cuarenta españoles y cincuenta indios, metiose con ellos en el bergantín y en dos barcas y cuatro canoas; entró por el río, topó un golfo o estero hasta doce leguas de circuito, sin población ninguna, por ser las orillas anegadas. De aquel fue a otro golfo que boja más de treinta leguas, y que por estar en aspérisimas sierras era notable cosa.

Saltó en tierra con obra de treinta españoles y otros tantos indios; fue a un pueblo, donde ni halló gente ni pan; tornose a las barcas con el maíz y ají que pudo coger y llevar; atravesó el golfo, hubo tormenta, perdiose una canoa y ahogose un indio.

Otro día entró por un riatillo, dejó allí las barcas y el bergantín, con algunos españoles en guarda, y él con todos los demás metiose a la tierra. A media legua topó un pueblo yermo y caído, que muchos estaban ansí con la buena vecindad de los españoles; anduvo aquel día cinco leguas por unos montes, casi siempre a gatas; salió a unas hazas, halló tres mujeres en una casilla, y un hombre, cuya debía ser aquella labranza, el cual lo guió a otra, donde se tomaron otras dos mujeres.

Llegó a una aldea de cuarenta casillas ruines, aunque nuevas; había en ellas gallinas sueltas, muchas palomas, perdices y faisanes en jaulas; maíz seco, ni sal, que era lo que buscaban, no lo había, ni hombres tampoco; mas vinieron a la sazón dos vecinos, muy descuidados de hallar tales huéspedes en sus casas, y fueron presos; los cuales llevaron a Cortés por otro camino peor que el pasado; porque, demás de ser tan espeso y cerrado, se pasaron en espacio de siete leguas cuarenta y cinco ríos, sin otros muchos arroyos que no contaron, que todos iban a vaciar en el estero. A puesta del Sol sintieron los nuestros gran ruido, y temieron; preguntó Marina qué era, y respondieron que fiesta y bailes. No osó Cortés entrar en el lugar; estuvo con mucha guarda y cuidado; que dormir era imposible, según picaban los mosquitos, y por la mucha agua, truenos y relámpagos que aquella noche hacía. En amaneciendo entraron en el pueblo, tomaron durmiendo los vecinos, y si no fuera por español que de miedo, o maravillado de ver tantos hombres juntos en una casa y armados, comenzó a decir a grandes voces: «Santiago, Santiago», se hiciera una hermosa cabalgada; y quizá sin sangre. Todavía se prendieron quince hombres y veinte mujeres, y se mataron otros tantos, y entre ellos el señor; estaban echados debajo un gran tejado sin paredes, donde como a casa de concejo se juntan a danzar.

Tampoco se halló allí grano de maíz; y dos días después que llegaron se partieron para otro lugar más grande, que decían los presos ser muy proveído de todo género de bastimentos; anduvieron ocho leguas, tomaron ciertos leñadores y ocho cazadores; pasaron un río hasta los pechos; iba tan recio, que si no se asieran de las manos unos a otros peligraran muchos. Durmieron en el campo; mas porque hubo una recia alarma, entraron peleando de noche en el pueblo; remolináronse en la plaza, y los vecinos huyeron. En la mañana miraron las casas, y hallaron mucho algodón hilado y por hilar, mantas y otra ropa, mucho maíz seco y en grano, mucha sal, que era lo que andaban buscando, porque muchos días había que no la comían. Hallaron mucho cacao, ají, frijoles fruta y otras cosas de comer; gallipavos y muchos faisanes y perdices en jaulas, y perros en caponera. Si estuvieran cerca las barcas, bien las cargaran, y aun las naos; pero como estaban veinte leguas, y ellos muy cansados, no podían llevar casi nada.

Este pueblo tiene los templos a la manera de México, y es lenguaje muy diferente; pasa por él un río que cae en el golfo, y por eso envió Cortés dos españoles con uno de aquellos ocho cazadores por guía, a traer el bergantín y barcas por el mismo río, para las cargar de vituallas; y entre tanto hizo él cuatro balsas grandes, que cogían a cincuenta cargas de grano, con diez hombres. Volvieron los dos españoles, dejando las barcas muy abajo, por la gran corriente del río; cargáronse las balsas, envió Cortés la gente por tierra y él fuese por agua. Harto peligro corrieron hasta llegar al bergantín, y mucha grita y flechas desde la orilla; pero aunque Cortés y otros muchos fueron heridos, no murió ninguno. De los que venían por tierra, murió un español casi súbitamente, de ciertas yerbas que comió por el camino. Vino con ellos un indio de la Mar del Sur, que dijo cómo no había más de sesenta leguas de Nito hasta su tierra, donde estaba Pedro de Alvarado, que fue alegre nueva. Estaba aquella ribera de una parte y otra llena de árboles de cacao y otros muchos frutales; tenía muy gentiles huertas y heredamientos; y en fin, era de las mejores cosas que hay en aquellas partes. En un día y una noche anduvieron las balsas veinte leguas: tan corriente va el río; y no solamente hubo Cortés este maíz y vituallas que arriba digo, sino que aún tomó mucho más de otros pueblos, con que basteció medianamente sus navíos. Tardó a tornar a Nito treinta y cinco días.

Capítulo CLXXXIII. Cómo llegó Cortés a Naco
Embarcó Cortés así que llegó a cuantos españoles estaban allí, tanto suyos como de Gil González, y se fue a la bahía de San Andrés, donde ya le esperaban los suyos que enviara a Naco. Estuvo allí veinte días, y por ser buen puerto, y hallarse alguna muestra de oro en aquella comarca y ríos, pobló un lugar con cincuenta españoles, entre los cuales había veinte de a caballo. Le llamó Natividad de Nuestra Señora. Hizo cabildo e iglesia. Dejó clérigo y aparejo para decir misa, y unos tirillos de artillería, y se fue al puerto de Honduras, que por otro nombre se dice Trujillo, en sus naos, y envió por tierra, que había buen camino, aunque algunos ríos de pasar, veinte de a caballo y diez ballesteros. Estuvo nueve días en el mar, por algunos contratiempos que tuvo. Llegó en fin allá, y en peso le sacaron del batel los españoles de allí, que se metieron en agua mostrando mucha alegría. Fue luego a la iglesia a dar gracias a Dios, que le había traído a donde deseaba, y dentro de ella le dieron muy larga cuenta de todas las cosas que habían pasado Gil González de Ávila y Francisco Hernández, Cristóbal de Olid, Francisco de las Casas y el bachiller Moreno, según ya tengo relatado. Le pidieron perdón por haber seguido algún tiempo a Cristóbal de Olid, no pudiendo hacer más, y le rogaron los remediase, pues estaban perdidos. Él los perdonó, y restituyó los oficios a los que primero los tenían, y nombró

de nuevo los otros, y comenzó a edificar casas; y a los dos días de llegar, envió un español de aquéllos, que entendía la lengua, y dos mexicanos, a unos pueblos a siete leguas de allí, que se llaman Chapaxina y Papaica, y que son cabezas de provincias, a decirles que el capitán Cortés, que estaba en México Tenochtitlán, había venido allí. Oyeron aquellos pueblos la embajada con atención, y enviaron algunos hombres con el español, a saber más por entero si era así verdad. Cortés los recibió muy bien, y les dio cosillas de rescate. Les habló con Marina, rogándoles mucho que viniesen sus señores a verle, pues lo deseaba en gran manera; y que no iba allá, para que no huyesen. Aquellos mensajeros se alegraron mucho de hablar con Marina, porque su lengua y la mexicana no difieren mucho, excepto en la pronunciación; y prometieron a Cortés de hacer lo posible, y se fueron. De allí a cinco días vinieron dos personas principales. Trajeron aves, frutas, maíz y otras cosas de comer; y dijeron al capitán que tomase aquello de parte de sus señores, y les dijese lo que quería de ellos o buscaba por aquella tierra, y que no venían ellos a verle, porque tenían temor de que se los llevasen los navíos, como habían hecho otros poco tiempo antes, que, según se supo, eran el bachiller Moreno y Juan Ruano. Cortés respondió que no era su venida para mal, sino para mucho bien y provecho de la tierra y de la gente, si le escuchaban y creían; y a castigar a los que hurtaban hombres, y que él trabajaría para recobrar aquellos vecinos suyos y restituirlos; y que no tuviesen miedo de venir ante él los señores, y sabrían muy por entero lo que buscaba; porque no se lo sabrían decir ellos, aunque lo oyesen; y que solamente les dijesen que venían para la conservación de sus personas y haciendas, y para la salvación de sus almas. Con tanto, los despidió, y rogó le trajesen gastadores para talar un monte. No tardaron en venir muchos hombres de más de quince pueblos, señoríos por sí, con bastimentos, y a trabajar donde les mandase. En este tiempo despachó Cortés cuatro navíos; tres que él traía, y un carabelón de los que arriba nombramos. Con uno envió a la Nueva España a los enfermos, escribió a México y a todos los concejos su viaje, y cómo cumplía al servicio del emperador detenerse por aquellas partes algunos días. Les encargo mucho el gobierno y quietud de todos. Mandó a Juan de Ávalos, su primo, que iba como capitán de aquel navío, que tomase de camino sesenta españoles que estaban en Acuzamil, que dejó allí aislados un tal Valenzuela cuando robó el Triunfo de la Cruz, que fundó Cristóbal de Olid. Este navío recogió a los españoles de Acuzamil, y dio al través en Cuba, en la punta que llaman de San Antón. Se ahogaron Juan de Ávalos, dos frailes franciscanos y más de otras treinta personas. De los que escaparon la fortuna y se metieron tierra adentro, no quedaron vivos más que quince, que aportaron en Cuaniguanico, y éstos comiendo hierba. De suerte que murieron ochenta españoles, sin contar algunos indios, en este viaje. Al bergantín lo envió a la isla Española con cartas para los oidores, sobre su venida allí y sobre lo de Cristóbal de Olid, y para que mandase al bachiller Moreno devolver los indios que se llevó como esclavos de Papaica y Chapaxina. Los demás los envió a Jamaica y a la Trinidad de Cuba por carne, ropa y pan; pero tampoco tuvieron buen viaje, aunque no se perdieron.

Capítulo CLXXXIV. Lo que hizo Cortés cuando supo las revueltas de México

Dos oidores de Santo Domingo, teniendo todos los días noticias, aunque dudosas, de que Cortés había muerto, enviaron a saber si era cierto, en un navío que venía a Nueva España, de mercaderes, con treinta y dos caballos, muchos aderezos de la jineta, y otras muchas cosas para vender. Este navío, sabiendo que estaba vivo y en Honduras, pues así se lo habían dicho los del bergantín en la Trinidad de Cuba, dejó la ruta de Medellín y se vino a Trujillo, creyendo vender mejor su mercadería. Con este navío escribió el licenciado Alonso Zuazo a Cortés que en México había grandes males, y bandos y guerra entre los mismos españoles y oficiales del rey que dejó como tenientes suyos, y que Gonzalo de Salazar y Peralmíndez se habían hecho pregonar como gobernadores, y echado fama de que él había muerto; y otros le habían hecho las honras por tal. Que habían prendido al tesorero Alonso de Estrada y contador Rodrigo de Albornoz, ahorcado a Rodrigo de Paz, y que habían puesto otros alcaldes y alguaciles; y que le enviaban preso a Cuba, a tener residencia del tiempo que allí fue juez, y que los indios estaban para levantarse; en fin, le relató cuanto en aquella ciudad pasaba. Cuando estas cartas leía Cortés, reventaba de pesar y dolor, y dijo: «Al ruin dadle el mando, y veréis quien es; yo me lo merezco, que hice honra a desconocidos, y no a los míos, que me siguieron toda su vida». Se retiró a su cámara a pensar, y aun a llorar aquel triste caso, y no se determinaba si era mejor ir o enviar, por no dejar perder aquella buena tierra. Hizo hacer tres días procesión y decir misas del Espíritu Santo, para que le encaminase a lo mejor y a lo que fuese más en servicio de Dios. Al fin pospuso todo lo demás por ir a México a remediar aquel revuelto. Dejó allí en Trujillo a Hernando de Saavedra, primo suyo, con cincuenta peones españoles y treinta y cinco de a caballo. Envió a decir a Gonzalo de Sandoval que se fuese de Naco a México, por tierra, con los de su compañía, por el camino que llevó Francisco de las Casas, que era yendo por el mar del Sur a Cuahutemallan, camino hecho, llano y seguro; y él se embarcó en aquel navío que le trajo tan tristes nuevas, para ir a Medellín. Estando sobre un ancla nada más, muy a pique de partir, no hizo tiempo. Volvió al pueblo para apaciguar cierta revolución entre los vecinos. Los aplacó castigando a los revoltosos, y pasados dos días, se volvió a la nao. Llevó anclas y velas, y navegando con buen tiempo, se rompió la antena mayor, a menos de dos leguas del puerto; le fue forzoso volver a donde partió. Estuvo tres días en adobarla. Salió del puerto con viento muy próspero. Anduvo cincuenta leguas en dos noches y un día. Aumentó un norte tan fuerte y contrario, que rompió el mástil del trinquete por los tamboretes. Le convino, aunque pasó trabajo y peligro, volver al mismo puerto. Volvió a decir misas y hacer procesiones, y pensó que Dios no quería que dejase aquella tierra ni que fuese a México, pues tantas veces, saliendo con buen tiempo, se había vuelto al puerto. Así que determinó quedarse, y enviar a Martín Dorantes, su lacayo, en aquel mismo navío, que había de ir a Pánuco con cartas para los que le pareció y bastantes poderes para Francisco de las Casas, con revocación de todos cuantos poderes hasta allí había dado y hecho de la gobernación. Envió asimismo algunos caballeros y otras personas principales de México para dar crédito de que no estaba muerto, como publicaban. Martín Dorantes, como en otro lugar dije, llegó a México, aunque por muchos peligros, y a tiempo que Francisco de las Casas había ido preso a España; pero bastó su llegada para que los de la ciudad creyesen que Cortés estaba vivo.

Capítulo CLXXXV. Guerra de Papaica
Despachado y partido aquel navío, mandó Cortés a Hernando de Saavedra que entrase por la tierra a ver cómo era, con treinta compañeros a pie y otros tantos a caballo. El cual fue, y anduvo hasta treinta y cinco leguas por un valle de muy buena tierra y pueblos abundantes de toda clase de comida y pastos; y sin reñir con nadie, atrajo muchos lugares a la amistad de los cristianos, y vinieron veinte señores ante Cortés a ofrecérsele por amigo, y todos los días llevaban a Trujillo mantenimientos dados y trocados. Los señores de Papaica y Chapaxina estaban rebelados, aunque enviaban algunos de sus pueblos. Cortés los requirió muchas veces, asegurándoles las vidas y haciendas. No quisieron escuchar. Le vinieron a las manos por buenas maneras que tuvo, tres señores de Chapaxinas, y les puso grillos. Les dio cierto término, dentro del cual poblasen sus pueblos, con apercibimiento de que si no lo hacían serían bien castigados. Ellos mandaron entonces venir a toda la gente y ropa y él los soltó. Se llamaban Chicueitl, Potlo y Mendereto. Ni los de Papaica ni sus señores quisieron venir ni obedecer. Envió allá una compañía de españoles a pie y a caballo, y muchos indios, que asaltaron una noche a Pizacura, uno de los dos señores de aquella ciudad, y le prendieron; el cual, preguntado por qué había sido mato y desobediente, dijo que ya se hubiera él venido a entregar, sino que Mazatl era más parte con la comunidad y no consentía en la paz ni amistad de cristianos; pero que lo soltasen, y lo espiaría, para que le prendiesen y ahorcasen; y que si así lo hacían, la tierra estaría pacífica y poblada. Mas no fue así, aunque le soltaron y se prendió a Mazatl; a quien fue dicho lo que Pizacura decía, y mandado que dentro de un cierto plazo hiciese venir de la sierra a sus vasallos y poblar Papaica; y como no se pudiese acabar con él, lo llevaron a Trujillo. Procesaron contra él, y se le sentenció a muerte, lo cual se ejecutó en su propia persona, que fue gran miedo para los otros señores y pueblos; porque en seguida dejaron los montes, y se fueron a sus casas con sus hijos, mujeres y haciendas, excepto Papaica, que jamás quiso tener seguridad desde que Pizacura estaba suelto; contra el cual se hizo proceso, porque estorbaba la paz, y contra ellos porque no volvían a su ciudad; y así, se les hizo guerra, habiéndolos primero requerido con paz

y protestado justicia. Prendieron en ella alrededor de cien personas, que fueron dados por esclavos. Se prendió a Pizacura, y aunque estaba condenado a muerte, no le mataron, sino que le tuvieron preso con otros dos señorcetes, y con un mancebo que, según pareció, era el señor verdadero, y no Mazatl ni Pizacura, que, con nombre de curadores, eran usurpadores. A esta sazón vinieron a Trujillo veinte españoles de Naco, de los de Gonzalo de Sandoval y de Francisco Hernández, y dijeron que había llegado allí un capitán con cuarenta compañeros, de parte de Francisco Hernández, teniente de Pedrarias, y que venía al puerto o bahía de San Andrés, donde estaba la villa de la Navidad de Nuestra Señora, en busca del bachiller Moreno, que escribiera Francisco Hernández que tuviese la gente, tierra y gobierno por la chancillería y no por Pedrarias; y por esta causa hubo motines entre aquellos españoles, y pensaban que Francisco Hernández se alzaba contra el gobernador Pedrarias; aunque todo pudo ser, que es muy corriente en Indias quedarse los tenientes propios. Cortés escribió a Francisco Hernández rogándole tuviese por Pedrarias, y no por otro, aquella tierra y gente que le fue encomendada; mientras tanto, que tuviese por el rey, y le envió cuatro acémilas cargadas de herraje, y algunas herramientas para trabajar en las minas; lo cual fue una de las causas por que Pedrarias degolló después a Francisco Hernández. Cuando éstos marcharon, vinieron unos de la provincia de Huictlato, que está a sesenta y cinco leguas de Trujillo, a quejarse a Cortés de que ciertos españoles les cogían sus mujeres, hacienda y hombres de trabajo y les hacían otras muchas demasías; por tanto, que le suplicaban los remediase, pues remediaba a todos en semejantes males. Cortés, que ya tenía de esto aviso de Hernando de Saavedra, que estaba pacificando la provincia de Papaica, despachó un alguacil y dos indios de aquellos querellantes a Gabriel de Rojas, que así se llamaba el capitán de Francisco Hernández, con mandamiento y cartas para que dejase aquella tierra de Huictlato en paz y volviese las personas que había cogido. Rojas, o porque estaba cerca Hernán Cortés, o porque le llamaba Francisco Hernández, se volvió entonces a donde vino; pues, según pareció, Francisco Hernández estaba en aprieto con un motín que hacían contra él los capitanes Sosa y Andrés Garabito, porque se quería quitar de Pedrarias. Considerando, pues, estas disensiones y bullicios entre los españoles, y que aquella provincia de Nicaragua era muy rica y estaba cerca, quería ir allá Hernán Cortés, y comenzó a prepararse y a preparar el camino por una sierra muy áspera.

Capítulo CLXXXVI. Lo que sucedió a Cortés volviendo a Nueva España

Estando en esto llegó fray Diego Altamirano, primo de Cortés, fraile franciscano, hombre de negocios y honra; el cual dijo a Cortés que venía a llevarle a México para remediar el fuego que andaba entre los españoles; por tanto, que en seguida a la hora se marchase. Le contó la muerte de Rodrigo de Paz, la prisión de Francisco de las Casas, los azotes de Juana de Mansilla, el saqueo de su casa, la nigromancia del factor Salazar, la marcha de Juan de la Peña a España con dinero para el rey y cartas para Cobos; y en fin, le dijo todo lo que pasaba, y le hizo llamar señoría, y poner estrado, dosel y salva, que hasta entonces no lo había hecho, diciendo que por no tratarse como gobernador, sino llanamente, le tenían muchos en poco. Cortés recibió grandísima pena y tristeza con aquellas nuevas tan ciertas; pero descansaba platicando con fray Diego, que le quería mucho y era cuerdo y aun animoso. Y como tenía muchos indios trabajadores para preparar el camino de Nicaragua, hizo que fuesen con algunos españoles a arreglar el de Cuahutemallan, proponiendo de ir por allí la vía que hizo Francisco de las Casas. Envió mensajeros por todas las ciudades que están en el camino, haciéndoles saber que iba, y rogándoles tuviesen qué comer y abiertos los caminos. Todas ellas se alegraron mucho de que por su tierra pasase Malinxe, pues así le llamaban, porque le tenían en grandísima estimación por haber ganado a México Tenochtitlán; y así, prepararon los caminos hasta el valle de Ulancho y las sierras de Chindon, que son muy fragosas, y todos los caciques estaban preparados y provistos para hospedarle y festejarle en sus pueblos y tierras. Mas, sin embargo, a porfiadas instancias de fray Diego Altamirano, dejó aquel largo viaje, y aun por estar escarmentado del que hizo desde la villa del Espíritu Santo hasta la villa de Trujillo, donde estaba, y acordó de ir por mar a la Nueva España. Y en seguida comenzó a abastecer dos navíos, y a proveer lo que convenía a los nuevos pueblos de Trujillo y de la Natividad. En este medio tiempo llegaron allí algunos hombres de Huitila y otras islas que llaman Guanajos, y que están entre el puerto de

Caballos y el puerto de Honduras, aunque muy desviadas de la costa, a dar las gracias a Cortés de una buena obra que les había hecho, y a pedirle un español para cada isla, diciendo que así estarían seguros. Él les dio sendas cartas de amparo; y como no podía detenerse, ni tenía los españoles que pedían, encargó a Hernando de Saavedra, que dejaba como teniente suyo en Trujillo, que se los enviase cuando hubiese acabado la guerra de Papaica. La causa de esto fue que en Cuba y Jamaica armaron y fueron a cautivar de aquellos isleños para trabajar en minas, azúcar y labranza, y para pastores. Cortés lo supo, y envió allá una carabela con mucha gente, por si fuese menester llegar a las manos, a rogar al capitán de aquella nao, que se llamaba Rodrigo de Merlo, no hiciese presa de aquellos mezquinos; y si la hubiese hecho, que la dejase. Rodrigo de Merlo, por lo que Cortés le prometió, se vino a Trujillo a vivir, y los indios fueron restituidos a sus islas. Volviendo, pues, a Cortés, digo que cuando tuvo los navíos a punto, metió en ellos veinte españoles y otros tantos caballos, muchos mexicanos, y a Pizacura con los otros señores comarcanos suyos, para que viesen México y la obediencia que tenían a los españoles, para que al volver hiciesen ellos así; mas Pizacura se murió antes de volver. Partió Cortés del puerto de Trujillo el 25 de abril de 1526. Trajo buen tiempo hasta casi doblar toda la punta de Yucatán y pasar los Alacranes. Le dio luego un vendaval muy fuerte, y amainó para no volver atrás; pero aumentaba a cada hora, como suele hacer; tanto, que deshacía los navíos. Y así, le fue forzoso ir a La Habana de Cuba, donde estuvo diez días divirtiéndose con los del pueblo, que eran conocidos suyos del tiempo que él habitó en aquella isla, y recorriendo las naves, que traían alguna necesidad. Allí supo, por unos navíos que venían de Nueva España, que México estaba más en paz después de la prisión del factor Salazar y de Peralmíndez; que no fue para él poco contento. Partido de La Habana, llegó en ocho días a Chalchicoeca con muy buen viento que tuvo. No pudo entrar en el puerto a causa de mudar el tiempo, o por correr mucho viento terral. Fondeó a dos leguas en el mar; salió luego a tierra con los bateles; fue a pie a Medellín, que estaba a cinco leguas; entró en la iglesia a hacer oración, dando gracias a Dios, que le había vuelto vivo a la Nueva España. Entonces lo supieron los de la villa, que estaban durmiendo; se levantaron por verle, con gran prisa y placer, pues no lo creían, y muchos lo desconocieron, pues iba enfermo de calenturas y maltratado del mar; y en verdad él había trabajado y padecido mucho, así con el cuerpo como con el espíritu. Caminó sin camino más de quinientas leguas, aunque no hay sino cuatrocientas de Trujillo a México por Cuahutemallan y Tecuantepec, que es el camino recto y empleado. Comió muchos meses hierbas solamente, cocidas sin sal, bebió malas aguas; y así, murieron muchos españoles, y hasta indios, entre los cuales estuvo Couanacochcín. Podrá ser que a muchos no agrade la lectura de este viaje de Cortés, porque no tiene novedades que deleiten, sino trabajos que espanten.

Capítulo CLXXXVII. Alegrías que hicieron en México por Cortés
Así que Cortés llegó a Medellín, despachó mensajeros a todos los pueblos, y a México principalmente, haciéndoles saber su llegada; y en todos, cuando se supo, hicieron alegrías. Los indios de aquella costa y comarca vinieron en seguida a verle cargados de gallipavos, frutas y cacao, para que comiese, y le traían plumajes, mantas, plata y oro, ofreciéndole su ayuda si quería matar a los que le habían enojado. Él les agradecía los presentes y cariño, y les decía que no había de matar a nadie, porque el emperador los castigaría. Estuvo en Medellín once o doce días, y tardó en llegar a México quince. En Cempoallan le recibieron muy bien. A dondequiera que llegaba, aunque la mayoría estaba despoblado, hallaba bien que comer y beber. Le salieron al camino indios de más de ochenta leguas de distancia, con presentes, ofrecimientos, y hasta quejas, mostrando grandísimo contento de que hubiese venido, y le limpiaban el camino, echando flores: tan querido era; y muchos le lloraban los males que les habían hecho en su ausencia, como fueron los de Huaxacac, pidiendo venganza. Rodrigo de Albornoz, que estaba en Tezcuco, fue una jornada a recibirle con muchos españoles, y en aquella ciudad fue alegrísimamente recibido. Entró en México con el mayor regocijo y alegría que podía ser, porque al recibimiento salieron todos los españoles con Alonso de Estrada fuera de la ciudad, en ordenanza de guerra; y todos los indios, como si él fuera Moctezuma, salieron a verle. No cabían por las calles. Hicieron alegrías grandísimas y muchas danzas y bailes; tenían atabales, bocinas de caracol, trompetas y muchas flautas, y no cesaron aquel día ni la noche de andar por el pueblo y hacer hogueras

y luminarias. Cortés no cabía de placer viendo el contento de los indios, el triunfo que le hacían, y el sosiego y paz de la ciudad. Se fue derecho a San Francisco a descansar y a dar gracias a Dios, que de tantos trabajos y peligros le había traído a tanto descanso y seguridad.

Capítulo CLXXXVIII. Cómo envió el emperador a tomar residencia a Cortés

Era Cortés el más nombrado entonces de nuestra nación; pero muchos le infamaban, especialmente Pánfilo de Narváez, que andaba en la corte acusándole; y como hacía mucho que no tenían los del Consejo cartas suyas, sospechaban, y hasta creían cualquier mal. Y así, proveyeron de gobernador de México al almirante don Diego de Colón, que pleiteaba con el rey, y pretendía aquel gobierno y otros muchos, con que llevase o enviase mil hombres a su costa para prender a Cortés. Proveyeron asimismo por gobernador de Pánuco a Nuño de Guzmán, y de Honduras a Simón de Alcazaba, portugués. Ayudó mucho a esto Juan de Ribera, secretario y procurador de Cortés, que como riñó con Martín Cortés sobre los 4.000 ducados que le trajo, y no se los daba, decía mil males de su amo y era muy creído. Mas comió una noche un torrezno de Cadahalso, y murió de ello andando en aquellos tratos. No pudieron ser hechas tan secretas las provisiones, ni los provistos supieron guardar el secreto cual convenía, que no se rumorease por la corte, que a la sazón estaba en Toledo; y a muchos que sentían bien de Cortés les parecía mal. Y el comendador Pedro de Piña lo dijo al licenciado Núñez, y fray Pedro Melgarejo lo descubrió también cuando se alojaba en casa de Gonzalo de Hurtado, en la Trinidad; así que entonces reclamaron de las provisiones, suplicando que aguardasen algunos días a ver qué vendría de México. El duque de Béjar, don Álvaro de Zúñiga, favoreció mucho el partido de Hernán Cortés, porque ya le tenía casado con doña Juana de Zúñiga, sobrina suya. Le abonó, fió y aplacó al emperador. Llegó a Sevilla, estando en esto, Diego de Soto con 70.000 castellanos, y con el tiro de plata, que, como cosa nueva y rica, llenó a toda España y otros reinos de fama. Este oro fue, para decir verdad, el que hizo que no le quitasen la gobernación, sino que le enviasen un juez de residencia. Llegado, como digo, aquel presente tan rico, y acordado de enviar juez que tomase residencia a Cortés, buscaron una persona de letras y linaje, que supiese hacer el mandato y que le tuviesen respeto, porque los soldados son atrevidos; y como estaban en Toledo, tuvieron noticia y crédito del licenciado Luis Ponce de León, teniente y pariente de don Martín de Córdoba, conde de Alcaudete y corregidor de aquella ciudad; el cual, aunque joven, tenía muy buena fama, y le enviaron a Nueva España con bastantes poderes y confianza. Él, por no errar, y acertarlo todo mejor, llevó consigo al bachiller Marcos de Aguilar, que había estado algunos años en la isla de Santo Domingo, de alcalde mayor por el almirante don Diego. Partió, pues, el licenciado Luis Ponce, y con buena navegación que tuvo, llegó a la Villarrica poco después que Cortés partiera de Medellín. Simón de Cuenca, teniente de aquella villa, aviso en seguida a Cortés de que habían llegado allí algunos pesquisidores y jueces del rey a tomarle residencias; y fue con tan buena diligencia, que llegaron las cartas a México en dos días, por postas que había puestas de hombres. Cortés estaba en San Francisco confesando y comulgando cuando recibió este despacho, y ya había nombrado otros alcaldes y prendido a Gonzalo de Ocampo y a otros bandoleros y valedores del factor, y hacía pesquisas secretamente de todo lo pasado. Dos o tres días después, que era San Juan, estando corriendo toros en México, le llegó otro mensajero con cartas del licenciado Luis Ponce, y con una del emperador, por las cuales supo a qué venía. Despachó en seguida con respuesta, y para saber por cuál camino quería ir a México, por el poblado, o por el otro, que era más corto. El licenciado no replicó, y quería reposar allí algunos días, pues venía muy fatigado del mar, como hombre que hasta entonces no le había pasado. Mas como le dieron a entender que Cortés haría justicia del factor Salazar, de Peralmíndez y de los demás que tenían presos, si tardaba, y que no lo recibiría, sino que saldría a prenderle en el camino, pues para eso quería saber por dónde había de ir, tomó la posta con algunos de los caballeros y frailes que con él iban, y el camino de los pueblos, aunque era más largo, para que no le hiciesen alguna fuerza o afrenta; tanto pueden las chismorrerías. Anduvo tan bien, que llegó en cinco días a Iztacpalapan, y que no dio lugar a los criados de Cortés, que habían ido por entrambos caminos, a que le tuviesen buen recaudo y aparejo de mesa y posada. En Iztacpalapan se le hizo un banquete con gran fiesta y alegrías. Tras la comida, devolvió el licenciado y casi todos los que con él iban cuanto tenían en el cuerpo; y juntamente con el vómito tuvieron diarreas. Pensaron que fuesen hierbas, y así lo decía fray Tomás Ortiz, de la orden de Santo Domingo, afirmando que las hierbas iban en unas natas, y que el licenciado le daba el plato de ellas; y Andrés de Tapia, que servía de maestresala, dijo: «Otras traerán para vuestra reverencia»; y respondió el fraile: «Ni de ésas ni de otras, También se tocó esta malicia en las coplas del Provincial, de que ya hice mención, y se acusó en residencia; pero en verdad ella fue mentira, según después diremos; porque el comendador Proaño, que iba como alguacil mayor, comió de cuanto comió el licenciado, y en el mismo plato de las natas o requesones, y ni devolvió ni le hizo daño. Creo que como venían calurosos, cansados y hambrientos, comieron demasiado y bebieron muy frío, lo cual les revolvió el estómago y les causó aquellas diarreas y vómitos. Daban allí al licenciado Ponce un buen presente de ricas cosas de parte de Cortés; mas él no lo quiso tomar. Salió Cortés a recibirle con Pedro de Alvarado, Gonzalo de Sandoval, Alonso de Estrada, Rodrigo de Albornoz y todo el regimiento de caballería de México. Le llevó a su derecha hasta San Francisco, donde oyeron misa, pues la entrada fue de mañana. Le dijo que presentase las provisiones que llevaba, y como respondió que otro día, le llevó a su casa y le aposentó muy bien. Al día siguiente se juntaron en la iglesia mayor el cabildo y todos los vecinos, y por auto de escribano presentó Luis Ponce las provisiones, cogió las varas a los alcaldes y alguaciles, y luego se las devolvió a todos; y dijo con mucha cortesía: «Esta del señor gobernador quiero yo para mí». Cortés y todos los del cabildo besaron las letras del emperador, y las pusieron sobre sus cabezas, y dijeron que cumplirían lo contenido en ellas, como mandamiento de su rey y señor, y lo tomaron por testimonio. Luego, tras esto, se pregonó la residencia de Cortés, para que viniese querellando quien estuviese agraviado y quejoso de él. Entonces veríais el bullir y negociar de todos y cada uno para sí, unos temiendo, otros esperando, y otros encizañando.

Capítulo CLXXXIX. Muerte de Luis Ponce
Fue un día el licenciado Ponce a oír misa a San Francisco, y volvió a la posada con una gran calentura, que realmente fue modorra. Se echó en la cama, estuvo tres días fuera de seso, y siempre le crecía el calor y el sueño.

Murió el séptimo, recibió los Sacramentos, hizo testamento, y dejó por sustituto al bachiller Marcos de Aguilar. Cortés hizo tan gran llanto como si fuera su padre. Lo enterró en San Francisco con mucha pompa, luto y cera. Los que no querían bien a Cortés publicaban que murió de ponzoña. Mas el licenciado Pero López y el doctor Ojeda, que le curaron, llevaron los términos y cura de la modorra; y así, juraron que había muerto de ella, y trajeron por consecuencia que la tarde antes de que muriese hizo que le tañesen una baja; y él, así echado como estaba en la cama, la anduvo con los pies, señalando los compases y contrapases, cosa que muchos vieron; y que luego perdió el habla; y aquella noche expiró antes del alba. Pocos mueren bailando como este letrado. De cien personas que embarcaron con el licenciado Luis Ponce de León, la mayoría murieron en el mar y en el camino, y a muy pocos días de llegar a la tierra; y de doce frailes dominicos, dos de ellos. Se tuvo sospecha de que fuese pestilencia, pues pegaron el mal a otros que allí estaban, del cual murieron. Fueron con él muchos hidalgos y caballeros, y con cargo del rey, Proaño, que arriba nombré, y el capitán Salazar de la Pedrada por alcaide de México. Pasó fray Tomás Ortiz con doce frailes dominicos por provincial, pues había estado en la Boca del Drago siete años; el cual para religioso era escandaloso, porque dijo dos cosas harto malas: una de ellas fue afirmar que Cortés dio hierbas al licenciado Luis Ponce, y la otra, decir que el tal Luis Ponce llevaba mandamiento expreso del emperador para cortar a Cortés la cabeza en tomándole la vara; y de esto avisó al mismo Cortés antes de llegar a México con Juan Suárez, con Francisco de Orduña y con Alonso Valiente; y llegado que hubo, se lo dijo en San Francisco en presencia de fray Martín de Valencia, fray Toribio y otros muchos religiosos; pero Cortés fue muy cuerdo en no creerlo. Quería el fraile con esto ganar con el uno gracias y con el otro blancas. Mas Ponce se murió y Cortés no le dio nada.

Capítulo CXC. Cómo Alonso de Estrada desterró de México a Cortés

Muerto que fue Luis Ponce de León, comenzó el bachiller Marcos de Aguilar a gobernar y proceder en la residencia de Cortés; unos se alegraron de ello, y otros no; aquéllos por destruir a Cortés, éstos por conservarle, diciendo que no valían nada los poderes, y por consiguiente lo que hiciese, puesto que Luis Ponce no los pudo dar; y así, el cabildo de México y los procuradores de las otras villas que allí estaban apelaron y contradijeron aquella gobernación, y requirieron a Cortés en forma de derecho, ante escribano, que tomase el gobierno y justicia como antes lo tenía, hasta que su majestad mandase otra cosa. Mas él no lo quiso hacer, confiado en su limpieza, y para que el emperador entendiese de veras sus servicios y lealtad; antes bien, defendía y sostuvo a Marcos de Aguilar en el cargo; y le requirió procediese a la residencia contra él. Pero el bachiller, aunque hacía justicia, llevaba las cosas del gobernador al amor del agua. El cabildo, ya que más no pudo, le dio por acompañante a Gonzalo de Sandoval, para que mirase por las cosas de Cortés, que era su más grande amigo. Mas Sandoval no quiso serlo, con acuerdo del mismo Cortés. Gobernó Marcos de Aguilar con muchos trabajos y pesadumbres, no sé si fue por sus dolencias, o malicias de otros, o por hallarse engolfado en muy alta mar de negocios. Se puso muy flaco, le dio calentura, y como tenía las bubas, viejo mal suyo, murió dos meses después, o poco más, que Luis Ponce de León; y dos antes que él murió también un hijo suyo, que llegó malo del camino. Nombró y sustituyó por gobernador y justicia mayor al tesorero Alonso de Estrada; pues Albornoz había marchado a España, y los otros dos oficiales del rey estaban presos; y entonces el cabildo y casi todos reprobaron la sustitución, que les parecía juego de entre compadres; y le dieron por compañero a Gonzalo de Sandoval y que Cortés estuviese a cargo de los indios y de las guerras. Duró esto algunos meses. El emperador, con el parecer de su Consejo de Indias, y por relación de Rodrigo de Albornoz, que partió de México, muerto Luis Ponce y enfermo Marcos de Aguilar, mandó y proveyó que gobernase quien hubiese nombrado el bachiller Aguilar, hasta que su voluntad fuese otra; y así, gobernando solo Alonso de Estrada, no tuvo aquel respeto que se debía a la persona de Cortés por haber ganado aquella ciudad y conquistado tantas tierras, ni el que le debía por haberle hecho gobernador al principio; pues pensaba que por ser regidor de México, tesorero del rey y tener aquel oficio, aunque de prestado, era su igual y le podía preceder y mandar, administrando justicia rectamente; y así, usaba con él muchos descomedimientos, palabras y cosas que ni al uno ni al otro estaban bien. De manera pues, que hubo entre ellos muchas cosillas, y se enconaron a que hubiera de ser peor que la pasada. El tal Alonso de Estrada, conociendo que si se iba con Hernán Cortés había de poder menos, se hizo amigo de Gonzalo de Salazar y de Peralmíndez, dándoles esperanza de soltarlos; y con esto era más parte que primero, aunque con bandos, que no convienen al buen juez, y con fealdad de la persona, que tanto se preciaba, del rey Católico. Sucedió que algunos criados de Cortés acuchillaron a un capitán por algunas palabras. Se prendió a uno de ellos, y luego a éste mismo le hizo Estrada cortar la mano derecha, y volver a la cárcel a purgar las costas, o por hacer aquella befa de Cortés, su amo. Desterró asimismo a Cortés para que no le quitase el preso; cosa escandalosa, y que estuvo México a punto de ensangrentarse aquel día, y aun perderse. Mas Cortés lo remedió todo con salir de la ciudad a cumplir su destierro; y si hubiese tenido ánimo de tirano, como le achacaban, ¿qué mejor ocasión ni tiempo quería para serlo que entonces, pues casi todos los españoles y todos los indios tomaban armas en su favor y defensa? Y no digo aquella vez, mas otras muchas pudiera haberse alzado con la tierra; empero ni quiso, ni creo que lo pensó, según con obras lo demostró; y ciertamente se puede preciar de muy leal a su rey, que si no lo hubiese sido, lo hubieran castigado. Y es el caso que sus muchos y grandes émulos le acusaban siempre de desleal, y con otras más infames palabras, de tirano y de traidor para indignar al emperador contra él; y pensaban ser creídos, con tener favor en la corte y aun en el Consejo, según en otros lugares he dicho, y con que cada día perdían muchos españoles de Indias la vergüenza a su rey. Sin embargo, Hernán Cortés siempre llevaba en la boca estos dos refranes viejos: «El rey sea mi gallo» y «Por tu ley y por tu rey morirás». El mismo día que cortaron la mano al español llegó a Tezcuco fray Luis Garcés, de la orden dominica, que iba hecho obispo de Tlaxcala, cuya diócesis se llamó Carolense, en honor del emperador Carlos, nuestro señor el rey. Supo el fuego que se encendía entre los españoles, se metió en una canoa con su compañero fray Diego de Loaisa, y en cuatro horas llegó a México, donde le salieron a recibir todos los clérigos y frailes de la ciudad, con muchas cruces, pues era el primer obispo que allí entraba. Intervino luego entre Cortés y Estrada, y con su autoridad y prudencia los hizo amigos, y así cesaron los bandos. Poco después llegaron cédulas del emperador para que soltase al factor Salazar y al veedor Peralmíndez, y les devolviesen sus oficios y hacienda; de lo que no poco se afligió Cortés, que hubiese querido alguna enmienda de la muerte de su primo Rodrigo de Paz, y que le restituyeran lo que le habían cogido de su casa. Pero quien a su enemigo popa, a sus manos muere, y no miró que perro muerto no muerde. Él hubiese podido, antes de que llegara el licenciado Luis Ponce de León, degollarlos, como algunos se lo aconsejaron, que en su mano estuvo; mas lo dejó por evitar el decir, por no ser juez en su propio caso, por ser hombre de ánimo, por estar clarísima la culpa que aquéllos tenían de haber matado sin razón a Rodrigo de Paz; confiado en que cualquier juez o gobernador que viniese los castigaría de muerte, por la guerra civil que movieron e injusticias que hicieron, y aun porque tenían, como dicen, el alcalde por suegro; pues eran criados del secretario Cobos, y no lo quería enojar porque no le dañase en otros negocios suyos que le importaban mucho más.

Capítulo CXCI. Cómo envió Cortés naos a buscar la Especiería

Mandaba el emperador a Cortés por la carta, hecha en Granada a 20 de junio de 1526, que enviase los navíos que tenía en Zacatula a buscar la nao Trinidad y a fray García de Loaisa, comendador de San Juan, que había ido al Maluco y a Caboxo, y a descubrir camino para ir a las islas de la Especiería desde Nueva España por el mar del Sur, según él se lo había prometido en sus cartas, diciendo que enviaría o iría, si su majestad fuese servida, con tal armada que compitiese con cualquier potencia de príncipe, aunque fuese del rey de Portugal, que en aquellas islas hubiese, y que las ganaría, no solo para rescatar en ellas las especias y otras mercaderías ricas que tienen, mas aun para cogerlas y traerlas por suyas propias; y que haría fortalezas y pueblos de cristianos que sojuzgasen todas aquellas islas y tierras que caen en su real conquista, conforme a la demarcación, como eran Gilolo, Borney, entrambas Javas, Zamotra, Malaca y toda la costa de la China; con tanto, que le concediese ciertos capítulos y mercedes. Así que, habiéndose Cortés ofrecido a esto, y queriéndolo el emperador, y no teniendo otra guerra ni cosa en que ocuparse, determina enviar tres navíos a las Molucas, y hacer camino allá una vez para cumplir después su palabra, y también porque aportó a Ciuatlan Hortunio de Alango, de Portugalete, con un patache que fue con la armada del mencionado Loaisa, estando malo Marcos de Aguilar, por sobra de muchos vientos, o por falta de no saber la navegación de Tidore. Echó, pues, al agua, tres navíos. En la nao capitana, llamada Florida, metió cincuenta españoles; en otra, que nombraron Santiago, cuarenta y cinco, con el capitán Luis de Cárdenas, de Córdoba, y en un bergantín, quince, con el capitán Pedro de Fuentes, de Jerez de la Frontera. Las armó de treinta tiros. Las abasteció de provisión en abundancia, como para tan largo y no conocido viaje se requería, y de muchas cosas de rescate. Hizo capitán de ellas a Álvaro de Saavedra Cerón, pariente suyo, el cual partió del puerto de Ciuatlanejo, el día o la víspera de Todos los Santos del año 1527. Anduvo dos mil leguas, según la cuenta de los pilotos, aunque por recta navegación hay mil quinientas. Llegó solamente con su nao capitana; que las otras el viento las esparció de la conserva a unas muchas islas, que por ser tal día cuando llegaron, las llamaron de los reyes; las cuales están poco más o menos a once grados en este lado de la Equinoccial. Son los hombres crecidos de cuerpo, cariluengos, morenos, muy bien barbados. Llevan cabellos largos, usan cañas por lanzas, hacen esteras muy primorosas de palma, que de lejos parecen oro, cobijan sus vergüenzas con bragas de lo mismo, pues en lo demás andan desnudos; tienen navíos grandes. Desde aquellas islas de los reyes fue a Mindanao y Bizaya, otras islas que están a ocho grados, y que son ricas de oro, puercos, gallinas y pan de arroz. Las mujeres, hermosas; ellos, blancos. Andan todos en cabello largo. Tienen alfanjes de hierro, tiros de pólvora, flechas muy largas y cerbatanas, en que tiran con hierba; coseletes de algodón, corazas de escamas de peces. Son guerreros, confirman la paz con beber sangre del nuevo amigo, y aun sacrifican hombres a su Dios Anito. Llevan los reyes coronas en la cabeza, como aquí; y el que entonces allí reinaba se llamaba Catonao; el cual mató a don Jorge Manrique y a su hermano don Diego y a otros. De allí se escapó a la nave de Álvaro de Saavedra, Sebastián del Puerto, portugués, casado en la Coruña, que había ido con Loaisa. Sirvió de faraute, y dijo que su amo le llevó a Cebut, donde supo que habían llevado de allí ocho castellanos de Magallanes a vender a la China, y que aún había otros. En fin, contó todo aquel viaje. También rescató Saavedra otros dos españoles del mismo Loaisa, en otra isla que llaman Candiga, por 70 castellanos en oro; en la cual hizo paces con el señor, bebiendo y dando a beber sangre del brazo, que tal es la costumbre de por allí, cual entre escitas. Pasó por Terrenate, donde los portugueses tenían una fortaleza, y llegó a Gilolo, donde estaba Fernando de la Torre, natural de Burgos, como capitán de ciento veinte españoles de Loaisa, y alcaide de un castillo. Allí preparó Álvaro de Saavedra su nao, tomó vituallas y todo el matalotaje que le faltaba, y veinte quintales de clavo de lo del emperador, que le dio Fernando de la Torre. Y partió el 3 de junio de 1528. Anduvo mucho tiempo de acá para allá. Tocó en las islas de los Ladrones, y en unas con gente negra y crespa, y en otras con gente blanca, barbada y con los brazos pintados, en tan poca distancia de lugar, que se asombró mucho. Le fue forzoso volver a Tidore, donde estuvo muchos días. Partió de allí para Nueva España a 8 días de mayo de 1529, y murió navegando, el 19 de octubre de aquel mismo año. Por cuya muerte, y por falta de hombres y aires, se volvió la nave a Tidore con solo dieciocho personas, de cincuenta que sacó de Ciuatlanejo; y como ya Fernando de la Torre había perdido su castillo, se fueron aquellos dieciocho españoles a Malaca, donde los prendió don Jorge de Castro, y los tuvo presos dos años, y allí se murieron diez de ellos; que así tratan los portugueses a los castellanos. De manera que no quedaron más que ocho. En esto paró la armada que Hernán Cortés envió a la Especiería.

Capítulo CXCII. Cómo vino Cortés a España
Como Alonso de Estrada gobernaba por la substitución de Marcos de Aguilar, según el emperador mandó, le pareció a Cortés que no habría orden de volver él al cargo, pues su majestad aquello proveyó, si no iba él a negociarlo, y estaba muy afligido; y aunque pensaba estar sin culpa, no se le cocía el pan, porque tenía muchos adversarios en España, y de malas lenguas y poco favor, que en ausencia era como nada. Así que acuerda venir a Castilla a muchas cosas muy importantes a él principalmente, y al emperador y a la Nueva España. Ellas eran muchas, y diré de algunas. A casarse por tener hijos y mucha edad; a parecer delante del rey con la cara descubierta, y a darle cuenta y razón de la mucha tierra y gente que había conquistado y en parte convertido, e informarle de palabra de la guerra y disensiones entre los españoles de México, temiéndose que no le habrían dicho la verdad; a

que le hiciese mercedes conforme a sus servicios y méritos, y le diese algún título para que no se le igualasen todos; a dar ciertos capítulos al rey, que tenia pensados y escritos sobre la buena gobernación de aquella tierra, que eran muchos y provechosos. Estando en este pensamiento le llegó una carta de fray García de Loaisa, confesor del emperador y presidente de indias, que después fue cardenal, en la cual le invitaba con muchos ruegos y consejos a venir a España a que le viese y conociese su majestad, prometiéndole su amistad e intercesión. Con esta carta apresuró la partida, y dejó de enviar a poblar el río de las Palmas, que está más allá de Pánuco, aunque tenía dispuesto ya el camino, y despachó primero doscientos españoles y sesenta de a caballo con muchos mexicanos a tierra de los chichimecas, para si era buena, como le decían, y rica en minas de plata, poblasen en ella; y si no los recibían de paz, hiciesen guerra y cautivasen para esclavos, pues son gente bárbara. Escribió a Veracruz que le preparasen dos buenas naos, y envió a ello delante a Pero Ruiz de Esquivel, un hidalgo de Sevilla; mas no llegó allá, que al cabo de un mes le hallaron enterrado en una isleja de la laguna, con una mano fuera de tierra, comida de perros o aves; estaba en calzas y jubón, y tenía una sola cuchillada en la frente. Nunca apareció un negro que llevaba, ni dos barras de oro, ni la barca, ni los indios, ni se supo quién le mató ni por qué. Hizo Cortés inventario de su hacienda mueble, que le valoraron en 200.000 pesos de oro; dejó como gobernadores de su estado y mayordomos al licenciado Juan Altamirano, pariente suyo, a Diego Docampo, y a un tal Santa Cruz. Abasteció muy bien dos navíos, dio pasaje y matalotaje franco a cuantos entonces pasaron; embarcó 1.500 marcos de plata, y 20.000 pesos de buen oro, y otros 10.000 de oro sin ley, y muchas joyas riquísimas. Trajo consigo a Gonzalo de Sandoval, Andrés de Tapia, y otros conquistadores de los más principales y honrados. Trajo un hijo de Moctezuma, y otro de Maxixca, ya cristianos, y por nombre don Lorencio, y muchos caballeros y señores de México, Tlaxcala y otras ciudades. Trajo ocho volteadores del palo, doce jugadores de pelota, y algunos indios e indias muy blancos, y otros enanos, y otros contrahechos. Y además de todo esto, traía para ver, tigres, alcatraces, un aiotochtli, otra tlacuaci, animal que enseña o embolsa a sus hijos para comer; cuya cola, según las indias, ayuda mucho a parir a las mujeres, y para dar, gran número de mantas de pluma y pelo, abanicos, rodelas, plumajes, espejos de piedra, y cosas así. Llegó a España a fines del año 1528, estando la corte en Toledo. Llenó todo el reino de su nombre, y todos le querían ver.

Capítulo CXCIII. Mercedes que hizo el emperador a Hernán Cortés

Hizo el emperador muy buena acogida a Hernán Cortés, y hasta le fue a visitar a su posada, para honrarle más, estando enfermo y desahuciado de los médicos. Él dijo a su majestad cuanto traía pensado, y le dio los memoriales que tenía escritos, y le acompañó hasta Zaragoza, pues se iba a embarcar para Italia para coronarse. El emperador, reconociendo sus servicios y valor de persona, le hizo marqués del Valle de Huaxacac, como se lo pidió, el 6 de julio del año 1528, y capitán general de Nueva España, de las provincias y costa del mar del Sur, y descubridor y poblador de aquella misma costa e islas, con la duodécima parte de lo que conquistase, en juro de heredad para sí y para sus descendientes: le daba el hábito de Santiago, y no lo quiso sin encomienda. Pidió la gobernación de México, y no se la dio, porque no piense ningún conquistador que se le debe; que así lo hizo el rey don Fernando con Cristóbal Colón, que descubrió las indias, y con Gonzalo Fernández de Córdoba, el Gran Capitán, que conquistó Nápoles. Mucho merecía Cortés, que tanta tierra ganó, y mucho le dio el emperador por honrarle y engrandecerle como gratísimo príncipe, y que nunca quita lo que una vez da. Le daba todo el reino de Michoacan, que fue de Cazoncin, y él prefirió Cuahunauac, Huaxacac, Tecuantepec, Coyoacan, Matalcinco, Atlacupaia, Toluca, Huaxtepec, Utlatepec, Etlan, Xalapan, Teuquilaiacoan, Calimaia, Autepec, Tepuztlan, Cuitlapan, Accapiztlan, Cuetlaxca, Tuztla, Tepecan, Atloixtan, Izcaplan, con todas sus aldeas, términos, vecinos, jurisdicción civil y criminal, pechos, tributos y derechos. Todos ésos son grandes pueblos y tierra gruesa. Otros favores y mercedes le hizo también; mas las nombradas fueron las mayores y mejores.

Capítulo CXCIV. Cómo se casó Cortés

Murió doña Catalina Suárez sin hijos; y como en Castilla se supo, trataron muchos de casar a Cortés, que tenía mucha fama y hacienda. Don Álvaro de Zúñiga, duque de Béjar, trató con mucho calor de casarle; y así, le casó con doña Juana de Zúñiga, sobrina suya e hija del conde de Aguilar, don Carlos Arellano, por los poderes que tuvo Martín Cortés. Era doña Juana hermosa mujer, y el conde don Alonso y sus hermanos muy valerosos y favorecidos del emperador; por lo cual, como colmaba la nobleza y antigüedad de aquel linaje, se tuvo por bien casado y emparentado. Traía Cortés cinco esmeraldas, entre otras que consiguió de los indios, finísimas, y que las tasaron en 100.000 ducados. Una de ellas estaba labrada como rosa, la otra como corneta, otra era un pez con los ojos de oro, obra maravillosa de los indios; otra era como una campanilla, con una rica perla por debajo, y guarnecida de oro, con «Bendito quien te crió» por lema; la otra era una tacita con el pie de oro, y con cuatro cadenitas para tenerla, asidas en una perla larga por botón; tenía el bebedero de oro, y por letrero, Inter natos mulierum non surrexit major. Por esta sola pieza, que era la mejor, le daban unos genoveses, en la Rábida, 40.000 ducados, para revender al Gran Turco; pero no las hubiera dado él entonces por ningún precio; aunque después las perdió en Argel, cuando fue allá el emperador, según lo contamos en las guerras de mar de nuestro tiempo. Le dijeron que la Emperatriz deseaba ver aquellas piezas, y que se las pediría y pagaría el emperador; por lo cual las envió a su esposa con otras muchas cosas, antes de entrar en la corte, y así se excusó cuando le preguntaron por ellas. Las dio a su esposa por joyas, que fueron las mejores que nunca en España tuvo mujer alguna. Se casó, pues, con doña Juana de Zúñiga, y se volvió a México con ella y con título de marqués.

Capítulo CXCV. Cómo puso el emperador Audiencia en México
Estaba en España Pánfilo de Narváez, y negociaba la conquista del río de las Palmas y la Florida, donde al fin murió; y a vueltas no hacía otra cosa que dar quejas de Cortés en la corte, y hasta al mismo emperador le dio un memorial que contenía muchos capítulos, y entre ellos uno que afirmaba que Cortés tenía tantas barras de oro y plata como Vizcaya de hierro, y se ofreció a probarlo; y aunque no era cierto, era sospecha. Insistía en que le castigasen, diciendo que le sacó un ojo, y que mató con hierbas al licenciado Luis Ponce de León, como había hecho a Francisco de Garay, y por sus muchas peticiones se trataba de enviar a México a don Pedro de la Cueva, hombre feroz y severo, que era mayordomo del rey, y después fue general de la artillería y

comendador mayor de Alcántara, para que si aquello era verdad le degollase. Pero como llegaron a la sazón cartas de Cortés, hechas en México el 3 de septiembre de 1526, y los testimonios del doctor Ojeda y del licenciado Pero López, médicos, que curaron a Luis Ponce, no se efectuó; y cuando Cortés vino a Castilla, se reía mucho con don Pedro de la Cueva sobre esto, diciendo: «A luengas vías luengas mentiras». El emperador y todo su Consejo de Indias hizo chancillería en México, adonde recurriesen con pleitos y negocios todos los de Nueva España; y por quitar y castigar los bandos entre españoles y para tomar residencia a Cortés, que se quería satisfacer de sus servicios y culpas, y también para visitar a los oficiales y tesorería real. Mandó a Nuño de Guzmán, gobernador de Pánuco, ir como presidente y gobernador, con cuatro licenciados por oidores. Nuño de Guzmán fue a México entonces el año 29. Comenzó en seguida a ocuparse en negocios con el licenciado Juan Ortiz de Matienzo, y Delgadillo; pues los otros murieron. E hizo una terrible residencia y condena contra Cortés; y como estaba ausente, le metía la lanza hasta el regatón. Hicieron almoneda de todos sus bienes a menos precio, le llamaron por pregones, le encartaron, y si allí hubiese estado, corriera riesgo de la vida; aunque barba a barba honra se cata, y es corriente embravecerse los jueces contra el ausente. Pero aquellos creo que le fatigaran, porque persiguieron tanto a sus enemigos, que ni aun a andar por las calles se atrevían; y así, prendieron a Pedro de Alvarado, recién llegado de España, solamente porque hablaba en favor de Cortés, y achacándole la rebelión de México cuando vino Narváez. Prendió también a Alonso de Estrada y a otros muchos, haciéndoles manifiestos agravios. En breve tiempo tuvo el emperador más quejas de Nuño de Guzmán y sus oidores que de todos los pasados, y así, le quitó el cargo el año 30. Y no solo se probó su injusticia y pasión en México, más aún en la corte, y en muchos lugares de España lo probó el licenciado Francisco Núñez con personas que de allá entonces vinieron. Y después pronunciaron los oidores y presidentes que fueron tras ellos, por parciales y enemigos de Cortés a Nuño de Guzmán y licenciados Matienzo y Delgadillo, y los condenó la Audiencia a que le pagasen lo que le malvendieron. Viendo Nuño de Guzmán que le quitaban de la presidencia, temió y se fue contra los teuchichimecas en demanda de Culoacan, que según algunos, es de donde vinieron los mexicanos. Llevó quinientos españoles, la mayoría de ellos a caballo. Unos presos, otros contra su voluntad; y los que iban de grado eran novicios en la tierra, y casi todos los que con él pasaron. En Michoacan prendió al rey Cazoncin, amigo de Cortés, servidor de los españoles y vasallo del emperador, y que estaba en paz. Y le sacó, según fama, 10.000 marcos de plata y mucho oro. Y después le quemó con otros muchos caballeros y hombres principales de aquel reino, para que no se quejasen; que perro muerto no muerde. Cogió seis mil indios para carga y servicio de su ejército. Comenzó la guerra, y conquistó Jalisco, que llaman Nueva Galicia, como en otro lado dije. Estuvo Nuño de Guzmán en Jalisco hasta que el virrey don Antonio de Mendoza y la chancillería de México le hizo prender y traer a España a dar cuenta de sí; y nunca más le dejaron volver allá. Si Nuño de Guzmán fuera tan gobernador como caballero, habría tenido el mejor lugar de Indias; empero se llevó mal con los indios y con los españoles. El mismo año 1530, que salió de México Nuño de Guzmán, fue allá por presidente y a visitar y reformar la Audiencia, ciudad y tierra, Sebastián Ramírez de Fuenleal, natural de Villaescusa, que era obispo y presidente de la isla de Santo Domingo. Le dieron por oidores a los licenciados Juan de Salmerón, de Madrid; Vasco Quiroga, de Madrigal; Francisco Reinos, de Zamora, y Alonso Maldonado, de Salamanca; los cuales rigieron con justicia la tierra. Poblaron la ciudad de los ángeles, que los indios llaman Cuetlaxcoapan, que quiere decir culebra en agua, y por otro nombre Vicilapan, que significa pájaro en agua. Y esto a causa de dos fuentes que tiene, una de agua mala y otra de buena. Está a veinte leguas de México, y en el camino de Veracruz. El obispo comenzó a poner a los indios en libertad, y por eso muchos españoles de los pobladores dejaban la tierra y se iban a buscar la vida a Jalisco, Honduras, Cuahutemallan y otras partes en donde había guerras y entradas.

Capítulo CXCVI. Vuelta de Cortés a México
En esto llegó Cortés a Veracruz. En cuanto se supo su llegada, y que iba hecho marqués y llevaba su mujer, comenzaron a ir a verle una muchedumbre de indios y casi todos los españoles de México, con el pretexto de salir a recibirle. En pocos días se le juntaron más de mil españoles, y se le quejaban que no tenían qué comer, y decían que los licenciados Matienzo

y Delgadillo los habían destruido a ellos y a él, y que viese si quería que los matasen con los demás. Cortés, conociendo cuán feo caso era, los reprendió duramente. Les dio esperanza de sacarlos pronto de penalidades con las armadas que había de hacer y para que no hiciesen algún motín o saqueo, los entretenía con regocijos. El presidente y oidores mandaron a todos los españoles que en seguida volviesen a México, y cada vecino a su pueblo, bajo pena de muerte, por quitarlos de Cortés; y estuvieron por enviar a prenderle y enviarle a España por alborotador de la tierra. Mas visto por él cuán de ligero se movían los letrados, se hizo pregonar públicamente en Veracruz como capitán general de la Nueva España, leyendo las provisiones, que hicieron torcer la nariz a los de México. Tras esto partió hacia allí derecho con un gran escuadrón de españoles e indios, en que había gran acopio de caballos. Cuando llegó a Tezcuco le mandaron que no entrase en México, bajo pena de pérdida de bienes, y la persona a merced del rey. Obedeció y cumplió con toda la prudencia que convenía al servicio del emperador y bien de aquella tierra, que con muchos trabajos él ganara. Estaba allí en Tezcuco muy acompañado, y con tanta corte y más que había en México. Escribía al presidente y oidores que mirasen mejor su buena intención, y no diesen lugar a los indios a rebelarse; que de los españoles podían estar seguros. Los indios, viendo estas cosas, mataban a cuantos españoles cogían en descampado; y no en muchos días faltaban más de doscientos, todos muertos a manos suyas, así en pueblos como en caminos, y ya estaban hablados y concertaban alzarse; pero llegaron algunos a decirlo al obispo, el cual tuvo miedo; y entonces, con acuerdo y parecer de los oidores y de los demás vecinos que en la ciudad estaban, viendo que no tenían mejor remedio ni más segura defensa que la persona, nombre, valor y autoridad de Cortés, le envió a llamar y rogar que entrase en México. Él fue en seguida, muy acompañado de gente de guerra, y de veras parecía capitán general. Salieron todos a recibirle, pues entraba también la marquesa, y fue aquél un día de mucha alegría. Trataron la Audiencia y él cómo remediarían tanto mal. Tomó Cortés las riendas, prendió a muchos indios, quemó algunos, aperreó otros, y castigó a tantos, que en muy breve tiempo allanó toda la tierra y aseguró los caminos; cosa que merecía galardón romano.

Capítulo CXCVII. Cómo envió Cortés a descubrir la costa de Nueva España por el mar del Sur

Cuando Cortés tuvo algo de reposo, le requirieron presidente y oidores que dentro de un año enviase armada a descubrir por el mar del Sur, conforme a la instrucción y conveniencia que traía del emperador, hecha en Madrid a 27 de octubre del 29, y firmada por la emperatriz doña Isabel; donde no, que su majestad contrataría con otra persona. Tanto hicieron esto por alejarlo de México, como porque cumpliese lo que había capitulado con el emperador; que bien sabían que tenía siempre muchos carpinteros y navíos en el astillero; pero querían que él mismo fuese allá. Cortés respondió que así lo haría. Metió, pues, mucha prisa a dos naos que se estaban construyendo en Acapulco. Entre tanto, anduvo un sarampión, que llamaron zauatlepiton, que quiere decir lepra chica, a razón de las viruelas que les pegó el negro de Pánfilo de Narváez, según ya se dijo; y murieron de él muchísimos indios. Fue también enfermedad nueva y nunca vista en aquella tierra. Cuando las naos se terminaron, las armó Cortés muy bien de gente y artillería; las llenó de vituallas, armas y rescates. Envió como capitán de ellas a Diego Hurtado de Mendoza, primo suyo. Se llamaban las naos, una de San Miguel y otra de San Marcos. Fueron, por tesorero Juan de Mazuela, por veedor Alonso de Molina, maestre de campo Miguel Marroquino, alguacil mayor Juan Ortiz de Cabex, y por piloto Melchor Fernández. Salió Diego Hurtado del puerto de Acapulco el día de Corpus Christi del año 1532. Siguió la costa hacia poniente; que así estaba concertado. Llegó al puerto de Jalisco, y quiso tomar agua, no por necesidad, sino por llenar las vasijas que hasta allí habían vencido. Nuño de Guzmán, que gobernaba aquella tierra, envió gente a que les prohibiesen la entrada, o por ser de Cortés, o porque nadie entrase en su jurisdicción sin su licencia. Diego Hurtado dejó el agua, y pasó adelante unas doscientas leguas costeando lo más y mejor que pudo. Se le amotinaron muchos de su compañía; los metió en uno de los navíos, y los envió a Nueva España para ir descansado y seguro. Con el otro navío prosiguió su ruta; pero no hizo cosa que de contar sea, que yo sepa, aunque navegó y estuvo mucho tiempo sin que de él se supiese. La nave de los amotinados tuvo a la vuelta tiempo contrario y falta de agua; y así, le fue forzoso, aunque no quisieran los que dentro venían, surgir en una bahía que llaman de Banderas, donde los naturales estaban en armas por algunos tratamientos no buenos que los de Nuño de Guzmán les habían hecho. Tomaron los nuestros tierra, y sobre tomar agua riñeron. Los contrarios eran muchos, y mataron a todos los españoles de la nao, pues no escaparon más que dos solamente. Cortés, en cuanto lo supo, se fue a Tecuantepec, villa suya, que esta en México a ciento veinte leguas. Preparó dos navíos que sus oficiales acababan de hacer, los abasteció muy cumplidamente, y envió como capitán de uno a Diego Becerra de Mendoza, natural de Mérida, y por piloto a Fortún Jiménez, vizcaíno; y del otro a Hernando de Grijalva, y piloto a un portugués que se decía Acosta; creo que partieron año y medio después que Diego Hurtado. Iban con tres finalidades: a vengar los muertos, a buscar y socorrer a los vivos, y a saber el secreto y término de aquella costa. Estas dos naos se perdieron una de otra la primera noche que se hicieron a la vela, y nunca más se vieron. Fortún Jiménez se concertó con muchos vizcaínos, así marineros como hombres de tierra, y mató a Diego Becerra estando durmiendo. Debió de ser que riñeron, e hirió malamente a algunos otros. Arribó con la nao a Motín. Tomó agua, y fue de allí a dar en la bahía de Santa Cruz. Saltó a tierra, y le mataron los indios con otros veinte españoles. Con estas nuevas fueron dos marineros a Chiametlan de Jalisco en el batel, y dijeron a Nuño de Guzmán que habían hallado mucha muestra de perlas. Él fue allá, preparó aquella nao, y envió gente en ella a buscar las perlas. Hernando de Grijalva anduvo trescientas leguas por el noroeste sin ver tierra; y por eso echó luego al mar a ver si hallaría islas, y tropezó con una, que llamó Santo Tomas, porque tal día la descubrió. Estaba, según él dijo, despoblada y sin agua por la parte que entró. Está a veinte grados. Tiene muy hermosas arboledas y frescura, muchas palomas, perdices, halcones y otras aves. En esto pararon aquellas cuatro naos que Cortés envió a descubrir.

Capítulo CXCVIII. Lo que padeció Cortés continuando el descubrimiento del Sur
Cortés, entre tanto que todo esto pasaba, tuvo hechos otros tres navíos muy buenos, pues siempre construía con diligencia y mucha gente naos en Tecuantepec, para cumplir lo capitulado con el emperador, y pensando des-

cubrir riquísimas islas y tierra. Y cuando tuvo noticia de todo ello, se quejó al presidente y oidores de Nuño de Guzmán, y les pidió justicia para que le fuese devuelta su nave. Ellos le dieron provisión, y luego sobrecarta; mas poco aprovecharon. Entonces él, que estaba amostazado con Nuño de Guzmán sobre la residencia que le hizo y hacienda que le deshizo, despachó los tres navíos para Chiametlan, que se llamaban Santa Águeda, San Lázaro y Santo Tomás, y él se fue por tierra desde México muy bien acompañado. Cuando llegó allá halló la nao al través, y robado cuanto en ella iba, que con el casco del navío valía todo 15.000 ducados. Llegaron también los tres navíos, se embarcó en ellos con la gente y caballos que cupieron; dejó con los que quedaban a Andrés de Tapia por capitán, pues tenía trescientos españoles, treinta y siete mujeres y ciento treinta caballos. Pasó adonde mataron a Fortún Jiménez. Tomó tierra el primer día de mayo del año 1536, y por ser tal día nombró aquella punta, que es alta, sierras de San Felipe, y a una isla que está a tres leguas de allí la llamó de Santiago. A los tres días entró en un puerto muy bueno, grande, seguro a todos aires, y le llamó bahía de Santa Cruz. Allí mataron a Fortún Jiménez con los otros veinte españoles. En desembarcando envió por Andrés de Tapia. Les dio después de embarcados un viento que los llevó hasta dos ríos, que ahora llaman San Pedro y San Pablo. Al salir de allí, se volvieron a perder los tres navíos. El menor vino a Santa Cruz; el otro fue al Guayabal; y el que llamaban San Lázaro dio al través, o por mejor decir, encalló cerca de Jalisco; la gente del cual se volvió a México. Cortés esperó muchos días sus naos, y como no venían, llegó a mucha necesidad, porque en ellas tenía los bastimentos; y en aquella tierra no cogen maíz, sino que viven de frutas y hierbas, de caza y pesca, y hasta dicen que pescan con flechas y con varas de punta, andando por el agua en unas balsas de cinco maderos, hechas a manera de la mano; y así, determinó ir con aquel navío a buscar a los otros, y a traer qué comer si no los hallaba. Se embarco, pues, con unos setenta hombres, muchos de los cuales eran herreros y carpinteros. Llevó fragua y aparejos para construir un bergantín si fuese necesario. Atravesó el mar, que es como el Adriático; recorrió la costa por cincuenta leguas, y una mañana se halló metido entre unos arrecifes o bajos, que ni sabía por dónde salir ni por dónde entrar. Andando con la sonda buscando salida, se arrimó a la tierra y vio una nao surta a dos leguas dentro de un ancón. Quiso ir allá, y no hallaba entrada; pues por todas partes rompía el mar sobre los bajos. Los de la nao vieron también al navío, y le enviaron su batel con Antón Cordero, piloto, sospechando que era él. Arribó al navío, saludó a Cortés, y se metió dentro para guiarle. Dijo que había bastante profundidad por encima de un reventazón, por el cual pasó su nao. En diciendo esto, encalló a dos leguas de tierra, donde quedó el navío muerto y trastornado. Allí vierais llorar al más esforzado, y maldecir al piloto Cordero. Se encomendaban a Dios, y se desnudaban, pensando guarecerse a nado o en tablas; y ya estaban para hacerlo cuando dos golpes de mar echaron la nao en el canal que decía el piloto, mas abierta por medio. Llegaron, en fin, al otro navío surto, vaciando el agua con la bomba y calderos. Salieron y sacaron todo lo que iba dentro, y con los cabrestantes de ambas naos la sacaron fuera. Asentaron luego la fragua, e hicieron carbón. Trabajaban de noche con hachas y velas de cera, que hay por allí mucha; y así, fue pronto remediada. Compró en San Miguel, a diecisiete leguas del Guayabal, que cae en la parte de Culuacan, mucho refresco y grano. Le costó cada novillo 30 castellanos de buen oro, cada puerco 10, cada oveja y cada fanega de maíz 4. Salió de allí Cortés, y tropezó con la nao San Lázaro en la barra con la aguja, y se desgobernó el timón. Fue menester hacer otra vez carbón y fraguar de nuevo los hierros. Partió Cortés en aquella nave mayor, y dejó a Hernando de Grijalva por capitán de la otra, que no pudo salir tan pronto. A los dos días de navegar con buen tiempo se rompió la ligadura de la antena de la mesana, que estaba con la vela recogida, y dado el chafardete. Cayó la antena, y mató al piloto Antón Cordero, que dormía al pie del árbol. Cortés hubo de guiar la navegación, pues no había quien mejor lo hiciese. Llegó cerca de las islas de Santiago, que poco antes nombré, y allí le dio un noroeste muy fuerte, que no le dejó tomar la bahía de Santa Cruz. Recorrió aquella costa al sudeste, llevando casi siempre el costado de la nao en tierra y sondando. Halló un placer de arena, donde dio fondo. Salió a por agua, y como no la halló, hizo pozos por aquel arenal, en los que cogió ocho pipas de agua. Cesó entre tanto el noroeste, y navegó con buen tiempo hasta la isla de Perlas, que así creo la llamó Fortún Jiménez, que está junto a la de Santiago. Le calmó el viento, pero luego volvió a refrescar; y así, entró en el puerto de Santa Cruz, aunque con peligro, por ser estrecho el canal y menguar mucho el mar. Los españoles que allí había dejado estaban trasijados de hambre, y hasta se habían muerto más de cinco, y no podían buscar mariscos, de flacos, ni pescar, que era lo que los sostenía. Comían hierbas de las que hacen vidrio, sin sal, y frutas silvestres, y no cuantas querían. Cortés les dio la comida con mucha regia, para que no les hiciese daño, pues tenían los estómagos muy debilitados; mas ellos, con el hambre, comieron tanto, que se murieron otros muchos. Viendo, pues, que tardaba Hernando de Grijalva, y que había llegado a México don Antonio de Mendoza como virrey, según los de San Miguel le dijeron, acordó dejar allí en Santa Cruz a Francisco de Ulloa como capitán de aquella gente, e irse él a Tecuantepec con aquella nave, para enviarle navíos y más hombres con que fuese a descubrir la costa, y para buscar de camino a Hernando de Grijalva. Estando en esto llegó una carabela suya de Nueva España, que le venía a buscar, y que le dijo que venían detrás otras dos naos grandes con mucha gente, armas, artillería y bastimentos. Las esperó dos días, y no viniendo, se fue con uno de los navíos, y las tropezó surtas cerca de la costa de Jalisco, y las llevó al mismo puerto, donde halló la nao en que iba Hernando de Grijalva encallada en la arena, y los bastimentos dentro y podridos. La hizo limpiar y lavar. A los que sacaron la carne y anduvieron en aquello se les hincharon las caras del hedor y la porquería, y los ojos, y no podían ver. Levantó el navío, lo metió en profundidad, y estaba sano y sin agujero ninguno; cortó las antenas y mástiles, pues había cerca buenos árboles, y lo preparó muy bien; y luego se fue con los cuatro navíos a Santiago de Buena Esperanza, que está en la parte de Coliman, donde, antes que del puerto saliese, llegaron otras dos naves suyas, pues, como tardaba tanto, y la marquesa tenía grandísima pena, iban a saber de él. Con aquellos seis navíos entró en Acapulco, tierra de la Nueva España. Muchas cosas cuentan de esta navegación de Cortés, que a unos parecerían milagro y a otros sueños. Yo no he dicho sino la verdad y lo verosímil. Estando Cortés en Acapulco, de partida para México, le llegó un mensajero de don Antonio de Mendoza, con aviso de su llegada como virrey en aquellas tierras, y con el traslado de una carta de Francisco Pizarro, que había escrito a Pedro de Alvarado, adelantado y gobernador de Cuahutemallan, que así había hecho a otros gobernadores, en que le hacia saber que estaba cercado en la ciudad de los reyes con gran cantidad de gente, y colocado en tanta estrechez, que si no era por mar, no podía salir, y que le combatían todos los días, y que si no le socorrían pronto, se perdería. Cortés dejó de enviar recado entonces a Francisco de Ulloa, y envió dos naos a Francisco Pizarro con Hernando de Grijalva, y en ellas muchas vituallas y armas, vestidos de seda para su persona, un ropaje de martas, dos sitiales, almohadas de terciopelo, jaeces de caballos y algunos adornos para estar en casa, que él tenía para sí aquella jornada, y ya que estaba en su tierra no los necesitaba mucho. Hernando de Grijalva fue, y llegó a buen tiempo, y volvió a enviar la nave a Acapulco, y Cortés reunió en Cuaunauac sesenta hombres, y los envió al Perú, junto con once piezas de artillería, diecisiete caballos, sesenta cotas de malla, muchas ballestas y arcabuces, mucho herraje y otras cosas, que nunca por ellas obtuvo recompensa, puesto que mataron no mucho después a Francisco Pizarro, aunque éste también envió muchas y ricas cosas a la marquesa doña Juana de Zúñiga; pero Grijalva huyó con ellas.

Capítulo CXCIX. El mar de Cortés, que también llaman Bermejo
Por el mes de mayo del mismo año de 1539, envió Cortés otros tres navíos muy bien armados y abastecidos, con Francisco de Ulloa, que ya había vuelto con todos los demás, para seguir la costa de Culuacan, que vuelve al norte. Se llamaban aquellos navíos santa Águeda, la Trinidad y Santo Tomás. Partieron de Acapulco; tocaron en Santiago de Buena Esperanza para tomar algunas vituallas; del Guayabal atravesaron a California en busca de uno de los navíos, y de allí volvieron a pasar aquel mar de Cortés, que otros llamaban Bermejo, y siguieron la costa más de doscientas leguas hasta donde muere, que llamaron ancón de San Andrés, por llegar allí en su día. Tomó Francisco de Ulloa posesión de aquella tierra por el rey de Castilla, en nombre de Hernán Cortés. Está aquel ancón a treinta y dos grados de altura, y aun algo más; es allí el mar rojo, y crece y mengua muy ordenadamente. Hay por aquella costa muchos volcanejos, y están los cerros helados; es tierra pobre. Se halló rastro de carneros, es decir, cuernos grandes, pesados y muy retorcidos. Andan muchas ballenas por este mar; pescan en él con anzuelos de espinas de árboles y de huesos de tortugas, pues las hay muchas y muy grandes. Andan los hombres desnudos y trasquilados,

como los otomíes de Nueva España; llevan en los pechos unas conchas relucientes como de nácar. Los vasos de tener agua son buches de lobos marinos, aunque también los tienen de barro muy bueno. Del ancón de San Andrés, siguiendo la otra costa, llegaron a California, doblaron la punta, se metieron por entre la tierra y unas islas, y anduvieron hasta emparejar con el ancón de San Andrés. Nombraron aquella punta el cabo del Engaño, y dieron la vuelta para Nueva España, por hallar vientos muy contrarios y acabárseles los bastimentos. Estuvieron en este viaje un año entero, y no trajeron nueva de ninguna tierra buena; más fue el ruido que las nueces. Pensaba Hernán Cortés hallar por aquella costa y mar otra Nueva España; pero no hizo más de lo que tengo dicho, con tanta nao como armó, aunque fue allá él mismo. Se cree que hay grandes islas y muy ricas entre Nueva España y la Especiería. Gastó 200.000 ducados, según la cuenta que daba, en estos descubrimientos; pues envió muchas más naos y gente de lo que al principio pensó, y fueron causa, como después diremos, de que hubiese de volver a España, coger enemistad con el virrey don Antonio, y tener pleito con el rey sobre sus vasallos; pero jamás nadie gastó con tanto ánimo en semejantes empresas.

Capítulo CC. Las letras de México
No se han hallado letras hasta hoy en las Indias, que no es pequeña consideración; solamente hay en Nueva España una especie de figuras que sirven de letras, con las cuales anotan y entienden toda cosa cualquiera y conservan el recuerdo y antigüedades. Se asemejan mucho a los jeroglíficos de Egipto, mas no encubren tanto el sentido, según he oído; aunque ni debe ni puede ser menos. Estas figuras que usan los mexicanos como letras son grandes; y así, ocupan mucho. Las tallan en piedra y madera; las pintan en paredes, y en papel que hacen de algodón y hojas de metl. Los libros son grandes, cogidos como pieza de paño, y escritos por ambos lados; los hay también arrollados como piezas de jerga. No pronuncian la b, g, r, s; y así, emplean mucho la p, c, l, x; esto es la lengua mexicana y nahuatl, que es la mejor, más copiosa y más extendida que hay en Nueva España y que emplea las figuras. También se hablan y entienden algunos de México por

silbos, especialmente los ladrones y los enamorados: cosa que no alcanzan los nuestros, y que es muy notable.

Capítulo CCI. Los nombres de contar

Ce	Uno
Ome	Dos
Ei	Tres
Naui	Cuatro
Macuil	Cinco
Chicoace	Seis
Chicome	Siete
Chicuei	Ocho
Chiconaui	Nueve
Matlac	Diez
Matlactlioce	Once
Matlactliome	Doce
Matlactliomei	Trece
Matlactlinaui	Catorce
Matlactlimacuil	Quince
Matiactlichicoace	Dieciséis
Matlactlichicome	Diecisiete
Matlactlichicuei	Dieciocho
Matlactlichiconaui	Diecinueve
Cempoalli	Veinte

Hasta seis cada número es simple y solo; después dicen seis uno, seis dos, seis tres.

Diez es número por sí; y luego dicen diez y uno, diez y dos, diez y tres, diez y cuatro, diez y cinco.

Dicen diez cinquiuno, y diez seis uno, diez seis dos, diez seis tres.

Veinte va por sí, y todos los números mayores.

Capítulo CCII. El año mexicano

El año de estos mexicanos es de trescientos sesenta días, porque tienen dieciocho meses de a veinte días cada uno; los cuales hacen trescientos sesenta. Tiene además otros cinco días que andan sueltos y por sí, a manera de intercalables, en los que se celebran grandes fiestas y crueles sacrificios, pero con mucha devoción. No podían dejar de andar errados con esta cuenta, que no llegaba a igualar con el curso puntual del Sol, pues aun el año de los cristianos, que tan astrólogos son, anda errado en muchos días; empero demasiado atinaban a lo cierto, y coincidían con las demás naciones.

Capítulo CCIII. Los nombres de los meses
   Tlacaxipeualiztli
   Tozçuztli
   Huei tozçuztli
   Toxcatl Tepupochuiliztli
   Eçalcoaliztli
   Tecuit huicintli
   Huei tucuilhuitl
   Miccaihuicintli
   Vei miccaihuitl
   Uchpaniztli Tenauatiliztli
   Pachtli Heçoztli
   Huei pachtli PachtliQuecholliPanqueçaliztli
   Hatemuztli
   Tititlh Ciuaihuilt
   Izcalli
   Coauitleuac

En algunos pueblos cambian los meses, y en otros los diferencian, según quedan señalados por sí, mas el orden que llevan es el corriente.

Capítulo CCIV. Nombres de los días

Cipactli	Espadarte
Hecatl	Aire y viento
Calli	Casa
Cuezpali	Lagarto
Couatl	Culebra
Mizquintli	Muerte
Maçatl	Ciervo
Tochtli	Conejo
Atl	Agua
Izcuyntli	Perro
Oçumatli	Mona
Malinalli	Escoba
Acatlh	Caña
Ocelotl	Tigre
Coautli	Águila
Cozcaquahutli	Buharro
Olin	Temple
Tecpatlh	Cuchillo
Quiauitl	Lluvia
Xuchitl	Rosa

Aunque estos veinte nombres sirven para todo el año, y no son más que días entre cada mes, no empero cada mes comienza por cipactli, que es el primer nombre, sino como les viene. La causa de ello es los cinco días intercalables, que andan por sí, y también porque tienen semana de trece días, que remuda los nombres; la cual, pongo por caso que comience por ce cipatli, no puede correr más que hasta matltalomei acatl, que es trece; y luego comienza otra semana, y no dice matlactlinaui ocelotl, que es decimocuarto día, sino ce ocelotl, que es uno, y tras él cuentan los otros seis nombres que puedan hasta los veinte; y cuando han acabado los veinte días, comienzan de nuevo a contar del primer nombre de aquellos veinte; mas no como de uno, sino como de ocho; y para que mejor se pueda entender, es de esta manera:

Ce cipactli.
Ome hecatl.
Ei calli.
Naui cuezpali.
Macuil couatl.
Chiocoacen mizquintli.
Chicome maçatl.
Chicoey tochtli.
Chiconaui atl.
Matlacizcuintli.
Matlactlioce oçumatli.
Matlactliome malinalli.
Matlactlomei acatlh.

La semana siguiente a ésta comienza sus días de uno; mas aquel uno es decimocuarto, nombre del mes y de los días, y dicen:

Ce ocelotl.
Ome coautli. Ei cozcaquahutli.
Naui olin.
Macuil tecpatl.
Chicoacen quiauitl.
Chicome xuchitl.
Chicoei cipactli.

En esta segunda semana vino cipactli a ser octavo día, habiendo sido en la primera primero.

Ce maçatl
Ome tochtli.
Ei atl.

Naui izcuintli.
Macuil oçumatli.

Así comienza la tercera semana, en la cual no entra ese nombre cipactli; mas maçatl, que fue séptimo día en la primera semana, y no tuvo lugar en la segunda, es el día primero de esta tercera semana. No es más oscura cuenta ésta que la nuestra que tenemos, por solas estas siete letras, a, b, c, d, e, f y g; porque también ellos se mudan y andan de tal manera que la a, que fue primer día de un mes, viene a ser el quinto día del otro mes siguiente, y al tercer mes es tercer día; y así hacen con las otras seis letras.

Capítulo CCV. Cuenta de los años

Otra manera muy diferente de la dicha tienen para contar los años, la cual no pasa de cuatro; pero con uno, dos, tres y cuatro cuentan ciento, y quinientos, y mil, y en fin, todo cuanto es menester y quieren. Las figuras y nombres son tochtli, acatlh, tecpatlh y calli, que son conejo, caña, cuchillo y casa; y dicen:

Ce tochtl	Es un año.
Ome acatlh	Dos años.
Ei tecpatlh	Tres años.
Naui calli	Cuatro años.
Macuil tochtli	Cinco años.
Chicoacen acatlh	Seis años.
Chicome tecpatlh	Siete años.
Chicuei calli	Ocho años
Chiconaui tochtli	Nueve años.
Matlactli acatlh	Diez años.
Matlactlioce tecpatlh	Once años.
Matlactliome calli	Doce años.
Maclactlomei tochtli	Trece años.

Tampoco sube la cuenta a más de trece, que es semana de año, y acaba donde comenzó.

Otra semana

Ce acatlh	Un año.
Ome tecpatlh	Dos años.
Ei calli	Tres años.
Naui tochtli	Cuatro años.
Macuil acatlh	Cinco años.
Chicoacen tecpatlh	Seis años.
Chicome calli	Siete años.
Chicuei tochtli	Ocho años.
Chiconaui acatlh	Nueve años.
Matlactli tecpatlh	Diez años.
Matlactlioce calli	Once años.
Matlactliome tochtli	Doce años.
Matlactliomei acatlh	Trece años.

La tercera semana de años

Ce tecpatlh	Un año.
Ome calli	Dos años.
Ei tochtli	Tres años.
Naui acatlh	Cuatro años.
Macuil tecpatlh	Cinco años.
Chicoacen calli	Seis años.
Chicome tochtli	Siete años.
Chicuei acatlh	Ocho años.
Chiconaui tecpatlh	Nueve años.
Matlactli calli	Diez años.
Matlactliome techtli	Once años.
Matlactliome acatlh	Doce años.
Matlactlomei tecpatlh	Trece años.

La cuarta semana

Ce calli	Un año.

Ome tochtli	Dos años.
Ei acatlh	Tres años.
Naui tecpatlh	Cuatro años.
Macuil calli	Cinco años.
Chicoacen tochtli	Seis años.
Chicome acatlh	Siete años.
Chicuei tecpatlh	Ocho años.
Chiconaui calli	Nueve años.
Matlactli tochtli	Diez años.
Matlactlioce acatlh	Once años.
Matlactliome tecpatlh	Doce años.
Matlactiomei calli	Trece años.

Cada semana de éstas, que los nuestros llaman indición, tiene trece años, y las cuatro juntas hacen cincuenta y dos años, que es número perfecto en la cuenta; y es como decir el jubileo, porque de cincuenta y dos en cincuenta y dos años tienen muy solemnes fiestas, con grandísimas ceremonias, según después trataremos. Contados estos cincuenta y dos años, vuelven a contar de nuevo, por el orden arriba expuesto, otros tantos, comenzando por ce tochtli, y luego otros y otros; pero siempre comienzan por el conejo. Así que con esta manera de contar tienen recuerdo de ochocientos cincuenta años, y saben muy bien en qué año aconteció cada cosa, qué rey murió y qué hijos tuvo, y todo lo demás que atañe a la historia.

Capítulo CCVI. Cinco soles, que son edades
Bien se les alcanza a éstos de Culúa que los dioses criaron el mundo, mas no saben cómo; empero, según ellos fingen y creen por las figuras o fábulas que de ello tienen, afirman que han pasado, desde la creación del mundo, cuatro soles, sin contar éste que ahora los alumbra. Dicen, pues, cómo el primer Sol se perdió por el agua, en que se ahogaron todos los hombres y perecieron todas las cosas criadas; el segundo Sol pereció cayendo el cielo sobre la tierra, cuya caída mató a la gente y a toda cosa viva; y dicen que había entonces gigantes, y que son de ellos los huesos que nuestros españoles han hallado cavando minas y sepulturas, por cuya medida y proporción

parece como que eran aquellos hombres de veinte palmos de alto; estatura grandísima, pero certísima. El Sol tercero faltó y se consumió por el fuego; porque ardió muchos días todo el mundo, y murió abrasada toda la gente y animales; el cuarto Sol murió con el aire: fue tanto y tan recio el viento que hizo entonces, que derrocó todos los edificios y árboles, y aun deshizo las peñas; mas no perecieron los hombres, sino que se convirtieron en monas. Del quinto Sol, que al presente tienen, no dicen de qué manera se ha de perder; pero cuentan que, acabado el cuarto Sol, se oscureció todo el mundo, y estuvieron en tinieblas veinticinco años seguidos; y que a los quince años de aquella espantosa oscuridad los dioses formaron un hombre y una mujer, que después tuvieron hijos, y al cabo de diez años apareció el Sol recién criado, y nacido en día de conejo; y por eso llevan la cuenta de sus años desde aquel día y figura. Así que, contando de entonces hasta el año 1552, tiene su Sol ochocientos cincuenta y ocho años; de manera que hace muchos años que utilizan la escritura pintada; y no solamente la tienen desde ce tochtli, que es el comienzo del primer ano, mes y día del quinto Sol, sino que también la utilizaban en vida de los otros cuatro soles perdidos y pasados; pero las dejaban olvidar, diciendo que, con el nuevo Sol, nuevas debían ser todas las demás cosas. También cuentan que, tres días después de aparecer este quinto Sol, se murieron los dioses; para que veáis cómo eran; y que andando el tiempo nacieron los que al Presente tienen y adoran; y por aquí los convencían los religiosos que los convertían a nuestra santa fe.

Capítulo CCVII. Chichimecas
Hay en esta tierra, que llaman Nueva España, muchas y muy diversas generaciones; dicen que la más antigua es la de los chichimecas, y que vinieron de Aculuacan, que está más allá de Jalisco, cerca de los años 720 que Cristo nació, reduciendo su cuenta a la nuestra; y que muchos de ellos poblaron alrededor de la laguna de Tenochtitlán; pero que se acabaron o se perdió su nombre, mezclándose con otros. No tenían rey cuando entraron aquí; no hacían pueblo, ni aun casa; moraban en cuevas y por los montes, andaban desnudos, no sembraban, no comían maíz ni otras semillas, ni pan de ninguna clase; se mantenían de raíces, hierbas y frutas del campo; y

como eran muy diestros en tirar al arco, mataban muchos venados, liebres, conejos y otros animales y aves, y comían toda esta caza, no guisada, sino cruda y seca al Sol; también comían culebras, lagartos y otras sabandijas así, sucias, asquerosas y fieras, y aun hoy día hay muchos de ellos allá en su naturaleza que viven así. Siendo, sin embargo, tan bárbaros y viviendo vida tan bestial, eran hombres religiosos y devotos; adoraban al Sol, le ofrecían culebras, lagartijas y animalejos semejantes; le ofrendaban asimismo todo género de aves, desde águilas hasta mariposas; no hacían sacrificio con sangre; no tenían ídolos, ni aun del Sol, a quien tenían por único y solo Dios; casaban con una sola mujer, y ésta no parienta en grado ninguno; eran feroces y belicosos, por cuya causa señorearon la tierra.

Capítulo CCVIII. Aculuaques
Setecientos setenta o más años hace que vinieron a esta tierra de la laguna unas gentes muy guerreras, pero de mucha urbanidad y razón, que se llamaron los de Acúlua. Éstos comenzaron en seguida de venir a poblar lugares y sembrar maíz y otras legumbres, y utilizaban figuras por letras. Era gente de lustre, y había entre ellos algunos señores. Fundaron sobre la laguna Tullancinco, que fue su primera población; y como venía de Tulla, poblaron después Tullan, y después Tezcuco, y de allí a Couatlichan, desde donde fueron a Culuacan, que otros llaman Coyoacan, y en él asentaron y residieron muchos años. Estando allí hicieron unas casillas y chozuelas en una isleta alta y enjuta de la laguna, alrededor de la cual había algunas charcas y manantiales, que creo llamaban México; las cuales casas pajizas fueron el comienzo de la gran ciudad de México Tenochtitlán. Hacía cerca de doscientos años que estaban allí los de Acúlua, cuando comenzaron los chichimecas a desechar la rudeza y bárbaras costumbres que tenían, y a comunicarse con ellos por matrimonio y contrataciones; que antes, o no habían querido o no se atrevían.

Capítulo CCIX. Mexicanos
En este intermedio llegaron a esta tierra los mexicanos, nación también extranjera, y en aquellos reinos nueva, aunque algunos opinan que son de los mismos de Acúlua, por cuanto la lengua de los unos y de los otros es

toda una; y dicen que no trajeron señores, sino capitanes. Entraron también ellos por Tullan; y caminaron hacia la laguna; poblaron Azcapuzalco, y luego Tlacopan y Chapultepec; y de allí edificaron México, cabecera de su señorío, por oráculo del diablo. Crecieron tanto en hacienda y reputación, que en muy breve fueron mayores señores en la tierra que los de Aculúa y que los chichimecas. Hicieron guerra a sus vecinos, y vencieron muchas batallas; tuvieron esto, que a los que se les entregaban les ponían ciertos tributos o parias, y a los que les hacían resistencia los robaban y se servían de ellos y de sus hijos y mujeres por esclavos. Comenzaron por vía de religión. Añadieron luego las armas y fuerza, y después la codicia; y así quedaron señores de todo, y pusieron la silla de su imperio en México. Llevaban cuenta y razón del tiempo por escrito de figuras, si es que no la tomaron de aquellos otros de Aculúa después que trabaron con ellos amistad y parentesco.

Según los libros de esta gente, y común opinión de sus hombres sabios y leídos, salieron estos mexicanos de un pueblo llamado Chicomuztolh, y todos nacieron de un padre, llamado por nombre Iztacmixcoatlh, el cual tuvo dos mujeres. De Ilancueitl, que fue una de ellas, tuvo seis hijos. El primero se llamó Xelhúa, el segundo Tenuch, el tercero Ulmecatlh, el cuarto Xicalancatlh, el quinto Mixtecatlh, el sexto Otomitlh. De Chimalmath, que fue la otra mujer, tuvo a Quetzalcoatl.

Xelhúa, que era el primogénito y mayorazgo, fundó y pobló Cuahuquechulan, Izcuzan, Epatlan, Teupantlan, Teouacan, Cuzcatlan, Teutitlan y otros muchos lugares.

Tenuch pobló Tenuchtitlán, y de él se llamaron al principio Tenuchca, según algunos cuentan, y después se llamaron Méxica. De este Tenuch salieron muchas personas muy excelentes, y sus descendientes llegaron a mandar en toda la tierra y a ser señores de todo su linaje y de otras muchas gentes.

Ulmecatlh pobló también muchos lugares en aquella parte a donde ahora está la ciudad de los ángeles, y los nombró Totomiuacan, Vicilapan, Cuetlaxcoapan, y otros así.

Xicalancatlh anduvo más tierra, llegó al mar del Norte, y en la costa hizo muchos pueblos; pero a los dos más principales los llamó con su mismo nombre. Uno de los Xicalanco se halla en la provincia de Maxcalcinco, que está cerca de Veracruz, y el otro Xicalanco está cerca de Tabasco. Éste es gran pueblo y de mucho trato, donde se hacen grandes ferias, a las cuales van muchos mercaderes de lejanas tierras; y los de allí andan por toda la tierra contratando. Hay gran distancia de uno de estos pueblos al otro.

Mixtecatlh echó por la otra parte y corrió hasta el mar del Sur, donde pobló Tututepec; edificó a Acatlan, que hay del uno al otro cerca de ochenta leguas; y todo aquel trecho de tierra se llama Mixtecapan. Es un gran reino, rico, abundante, de mucha gente y buenos pueblos.

Otomitlh subió a las montañas que están a la redonda de México. Pobló muchos lugares. Los mejores y el riñón de todos ellos es Xilotepec, Tullan y Otompan. Esta es la mayor generación de toda la tierra de Anahuac, en la cual, además de ser muy diferente en el habla, andan los hombres trasquilados. También hay quien dice que los chichimecas vienen de este Otomitlh, por ser entrambas naciones de baja suerte y la más soez y servil gente que hay en toda esta tierra.

Quetzalcoatl, edificó, o como dicen algunos, reedificó, Tlaxcala, Huexocinco, Cholula y otras muchas ciudades. Fue este Quetzalcoatl hombre honesto, templado, religioso, santo, y, como ellos dicen, Dios. No fue casado ni conoció mujer. Vivió castísimamente, haciendo muy áspera penitencia con ayunos y disciplinas. Predicó, según se dice, la ley natural, y la enseñó con obras, dando ejemplo de buenas costumbres. Instituyó el ayuno, que antes no lo usaban, y fue el primero que en esta tierra hizo sacrificio de sangre; mas no como ahora lo hacen estos indios con muerte de infinitos hombres, sino sacando sangre de las orejas y lenguas, por penitencia, por castigo y por remedio contra el vicio de mentir y del escuchar la mentira, que no son pequeños vicios entre esta gente. Creen que no murió, sino que desapareció en la provincia de Coazacoalco, junto al mar. Tal lo pintan cual yo cuento, a Quetzalcoatl; y porque no saben, o porque encubren su muerte, lo tienen por el Dios del aire, y lo adoran en toda esta tierra, y principalmente en Tlaxcala y Cholula, y en los demás pueblos que fundó; y así, le hacen en ellos extraños ritos y sacrificios.

Tanto como dicho es poblaron y anduvieron estos siete hermanos, o conquistaron; que también se cuenta de ellos haber sido hombres muy guerreros. Va de todo ello lo más importante, así porque basta para declaración del linaje y tierra de estos mexicanos, como por acortar muchos cuentos que sobre esto tienen los indios, que presumen de sangre, y de leídos en sus antigüedades. Los españoles, aunque han procurado saber muy de raíz el origen de los reyes mexicanos, no se determinan a certificar las opiniones; solamente afirman que así como todos los de México y Tezcuco se precian de llamarse aculuaques, así los que son de este linaje y lenguaje son hombres más estimados y temidos, y su lengua, costumbres y religión es lo mejor y lo que más se usa.

Capítulo CCX. Por qué se llaman aculuaques

Los señores de Tezcuco, que verdaderamente son señores de Aculúa, y más antiguos que los mexicanos, se jactan de descender de un caballero que era más alto que ninguno de todos los de aquella tierra, de los hombros arriba, por lo cual le llamaron Aculli, como si dijésemos el hombrudo o el alto de hombros, pues aculli es hombro, aunque también quiere decir el hueso que baja del hombro al codo. Además de que este Aculli fue hombre de gran estatura, fue asimismo grande en todas sus cosas, especialmente en las guerras, que venció de animoso y valiente.

Los señores de México, que son los mayores y los grandes, y en fin los reyes de los reyes, se precian de ser y de llamarse de Culúa, diciendo que descienden de un tal Chichimecatlh, caballero muy esforzado, el cual ató una correa al brazo de Quezaltcoatlh cerca del hombro, cuando andaba y conversaba entre los hombres. Lo que tuvieron por un gran hecho, y decían: «El hombre que ató a un Dios atará a todos los mortales»; y así, de allí en adelante le llamaron Aculhuatli, pues, como hace poco dije, aculli es el hueso del codo al hombro y el mismo hombro. Valió, y pudo mucho después, aquel Aculhuatli, y dio comienzo a sus hijos de tal manera, que llegaron sus descendientes a ser reyes de México en aquella grandeza que Moctezuma estaba cuando Hernán Cortés le prendió. Así que parece que vienen de Chichimecatlh, aunque por diversos efectos, y dicen que por diferenciarse tienen aquel cuento los de Tezcuco, y éste los de México.

Capítulo CCXI. Los reyes de México

Cuenta su historia que llegaron a esta tierra los chichimecas el año, según nuestra cuenta, 721 después que Cristo nació. El primer señor y hombre principal que nombran y señalan en el orden y sucesión de su reino y linaje es Totepeuch, y es de pensar que o se estuvieron sin rey, como ya en otra parte dije, o que no declaran el capitán que traían, o que Totepeuch vivió muchísimo tiempo; que pudo ser, pues murió más de cien años después que entraron en esta tierra. Muerto que fue Totepeuch, se juntó toda la nación en Tullan, e hicieron señor a Topil, hijo de Totepeuch y de edad de veintidós años. Fue rey cincuenta años, o casi.

Estuvieron sin señor, después que Topil murió, más de ciento diez años; pero no cuentan la causa, o quizá se olvidan el nombre del rey o reyes que fueron en aquel espacio de tiempo. Al cabo del cual, estando allí en Tullan, sobre ciertas diferencias y pasiones que los advenedizos tuvieron con los naturales, se hicieron dos señores. Piensan algunos que entre los mismos chichimecas hubo bandos sobre quién mandaría; pues como de Topil no quedaban hijos, había muchos deseosos de mandar. Empero, de cualquier manera que fuese, se tiene por cierto que eligieron dos señores, y que cada uno de ellos echó por su camino con los de su parcialidad o linaje. Uemac fue uno de los señores y salió de Tullan por una parte. Nauhiocín, que fue el otro señor, y natural chichimeca, salió también del pueblo y se fue hacia la laguna con los de su valía; fue rey más de setenta años, y acaece vivir los hombres mucho tiempo.

Por muerte de Nauhiocín reinó Cuauhtexpetlatl.
Tras Cuauhtexpetlatl fue rey Uecín.
Nonouatlcatl sucedió a Uecín.
Reinó después de él Achitometl.
Tras Achitometl heredó Cuauhtonal, y a los diez años de su reinado llegaron los mexicanos a Chapultepec. Esto es según la cuenta de algunos; por tanto parece que no tienen mucha antigüedad.
Sucedió a éste en el señorío Achitometl Mazazín.
A Mazazín heredó Queza.
Tras Queza fue rey Chalchiuhtona.

Por muerte de Chalchiuhtona vino a reinar Cuauhtlix.
A Cuauhtlix sucedió Johuallatonac.
Reinó tras Johuallatonac Ciuhtetl.
Al tercer año de reinar se metieron los mexicanos a donde está ahora México.
Muerto Ciuhtetl fue rey Xiuiltemoc.
Cuxcux sucedió a Xiuiltemoc.
Murió Cuxcux y le heredó Acamapichtli. Al sexto año de su reinado se levantó Achitometl, hombre muy principal, y con deseo y ambición de reinar le mató, y tiranizó aquel señorío de Aculuacan cerca de doce años; y no solamente mató el rey, sino también a seis hijos y herederos. Illancueitl, que era la reina, o según algunos, ama, huyó de Acamapichcín, hijo o sobrino, pero heredero forzoso de Couatlichan. Doce años después que Achitometl señoreaba, se fue a los montes desesperado, y por miedo no le matasen los suyos, que andaban revueltos. Con su marcha, o con las crueldades, muertes, agravios y otros malos tratamientos que había hecho a los vecinos, se despobló aquella ciudad de Culuacan, y por falta del rey comenzaron a gobernar la tierra los señores de Azcapuzalco, Cuauhnauac, Chalco, Couatlichan y Huexocinco.

Después que Acamapich se crió algunos años en Couatlichan, le llevaron a México, donde le tuvieron en mucho, por ser de tan alto linaje y legítimo heredero y señor de la casa y estado de Culúa; y como había de ser tan gran príncipe, así que fue de edad para casarse, procuraron muchos caballeros de México darle sus hijas por mujeres. Acamapich tomó hasta veinte mujeres de las más nobles y principales, y de los hijos que tuvo en ellas vienen los más y mayores señores de toda esta tierra; y para que no se perdiese el recuerdo de Culuacan, la pobló, y puso en ella por señor a su hijo Nauhiocín, que fue el segundo de tal nombre, y él asentó y residió en México; fue un excelente príncipe y un gran varón, y cuantas cosas quiso se le hicieron a su sabor, pues, como ellos dicen, tenía la fortuna en la mano. Volvió a ser señor de Coluacan, como su padre lo fue; asimismo rey de México, y en él se comenzó a extender el imperio y nombre mexicano; y en cuarenta y seis años que reinó se ennobleció muchísimo aquella ciudad de México Tenuchtlitlan. Dejó Acamapich tres hijos, y los tres reinaron tras él, uno en pos de otro.

Muerto Acamapich, sucedió en el señorío de México su hijo mayor Viciliuitl, el cual casó con la heredera del señorío de Cuauhnauac, y con ella señoreó aquel estado.

A Viciliuitl sucedió su hermano Chimapopoca.

A Chimapopoca sucedió su otro hermano, llamado Izcoua. Este Izcoua señoreó Azcapuzalco, Cuauhnauac, Chalco, Couatlichan y Huexocinco. Mas tuvo por compañeros en el gobierno a Nezaualcoyocín, señor de Tezcuco, y al señor de Tlacopan, y de aquí adelante mandaron y gobernaron estos tres señores cuantos reinos y pueblos obedecían y tributaban a los de Culúa; aunque el principal y el mayor era el rey de México, el segundo el de Tezcuco y el menor el de Tlacopan.

Por muerte de Izcoua reinó Moctezuma, hijo de Viciliuitl, que tal costumbre tenían en las herencias de no suceder en el señorío los hijos a los padres que tenían hermanos, hasta haber muerto los tíos; mas en muriendo, heredaban los hijos del hermano mayor, como hizo este Moctezuma.

Tras este Moctezuma vino a suceder en el reino una hija suya, pues no había otro heredero más cercano; la cual casó con un pariente suyo, y tuvo de él muchos hijos, de los cuales fueron reyes de México tres, uno tras otro, como habían sido los hijos de Acamapich.

Axayaca fue rey después de su madre, y dejó un hijo, que llamó Moctezuma en honor de su abuelo.

Por muerte de Axayaca reinó su hermano Tizocica.

A Tizocica sucedió Auhizo, que. también era hermano suyo.

Cuando fue muerto Auhizo, entró a reinar Moctezuma, y comenzó el año 1503. Éste fue a quien prendió Cortés. Quedaron muchos hijos de este Moctezuma, según dicen algunos. Cortés dice que dejó tres hijos varones con muchas hijas. El mayor de ellos murió entre muchos españoles al huir de México. De los otros dos, el uno era loco y el otro perlático. Don Pedro de Moctezuma, que aún vive, es su hijo, y señor de un barrio de México; al cual, porque se da mucho al vino, no le han hecho mayor señor. De las hijas, una fue casada con Alonso de Grado, y otra con Pedro Gallego, y después con Juan Cano, de Cáceres; y antes que con ellos, casó con Cuetlauac. Fue bautizada, y se llamó doña Isabel. Parió de Pedro Gallego un hijo, que llamaron Juan Gallego Moctezuma, y de Juan Cano parió muchos. Otros dicen que no tuvo Moctezuma más que dos hijos legítimos: a Axayaca, varón, y a esta doña Isabel; aunque bien hay que averiguar qué hijos y qué mujeres de Moctezuma eran legítimos.

Muerto que fue Moctezuma, y echados de México los españoles, fue rey Cuetlauac, señor de Iztacpalapan, su sobrino, o como algunos quieren, su hermano. No vivió más de sesenta días, aunque otros dicen muchos menos. Murió de las viruelas que pegó el negro de Narváez.

Por muerte de Cuetlauac reinó Cuahutimoccín, sobrino de Moctezuma y sacerdote mayor; el cual, por reinar descansado, mató a Axacaya, a quien pertenecía el reino, y tomó por mujer a la doña Isabel que arriba dije. Este Cuahutimoccín perdió a México, aunque lo defendió esforzadamente.

Capítulo CCXII. La manera corriente de heredar
Muchas maneras hay de heredar entre los de Nueva España, y mucha diferencia entre nobles y villanos, por lo cual pondré aquí algo de ello. Es costumbre de plebeyos que el hijo mayor herede al padre en toda la hacienda raíz y mueble, y que tenga y mantenga a todos los hermanos y sobrinos, con tal que hagan ellos lo que él les mande. Por esta causa hay siempre en cada casa muchas personas. La razón por la que no parten la hacienda es por no disminuirla con la partición y particiones que unas tras otra se harían; lo cual, aunque es muy bueno, trae grandes inconvenientes. El que así hereda paga al señor los tributos y pechos a que su casa y heredad está obligada, y no más; y si está en lugar que pagan al señor por cabezas, da entonces aquel hermano mayor tantos cacaos por cada hermano y sobrino que tiene en casa, o tantas plumas o mantas o cargas de maíz, o las otras cosas que suelen pechar; y así, tributa mucho y parece a quien no lo sabe que es tributo desafortunado. Y en verdad, muchas veces no lo pueden pagar, y los venden o toman por esclavos. Cuando no hay hermanos ni sobrinos que hereden forzosamente, vuelven las haciendas al señor o al pueblo, y entonces las da el señor o el pueblo a quien bien les place, con la carga de tributo y servicio que tiene, y no más; aunque siempre se respeta el darlas a parientes de los que las tuvieron. Y aunque los pueblos hereden a los

vecinos, no es para el concejo la renta, sino para el señor, del cual tienen tomado a renta, o como decimos acá, a censo perpetuo, todo el término. Lo reparten por suertes y contribuyen a prorrateo. En otros lugares heredan al padre todos los hijos, y reparten entre sí la hacienda, que parece más justo y más libertad. Algunos señoríos hay que, aunque hereda el hijo mayor, no entra en posesión sin decreto y voluntad del pueblo, o sin licencia del rey a quien debe y reconoce vasallaje, por cuya causa muchas veces venían a heredar los otros hijos; y de aquí debe ser que en semejantes estados los padres nombran al hijo que les heredará; y dicen que en muchos lugares dejaba mandado el padre qué hijo tenía que sucederle en el señorío. En los pueblos de república, que se gobernaban en común, tenían diferentes maneras de heredar los estados, pero siempre se miraba el linaje. La general costumbre entre reyes y grandes señores mexicanos es heredar antes los hermanos que los hijos, y luego los hijos del hermano mayor, y tras ellos los hijos del primer heredero; y si no había hijos ni nietos, heredaban los parientes más allegados. Los reyes de México, Tezcuco y otros sacaban del estado lugares para dar a hijos y para dotar las hijas; y aun como eran poderosos, querían que siempre los hijos de las mujeres mexicanas, hijas y sobrinas del rey, heredasen el señorío de los padres, si ya no fuesen los mayores ni a los que pertenecía el estado.

Capítulo CCXIII. La jura y coronación del rey
Aunque heredaban unos hermanos a otros, y tras ellos el hijo del primer hermano, no usaban del mando ni creo que del nombre de rey hasta ser ungidos y coronados públicamente. Así, pues, que el rey de México estaba muerto y sepultado, llamaban a cortes al señor de Tezcuco y al de Tlacopan, que eran los mayores y mejores, y a todos los demás señores súbditos y sufragáneos del imperio mexicano, los cuales venían muy pronto. Si había duda o diferencia sobre quién debía ser rey, se averiguaba lo más pronto que podían, y si no, poco tenían que hacer. En fin, llevaban al que pertenecía el reino, todo desnudo, excepto lo vergonzoso, al templo grande de Vitcilopuchtli. Iban todos muy silenciosos y sin regocijo ninguno. Lo subían del brazo gradas arriba dos caballeros de la ciudad, que para esto nombraban, y delante de él iban los señores de Tezcuco y de Tlacopan, sin

entremeterse nadie en medio; los cuales llevaban sobre sus mantas ciertas insignias de sus títulos y oficios en la coronación y ungimiento. No subían a las capillas y altar sino pocos seglares, y éstos para vestir al nuevo rey y para hacer algunas ceremonias; pues todos los demás miraban desde las gradas y desde el suelo, y hasta desde los tejados, y todo se llenaba: tanta gente acudía a la fiesta. Llegaban, pues, con mucho acatamiento, se hincaban de rodillas ante el ídolo de Vitcilopuchtli, tocaban con el dedo en tierra y lo besaban. Venía luego el gran sacerdote vestido de pontifical, con otros muchos revestidos también de las sobrepellices que, según en otra parte dije, ellos usan; y sin hablarle palabra, le teñía todo el cuerpo, con una tinta muy negra, hecha para este efecto; y tras esto, saludando o bendiciendo al ungido, le rociaba cuatro veces de aquella agua bendita y a su modo consagrada, que dije guardaban en la consagración del Dios de masa, con un hisopo de ramas y hojas de caña, cedro y sauce, que hacían por algún significado o propiedad. Le ponía después sobre la cabeza una manta toda pintada y sembrada de huesos y calaveras de muerto, encima de la cual le vestía otra manta negra, y luego otra azul, y ambas estaban con cabezas y huesos de muerto, pintados muy al natural. Le echaba al cuello unas correas coloradas, largas y de muchos ramales, de cuyos extremos pendían algunas insignias de rey, como colgantes. Le cargaban también a las espaldas una calabacita llena de ciertos polvos, por cuya virtud no le tocase pestilencia ni le cayese dolor ni enfermedad ninguna, y para que no le echasen mal de ojo las viejas, ni encantasen los hechiceros, ni le engañasen los malos hombres, y en fin, para que ninguna cosa mala le ofendiese ni dañase. Le ponía asimismo en el brazo izquierdo una taleguilla con el incienso que ellos usan, y le daba un braserito con ascuas de corteza de encima. El rey se levantaba entonces, echaba de aquel incienso en las brasas, y con gran mesura y reverencia sahumaba a Vitcilopuchtli y se sentaba. Llegaba luego el gran sacerdote y le tomaba juramento de palabra, y le conjuraba que tendría la religión de sus dioses, que guardaría los fueros y leyes de sus antecesores, que mantendría justicia, que a ningún vallaso ni amigo agraviaría, que sería valiente en la guerra, que haría andar al Sol con su claridad, llover a las nubes, correr a los ríos y a la tierra producir todo género de mantenimientos. Estas y otras cosas imposibles prometía y juraba el nuevo rey. Daba las gracias al gran sacerdote, se encomendaba a los dio ses y a los espectadores, y con tanto le bajaban los mismos que lo subieron, por el orden que antes. Comenzaba luego la gente a decir a voces que fuese para bien su reinado, y que le gozase muchos años con salud de todo el pueblo. Entonces veríais bailar a unos, tañer a otros, y a todos que mostraban sus corazones con las muchas alegrías que hacían. Antes de bajar las gradas llegaban todos los señores que estaban en las Cortes y en corte a prestarle obediencia. Y en señal del señorío que sobre ellos tenía, le presentaban plumajes, sartas de caracoles, collares y otras joyas de oro y plata, y mantas pintadas con la muerte. Le acompañaban hasta una gran sala, y se iban. El rey se sentaba en una especie de estrado, que llamaban tlacatecco. No salía del patio y templo en cuatro días, los cuales gastaba en oración, sacrificios y penitencia. No comía más que una vez al día, y aunque comía carne, sal, ají y todo manjar de señor, ayunaba. Se bañaba una vez al día y otra a la noche en una gran alberca, donde se sangraba de las orejas, e incensaba al Dios del agua Tlaloc. También incensaba a los otros ídolos del patio y templo, ofreciéndoles pan, fruta, flores, papeles y cañitas teñidas en sangre de su propia lengua, nariz, manos y otras partes que se sacrificaba. Pasados aquellos cuatro días, venían todos los señores a llevarlo a palacio con grandísima fiesta y placer del pueblo; mas pocos le miraban a la cara después de la consagración. Con haber dicho estas ceremonias y solemnidad que México tenía en coronar a su rey, no hay qué decir de los otros reyes, porque todos o la mayoría siguen esta costumbre, salvo que no suben a lo alto, sino al pie de las gradas. Venían luego a México, a por la confirmación del estado, y vueltos a sus tierras, hacían grandes fiestas y convites, no sin borracheras ni sin carne humana.

Capítulo CCXIV. La caballería del tecuitli

Para ser tecuitli, que es el mayor título y dignidad después de los reyes, no se admiten sino hijos de señores. Tres años y más tiempo antes de recibir el hábito de esta caballería, convidaba a la fiesta a todos sus parientes y amigos, y a los señores y tecuitles de la comarca. Venían, y juntos miraban que el día de la fiesta fuese de buen signo, por no comenzarla con escrúpulo. Acompañaban al caballero novel todos los del pueblo hasta el templo grande del Dios Camaxtle, que era el mayor ídolo de las repúblicas. Los señores, los amigos y parientes que estaban convidados lo subían por las gradas del altar, se hincaban todos de rodillas delante del ídolo, y el caballero estaba muy devoto, humilde y paciente. Salía luego el sacerdote mayor, y con un aguzado hueso de tigre, o con una uña de águila, le horadaba las narices, entre cuero y ternillas, de pequeños agujeros, y le metía en ellos unas piedrecillas de azabache negro, y no de otro color; le hacía tras esto grandes vejaciones, injuriándole mucho de palabras y obras, hasta desnudarlo en cueros, salvo lo deshonesto. El caballero se iba entonces así desnudo a una sala del templo, y comenzaba a velar las armas, se sentaba en el suelo, y allí se estaba rezando. Comían los convidados con mucho regocijo; pero al acabar, se iban sin hablarle. Cuando anochecía le traían algunos sacerdotes unas mantas groseras y viles para que se las pusiese; una estera y un tajoncillo por almohada, en que se recostase, y otro por silla para sentarse; le traían tinta con que se tiznase, púas de metal con que punzase las orejas, brazos y piernas; un brasero y resina para incensar a los ídolos; y si había gente con él, la echaban fuera y no le dejaban más de tres hombres, soldados viejos y diestros en la guerra, para que le instruyesen y tuviesen en vela. No dormía en cuatro días sino algunos ratillos, y éstos sentado; pues los soldados le despertaban picándole con púas de metal. Cada medianoche sahumaba los ídolos y les ofrecía gotas de sangre que sacaba de su cuerpo. Andaba todo el patio y templo una vuelta alrededor, cavaba en cuatro partes iguales y allí enterraba papel, copalli y cañas con sangre de sus orejas, manos, pies y lengua. Tras esto comía; que hasta entonces no se desmayaba. Era la comida cuatro bollitos o buñuelos de maíz y una copa de agua. Alguno de estos caballeros no probaba bocado en cuatro días. Acabados estos cuatro días, pedía licencia a los sacerdotes para ir a cumplir su profesión a otros templos; pues a su casa no podía, ni llegar a su mujer, aunque la tuviese, durante el tiempo de la penitencia. Al cabo del año, y de allí en adelante, cuando quería salir, aguardaba a un día de buen signo para que saliese con buen pie, como había entrado, El día que había de salir venían todos los que primero le honraron, y luego por la mañana le lavaban y limpiaban muy bien, y le volvían a llevar al templo de Camaxtle con mucha música, danzas y regocijo. Le subían hasta cerca del altar, le desnudaban las mantillas que traía, le ataban los cabellos al colodrillo con una tira de cuero encarnado, de la cual colgaban algunas plumas, lo cubrían con una fina manta, y encima de ellas le echaban otra manta riquísima, que era el hábito e insignia de tecuitli. Le ponían en la mano izquierda un arco, y en la derecha unas flechas. Luego el sacerdote le hacía un razonamiento, del cual era lo más importante que mirase la orden de caballería que había tomado, y así como se diferenciaba en el hábito, traje y nombre, así se aventajase en condición, nobleza, liberalidad y otras virtudes y obras nuevas; que sustentase la religión, que defendiese la patria, que amparase a los suyos, que destruyese a los enemigos, que no fuese cobarde, y en la guerra que fuese como águila o tigre, pues por eso le agujereaba con sus uñas y huesos la nariz, que es lo más alto y señalado de la cara, donde está la vergüenza del hombre. Le daba tras esto otro nombre, y le despedía con una bendición. Los señores y convidados forasteros y naturales se sentaban a comer en el patio, y los ciudadanos tañían y cantaban conforme a la fiesta, y bailaban el netoteliztli. La comida estaba muy abastecida de toda clase de viandas, mucha caza y volatería; pues solamente de gallipavos se comían a placer mil y mil quinientos. No hay número de las codornices que allí se gastaban, ni de los conejos, liebres, venados, perrillos capados y cebones. También servían culebras, víboras y otras serpientes guisadas con mucho ají; cosa que parece increíble, pero es cierta. No quiero decir las muchas frutas, las guirnaldas de flores, los mazos de rosas y cañutos de flores que ponían en las mesas; pero digo que gentilmente se embriagaban con aquellos vinos. En fin, en semejantes fiestas no había pariente pobre. Daban a los señores tecuitles y principales convidados plumajes, mantas, tocas, zapatos, bezotes y orejeras de oro, plata o piedras de precio. Esto era más o menos según la riqueza y ánimo del nuevo tecuitli, y conforme a las personas que se daba. También había grandes ofrendas al templo y a los sacerdotes. El tecuitli se ponía en los agujeros de la nariz que le hizo el sacerdote granillos de oro, perlitas, turquesas, esmeraldas y otras piedras preciosas; pues en aquello se conocían y diferenciaban de los demás los tales caballeros. En la guerra se ataban los cabellos a la coronilla. Era el primero en los votos, en los asientos y presentes; era el principal en los banquetes y fiestas, en la guerra y en la paz, y podía llevar tras de sí un banquillo para sentarse dondequiera que le agradase. Este título tenían Xicotencatl y Maxixca, que fue gran amigo de Cortés, y por eso eran capitanes y tan preminentes personas en Tlaxcala y su tierra.

Capítulo CCXV. Lo que sienten del alma
Bien pensaban estos mexicanos que las almas eran inmortales, y que penaban o gozaban según vivieron, y toda su religión se encaminaba a esto; pero donde más claramente lo mostraban era en los mortuorios. Tenían que había nueve lugares en la tierra a donde iban a morar los difuntos: uno junto al Sol, y que los hombres buenos, los muertos en batalla y los sacrificados iban a la casa del Sol, y que los malos se quedaban aquí en la tierra, y se repartían de esta manera: los niños y mal paridos iban a un lugar, los que morían de vejez o enfermedad iban a otro, los que morían súbita y arrebatadamente iban a otro, los muertos de heridas y mal pegajoso iban a otro, los ahogados a otro, los ajusticiados por delitos, como eran hurto y adulterio, a otro; los que mataban a sus padres, hijos y mujeres, tenían casa por sí. También estaban por su lado los que mataban al señor y a algún sacerdote. La gente menuda comúnmente se enterraba. Los señores y ricos hombres se quemaban, y quemados los sepultaban. En las mortajas había gran diferencia, y más vestidos iban muertos que anduvieron vivos. Amortajaban a las mujeres de otra manera que a los hombres y que a los niños. Al que moría por adúltero lo vestían como al Dios de la lujuria, llamado Tlazolteutl; al ahogado, como a Tlaloc, Dios del agua; al borracho, como a Ometochtli, Dios del vino; al soldado, como Vitcilopuchtli; y finalmente, a cada oficial ponían el traje del ídolo de aquel oficio.

Capítulo CCXVI. Enterramiento de los reyes
Cuando enferma el rey de México ponen máscaras a Tezcatlipuca o Vitcilopuchtli, o a otro ídolo, y no se la quitan hasta que sana o muere. Cuando expiraba lo enviaban a decir a todos los pueblos de su reino para que lo llorasen, y a llamar a los señores que eran parientes y amigos suyos, y que podían venir a las honras dentro de cuatro días; que los vasallos ya estaban allí. Ponían el cuerpo sobre una estera, y lo velaban cuatro noches gimiendo y plañiendo. Lo lavaban, le cortaban una guedeja de cabellos de

la coronilla, y los guardaban, diciendo que en ellos quedaba la memoria de su alma. Le metían en la boca una fina esmeralda; le amortajaban con diecisiete mantas muy ricas y muy bordadas de colores, y sobre todas ellas iba la divisa de Vitcilopuchtli o Tezcatlipuca, o la de algún otro ídolo devoto suyo, o la del Dios en cuyo templo se mandaba enterrar. Le ponían una máscara muy pintada de diablos y muchas joyas, piedras y perlas. Mataban luego allí al esclavo lamparero, que tenía a su cargo el hacer lumbre y sahumerios a los dioses del palacio, y con tanto llevaban el cuerpo al templo. Unos iban llorando y otros cantando la muerte del rey; que tal era su costumbre. Los señores, los caballeros y criados del difunto llevaban rodelas, flechas, mazas, banderas, penachos y otras cosas así, para echar en la hoguera. Los recibía el gran sacerdote con toda su clerecía a la puerta del patio, en tono triste; decía ciertas palabras, y le hacía echar en un gran fuego que para quemarlo estaba hecho, con todas las joyas que tenía. Echaban también a quemar todas las armas, plumajes y banderas con que le honraban, y un perro que lo guiase a donde había de ir, matado primero con una flecha que le atravesase el pescuezo. Entre tanto que ardía la hoguera y quemaba al rey y al perro, sacrificaban los sacerdotes doscientas personas, aunque en esto no había tasa ni ordinario. Los abrían por el pecho, les sacaban el corazón para arrojarle en el fuego del señor, y luego echaban los cuerpos en un osario. Estos que así morían por honra y para servicio de su amo, como ellos dicen, en el otro siglo, eran en su mayor parte esclavos del muerto y de algunos señores que se los ofrecían; otros eran enanos, otros contrahechos, otros monstruos y algunas eran mujeres. Ponían al difunto, en casa y en el templo, muchas flores y muchas cosas de comer y de beber, y nadie las tocaba más que los sacerdotes, pues debía ser ofrenda. Al otro día cogían la ceniza del quemado y los dientes, que nunca se quemaban, y la esmeralda que llevaba en la boca, todo lo cual lo metían en un arca pintada por dentro de figuras endiabladas, con la guedeja de cabellos, y con otros pocos cabellos que cuando nació le cortaron, y tenían guardados para esto. La cerraban bien, y ponían encima de ella una imagen de palo, hecha y ataviada al natural como el difunto. Duraban las exequias cuatro días, en los cuales llevaban grandes ofrendas las hijas y mujeres del muerto, y otras personas, y las ponían donde fue quemado, y delante del arca y de la figura. Al cuarto día mataban por su alma quince esclavos, o más o menos, según les parecía; a los veinte días mataban cinco; a los sesenta, tres; a los ochenta, que era como final de año, nueve.

Capítulo CCXVII. De cómo queman para enterrar a los reyes de Michoacan

El rey de Michoacan, que era grandísimo señor, y que competía con el de México, cuando estaba muy a la muerte y desahuciado de los médicos, nombraba al hijo que quería por rey; el cual llamaba entonces a todos los señores del reino, gobernadores, capitanes y valientes soldados que tenían cargos de su padre, para enterrarle; al que no venía le castigaba como a traidor. Todos venían, y le traían presentes, que era como aprobación del reinado. Si el rey estaba enfermo en artículo de muerte, cerraban las puertas de la sala para que nadie entrase allí. Ponían la divisa, silla y armas reales en un portal del patio de palacio, para que allí se recogiesen los señores y los demás caballeros. En muriendo alzaban todos ellos y los demás un gran llanto, entraban donde estaba su rey muerto, le tocaban con las manos, lo bañaban con agua olorosa, le vestían una camisa muy delgada, le calzaban unos zapatos de venado, que es el calzado de aquellos reyes; te ataban cascabeles de oro a los tobillos, le ponían ajorcas de turquesas en las muñecas, en los brazos brazaletes de oro, en la garganta gargantillas de turquesas y otras piedras, en las orejas zarcillos de oro, en el bezo un bezote de turquesas, y en la espalda un gran trenzado de muy linda pluma verde. Le echaban en unas anchas andas que tenían una cama muy buena; le ponían a uno de los lados un arco y un carcaj de piel de tigre, con muchas flechas; y al otro un bulto de su tamaño, hecho de mantas finas, a manera de muñeca, que llevaba un gran plumaje de plumas verdes, largas y de precio. Llevaba su trenzado, zapatos, brazaletes y collar de oro. Entre tanto que unos hacían esto, lavaban otros a las mujeres y hombres que habían de ser matados para acompañar al rey al infierno. Les daban bien de comer, y los emborrachaban para que no sintiesen mucho la muerte. El nuevo señor señalaba las personas que habían de ir a servir al rey su padre, porque muchos no se alegraban de tanta honra y favor; aunque algunos había tan simples o engañados, que tenían por gloriosa aquella muerte. Eran principalmente siete mujeres nobles y señoras: una para que llevase todos los bezotes, arracadas, manillas, collares y otras joyas así de ricas, que solía ponerse al muerto; otra iba para copera, otra para que le sirviese aguamanos, otra para que le diese el orinal, otra para cocinera, y la otra para lavandera. También mataban otras muchas esclavas, y mozas de servicio que eran libres. No se lleva cuenta de los hombres esclavos y libres que mataban el día del entierro del rey, pues mataban uno y aun más de cada oficio. Limpios, pues, estos escogidos, hartos y beodos, se teñían los rostros de amarillo, y se ponían en las cabezas sendas guirnaldas de flores, e iban como en procesión delante del cuerpo muerto, unos tañendo caracolas, otros huesos, otros en conchas de tortuga, otros chiflando, y creo que todos llorando. Los hijos del muerto y los señores principales tomaban en hombros las andas, y caminaban paso a paso al templo de su Dios Curicaueri; los parientes rodeaban las andas y cantaban ciertos cantares tristes y enrevesados; los criados, los hombres valientes, y de cargos de justicia o guerra, llevaban abanicos, pendones y diversas armas. Salían de palacio a medianoche con grandes tizones de tea y con grandísimo ruido de trompetas y atabales. Los vecinos de las calles por donde pasaban, barrían y regaban muy bien el suelo. Al llegar al templo daban cuatro vueltas a una hacina de leña de pino, que tenían hecha para quemar el cuerpo, echaban las andas encima del montón de leña, y le prendían fuego por debajo; y como estaba seca, pronto ardía. Golpeaban entre tanto a los enguirnaldados, con porras, y los enterraban de cuatro en cuatro con los vestidos y cosas que llevaban, detrás del templo, al lado de las paredes. Al amanecer, cuando ya estaba muerto el fuego, cogían en una rica manta la ceniza, huesos, piedras y oro derretido, e iban con ello a la puerta del templo; salían los sacerdotes, bendecían las endemoniadas reliquias, las envolvían en aquella y en otras mantas, hacían una muñeca, la vestían muy bien como hombre, le ponían máscara, plumaje, zarcillos, sartales, sortijas, bezotes y cascabeles de oro; arco, flechas y una rodela de oro y pluma a la espalda, que parecía un ídolo muy compuesto. Abrían luego una sepultura al pie de las gradas, ancha y cuadrada, y dos estados de honda.; la emparamentaban de esteras nuevas y buenas por las cuatro paredes y el suelo, armaban dentro una cama, entraba cargado de la muñeca un religioso, cuyo oficio era tomar a cuestas a los dioses, y la tendían en la cama con los ojos hacia levante. Colgaban muchas rodelas de oro y plata sobre las esteras, y muchos penachos, saetas y algún arco. Arrimaban tinajas, ollas, jarros y platos. En fin, llenaban la huesa de arcas encoradas, con ropa y joyas, de comida y de armas. Salían, y cerraban el hoyo con vigas y tablas, echaban por encima un suelo de barro, y con eso esto se iban. Se lavaban mucho todos aquellos señores y personas que se habían acercado al sepultado y hecho algo en el enterramiento, y luego comían en el patio de palacio, sentados, pero sin mesa. Se limpiaban con sendos copos de algodón. Tenían las cabezas bajas, estaban mustios, y no hablaban sino «Dame de beber». Esto le duraba cinco días, y en todos ellos no se encendía fuego en casa ninguna de aquella ciudad Chincicila, si no era en palacio y en los templos; ni se molía maíz sobre piedra, ni se hacía mercado, ni andaban por las calles; y en fin, hacían todo el sentimiento posible por la muerte de su señor.

Capítulo CCXVIII. Los niños
Es costumbre en esta tierra saludar al niño recién nacido diciendo: «¡Oh, criatura! ¡Ah, chiquito! Venido eres al mundo a padecer; sufre, padece y calla». Le ponen luego un poco de cal viva en las rodillas, como quien dice: «Vivo eres, pero morir tienes, o por muchos trabajos has de ser tornado polvo como esta cal, que piedra era». Se regocijan aquel día con bailes, cantares y colación.

Era general costumbre no dar leche las madres a sus hijos el primer día todo entero que nacían, para que con el hambre cogiesen después la teta de mejor gana y apetito; pero mamaban ordinariamente cuatro años consecutivos, y tierras había que doce. Las cunas son de cañas o palillos muy livianos, por no hacer pesada la carga. También se los echan las madres y amas al cuello sobre la espalda, con una mantilla que les coge todo el cuerpo, y que se atan ellas al pecho por las puntas, y de aquella manera los llevan caminando, y les dan la teta por el hombro; huyen de quedarse preñadas criando, y la viuda no se casa hasta destetar el hijo, pues les estaba mal mirado que hiciesen lo contrario.

En algunas partes zambullen los niños en albercas, fuentes o ríos, o en tinajas, el primer día que nacen, para endurecerles el cuero y carne, o quizá por lavarles la sangre, hedor y suciedad que sacan del vientre de las madres; cuya costumbre algunas naciones de por acá la tuvieron. Hecho esto, les ponen, si es varón, una saeta en la mano derecha, y si hembra, un huso o una lanzadera, significando que se habían de valer, él por las armas, y ella por la rueca.

En otros pueblos bañaban a las criaturas a los siete días, y en otros a los diez de nacer; y allí ponían al hombre una rodela en la izquierda y una flecha en la derecha. A la mujer le ponían una escoba, para entender que el uno ha de mandar y la otra obedecer, En este lavatorio les ponían nombre, no como querían, sino el del mismo día en que nacieron; y a los tres meses suyos, que son dos de los nuestros, los llevaban al templo, donde un sacerdote que llevaba la cuenta y ciencia del calendario y signos les daba otro sobrenombre, haciendo muchas ceremonias, y declaraba las gracias y virtudes del ídolo cuyo nombre les ponía, pronosticándoles buenos hados. Comían en tales días muy bien, bebían mejor, y no era buen convidado el que no salía borracho. Además de estos nombres de los días siete y sesenta, tomaban algunos señores otro, como era Tecuitli y Pilli; mas esto acontecía raras veces.

El castigo de los hijos toca a los padres, y el de las hijas a las madres. Los azotan con ortigas, les dan humo en las narices, estando colgados de los pies; atan a las muchachas por los tobillos, para que no salgan fuera de casa; las hieren en el labio y punta de la lengua, por la mentira; son muy apasionados por mentir todos estos indios, y por enmienda y por quitarlos de este vicio ordenó Quezalcoatl el sacrificio de la lengua. Caro les costó a muchos el mentir al principio que nuestros españoles ganaran la tierra; porque, al preguntarles dónde había oro y sepulturas ricas, decían que en tal y tal sitio; y como no se hallase por más que cavaban, los descoyuntaban a tormentos y golpes, y hasta los aperreaban.

Los pobres enseñaban a sus hijos sus oficios, no porque no tuviesen libertad para mostrarles otro, sino porque los aprendiesen sin gastar con ellos. Los ricos, especialmente los caballeros y señores, enviaban a los templos a sus hijos cuando tenían cinco años, y por esta causa había tantos hombres en cada templo, cuantos en otra parte dije. Allí había un maestro para adoctrinarlos; tenía esta congregación de mancebos tierras propias en que coger pan y fruta; tenían sus estatutos, como decir, ayunar tantos días en cada mes, sangrarse las fiestas, rezar, y no salir sin licencia.

Capítulo CCXIX. Encerramiento de mujeres

A espaldas de los templos grandes de cada ciudad había una sala muy grande y aposento por sí, donde comían, dormían y hacían su vida muchas mujeres; y aunque tales salas no tenían puerta, porque no las usan, están seguras. Bien que nuestros españoles decían lo que pensaban de aquella abertura y libertad, sabiendo que aun donde hay puertas saltan los hombres las paredes. Diversas intenciones y fines tenían las que dormían en casa de los dioses; pero ninguna de ellas entraba para estar allí toda la su vida, aunque había entre ellas mujeres viejas. Unas entraban allí por enfermedades, otras por necesidad, y otras por ser buenas. Algunas para que los dioses les diesen riquezas, muchas para que les diesen larga vida, y todas para que les diesen buenos maridos y muchos hijos. Prometían servir y estar en el templo un año, dos, tres, o más tiempo, y después se casaban. Lo primero que hacían al entrar era trasquilarse, a diferencia de las otras, o porque los ministros del mismo templo llevaban cabellos. Su oficio era hilar algodón y pluma, y tejer mantas para sí y para los ídolos, barrer el patio y salas del templo; que las gradas y capillas altas los ministros las barrían. Tenían algunas sangrías del cuerpo con que agradar al diablo; iban las fiestas solemnes, o siendo menester, en procesión con los sacerdotes, ellos por una fila y ellas por otra; pero no subían las gradas ni cantaban; vivían de por amor de Dios, pues sus parientes, y los ricos y devotos, las sustentaban, y les daban carne cocida y pan caliente, que ofreciesen a los ídolos, pues siempre se ofrecía así para que subiese el olor y vaho en alto, y gustasen los dioses. Comían en comunidad, y dormían juntas en una sala, como monjas, o por mejor decir, como ovejas; no se desnudaban, dicen, por honestidad, y por levantarse más pronto a servir a los dioses y a trabajar; aunque no sé qué se habían de desnudar las que andaban casi en cueros; bailaban en las fiestas ante los dioses, según el día. La que hablaba o se reía con algún hombre seglar o religioso, era reprendida, y la que pecaba con alguno la mataban, juntamente con el hombre; creían que se les habían de pudrir las carnes a las que perdían allí su virginidad, y por el miedo del castigo e infamia eran buenas mujeres estando allí; y las que hacían aquel mal recado de su persona, hacían grandísima penitencia y permanecían en la religión.

Capítulo CCXX. De las muchas mujeres

Casan especialmente los hombres ricos, los soldados, y los señores con muchas mujeres; unos con cinco, otros con treinta, quién con ciento, quién con ciento cincuenta, y había rey que hasta con muchas más. Por donde no es de maravillar que haya en aquella tierra muchos hermanos, todos hijos de un mismo padre, pero no de madre; y así Nezaualpilcintli y su padre Nezahualcoyotl, que fueron señores de Tezcuco, tuvieron cada uno cien hijos, y cada uno otras tantas hijas. Hay algunas provincias y generaciones, como son los chichimecas, mazatecas, otomíes y pinoles, que no toman más que una sola mujer, y ésta no parienta, aunque también es verdad que los señores y caballeros toman cuantas quieren, a estilo de México. En unas partes compran las mujeres, en otras las roban, y generalmente las piden a los padres, y esto de dos maneras, o para mujeres, o por amigas. Cuatro causas dan para tener tantas mujeres: la primera es el vicio de la carne, en el que mucho se deleitan; la segunda es por tener muchos hijos; la tercera por reputación y servicio; la cuarta por granjería. Y esta última la usan más que otros los hombres de guerra, los de palacio, los holgazanes y tahúres; las hacen trabajar como esclavas, hilando, tejiendo mantas para vender, con que se mantengan y jueguen; casan ellos a los veinte años, y aun antes, y ellas a los diez. No se casan con su madre, ni con su hija, ni con su hermana; en lo demás, guardan poco parentesco; aunque algunos se hallaron casados con sus propias hermanas, cuando venidos al santo bautismo dejaban las muchas mujeres y se quedaban con una sola; casaban con cuñadas, con las madrastras en quien sus padres no tuvieron hijos; pero dicen que no era lícito. Nezahualcoyotl, señor de Tezcuco, mató a cuatro de sus hijos porque durmieron con sus madrastras. En Michoacan tomaban por mujer a la suegra, estando casados primero con la hija, y de esta manera tenían a hija y a madre. Aunque toman muchas mujeres, a unas las tienen por legítimas, a otras por amigas, y a otras por mancebas. Amiga llaman a la que después de casados demandaban, y manceba a la que ellos se tomaban. Los hijos de las mujeres que traen dote heredan al padre, y entre grandes señores heredaban los hijos de las del linaje del rey de México, aunque tuviesen otros hijos mayores en mujeres dotadas.

Capítulo CCXXI. Ritos del matrimonio
Siempre va la mujer a velarse a casa del marido, y ordinariamente va a pie, aunque en algunas partes llevan la novia a cuestas, y si es señora, en andas sobre los hombros. Sale a recibirla al umbral de la puerta el desposado, y la inciensan con un braserillo de ascuas y resina olorosa; le dan a ella otro, y le sahúma también a él; la coge de la mano y la mete al tálamo, y se sientan ambos a dos junto al fuego en una estera nueva, llegan entonces unos como especie de padrinos, y les atan las manos una con otra. Estando así atados, da el novio a la novia unos vestidos de mujer, y ella a él vestidos de hombre. Traen luego la comida, y el esposo da de comer a la esposa de su mano, y también la desposada da de comer al desposado. Entre tanto que pasaban todas estas cosas y ritos de desposorio, bailaban y cantaban los convidados, y en alzando la mesa, les hacían presentes porque los había honrado, y no mucho después cenaban largamente, y con el regocijo y calor de las viandas, guisadas con mucho ají, bebían de tal suerte, que cuando venía la noche pocos faltaban de borrachos. Solamente los novios estaban en su seso, por haber comido muy poco, que bien se mostraban en aquello novios, y casi no comen en los cuatro días primeros; que todos sus hechos eran rezar, y sangrarse para ofrecer la sangre al Dios de las bodas. No consuman matrimonio en todo aquel tiempo, ni salen de la cámara sino para la necesidad natural, que nadie puede excusar, o para oratorio de casa, a sahumar los ídolos; creían que saliendo de otra manera fuera de la cámara, especialmente ella, había de ser mala de su cuerpo; sahúman la cama cuando quieren dormir, y entonces, y cuando visitaban los altares, se vestían con la divisa del Dios de las bodas. A la cuarta noche venían algunos sacerdotes ancianos, y hacían la cama a los novios. Juntaban dos esteras nuevas, que nadie las hubiese estrenado; ponían en medio de ellas unas plumas, una piedra chalchihuitl, que es como esmeralda, y un pedazo de cuero de tigre; tendían luego encima de todo ello las mejores mantas de algodón que habían en casa, ponían asimismo en las esquinas de la cama hojas de cañas y púas de metl, decían ciertas palabras, y se iban. Los novios sahumaban la cama y se acostaban. Esta era la propia noche de novios. Al día siguiente por la mañana llevaban la cama con cuantas cosas tenían, y la

sangre que el novio había sacado de la novia, y la que entrambos se sangraron, sobre las hojas de caña, a ofrecer al templo; volvían los sacerdotes, y estando bañándose los novios sobre unas esteras de espadañas, les echaban uno de ellos con la mano cuatro veces agua, a manera de bendición, en reverencia a Tlaloc, Dios del agua, y otras cuatro en reverencia de Ometochli, Dios del vino. Empero, si eran señores los novios, les echaban agua con un plumaje; vestían tras esto los novios de ropa nueva o limpia; daban al novio un incensario bendito con que sahumase los ídolos de su casa, y ponían a la novia pluma blanca sobre la cabeza, y en las manos y pies pluma colorada; y cuando estaba así emplumada, cantaban y bailaban los convidados, y bebían mejor que la otra vez; no hacían estas ceremonias los pobres ni esclavos; pero hacían algunas, y aquéllas eran las que ligaban; ni tampoco guardaban estos ritos los que se casaban con sus mancebas; y dicen que si la madre o el padre de la amancebada requería al que la tenía se casase con ella, pues tenía hijos, que el tal hombre, o la tomaba por mujer, o nunca más volvía a ella.

En Tlaxcala y en otras muchas ciudades y repúblicas, por principal ceremonia y señal de casados se trasquilan los novios, por dejar los cabellos y lozanía de mozos, y criar de allí en adelante otra forma de cabello. La esencial ceremonia que tienen en Michoacan es mirarse mucho de hito en hito los novios al tiempo que los velan, pues de otra manera no es matrimonio, pues parece que dicen no.

En Mixtecapan, que es una gran provincia, llevaban cierto trecho a cuestas al desposado cuando se casa, como quien dice: «Por fuerza te has de casar, aunque no quieras, para tener hijos». Se dan las manos los novios en fe y señal que se han de ayudar el uno al otro. Les atan asimismo las mantas con un gran nudo, para que sepan que no se han de apartar.

Los mazatecas no se acuestan juntos la noche que los casan, ni consuman matrimonio en aquellos veinte días, antes bien están todo aquel tiempo en ayuno y oración, y como ellos dicen, en penitencia, sacrificándose los cuerpos, y untando los hocicos de los ídolos con su propia sangre.

En Pánuco compran los hombres a las mujeres por un arco, dos flechas y una red. No hablan los suegros con los yernos el primer año que se casan. No duermen con las mujeres después de paridas en dos años, para que no se vuelvan a preñar antes de haber criado los hijos, aunque maman doce años; por esta causa tienen muchas mujeres. Nadie come de lo que tocan y guisan las que están con su camisa, excepto ellas mismas.

El divorcio no se hacía sin muy justas causas ni sin autoridad de justicia. Esto era en las mujeres legítimas y públicamente casadas; pues las otras, con tanta facilidad se dejaban como se tomaban. En Michoacan se podían apartar jurando que no se miraban. En México, probando que era mala, sucia y estéril; mas, empero, si las dejaban sin causa ni mandamiento de los jueces, les chamuscaban los cabellos en la plaza, por afrenta y señal de que no tenían seso. La pena del adulterio era muerte natural; moría también ella como él. Si el adúltero era hidalgo, le emplumaban, después de ahorcado, la cabeza. Le ponen un pechacho verde, y lo queman. Castigan tanto este delito, que no excusa la ley al borracho ni a la mujer aunque la perdone su marido. Por evitar adulterios consienten cantoneras, pero no hay mancebías públicas.

Capítulo CCXXII. Costumbres de los hombres
Hablar de mexicanos, es hablar en general de toda la Nueva España. Son los hombres de mediana estatura, pero robustos, leonados en color, los ojos grandes, las frentes anchas, las narices muy abiertas, los cabellos gruesos, negros, largos, pero con garceta. Hay muy pocos crespos ni bien barbados, porque se arrancan y untan los pelos para que no nazcan. Algunos blancos hay, que se tiene por maravilla. Se pintan mucho y feo en guerras y bailes. Se cubren de plumas la cabeza, brazos y piernas, o con escamas de peces o pieles de tigres y otros animales. Se hacen grandes agujeros en las orejas y narices, y aun en la barbilla, en los que ponen piedras, oro y huesos. Unos se meten allí uñas o picos de águila; otros, colmillos de animales; otros, espinas de peces. Los señores, caballeros y ricos llevaban esto de oro o piedras finas, hecho al natural; con lo cual andan galanes y bravos, a su parecer. Calzan unos zapatos como alpargatas, y pañicos por bragas. Visten una manta cuadrada, anudada al hombro derecho como las gitanas. Los ricos, o en fiestas, acostumbran llevar muchas mantas y de colores; en lo demás van desnudos. Casan a los veinte años, aunque los de Pánuco antes tenían cuarenta. Toman muchas mujeres con ritos de matrimonio y muchas sin él. Las

pueden dejar, mas no sin causa, mayormente las legítimas. Son celosísimos; y así, las aporrean mucho. No llevan armas, más que en la guerra, y allí averiguan sus pendencias por desafíos. Los chichimecas no admiten mercaderes de fuera, que los demás hombres tratan mucho; empero, sin verdad ninguna, y por eso compran y venden a toma y daca. Son muy ladrones, mentirosos y holgazanes. La fertilidad de la tierra debe causar tanta pereza, o por no ser ellos codiciosos. Tienen ingenio, habilidad y sufrimiento en lo que hacen; y así, han aprendido muy bien todos nuestros oficios, y la mayoría sin maestros y con la vista solamente. Son mansos, lisonjeros y obedientes, especialmente con los señores y reyes. Religiosísimos sobre manera, aunque cruelmente, según después diremos. Se dan muchísimo a la carnalidad, así con hombres como con mujeres, sin pena ni vergüenza. Agüeran mucho y a menudo; y así, tienen libros y doctores de los agüeros.

Capítulo CCXXIII. Costumbres de las mujeres
Son las mujeres del color y gesto que sus maridos. Van descalzas, llevan camisas de medias mangas, y lo demás anda descubierto. Crían largo el cabello, lo ponen negro con tierra por gentileza y para que les mate los piojos. Las casadas se lo rodean a la cabeza con un nudo en la frente; las vírgenes y por casar lo llevan suelto y echado atrás y adelante. Se pelan y untan todas para no tener pelo sino en la cabeza y cejas; y así, tienen por hermosura tener la frente pequeña y llena de cabello, y no tener colodrillo. Casan de diez años, y son lujuriosísimas. Paren pronto y mucho. Presumen de grandes y largas tetas; y así, dan leche a sus hijos por las espaldas. Entre otras cosas con que se adoban el rostro, está la leche de las pepitas de tezonzapotl o mamei, aunque más lo hacen para no ser picadas de los mosquitos, que huyen de aquella leche amarga. Se curan unas a otras con hierbas, no sin hechicerías; y así abortan muchas en secreto. Las parteras hacen que las criaturas no tengan colodrillo, y las madres las tienen echadas en cunas de tal suerte que no les crezca, porque se precian sin él. En lo demás, tienen cabezas recias, a causa de ir destocadas. Se lavan mucho, y entran en baños fríos en saliendo de baños calientes, que parece dañoso. Son trabajadoras, de miedo, y obedientes. No bailan en público, aunque escancian y acompañan a sus maridos en las danzas, si no se lo manda el

rey. Hilan teniendo el copo en una mano y el huso en la otra. Tuercen al revés que aquí, estando el huso en una escudilla. No tiene rueca el huso, mas hilan de prisa y no mal.

Capítulo CCXXIV. La vivienda

Viven muchos casados en una casa, o por estar juntos los hermanos y parientes, que no parten las heredades, o por la estrechez del pueblo, aunque son los pueblos grandes, y aun las casas. Pican, alisan y amoldan la piedra con piedra. La mejor y más fuerte piedra con que labran y cortan es el pedernal verdinegro. También tienen hachas, barrenas y escoplos de cobre mezclado con oro, plata o estaño. Con palo sacan piedra de las canteras, y con palo hacen navajas de azabache y de otra piedra más dura; que es cosa notable. Labran, pues, con estas herramientas tan bien y primorosamente, que hay mucho que mirar. Pintan las paredes por alegría. Los señores y ricos usan paramentos de algodón con muchas figuras y colores de pluma, que es lo más rico y vistoso, y esteras de palma sutilísimas, que es lo corriente. No hay puertas ni ventanas que cerrar, todo está abierto; y por eso castigan tanto a los adúlteros y ladrones. Se alumbran con tea y otros palos, teniendo cera; que no es poco de maravillar. Así estiman y elogian mucho ellos ahora las candelas de cera y sebo, y los candiles que arden con aceite. Sacan aceite de chiya y otras cosas, para pinturas y medicinas, y saín de aves, peces y animales; mas no saben alumbrarse con ello. Duermen en pajas o esteras, o cuando mucho, en mantas y pluma. Arriman la cabeza a un palo o piedra, o cuando más, a un tajoncillo de hoja de palma, en que también se sientan. Tienen unas silletas bajas, con respaldo de hoja de palma, para sentarse, aunque comúnmente se sientan en tierra. Comen en el suelo y suciamente, pues se limpian en los vestidos, y aun ahora parten los huevos en un cabello, que se arrancan, diciendo que así lo hacían antes, y que les basta. Comen poca carne, creo que por tener poca, pues comen bien tocino y puerco fresco. No quieren carnero ni cabrón, porque les huele mal; cosa digna de notar, comiendo cuantas cosas hay vivas, y hasta sus mismos piojos, que es grandísimo asco. Unos dicen que los comen por sanidad, otros que por gula, otros que por limpieza, creyendo ser más limpio comerlos que matarlos entre las uñas. Comen toda hierba que no les huela mal; y así, saben mucho de ellas para medicinas; pues sus curas son simples. Su principal mantenimiento es el centli y el chili, y su bebida ordinaria el agua o el atulli.

Capítulo CCXXV. Los vinos y la embriaguez
No tienen vino de uvas, aunque se hallaron vides en muchas partes, y es de maravillar que habiendo cepas con uvas, y siendo ellos tan amigos de beber más que agua, cómo no plantaban vides y sacaban vino de ellas. La mejor, más delicada y cara bebida que tienen, es de harina de cacao y agua. Algunas veces le mezclan miel y harina de otras legumbres; esto no emborracha, antes bien refresca mucho, y por eso lo beben con calor y sudando. Hacen vino de maíz, que es su trigo, con agua y miel. Se llama atulli, y es muy corriente brebaje en todas partes, y lo mismo es de todas las demás semillas; pero no emborracha si no lo cuecen o confeccionan con algunas hierbas o raíces. En las comidas ordinarias se contentan con ello, y hasta con agua, que basta para sustento de la vida; mas en partos, bodas y fiestas de sacrificios quieren bebidas que los embriaguen y desatinen; y entonces mezclan ciertas hierbas que, con su mal zumo o con el olor pestífero que tienen, encalabrinan y desatinan al hombre mucho peor que vino puro de San Martín, y no hay quien les pueda sufrir el mal olor que les sale de la boca, ni la gana que tienen de reñir y matar al compañero. Cuando se quieren embriagar de veras, comen unas setillas crudas, que llaman teunanacatlh, o carne de Dios, y con el amargar que les ponen, beben mucha aguamiel o su vino común, y en poco rato quedan fuera de sentido; pues se les antoja ver culebras, tigres, caimanes y peces que los tragan, y otras muchas visiones que los espantan Les parece que se comen vivos de gusanos, y como rabiosos, buscan quién los mate, o se ahorcan. Cuecen también ajenjos con agua y harina de chiyán, que es como zaragatona, y hacen vino amarguillo, que muchos lo beben sin que les amargue. Barrenan palmas y otros árboles, para beber lo que lloran. Beben el licor que destila un árbol llamado metl, cocido con ocpatli, que es una raíz a la que, por su bondad, llaman medicina del vino. Es poco saludable, es muy dañoso y emborracha gentilmente. No hay perros muertos ni bomba que así huela, como el aliento del borracho de este vino. A los que se emborrachan fuera de las fiestas públicas y convites que

hacen, con licencia del señor o jueces, los trasquilan en medio de la plaza y le derriban la casa, porque quien pierde el seso por su culpa no merece tener morada entre hombres de razón. Bebían para enloquecer, y locos, se mataban o mataban a otros. Se echaban con sus hijas, madres y hermanas sin diferencia, y para tanto mal, chica pena era. También se emborrachan después que son cristianos, pues les sabe mejor que los suyos; y para quitarles la embriaguez, a que tanto se dan, los hacían por justicia esclavos, y los vendían a cuatro o cinco reales por un mes.

Capítulo CCXXVI. Los esclavos
Quiero contar la manera que tienen los mexicanos en hacer esclavos, porque es muy diferente de la nuestra. Los cautivos en guerra no servían de esclavos, sino de sacrificados, y no hacían más de comer para ser comidos. Los padres podían vender por esclavos a sus hijos, y cada hombre y mujer a sí mismo. Cuando alguno se vendía, había de pasar la venta delante a lo menos de cuatro testigos.

El que hurtaba maíz, ropa o gallinas era hecho esclavo no teniendo de qué pagar, y entregado a la persona a quien primero hurtó. Si después de esclavo volvía a hurtar, o lo ahorcaban o lo sacrificaban.

El hombre que vendía al libre por esclavo, era dado por esclavo a quien él quería vender; y esta ley se guardaba mucho, para que no vendiesen ni comiesen niños.

Tomaban por esclavos a los hijos, parientes y sabidores del traidor.

El hombre libre que dormía con esclava o la empreñaba, era esclavo del dueño de tal esclava; aunque algunos contradicen esto, por cuanto muchas veces acontecía casarse los esclavos con sus amas, y las esclavas con sus señores; mas debía de ser lícito en caso de casamiento, y no en deshonra del señor de la esclava.

Los hombres necesitados y haraganes se vendían, y los tahúres se jugaban; pero no iban a servir hasta haber pasado un año de cuando hicieron la venta.

Las malas mujeres de su cuerpo, que lo daban de balde si no las querían pagar, se vendían por esclavas por traerse bien, o cuando ninguno las quería por viejas o feas o enfermas; que nadie pide por las puertas.

Los padres vendían o empeñaban un hijo que sirviese de esclavo; pero podían sacar aquél dando otro hijo, y aun había linajes acensados a sustentar un esclavo; pero era grande el precio que se daba por el tal esclavo.

Cuando uno moría con deudas, tomaba el acreedor, si no había hacienda, al hijo a la mujer por esclavo; pero muchos dicen que no era así, y pudo ser que se obligasen con tal condición, pues estaba permitido que se pudiesen vender los hombres libres a sí mismos, y los padres los hijos.

Ningún hijo de esclavo ni esclava, que es mucho más, quedaba hecho esclavo, ni aunque fuese hijo de padre y madre esclavos.

Nadie podía vender su esclavo sin echarle primero argolla, y no se la echaban sin tener causa, y licencia de la justicia. Era la argolla una collera delgada de palo, como arzón, que ceñía la garganta y salía al colodrillo, con unas puntas tan largas, que sobrepasaban la cabeza, o que no se las pudiese desatar el argollado. A estos esclavos de argolla los podían sacrificar, y a los que compraban de otras naciones, y ellos llegaban a ser libres si podían refugiarse en palacio en ciertas fiestas del año, y aun dicen que no se lo podían estorbar sino los amos o sus hijos; pues si otros los detenían, tenían pena de ser esclavos, y el esclavo era todavía libre.

Cada esclavo podía tener mujer y pegujal, del cual muchas veces se redimían; aunque pocos se rescataban, pues ellos no trabajaban mucho y los mantenían los amos.

Capítulo CCXXVII. Jueces y leyes

Los jueces eran doce, todos hombres ancianos y nobles; tienen renta y lugares, que son propios de la justicia; determinan las causas sentados. Las apelaciones iban a otros dos jueces mayores, que llaman tecuitlato, y que siempre solían ser parientes del señor, y están con él, y llevan ración de su despensa y plato. Consultan con los señores una vez cada mes todos los negocios, y cada ochenta días vienen los jueces de la provincia a comunicar con los de la ciudad y con el rey o señor los casos arduos y cosas sucedidas, para que proveyese y mandase lo que más convenía. Había pintores como escribanos, que anotaban los puntos y términos del litigio; pero ningún pleito dicen que pasaba de ochenta días. Los alguaciles eran otros doce, cuyo oficio era prender y llamar a juicio, y su traje mantas pintadas, que de lejos se conociesen. Los recaudadores del pecho y tributos llevaban abanicos, y en algunas partes eran varas cortas y gruesas. Las cárceles eran bajas, húmedas y oscuras, para que temiesen de entrar allí. juraban los testigos poniendo el dedo en tierra, y luego en la lengua, y éste era el juramento de todos; y es como decir que dirán verdad con la lengua por la tierra que los mantiene; otros lo declaran así: «Si no dijéramos verdad, lleguemos a tal extremo que comamos tierra». Algunas veces nombran, cuando así juran, al Dios del crimen y cosa sobre que es el pleito o negocio que se trata. Trasquilan al juez que se soborna o toma presentes, y le quitan el cargo, que era grandísima mengua. Cuentan de Nezaualpilcintli que ahorcó en Tezcuco a un juez por una injusta sentencia que dio sabiendo lo contrario, e hizo ver a otro el pleito.

Matan al matador sin excepción ninguna.

La mujer preñada que lanzaba la criatura, moría por ello: era éste un vicio común entre las mujeres que sus hijos no habían de heredar.

La pena del adulterio era muerte.

El ladrón era esclavo por el primer hurto, y ahorcado por el segundo.

Muere por justicia con grandes tormentos el traidor al rey o república.

Matan a la mujer que anda como hombre, y al hombre que anda como mujer.

El que desafía a otro, si no es estando en guerra, tiene pena de muerte.

En Tezcuco, según algunos dicen, mataban a los sodomitas. Debieron establecer esta pena Nezaualpilcintli y Nezahualcoyotl, que fueron justicieros y libres de aquel pecado; y tanto más son de alabar, cuanto que no se castiga en otros pueblos que lo practican públicamente, habiendo mancebía, como en Pánuco.

Capítulo CCXXVIII. Las guerras
Los reyes de México tenían continua guerra con los de Tlaxcala, Pánuco, Michoacan, Tecuantepec y otros para ejercitarse en las armas, y para, como ellos dicen, tener esclavos que sacrificar a los dioses y cebar a los soldados; pero la causa más cierta era porque ni les querían obedecer ni recibir sus dioses; pues el estilo por donde crecieron todos los mexicanos en señoría fue por dar a otros sus dioses y religión, y si no les recibían rogándoles

con ellos, les hacían guerra hasta sujetarlos e introducir su religión y ritos. Movían también guerra cuando les mataban sus embajadores y mercaderes; pero no la hacían sin antes dar parte al pueblo, y aun dicen que entraban en la consulta mujeres viejas, que, como vivían más que los hombres, se acordaban de cómo se habían hecho las guerras pasadas. Determinada, pues, la guerra, enviaba el rey mensajeros a los enemigos a pedir las cosas robadas, y tomar alguna satisfacción de los muertos, o requerir que pusiesen entre sus dioses al de México, y también porque no dijesen que los cogían desapercibidos y a traición. Entonces los enemigos que se sentían poderosos a resistir, respondían que aguardarían en el campo con las armas en mano; y si no, reunían muy buenos plumajes, tejuelos de oro y plata, piedras y otras cosas de precio y se las enviaban, y pedían perdón, y a Vitcilopuchtli, para ponerlo y tener igual de sus dioses provinciales. Tomaban a los que hacían esto por amigos, y les imponían algunos tributos; a los que se defendían, si los vencían, los tenían por esclavos, que llamaban ellos, y les eran muy pecheros. Al soldado que revelaba lo que su señor o capitán quería hacer, lo castigaban como a traidor, y con gran crudeza; pues le cortaban entrambos brazos, las narices, las orejas, o las manos por junto al codo y los pies por los tobillos; en fin, lo mataban y repartían por barrios, o por escuadrones si era en los ejércitos, para que llegase a conocimiento de todos; y hacían esclavos a los hijos y parientes, y a los que habían sido sabedores de la traición. Los que andaban en guerra no bebían vino que emborrachase, sino el que hacían de cacao, maíz y semillas. Se emplazaban unos enemigos a los otros para la batalla, la cual siempre era campal, y se daba entre términos. Llaman quiahtlale al espacio y lugar que dejan yermo entre raya y raya de cada provincia para pelear, y es como sagrado. Juntas las huestes, hacia señal el rey de México de arremeter al enemigo, con una caracola que suena como corneta; el señor de Tezcuco, con un atabalejo que llevaba echado al hombro, y otros señores, con huesos de pescados que chiflan mucho como caramillos; al recoger hacían otro tanto. Si el estandarte real caía en tierra, todos huían. Los tlaxcaltecas tiraban una saeta; si sacaban sangre al enemigo, tenían por muy cierto que vencerían la batalla y si no, creían que les iría muy mal; aunque, como eran valientes, no dejaban de pelear. Tenían por reliquias dos flechas que dicen que fueron de los primeros pobladores de aquella ciudad, que habían sido hombres victoriosos. Las llevaban siempre a la guerra los capitanes generales, y tiraban con ellas o con una de ellas a los enemigos para tomar agüero, o para encender a los suyos a la batalla; unos dicen que las echaban con trafila, para que no se perdiesen; otros que sin ella, para que su gente, al arremeter en seguida, no diese lugar a los contrarios a que la cogiesen y rompiesen. Daban gritos, que los ponían en el cielo cuando acometían; otros aullaban, y otros silbaban de tal suerte, que ponían espanto a quien no estaba hecho a semejante gritería. Los de tierra de Teouacan tiraban de una vez dos, tres y cuatro flechas; todos en general llevaban aseguradas al brazo las espadas; huían para revolver de nuevo y con mayor ímpetu; preferían cautivar que matar enemigos; jamás soltaban a ninguno, ni tampoco lo rescataban, aunque fuese capitán. El que prendía señor o capitán contrario, era muy galardonado y estimado; quien soltaba o daba a otro el cautivo que prendía en batalla, moría por justicia, por ser ley que cada uno sacrificase sus prisioneros; el que hurtaba o quitaba por fuerza algún preso en guerra, moría también, porque robaban cosa sagrada y la honra, y, como ellos dicen, el esfuerzo ajeno. Mataban a los que hurtaban las armas del señor y capitán general o los atavíos de guerra; porque lo tenían por señal de ser vencidos. No querían, o no podían, los hijos de señores, siendo mancebos, llevar plumajes, vestidos ricos, ni ponerse collares ni joyas de oro, hasta haber hecho alguna valentía o hazaña en la guerra, matado o prendido a algún enemigo. Saludaban antes al cautivo que a quien le cautivó, y toda la tierra le daba el parabién al tal caballero, como si triunfara. De allí en adelante se ataviaba ricamente de oro, pluma y mantas de color o pintadas; se ponía en la cabeza ricos y vistosos plumajes, atados a los cabellos de la coronilla con correas coloradas de tigre; que todo era señal de valiente.

Capítulo CCXXIX. Los sacerdotes

A los sacerdotes de México y de toda esta tierra los llamaron nuestros españoles papas, y fue que, preguntados por qué llevaban así los cabellos, respondían papa, que es cabello; y así les llamaban papas; pues entre ellos tlamacazque se dicen los sacerdotes, o tlenamacaque, y el mayor de todos, que es su prelado, achcauhtli, y es grandísima dignidad. Aprenden y enseñan los misterios de su religión de palabra y por figuras; mas no los comunican ni descubren a lo lejos, bajo gravísima pena. Hay entre ellos muchos que no se casan, por la dignidad, y que son muy notados y castigados si se acercan a mujer. Dejan crecer todos estos sacerdotes el cabello sin jamás cortarlo, peinarlo ni lavarlo, por cuya causa tenían la cabeza sucia y llena de piojos y liendres; pero los que hacían esto eran santones; pues los otros se lavaban la cabeza cuando se bañaban, y se bañaban muy a menudo; y así, aunque llevaban los cabellos muy largos, los llevaban muy limpios; aunque criar cabellos, de suyo es sucio. El hábito de los sacerdotes es una ropa de algodón blanca, estrecha y larga, y encima una manta por capa, anudada al hombro derecho, con madejas de algodón hilado por orlas y flecos. Se tiznaban los días festivos, y cuando su regla lo mandaba, de negro las piernas, brazos, manos y cara, que parecían diablos. Había en el templo de Vitcilopuchtli de México cinco mil personas al servicio de los ídolos y casa, según en otra parte dije; pero no todos llegaban a los altares. Las herramientas, vasos y cosas que tenían para hacer los sacrificios, eran los siguientes: muchos braseros grandes y pequeños, unos de oro, otros de plata, y la mayoría de tierra; unos para incensar las estatuas, y otros en donde tener lumbre; la cual nunca se había de matar, pues era mal señal morirse y castigaban duramente a los que tenían encargo de hacer y atizar el fuego. Se gastaban ordinariamente quinientas cargas de leña, que son mil arrobas de nuestro peso, y muchos días había de entre año de quemar mil quinientas arrobas. También incensaban con los braseritos a los señores; que así hicieron a Cortés y a los españoles cuando entró en el templo y derrocó los ídolos; incensaban asimismo a los novios, a los consagrados, a las ofrendas y otras mil cosas. Perfuman los ídolos con hierbas, flores, polvos y resinas; pero el mejor humo y el corriente es el que llaman copalli, el cual parece incienso, y es de dos maneras: uno era arrugado, que llaman xolochcopalli; en México está muy blando, en tierra fría estaría duro; requiere nacer en tierras calientes, y gastarse en frías. El otro es una goma de Copalquahuitlan, buena, que muchos españoles la tienen por mirra. Punzan el árbol, y en punzarlo, sale y destila gota a gota un licor blanco que después se cuaja, y de ello hacen unos panecillos como de jabón que se traslucen; éste era su perfecto olor en sacrificio, y precisada ofrenda de dioses. De esta goma, mezclada con aceite de olivas, se hace muy buena trementina, y los indios hacen de ella sus pelotas. Tienen lancetas de azabache negro, y unas navajas de a jeme, hechas como puñal, más gruesas en medio que a los filos, con las que sajan y sangran de la lengua, brazos, piernas, y de lo que tienen en devoción o voto. Es esta piedra dura en grandísima manera, y hay otras de la misma clase de piedra, pero de muchos colores. Cortan las navajas por ambos lados, y cortan bien y dulcemente; y si esta piedra no fuese tan vidriosa, es como hierro, pero después salta y se mella. De estas navajas hay infinidad en el templo, y cada uno las tiene en su casa para sus sacrificios y para cortar cosas. Tienen asimismo los sacerdotes púas de metal, con las que se pican; y para coger la sangre que se sacan tienen papel, hojas de caña y metal; tienen pajuelas, cañas y sogas para tocar y pasar por las heridas y agujeros que se hacen en las orejas, lengua, manos y otros miembros que no son para decir. Hay en cada espacio de los templos que está de las gradas al altar, una piedra como tajón, hincada en el suelo y alta una vara de medir, sobre la cual recuestan a los que han de ser sacrificados. Tienen un cuchillo de pedernal, que llaman ellos tecpactl; con estos cuchillos abren a los hombres que sacrifican, por las ternillas del pecho. Para coger la sangre tienen escudillas de calabazas, y para rociar con ella los ídolos, unos hisopillos de pluma colorada; para barrer las capillas y placeta donde está el tajón tienen escobas de plumas, y el que barre nunca vuelve las nalgas a los dioses, sino que va siempre barriendo cara atrás. Con tan pocos ornamentos y aparejo hacían la carnicería que después oiréis.

Capítulo CCXXX. Los dioses mexicanos
Ya dije la forma y grandeza de los templos, cuando conté la magnificencia de México; aquí diré solamente que los tenían siempre muy limpios, blancos y bruñidos, y los altares muy adornados y ricos, Colgaban de las paredes cueros de hombres sacrificados, embutidos de algodón, en memoria de la ofrenda y cautiverio que de ellos había hecho el rey; cuanto más limpios estaban los templos, tanto más sucios estaban los ídolos, de la mucha sangre que continuamente les echaban y de la goma que les pegaban. No había número de los ídolos de México, por haber muchos templos, y muchas capillas en las casas de cada vecino, aunque los nombres de los

dioses no eran tantos; mas, sin embargo, afirman pasar de dos mil dioses, y cada uno tenía su propio nombre, oficio y señal; como decir Ometochtli, Dios del vino, que preside los convites, o causa en que haya vino; tiene sobre la cabeza una especie de mortero, donde le echan vino cuando celebran su fiesta devota, y la celebran muy a menudo y como el santo lo manda. A la diosa del agua, que llaman Matlalcuie, la visten camisa azul, que es el color del agua. A Tezcatlipuca le ponían anteojos, porque, siendo la providencia, debía de mirarlo todo. En Acapulco había ídolos con gorras como las nuestras; adoran el Sol, el fuego, el agua y la tierra, por el bien que les hacen; adoran los truenos, los relámpagos y rayos, por miedo; adoran a unos animales por mansos y a otros por bravos, aunque no sé para qué tenían ídolos de mariposas; adoraban la langosta para que no les comiese los panes; las pulgas y mosquitos para que no les picasen de noche, y las ranas para que les diesen peces. Y aconteció a unos españoles que iban a México, en un pueblo de la laguna, que pidiendo de comer otra cosa que pan, les dijeron que no tenían peces desde que su capitán Cortés les llevó su Dios del pescado; y era porque entre los ídolos que les derribó, como hacía en cada lugar, estaba el de la rana, a la cual tenían por diosa del pescado, que cantando los convidaba a ello. Si la respuesta fue de creerlo, así, simples eran; más si fue maliciosa, gentilmente se excusaron de darles de comer. Quizás adoraban la rana porque, siendo todos los demás peces mudos, ella sola parece que habla.

Capítulo CCXXXI. Cómo se aparece el diablo
Hablaba el diablo con los sacerdotes, con los señores y con otros, pero no a todos. Ofrecían cuanto tenían al que se le aparecía; se les aparecía de mil maneras, y finalmente, conversaba con todos ellos muy a menudo y muy familiar, y los bobos tenían a mucho que los dioses conversasen con los hombres; y como no sabían que fuesen demonios, y oían de su boca muchas cosas antes de que aconteciesen, creían cuanto les decían; y como él se lo mandaba, le sacrificaban tantos hombres, y le llevaban pintado consigo de tal figura cual se les mostró la primera vez; le pintaban en las puertas, en los bancos y en cada parte de la casa; y como se les aparecía de mil trajes y formas, así lo pintaban de infinitas maneras, y algunas tan feas y espan-

tosas, que se asombraban nuestros españoles; pero ellos no lo tenían por feo. Creyendo, pues, estos indios al diablo, habían llegado a la cumbre de la crueldad, bajo el pretexto de religiosos y devotos; y lo eran tanto, que antes de comenzar a comer, tomaban un poquito, y lo ofrecían a la tierra o al Sol; de lo que bebían, derramaban alguna gota para Dios, como quien hace salva; si cogían grano, fruta o rosas, le quitaban alguna hojuela antes de olerla, para ofrenda; el que no guardaba estas y semejantes cosillas, no tenía a Dios en su corazón, y como ellos dicen, era mal criado con los dioses.

Capítulo CCXXXII. Desollamiento de hombres
De veinte en veinte días es fiesta festival y de guardar, que llaman tonalli, y siempre cae el último de cada mes. Pero la mayor fiesta del año, y donde más hombres se matan y comen, es de cincuenta y dos en cincuenta y dos años. Los de Tlaxcala y otras repúblicas celebran estas fiestas, y otras muy solemnes, de cuatro en cuatro años.

El último día del mes primero, que llaman tlacaxipeualiztli, matan en sacrificio cien esclavos, la mayoría cautivos de guerra, y se los comen. Se juntaba todo el pueblo en el templo. Los sacerdotes, después de haber hecho muchas ceremonias, ponían los sacrificados uno a uno, de espaldas sobre la piedra, y vivos los abrían por el pecho con un cuchillo de pedernal; arrojaban el corazón al pie del altar como por ofrenda, untaban los rostros al Vitcilopuchtli, o a otro, con la sangre caliente, y luego desollaban quince o veinte de ellos, o menos, según era el pueblo y los sacrificados; se revestían los cueros tantos hombres honrados, así sangrientos como estaban; pues eran abiertos los cueros por las espaldas y hombros; se cosían los que viniesen justos, y después bailaban con todos los que querían. En México se vestía el rey un cuero de éstos, que fuese de cautivo principal, y regocijaba la fiesta bailando con los otros disfrazados. Toda la gente andaba tras él por verle tan fiero, o como ellos dicen, tan devoto. Los dueños de los esclavos se llevaban sus cuerpos sacrificados, con los que hacían plato a todos sus amigos; quedaban las cabezas y corazones para los sacerdotes; embuían los cueros de algodón o paja, y o los colgaban en el templo, o en palacio, como recuerdo; mas esto era habiéndolo prendido el rey, o algún tecuitli;

iban al sacrificio los esclavos y cautivos de guerra con los vestidos o divisa del ídolo a quien se ofrecían; y además de esto, llevaban plumajes, guirnaldas y otras rosas, y la mayoría de las veces los pintaban o emplumaban, o cubrían en flores y hierba. Muchos de ellos, que mueren alegres, andan bailando, y pidiendo limosna para su sacrificio por la ciudad; recogen mucho, y todo es de los sacerdotes. Cuando ya los panes estaban un palmo de altos, iban a un monte que para tal devoción tenían destinado, y sacrificaban un niño y una niña de tres años cada uno, en honor de Tlaloc, Dios del agua, suplicándole devotamente por ella si les faltaba, o que no les faltase. Estos niños eran hijos de hombres libres y vecinos del pueblo; no les sacaban los corazones, sino que los degollaban. Los envolvían en mantas nuevas, y los enterraban en una caja de piedra.

La fiesta de Tozoztli, cuando ya los maizales estaban crecidos hasta la rodilla, repartían cierto tributo entre los vecinos, con el que compraban cuatro esclavitos, niños de cinco hasta siete años y de otra nación. Los sacrificaban a Tlaloc para que lloviese a menudo; los encerraban en una cueva que para esto tenían hecha, y no la abrían hasta otro año. Tuvo principio el sacrificio de estos cuatro muchachos, de cuando no llovió en cuatro años, ni aun en cinco, según algunos cuentan; en cuyo tiempo se secaron los árboles y las fuentes, y se despobló mucha parte de esa tierra y se fueron a Nicaragua.

El mes y fiesta de Hueitozotli, estando ya los panes criados, cogía cada uno un manojo de maíz, e iban todos a los templos a ofrecerlo con mucha bebida, que llaman atulli, y que se hace del mismo maíz; y con mucho copalli para sahumar a los dioses que crían el pan. Bailaban toda aquella noche, y ni sacrificaban hombres ni hacían borracheras.

Al principio del verano y de las aguas celebraban una fiesta que llaman Tlaxuchimaco, con todas las clases de rosas y flores que pueden; las ofrecen en el templo, enguirnaldando los ídolos con ellas. Gastan todo aquel día bailando. Para celebrar la fiesta de Tecuilhuitlh se juntaban todos los caballeros y principales personas de cada provincia en la ciudad que era la cabeza; la vigilia en la noche vestían a una mujer con la ropa e insignias de la diosa de la sal, y bailaban con ella todos. En la mañana la sacrificaban con las ceremonias y solemnidad acostumbrada, y estaban el día en mucha devoción, echando incienso en los braseros del templo. Ofrecían y, comían grandes comidas en el templo el día de Teutleco, diciendo: «Ya viene nuestro Dios, ya viene». Debía de ser que llamaban al diablo a comer con ellos.

Los mercaderes, que tenían templo por sí, dedicado al Dios de la ganancia, hacían su fiesta en Miccailhuitl, matando muchos esclavos comprados; guardaban fiesta, comían carne sacrificada, y bailaban.

Solemnizaban la fiesta de Ezalcoaliztli, que también estaba consagrada a los dioses del agua, con matar una esclava y un esclavo, no de guerra, sino de venta. Treinta días o más antes de la fiesta ponían dos esclavos, hombre y mujer, en una casa, para que comiesen y durmiesen juntos como casados, y llegado el día del festival, vestían a él las ropas y divisa de Tlaloc, y a ella las de Matlalcuie, y les hacían bailar todo el día, hasta la medianoche, que los sacrificaban; no los comían como a otros, sino que los echaban en un hoyo que para esto tenía cada templo.

En la fiesta de Uchpaniztli, sacrificaban una mujer; la desollaban y vestían el cuero a uno; el cual bailaba con todos los del pueblo dos días consecutivos, y ellos se ataviaban muy bien de mantas y plumajes.

Para la fiesta de Quecholli salía el señor de cada pueblo con los sacerdotes y caballeros a caza, para ofrecer y matar todo lo que cazasen, en los templos del campo. Llevaban gran repuesto y cosas que dar a los que más fieras cogiesen, o más bravas fuesen, como decir leones, tigres, águilas, víboras y otras grandes sierpes; cogen las culebras a mano, y hablando mejor, a pies; porque se atan los cazadores la hierba picietlh a los pies, con la cual adormecen las culebras; no son tan enconadas ni ponzoñosas como las nuestras, excepto las de Almería. Cogen asimismo las culebras de cascabel, que son grandes, tocándolas con cierto palo. Sacrificaban este día todas las aves que cogían, desde águilas hasta mariposas; toda clase de animales, desde el león al ratón, y de los que andan arrastrándose, desde la culebra hasta gusanos y arañas; bailaban, y se volvían al pueblo.

El día de Hatamuztli guardaban la fiesta en México entrando en la laguna con muchas barcas, y anegando un niño y una niña metidos en una acalli, para que nunca más apareciesen, sino que estuviesen en compañía de los dioses de la laguna. Comían en los templos, ofrecían muchos papeles pintados, untaban los carrillos a los ídolos con ulli, y estatua de éstas había que le quedaba una costra de dos dedos de aquella goma.

Cuando hacían la fiesta de Tititlh bailaban todos los hombres y mujeres tres días con sus noches, y bebían hasta caer; mataban a muchos cautivos de los apresados en las guerras de lejanas tierras.

Capítulo CCXXXIII. Sacrificios de hombres
Por honra y servicio del ídolo del fuego celebraban la fiesta que llaman Xocothueci, quemando hombres vivos. En Tlacopan, Coyouacan, Azcapuzalco, y otros muchos pueblos, levantaban la víspera de la fiesta un gran palo rollizo como mástil; lo hincaban en medio del patio o a la puerta del templo; hacían aquella noche un ídolo con toda clase de semillas, lo envolvían en mantas benditas, y lo liaban para que no se deshiciese, y por la mañana lo ponían encima del palo. Traían luego muchos esclavos de guerra o comprados, atados de pies y manos; los echaban en una grandísima hoguera que para tal efecto tenían ardiendo; y medio asados, los sacaban del fuego, y los abrían y sacaban los corazones, para hacer las otras solemnidades; bailaban tras esto durante todo el día alrededor del palo, y por la tarde derribaban el mástil con su Dios en tierra; cargaba luego tanta gente por coger algún granillo o migaja del ídolo, que muchos se ahogaban. Creían que comiendo de aquello los hacia hombres valientes.

En la fiesta de Izcalli sacrificaban muchísimos hombres y todos esclavos y cautivos, en reverencia del Dios del fuego. La principal ceremonia era vestir a un prisionero los vestidos del Dios del fuego, y bailar mucho con él, y cuando estaba cansado lo mataban también como a sus compañeros.

Donde más cruelmente solemnizan esta fiesta es en Cuahutitlan; aunque no lo celebran cada año, sino de cuatro en cuatro años. En las vísperas de esta fiesta hincaban seis árboles muy altos en el patio, para que todos los viesen, y los sacerdotes degollaban a dos mujeres esclavas delante de los ídolos en lo alto de las gradas; las desollaban enteras y, con sus caras, les hendían los muslos y, les sacaban las canillas. Al día siguiente por la mañana volvían todos al templo a los oficios; subían dos hombres principales del pueblo a lo alto, y se vestían los cueros de aquellas desolladas; cubrían sus caras con las de ellas, como máscaras; tomaban sendas canillas en cada mano, y muy paso a paso bajaban las gradas, pero bramando. Estaba la gente como atónita de verlos bajar así, y todos a voz en grito decían: «Ya vienen nuestros dioses, ya vienen nuestros dioses, ya vienen». Al llegar al suelo tañían los atabales, huesos y bocinas, y ataban a cada uno de los enmascarados sendas codornices sacrificadas, por unos agujeros que les hacían en los cueros del brazo de las muertas; y muchos pliegos de papel pintados, y pegados uno con otro, en fila, y prendidos de las espaldas. Iban estos dos hombres bailando por todo el pueblo, y en cada puerta y esquina les echaban codornices, como en ofrenda, sacrificándolas; cogían las codornices, que eran infinitas, se las cenaban los dos revestidos, y los sacerdotes y hombres principales del pueblo con el señor; la razón por que había tanta codorniz era porque venían a la fiesta con mucha devoción los de la comarca, y hasta de diez y más leguas aparte. Aspaban también el mismo día seis presos en guerra; los empicotaban en lo más alto de los seis árboles que habían puesto el día antes; los asaeteaban luego muchos flecheros, derribaban los árboles, y se hacían mil pedazos los huesos, y así como estaban los sacrificaban, sacándoles el corazón y haciendo las otras ceremonias que suelen; los arrastraban después, y en fin los degollaban. De la manera que mataban éstos, mataban otros ochenta y aun ciento aquel mismo día, y todos de seis en seis; jamás se oyó semejante crueldad. Dejaban a los sacerdotes las cabezas y corazones que comiesen o enterrasen, y se llevaban los cuerpos a casa de los señores, y al día siguiente tenían banquete con ellos y grandes borracheras. También sacrificaban más allá de Jalisco hombres a un ídolo como culebra enroscada, y quemándolos vivos, que es lo más cruel de todo, y se los comían medio asados.

Capítulo CCXXXIV. Otros sacrificios de hombres
La mayor solemnidad que hacían por año en México era al fin de su decimocuarto mes, a quien llaman panquezaliztli; y no solo allí, sino en toda su tierra la celebraban pomposamente, pues estaba consagrada a Tezcatlipuca y a Vitcilpuchtli, los mayores y mejores dioses de todas aquellas partes; dentro de cuyo tiempo se sangran muchas veces de noche, y aun entre el día, unos de la lengua, por donde metían pajuelas; otros de las orejas, otros de las pantorrillas, y finalmente, cada uno de donde quería y más en devoción tenía. Ofrecían la sangre y oraciones con mucho incienso a los ídolos, y después los sahumaban. Estaban obligados a ayunar todos los legos ocho días,

y muchos entraban al patio como penitentes para ayunar todo un año entero y para sacrificarse de los miembros que más pecaban. Entraban asimismo algunas mujeres devotas a guisar de comer para los que ayunaban. Todos éstos cogían su sangre en papeles, y con el dedo rociaban o pintaban los ídolos de Vitcilopuchtli y Tezcatlipuca y otros abogados suyos. Antes de que amaneciese el Día de la fiesta venían al templo todos los religiosos de la ciudad y criados de los dioses, el rey, los caballeros y otra infinidad de gente; en fin, pocos hombres sanos dejaban de ir. Salía del templo el gran achcahutli con una imagen pequeña de Vitcilopuchtli muy adornada y galana, se ponían todos en fila, y caminaban en procesión. Los religiosos iban con las sobrepellices que usan, unos cantando, otros incensando; pasaban por el Tlatelulco; iban a una ermita de Acolman, donde sacrificaban cuatro cautivos. De allí entraban en Azcapuzalco, en Tlacopan, en Chapultepec y Vicilopuchco, y en un templo de aquel lugar, que estaba fuera en el camino, hacían oración, y mataban otros cuatro cautivos con tantas ceremonias y devoción que todos lloraban. Se volvían con tanto a México, después de haber andado cinco leguas en ayunas, a comer. Por la tarde sacrificaban cien esclavos y cautivos, y algunos años doscientos. Un año mataban menos, otro más, según la maña que se daban en las guerras a cautivar enemigos. Echaban a rodar los cuerpos de los cautivos gradas abajo. A los otros, que eran de esclavos, los llevaban a cuestas. Comían los sacerdotes las cabezas de los esclavos y los corazones de los cautivos. Enterraban los corazones de los esclavos, y descarnaban los de los cautivos para ponerlos en el osario. Daban con los corazones de éstos en el suelo, y echaban los de aquéllos hacia el Sol, que también en esto los diferenciaban, o los tiraban al ídolo del cual era la fiesta; y si le acertaban en la cara, buena señal. Para festejar la carne de hombres que comían, hacían grandes bailes y se emborrachaban.

Por el mes de noviembre, cuando ya habían cogido el maíz y las otras legumbres de que se mantienen, celebran una fiesta en honor de Tezcatlipuca, ídolo a quien más divinidad atribuyen. Hacían unos bollos de masa de maíz y simiente de ajenjo, aunque son de otra clase que los de aquí, y los echaban a cocer en ollas con agua sola. Mientras que hervían y se cocían los bollos, tañían los muchachos un atabal, y cantaban algunos de sus cantares alrededor de las ollas; y en fin decían: «Estos bollos de pan ya se vuelven carne de nuestro Dios Tezcatlipuca»; y después se los comían con gran devoción.

En los cinco días que no entran en ningún mes del año, sino que se andan por sí para igualar el tiempo con el curso del Sol, tenían una gran fiesta, y la regocijaban con danzas, canciones, comidas y borracheras, con ofrendas y sacrificios que hacían de su propia sangre a las estatuas que tenían en los templos y tras cada rincón de sus casas; pero lo sustancial y principalísimo de ella era ofrecer hombres, matar hombres y comer hombres; que sin muerte no había alegría ni placer.

Los hombres que sacrificaban vivos al Sol y a la Luna para que no se muriesen, como habían hecho otras cuatro veces, eran infinitos, porque no les sacrificaban un día solamente, sino muchos entre año; y al Lucero, que tienen por la mejor estrella, mataban un esclavo del rey el día que primero se les mostraba, y lo descubren en otoño, y le ven doscientos sesenta días. Le atribuyen los hados; y así agüeran por unos signos que pintan para cada día de aquellos doscientos sesenta. Creen que Topilcil, su primer rey, se convirtió en aquella estrella. Otras cosas y poesías razonaban sobre este planeta; mas porque para la historia bastan las dichas, no las cuento; y no solo matan un hombre al nacimiento de esta estrella, sino que hacen otras ofrendas y sangrías, y los sacerdotes le adoran cada mañana de aquéllas, y sahúman con inciensos y sangre propia, que sacan de diversas partes del cuerpo.

Cuando más se sangraban estos indios, antes cuando nadie quedaba sin sangrías ni lancetadas, era habiendo eclipse de Sol, que de Luna no tanto, pues pensaban que se quería morir. Unos se punzaban la frente, otros las orejas, otros la lengua; quién se sajaba los brazos, quién las piernas, quién los pechos; porque tal era la devoción de cada uno, aunque también iban aquellas sangrías según usanza de cada villa; pues unos se picaban en el pecho y otros en el muslo, y la mayoría en la cara; y entre los mismos vecinos de un pueblo era más devoto el que más señales tenía de haberse sangrado, y muchos llevaban agujerada la cara como una criba.

Capítulo CCXXXV. Una fiesta grandísima

La fiesta que con más sacrificados solemnizan en México era de cincuenta y dos en cincuenta y dos años, y como a día de grandísima santidad, venían a ella de diez y de veinte leguas de distancia los que no la celebraban en sus pueblos. Mandaba el achcahutli mayor que matasen con agua todos los fuegos de los templos y casas, sin quedar una sola brizna, y también aquel gran brasero del Dios de masa, que nunca se moría; que si moría, mataban al religioso que tenía encargo de atizarlo, sobre el mismo brasero. Este matar de fuegos lo hacían la última tarde de los cincuenta y dos años. Iban muchos tlamacazques de Vitcilopuchtli a Iztacpalapan, dos leguas de México. Subían a un templo que está en el serrejón Vixachtla, a quien Moctezuma tuvo grandísima devoción; y después de medianoche, ya que comenzaba día, año y tiempo nuevo, sacaban lumbre de tlecuahuitl, que es palo de fuego, y la sacaban con un palillo como lanzadera, metido de punta por entre dos leños secos, atados juntos y echados en el suelo, y traído a la redonda muy de prisa como taladro. Aquel mucho mecer y frotar causa tanto calor, que se encienden los leños. Sacada, pues, la nueva lumbre, y hechas todas las otras ceremonias que se requieren y usan, volvían aquellos sacerdotes a México corriendo con los tizones o ascuas; las ponían delante del altar de Vitcilopuchtli con mucha reverencia, hacían gran fuego, sacrificaban un cautivo en guerra, con cuya sangre rociaba el sacerdote mayor el nuevo fuego, a manera de bendición. Tras esto llegaban todos, y cada uno llevaba lumbre a su casa, y los forasteros a sus pueblos. Luego, en siendo día, sacrificaban en el lugar acostumbrado y con los ritos que suelen, cuatrocientos esclavos y cautivos, si los había de guerra, y se los comían.

Capítulo CCXXXVI. La gran fiesta de Tlaxcala
Casi las mismas fiestas de México y ritos de sacrificar hombres tenían en Tlaxcala, Huexocinco, Cholula, Tepeacac, Zacatlan y otras ciudades y repúblicas, sino que variaban los nombres a la mayoría de los días y dioses del agua Tlaloc, Matlalcuie y Xuchiquezatl, y que en una fiesta asaeteaban un hombre puesto en una cruz, y en otra acañavereaban a otro en una cruz baja, y en otra desollaban a dos mujeres en sacrificio; se vestían los cueros dos sacerdotes mozos y ligeros; corrían por el patio, y por las calles de la ciudad tras los caballeros y bien vestidos; y al que alcanzaban le quitaban las mantas, plumajes y joyas que para honrar la fiesta se había puesto. Empero la gran fiesta suya era de cuatro en cuatro años, que llaman Teuxiuitl, y que

quiere decir año de Dios, y que cae al principio de un mes correspondiente a marzo. Al Dios en cuyo honor se hacía le llaman Camaxtle, y por otro nombre Mixcouath. Trae la fiesta ciento sesenta días de ayuno para los sacerdotes, y para los legos ochenta. Antes de comenzar el ayuno predicaba el achcahutli mayor a sus hermanos, esforzándolos al trabajo venidero, amonestándoles fuesen los criados de Dios que debían, pues habían entrado allí a servirle; y en fin, les decía que había llegado el año de su Dios para hacer penitencia; por tanto, el que se sintiese flaco o indevoto saliese al patio de Dios dentro de cinco días, y no sería culpado ni menoscabado por ello; mas que si después se salía, habiendo comenzado el ayuno y penitencia, sería tenido por indigno del servicio de los dioses y de la compañía de sus siervos, y privado del oficio y honra clerical, y sus bienes confiscados. Pasado el quinto día de plazo, les preguntaba si estaban todos, y si querían ir con él. Respondían que sí; y con tanto iban con el achcahutli doscientos, trescientos y más clérigos a una sierra, a cuatro leguas de Tlaxcala, muy áspera y alta. Se quedaban todos los tlenamacaques, antes de acabarla de subir, orando, y el achcahutli subía solo, entraba en un templo de Matlalcuie, y ofrecía al ídolo con grandísima reverencia esmeraldas, plumas verdes, incienso y papel, y se volvía a la ciudad. Ya para entonces estaban en el templo todos los servidores de ídolos que había en el pueblo, con muchos haces de palos. Comían todos muy bien y bebían no poco; pues aún el ayuno estaba por entrar. Llamaban luego a muchos carpinteros, que también hubiesen ayunado y rezado cinco días, para alisar y aguzar aquellos palos. Se iban los carpinteros después de haber hecho su oficio, y venían los navajeros, ayunos asimismo. Sacaban y afilaban muchas navajas y lancetas de azabache, y las ponían sobre mantas limpias y nuevas. Si alguna de ellas se rompía antes de que se acabase, vituperaban al maestro, diciendo que no había ayunado. Los sacerdotes perfumaban aquellas nuevas navajas, y las ponían al Sol en las mismas mantas. Cantaban unos cantares regocijados al son de algunos atabalejos. Callaban los atabales, y cantaban otro cantar triste, y luego lloraban muy fuerte. Iban entonces todos, unos tras otros, como quien toma ceniza, a un sacerdote que estaba en la grada más alta; el cual horadaba, como hombre diestro en el oficio, la lengua de cada uno por medio con su navaja, que para eso hacían tantas. Se arrodillaban ante

Camaxtle, y comenzaban a pasar palos por las lenguas. Cada uno pasaba según su estado, o tiempo que servía al ídolo; quien ciento, quien doscientos; pero el achcahutli y los viejos metían aquel día cada uno cuatrocientos cinco palos de los más gruesos por el agujero de las lenguas. Cuando acababan este sacrificio era más de medianoche. Cantaba luego el achcahutli, y respondían los otros farfullando; pues la sangre y el dolor no les dejaba libre la voz. Ayunaban veinte días, comiendo muy poquito, y hacían de manera que no se les cerrase el agujero de la lengua, porque a los veinte días, y a los cuarenta, y a los sesenta, y a los ochenta habían de sacar por él cada uno otras tantas varas cuantas el primero. Así que se sacrificaban cinco veces de esta misma manera en ochenta días, y montaban las varas, que solo el achcahutli ensangrentaba dos mil veinte. Al cabo de los ochenta días ponían un ramo en el patio, que todos lo viesen, para que todos ayunasen los otros ochenta días que quedaban hasta la Pascua. Y no dejaba nadie de ayunar, como era su costumbre, comiendo poco y bebiendo agua. No podían comer chili, que es manjar caliente, ni bañarse, ni tocar a mujer, ni apagar el fuego; y en casa de los señores, como Maxixcacín y Xicotencatl, si el fuego se moría, mataban al esclavo que lo atizaba, y derramaban la sangre en el hogar. Aquel mismo día que ponían el ramo hincaban ocho varales grandes en el patio, como bolos, y echaban en medio de ellos todas sus varas ensangrentadas, para quemar después; pero antes las presentaban a Camaxtle como ofrenda. En los segundos ochenta días se metían asimismo pajas aquellos sacerdotes por las lenguas; mas no tantas como antes, ni tan gruesas, sino como cañones. Cantaban siempre, y respondían con voz lastimera. Salían a pedir por las aldeas con ramos en las manos, y les daban como en limosnas mantas, plumas y cacao. Encalaban y lucían muy bien todas las paredes del templo, patio y salas; y tres días antes de la fiesta se pintaban los sacerdotes, unos de blanco, otros de negro, otros de verde, otros de azul, otros de colorado, otros de amarillo, y otros de otro color; en fin ellos estaban rarísimos, porque además de los muchos colores, se hacían mil figuras en el cuerpo, de diablos, sierpes, tigres, lagartos y cosas semejantes. Bailaban todo el día de la víspera sin parar; venían algunos clérigos de Cholula con las vestiduras de Quezalcoatlh, y vestían a Camaxtle y otro diosecillo junto a él. Camaxtle era tres estados de alto, y el otro ídolo parecía niño; pero le tenían tanto respeto, que no le miraban a la cara. Ponían a Camaxtle muchas mantillas, y sobre ellas una tecuxicoalli grande, y abierta por delante, a manera de sotana, con aberturas para los brazos, y con un forro muy bien bordado de hilo de pelos de conejo, que llaman tochomitl, y luego una capa sin capilla, como allá usan. Una máscara que dicen que trajeron de Puyahutla, a veintiocho leguas de allí, los primeros pobladores, de donde fue natural el mismo Camaxtle. Le ponían un grandísimo penacho verde y colorado, una muy gentil rodela de oro y pluma en el brazo izquierdo, y en la mano derecha una gran saeta con la punta de pedernal. Le ofrecían muchas flores, rosas e incienso. Le sacrificaban muchos conejos, codornices, culebras, langostas, mariposas y otras cazas. A medianoche se revestía un sacerdote, y sacaba lumbre nueva, y la santificaba con la sangre de un cautivo principal, que degollaba, a quien decían hijo del Sol, por haber muerto en tan bendito día. Se iban los sacerdotes cada uno a su templo con aquella nueva lumbre, y allá sacrificaban hombres a sus ídolos. En el templo de Camaxtle, que está en el barrio de Ocolelulco, mataban cuatrocientos cinco presos de guerra, que tantas varas se pasó por la lengua el gran achcahutli. En el barrio de Tepeticpac mataban ciento, y casi otros tantos en cada uno de los barrios de Tizatlan y Quiahuyztlan; y no había pueblo, de veintiocho que tiene, donde no matasen algunos. En fin, dicen que mataban y comían los de Tlaxcala y su provincia aquel día y fiesta de Camaxtle, que celebraban de cuatro en cuatro años, novecientos y hasta mil hombres. Los sacerdotes se desayunaban con aquella bendita carne, y los legos hacían grandes banquetes y borracheras. Eran grandísimos carniceros estos de Tlaxcala, y muy valientes en la guerra. Tenían por valentía y honra haber prendido y sacrificado muchos enemigos, como quien dice haber vencido muchos campos, o tener muchas heridas por la cara, recibidas en batalla. Tlaxcalteca había cuando Cortés entró allí, que tenía muertos en sacrificio cien hombres, presos con sus propias manos.

Capítulo CCXXXVII. La fiesta de Quezalcoatl
Cholula es el santuario de esta tierra, donde iban en romería desde cincuenta y cien leguas; y dicen que tenía trescientos templos entre chicos y grandes, y aun para cada día del año el suyo. El templo que comenzaron

para Quezalcoatl era el mayor de toda la Nueva España, que, según cuentan, lo querían igualar con el serrejón que llaman ellos Popocatepetl y con otros que, por tener siempre nieve, llaman Sierra Blanca. Querían ponerle su altar y estatua en la región del aire, pues le adoraban por Dios de aquel elemento; empero no lo acabaron, a causa, según ellos mismos afirmaban, que edificando con la mayor prisa vino una grandísima tempestad de agua, truenos, relámpagos, y una piedra con figura de sapo. Les pareció que los otros dioses no consentían que aquél se aventajase en casa; y así, cesaron. Aun así, quedó muy alto. Tuvieron de allí en adelante al sapo por Dios, aunque lo comen; aquella piedra que dicen, la tenían por rayo: porque muchas veces, desde que son cristianos, han caído terribles rayos allí. Celebran la fiesta del año de Dios, que cae de cuatro en cuatro años, en nombre de Quezalcoatl; ayuna el gran achcahutli cuatro días, sin comer más que una vez al día, y ésta un poco de pan y un jarro de agua; gasta todo este tiempo en oraciones y sangrías. Tras aquellos cuatro días comienzan el ayuno de ochenta días consecutivos, antes de la fiesta. Se encierran los tlamacazques en las salas del patio con sendos braseros de barro, mucho incienso, púas y hojas de metl, o tizne o tinta de achiote. Se sientan por orden en unas esteras a raíz de las paredes; no se levantan sino para hacer sus necesidades; no comen sal ni ají, ni ven mujeres; no duermen en los primeros sesenta días más que dos horas a prima noche y otras tantas a primo día. Su oficio era rezar, quemar incienso, sangrarse muchas veces al día de muchas partes de su cuerpo, y cada medianoche bañarse y teñirse de negro. Los últimos veinte días, ni ayunaban tanto ni comían tan poco. Ataviaban la imagen de Quezalcoatl riquísimamente con muchas joyas de oro, plata, piedras y plumas, y para esto venían algunos sacerdotes de Tlaxcala, con las vestimentas de Camaxtle; le ofrecían la última noche muchos sartales y guirnaldas de maíz y otras hierbas; mucho papel, muchas codornices y conejos. Para celebrar la fiesta se vestían todos después, por la mañana, muy galanes; no mataban muchos hombres, porque Quezalcoatl vedó tal sacrificio, aunque todavía sacrificaban algunos.

Capítulo CCXXXVIII. Los ayunos de Teouacan

Otra manera de ayuno tenían en la provincia de Teouacan, muy grande y muy diferente de todas las dichas. De cuatro en cuatro años, que es, como dicen ellos, el año de Dios, entraban cuatro mancebos a servir en el templo; no vestían más que una sola manta de algodón, y aquélla de año en año, y unas bragas; la cama era el suelo, la cabecera un canto. Comían a mediodía sendas tortillas de pan y una escudilla de atulli, brebaje que hacen de maíz y miel. De veinte en veinte días, que comienza mes, y es fiesta ordinaria, podían comer y beber de todo. Una noche velaban dos de ellos, y otra los otros dos; pero no dormían en toda la noche de la vela, y se sangraban cuatro veces para ofrecer la sangre con oraciones. Cada veinte días se metían por un agujero que se hacían en lo alto de las orejas, sesenta cañas largas cada uno. Al cabo de los cuatro años tenía cada uno cuatro mil trescientas veinte cañas metidas por sus orejas. Montaban las de los cuatro ayunadores diecisiete mil doscientas ochenta cañas. Las quemaban en acabando su ayuno con mucho incienso, para que los dioses gustasen de aquella suavidad. Si alguno de ellos moría durante los cuatro años, entraba otro en su lugar; pero temían que sería mortandad de señores. Si participaba con mujer, lo mataban a palos de noche, ante la furia del pueblo, y delante de los ídolos; lo quemaban y esparcían los polvos por el aire para que no quedase recuerdo de tal hombre, pues no pudo pasar cuatro años sin llegar a mujer, habiendo pasado toda la vida Quezalcoatl, por cuya remembranza comenzó el ayuno. Con estos ayunadores se distraía mucho Moctezuma, y los tenía por santos. Cuentan de ellos que conversaban siempre con el diablo, que adivinaban grandes cosas y que veían maravillosas visiones; pero la más continua era una cabeza con cabellos muy largos, por lo cual debían de criar cabello largo todos los sacerdotes de esta tierra.

No dejaré de contar otro sacrificio de los moradores, aunque feo, por ser extrañísimo. Había muchos mancebos por casar de Teouacan, Teutitlan, Cuzcatlan y otras ciudades, que, o por devotos o por animosos, ayunaban muchos días, y después se hendían con agudas navajas el miembro por entre cuero y carne cuanto podían, y por aquella abertura pasaban muchos bejucos, que son como sarmientos mimbres, gruesos y largos, según la devoción del penitente; unos diez brazas, otros quince, y algunos veinte; los quemaban luego, ofreciendo el humo a los dioses. Si algunos desmayaba en aquel paso no le tenían por virgen ni por bueno, y quedaba infamado y por fementido.

Tal cual veis era la religión mexicana. Nunca hubo, a lo que parece, gente más, ni aun tan idólatra como ésta; tan matahombres, tan comehombres; no les faltaba para llegar a la cumbre de la crueldad sino beber sangre humana, y no se sabe que la bebiesen.

Capítulo CCXXXIX. La conversión
¡Oh, cuántas gracias deben dar estos hombres a nuestro buen Dios, que tuvo por bien alumbrarlos para salir de tanta ceguedad y pecados, y darles gracia para que conociendo y dejando su error y crueldades se volviesen cristianos! ¡Oh, cuánto deben a Hernán Cortés, que los conquistó! ¡Oh, qué gloria la de los españoles haber arrancado tamaños males e implantado la fe de Cristo! ¡Dichosos los conquistadores y dichosísimos los predicadores; aquéllos en allanar la tierra, éstos en cristianar a la gente! ¡Felicidad grandísima la de nuestros reyes, en cuyo nombre tanto bien se hizo! ¡Qué fama, qué alabanza será la de Cortés! Él quitó los ídolos, él predicó, él prohibió los sacrificios y tragazón de hombres. Quiero callar, no me achaquen de afición a lisonja. Empero si yo no fuera español, loara a los españoles, no cuanto ellos merecen, sino cuanto mi ruda lengua e ingenio supieran. Tanto en fin han convertido cuantos conquistado. Unos dicen que se han bautizado en la Nueva España seis millones de personas, otros ocho, y algunos diez. Mejor acertarían diciendo que no hay por cristianar persona alguna en cuatrocientas leguas de tierra, muy poblada de gente: loado nuestro Señor, en cuyo nombre se bautizan; así que son españoles dignísimos de alabar, o mejor dicho, alaben ellos a Jesucristo, que los puso en ello. Se comenzó la conversión con la conquista, pero se convertían pocos, por atender los nuestros a la guerra y al despojo, y porque había pocos clérigos. El año 24 se comenzó de veras con la ida de fray Martín de Valencia y sus compañeros; y el 27, que fueron allá fray Julián Garcés, dominico, por obispo de Tlaxcala, y fray Juan Zumárraga, franciscano, por obispo de México, se llevó a hecho; pues hubo muchos frailes y clérigos. Fue trabajosa la conversión al principio, por

no entender ni ser entendidos; y así, procuraron de enseñar en castellano a los más nobles muchachos de cada ciudad, y de aprender el mexicano para predicar. Se tuvo asimismo dificultad grandísima en quitar del todo los ídolos, porque muchos no los querían dejar habiéndolos tenido por dioses tanto tiempo, y diciendo que bien bastaba poner en ellos la cruz y a María, que así llamaban entonces a todos los santos y aun a Dios; y que también podían tener ellos muchos ídolos, como los cristianos muchas imágenes; por lo cual los escondían y soterraban, y para encubrirlos ponían una cruz encima, para que si los cogiesen orando pareciese que adoraban la cruz; mas como eran por esto aperreados y perseguidos, y porque habiéndoles roto los ídolos y destruido los templos les hacían ir a las iglesias, dejaron la idolatría. Los sostenía mucho el diablo en aquello, diciéndoles que si le dejaban no llovería, y que se levantasen contra los cristianos; que él les ayudaría a matarlos. Algunos hubo que siguieron su consejo, y escaparon mal. Dejar las muchas mujeres fue lo que más sintieron, diciendo que tendrían pocos hijos en sendas, y así habría menos gente, y que hacían injuria a las que tenían, pues se amaban mucho, y que no querían atarse con una para siempre si fuese fea o estéril, y que les mandaban lo que ellos no hacían, pues cada cristiano tenía cuantas quería, y que fuese lo de las mujeres como lo de los ídolos, que ya que les quitaban unas imágenes, les daban otras. Hablaban finalmente como carnalísimos hombres; y así, dispensó con ellos el papa Pablo en tercer grado para siempre. Fácilmente, a lo que se alcanza, dejaron la sodomía, aunque fue con grandes amenazas de castigo. Dejaron asimismo de comer hombres, aunque pudiendo no lo dejan, según dicen algunos; mas como anda sobre ellos la justicia con mucho rigor y cuidado, no cometen ya tales pecados, y Dios les alumbra y ayuda a vivir cristianamente. Hay en esta tierra que Hernán Cortés conquistó, ocho obispados. México fue obispado veinte años, y el año 47 lo hizo arzobispado el papa Pablo tercero; Cuahutemallan y Tlaxcala tienen obispos. Huaxacac es obispado, y lo tuvo Juan López de Zárate; Michoacan, que posee el licenciado Vasco Quiroga; Jalisco, que tuvo Pero Gómez Malaber; Honduras, donde está el licenciado Pedraza; Chiapas, que resignó fray Bartolomé de las Casas con cierta pensión. Tienen los reyes de Castilla, por bula del Papa, el patronazgo de todos los obispados y beneficios de las Indias, que engrandece mucho el señorío; y así, los dan ellos y sus consejeros de Indias. Hay también muchos monasterios de frailes mendicantes, mayormente franciscos, aunque no hay carmelitas; los cuales pueden en aquella tierra cuanto quieren, y quieren mucho. No hay lugar, a lo menos no puede estar, sin clérigo o fraile que administre los Sacramentos, predique y convierta.

Capítulo CCXL. La prisa que tuvieron en bautizarse
Fue principal causa y medio para que los indios se convirtiesen, deshacer los ídolos y los templos en cada pueblo. Dicen que les dolía mucho la destrucción de sus templos grandes, perdiendo esperanza de poderlos rehacer, y como eran religiosísimos y oraban mucho en el templo, no se hallaban sin casa de oración y sacrificios; y así, visitaban las iglesias a menudo. Oían de buena gana a los predicadores, miraban las ceremonias de la misa, deseando saber sus misterios, como novedad grandísima; de manera que, con la gracia del Espíritu Santo, y con la solicitud de los predicadores, y con su mansedumbre, cargaban tantos a bautizarse, que ni cabían en las iglesias ni bastaban a bautizarlos; y así, bautizaron dos sacerdotes en Xochimilco quince mil personas en un día; y fraile francisco hubo, que bautizó él solo, aunque en muchos años, cuatrocientos mil hombres; y en verdad los frailes franciscos han bautizado, según dicen ellos mismos, más que nadie. También aconteció en muchas ciudades velarse mil novios en un solo día; prisa grandísima. Dicen que un tal Calisto, de Huexocinco, criado en la doctrina, fue el primero que se veló a puerta de iglesia. La confesión, como cosa más entretenida, tuvo más quehacer. Aun así la procuraron muchos; y así, cuentan como cosa grande que hubo en Teouacan, el año 40, doce diferencias de naciones y lenguajes a oír los oficios de la Samana Santa y a confesarse, y algunos vinieron de sesenta leguas. Quien primero se comulgó fue Juan de Cuauhquecholla, caballero, y le comulgaron con gran recelo. La disciplina y penitencia de azotes la tomaron pronto y mucho, con la costumbre que tenían de sangrarse a menudo por devoción, para ofrecer su sangre a los ídolos; y así, acontece ir en una procesión diez mil, cincuenta mil, y hasta cien mil disciplinantes. Todos, en fin, se disciplinan de buena gana, y mueren por ello, porque les come y crece la sangre cada año por el mismo tiempo que se suelen azotar en las espaldas, cosa muy natural; bueno está que se

disciplinen en remembranza de los muchos azotes que dieron a nuestro buen Jesús, pero no que parezcan recaer en sus viejas sangrías, y por eso algunos se lo querrían quitar, o al menos templar.

Capítulo CCXLI. Cómo algunos murieron por romper los ídolos
Metían en la doctrina cristiana a los hijos de los señores y hombres principales, para ejemplo a los demás. No contradecían sus padres, por cariño a Cortés, aunque algunos los escondían hasta ver en qué paraba la nueva religión, o enviaban otros por ellos. Acxotencatl, señor principal en Tlaxcala, tenía cuatro hijos y aun sesenta mujeres. Dio tres de ellos a la doctrina, y retuvo al mayor, que sería de doce o trece años, mas al cabo lo dio, porque se supo, no le tuviesen por falso. Aprendió muy bien el muchacho la doctrina y el romance; se bautizó, y le llamaron Cristóbal. Derramaba el vino que tenía su padre, reprendiendo la embriaguez; le acusaba la multitud de mujeres, y rompía los ídolos de casa y pueblos que podía coger. Acxotencatl tenía enojo de ello, pero lo pasaba por quererlo mucho y ser su mayorazgo. Entró el diablo en él, y a persuasión de Xochipapaloacín, una de sus mujeres, lo apaleó, acuchilló y echó en el fuego, para que se quemase; de lo cual murió al día siguiente. Le enterró secretamente en una casa suya de Atlihuezan, pueblo suyo, a dos leguas de Tlaxcala. Hizo matar, para que no lo dijese, a Tlapalxilocín, madre de Cristóbal y mujer suya, en Chimichuca, que está cerca de la venta de Tecouac. Esto fue el año 27, y estuvo mucho tiempo sin saberse. Maltrató después a un español porque hizo algunas demasías pasando por unos pueblos suyos. Fue sobre ello Martín de Calahorra desde México como pesquisidor, y averiguó las muertes de Cristóbal y de Tlapalxilocín, y lo ahorcó. También mataron a otros de la doctrina que iban por ídolos a los lugares, hasta que la justicia puso remedio con grandes castigos. En Ezatlan, que andaban levantados, mataron el año 41 a fray Juan Calero, que llamaban de Esperanza, fraile francisco, porque les hacía abatir un ídolo que habían levantado y adoraban; y en Ameca mataron a fray Antonio de Cuéllar, francisco, porque les predicaba. En Quivira mataron a fray Juan de Padilla y a su compañero, que se quedaron a predicar. En la Florida mataron a fray Luis Cancel, dominico,

que fue a convertir; en fin, matan a cuantos predicadores pueden coger, si no hay soldados que temer.

Capítulo CCXLII. Cómo cesaron las visiones del diablo

Se aparecía y hablaba el diablo a estos indios muchas veces, según se ha contado, especialmente al principio de la conversión, sabiendo que se habían de convertir. Los persuadía a sustentar los ídolos y sacrificios en aquella religiosa costumbre que tuvieron sus padres, abuelos y antepasados. Les aconsejaba que no dejasen su buena conversación y amistad por quien nunca vieron. Les amenazaba que no llovería, ni les daría Sol ni salud ni hijos. Los reprendía de cobardes, porque no mataban a aquellos pocos españoles que predicaban. Ellos, engañados con las dulces palabras, o con las sabrosas comidas de carne humana, o con la costumbre, que como otra naturaleza los tiranizaba, deseaban complacerle y quedarse en su antigua religión; así que mataron a algunos por esto, y defendían los ídolos o los escondían, diciendo que ni Vitcilopuchtli ni los otros dioses buscaron oro. Ponían cruces sobre los ídolos escondidos para engañar a los españoles, y el diablo huía de ellas; cosa de la que los indios se maravillaban; y así, comenzaban a creer en la virtud del Crucificado que les predicaban. Pusieron los nuestros el Santísimo Sacramento en muchos lugares, que ahuyentó del todo al diablo, como él mismo confesó a los sacerdotes que le preguntaron la causa de su ausencia y esquivez. De manera que no se acercaba el diablo, como solía, a los indios que, bautizados, tenían el Sacramento y cruces, y poco a poco desapareció. Aprovechaba mucho el agua bendita contra las visiones y superstición de la idolatría. Dieron a la marquesa doña Juana de Zúñiga en Teoacualco una pilita de buena piedra, en la que solía haber ídolos, ceniza y otras hechicerías. Ella, por haber servido para aquello, mandó que bebiese allí un gatito muy regalado; el cual jamás quiso beber en la pilita hasta que le echaron agua bendita; cosa notable, y que se publicó entre los indios para la devoción. Muchas veces ha faltado agua para los panes, y en haciendo rogativas y procesiones, llovía. Llovía tanto el año 28, que se perdían los panes y ganado, y hasta las casas. Hicieron procesión y oraciones en México, Tezcuco y otros pueblos, y cesaron las lluvias; que fue gran confirmación de la fe. Llovía, pues, y serenaba, y había salud, contra las amenazas del diablo, aunque se rompían los ídolos y se derribaban los templos.

Capítulo CCXLIII. Lo bien que libraron los indios con ser conquistados

Por la historia se puede sacar cuán sujetos y despechados eran estos indios; y por tanto, no hay mucho que contar aquí; mas para cotejar aquel tiempo con éste, replicaré algunas cosas. Los villanos pechaban, de tres que cogían, uno, y aun les tasaban a muchos la comida. Si no pagaban la renta y tributo que debían, quedaban por esclavos hasta pagar; y en fin, los sacrificaban cuando no se podían redimir. Les cogían muchas veces los hijos para sacrificios y banquetes, que era lo tirano y lo cruel. Se servían de ellos como de bestias en las cargas, caminos y edificios. No se atrevían a vestir buena manta ni mirar a su señor. Los nobles y señores tributaban también al rey de México en hacienda y en persona. Las repúblicas no podían librarse de la servidumbre, por causa de la sal y otras mercaderías; de manera que vivían muy trabajados, y como lo merecían en la idolatría, y no había año que no muriesen veinte mil personas sacrificadas, y hasta cincuenta mil, según la cuenta que otros hacen, en lo que Cortés conquistó. Pero, aunque solo fuesen diez mil, era gran carnicería, y uno solo gran inhumanidad. Ahora que por la misericordia de Dios son cristianos, no hay tal sacrificio ni comida de hombres. No hay ídolos ni borracheras que saquen de seso. No hay sodomía, pecado aborrecible, por todo lo cual deben mucho a los españoles que los conquistaron y convirtieron. Ahora son señores de lo que tienen, con tanta libertad que les daña. Pagan tan pocos tributos, que viven descansados; pues el emperador se los tasa. Tienen hacienda propia, y granjerías de seda, ganado, azúcar, trigo y otras cosas. Saben oficios y venden bien y mucho las obras y las manos. No les fuerza nadie, que no le castiguen, a llevar cargas ni a trabajar; si algo hacen, son bien pagados. No hacen nada sin mandárselo el señor que tienen indio, aunque lo mande el virrey; y ésta es grandísima exención. Todos los pueblos, aunque sean del rey, tienen señor indio que manda y prohíbe, y muchos pueblos dos, tres y más señores; los cuales son del linaje que eran cuando fueron conquistados; y así, no se les ha quitado el señorío ni mando. Si faltan hombres de aquella casta, escogen ellos al que quieren, y lo confirma el rey. Los obedecen en grandísima manera y como a Moctezuma; así que nadie piense que les quitan los señoríos, las haciendas y libertad, sino que Dios les hizo merced en ser de los españoles, que los cristianaron, y que los tratan y que los tienen ni más ni menos que como digo. Les dieron bestias de carga para que no se carguen, y lana para que se vistan, no por necesidad, sino por honestidad, si quisieren, y carne para que coman, pues les faltaba. Les enseñaron el uso del hierro y del candil, con que mejoran la vida. Les han dado moneda para que sepan lo que compran y venden, lo que deben y tienen. Les han enseñado latín y ciencias, que vale más que cuanta plata y oro les tomaron; porque con letras son verdaderamente hombres, y de la plata no se aprovechaban mucho ni todos. Así que libraron bien con ser conquistados, y mejor con ser cristianos.

Capítulo CCXLIV. Cosas notables que les faltan
No tenían peso, que yo sepa, los mexicanos; falta grandísima para la contratación. Hay quien dice que no lo usaban por excusar los engaños; quién porque no lo necesitaban; quién, por ignorancia, que es lo cierto. Por donde parece que no habían oído cómo hizo Dios todas las cosas en cuenta, peso y medida. Así que carecen de peso todos los indios; aunque se halló una especie de peso en la costa de Cartagena, y en Túmbez halló Francisco Pizarro una romana con la que pesaban el oro, la cual tuvo en mucho.

No tenían moneda, teniendo mucha plata, oro y cobre, y sabiéndolo fundir y labrar, y contratando mucho en ferias y mercados. Su moneda usual y corriente es el cacauatl o cacao, el cual es una especie de avellanas largas y amelonadas; hacen de ellas vino, y es el mejor, y no emborracha. El árbol no fructifica sin compañero, como las palmas; pero en llevando fruta, se le puede quitar sin daño; echa la fruta en racimos como dátiles; requiere tierra caliente, pero no demasiado.

Carecían del uso del hierro, habiendo grandísimas minas de ello, y esto por rudeza.

No tenían otra candela para alumbrarse de noche que los tizones; barbarie grandísima, y tanto más grande cuanto más cera tenían; que aceite no alcanzaban; y así, cuando los nuestros les mostraron el uso y el provecho de la cera, confesaron su simpleza, teniéndolos por nuevos dioses.

No hacían navíos sino de una sola pieza, aunque buscaban grandes árboles: la causa era la falta de hierro, pez e ingenios para calafatearlos.

Que no hiciesen vino teniendo vides y procurando beber otra cosa que no fuese agua, es de maravillar; ya lo van haciendo los nuestros, y pronto habrá mucho, mayormente si los indios se dedican a plantar vides.

Carecían de bestias de carga y leche; cosas tan provechosas como necesarias a la vida; y así, estimaron mucho el queso, sorprendidos de que la leche se cuajase. De la lana no se maravillaron tanto, pareciéndoles algodón. Se espantaron de los caballos y toros; quieren mucho los puercos, por la carne; bendicen las bestias, porque los relevan de carga, y ciertamente les viene de ellas gran bien y descanso, porque antes ellos eran las bestias.

No tenían más letras que las figuras, y éstas pocas en relación con todas las indias; por lo que algunos dicen no haber llegado a estas tierras hasta nuestro tiempo la predicación del Santo Evangelio.

Otras muchas cosas les faltaban de las que son menester a la vivienda política del hombre, pero las dichas son las de gran necesidad, y que a muchos espantan; mas quien considerase que pueden vivir sin ellas los hombres, como ellos vivían, no se espantará, especialmente si considera que, así como es nueva tierra para nosotros, así son diferentes todas las cosas que produce, de las nuestras, y que produce cuantas le bastan a mantener y aun a regalar a los hombres.

Muchas cosas les faltaban también de las que acá apreciamos, que son más deleitosas que necesarias, como decir seda, azúcar, lienzo y cáñamo; hay ya tanta abundancia como en España.

No tenían pastel, y ahora sí: mas tenían linda grana y finos colores de flores, que no quemaban lo que tenían; y hasta su pintura no la gasta ni daña el agua, si la untan con óleo de chiyán.

Capítulo CCXLV. El trigo y el molino
En la historia tratamos del pan que los indios comen ordinaria y generalmente; en esta tierra multiplica mucho, y algún grano echa seiscientos; lo comen verde, crudo, cocido y asado; en grano y amasado. Es ligero de criar, y sirve

también de vino; y así, nunca lo dejarán, aunque hay más trigo. Del meollo de las cañas del centli o tlautli, que otros llaman maíz, hacen imágenes, que siendo grandes, pesan poco. Un negro de Cortés, que se llamaba, según creo, Juan Garrido, sembró en un huerto tres granos de trigo que halló en un saco de arroz; nacieron dos de ellos, y uno tuvo ciento ochenta granos. Volvieron luego a sembrar aquellos granos, y poco a poco hay infinidad de trigo: da uno ciento, trescientos, y aún más lo de regadío y puesto a mano; siembran uno, siegan otro, y otro está verde, y todo a un mismo tiempo; y así, hay muchas recogidas al año. A un negro y esclavo se debe tanto bien. No se da ni da tanto la cebada, que yo sepa. Cuando en México hicieron molino de agua, que antes no lo había, tuvieron gran fiesta los españoles y aun los indios, especialmente las mujeres, que les era principio de mucho descanso; mas empero un mexicano hizo mucha burla de tal ingenio, diciendo que haría holgazanes a los hombres e iguales, pues no se sabría quién fuese amo ni quién mozo, y hasta dijo que los necios nacían para servir, y los sabios para mandar y disfrutar.

Capítulo CCXLVI. El pajarito vicicilin
La mejor ave para carne que hay en Nueva España son los gallipavos; los quise llamar así por cuanto tiene mucho de pavón y mucho de gallo. Tienen grandes barbas o paperas, que se mudan de muchos colores; se cogen aunque los tengan en las manos; mansedumbre o apetito grande; todos las conocen, no hay qué decir. No había de nuestras gallinas; hay ahora tantas, que llevan a un solo mercado ocho mil de ellas a vender. El año 39 les dio un mal que se murieron súbitamente casi todas; casa hubo donde murieron mil, sin contar doscientos capones. El pájaro más extraño es el vicicilin, el cual no tiene más cuerpo que el abejón, pico largo y delgado. Se mantiene del rocío, miel y licor de las flores, sin posarse sobre la rosa; la pluma es menuda, linda y de muchos colores; la estiman mucho para bordar con oro, especialmente la del pecho y pescuezo; muere o se adormece por octubre, asido de una ramita con las patas, en lugar abrigado; despierta o revive por abril, cuando hay muchas flores, y por eso lo llaman el resucitado, y por ser tan maravilloso hablo de él.

Capítulo CCXLVII. El árbol metl

Hay árboles en las sierras de México muy olorosos, y que los nuestros pensaron en seguida, en viéndolos, tener especias; empero la corteza es bastardísima, y el grano flojo. Había cañafístulas, mas ruines y no estimadas; los españoles las crían muy buenas. Hay árboles que tienen hojas coloradas y verdes, que parecen bien; otros que llaman de los vasos, por la fruta; y otros cuyas espinas sirven de alfileres. El elo es árbol grande, y tiene las hojas como el nogal, mas como el brazo de largo; no echa fruta, sino una flor blanca, verde y clara; tiene pena de muerte quien la lleva si no es señor o si no tiene licencia; la misma pena tiene el que lleva la iolo, rosa de gran árbol, de forma de corazón, color blanquecino y olor de camuesa. Es buena con cacauatl para las calenturas, aunque sean de frío; conforta el corazón, según su nombre y forma. Quien come la iolo que tiene las vetas moradas, enloquece. De estos árboles y otros así eran los huertos de Moctezuma, que tenía para su recreo. La vacalxuchitl es una rosa de muchos colores, que adoba el agua, y la encarnada se calienta por las tardes; propiedad rarísima. El ocozotles es árbol grande y hermoso, con las hojas como yedra; cuyo licor, que llaman liquidámbar, cura heridas, y mezclado con polvos de su misma corteza, es agradable perfume y olor suave. El xilo es otro árbol, del que sacaban los indios el licor que los nuestros llaman bálsamo. Pero, ¿qué voy contando, pues son cosas naturales que piden más tiempo? Solamente quiero poner el metl, por ser provechosísimo. El metl es un árbol que unos llaman maguey y otros cardón; crece más de dos estados de altura, y en grueso cuanto un muslo de hombre. Es más ancho de abajo que de arriba, como el ciprés. Tiene unas cuarenta hojas, cuya forma parece de teja, pues son anchas y acanaladas, gruesas al nacimiento, y terminan en punta. Tienen una especie de espinazo, grueso en la curva, y van adelgazando la halda. Hay tantos árboles de éstos, que son allí como aquí las vides. Lo plantan, y echa espiga, flor y simiente. Hacen lumbre, y muy buena ceniza para lejía. El tronco sirve de madera, y la hoja de tejas. Lo cortan antes de que crezca mucho; y engorda mucho la cepa. La excavan por la parte de dentro, donde se recoge lo que llora y destila, y aquel licor es luego como arrope. Si lo cuecen algo, es miel, si lo purifican, es azúcar; si lo destemplan, es vinagre, y si le echan la ocpatli, es vino. De los cogollos y hojas tiernas hacen conserva. El zumo de las pencas asadas, caliente, y exprimido sobre llaga o herida fresca, sana y encora pronto. El zumo de los cogollitos y raíces, revuelto con jugo de ajenjos de aquella tierra, cura la picadura de víbora. De las hojas de este metl hacen papel, que corre por todas partes para sacrificios y pintores. Hacen asimismo alpargatas, esteras, mangas de vestir, cinchas, jáquimas, cabestros y finalmente son cáñamo y se hilan. Las púas son tan fuertes, que las hincan en otra madera, y tan agudas, que cosen con ellas como con agujas cualquier cuero, y para coser sacan con la púa la veta, o hacen como con lezna o punzón. Con estas púas se punzan los que se sacrifican, según muchas veces tengo dicho, porque no se rompen y despuntan en la carne, y porque, sin hacer gran agujero, entran cuanto es menester. ¡Buena planta, que de tantas cosas sirve y aprovecha al hombre!

Capítulo CCXLVIII. Temperatura de México

Todo lo que conquistó Hernán Cortés está de doce hasta veinticinco grados de altura; y así, es más caliente que frío, aunque dura la nieve todo el año en algunas sierras, y se queman los árboles y maizales, como aconteció el año 40. Está México a diecinueve grados de la línea Equinoccial y ciento de Canarias, por donde echó Tolomeo la raya meridional, según la cuenta de muchos; y así, hay ocho horas de diferencia en el Sol de México a Toledo, según se prueba y conoce por los eclipses; lo cual es que sale antes el Sol aquellas ocho horas en Toledo que en México. Pasa el Sol el 8 de mayo sobre México hacia el norte, y vuelve el 15 de julio. Echa las sombras todo aquel tiempo al mediodía. No angustia en él la ropa ni escupe la desnudez. Es vivienda sana y apacible, y hay mucho deporte en las sierras que lo rodean y laguna que lo baña.

Capítulo CCXLIX. Ha venido tanta riqueza de Nueva España como del Perú

Muy poca plata y oro fue lo que Cortés y sus compañeros hallaron y obtuvieron en las conquistas de Nueva España, en comparación con lo que de entonces acá se ha sacado de las minas. Todo lo cual, o muy poco menos, se ha traído a España; y aunque las minas no han sido tan ricas, ni las partidas traídas tan gruesas como las del Perú, han sido continuas y grandes, y el tiempo doblado; y aun si se sacan los años de las guerras civiles, que no vio nada, tres veces más. No se puede afirmar esto sin la casa de la contratación de Sevilla, pero es opinión de muchos. Quitando el oro y la plata, se ha traído también muchísimo azúcar y grana, dos mercaderías bien ricas. La pluma, algodón y otras muchas cosas, algo valen. Pocas naves van que no vuelvan cargadas; lo cual no sucede en el Perú, que aún no está lleno de semejantes granjerías y provechos; así que tan rica ha sido Nueva España para Castilla como el Perú, aunque tiene la fama él. Es verdad que no han venido tan ricos mexicanos como peruanos, pero así no han muerto tantos. En la cristiandad y conservación de los naturales lleva grandísima ventaja Nueva España al Perú, y está más poblada y más llena de gente. Lo mismo es en los ganados y granjerías; pues llevan de allí al Perú caballos, azúcar, carne y otras, veinte cosas. Podrá ser que se hinche el Perú y enriquezca de nuestras cosas como Nueva España, que muy buena tierra es si lloviese para ello; mas el regadío es mucho. He dicho esto por la competencia de unos y otros conquistadores.

Capítulo CCL. Los virreyes de México
La grandeza de Nueva España, la majestad de México y la calidad de los conquistadores requerían personas de sangre y valor para la gobernación; y así, envió allá el emperador a don Antonio de Mendoza, hermano del marqués de Mondéjar, por virrey, y se vino Sebastián Ramírez, que gobernaba bien; el cual fue después presidente de la chancillería de Valladolid y obispo de Cuenca. Fue proveído don Antonio de Mendoza el año, creo, 34. Llevó muchos maestros de oficios primorosos para ennoblecer su provincia, y a México principalmente; como decir, molde e imprenta de libros y letras; vidrio, que los indios no conocían; cuños de batir moneda. Engrandeció la granjería de seda, mandándola traer y labrar toda en México; y así, hay muchos telares e infinidad de morales, aunque los indios la procuraron poco y mal, diciendo que es trabajosa; y por ser ellos perezosos, con la mucha libertad y franqueza que tienen. Junto los obispos, clérigos, frailes y otros letrados, sobre cosas eclesiásticas y que tocaban a la enseñanza de los indios; donde se ordenó que no se les mostrase más de latín, el cual

aprendían bien, y aun el español; mas no lo quieren hablar sino poco. La música la toman bien, especialmente la de flautas. Tienen malas voces para cantar por punto. Podrían ser clérigos, mas aún no los dejan. Pobló don Antonio algunos lugares a usanza de las colonias romanas, en honra del emperador, entallando su nombre y el año en mármol. Comenzó el muelle para el puerto de Medellín, cosa costosa y necesaria. Redujo a los chichimecas a vida política, dándoles propio, que no lo tenían ni querían, ni creo lo necesitaban. Gastó mucho en la entrada de Sibola, como ya contamos, sin tener provecho ninguno, y quedó enemigo de Cortés. Descubrió gran trecho de tierra en la costa del sur, por Jalisco; envió naos a la Especiería, que también se le perdieron. Se portó prudentemente con las ordenanzas de las Indias cuando se revolvió el Perú, por cuanto había muchos pobres y descontentos que deseaban revuelta y guerra. Le mandó ir el emperador al Perú, con el mismo cargo de virrey, porque se vino el licenciado Gasca, sabiendo su buena gobernación, aunque le dieron de él algunas quejas los de Nueva España. No hubiese querido dejar a México, que lo conocía ni a los indios, pues se hallaba bien con ellos, y le habían sanado con baños de hierbas estando tullido; ni sus haciendas, ganados y otras granjerías ricas; ni deseaba conocer nuevos hombres y condiciones, sabiendo que los peruanos son ásperos; mas, en fin, hubo de ir, y fue por tierra desde México a Panamá, que hay más de quinientas leguas, el año 1551. Fue aquel mismo año a México como virrey don Luis de Velasco, que era veedor general de las guardas y caballero de mucho gobierno. Es este virreinato muy gran cargó en honra, mando y provecho.

Capítulo CCLI. Muerte de Hernán Cortés
Riñeron malamente Cortés y don Antonio de Mendoza sobre la entrada de Sibola, pretendiendo cada uno ser suya por merced del emperador; don Antonio como virrey, y Cortés como capitán general. Tuvieron tales palabras entre los dos, que nunca volvieron a congraciarse, después de haber sido muy grandes amigos; y así, dijeron y escribieron mil males el uno del otro; cosa que a entrambos dañó y desautorizó. Tenía pleito Cortés, sobre la cantidad de sus vasallos, con el licenciado Villalobos, fiscal de Indias, que le pusiera mala voz al privilegio; y el virrey se los comenzó a contar, que estaba

mal hacerlo, aunque con cédula del emperador; por lo cual hubo Cortés de venir a España el año 40. Trajo a don Martín, el primogénito, que tendría ocho años, y a don Luis para servir al Príncipe. Vino rico y acompañado, mas no tanto como la otra vez. Trabó grande amistad con el cardenal Loaisa y con el secretario Cobos, que no le aprovechó nada para con el emperador, que había ido a Flandes sobre lo de Gante, por Francia. Fue luego, el año 41, el emperador sobre Argel, con grande armada y caballería. Pasó allá Cortés con sus hijos don Martín y don Luis, y con muchos criados y caballos para la guerra. Le cogió la tormenta, con lo que se perdió la flota, en el mar, y en la galera Esperanza, de don Enrique Enríquez. Por el miedo de perder el dinero y joyas que llevaba, dando al través, se ciñó un paño con las riquísimas cinco esmeraldas que dije valer 100.000 ducados; las cuales se le cayeron por descuido o necesidades, y se le perdieron entre los grandes lodos y muchos hombres; y así, le costó a él aquella guerra más que a ninguno, quitando a su majestad, aunque Andrea de Oria perdió once galeras. Mucho sintió Cortés la pérdida de sus joyas; empero más sintió que no le llamasen a consejo de guerra, metiendo en él a otros de menos edad y saber; lo cual dio que murmurar en el ejército. Como se determinó en consejo de guerra levantar el cerco e irse, pesó mucho a muchos; y yo, que me hallaba allí, me maravillé. Cortés entonces se ofrecía a tomar Argel con los soldados españoles que había, y con la mitad de tudescos e italianos, siendo de ello servido el emperador. Los hombres de guerra amaban aquello, y le elogiaban mucho. Los hombres de mar y otros no lo escuchaban; y así, creo que no lo supo su majestad, y se vino. Anduvo Cortés muchos años acongojado en la corte tras el pleito de sus vasallos y privilegio, y aun fatigado con la residencia que le tomaron Nuño de Guzmán y los licenciados Matienzo y Delgadillo, y que se veía en Consejo de Indias; pero nunca se declaró; que fue gran contento para él. Fue a Sevilla con voluntad de pasar a Nueva España y morir en México, y a recibir a doña María Cortés, su hija mayor, que la tenía prometida y concertada de casar con don Alvar Pérez Osorio, hijo heredero del marqués de Astorga don Perálvarez Osorio, con 100.000 ducados y vestidos. Mas no se casaron por culpa de don Alvar y de su padre. Iba malo de flujo de vientre e indigestión, que le duraron mucho tiempo. Empeoró allí, y murió en Castilleja de la Cuesta, el 2 de diciembre del año 1547, siendo de sesenta y tres años. Fue depositado su cuerpo con los duques de Medina Sidonia. Dejó Cortés en doña Juana de Zúñiga un hijo y tres hijas: el hijo se llama don Martín Cortés, que heredó el estado y casó con doña Ana de Arellano, prima suya, e hija del conde de Aguilar don Pedro Ramírez de Arellano, por convenio que dejó su padre. Las hijas se llaman doña María Cortés, doña Catalina y doña Juana, que es la menor, prometida por el mismo convenio a don Felipe de Arellano, con 70.000 ducados de dote. Dejó también otro don Martín Cortés, que tuvo en una india, y a don Luis Cortés, que tuvo en una española, y tres hijas, cada una de su madre, y todas indias. Hizo Cortés un hospital en México, mandó hacer un colegio allí, y monasterio para mujeres en Coyoacán, donde mandó por testamento que llevasen sus huesos a costa del mayorazgo. Situó 4.000 ducados de renta, que valen sus casas de México cada año, para estas tres obras, y de ellos 2.000 son para los colegiales.

Don Martín Cortés a la sepultura de su padre

> Padre, cuya suerte impropiamente
> Aqueste bajo mundo poseía;
> Valor que nuestra edad enriquecía,
> Descansa en paz eternamente.

Capítulo CCLI. Condición de Cortés

Era Hernán Cortés de buena estatura, rehecho y de gran pecho; el color ceniciento, la barba clara, el cabello largo. Tenía gran fuerza, mucho ánimo, destreza en las armas. Fue travieso cuando muchacho, y cuando hombre fue sentado; y así, tuvo en la guerra buen lugar, y en la paz fue alcalde de Santiago de Baracoa, que era y es la mayor hombra de la ciudad entre vecinos. Allí cobró reputación para lo qué después fue. Fue muy dado a mujeres, y se dio siempre. Lo mismo hizo al juego, y jugaba a los dados a maravilla bien y alegremente. Fue muy gran comedor, y templado en el beber, teniendo abundancia. Sufría mucho el hambre con necesidad, según lo demostró en el camino de Higueras y en el mar que llamó de su nombre. Era duro porfiando, y así tuvo más pleitos de los que convenía a su estado. Gastaba liberalísimamente en la guerra, en mujeres, por amigos y en antojos, mostrando escasez en algunas cosas; por lo que le llamaban río de avenida. Vestía más pulido que rico, y así era hombre limpísimo. Se deleitaba en tener mucha casa y familia, mucha plata de servicio y de respeto. Se trataba muy de señor, y con tanta gravedad y cordura, que no daba pesadumbre ni parecía nuevo. Cuentan que le dijeron, siendo muchado, que había de ganar muchas tierras y ser grandísimo señor. Era celoso en su casa, siendo atrevido en las ajenas; condición de putañeros. Era devoto, rezaba, y sabía muchas oraciones y salmos de coro; grandísimo limosnero; y así, encargó mucho a su hijo, cuando se moría, la limosna. Daba cada año 1.000 ducados por Dios de ordinario; y algunas veces tomó a cambio dinero para limosna, diciendo que con aquel interés rescataba sus pecados. Puso en sus reposteros y armas: Judicium Domini aprehendit eos, et fortitudo ejus corroboravit brachium meum; letra muy a propósito de la conquista. Tal fue, como habéis oído, Cortés, conquistador de la Nueva España; y por haber comenzado yo la conquista de México en su nacimiento, la termino con su muerte.

BIBLIOGRAFÍA

Obra directa

Historia de las Indias y Conquista de México, Zaragoza, Agustín Millán, 1552 [Medina del Campo, 1553; Zaragoza, 1554; Amberes, 1554; Salamanca, 1568].

Historia general de las Indias. González Barcia, editor, Madrid, Colección de Historiadores Primitivos de las Indias Occidentales, 1727 [Madrid, 1749].

Historia de la conquista de Hernán Cortés. «Notas y adiciones» de Carlos María de Bustamante, México, Ontiveros, 1826.

«Crónica de los Barbarrojas», *Memorial histórico español*, Madrid, Academia de la Historia, 1853, v. VI, págs. 331-439.

La conquista de México. Carlos María de Bustamante, editor, México, La Iberia (Biblioteca Histórica), 1870.

Hispania victrix. Primera y segunda partes de la Historia general de las Indias, con todo el descubrimiento, y cosas notables que han acaecido desde que se ganaron hasta el año 1551, con La conquista de México y de la Nueva España, Madrid, Rivadeneyra (Biblioteca de Autores Españoles, XXII), 1877.

Annals of the Emperor Charles V. Spanish text and english translation; edited with an introduction and notes by Roger Bigelow Merriman. Oxford, The Clarendon Presigd., 1912.

Historia general de las Indias. J. Dantín Cereceda, editor, Madrid, Espasa-Calpe (Col. Viajes Clásicos, 21-22), 1922 [2ª ed., Madrid, 1941].

Historia de *La conquista de México*. Joaquín Ramírez Cabañas, Int. y notas, México, Ed. Pedro Robredo, 1943, 2 t.

Historia general de las Indias. «Preliminares» de Enrique de Vedia, Madrid, Ediciones Atlas-Biblioteca de Autores Españoles (Col. Rivadeneyra), 1946, 2 t.

Historia general de las Indias. Barcelona, Ed. Iberia, 1954, 2 t.

«Vida de Hernán Cortés», Joaquín García Icazbalceta. Colección de documentos para la Historia de México, México, Porrúa, 1971.

Historia de las Indias y Conquista de México. «Breves noticias sobre el autor y su obra» de Edmundo O'Gorman, México, Condumex, 1978.

Historia general de las Indias. Notas prologales de Emiliano M. Aguilera. Barcelona, Ediciones Orbis (Col. Biblioteca de Historia, 12-13), 1985, 2 t.

La conquista de México. José Luis de Rojas, editor, Madrid, Historia 16, 1987.

Historia de *La conquista de México*. J. Miralles Ostos, editor, México, Porrúa (Col. Sepan Cuántos, 566), 1988.

Obra indirecta

Burckhard, Jacob. *La cultura del Renacimiento en Italia*, Buenos Aires, Losada, 1952.

Bustamante, Carlos María de. «Notas y adiciones», Francisco López de Gómara. *Historia de las conquistas de Hernán Cortés*, México, Ontiveros, 1826. Cartas de Indias, Madrid, Manuel G. Hernández, 1877.

Canter, Juan. «Notas sobre la edición príncipe de la Historia de López de Gómara», *Boletín del Instituto de Investigaciones Históricas* (Buenos Aires), N° 1 (1922), págs. 128-145.

Casas, Fray Bartolomé de las. *Historia de las Indias*, México, Fondo de Cultura Económica, 1951.

Collingwood, R. G. *Idea de la Historia*, México, Fondo de Cultura Económica, 1952.

Copérnico, Nicolás. *Sobre las revoluciones de los orbes celestes*, México, Secretaría de Educación Pública (Col. Sep-Setentas, 158), 1974.

Cortés, Hernán. *Cartas y documentos*, México, Porrúa, 1963.

Croce, Benedetto. *Teoría e historia de la historiografía*, Buenos Aires, Editorial Escuela, 1955.

Díaz del Castillo, Bernal. *Historia verdadera de la conquista de la Nueva España*, México, Robredo, 1944.

Esteve Barba, Francisco. *Historiografía indiana*, Madrid, Gredos, 1964.

Fueter, Ed. *Historia de la historiografía moderna*, Buenos Aires, Nova, 1953.

Garcilaso de la Vega, Inca. *Comentarios reales*, Caracas, Biblioteca Ayacucho, 1976.

Gurría Lacroix, Jorge. «Andrés de Tapia y la Historia de *La conquista de México*, escrita por Francisco López de Gómara», *Memorias de la Academia Mexicana de la Historia* (México), t. XVIII, N° 4 (octubre-diciembre de 1969).

___*Fray Juan de Torquemada y La conquista de México*, México, Filosofía y Letras, 1975.

Iglesia, Ramón. *Cronistas e historiadores de La conquista de México*, México, El Colegio de México, 1942.

Jos, Emiliano. «El cronista de Indias Francisco López de Gómara», *Revista de Occidente* (Madrid), N° 53 (1927), págs. 274-278.

Motolinía Benavente, Fray Toribio de. *Memoriales*, México, UNAM, Instituto de Investigaciones Históricas, 1971.

Muriá, José María. «Francisco López de Gómara», *Sociedad prehispánica y pensamiento europeo*, México, Secretaría de Educación Pública (Col. Sep-Setentas, 76), 1973, págs. 53-58.

O'Gorman, Edmundo. «Breves noticias sobre el autor y la obra», *Francisco López de Gómara. Historia de las Indias y Conquista de México*, México, Condumex, 1978.

Pereyra, Carlos. *López de Gómara y Montaigne*, Madrid, Escorial, 1940.

Ramírez Cabañas, Joaquín. «Introducción», *Francisco López de Gómara. Historia de La conquista de México*, México, Robredo, 1943.

Tapia, Andrés. «Relación», Joaquín García Icazbalceta. *Colección de documentos para la historia de México*, México, Porrúa, 1971.

Torquemada, Fray Juan de. *Monarquía indiana*, México, UNAM, Instituto de Investigaciones Históricas, 1975.

Vedia, Enrique de. «Preliminares y noticia de la vida y escritos de Francisco López de Gómara». *Biblioteca de Autores Españoles. Historiadores primitivos de Indias*, Madrid, Rivadeneyra (Biblioteca de Autores Españoles), 1877, t. I.

Wagner, Henry R. *The Spanish Southwest 1542-1794*, Albuquerque, The Quivira Society, 1937 [1ª ed. 1924].

Libros a la carta

A la carta es un servicio especializado para
empresas,
librerías,
bibliotecas,
editoriales
y centros de enseñanza;
y permite confeccionar libros que, por su formato y concepción, sirven a los propósitos más específicos de estas instituciones.

Las empresas nos encargan ediciones personalizadas para marketing editorial o para regalos institucionales. Y los interesados solicitan, a título personal, ediciones antiguas, o no disponibles en el mercado; y las acompañan con notas y comentarios críticos.

Las ediciones tienen como apoyo un libro de estilo con todo tipo de referencias sobre los criterios de tratamiento tipográfico aplicados a nuestros libros que puede ser consultado en Linkgua-ediciones.com.

Linkgua edita por encargo diferentes versiones de una misma obra con distintos tratamientos ortotipográficos (actualizaciones de carácter divulgativo de un clásico, o versiones estrictamente fieles a la edición original de referencia).

Este servicio de ediciones a la carta le permitirá, si usted se dedica a la enseñanza, tener una forma de hacer pública su interpretación de un texto y, sobre una versión digitalizada «base», usted podrá introducir interpretaciones del texto fuente. Es un tópico que los profesores denuncien en clase los desmanes de una edición, o vayan comentando errores de interpretación de un texto y esta es una solución útil a esa necesidad del mundo académico.

Asimismo publicamos de manera sistemática, en un mismo catálogo, tesis doctorales y actas de congresos académicos, que son distribuidas a través de nuestra Web.

El servicio de «libros a la carta» funciona de dos formas.

1. Tenemos un fondo de libros digitalizados que usted puede personalizar en tiradas de al menos cinco ejemplares. Estas personalizaciones pueden ser de todo tipo: añadir notas de clase para uso de un grupo de estudiantes,

introducir logos corporativos para uso con fines de marketing empresarial, etc. etc.

2. Buscamos libros descatalogados de otras editoriales y los reeditamos en tiradas cortas a petición de un cliente.

www.ingramcontent.com/pod-product-compliance
Lightning Source LLC
Chambersburg PA
CBHW031425160426
43195CB00010BB/612